Dieter E. Zimmer

TIEFENSCHWINDEL

DIE ENDLOSE UND DIE BEENDBARE PSYCHOANALYSE

ROWOHLT

1.–8. Tausend August 1986
9.–12. Tausend Dezember 1986
Copyright © 1986 by Rowohlt Verlag GmbH,
Reinbek bei Hamburg
Umschlaggestaltung Werner Rebhuhn
(Zeichnung des Freud-Würfels: Christian Noch)
Gesetzt aus der Trump Mediaeval (Linotron 202)
Gesamtherstellung Clausen & Bosse, Leck
Printed in Germany
ISBN 3 498 07653 1

INHALT

1. DIE SEELENWÄRTER: ÜBER DIE MOTIVE EINER PSYCHOANALYSE-KRITIK

Wer es sich herausnimmt, einem tief in den Zeitgeist verschränkten Gedankengebilde zu widersprechen, dem wird natürlich seinerseits widersprochen werden. Unter anderem wird er unsanft auf den Umstand aufmerksam gemacht werden, daß er von dem betreffenden Gedankengebilde aber auch gar nichts begriffen habe und besser daran getan hätte, den Mund zu halten. Ist der Gegenstand der Kritik die Psychoanalyse und die ihr verwandten Tiefenpsychologien, so muß er sich aber auch auf gröbere Post gefaßt machen, wie sie sonst selbst in den bittersten Kontroversen kaum üblich ist: umstandslos *ad hominem*, auf den Menschen und nicht aufs Argument losgehend.

Man stelle sich vor, jemand meldete Kritik an einer verbreiteten medizinischen Praxis an, sagen wir an dem maßlosen Gebrauch von Benzodiazepinen als Schlafmittel, schilderte auf drastische Weise Nebenwirkungen und Abhängigkeitsgefahren, sparte nicht an giftigen Bemerkungen über Patienten, die die Substanzen einnehmen wie Naschzeug und sie sogar bedenkenlos an ihre Kinder verfüttern, und über die Ärzte, die dem durch leichtfertige und bequeme Verschreibungen Vorschub leisten: eine sachlich untermauerte Polemik gegen Tranquilizer also; sagen wir sogar: eine, die übers Ziel hinausschießt und diese zuweilen wirklich nützlichen Stoffe für schädlichen Unfug erklärt. Was würde geschehen? Wahrscheinlich käme noch nicht einmal Widerspruch, obwohl doch Millionen, Laien und Fachleute gleichermaßen, in ihrem täglichen Tun angegriffen oder in ihrer Berufsehre gekränkt wurden. Vielleicht kämen ein paar bedächtig differenzierende Einsprüche, vielleicht einige der üblichen sektiererischen Schimpfpostkarten. Das Beispiel ist nicht an den Haaren herbeigezogen, denn es stammt ebenfalls aus dem Bereich der gesundheitsfürsorgerischen Kassenleistungen, und es beruht auf eigener Er fahrung. In keinem irgend vergleichbaren Fall habe ich je beobachtet, daß die Betroffenen sich mit dem Argument zur Wehr setzten: Sie kritisieren das nur, weil Sie einen so defekten Charakter haben.

Psychoanalytiker aber, die man doch gern für ganz besonders abgeklärte Menschen und auch den eigenen Ärgeraufwallungen gegenüber mißtrauischer halten möchte als Normalbürger, sind da oft reizbarer, und genau dieses *argumentum ad hominem* wird dem, der ihr Handeln und ihre Dogmen in Zweifel zieht, mit erlesener Gehässigkeit immer wieder entgegengeschleudert. «Ihnen fehlt es an Selbsterfahrung!» «Sie sind nichts als ein haßerfüllter Denunziant!» «Sie haben eine Analyse dringend nötig!» «Aus Ihnen spricht nur die Rachsucht des persönlich Enttäuschten!» «Ihre ganze Argumentation ist nichts als Abwehr und zeigt nur, wie recht die Psychoanalyse hat!» «Die Motivation für Ihre ungebremste Krittelei ist nur zu durchsichtig.» «Innerhalb von nur drei Jahren äußern Sie sich nun schon zum drittenmal über die Psychoanalyse – offenbar handeln Sie zwanghaft!» (schreibt jemand, der seit weit über drei Jahren unausgesetzt, also wohl noch viel zwanghafter, Psychoanalyse betreibt). «Ihnen führen Angst und Abwehr die Feder!» «Sie wollen sich ja nur wichtig machen!» «Sie sind nur enttäuscht, daß Freud nicht dazu taugt, Ihr Übervater zu sein!» Oder umgekehrt: «Aus Ihnen spricht die Neidhaltung eines durch keine Vaterautorität mehr gebundenen Individuums!» In diesem Sinn schallt es dem Autor mannigfach entgegen. Ganz kostenlos erhält er so eine fachmännische Analyse seiner Psyche. Und viele Ausübende der kritisierten Profession finden gar nichts dabei, halten diese Art der Replik wohl sogar für besonders angebracht, denn das sind sie ja gewöhnt, darin unter anderem besteht ihr Beruf: sich nicht so sehr beim sachlichen Inhalt dessen aufzuhalten, womit sie konfrontiert werden, sondern schnurstracks zu den vermuteten Motiven vorzustoßen, die dahinter stehen mögen. Nicht: «Was reden Sie da?» Sondern: «Was veranlaßt Sie, so zu reden?» (Unter der Hand gemeint: Es kann nur ein Charakterfehler sein.) Rücken Sie erst einmal Ihre Motive heraus – sonst nehmen wir Ihnen gar nichts ab!

Es ist die Auflösung des Arguments in den Mutmaßungen über die ihm zugrundeliegenden Motive, die hier betrieben wird, und es erübrigt sich zu sagen, daß sie jede Diskussion von vornherein unmöglich macht. Selbst wenn man sich auf die entwürdigende Entgegnung einließe, daß einem nicht schmutziger, einer therapiebedürftigen seelischen Notlage entsprungener Haß die Feder geführt hat: die betreffenden Analytiker wüßten es doch allemal besser und nickten sich nur gegenseitig bedeutungsvoll zu. «Neurotisches Agieren aufgrund schwerer früher Störung», hieße die Diagnose.

Denn die Psychoanalyse hat den Stein der Weisen gefunden, der sie bei Bedarf gegen alle Angriffe wunderbar immunisiert. Sie versteht sich als die Lehre von den psychischen Inhalten, die dem von ihnen Befallenen so unangenehm sind, daß sie nicht zu Bewußtsein kommen dürfen, sondern «abgewehrt» werden müssen. Im Laufe einer Psychoanalyse aber werden sie dann angeblich gegen alle Widerstände ans Tageslicht geholt. Wer die Psychoanalyse kritisiert, so geht der immer wieder begangene Gedankengang, fürchtet in Wahrheit nur die Aufdeckung dieser seiner psychischen Schrunden. Indem er das Verfahren der Aufdeckung kritisiert, wehrt er sich dagegen, daß aus seinem Innersten ans Licht kommt, was das Licht zu scheuen hat. Er lehnt die Psychoanalyse ab, um die Entlarvungen nicht wahrhaben zu müssen, die sie ihm in Aussicht stellt. Er greift sie an, um sich vor ihr in Sicherheit zu bringen. Sein Widerstand zeigt nur, wie recht sie hat. Freud selber hat das immer wieder vorgemacht. Wo er und seine Psychoanalyse auf Ablehnung stieß, tröstete er sich damit, daß nur der «Widerstand» der Allgemeinheit daran schuld sei – oder die Rachgier unzufriedener Patienten oder abgelehnter Ausbildungskandidaten. («Ich machte die erste Anwendung der Psychoanalyse, indem ich mir das [ablehnende] Benehmen der Masse als Phänomen desselben Widerstands aufklärte, den ich bei den einzelnen Patienten zu bekämpfen hatte … Der Patient rächt sich dadurch, daß er die Liste unserer Mißerfolge vergrößert, der abgewiesene Kandidat, wenn er ein Paranoider ist, etwa indem er selbst psychoanalytische Bücher verfaßt.»[1]) So ist die Psychoanalyse die einzige Theorie der Welt, die sich von jedem Einwand gegen sie bestärkt fühlen kann. Je falscher sie einer findet, desto richtiger kommt sie sich vor. Auch dagegen ist nach meinen Erfahrungen kein Kraut gewachsen. Niemandem würde je der Nachweis gelingen, daß seine Einwendungen eher intellektueller Art sind und nicht vielmehr nur ein Trick, sich gegen die unerfreulichen Wahrheiten zu wehren, deren Enthüllung ihm die Psychoanalyse androht.

So wie die Spekulationen über die möglichen Motive des Autors nichts zur Sache beitragen, die hier verhandelt wird, so erspart er selber Freud jeden Versuch einer Charakteranalyse. Warum Freud zu seinen Themen und Thesen gekommen ist, ist eine interessante Frage, aber hier ist sie mir egal; man muß über seine Theorien sprechen können, ohne von seiner Person zu sprechen. Ob er seine Verführungstheorie (also die Theorie, daß neurotische Symptome immer auf den sexuellen Mißbrauch der Kinder durch ihre Eltern zurückgingen) aus Opportunismus aufgegeben hat, wie ein Buch von Jeffrey M. Masson behauptet,[2] interessiert mich nicht; mich interessierte nur, ob diese Theorie richtiger war als ihre Nachfolgerin, derzufolge sich der sexuelle Mißbrauch nur in der unbewußten Phantasie der Kinder abgespielt hat. Ob seine Theorien ihre Gestalt dem Kokain verdanken, das er von 1884 bis 1887 und dann wahrscheinlich ab 1892 wieder reichlich nahm und auch an Patienten verteilte, nämlich einer drogenbedingten Charakterwandlung hin zum Missionarischen und Kritikunfähigen, wie ein Buch der Medizinhistorikerin Elizabeth M. Thornton überzeugend darlegt,[3] beschäftigt mich hier nicht weiter; selbst wenn es so gewesen sein sollte, könnten die Theorien ja doch richtig gewesen sein. (Er nahm das Kokain vorwiegend als – wie er selber zunächst glaubte – harmloses Migränemittel, obwohl es seine Migräneanfälle bald verschlimmert haben muß und ihm etliche andere körperliche und seelische Symptome bescherte, unter anderem Herzrhythmusstörungen und extreme Stimmungsschwankungen, die er selber als neurotisch diagnostizierte.) Ob er, wie Martin L. Gross ausgemalt hat,[4] ein Mensch voller Haßgefühle, Konkurrenzneid, Todeswünsche, Elternfeindschaft, Inzesttriebe und so fort gewesen ist, der seine eigene «Übellaunigkeit» der ganzen Zivilisation aufgeprägt hat, mag von mir aus auf sich beruhen; selbst wenn es so gewesen sein sollte, blieben seine Theorien unabhängig von «Freud dem Menschen» zu prüfen. Auch ein Ekel (für das ich Freud nicht halte) kann recht haben.

1982 beschrieb ich in einem Dossier der Wochenzeitung «Die Zeit», daß sich einige in das allgemeine zeitgenössische Denken übergegangene Theoreme der Freudschen Metapsychologie mit neueren oder genaueren Erkenntnissen der (natur)wissenschaftlichen Psychologie und der Neurophysiologie entweder nur noch schlecht oder gar nicht mehr vereinbaren lassen und wenig objektive Befunde zu ihren Gunsten vorweisen können, also wohl nicht haltbar sind. Es waren keine neuen Erkenntnisse und Überlegungen, alles war in der einschlägigen Literatur seit langem nachzulesen, etwa im achten Band des autoritativen «Handbuchs der Psychologie»[5]. (Der Autor jenes umfänglichen herzlosen Artikels, der Berliner Psychologieprofessor Franz Kiener, hatte keinen einzigen wütenden Ausfall auf sich gezogen – wird Kritik in einem solchen Versteck geäußert, so wird sie mit Schweigen übergangen.) Damals hatte ich in der Tat heftigen Widerspruch erwartet. Denn trotz der hervorragenden Übersicht über die empirischen Studien zur Überprüfung einzelner Aspekte der psychoanalytischen Theorie, die die – ihr im übrigen mit großem Wohlwollen gegenüberstehenden – Bücher von Paul Kline[6] und Fisher/Greenberg[7] geben, war ich sicher, daß mir etliche dieser Studien entgangen waren, darunter auch die eine oder andere mit einem für die Theorie positiven Ausgang (mir waren tatsächlich einige entgangen). Die, dachte ich, würden mir nun unter die Nase gerieben werden; gewiß käme irgendein aufmerksamer und kundiger Leser und unterrichtete mich zum Beispiel, daß da und da sehr wohl ein Zusammenhang zwischen der Reinlichkeitserziehung des Kleinkinds und dem späteren sogenannten «analen» Charakter gefunden wurde («Ja, kennen Sie denn nicht einmal ...?»). Zu meiner Verwunderung trat nichts dergleichen ein. Unter den sehr zahlreichen Briefen, die weitaus meisten von Psychoanalytikern oder ihren Analysanden, befand sich buchstäblich kein einziger, der seine Ablehnung mit der Berufung auf auch nur eine von mir übersehene objektiv-empirische Arbeit begründet hätte – dafür aber um so mehr, die in irgendeiner Form ihre tiefe Abneigung gegen jede naturwissenschaftliche Erkenntnisgewinnung ausdrückten. Die Psychoanalyse sei eben keine platte Naturwissenschaft, sondern etwas sehr viel Vornehmeres, auf empirische Bestätigungen nicht angewiesen und über empirische Widerlegungen erhaben. Es war die süßliche Sirenenstimme der Hermeneutik, die da in vielen Tonarten laut wurde und die heute für weite Teile der mitteleuropäischen Psychoanalyse spricht.

Jeder Kritiker des psychoanalytischen Denkens und Treibens sieht sich unweigerlich mit Einwendungen konfrontiert, die die Frage betreffen, ob es denn opportun sei, in aller Öffentlichkeit und gerade heute derlei Erwägungen anzustellen. Es sind, soweit ich sehe, deren acht.

Einwand 1: Die Psychoanalyse gibt vielen Menschen Trost und Hilfe; niemand hat das Recht, denen ihr Vertrauen und ihre Hoffnung zu rauben. Antwort: Zweifellos glauben viele, sie helfe ihnen; damit aber erübrigt sich die Frage nach der Richtigkeit ihrer Theorie noch keineswegs – mit dem nämlichen Argument ließe sich die Erörterung noch der schwachsinnigsten Quacksalberei unterbinden, die ja bekanntlich auch immer getröstete Klienten vorführen kann. Unmoralisch handelt, wer Kranken eine Therapie von erwiesener Wirksamkeit vorenthält; unmoralisch handelt nicht, wer darauf besteht, daß eine Therapie Beweise für ihre Wirksamkeit antreten muß. Solange es noch fraglich ist, ob eine Therapie das bewirkt, was sich ihre Vertreter von ihr versprechen – und im Fall der Psychoanalyse bestehen an der Wirksamkeit begründete Zweifel –, stellt sie ein Risiko

dar: Sie verleitet Kranke, in der Hoffnung auf Heilung sehr viel Vertrauen und Zeit und Geld für eine Sache aufzuwenden, die ihnen vielleicht gar nicht helfen kann und sie nur davon abhält, anderswo wirksamere Hilfe zu suchen.

Einwand 2: Die Psychoanalyse ist in den Jahren des NS-Regimes
verfemt und verfolgt gewesen; wer sie heute kritisiert, stellt sich auf
die Seite der Nazis und leistet, ob er will oder nicht, faschistischem
Denken Vorschub. Antwort: Sie wurde verfolgt, und das war ohne
jedes Wenn und Aber ein Verbrechen; aber heute wird sie nicht mehr
verfolgt, heute hat sie vielmehr Lehrstühle und viele Schlüsselposi-
tionen in der psychotherapeutischen Praxis und nicht zuletzt die
Kassenzulassung erobert, und viele ihrer Ideen sind zum Gemeingut
geworden; als Verfolgte kann sie sich nicht mehr gerieren. Auch bildet die Tatsache der Verfolgung leider nie eine Garantie gegen Irrtum.

Einwand 3: Mit großer Mühe haben sich die Psychoanalyse und
einige andere Therapieschulen eine gewisse Anerkennung neben der
Schulmedizin erstritten, die ihre Patienten zunehmend wie defekte
Maschinen behandelt und als Menschen mit einem seelischen Erleben nicht mehr ernst nimmt; diesen Fortschritt sollte niemand in
Frage stellen. Antwort: Es ist in der Tat ein Fortschritt, und die
Psychoanalyse hat das Verdienst, ihn durchgesetzt zu haben. Richtigkeit oder Unrichtigkeit ihrer Theorie aber ist davon nicht berührt,
und es sind heute sehr wohl Psychotherapien zumindest vorstellbar,
die den industriellen Tendenzen der «Apparatemedizin» entgegen-
wirken, ohne daß sich die ihnen zugrundeliegenden Theorien in
krasse Widersprüche zu den objektiv-empirischen Wissenschaften
verwickelten.

Einwand 4: Wo es um Erkenntnisse über das bekanntlich irrationale Unbewußte geht, hat wissenschaftliche Rationalität nichts
verloren. Antwort: Doch! Gerade hier ist sie vonnöten.

Einwand 5: Das ist doch alles längst erledigt! «Polemische Ein-
schätzungen (von einigen unermüdlichen Autoren wie Eysenck abgesehen) bezüglich des Wissenschaftscharakters der Psychoanalyse
[sind] so gut wie verstummt.»[8] Man höre nur den Chor der Hermeneutiker, der unisono meint: Das sind nicht unsere Probleme mehr.
Antwort: So stumm sind die «polemischen Einschätzer» keineswegs
geblieben; aber selbst wenn noch der Unermüdlichste unter ihnen
ermüden oder den Fall als hoffnungslos *ad acta* legen sollte, weil ge-
wiefte Theoretiker immer einen neuen Dreh finden, warum die sonst
allgemein gültigen Weisen der Bewahrheitung oder Widerlegung für
die Psychoanalyse nicht gelten sollen, selbst dann wäre nichts bewie-

sen als die Tatsache, daß Menschen, deren Lieblingsüberzeugungen in die Enge getrieben wurden, ein unerschöpflicher Fintenreichtum zu Gebote steht.

Einwand 6: Wissenschaft – siehe Atomenergie oder Dioxin oder Saurer Regen – stellt sich immer mehr als ein Irrweg heraus; Lehren wie die hermeneutische Richtung in der heutigen Psychoanalyse, die den Naturwissenschaften abgeschworen hat, sollten nicht kritisiert, sondern gehegt und gefördert werden. Antwort: «Die Wissenschaft» ist nicht identisch mit den mittelbaren oder unmittelbaren Produkten wissenschaftlicher Forschung; sie ist vielmehr eine offene Methode rationaler Gewinnung objektiver Erkenntnis, die es darauf anlegt, Trugschlüsse systematisch zu vermeiden, und zu der es keine Alternative weit und breit gibt, solange man nicht wieder alles, was einer zu glauben beliebt oder anderen zu glauben befiehlt, für gleichermaßen wahr zu halten bereit ist.

Einwand 7: «Wenn Freud heute bekämpft wird, so hat das politische Gründe. Es geht gegen das Dynamit, das du in dir hast und das weggedrängt werden soll» (so die Filmautorin Birgit Hein [9]). Antwort: Mit dem Dynamit sind die sexuellen Begierden gemeint, die in der Tat zum Teil gesellschaftlich unerwünscht sind. Ob man sie für «politisch» hält, ist eher Geschmackssache; sicher aber ist, daß Freud die Geschlechtlichkeit nicht erfunden und auch nicht entdeckt hat – und daß er keineswegs Herold ihres freien Auslebens war. («Es ist nicht die Rede davon, daß der Rat, sich sexuell auszuleben, in der analytischen Therapie eine Rolle spielen könnte.» [10]) Aber in der Tat hat sich die Meinung durchgesetzt, die Psychoanalyse sei etwas Progressives. Wer sie kritisiert, steht damit automatisch und ohne Ansehen seiner wirklichen politischen Überzeugungen als Reaktionär da.

Daraus ergibt sich Einwand 8: Es ist kein Zufall, es ist vielmehr bezeichnend, daß es in einer Zeit der politischen «Wende» – hin zu einer konservativeren Orientierung der Gesellschaft – Tendenzen gibt, eine aufklärerische Lehre, ein aufklärerisches Werkzeug wie die Psychoanalyse in Mißkredit zu bringen. Der Hintergedanke dieses Einwands ist klar: Wer die Psychoanalyse kritisiert, besorgt die Geschäfte der Gegenaufklärung und ist zumindest «objektiv», wenn nicht auch subjektiv ein Lakai der Reaktion, wenn nicht gar ein Faschist. Antwort: Daß Psychoanalyse gleich Aufklärung sei, ist keine jedem Zweifel enthobene Tatsache, sondern eine fragwürdige Behauptung von interessierter Seite, der Psychoanalyse und ihrer Parteigänger. Wer die für irrig hält, wird als aufklärerisch eher die Kritik an ihr betrachten. Politisch ist Freuds Theorie ziemlich neutral; zu

einem Progressiven läßt sich ihr Begründer schwerlich machen. Jedenfalls hing er keinerlei politischer Utopie an, und einmal – in seinem Brief an Albert Einstein – empfahl er als Mittel gegen die zerstörerischen Triebe des Menschen vor allem die Übertragung der Macht
an eine starke Zentrale, die den Rebellen wie den Usurpator in
Schach hält.[11] Die Tatsache, daß weder der Nationalsozialismus
noch der Kommunismus die Psychoanalyse geduldet haben, bedeutet noch lange nicht, daß sie ein wirkungsvolles Instrument zur Entlarvung von unzuträglichen Machtstrukturen wäre. Es handelte sich
nur um einen Tribut an ihren weltanschaulichen Charakter: Die sich
weltanschaulich legitimierende Diktatur erwehrte sich einer möglichen weltanschaulichen Konkurrenz. Es ist ein Argument aus der
soziologistischen Plunderkiste, sozusagen das politische Gegenstück zur psychoanalytischen Motivfahndung, einem Gegner völlig
unbekümmert um seine subjektive politische Einstellung zu unterschieben, er sei bestenfalls eine Marionette, schlimmstenfalls ein
Mit-Drahtzieher irgendwelcher üblen Kräfte, die sich seiner gerade
in diesem Augenblick bedienen. Der einzige «Beweis» ist regelmäßig
eine zeitliche Koinzidenz: daß Argument X ausgerechnet in Augenblick Y auftauche. Was das Fadenscheinige daran ist? Die völlige Beliebigkeit solcher Ad-hoc-Verknüpfungen. Die «reaktionäre» These,
daß Intelligenzunterschiede in größerem Ausmaß auf Unterschiede
im Erbmaterial zurückgingen, so hörte man, tauchte «doch ja wohl
nicht zufällig» ausgerechnet um 1970 wieder auf, als die Reaktion
überall in die Enge getrieben wurde … Der «reaktionäre» Angriff auf
die Psychoanalyse fand «doch ja wohl nicht zufällig» um 1980 statt,
als die Reaktion überall auf dem Vormarsch war … Rückmarsch, Vormarsch, irgendeine zu dieser Argumentation passende historische
Verknüpfung läßt sich jederzeit finden. Den Moment, in dem man
ein ungeliebtes Argument nicht als ganz besonders opportunistisch
denunzieren kann, gibt es nicht.

Wer kritisch über Psychoanalyse schreibt und dabei einfließen
läßt, daß er selber einmal auf der Couch gelegen hat, dem wird mit
Sicherheit entgegnet, daß er nur seiner persönlichen Enttäuschung
Luft mache und schon darum nichts von objektivem Belang vorzubringen habe. Wer dagegen sagt, daß er selber keine eigene Erfahrung
habe, noch nicht einmal als Analysand, der hört mit ebensolcher Sicherheit, was schon Freud betonte: daß hier nur mitreden könne, wer
die Psychoanalyse selber ausübe oder wenigstens an sich selber erlebt habe. (Freud: «Sie können mir glauben, daß wir nicht gern den
Anschein erwecken, als seien wir Geheimbündler … Und doch muß-

ten wir erkennen und als unsere Überzeugung verkünden, daß niemand das Recht hat, in die Psychoanalyse dreinzureden, wenn er sich nicht bestimmte Erfahrungen erworben hat, die man nur durch eine Analyse an seiner eigenen Person erwerben kann.» [12]) Da dies so ist, soll hier offenbleiben, ob der Autor auch aus eigener Erfahrung spricht oder solche im Gegenteil immer weit von sich gewiesen hat. Er selber ist sich zwar sicher, daß er in beiden Fällen das gleiche vorbrächte – aber gerade das glaubte ihm unter Psychoanalytikern doch keiner. Wenn er denn ein Motiv nennen sollte, so sagte er schlicht: Er habe mit der Zeit Gründe gewonnen für die Überzeugung, daß das psychoanalytische Gedankengebäude von Grund auf morsch ist. Jeder Autor, der sich mit der Richtigkeit einer Theorie auseinandersetzt, würde für sich selbstverständlich in Anspruch nehmen, daß er es aus Verantwortungsgefühl und Wahrheitsliebe tut. Mir klänge das reichlich hochtrabend – doch warum eigentlich nicht? (Bitteres Kichern auf der Bank der Seelenwärter.) Aber man kommt sich tatsächlich immer etwas lächerlich vor, wenn man «gegen die Psychoanalyse» ist – so als wäre man «gegen» die unbefleckte Empfängnis. (So viele glauben daran und beziehen Trost daraus, und die Welt geht davon eh nicht unter; ist es also nötig, so viele geschätzte Zeitgenossen zu brüskieren?) Ach so, ein verstecktes persönliches Motiv habe ich doch. (Haben wir ja gleich gedacht!) Ich nehme an, daß niemand sich gerne einen Blödmann nennen läßt, und schon gar nicht ohne einen für ihn einsehbaren Grund. Mir geht es so. Wahrscheinlich wäre ich auf das Thema nie zurückgekommen, hätte es beim erstenmal nichts anderes als einen Austausch von sachlichen Argumenten gegeben; daß es verschiedene und unversöhnbare Meinungen gibt, hat man schließlich zu akzeptieren gelernt. Persönliche Invektiven aber, mit souveräner Herablassung verabreicht, wecken in mir eine Art antipluralistischen Sportsgeist: Na, dachte ich mir dann so, das wollen wir doch einmal sehen, wer hier ...

Eigentlich sollte aus allem Folgenden von selbst hervorgehen, daß der Autor keineswegs alle Psychotherapie für Unfug und alle Psychoanalytiker für Schwachköpfe oder Scharlatane hält. Aber sicher ist sicher, und so möchte ich denn ausdrücklich betonen, daß Psychotherapie dringend nötig ist und viele Therapeuten, selbstverständlich auch Psychoanalytiker, ihrer schweren und von deutlichen Erfolgserlebnissen nur selten gekrönten Arbeit einfühlsam und verantwortungsvoll nachgehen und dabei natürlich auch zu manchen Einsichten über die menschliche Psyche gelangen, die jedem Test standhielten. Es ist indessen meine Überzeugung, daß die nötige psychotherapeutische Arbeit um so erfolgreicher getan werden könnte, je realistischer das Menschenbild wäre, das man ihr zugrunde legt. Und dieses erscheint mir um so realistischer, je weniger es sich in Widersprüche zu den Erkenntnissen der (natur)wissenschaftlichen Forschung verstrickt.

Die folgende Warnung ist nur für einen gewissen Lesertyp bestimmt. In manchen, dem naturwissenschaftlichen Denken fernen Provinzen des Geistes – nennen wir sie, etwas ungerecht, «das Feuilleton» – werden Theorien hauptsächlich nach ihrer Interessantheit beurteilt. Populär ist die, die hübsch und verwegen kompliziert aussieht und der die jeweilige Thermik der Zeit Auftrieb gibt. Sonst ist eine wie die andere: eben «bloß Theorie», bloß etwas Ausgedachtes, das man, wenn es nicht mehr so gefällt, getrost auch wieder fallenlassen kann. Daß eine Theorie schlicht mehr oder weniger richtig sein könnte und daß es sehr wohl Kriterien für ihre Glaubwürdigkeit gibt, ist diesem Denken kaum bewußt und auch nur schwer begreiflich zu machen. Ich weiß, wovon ich spreche. Ich habe selber viele Jahre mit einem Bein im «Feuilleton», mit dem anderen auf Wissenschaftsterrain gestanden, tue es in gewisser Weise noch immer; jener Riß, der die «zwei Kulturen» trennt, geht auch mitten durch mich hindurch.

Dort im «Feuilleton» habe ich immer wieder den Typ getroffen, den ich hier im Auge habe. Die Schöne Literatur ist seine einzige wirkliche intellektuelle Liebe. Dazu hat er die Klassiker des Feuilletons studiert, Benjamin, Kracauer, Adorno, Marcuse. Hat ihn jemals ein Heißhunger auf Theorie gepackt, so kennt er auch noch Habermas und Kluge / Negt. Pflichtschuldig liest er die Kulturphilosophen der Saison, dieses Jahr Theweleit, nächstes Glucksmann, übernächstes Sloterdijk. Das ist für ihn Theorie. Von den Naturwissenschaften weiß er nichts. Beim Anblick eines Computers überkommt ihn ein Schauder, den er bei Bedarf in ein kulturkritisches Kopfwiegen überführt. Er ist stolz darauf, keine Glühbirne selber einschrauben zu können. Einen wissenschaftlichen Forschungsbericht hat er auch von fern nie gesehen. Warum der Mond nahe am Horizont größer ist als hoch am Himmel oder wie der Schmerz in den Kopf kommt, wundert ihn nicht. Auch bei der bescheidensten Frage – etwa ob ihm an seinem Sekt das Bukett mehr als das Etikett schmeckt – hat er sich nie überlegt, wie man vorgehen müßte, um nicht eine geistreiche Bemerkung darüber zu produzieren, sondern eine richtige Antwort zu finden; so leicht kommt er von selber nicht darauf, daß die sich überhaupt finden ließe. Er lebt mitten im Mysterium und hat sich damit abgefunden. Ich glaube zu wissen, daß die Angehörigen der beiden Kulturen sogar auf verschiedene Weise lesen. Wer der naturwissenschaftlichen Welt zugehört, fragt angesichts eines Satzes als erstes: Wie glaubhaft ist seine Aussage? Der Angehörige der literarischen Kultur fragt: Wie originell klingt er, wie schön ist er formuliert? Es käme ihm nicht ohne weiteres in den Sinn, daß ein Satz vor allem dazu dasein kann, genau das zu besagen, was er zu besagen scheint, nicht mehr und nicht weniger – er sucht ganz unwillkürlich nach dem, was hinter ihm stecken mag. Soweit er die Naturwissenschaften kennt, ist es aus der Lektüre von Feyerabend, Chargaff oder Capra, und die hat ihn in der Überzeugung bestärkt, die er auch vorher schon sein eigen nannte: daß sie vermutlich gefährlich sind und jedenfalls gräßlich langweilig – immer nur winzige Probleme, immer nur Wenns und Abers, keine Eleganz, keinerlei Größe, das Gegenteil von «Geist». «Fliegenbeinzähler». Von der Biologie weiß er, daß sie sich mit irgendwelchen obskuren Kräutern und Viechern befaßt, «Tiefseelurchen» zum Beispiel. Von ihr weiß er auch genau, daß sie nichts über den Menschen zu sagen hat; wo sie sich derlei doch herausnimmt, muß es sich um Faschismus handeln. Da ist und bleibt er «unversöhnlich» und sagt es – und hält es für pure Verstocktheit, wenn er hören muß, daß der empirischen Wissenschaft von den Lebensprozessen und Lebensformen seine Abneigung einfach egal ist, da sie es nicht mit Werten und Meinungen zu tun hat, sondern mit Tatsachen, die sich durch seine Antipathie nicht ändern oder in Nichts auflösen und die er auf seine eigene Gefahr ignoriert. Manchmal gehören Teile der psychoanalytischen Theorie zu seiner Bildungsausrüstung. Hier, bei diesem Literatentyp, hat die Psychoanalyse immer einen starken Rückhalt gehabt. Und ich vermute, sie wird ihn behalten. Wenn sie in der Klinik längst zu einer belächelten fernen Legende geworden ist, so denke ich mir, wird man im «Feuilleton» immer noch von narzißtischen und ödipalen Seelenverschlingungen raunen und wähnen, damit etwas Treffendes und sogar Wissenschaftliches über die menschliche Seele gesagt zu haben. Die Psychoanalyse «deutet» und «interpretiert» und sucht den «Sinn» wie im geisteswissenschaftlichen Seminar, und gleichzeitig scheint sie immer noch eine Wissenschaft zu sein, die Naturphänomene erklärt – eine bestechende Kombination. Sie kommt dem entgegen, was man das «Sinndefizit» heißt, ein Vakuum, das nicht durch klein-kleine Erkenntnisfortschritte, sondern nur durch dramatische Kolossalmythen zu füllen ist. Sie ist sein Fall.

In diesem Buch wird diese hochinteressante Theorie aus etlichen Blickwinkeln in Zweifel gezogen. Der Autor macht nicht den minde-

sten Versuch, eine ähnlich interessante und umfassende Alternativtheorie zu propagieren; im Gegenteil, er betont hiermit ausdrücklich, daß er jedem Versuch dieser Art von vornherein tiefstes Mißtrauen entgegenbrächte und ihm wenig Chancen einräumte, die
Wahrheit zu treffen. Er hängt der Meinung an, daß es besser ist, Unwissenheit einzugestehen (also etwa zuzugeben, daß wir heute einfach nicht genau wissen, welche Faktoren im frühkindlichen Erleben
unter welchen Umständen zu psychischen Störungen führen und
welche davor schützen), als vorschnellen Erklärungen Glauben zu
schenken, die zufällig richtig, aber auch zufällig falsch sein mögen
und die in jedem Fall der Suche nach richtigeren Erklärungen im
Wege stünden. Der Autor hat jenem Sinndefizit nichts zu bieten. Er
ist indessen sicher, daß er nicht einfach Meinung gegen Meinung
setzt und daß der Leser somit auch nicht ganz frei ist, sich die apartere auszusuchen. Hier wird nicht im Namen abweichender Ideen
kritisiert, sondern im Namen abweichender Tatsachen. Empirische
Tatsachen lassen sich nicht behandeln, als wären sie bloße unverbindliche Meinungen, unter denen man sich dann ruhig auch gleich
die sympathischste oder opportunste, die linkeste oder rechteste, die
anschaulichste oder abstrakteste, die humanste oder misanthropischste aussuchen kann. Aus der Welt zu schaffen sind sie nur durch
ihresgleichen, nämlich durch härtere empirische Tatsachen. So
macht die Kritik überhaupt nur die eine Hälfte des Buchs aus – ein
ganzes Buch, das nichts enthielte als Kritik, käme mir ziemlich langweilig vor; die andere Hälfte konfrontiert einige zentrale psychoanalytische Annahmen mit Forschungsergebnissen, welche andere, modernere, glaubwürdigere Erklärungsansätze für die gleichen Fragen
enthalten, die die Psychoanalyse aufgeworfen hat.

Tatsachen, Fakten – in den Ohren derjenigen, die sich als die Verwalter der seelischen Tiefe sehen, klingen diese Worte von vornherein suspekt. Wer empirische Fakten ins Feld führt, der kann doch nur
ein seichter Positivist sein. Darum betone ich an diesem Ort der persönlichen Erklärungen: Die Frage, ob sich das seelische Geschehen
eines Tages restlos mit naturwissenschaftlichen Methoden erfassen
läßt, halte ich für offen; heute jedenfalls sind wir noch sehr weit davon entfernt. Wer Erhebliches über die Psyche sagen will, muß
darum den Boden der (natur)wissenschaftlich gewonnenen Fakten
immer wieder verlassen. Nur kann keine über die erhärteten Fakten
hinausgehende Theorie es sich leisten, sich direkt in Widerspruch zu
ihnen zu stellen; Fakten können wohl überschritten, aber nicht ungestraft ignoriert werden.

Die Diskrepanz zwischen psychoanalytischer Lehre und dem, was Psychoanalytiker zuweilen – halb furchtsam, halb abschätzig – die «akademische» Psychologie nennen, ist die Wurzel dieses Buchs. Wenn ich mich in den letzten zwölf Jahren des näheren mit verschiedenen psychologischen Themen befaßte (der Erblichkeit der Intelligenz, der Herkunft der Gefühle, dem Schlafen und Träumen, der Zwillingsforschung, den funktionalen Gehirnasymmetrien, dem Spracherwerb, dem Kibbuz als Verhaltenslaboratorium, dem Fall der Wilden Kinder), habe ich natürlich immer wieder an das zurückgedacht, was mir damals von der psychoanalytischen Theorie in Erinnerung war, die mich seit meiner Studentenzeit fasziniert hatte, und immer wieder drängte sich geradezu der Schluß auf: Wenn das jetzt richtig ist, dann kann das damals nur falsch gewesen sein. Zum Beispiel: Wenn die Gedächtnisforschung nicht ganz und gar auf dem Holzweg ist, speichern wir nur einen kleinen Teil unserer Eindrücke überhaupt im Gedächtnis und verändern diese Erinnerungen beim Erinnern sehr leicht, setzen dann aber die redigierte Version an die Stelle der ursprünglichen Erinnerung, die damit ein für allemal verloren ist. Wenn das aber so ist, dann hatte Freud unrecht mit seiner Annahme, der Mensch behalte von Geburt an sämtliche Erlebnisse unverrückbar im Gedächtnis: «Alle Eindrücke [sind im Unbewußten] in der nämlichen Art erhalten, wie sie aufgenommen wurden, und überdies noch in all den Formen, die sie bei den weiteren Entwicklungen angenommen haben ... Der Theorie zufolge ließe sich also jeder frühere Zustand des Gedächtnisinhaltes wieder für die Erinnerung herstellen ...»[13] Wenn nun aber viele Eindrücke in seinem Gedächtnis entweder gar nicht oder nur in zum Teil fingierten und frisierten Fassungen erhalten bleiben, dann wird es sehr schwer vorstellbar, in welcher Form das Gehirn eigentlich all die nach Freudscher Lehre nur vergessenen («verdrängten»), aber durchaus noch vorhandenen traumatischen Erfahrungen aufbewahren könnte, die den Menschen krank machen sollen; und es stellen sich prompt Zweifel ein, ob die heroische Erinnerungsanstrengung einer Psychoanalyse mit auch nur einiger Sicherheit zu den «echten» ausschlaggebenden Erinnerungen führen kann.

In solchen Fällen war der Eindruck eines schier unüberbrückbaren Grabens zwischen akademischer Psychologie und Freudscher Lehre so stark, daß ich ihm schließlich systematisch nachging. Ich dachte zunächst, ich würde eine völlig veränderte Psychoanalyse vorfinden, die stärkstes Interesse an den neuen, auch sie betreffenden Fakten nähme, sie geradezu begierig verarbeitet und die eigenen Theorien entsprechend revidiert hätte und immer weiter revidierte. Darin hatte ich mich getäuscht.

Dies Buch allerdings hält sich mehr an Freuds Theorie und weniger an deren modernere Umformulierungen. Das hat es mit dem der Psychologen Fisher und Greenberg über die wissenschaftliche Glaubwürdigkeit der Psychoanalyse gemein, und diese begründen diese Beschränkung so: «Erstens haben die meisten wissenschaftlichen Studien sich bei ihren Überprüfungen auf Freuds ursprüngliche Modelle konzentriert. Zweitens ist die Vielfalt der sekundären Abwandlungen Freudscher Ideen so babylonisch, daß sich aus ihnen beim besten Willen keine vernünftigen Hypothesen ableiten ließen, die man dem empirischen Test unterziehen könnte. Schließlich gibt es keinerlei Indiz dafür, daß diese sekundären Abwandlungen auf eine Weise hervorgebracht wurden, die sie dem Original überlegen machte.» [14]

Dem möchte ich nur wenig hinzufügen. Auch wenn viele Analytiker von vielem Abstand genommen haben, sind doch fast alle Freudschen Theorien noch irgendwo lebendig und werden hervorgeholt, wann immer sie sich brauchen lassen. Auch die psychoanalytische Hermeneutik, die gegenwärtig *en vogue* ist, schmuggelt zumeist Freuds spezielle theoretische Annahmen in ihre Version der Psychoanalyse ein und nicht die späterer Revisionisten; selber hat sie keine eigenen ätiologischen Annahmen hervorgebracht, und sie will es auch nicht und wäre dazu gar nicht in der Lage. Während sich die psychopathologischen Theorien nicht weniger heutiger Psychoanalytiker – ich nenne als Beispiel Silvano Arietis Buch über die Schizophrenie – der allgemeinen Psychiatrie annähern, so sehr, daß sie von dieser kaum noch zu unterscheiden sind (womit ihnen jeder speziell psychoanalytische Gehalt verlorengeht), sind mir zu Freuds zentralen allgemeinpsychologischen Annahmen keinerlei moderne Alternativen bekannt, die auf die sonst in den Wissenschaften übliche Weise gewonnen und getestet worden wären.

Als Theorie hat die Psychoanalyse heute einen verwirrend unbestimmten Status. Sie existiert nicht in der einen aktuellen Version, so wie etwa Chomskys Grammatiktheorie durch alle ihre Revisionen hindurch ein relativ einheitliches Gebilde blieb. Wer so naiv wäre, nach der gegenwärtig verbindlichen Theorie der Psychoanalyse zu fragen, müßte sich belehren lassen, daß es nichts dergleichen gibt. Unter dem geräumigen Dach der Psychoanalyse wohnen heute orthodoxe Freudianer; Revisionisten vieler Schattierungen; murmelnde Mystagogen, von denen man nur hoffen kann, daß wenigstens sie selber ihre eigenen Theorien verstehen; Praktiker, die vor allem Ärzte sind und sein wollen, welche das seelische Leben ihrer Patienten wichtig nehmen und denen das Getümmel der Theorien relativ gleichgültig ist; und gelegentlich trifft man sogar auf einen, der die (natur)wissenschaftliche Kritik für berechtigt und sogar dringend nötig hält und sie selber vorantreibt, überzeugt, daß die Psychoanalyse keine Zukunft haben wird, wenn es ihr nicht gelingt, eine auch dem (natur)wissenschaftlichen Test gewachsene Theorie und Praxis zu entwickeln. Ein wenig macht sich jeder ihrer Anhänger heute seine eigene Theorie zurecht, läßt jenes fallen, hält an diesem fest, formuliert sich das dritte um – in der Tat, ein Babel, undurchdringlich.

Diese ihre Offenheit für neue, abweichende Meinungen wird manchmal geradezu für einen Ausweis ihrer Wissenschaftlichkeit gehalten: Seht doch, wie aufgeschlossen wir für Neuerungen sind! Es sind aber Neuerungen, denen etwas Zufälliges und Beliebiges anhaftet und die den Bezugsrahmen der Psychoanalyse nie verlassen; einen Bezugsrahmen, dem nicht weniger Realität zukommt, weil er unscharf ist und man ihn nirgends ausbuchstabiert findet. In all den Revisionen bleibt ein Freudscher Kern erhalten.

Wer nicht wenigstens der Ansicht ist, daß psychische Störungen auf die Verdrängung früherer Triebwünsche ins Unbewußte zurückgehen; und daß sie gemildert oder geheilt nur werden können, indem man jene alten Vorstellungen, Gefühle und Gedanken in eingehenden Gesprächen entgegen allen «Widerständen» ins Bewußtsein holt – also wer nicht meint, das gegenwärtige seelische Erleben im Lichte früheren, kindlichen Erlebens «deuten» zu können und zu müssen –, der wird sich kaum Psychoanalytiker nennen wollen. Freud hätte ihm jedenfalls den Titel aberkannt. Er hat angegeben, was er als den unverzichtbaren Kern seiner Lehre betrachtete: «Die Annahme unbewußter seelischer Vorgänge, die Anerkennung der Lehre vom Widerstand und der Verdrängung, die Einschätzung der Sexualität und des Ödipus-Komplexes sind die Hauptinhalte der Psychoanalyse und die Grundlagen ihrer Theorien, und wer sie nicht alle gutzuheißen vermag, sollte sich nicht zu den Psychoanalytikern zählen.» [15] Heute heißt es, der orthodoxe Freudianer unterscheide sich vom Revisionisten dadurch, daß er an den Ödipus-Komplex «glaubt» – ein Glaube, der nur auf einer ganzen Reihe von Vorentscheidungen für Freudsche Theorien beruhen kann.

Eine der angesehensten psychoanalytischen Institutionen der Welt ist die Menninger-Klinik, 1925 in Topeka, Kansas, von dem Psychoanalytiker und Psychiater Karl Menninger gegründet. Ende der fünfziger Jahre wurden dort für ein Forschungsprojekt die Grundannahmen der psychoanalytischen Neurosenlehre bündig neu formuliert, und zwar so: «Psychische Krankheit entsteht aus intrapsychischen Konflikten, die auf andere Weise nicht lösbar sind. Diese Konflikte sind zum großen Teil unbewußt. Intrapsychische Konflikte sind verknüpft mit frühkindlichen Erfahrungen und repräsentieren unzulänglich gelöste kindliche Konflikte ...»[16] Man sieht, was fallengelassen wurde: die Libidotheorie, also Freuds Annahme, daß jene frühkindlichen Konflikte unweigerlich sexueller Natur seien, und mit ihr die Lehre von der «psychosexuellen» Entwicklung; auch ein Hinweis auf Freuds Instanzenlehre (also das intrapsychische Gerangel von Es, Ich und Über-Ich) fehlt auffällig – nur das «Ich» tritt im folgenden auf. Man sieht aber auch, was aufrechterhalten wurde: daß psychische Störungen nur psychische Ursachen – also Ursachen im Erleben – haben können; daß diese Ursachen im «Unbewußten» zu suchen seien; daß sich die ausschlaggebenden unbewußten Konflikte in der Frühkindheit eingestellt haben. Dieser Kern der Lehre aber ist es, mit dem das vorliegende Buch sich hauptsächlich beschäftigt. Er, so versucht es zu zeigen, ist so zweifelhaft geworden, daß bloße Umformulierungen oder Verundeutlichungen aus ihm keinen gesunden Ausgangspunkt für irgendeine Theorie mehr machen können.

Meine Einstellung zu Freud ist nicht auf einen Nenner zu bringen. Das von ihm errichtete Gedankengebäude halte ich von den Fundamenten aufwärts für marode, einen Irrtum, ein Wahnsystem, in genau dem gleichen Sinn, in dem Hoimar v. Ditfurth es für eine Art modernen Hexenwahns hält. Die Psychoanalyse, so schrieb er mir einmal, gebe sich ganz wie eine regelrechte Wissenschaft; sie habe eine eigene Nosologie [= systematische Lehre von den Krankheiten], eine eigene Ätiologie [= Lehre von den Krankheitsursachen], einen eigenen Wissenschaftsbetrieb mit Professuren und Instituten und Kongressen und Fachzeitschriften, alles – nur daß es ihren Gegenstand [das «dynamische Unbewußte»] sowenig gibt, wie es je Hexen gab. (v. Ditfurth erinnert sich, daß er in seiner Zeit als Professor für Psychiatrie von den Kollegen traktiert wurde, als habe er einen peinlichen Dachschaden, wenn er dergleichen äußerte.) Ich verübele es Freud, daß seine Lehre so lange so viel Intelligenz, Neugier, Energie für sich in Anspruch genommen hat. Andererseits war sie ein durchaus imposantes Gedankengebäude, und dergleichen eigenhändig zu schaffen und durchzusetzen war schon eine bewundernswerte Tat, die sogar noch bewundernswerter wirkt, wenn man der Ansicht ist, der Bau sei völlig verfehlt gewesen. Die Wahrheit hilft sich hoffentlich selbst; aber einem grandiosen Irrtum zum Sieg zu verhelfen, welche Leistung!

Als Schriftsteller, meine ich, hat Freud in seinen berühmten Fallgeschichten kostbare Exempel unfreiwillig komischer Literatur geschaffen, in denen die Logik die groteskesten Bocksprünge vollführt, um irgendeine Hypothese schließlich für zweifelsfrei bewiesen erklären zu können. (Wenn man an die Patienten denkt, die diesem haarspalterischen rechthaberischen Furor ausgesetzt waren, bleibt einem das Lachen allerdings in der Kehle stecken.) Aber insgesamt hat er in die Beschreibung seelischer Vorgänge eine Klarheit, Anschaulichkeit, Sachlichkeit eingeführt, die Maßstäbe setzt und sich aufs vorteilhafteste von dem gewundenen, blutleeren, scholastischen Geraune vieler seiner Gefolgsleute abhebt. Er war auch ein Meister der Rhetorik. Wie er in seinen Schriften seine Theorien unmerklich verändert, wie er eklatante Brüche als Kontinuitäten ausgibt, wie er an den zweifelhaftesten Stellen mit dem Wort «unzweifelhaft» operiert, wie er zur Kritik auffordert und gleichzeitig ihre Aussichtslosigkeit beteuert, wie er auf angebliche frühere Beweise verweist oder auf spätere vertröstet, wie er Einwände vorwegnimmt, um sie schon im Ansatz zu ersticken, wie er sich bald klein macht und bald groß, wie er sich bald als bedauernswertes Opfer dummer und unanständiger Machenschaften, bald als Triumphator darstellt, wie er es fertigbringt, jeden Zweifelnden als hoffnungslos altmodisch und sexuell verklemmt dastehen zu lassen – das ist in der Tat große Klasse.

Die folgenden Kapitel sprechen nicht die feine Sprache der Psychoanalyse, sie zitieren sie nur stellenweise. Kein Gesetz schreibt vor, daß über die Psychoanalyse nur in der Sprache der Psychoanalyse geschrieben werden kann. Es erlaubte zu wenig Distanz. Wer in den Begriffen der Psychoanalyse denkt, spricht und schreibt, ist schon in ihr gefangen: erkennt ihre Kategorien als sinnvoll an, übernimmt die Erklärungen, die in ihnen stecken. In eine weniger entgegenkommende Sprache übersetzt, wirken manche Thesen der Psychoanalyse allerdings von vornherein befremdlicher als in ihrem sprachlichen Heimathafen.

Wenn es in dem Buch einige Wiederholungen gibt, so darum, weil jedes seiner Kapitel autark sein soll, nicht auf die anderen angewiesen. Und wenn für meinen Geschmack etwas viel zitiert wird, so hat das einen einfachen Grund. Wer sich mit der Psychoanalyse anlegt und deren Lehren mit seinen eigenen Worten wiedergibt, dem wird mit Sicherheit vorgehalten, Freud oder die anderen Autoren, die er erwähne, hätten nie im Leben behauptet, was er ihnen heimtückisch unterschiebe; oder er habe ihre Worte völlig mißverstanden und entsprechend entstellt reproduziert. «Lesen Sie gefälligst erst einmal Freud!» Diesen sterilen Debatten, die in der Regel damit enden, daß sich die Debattanten gegenseitig widersprüchliche Freud-Zitate – die es in großer Zahl gibt – um die Ohren schlagen, soll hier soweit wie möglich vorgebeugt werden. Da stehen also die Belege, der Leser kann sie anhand der bibliographischen Verweise mühelos zu den Quellen zurückverfolgen, und er kann sich selber ein Urteil darüber bilden, ob sie bedeuten, was der Autor ihnen entnommen hat.

Der Autor sucht nicht für jede Beobachtung und Behauptung Schutz hinter dem breiten Rücken einer Autorität, obwohl nahezu jeder seiner kritischen Gedanken von jemand anderem vorgedacht wurde, dem er dankbar verpflichtet ist, auch manchem Psychoanalytiker – an erster Stelle nenne ich den Kinderpsychiater John Bowlby, den Schriftsteller Frederick Crews, den Psychologen Hans Jürgen Eysenck, den Philosophen Adolf Grünbaum, den biologischen Anthropologen Hansjörg Hemminger, den Psychoanalytiker Emanuel Peterfreund. Wo sie etwas besser gesagt haben, als er es hätte sagen können, kommen sie auch selber zu Wort. Nebenbei hilft das vielleicht den Eindruck zerstreuen, den manche von Kindesbeinen an mit der Psychoanalyse aufgewachsenen Leute zu haben scheinen, wenn sie zum erstenmal zur Kenntnis nehmen, daß es Zweifel an ihrem heimatlichen Denkgehäuse gibt: der Kritiker könne nur einer von jenen komischen Heiligen sein, die eigenhändig herausgefunden haben, daß alles falsch ist, was der Rest der Welt für wahr hält. In Deutschland kommt man sich als Kritiker der Psychoanalyse tatsächlich (noch) etwas einsam vor; aber gar nicht mehr, wenn man über den nationalen Heckenzaun hinwegsieht. Hinter den Argumenten dieses Buchs läßt sich ein ganzer Archipel von Widerspruch erkennen.

Der Autor hält sich vorwiegend an jenen Kern der weiträumigen psychoanalytischen Theorie, der in das Bewußtsein der Allgemeinheit eingedrungen ist und den Zeitgeist mitgeprägt hat; ein Seitenblick gilt immer wieder den populären Denkfiguren, in denen einem heute das Gedankengut der Psychoanalyse allüberall begegnet. Er ignoriert auch viele verschlungene Subtilitäten der Lehre, etwa jene, mit denen sie sich hauptsächlich vor internen Schwierigkeiten schützen will; so geht er nicht darauf ein, daß das Wort «unbewußt» bei Freud einmal, im sogenannten topischen Sinn, ein «System» innerhalb der Psyche bezeichnet, ein andermal, im deskriptiven Sinn, eine Eigenschaft, die auch Inhalten anderer psychischer «Systeme» zukommt. Er hält sich des weiteren nicht bei der psychoanalytisch inspirierten Kulturphilosophie neueren Datums und bei den spezielleren Fragen der Neurosenlehre auf. Freuds Vorstellungen zur Psychopathologie sind nur geschichtlich zu verstehen, im Kontext des medizinischen Wissensstandes des ausgehenden neunzehnten Jahrhunderts; Henri F. Ellenberger[17], Frank J. Sulloway[18] und Elizabeth M. Thornton[3] haben sie mit viel detektivischem und historischem Spürsinn in diesen Zusammenhang gestellt. Wo sie solchermaßen zu ihren Ursprüngen zurückverfolgt wird, wirkt die ganze Freudsche Theorie zuweilen wie eine einzige Groteske: wie der Fiebertraum einer mittlerweile museal gewordenen Epoche der Medizin. Aber Freuds allgemeinere Theorien haben es geschafft, sich von diesem ihrem Mutterboden wunderbar zu lösen. Ihren Ursprung sieht man ihnen nicht mehr unbedingt an.

Der Autor – um es kurz zu sagen – versteigt sich nicht in die zahllosen feinen Verästelungen der psychoanalytischen Theorie, weil er von dort oben niemals wieder herunterkäme. Er begnügt sich sozusagen mit der Froschperspektive. Der Frosch hält sich am Boden auf, im Vertrauen, es sei der der Tatsachen.

2. EINE IDEOLOGISCHE WELTMACHT: ÜBER DEN SIEGESZUG DER PSYCHOANALYSE

Darin sind sich seine Verächter mit seinen Verehrern einig: kein anderer einzelner hat das Denken dieses Jahrhunderts so stark beeinflußt wie Sigmund Freud; kein anderer hat so viel wie er zu dem Bild beigetragen, das sich der Mensch der westlichen Zivilisation heute von sich selber macht.

Die Psychoanalyse, zuerst verspottet und bekämpft (wenn auch längst nicht so stark, wie Freud gern glauben machte), dann in ihrer österreichisch-deutschen Heimat verfemt und verfolgt, ist inzwischen zu einer ideologischen Weltmacht geworden. Die Verfolgung durch den Nazistaat hat ihre Praktikanten in alle Welt vertrieben, vor allem nach England und Amerika, und sie sichert ihr bis heute die Sympathie der Demokraten. Wer von einer Gangsterbande bedrängt wurde, verdient der nicht Respekt und Schonung auf alle Zeit? Nur, es betreiben ihre Anhänger heute überlaufene Praxen und haben geachtete Lehrstühle inne. Heute gibt es Psychoanalyse als Kassenleistung, einzeln und in Gruppen – die analytischen waren lange die einzigen Psychotherapien, die dem Kranken bezahlt wurden, und nur mühsam hat sich die Verhaltenstherapie neben ihnen das gleiche Privileg erkämpft. Wer heute eine Psychotherapie in Anspruch nehmen will, kommt an der Psychoanalyse schwerlich vorbei; zumindest als überweisenden Arzt oder als Gutachter muß er einen Facharzt für Psychotherapie bemühen, und Fachärzte für Psychotherapie haben in der Bundesrepublik meist eine psychoanalytische Ausbildung. Die beiden Berufsverbände der Psychoanalytiker verteidigen deren materielle Interessen gegen die andrängende Konkurrenz anderer Therapieschulen mit der gleichen Zähigkeit wie nur irgendeiner. Heute gibt es nicht nur jede Menge psychoanalytische Tagungen und Kongresse und eine Flut psychoanalytischer Fachschriften in vielen Sprachen und Formaten und Schattierungen – die Spuren psychoanalytischer Thesen und Denkweisen sind längst in vielen Winkeln des öffentlichen Bewußtseins zu finden, auch ganz und gar unvermuteten. Die Psychoanalyse ist also schon lange alles andere als eine arme Verfolgte, die Schutz und Nachsicht brauchte. Trotzdem haftet ihr noch immer der Nimbus verbotenen oder verpönten Wissens an, der gebieterisch attraktive Nimbus einer «unterdrückten Gedanken- und Erkenntniswelt», den Margret Boveri ihr einmal zuschrieb.[1]

Ihre Adepten sind organisiert in exklusiven Orden, in deren Hand sich nicht weniger befindet als schlechterdings «das kostbarste Instrument der Menschenkenntnis, das wir besitzen» (der Psychoanalytiker Alexander Mitscherlich[2]). Zugelassen wird, wer sich in einem jahrelangen Initiationsritus als gelehrig und würdig erweist: Es kostet viel Zeit und Geld und oft auch erhebliche Seelenqualen, und das soll es, denn so beweist der Kandidat, daß es ihm ernst ist und er der Sache treu ergeben und bereit, ihr Opfer darzubringen. Überhaupt hat die Institution Psychoanalyse viele Züge einer weltlichen Kirche, mit den für Kirchen typischen Richtungskämpfen, Abspaltungen und Ketzerverbrennungen und den obligaten ehrerbietigen Berufungen auf das hinterlassene Wort des Gründers (besonders dann, wenn man ihm in irgendeinem Punkt zu widersprechen vorhat). Der Analytiker ist ein weltlicher Seelsorger, und das ist kein polemischer Seitenhieb. Freud selber: «Mit der Formel ‹Weltliche Seelsorge› könnte man überhaupt die Funktion beschreiben, die der Analytiker, sei er nun Arzt oder Laie, dem Publikum gegenüber zu erfüllen hat ... Wir Analytiker setzen uns eine möglichst vollständige und tiefreichende Analyse des Patienten zum Ziel, wir wollen ihn nicht durch die Aufnahme in die katholische, protestantische oder sozialistische Gemeinschaft entlasten, sondern ihn aus seinem eigenen Inneren bereichern, indem wir seinem Ich die Energien zuführen, die durch Verdrängung unzugänglich in seinem Unbewußten gebunden sind ...»[3]

Jemand hat einmal richtig bemerkt, daß die Psychoanalyse unter den Wissenschaften einzigartig sei: Alle definieren sich selber als völlig offene Unternehmungen zur Erkundung irgendeines Sachgebiets, als bloße Forschungsbereiche (die Astronomie als die Erforschung der Himmelskörper, die Psychologie als die Erforschung der Seelenvorgänge) – ganz allein die Psychoanalyse definiert sich als die (mit der Zeit aus- und umgestaltete) Lehre einer Gründerfigur. Zum Beispiel in einem verbreiteten Wörterbuch der Psychologie: «Psychoanalyse.

Bezeichnung für das theoretische System und die Behandlungstechniken von psychischen Störungen nach S. Freud und seinen Schülern und nachfolgenden Interpreten.» Unvorstellbar, daß man irgendwo einen Lexikoneintrag dieser Art fände: «Biologie. Bezeichnung für das theoretische System und die Manipulation von Lebensvorgängen nach C. Darwin und seinen Schülern und nachfolgenden Interpreten.» Daher der leicht mittelalterliche Touch der Psychoanalyse. Sie hat die meisten Antworten schon, ehe sie mit dem Fragen beginnt, und außerhalb ihres theoretischen Systems sucht und fragt sie nicht gern.

Was hat ihr bloß zu diesem Siegeszug verholfen? Die Psychoanalyse spekuliert selber so ausgiebig, daß es zur Abwechslung auch einmal einem ihrer Kritiker verstattet sein mag, sich ein paar Spekulationen herauszunehmen.

Viel von ihrem allgemeinen Appeal dürfte darauf zurückgehen, daß sie wenn nicht «alles», so doch ungeheuer viel zu erklären vorgab, vom kleinsten *Lapsus linguae* bis zur Geschichte aller menschlichen Kultur – keine andere psychologische Theorie hat je einen auch nur entfernt ähnlichen Anspruch erhoben. Welche Frage zur Psychologie des Alltagslebens man sich auch immer stellte – warum man über einen Witz lacht, warum man letzte Nacht vom Friseur träumte, warum man sich mit seinem Sohn so häufig zankt, warum die Freundin so gern Konfekt ißt, warum der Nachbar immer wieder das letzte Hemd verspielt: einzig bei der Psychoanalyse konnte man hoffen, auf all das irgendwo eine Antwort zu finden. Das Freud-Zitat ist geradezu ein Ausweis psychologischer Bildung oder vielmehr Halbbildung geworden. Wer eine psychologische Erklärung für egal was sucht, braucht sich nur ein wenig bei Freud umzuschauen. Irgendeine passende Stelle findet sich da garantiert, und sie macht sich immer gut.

Was man da fand oder sich aus zweiter und dritter Hand zureichen ließ, das – dies der zweite Grund – trug immer den Stempel der Wissenschaftlichkeit. Nicht den des besonders sorgfältig Geprüften und Erhärteten – wie hätte man den, oder sein Fehlen, auch ohne weiteres bemerken können? Es klang nur alles so ungemein wissenschaftlich, wie sich Klein Moritz halt Wissenschaft vorstellt, durchsetzt mit vielen ehrfurchtgebietenden Fachwörtern und dunklen Sinns: «Vermittler der Internalisierung von Objektbeziehungen ist die Identifizierung ...» «Das Fortbestehen multipler Introjekte aus früher Zeit geschieht anfangs passiv durch Versagen der Integrationsfunktionen des Ichs und später aktiv durch den zentralen Mechanismus der Spaltung, dem die Funktion eines archaischen Abwehrmechanismus zukommt …» Oder O-Ton Freud: «Wenn das Objekt die Quelle von Lustempfindungen wird, so stellt sich eine motorische Tendenz heraus, welche dasselbe dem Ich annähern, ins Ich einverleiben will; wir sprechen dann auch von der ‹Anziehung›, die das lustspendende Objekt ausübt, und sagen, daß wir das Objekt ‹lieben›. Umgekehrt, wenn das Objekt Quelle von Unlustempfindungen ist, bestrebt sich eine Tendenz, die Distanz zwischen ihm und dem Ich zu vergrößern … Wir empfinden die ‹Abstoßung› des Objekts und hassen es; dieser Haß kann sich dann zur Aggressionsneigung gegen das Objekt, zur Absicht, es zu vernichten, steigern.»[4] Was alles ja nur heißt: wer uns Lust macht, in dessen Nähe halten wir uns gerne auf, und das nennen wir Liebe; umgekehrt hassen und meiden wir, wer unsere Unlust erregt – eine ungemein platte Auffassung übrigens von Liebe und Haß. Aber wie wissenschaftlich hört sie sich an: «Apparat» statt Seele, «motorische Tendenz» statt Bewegungsrichtung, «Objekt» als Passepartoutbegriff für alles, was uns nicht ganz kalt läßt, den geliebten oder gehaßten Menschen, irgendein eigenes oder fremdes Körperteil oder irgendein Gegenstand! (Die Etikettierung jeglichen Liebespartners als «Objekt», also seine Instrumentalisierung zu einem im Prinzip austauschbaren Ding, mit dessen Hilfe man sich Lust erzeugt, indem man seine Triebspannungen an ihm abreagiert, mutet übrigens nicht nur so inhuman an, wie manche wissenschaftliche Terminologie notwendig anmutet. Da sie hier einer höchst verkürzten wissenschaftlichen Sicht entspringt, die der Bindungsmotivation des Menschen in keiner Weise gerecht wird, ist sie auch tatsächlich ziemlich inhuman.) Und wie dramatisch dazu: «einverleiben» – im gleichen Aufsatz bestätigt Freud, daß er tatsächlich ans Fressen denkt, daß die Liebe des Neugeborenen zu seiner Mutter darauf aus ist, sie sich kannibalisch einzuverleiben, nämlich ihre Brüste zu fressen.

Drittens trägt die Psychoanalyse bis heute den Stempel einer Geheimlehre: Sie vereint eine Bruderschaft in esoterischem Wissen. Daß sie in vielem der allgemeinen Intuition so kraß widerspricht, macht ihre Attraktion nicht schwächer, sondern stärker. Nicht obwohl sie den gesunden Menschenverstand vergewaltigte, sondern weil sie es tat, konnte sie als Geheimlehre reüssieren. Daß der Säugling an der Mutterbrust saugt, weil er Milch trinken will, und am Schnuller, weil er ihn als Ersatz für die Brust nimmt, kann schließlich jeder behaupten; daß er es tut, weil er kannibalische Gelüste verspürt und sich mit dem Nuckel sexuell befriedigt, sieht man nur dank esoterischem Wissen ein. Im Fall der Psychoanalyse hat dies zudem die Eigenschaft, daß es trotz seiner Radikalität zu keinerlei praktischen Konsequenzen führt oder verpflichtet. Die eingeweihte Mutter, die «weiß», daß ihr Winzling sie in Wahrheit auffressen will, füttert ihn darum noch um keinen Deut anders.

Der vierte Grund für den Siegeszug der Psychoanalyse: «Es ist offensichtlich, daß all die verschiedenen Zweige der Geisteswissenschaften im Einklang mit den Erkenntnissen, die die Psychoanalyse über den Menschen zutage gefördert hat, neugeschrieben werden müssen», verkündete der Psychoanalytiker Kurt Eissler[5], und das war noch nicht einmal eine hochgemute Übertreibung. Eissler nahm die Psychoanalyse nur völlig ernst; wären ihre Thesen nämlich auch nur halb richtig, so hätten alle Wissenschaften, die sich mit dem Menschen befassen, tatsächlich von vorn anfangen müssen. Eine solche Sprengkraft steckte in keiner anderen Theorie. Keine andere psychologische Lehre hatte es in sich, möglicherweise das meiste Bisherige einzureißen und zu Schrott zu machen.

Die Psychoanalyse stellte fünftens einen Denkstil zur Verfügung, in dem sich unbekümmert um Tatsachen theoretisieren läßt, und kam damit jenen intellektuellen Begabungen entgegen, großen darunter, die erhabene Gedankenkonstruktionen so gern errichten, wie sie ungern platte Fakten sammeln und sichten, mit derberen Worten: sie war eine Einladung zu abgehobener Gedankenäquilibristik hoch droben in der Zirkuskuppel.

Sechstens war sie aber auch einfach unterhaltend. Hans Jürgen Eysenck: Freuds «Theorien sind wie eine mittelalterliche Moralität, mit Helden, Schurken und Ungeheuern, die aus allen Richtungen dahergeschossen kommen. Hier fechten ‹Ich›, ‹Es› und ‹Über-Ich› ihren Dreikampf aus, dort kämpft die Zensur mit den Mächten des Unbewußten! Seht, wie der gefeierte Ödipus-Komplex sich den Weg an die Oberfläche freischaufelt. Seht ‹Sublimation› und ‹Verdrängung› am Werk! Schaut, wie Eros gegen Thanatos kämpft! Eine kolossale Truppe, und ihre Possen sind verblüffend. Die ganze Handlung des Stücks dreht sich um Sex – könnte es einen größeren Schlager geben?»[6] Andere machen vorsichtig einen kleinen Schritt auf den andern, die Psychoanalyse hat es mit Mythen zu tun, dem Urtyrannen, Ödipus, Narziß in jedermann. Andere plagen sich mit Korrelationen und Signifikanzen, trockenstem Zahlenzeug, sie spricht von Sex & Crime, entdeckt wilde Lüste und mörderische Absichten, wo andere nur eine triviale Vergeßlichkeit wahrnehmen. Andere öden das Publikum mit allerlei Vorbehalten und Skrupeln an, sie inszeniert spannende Dramen. Im Untergrund läuft ein Krimi – das war eine immer attraktive Werbebotschaft für jene, die Wissenschaft langweilig finden. Und der Held des Krimis ist der Analytiker, der Detektiv, ein scharfsinniger Dupin, der durch alle Wirrsal hindurch unerschrokken und unnachgiebig dem erlösenden Moment der Aufdeckung zustrebt. «Wie der Starke seine körperlichen Fähigkeiten genießt, ...so schwelgt der Analytiker in jener moralischen Tätigkeit, die *entwirrt* ... Ihm haben es Rätsel, Vexierbilder, Hieroglyphen angetan; in seinen Lösungen beweist er einen solchen Grad von Scharfsinn, daß es gewöhnlichem Menschenverstand geradezu übernatürlich erscheint ... Der Analytiker versetzt sich in seinen Gegner, identifiziert sich mit ihm, ... macht schweigend eine Unzahl Beobachtungen, zieht eine Unzahl von Schlüssen, ... bemerkt jede Veränderung der Miene ... Ein beiläufiges oder unabsichtliches Wort ..., Verlegenheit, Zögerlichkeit, Eifrigkeit, Ängstlichkeit – seiner scheinbar intuitiven Wahrnehmung birgt alles das Hinweise auf den wahren Stand der Dinge.» So der Dichter Edgar Allan Poe über seinen Helden C. Auguste Dupin, das Urbild aller literarischen Detektive.

Siebentens gewährte die Psychoanalyse manchen Gemütern ein unausgesetztes Erfolgserlebnis: das Gefühl, eine Sache bis auf den Grund zu durchschauen. Wer sich einige zentrale Annahmen ihrer Theorie zu eigen gemacht hatte, dem fiel es plötzlich wie Schuppen von den Augen, er erkannte die Welt nicht mehr, alles zeigte sich ihm in neuem Licht, alles paßte zusammen, überall entdeckte er neue Beweise, es war zu schön, um wahr zu sein! Dieses Erleuchtungserlebnis ist ungefähr das Gegenteil dessen, was wissenschaftliche Erkenntnis verschaffen kann, ein mühsames, ewig skrupelbehaftetes Einerseits-Andererseits, aber es entspricht einem verbreiteten Bedürfnis. Der Psychoanalyse also haftet etwas von einer Weltanschauung an. Freud stritt das ab. «Die Psychoanalyse, meine ich, ist unfähig, eine ihr besondere Weltanschauung zu erschaffen. Sie braucht es nicht, sie ist ein Stück Wissenschaft und kann sich der wissenschaftlichen Weltanschauung anschließen. Diese verdient aber kaum den Namen, denn sie schaut nicht alles an, sie ist zu unvollendet, erhebt keinen Anspruch auf Geschlossenheit und Systembildung.» [7] Aber es ist weiter kein Wunder, wenn jemand, der sich mit Haut und Haar einem System von Überzeugungen und einer bestimmten Denkweise verschrieben hat, deren weltanschaulichen Charakter nicht bemerkt und bereits die Lücken in seinem System und eine gewisse Revisionsbereitschaft als Beweis dafür nimmt, daß es sich um gar keine Weltanschauung handeln kann. Auch der marxistische Glaube hält sich selber für reine Wissenschaft. Arthur Koestler, der sich zu ihm bekehrte und ihn dann wieder ablegte, beschreibt das Erlebnis so: «Der Ausdruck, es sei einem plötzlich ‹ein Licht aufgegangen›, ist eine armselige Bezeichnung für das geistige Entzücken, das dem Bekehrten widerfährt – ganz gleich, zu welchem Glauben er bekehrt worden ist. Das neue Licht scheint von allen Seiten in die Schädelhöhle hineinzudringen; die verwirrende Fülle der Erscheinungen nimmt plötzlich eine faßbare Gestalt an, als hätte ein Zauberstab die verstreuten Mosaikstücke eines Puzzle-Spiels mit einem Schlag zusammengefügt. Von nun an gibt es auf jede Frage eine Antwort; Zweifel und Konflikte gehören der qualvollen Vergangenheit an, jener weit zurückliegenden Vergangenheit, als man noch in schmachvoller Ungewißheit in der faden, farblosen Welt der Uneingeweihten gelebt hat.»[8] Ein einziges Mal, schreibt Koestler, habe er vorher ein ähnliches «geistiges Entzücken» wie bei der Lektüre von Engels und Marx empfunden – «bei meiner ersten Berührung mit Freud»[9].

So hängen denn viele ihrer Adepten an der Psychoanalyse auch wie an einem Glauben. Wenn ein Arzt viele Jahre lang die Schuppenflechte mit Teerpräparaten behandelt hat und erfährt, daß die Bestrahlung mit ultraviolettem Licht bessere Resultate bringt, wird er seine Therapie ohne viel Aufhebens und ohne weitere Seelenpein wechseln. Der Psychoanalytiker hätte von sehr viel mehr Abschied zu nehmen als von einer zweifelhaft gewordenen Therapie. Er müßte befürchten, «er könne den Glauben wieder verlieren und damit alles dessen verlustig gehen, was das Leben allein lebenswert macht, um in die Dunkelheit zurückzustürzen, wo Heulen und Zähneklappern herrscht»[8]. Und überdies gibt oder verspricht die Psychoanalyse ihren Anhängern ja nicht nur Erklärungen, die viele immer nur langweilig finden, sie bietet ihnen auch moralische Orientierung. Ganz zu Anfang dachte Freud, das seelische Leiden sei nur durch sexuelles Ausleben zu beheben. Aber bald fand er zu einem maßvollen Standpunkt. «Die Psychoanalyse hat ja niemals der Entfesselung unserer gemeinschädlichen Triebe das Wort geredet; im Gegenteil gewarnt und zur Besserung geraten ... Sie schlägt vor, mit der Strenge der Triebverdrängung nachzulassen und dafür der Wahrhaftigkeit mehr Raum zu geben.»[10] Eine wissenschaftliche Disziplin, die dazu anhält, jeder solle «sich nach eigenem Ermessen zu irgendeiner mittleren Position zwischen dem vollen Ausleben und der unbedingten Askese entschließen»[11], die moralische «Besserung» predigt und gleichzeitig die herrschende Moral lockern will: eine solche moralische Festigungslockerung ist wohl genau das, was sich der Laie wünscht. Am Ende winkt die Analyse mit einer kleinen irdischen Erlösung: Wer sich ihr rückhaltlos genug hingebe, der gehe aus ihr als ein anderer hervor, und zwar als eine reife, erfüllte, autonome Persönlichkeit – sie sagt, und der Blick geht zum Hosenschlitz, aber wer kann darüber noch lachen: als «genitale» Persönlichkeit. Die wissenschaftliche Psychologie und Psychiatrie werden sich hüten, dergleichen in Aussicht zu stellen. Sie haben darum auch kein so treues Gefolge.

Allenthalben stößt man heute auf Spuren der Psychoanalyse, zuweilen in grotesk entstellter Form und wo man am wenigsten darauf gefaßt ist. Was anfangs eine unkonventionelle und etwas absonderliche Methode zur Behandlung einiger seelischer Störungen war, hat sich mit der Zeit zu einer Erklärung der ganzen Menschenwelt ausgewachsen. Denn es war schon mehr als kurios, alle möglichen Krankheiten dadurch heilen zu wollen, daß man den Kranken sich auf eine Couch legen und möglichst unkontrolliert von seiner Kleinkindzeit oder seinen Träumen reden ließ; hätte vor der Erfindung der Psychoanalyse jemand prophezeit, daß eines Tages eine solche Therapie auf den Plan treten und mitten im zwanzigsten Jahrhundert zu Ansehen kommen werde, man hätte ihn wohl für spinnert gehalten. Während die Psychoanalyse als Psychotherapie Konkurrenz bekommen hat und wohl oder übel andere Methoden neben sich dulden muß, bedient sich die psychologisierende Menschheit nach wie vor aus dem Fundus der Psychoanalyse, als handele es sich bei deren Thesen um ausgemachte Tatsachen, zu denen es im Ernst gar keine Alternative gibt. Der anschaulichen Dramen wegen, als die sie das Seelenleben versteht, hat sie sich besonders bei Literaten lieb Kind gemacht. So ist ein seltsames, poröses Etwas entstanden, das herabbeschworen wird, wann immer es etwas Psychisches zu deuten gibt, eine Art Pop-Psychoanalyse.

Das muß belegt werden. Man könnte ein oder zwei Beispiele nennen oder aber zweihundert sammeln und mit ihnen noch den geduldigsten Leser zur Verzweiflung treiben. Über sieben Brücken mußt du gehn: Sieben Beispiele mögen hier die Allgegenwart dieses Phänomens belegen. Sie sind aufs Geratewohl herausgegriffen und reichen vom Marginalen zum Zentralen, vom Seichten zum Hochgestochenen, vom Lächerlichen zum Erhabenen. Keines stammt von einem Psychoanalytiker oder hat die Psychoanalyse ausdrücklich zum Gegenstand.

Beispiel 1. Eine Illustrierte («Bunte») fühlt sich bemüßigt, das «Windsurf-Syndrom» zu kommentieren – das Gerücht nämlich,

33

manche Windsurfer seien von ihrem Sport dermaßen angetan, daß sie darüber die Ehefrau vernachlässigten und sich schließlich scheiden ließen. Die Kommentatorin möchte ihren Artikel um eine psychologische Erklärung bereichern, greift ins Bücherregal und holt ein Freud-Zitat hervor: «Glück ist die Erlösung von angestauten Frustrationen und dem Entbehren von Lust.» Natürlich hätte es der gesammelten Werke Freuds nicht bedurft, einen Satz wie «Glück ist, wenn man nicht mehr unglücklich ist» hervorzubringen; die Autorin hätte ihn äußerstenfalls sogar in eigener Regie verfertigen können. Auch trägt er zur Erklärung des «Windsurf-Syndroms», das sowieso eher ein Windei sein dürfte, bei näherer Betrachtung in keiner Weise bei. Er putzt den Artikel jedoch ungemein, um mit dem bekannten Windsurfscheidungsanwalt Grünlich zu reden – und ganz nebenbei und unbeabsichtigt und kaum bemerkbar schummelt er ein Stückchen psychoanalytischer Ideologie mit ein: nämlich Freuds Ansicht, die Psyche strebe vor allem nach der Minimierung von endogenen Reizen, und deren «Abfuhr» sei das, was wir Lust nennen. In Wahrheit schafft bloße Reizfreiheit noch lange keine Lust und Glück erst recht nicht; jeder Windsurfer könnte bezeugen, wie komplett reizlos Windstille ist.

Beispiel 2. Die «Süddeutsche Zeitung» beginnt eine Glosse über die Anschnallpflicht für Autofahrer mit dem Satz: «Den Todestrieb definiert die Psychologie ...» Sie verkennt, daß «die Psychologie», wenn denn die große Mehrzahl der nicht psychoanalytisch orientierten Psychologen «die Psychologie» sind, den Todestrieb keineswegs wie auch immer definiert, sondern höchstens für eine der vielen Bizarrerien der psychoanalytischen Lehre hält, und daß sogar viele Psychoanalytiker mit Freuds Todestrieb-These wenig anfangen konnten. Aber in der Tat, nur in der psychoanalytischen Literatur kann man hoffen, ein autoritatives, ja beinahe klassisches Zitat aufzustöbern, das sogar die Abneigung gegen den Anschnallgurt auf eingängige Weise irgendwie zu erklären scheint.

Beispiel 3. Ein britischer Spielfilm (Neil Jordans «Die Zeit der Wölfe») inszeniert den krausen und schwülen Traum eines pubertierenden Mädchens, in dem sich allerlei Werwolf-Folklore, die Geschichte von Rotkäppchen und andere Märchenmotive zu der Moral verbinden, daß in allen Erwachsenen, vor allem aber in allen Männern ein Wolf schlummere, schrecklich, aber auch schön; und daß der Abschied von der Kindheit gleichbedeutend sei mit der Ankunft im Reich der Wölfe. Der Film ist voll von überdeutlichen, wenngleich nur sehr ungefähren psychoanalytischen Echos. Mehrfach sieht man ein Wolfsrudel im Geäst eines Baums, so wie es Freuds deswegen «Wolfsmann» genannter Patient als Vierjähriger im Traum gesehen hatte; und prompt auch erlebt das Rotkäppchen des Films, allerdings reichlich verspätet und offenbar nicht mit furchtbaren Folgen für sein späteres Seelenheil, die elterliche «Urszene». Der ganze Film ist wie ein Museum Freudscher Sexualsymbole: Der *Wald* – «die Genitalbehaarung beider Geschlechter» (Freud) – ist voll von *Schlangen* und mannshohen *Pilzen*, Männer tragen *Flinten* und *Klingen* und *Messer*, Knaben spitzen *Pflöcke* zu, *Brunnen* rieseln, auf der Hochzeitstafel ragen *Kerzen* und Kuchen*türme*; Rotkäppchen trägt *Korb*, *Flasche* und *Schminkdose* mit sich herum; ihre weiße *Rose* färbt sich blutig rot. Warum faszinieren dicke *Spinnen* sie so? «Geschwister werden als *kleine Tiere, Ungeziefer* symbolisiert», schrieb Freud. Wirklich, sie hatte eine ältere Schwester. Aber vielleicht kommen die Spinnen auch aus einem anderen Lexikon der Traumsymbole, wo sie «töchterliche Mutterkonflikte» signalisieren? Oder aus einem noch anderen, wo sie für «erfolgsgekrönten Fleiß» stehen? Oder sie sind mit einem vierten ein Emblem «allesverschlingender Weiblichkeit». Alles paßt irgendwie, genau wie im Horoskop. Und natürlich: «*Wilde Tiere* bedeuten sinnlich erregte Menschen, des weiteren böse Triebe, Leidenschaften.» In dieser Hinsicht stammt der ganze Film in Konzeption und Ausstattung direkt aus Freuds Vorlesung über die «Symbolik im Traum»[12]. All den Plunder aber hat der Film nicht im Leben oder im Märchen vorgefunden und in seinem Symbolcharakter durchschaut; er hat sie selber mit bemühtem Kalkül gepflanzt. Dabei tut er so, als benutzte er die Psychoanalyse, um alte Märchenmotive auf ungeahnt tiefe Weise zu deuten. Tatsächlich benutzt er umgekehrt Märchen, um einige Motive der Psychoanalyse ins Bild zu setzen.

Beispiel 4. Der «Spiegel» rezensiert das Buch einer Italienerin, die aus einer reichen Faschistenfamilie stammte, mit achtzehn Jahren aber der Familientradition untreu wurde und auf die Seite der Armen und Verfolgten überwechselte. Der Verfasser fühlt sich verpflichtet, diesen Seitenwechsel psychologisch zu erklären – und erklärt ihn als einen «Vatermord nach dem Bilderbuch». Unverkennbar entstammen die Idee «Vatermord» und das dräuend Ungefähre einer solchen dunklen Diagnose der Psychoanalyse. Es handelt sich um eine Anspielung auf die nur von ihr behaupteten «ödipalen» Konflikte innerhalb der Familie. Aber die Lehre ist ungenau angekommen, denn es existiert keinerlei Bilderbuch der Psychoanalyse, das die Meinung verföchte, erwachsen werdende Töchter wünschten ihren Vater zu ermorden. Es ist dies ein Gelüst, das die Psychoanalyse vielmehr zwei- bis fünfjährigen Söhnen zuschreibt, während die Töchter nach Freuds Lehre ganz im Gegenteil am liebsten mit ihren Vätern schlafen und ein Kind zeugen möchten. Aber so genau kommt es nun auch wieder nicht drauf an.

Beispiel 5. Ein amerikanischer Volkskundler (Alan Dundes) behauptet in einem Buch, der deutsche Nationalcharakter habe einen einmaligen Hang zu Fäkalischem, zum Beispiel zu Fäkal-Beschimpfungen, wo andere Sprachen meist zu Sexual-Beschimpfungen greifen – etwa «Scheißkerl» oder «Arschloch» gegenüber «son-of-a-bitch» oder «hijo de puta». Verständlicherweise holt er sich die einzige Theorie zu Hilfe, die sich ausführlich mit der Defäkation befaßt hat: die Psychoanalyse. Sie glaubt einen Zusammenhang zwischen der kindlichen Freude am Defäkieren und Beschmutzen und dem Charakter des Erwachsenen herstellen zu können. Wo die kindliche Defäkationslust zu früh und zu streng unterdrückt wird, da, meint sie, bilde sich später ein «analer Charakter», gekennzeichnet durch die drei Eigenschaften Sauberkeit, Ordnungsliebe, Starrsinn. Darin erkennt Dundes genau den deutschen Nationalcharakter wieder. Auf der einen Seite konstatiert er bei den Deutschen die ausgemachte Abneigung des «analen Charakters» gegen allen Dreck; auf der anderen – die Kehrseite der Medaille – eine ausgemachte Lust am Dreckigen. Beides bringt er mit der angeblich besonders strengen deutschen Sauberkeitsgewöhnung in Verbindung, und er wiederholt den Verdacht, der zuerst von einigen Psychoanalytikern aufgebracht worden war: daß der Weg von der Reinlichkeitserziehung zum «analen» oder autoritären Charakter und von diesem schnurstracks zum Faschismus führe – Faschismus als ein auf dem Töpfchen erworbener Sauberkeitswahn. Leider hat die ganze Konstruktion einen kleinen Schönheitsfehler: Es konnte trotz einiger Versuche niemals ein Zusammenhang zwischen Reinlichkeitserziehung und irgendwelchen späteren Charakterzügen nachgewiesen werden; es ist sogar immer noch die Frage, ob Sauberkeit, Ordnungsliebe und Starrsinn überhaupt ein zusammenhängendes Charaktersyndrom bilden. Der angebliche deutsche Nationalcharakter: wahrscheinlich hat er mit den Erlebnissen der Einjährigen beim Aa-Machen sowenig zu tun, wie diese zum Naziregime führten. Es sind ganz andere Gründe vorstellbar, aus denen die Deutschen so gern von ihren Körperausscheidungen reden. Zumindest sollte man erwarten, daß eine dermaßen ausgefallene Theorie auf Herz und Nieren geprüft wird, ehe irgend jemand sich auch nur versuchsweise bereit findet, ihr Glauben zu schenken.

Beispiel 6. Ein Belletrist, der eigentlich für sich selber zu denken gewöhnt ist (Botho Strauß), ruft angesichts einer wirklich großen Frage wie der nach den Gründen für kriegerische Auseinandersetzungen eilends die Psychoanalyse zu Hilfe. Die Kriegslust bezeichnet er dunkel als einen «libidinös gebundenen Todestrieb» und einen begrenzten Konflikt als eine «begrenzte Abfuhr von Destruktionsenergie» (offenbar befreite nur der totale Krieg aller gegen alle die Menschen restlos von ihrer «Destruktionsenergie») – eine wirre Hommage an das antiquierte hydraulische Triebmodell der Psychoanalyse, demzufolge sich im Organismus «Erregungsquanten» oder «Energien» unbekannter Art – zum Beispiel das Bedürfnis nach Aggressionshandlungen – aufstauen und im Laufe ihrer Ansammlung immer mächtiger auf «Abfuhr» drängen. Wirr darum, weil der spätere Freud zwar neben den erotischen Trieben (im psychoanalytischen Fachjargon «Libido» geheißen) im Menschen auch einen ganz anderen, einen auf (Selbst-)Zerstörung bedachten Trieb am Werk glaubte, dieser große Widersacher der «Libido» aber nur dann selber «libidinös gebunden» auftreten könnte, wenn ein Trieb sich nach psychoanalytischer Lehre nicht an bestimmte Vorstellungen bände, sondern auch an den gegensinnigen Trieb – wenn also sowieso alles gleich wäre, der libidinös gebundene Todestrieb oder die destruktiv gebundene Libido oder die desasträs affizierte Konkupiszenz oder das amourös verknäulte Tohuwabohu – Hauptsache, es klingt irgendwie gelehrt nach einer unzüchtigen Freude am Hauen und Stechen.

Beispiel 7. Der Herausgeber einer Materialsammlung zu dem sowieso schon rätselhaften und hochfragwürdigen Fall Kaspar Hauser (Jochen Hörisch) steuert ein abgründig spekulatives Nachwort bei, das auch noch die letzte Klarheit hinwegphilosophiert. Es gehört zu einer Spielart von Psychoanalyse, die Freud Biographik nannte und die heute Psychohistorie heißt: die Psychoanalysierung (berühmter) Toter. Das Verfahren besteht kurz gesagt in der Kunst, sich in einer Biographie dort, wo man nichts Sicheres weiß, Lebensereignisse auszudenken, die stattgefunden haben könnten, wenn die vorgegebene Theorie richtig sein sollte, diese dann als gesicherte Fakten auszugeben und darzulegen, warum bei solcher Faktenlage der Betreffende genau zu dem werden mußte, der er war – nebenbei auch noch die Theorie aufs schönste bestätigend. Vielleicht erinnert man sich: Hauser war jener etwa sechzehnjährige Bursche, der im Jahr 1828 eines Tages in Nürnberg auftauchte, die höchst unglaubwürdige Geschichte erzählte, er sei seit seinem vierten Lebensjahr in einem dunklen Kellerloch eingeschlossen gewesen und habe in diesen dreizehn Jahren nie einen Menschen zu Gesicht bekommen, außer in der letzten Woche vor seiner Befreiung nie einen Laut menschlicher Sprache gehört, und der vier Jahre später niedergestochen wurde (oder sich selber Verletzungen beibrachte, die wider seine Absicht tödlich waren). Hausers später, der Psychohistorie verpflichteter Seelenarzt nähert sich diesem Menschen ganz so, als wäre er nur eine Kunstfigur, die nach Exegese ruft. «... der Name ... schillert polysemisch, indem er etwa an so unterschiedliche Figuren wie den Kaspar des Puppenspiels, die heiligen drei Könige und das persische Wort ‹Schatzhüter› erinnert.» Der Unbekannte, der ihm den Namen Kaspar gegeben hatte, wollte offenbar kommenden Interpreten ein polysemisches Fest bereiten. Das aber ist nur der Beginn: «Der den Findling in die Höhle verwies, hat keine Entsagung verordnet, sondern diesem vielmehr *den* Kinderwunsch erfüllt, der alle vom etwa Dreijährigen zuvor erfahrenen Dispersionen ins pränatale Dunkel der Mutter-Kind-Symbiose zurückzunehmen verlangt. Kaspar Hauser ward, was er den irritierten Adoptivvätern nie zu erzählen versäumt, das Glück intrauteriner Regression zuteil: ‹Ich bin immer vergnügt gewesen, und zu frieden, ... bis der Man gekomen ist ...›» Aus der Tatsache also, daß Hauser gelegentlich äußerte, vor seiner «Befreiung» (wenn es denn überhaupt eine gegeben haben sollte) habe er sich wohler gefühlt, schließt sein Deuter, er sei ausgemacht gern in seinem hermeneutisch zu einer «Höhle» umstilisierten Kellerverlies gewesen; er sei darum so gern in seinem Verlies gewesen, weil dieses für ihn irgendwie das gleiche war wie zuvor der Mutterschoß; ihm sei mithin von dem Mann, der ihn angeblich in den Keller sperrte, ein riesiger Gefallen erwiesen worden; und – so wird verstohlen, aber apodiktisch zu verstehen gegeben – dies sei überhaupt die Regel: Alle dreijährigen Kinder wünschten sich «im Grunde» nichts so sehr, wie ihre «Dispersionen» (Zerstreuungen) ins helle Tageslicht der Welt rückgängig zu machen, in den Mutterschoß zurückzukehren oder ersatzweise wenigstens auf Dauer in einen dunklen Keller gesperrt zu werden. Ein unmenschliches Psychologem, das nichts für sich hat als die Tatsache, daß es jemandem eingefallen ist, und das sich selber richten sollte.

So geht es denn munter weiter: «Wenn er ‹späterhin noch öfters den Wunsch äußerte, ein Mädchen zu werden, d. h. Frauenkleider zu tragen›, so versuchte der Triangulierte, im Rahmen des seinen Wunsch unterwerfenden Gesetzes dem Schicksal des Ödipus zu entgehen ...» Ach, es ist nichts bekannt über irgendwelche ödipushaften Mordabsichten Hausers gegen seinen mutmaßlichen Vater? Es war vermutlich vielmehr dieser Mann, der *ihn* schließlich umgebracht hat? Und ein siebzehnjähriger Junge, der bei wechselnden Pflegefamilien lebt und über dessen Eltern nicht das geringste bekannt ist, ist auch nicht gerade «trianguliert» zu nennen, nämlich in ein erotisches Liebesverhältnis Kind–Mutter–Vater eingespannt? Was sollen solche positivistischen Bedenken – wir sind schließlich gerade hermeneutisch tätig, das heißt, wir machen den realen Hauser zum beziehungsreichen Artefakt eines psychoanalytisch und semasiologisch dahinschlingernden Spekulationsgewölles. Wie wäre es also vielleicht damit? «Das sprachmächtig gewordene Subjekt wollte mit Lautfolgen wie ‹Roß ham› den Schmerz an der Sprache abwehren, den eben die ihm abverlangte Konjunktion von Intentionalität, Subjektivität und Sprechen bedingte.» Da verstummt der positivistische Nörgler lieber ganz; daß ein Sechzehnjähriger, der sagt, er hätte gern ein Pferd, damit irgendeinen konjunktionsbedingten «Schmerz an der Sprache» abwehren will, das wird ihm nie in den Kopf gehen. So verwahrlost, wie ganze Zonen psychoanalytischen Denkens heute sind, würde hier aber selbst der förmliche Beweis des Gegenteils kaum jemanden erschüttern, denn daß all diese schlauen Theoreme auch noch richtig sind, erwartet sowieso niemand. Sie sind ja gar nicht dazu da, richtig zu sein – interessant sollen sie wirken. Nun, dann eben nicht! hieße es, irgend etwas Verborgenes, das sich nur unserer Verständniskunst erschließt, wird schon dahintergesteckt haben – auf zum nächsten Tiefsinn. (Und wenn ein Leser bemerkt haben sollte, daß zuweilen doch ein zorniger Affekt in mein Verhältnis zur Psychoanalyse einschießt, dann sage ich: Ja, und zwar deswegen! Deswegen, weil sie zu derlei wilden Deutungen und Erklärungen, derlei hochgestochenem Stuß, derlei gediegenem Hirnwrasen herausgefordert, ja ihn geradezu zu einem Cachet vornehmer Intellektualität gemacht hat.)

Es ist also ziemlich klar, was der Psychoanalyse zu ihrem Siegeszug verholfen hat. Sie erklärt vieles und kann dazu verwendet werden, schlechthin alles zu erklären, zumindest scheinbar. Mit ihren jeden ordinären Menschenverstand stark befremdenden und oft nicht etwa nur schwer verständlichen, sondern prinzipiell unverstehbaren Erklärungen verschafft sie ihrem Adepten den vollkommenen Durchblick oder doch die Illusion eines solchen. Wer mit einigen ihrer Vokabeln auf gut Glück einigermaßen zu hantieren weiß, signalisiert schon, daß er etwas bis auf den Grund durchschaut habe. Mit dem Arsenal ihrer Begriffe läßt sich endlos jonglieren und Intellekt vorexerzieren. Endlos und hemmungslos, nämlich ungebremst von irgendwelchen widrigen Feststellungen. Was verschlägt es schon, daß nie ein Dreijähriger beobachtet worden ist, der beglückt war, wenn er in ein dunkles Loch gesperrt wurde; daß sich auch der Autor Hörisch und seine Leser selber

nur mit Entsetzen an solche Erlebnisse erinnern werden? Wer wird
denn seinen Augen trauen! Dann war ihr Glück eben ein «unbewußtes».

Keine neue, noch großartigere Theorie drängt heute auf die Ablösung der Psychoanalyse. Käme eine, so verdiente sie gleich ihr das
größte Mißtrauen. Während sich die Psychoanalyse auf der einen Seite
etablieren konnte, verlor sie auf der anderen immer mehr die Beziehung zur (natur)wissenschaftlich arbeitenden Psychologie und zu den
Neurowissenschaften, die in den letzten beiden Jahrzehnten Entdek-
kungen machen konnten, von denen sich die Begründer der Psychoanalyse nichts träumen ließen. Eine lebendige Wissenschaft sollte in
der Lage sein, neue Entdeckungen auf ihrem eigenen Gebiet zu ak-
kommodieren; sie sollte sie mit größtem Interesse erwarten, sie sollte
sogar aktiv das Ihre zu ihnen beitragen. Bis auf wenige Ausnahmen
aber tut die Psychoanalyse, als ginge sie das alles nichts an – es ist ja nur
plattes Wissen, indes sie das Geheimnis der Seele hütet und ihre angeblichen Tiefen bewahrt. Nichts gestattet die Übersetzung neurobiologischer Erkenntnisse in die Gedankenwelt der Psychoanalyse.
Sie steht fremd und immer fremder daneben und rätselt umständlich
und unbeholfen, aber sehr viel siegesgewisser an den gleichen Phänomenen herum, die anderswo Gegenstand rigoroser Forschung sind. In
diesem Sinn ist sie heute, trotz aller ihrer fortgesetzten Rührigkeit,
eine tote Wissenschaft.

Am schärfsten und pointiertesten hat diesen Sachverhalt der englische Mediziner, Biologe und Nobelpreisträger Sir Peter Medawar
ausgedrückt. Die Psychoanalyse, so schrieb er, habe es mit weiß der
Himmel schwierigen Problemen zu tun, schwierigeren als die es sind,
denen sich der Biologe in seinem Labor gegenübersieht. «Aber wo
finden wir die Zeichen des Zögerns und der Ratlosigkeit, das Einge-
ständnis schierer Unwissenheit, das Gefühl des Umhertastens und
der Unvollständigkeit, die etwa auf einem internationalen Kongreß
von Physiologen oder Biochemikern an der Tagesordnung sind?»[13]
Immer wieder wird das Urteil zitiert, zu dem Medawar an anderer
Stelle kam. Einige Worte zum Zusammenhang, in dem es stand, sind
darum angezeigt. Medawar rezensierte ein Buch des Neurochirurgen
Irving S. Cooper («The Victim is Always the Same», 1974), das vier
haarsträubende Fälle aus der psychoanalytischen Praxis dokumen-
tiert hatte. Es handelte sich um vier Kinder, die an einer seltenen und
schrecklichen neuromuskulären Krankheit litten, der sogenannten
Torsionsdystonie, die ihre Gliedmaßen in bizarre Positionen zwang
und ihre Bewegungen verzerrte. Sie kamen nicht zu einem Neurolo-

gen, der ihnen vielleicht hätte helfen können (Cooper selber hatte eine ingeniöse und schwierige operative Methode entwickelt), sondern zu Psychotherapeuten, die sie zu deuten und im wahrsten Sinn des Worts zu besprechen unternahmen: «Susan, so fand man, verrenkte sich so schmerzhaft, um Aufmerksamkeit zu erregen ... Bei David äußerte sich die Krankheit darin, daß er beim Gehen das Becken abwechselnd vor- und zurückwerfen mußte, als wäre er die Karikatur eines Popstars: eindeutig Exhibitionismus, meinten die Psychoanalytiker ...» Ein klarer Fall, in dem die Psychoanalyse von vornherein inkompetent war und nicht nur nicht geholfen, sondern eine mögliche Hilfe verzögert und den Kranken wie ihren Familien zusätzliche unnötige Schmerzen zugefügt hatte.

Wenn sie von solchen Fällen hören, pflegen Anhänger der Psychoanalyse diese mit dem Hinweis zu entschuldigen, daß schließlich jeder Arzt einmal einen Fehler machen kann. Kann er; der Unterschied ist nur der, daß die Therapeuten diese Fehler nicht entgegen besserem professionellem Wissen machten, sondern von ihrem professionellen Wissen dazu geradezu verführt wurden. Man braucht nur an all die Krankheiten zu denken – ein berüchtigter Fall ist die *Colitis ulcerosa* (Dickdarmgeschwüre) –, bei denen Psychoanalytiker ihre Behandlungs- und Deutungsversuche unternommen haben, ehe sich herausstellte, daß die Ursachen in körperlichen Störungen zu suchen und für die Psychoanalyse unerreichbar sind – und daß diese sich eine Zuständigkeit angemaßt hatte, die sie einfach nie besaß.

Medawars anderer Anlaß: Beim internationalen Psychoanalytikerkongreß 1971 hatte ein Redner, M. H. Stein, erklärt, Psychoanalytiker besäßen «einen privilegierten Zugang zu den psychologischen Prozessen im Menschen». Beides zusammen, dieser Anspruch und jenes Versagen, veranlaßten Medawar zu dem Urteilsspruch: «Psychoanalytiker werden weiterhin die gräßlichsten Fehler machen, solange sie an ihrem unverfrorenen und intellektuell verkrüppelnden Glauben festhalten, sie besäßen einen ‹privilegierten Zugang zur Wahrheit›. Es gewinnt die Meinung an Boden, daß die doktrinäre psychoanalytische Theorie die ungeheuerlichste intellektuelle Bauernfängerei des zwanzigsten Jahrhunderts ist; und gleichzeitig ein Endprodukt – so etwas wie ein Dinosaurier oder ein Zeppelin in der Geschichte der Ideen, ein Riesenbau nach einem durch und durch mißlichen Plan und ohne Zukunft.» [14]

3. THERAPIE ALS TRAUMA: ÜBER ERFAHRUNGEN IN DER PRAXIS

Die Quelle für die Erkenntnisse der Psychoanalyse sind von hinten her aufgerollte einzelne Fallgeschichten. Sie waren es von allem Anfang an, als Freud sich in der Auseinandersetzung mit den Lebensgeschichten seiner Patienten Baustein für Baustein seine Theorie zusammensetzte. Sechs Fallgeschichten hat er aufgeschrieben; vier betrafen Patienten, die er selber auf seine neuartige Weise behandelt hatte. Jene Studien sind klassische Urkunden der Psychoanalyse geworden – der Fall «Dora»[1], der Fall des «kleinen Hans»[2], der Fall des «Wolfsmanns»[3] und die anderen. Der englische Romancier D. M. Thomas nannte sie in seinem ihnen nachempfundenen freudschen Psycho-Horror-Roman «Das weiße Hotel» «von allem sonstigen abgesehen, meisterliche Werke der Literatur». Wer sie heute mit auch nur einigem Mißtrauen gegen den Wahrheitsgehalt der dort geschilderten Entdeckungen liest, den allerdings muten sie in ihren entschlossenen, hartnäckigen, krampfhaften Versuchen, die Berichte der Patienten den Erwartungen einer vorgefaßten Theorie gefügig zu machen, eher an wie meisterliche Werke unfreiwilliger Komik.

Seitdem rekonstruiert der Psychoanalytiker den psychischen Werdegang einzelner Patienten aus deren Berichten und ungeordneten Einfällen und Träumen und allem, was sie ihm unwillentlich über sich selber verraten. Aus diesen Rekonstruktionen gewinnt er die Verallgemeinerungen seiner Theorie. Bei der Rekonstruktion leitet ihn selbstverständlich, was er sich vorher an Theorien zu eigen gemacht hatte, die verallgemeinernden Schlüsse aus Einzelfallgeschichten – und so fort im Kreis.

Die Patienten der Psychoanalyse haben selber ihre Geschichte nur sehr selten erzählt. Dem steht auch ein ungeschriebener Komment entgegen. Er gebietet erstens: «Alles Wichtige gehört in die Analyse», und zweitens: «Man trägt aus der Analyse nichts nach außen.» Wer tratscht, gilt als «Exhibitionist» und somit als ein weiterhin behandlungsbedürftiger Neurotiker. Wer gar aufschreibt und veröffentlicht, was ihm widerfährt, der «agiert»: Er lebt aus, was er mit seinem Analytiker und nur mit ihm im Gespräch abzumachen hätte, ein schmähliches Fehlverhalten. So kommt es, daß der «psychoanalytische Prozeß» in den Augen der Öffentlichkeit weiterhin ein Mysterium darstellt und sich auch darin von allen anderen therapeutischen Interventionen unterscheidet: Die seiner teilhaftig geworden sind, gehören zu einer Internationale von Eingeweihten, gucken sehr bedeutungsvoll und entweihen das Geheimnis nicht.

Eine Ausnahme ist Freuds «Wolfsmann», der seine trübselige Geschichte in seinen letzten fünf Lebensjahren der Journalistin Karin Obholzer anvertraute, gegen den Widerstand der Psychoanalytiker, in deren Hand er sich immer noch befand. Eine Ausnahme sind auch die Berichte von Tilmann Moser («Lehrjahre auf der Couch»), Stuart Sutherland («Die seelische Krise»), Dörte v. Drigalski («Blumen auf Granit») und Claudia Erdheim («Herzbrüche») – Erinnerungen an die eigene Psychotherapie, aufgeschrieben von Leuten, denen Psychoanalyse zum Schicksal wurde.

Sergej P., nach seinem Traum von den weißen Wölfen im Baum von Freud «Wolfsmann» genannt, war ein junger Adliger aus einer psychopathologisch belasteten südrussischen Familie, der von einem Freud-Enthusiasten 1910 zum Meister nach Wien geschickt wurde. Die Art seiner Krankheit ist bei aller Literatur über ihn undeutlich geblieben. Der große Psychiater Emil Kraepelin hatte ihn als Manisch-Depressiven eingestuft, Freud betrachtete ihn als Zwangsneurotiker, seine spätere Analytikerin Ruth Mack Brunswick als Paranoiker der hypochondrischen Art. Melancholie und eine krasse Unselbständigkeit scheinen die beherrschenden Symptome gewesen zu sein; als Kind hatte er darüber hinaus eine Phase, in der er zwanghaft Blasphemien äußerte. Auch machten ihm ständige Verdauungsstörungen zu schaffen. Freud hielt sie für die Folge verdrängter homosexueller Neigungen – der unbewußte Wunsch nach Analverkehr mit einem Mann hätte ihm die Darmschleimhäute angegriffen. Er selber erklärte das Leiden auf andere Art. Jener von Freud begeisterte russische Arzt, der ihn dann nach Wien schickte, hatte ihm einmal ein Mittel gegen einen akuten Durchfall gegeben, das die Sache nur noch immer schlimmer machte. Es war nämlich ein Mittel, das nur bei Pferden angewandt wurde. «Es war furchtbar. Die ganzen Schleimhäute sind abgerissen... Die Folge war, daß diese Durchfälle vergangen sind. Aber es hat sich eine andere Situation eingestellt ... eine Verstopfung, mit der nichts anzufangen war. Hab ich ein Mittel genommen, habe ich wieder diese Durchfälle bekommen.»[4] Das Darmleiden blieb ihm sein Leben lang. Viereinhalb Jahre lang analysierte ihn Freud. Dann entließ er ihn als geheilt. Ein paar Jahre später kehrte P. in die Analyse zurück; bis er 1979, 92 Jahre alt, in Wien starb, blieb er von Analytikern abhängig. In dem Buch seiner späteren Analytikerin Muriel Gardiner präsentiert ihn Freuds Tochter Anna gleichwohl «wie einen Musterschüler der Psychoanalyse»: harmlos, zufrieden, beinahe glücklich.[5] P. behielt zeitlebens eine große Wertschätzung für Freud, hielt ihn für ein wenn auch irrendes Genie – aber nicht, weil er von der Richtigkeit seiner Theorie und Praxis überzeugt gewesen wäre oder sie gar am eigenen Leibe erfahren hätte, sondern vor allem, weil Freud wie ein «neuer Vater» zu ihm gewesen war und ihm – mit dem denkwürdigen Ausspruch: «Das ist der Durchbruch zum Weib»[6] – Mut gemacht hatte, seine Braut wiederzusehen, von der seine eigene Familie ihn abbringen wollte. Seine Krankheit fand er selber nach der Analyse nicht gebessert. «Obholzer: Aber geholfen hat Freud Ihnen doch auch? Wolfsmann: Na ja, daß er es ermöglicht hat, daß ich die Therese geheiratet hab. Das war ja ein Entschluß, der nicht so leicht gefallen ist … Obholzer: Was ist eigentlich heute mit Ihrer Zwangsneurose? Wolfsmann: Ich glaube, so etwas ist angeboren, das kann man nicht verändern … Wenn man alles kritisch betrachtet, dann bleibt nicht viel übrig von der Psychoanalyse.»[7]

Tilmann Mosers Bericht ist eine begeisterte Huldigung an die Psychoanalyse im allgemeinen und seine eigene im besonderen. Er schreibt sozusagen, um Zeugnis abzulegen, in Zungen, wie einer, der eine unermeßlich kostbare Offenbarung publik machen möchte, die ihm soeben zuteil geworden ist. Die Analyse habe ihm das Leben gerettet. Die Fakten muß sich der Leser zusammensuchen. Moser litt an einer schubweise auftretenden Depression mit Selbstmordphantasien, dazu einem prallen Größenwahn, verbunden mit mimosenhafter Empfindlichkeit, und beides zusammen hatte erhebliche Kontaktstörungen zur Folge – «depressiv-narzißtische Charakterneurose», lautete die Diagnose. Drei begonnene Analysen waren abgebrochen worden. Vor dem Beginn der vierten hatte er offenbar den Entschluß gefaßt, selber Analytiker zu werden; sie wurde dann auch seine «Lehranalyse». «Ich hatte», schreibt er, «die Angst des mehrfach … Gescheiterten und stand unter dem Druck, mich als therapiefähig zu erweisen.»[8] Ist es dieser Druck, der seine Analyse zu einer Bilderbuchanalyse machte? Wollte er, der selber immer wieder beschreibt, wie er unter dem lästigen Zwang stand, brillieren zu müssen, nun mit einer mustergültigen Analyse imponieren, absolviert an der feinsten psychoanalytischen Adresse Deutschlands, dem Frankfurter Sigmund-Freud-Institut? (Es wurmte ihn nur, daß sein Analytiker nicht berühmt genug war.) Als eine solche jedenfalls beschreibt er sie. Die «Übertragung» scheint in seinem Fall wie in einer Fibel der Psychoanalyse zu funktionieren: Der Analytiker ist für ihn abwechselnd Papa oder Mama und zieht die Gefühle auf sich, die einst ihnen gegolten hatten (oder gegolten haben könnten); ja, die ganze vierjährige Analyse scheint in ihrem Fortgang irgendwie die ersten Lebensjahre chronologisch zu wiederholen. Am Anfang einmal geht er auf die Toilette und kommt mit offenem Hosenstall wieder herein. Er deutet sich die Panne: «So wie ich die Dinge heute sehe, lag ich damals (nein, saß) in den ersten Wonnen der Säuglingsliebe, zu denen natürlich gehören kann, daß man der lieben Mutti den Zipfel zur Pflege hinhält.»[9] Daß er draußen im Leben zur gleichen Zeit das «Strohfeuerglück» sucht, das «rauschhafte Anschmiegen und Drauflosvögeln», deutet er sich als einen «Orgasmus des Saugens» zurecht.[10] Er will seinen Analytiker umarmen, mit den Fingern sein Gesicht untersuchen, krault ihn «in der Phantasie forschend am Sack»[11] und meint dabei: So machen es kleine Jungs mit ihrem Vater. Als sein Analytiker den Mann, der vor ihm an der Reihe ist, ein paar Minuten länger dabehält, wird er eifersüchtig und erlebt oder bezeichnet diese Eifersucht als «eine schmerzliche Enttäuschung über die Mutter und eine erste zaghafte und quasi vorödipale Erfahrung ihrer Untreue»[12]. Von seinen Eltern spricht er nicht als von Vater und Mutter, sondern vorzugsweise als von «Laios» und «Jokaste» (den Eltern des Ödipus). Die anderen Patienten des Analytikers kommen ihm vor wie «Krabbelkinder», wie neue Geschwister, denen er – theoriegerecht – mit Eifersucht begegnet. «Ab und zu begab es sich, daß wieder einer angekommen war, und dann stiefelte man im Treppenhaus oder im Flur an einem neuen Gesicht vorbei. Das gab jedesmal einen inneren Aufruhr, dessen Wucht sich jedoch vom fünften oder sechsten Nachkömmling an allmählich verminderte.»[13] Und so fort, bis er sich im vierten Analysejahr dann als «psychisch vorschulreif» empfindet.

Läßt man sich von dem schönen Schwung dieser Rhapsodie nicht ganz verführen, so bleibt ein Moment der Irritation. Man erfährt es einfach nicht: Hat er diese Bilderbuchübertragung wirklich so erlebt, ganz spontan? Oder hat er sie nur so erlebt, weil er inzwischen genau wußte, was in einer Analyse abzulaufen hätte? Oder ist das Ganze überhaupt nur eine nachträgliche Literarisierung? Spricht er vom Erleben oder von dessen Deutung oder von deren Umsetzung in Literatur? Einmal geht es um das laute Niesen seines Analytikers. «Man stelle sich einen Zweijährigen auf dem Schoß des Vaters vor, der ihm etwas vorgelesen hat; es wird still, und dann schüttelt es den Riesenkerl, an den man gelehnt ist, und es donnern Riesengeräusche ans Ohr. Das Kerlchen ist zunächst fassungslos, denn der Alte hat ja wirklich Dinosauriergröße. Das Nießen des Analytikers hat mir eindrücklich etwas von seiner physischen Gegenwart vermittelt, das Stück mächtiger Vaterstatur und der Natur unterworfener Körperlichkeit.»[14] Da hat er, so scheint es, also aufs lebhafteste wieder durchlebt, wie er als Zweijähriger auf dem Schoß des niesenden Vaters saß; die Analyse scheint vollbracht zu haben, was sie vollbringen soll: Sie hat die verlorenen Erinnerungen zurückgebracht. Ein paar Zeilen weiter aber heißt es, der Vater sei immer krank gewesen, «physischen Kontakt und herzlich-zugreifenden Umgang mit dem Dinosaurier» habe es in der Wirklichkeit gar nicht gegeben. Und dabei hatte er es sich doch eben noch so anschaulich vorgestellt, ganz wie etwas wirklich Erlebtes. So bleibt der wachsende Verdacht, Moser habe sich während der Therapie seine Kindheit durchweg im Lichte psychoanalytischer Theorien zurechtphantasiert. Sollte es sich so verhalten, dann bezeugte der Bericht nicht die Macht der Psychoanalyse, sondern die Macht, die vorgefaßte Interpretation über das eigene Erleben erlangen zu können.

Im medizinischen Sinn besonders genützt scheint ihm die Therapie übrigens nicht zu haben. Auch gegen Ende dieser seiner vierten Analyse bekennt er noch Depressionen und Größenphantasien. Ein Nachwort, vier Jahre später geschrieben, widerruft den Glauben, er sei damals geheilt worden. Ein Jahr später habe er einen so schweren Rückfall in die Depression gehabt, daß er seitdem wieder in Analyse sei, zum nunmehr fünftenmal.

Ganz anders Claudia Erdheim. Sie hat ihre (dünn als «Roman» verkleideten) Erinnerungen an eine analytische Gruppentherapie mit anschließender Primärtherapie vor allem niedergeschrieben, um sich zu rächen – an einem Analytiker, der sie ihrer Meinung nach seelisch mißhandelt hatte. Sie wollte Anerkennung von ihm, sie wollte seinen anderen Patienten – die sie allesamt für armselige Deppen hielt – vorgezogen werden, insbesondere ihrem Ehemann, den sie selber ihm in die Therapie geschickt hatte. Statt dessen gewann sie immer stärker den Eindruck, der Analytiker halte sie für «blöd», «unanziehend», «häßlich», «frigide», «lesbisch». So wie sie sie schildert, bestand die Therapie gegen Ende vorwiegend aus einem kleinlichen Gezänk darüber, wer wann was zu wem gesagt hatte.

Warum die Autorin eigentlich in Psychotherapie gegangen ist, verrät ihr Strafgericht nicht. Mehrmals erwähnt sie die Diagnosen «Zwangsneurose», «Paranoia» oder «Depressionen», aber ob es sich um anderes handelt als um leichtfertige Alltagsetikettierungen («du hast ja einen ganz schönen Verfolgungswahn» oder dergleichen), geht aus ihrem Bericht nirgends hervor. Nie auch kommt ihr in den Sinn, daß es ein einfaches Mittel gegeben hätte, sich dem von ihr als Unbill empfundenen therapeutischen Pfusch zu entziehen: wegbleiben. Nicht mehr hingehen, zumal da ja keine besondere seelische Notlage sie in die Therapie und zu diesem Therapeuten getrieben zu haben scheint. Zum ungeschriebenen Ethos des Psychoanalysepatienten gehört offenbar die Vorschrift «unbedingt hingehen» und «durchhalten, komme was will». Auch die anderen Patienten scheint nichts Konkretes in die Therapie geführt zu haben. Trotzdem, oder gerade deswegen, hängen sie süchtig an «der Gruppe», nehmen über Jahre und Jahrzehnte hin an ihren wöchentlichen Ritualen teil, die unter anderem ein ständiger Wettbewerb um die Fragen «Wer ist hier der Kränkeste?», «Wer ist am gestörtesten?», «Wem geht es am dreckigsten?», «Wer hat die unglücklichste Kindheit gehabt?» sind. Soweit der Leser erkennen kann, besteht bei allen die einzige Störung darin, zu dieser Psychotherapie zu gehen und dem Therapeuten seine «Deutungen» nachzubeten. Erdheim selber kann gar nicht genug Psychotherapie bekommen. Sie nimmt an zwei analytischen Gruppen gleichzeitig teil, schließlich auch noch am Sonntag, und besucht darüber hinaus weitere Veranstaltungen der Psycho-Szene; diese verschiedenen Therapierungen scheinen ihr einziges Interesse, ihren einzigen Lebensinhalt gebildet zu haben.

Claudia Erdheim ist die Tochter einer Wiener Psychoanalytikerin und hat die psychoanalytische Weltanschauung offenbar buchstäblich mit der Muttermilch aufgenommen. Trotz allem, was sie erlebt hat, kommt es ihr nur ansatzweise in den Sinn, sich Gedanken über die Fundierung und den Sinn des Treibens zu machen, auf das sie sich da eingelassen hat. Sie sieht es ohne Distanz. Ihre wütende Kritik gilt einzig diesem einen unfähigen Analytiker und *en passant* einer Analytikerin, bei der sie vorher in Behandlung gewesen war und die sie nach einigen Jahren an die Luft gesetzt hatte. Sie selber analysiert fleißig mit: «Es kommt darauf an, wieviel homosexuelle Libido gebunden ist ... Der Tod ist die totale Kastration. Die Männer töten die Frauen beim Verkehr ... Eros liebt die Nacht, Thanatos den Tag.»[15] Expertenhaft diagnostiziert sie ihren Therapeuten als «phallisch-narzißtischen Charakter»[16]. (Die Diagnose entstammt der Charaktertheorie des später abtrünnigen Psychoanalytikers Wilhelm Reich, der sechs Charaktertypen unterschieden hatte. Einer davon war der «phallisch-narzißtische» Charakter, der sich entwickeln soll, wenn die Mutter ausgeprägt maskuline Züge trägt, so daß der Sohn seine Liebe zu ihr verdrängen muß. Kennzeichen des phallisch-narzißtischen Charakters sollen Arroganz, Rachsucht und verdrängte homosexuelle Wünsche sein. Erdheim gibt nicht zu verstehen, daß sie irgend etwas über die Kindheit ihres Therapeuten wußte, und in ihrer Beschreibung scheint die Charakteristik auf sie selber eher zuzutreffen als auf ihn.)

Hier aber interessiert vor allem, welches Bild der psychoanalytischen Praxis sich in diesem aufgeregten und sehr fragwürdigen Buch abzeichnet. Der betreffende Analytiker hat seine Theorie und Praxis offenbar um ein Sammelsurium «moderner» Elemente angereichert, bis hin zum Urschrei und zur Bioenergetik. Seine Methode ist «das Deuten von Wünschen»[17], wie Erdheim es nennt, in Anspielung auf die «Semantik des Wunsches», zu der der Hermeneutiker Paul Ricœur die Psychoanalyse ernannt hatte. Praktisch sieht das Deuten so aus, daß er seinen Patienten in einem fort Feststellungen wie «Du willst an die Brust», «Du willst mich kastrieren» an den Kopf wirft – ein alles in allem sehr beschränktes Repertoire: «Sie sind neidisch. Sie sind eifersüchtig. Sie wollen lieber tot sein. Sie haben ein Krüppelgefühl. Sie wollen vergewaltigt werden. Sie sind trotzig. Sie haben kein Vertrauen. Sie sind einsam. Sie klammern. Sie haben Angst vor der Nähe... Du bist geizig. Das sagt er auch einem jeden. Du bist neidisch; du bist schadenfroh; du bist magersüchtig.»[18] Manchmal sind es bloße Tautologien: «Patient: Eigentlich sind wir immer zusammen. Analytiker: Sie sind sehr symbiotisch.»[19] Manchmal sind es wilde Verallgemeinerungen und Übertreibungen: «Patient: Ich hab immer auf die Preise gekuckt. Analytiker: Sie sind geizig.»[19] Manchmal sind es Freudianismen: «Patient: Als Junge war ich immer sehr stolz auf meine Mutter. Analytiker: Wir wollen alle als Jungen mit der Mutter schlafen.»[19] Manchmal wird den Patienten eingeredet, sie seien «frigide», «impotent», «lesbisch» oder «schwul». Manchmal bekommen sie zu hören, was in irgendeinem Maß für jeden gilt: Sie seien «autoritär» oder «trotzig» oder «blöd» oder «klammerten» oder «rivalisierten» – aber jeder Sinn für das Normalmaß ist bei allen diesen Exerzitien auffällig abwesend. Das einzige erkennbare System hinter diesen «Deutungen» scheint das Prinzip Geratewohl zu sein: Irgendwann wird schon eine passen, und wenn nicht, ist es auch egal; Hauptsache, sie ist einigermaßen beleidigend und klingt darum scharfsinnig. So wie heutige gruppenanalytische Praxis hier geschildert wird, ist sie ein makabres Spiel, bei dem es darum geht, einander unverbindlich «fertigzumachen». Es könnte vielleicht als grober Unfug abgetan werden, wenn sicher wäre, daß nur psychisch stabile Naturen hineingezogen werden; beim Gedanken aber, daß Menschen mit wirklichen psychischen Störungen hineinverwickelt werden könnten, möchte man eher ein gesetzliches Verbot für angebracht halten.

Stuart Sutherland ist ein «akademischer» Psychologe, der nach einem «Nervenzusammenbruch» (die Nerven brechen nicht zusammen; hier war es eine Eifersuchtskrise, die eine schwere reaktive Depression auslöste) zeitweise in psychoanalytische Behandlung geriet. Zwei Analytiker konnten ihm nicht helfen, verunsicherten ihn nur noch mehr. Daraufhin suchte und fand er andere psychotherapeutische Hilfe, die ihn wieder aufbaute. Nach seiner Gesundung schilderte er seine Erfahrungen, befaßte sich mit den Theorien, deren praktische Auswirkungen er gerade an sich selber erlebt hatte, zog seine Folgerungen und verarbeitete sie zu nüchternen Ratschlägen an alle, die sich eines Tages in der gleichen Lage wie er finden könnten. Psychoanalyse empfahl er nicht.

Dörte v. Drigalski geriet als junge Ärztin an die Psychoanalyse. Wie so manche ihrer Kollegen war sie unzufrieden mit der Aussicht, ihr Leben von nun an einer «Apparatemedizin» widmen zu müssen, die sich für das Seelenleben der Kranken wenig interessierte. Wer Psychoanalytiker werden will, muß sich vor allem selber analysieren lassen. Und wer «in Analyse geht», sollte eigentlich etwas «haben». Offenbar «hatte» sie aber gar nichts, kein behandlungsbedürftiges Symptom, an dem sie litt. Doch Psychoanalytiker hegen den Verdacht, daß jeder etwas «habe»; und wer ihren Beruf ergreifen will, erst recht. Es hieß, «jeder Lehranalysand strebe im Grunde aus eigener Problematik, der Hoffnung, diese zu lösen, in psychoanalytische Ausbildung»[20]. Als einzige seelische Merkwürdigkeit fiel ihr ein, daß sie mit ihren 28 Jahren noch nicht verheiratet war, und einem in der Psychoszene umgehenden Gerücht zufolge mußte das an mangelnder «Liebesfähigkeit» liegen. Als Therapieziel also nahm sie sich vor: «Richtig lieben»[21]. Genauso behandelte ihre erste Analytikerin sie denn auch: als jemand Gefühlskaltes, der nicht lieben könne. Es war ganz so, als wollte sie eigenhändig und buchstäblich Karl Kraus' altes boshaftes Diktum wahrmachen: «Die Psychoanalyse ist die Geisteskrankheit, für deren Therapie sie sich hält.»[22] Sie «hatte» nichts außer ihrem Analysehunger.

Dieser aber war heftig, und fast grenzenlos war ihr Bedürfnis nach «Deutungen», besonders «verblüffenden», glanzvollen, nach der «höheren Mathematik» der Profession, und auch ihre Bereitschaft, sich den «Deutungen» ihrer Analytiker anzuvertrauen.

Ihre «Lehranalyse» währte sechs Jahre. Nach einiger Zeit fühlte sie sich tatsächlich krank, eine schwere «Neurotikerin», einmal an der Grenze zur Psychose und nur noch durch Psychopharmaka zu retten. Die meiste Zeit bei ihrem zweiten Analytiker herrschte Kampfstimmung. Sie fühlte sich unverstanden und abgelehnt. So als hätte sie sich in Kafkas Schloß verirrt, kam aus der Ferne ein undeutliches, nicht festzumachendes und ebenfalls ablehnendes Grummeln der Psychoanalyse-Bürokratie, der sie ja durch ihr eigenes Analysiertwerden die Befähigung zu dem angestrebten Beruf nachweisen mußte. Als ihr Analytiker ihr schließlich eröffnete, wie sehr auch er die ganze Zeit unter ihr gelitten habe und wie schuldig sie sich darum fühlen müsse, kam es zum Bruch, der auch wieder kein richtiger Krach war, sondern etwas analytisch Verquältes. «Es war einfach ungeheuer schwer, – auch vor mir selber – zuzugeben, daß sechs Jahre Leben, intensive Identifikation, Emotionen, Beschäftigung, Introspektion nicht gut getan, geschadet hatten; mich möglicherweise irreversibel geändert hatten ...» [23] «Ich glaube inzwischen, daß man jeden durch eine miese Analyse in eine Psychose, Depression oder Suizid treiben kann ... Ich glaube nicht mehr an die sich sozusagen physiologisch einstellende Depression im Rahmen einer Analyse, zumindest nicht an den Großteil davon. Wahrscheinlich gehen sie einfach auf Konto von inadäquaten, selektiv negativen, grammatikalisch, mathematischen klack-klack, kurzum: gemeinen Deutungen.» [24] Die Analyse wurde abgebrochen. Der Grund, den sie anscheinend weder damals noch später komisch finden konnte: Nicht, Herr Soundso sei nicht mit ihr fertig geworden, sondern – was sechs Jahre lang anscheinend niemandem aufgefallen war – sie sei «inanalysabel». Es war wie eine unehrenhafte Entlassung aus der Armee. Der Weg zum Wunschberuf war damit ein für allemal verlegt.

Die sechs Jahre über war sie von einer Art Tiefenschwindel befallen; fasziniert von dem, was die Analyse ihr über die tiefsten Tiefen ihrer Seele zu enthüllen versprach, gab sie sich einer wahren Orgie von «Deutungen» hin. Ihre Analytiker und diverse Gutachter deuteten sie, ihr Umgang bestand bald hauptsächlich aus anderen Analytikern und Analysanden, die sie abermals deuteten (denn dem Analysehörigen spaltet sich die Welt in Analysierte und Banausen, nämlich Nichtanalysierte), auf Kongressen und in Büchern sah sie sich gedeutet, sie selber deutete sich, immer auf der Suche nach einer Deutung, aus der sie nicht als total krankes, boshaftes, liebloses Wesen hervorginge.

Das Wort «Deutung» verdient hier alle verfügbaren Anführungszeichen. Nach dieser «Irr- und Lehrfahrt durch die deutsche Psychoanalyse» zu urteilen, herrscht in der Zunft der absolute Freistil. Man hat ein paar unbefragte Prämissen, weiß also, daß alles auf die ersten fünf oder sechs Lebensjahre zurückgeführt werden muß, weiß, daß sich hinter jedem Gefühl sein genaues Gegenteil verbergen mag, weiß, daß sich alles um Sex dreht, weiß, was irgendwie psychoanalytisch klingt, macht also reichlichen Gebrauch von einer Handvoll Formeln aus dem einschlägigen Begriffsarsenal: «kastrierend», «phallisch», «genital», «ödipal», «narzißtisch» – und dann kann es losgehen, und wehe dem, der alle die «Deutungen» glaubte, die er nun zu hören bekommt oder sich selber zusammenreimt. Zweifel an der grundsätzlichen Berechtigung dieses Deutungsbetriebs sind v. Drigalski offenbar auch später kaum gekommen, nur an seiner seelischen Zuträglichkeit; insofern ist ihr Bericht bei aller Kritik und Schärfe des Blicks und des Urteils distanzlos, sie selber eine bereitwillige, aber dann zu ihrem Leidwesen verschmähte Psychoanalyseliebhaberin geblieben. Nur die «gemeinen» Deutungen mißfallen ihr.

Ihre älteren Brüder haben sie früher manchmal geärgert und kritisiert: «Inzestabwehr»[25] (sie wollten, so wird ihnen damit unterstellt, also sexuell mit ihr verkehren, trauten sich aber nicht, und darum nörgelten sie an ihr herum). Ärztin zu sein macht ihr Spaß: sie identifiziere sich mit dem im Krieg gefallenen Vater. Sie wird im Beruf getadelt: «Geschwisterrivalität plus Existenzangst»[26]. Sie händigt ihrem Analytiker versehentlich seine 600 Mark Honorar nicht aus: weil es wie «sexhundert» klinge.[27] Ein Mann läßt sie gleichgültig: sie wehre nur ihre heftigen libidinösen Impulse ab. Sie ist nachlässig bei ihren Alltagserledigungen: «Sie möchten, daß Ihre Mutter dies für Sie erledigt.»[28] Sie mag Schlager: «Bettnässer»[29]. Sie zieht sich gern schön an: «narzißtisches Defizit»[30]. Schuhe drücken: «Was drückt mich, was belastet mich, warum muß ich mich selber behindern, mich lähmen …?»[30] Sie hat einen Schnupfen: «unterkühlt – verschnupft – Nase voll – seelischer Rotz, der aus mir heraus will – eins husten – Zuwendung erkränkeln – Distanz schaffen durch Virenwolken usw.»[31] Sie hört gern Musik: «Klar, daß ich mich isoliere, alleine sein will, infantile Sehnsüchte nach frühem Mütterlichen oder Väterlich-Brummelndem habe.»[32] Sie langweilt sich in einem Film und möchte gehen: «Warum wollen Sie fliehen? Welcher essentiellen Problematik weichen Sie aus? Was wehren Sie ab durch Verärgerung, Langeweile, Desinteresse? Was hindert Sie, jetzt einfach zu genießen? Wovor sträuben Sie sich?»[33] Selbst vor der Form einer geträumten Scheißwurst macht diese vereinte Deutungswut nicht halt: «Woran erinnert Sie das?» Ja, woher die Beunruhigung? «Von der Größe, der dunklen Schwärze, der Losgelöstheit. Aus dem Traum heraus, aus der verminderten Abwehr heraus frühe Ängste, mich aufzulösen, etwas zu verlieren? Zuviel von mir herzugeben? Penis – Kotstange – Kind?» [34] (Diese Deutung geht unmittelbar auf Freud zurück. Ihm zufolge denken kleine Kinder, Kinder würden aus dem After geboren.)

Das Grundmuster solcher «Deutungen» ist die Analogie. Etwas ist in *irgendeiner* Hinsicht etwas anderem ähnlich. Penis und Kot haben Gestaltmerkmale gemein (die Walzenform); Kot und Kind haben gemein, daß beide aus dem Unterbauch kommen und «hergegeben» werden. Musikhören und Depression haben gemein, daß man in beiden Zuständen eher allein ist; Musik und väterliche Sprache, daß man sie beide hören kann. Zuweilen ist die «Deutung» nichts anderes als ein Hinweis auf eine solche Ähnlichkeit: Sieh da, Sterne und Glühwürmchen leuchten, ist das nicht eindrucksvoll? Zuweilen aber wird in einer solchen Deutung eine Analogie sozusagen zur Homologie: Dann leuchten die Glühwürmchen, *weil* die Sterne leuchten. Ein junger Mann hat früher onaniert, und heute drückt er sich gern Mitesser aus; beide Handlungen sind darin analog, daß er etwas aus dem Körper «herausspritzen» läßt; also drückt er sich heute Mitesser aus, *weil* er eigentlich onanieren möchte. «Es ist evident, daß ihm das Auspressen des Inhalts der Mitesser ein Ersatz für die Onanie ist», deutete Freud selber einmal. [35] Eine entfernte Ähnlichkeit – daß in beiden Fällen irgendwo etwas aus dem Körper herauskam – wurde benutzt, eine Kausalbeziehung zu begründen. Die «Deutung», die v. Drigalski am tiefsten getroffen zu haben scheint, lautete: «Sie haben Ihren Vater nicht sinnlich erlebt, deshalb können Sie diesen Mann auch nicht sinnlich erleben.» [36] Den im Krieg gefallenen Vater nicht gekannt zu haben war ein Mangel an «sinnlichem Erleben»; sich von einem Mann nicht gern anfassen zu lassen ist ebenfalls ein Mangel an «sinnlichem Erleben». Zwar sind es weit voneinander entfernte Zustände, und das nicht nur zeitlich, aber zumindest in der Sprache sind sie analog: Sie lassen sich durch gleiche Wörter bezeichnen. Und einzig diesem Umstand haben sie es zu verdanken, daß die Analytikerin sie mit einem «deshalb» verbindet: Der «Mangel an sinnlichem Erleben» dort soll den «Mangel an sinnlichem Erleben» hier begründen und damit erklären. Im normalen Leben würden solcherart Schlüsse nicht geduldet; niemanden ließe man weit kommen mit der Erkenntnis, daß ihm die Trigonometrie darum *schwer*fällt, weil er als Kind immer *schwere* Kohleneimer schleppen mußte, oder daß er heute in einer

Geld*klemme* steckt, weil er sich als Kind einmal den Daumen ge-*klemmt* hat. In der Psycho-Szene aber sind es gerade solche «Deutungen», die ihre betörte Kundschaft haben.

Manche dieser «Deutungen» schreiben «dem Unbewußten» Fähigkeiten zu, die man als rundheraus wunderbar bezeichnen muß. Ein unbewußter Wunsch etwa – Distanz um sich zu schaffen – soll eine Erkältung mit ihren Virenwolken hervorbringen können.

Der psychoanalytische Deuter findet allerlei Analogien, die er dann als Homologien und mithin als Erklärungen ausgeben kann, um so reichlicher, als er nicht nur Ähnlichkeiten als Analogien sieht, sondern bereit ist, auch Unähnlichkeiten als Analogien aufzufassen. Wie das? Er weiß, hinter jedem bewußten psychischen Phänomen kann sich ein ganz anderer unbewußter Gedanke oder sein genaues Gegenteil verbergen. Freud hatte das erstmals in seiner «Traumdeutung» vorexerziert. Geträumt wird bloß von «Kohlen», der Traumgedanke dahinter aber meinte angeblich «heimliche Liebe» – also muß der Traumzensor eine «Verschiebung» vorgenommen haben (hin zu einem bildlich besser darstellbaren Gegenstand, wie es Kohlen sind). Geträumt wurde von «weißen Blumen», der vermeintliche Traumgedanke aber meinte «sexuelle Befriedigung» – also hat der Traumzensor eine «Umkehrung» vorgenommen, die Wollust hinter dem Emblem der Unschuld versteckt. Seitdem besteht in der psychoanalytisch affizierten Öffentlichkeit der allgegenwärtige Verdacht, daß sich hinter allem sein genaues Gegenteil verbergen könnte, hinter jeder Liebe ein Haß, hinter jedem Haß eine Liebe. Und die Deutungen können noch reichlicher fließen, denn es könnte ja die «Sinnlichkeit» einer aktuellen Beziehung ebenso wie auf die «Sinnlichkeit» auch auf die «Unsinnlichkeit» der Vaterbeziehung zurückgehen, die heutige Schwere einer Aufgabe auf die Schwere wie auf die Leichtigkeit einer früheren, das Weiß auf Weiß, aber auch auf Schwarz oder auf Hellviolett oder auf sonst etwas. Es soll hier gar nicht behauptet werden, daß es derlei Verkehrungen schlechterdings nicht gebe; was so gänzlich unproduktiv wirkt, ist vielmehr, daß keinerlei Aussagen darüber bestehen, unter welchen Umständen sie auftreten, sondern daß sie immer dann erkannt oder vielmehr bemüht werden, wenn es der Theorie gerade zupaß kommt. Sie sind der Zauberstab, mit dem der Deuter bei Bedarf alles aus allem machen kann. Sie haben wesentlich dazu beigetragen, daß das Deuten zu einer so wilden Übung geworden ist. *Anything goes*, sofern es sich nur ungefähr im Bezugsrahmen der Psychoanalyse hält.

v. Drigalskis Verdacht, manchmal richte eine Psychoanalyse bei ihren Patienten Schaden an, macht ihren Bericht für mich weniger deprimierend als das in ihm beschriebene engmaschige Netz chaotischer, aber fast immer abträglicher, negativer Pseudo-Deutungen, in dem sich jeder fangen könnte, der nicht sehr gefestigt ist und auf diese wohlfeilen Sirenengesänge, die ihm die innerste Wahrheit über seine Psyche verheißen, auch nur einen Augenblick hört; und die Tatsache, daß dergleichen sogar regelrecht und bis zur Selbstzerstörung süchtig machen kann.

Auch eine «einfache Patientin» – sie gab sich den Namen «Vera Becker» – hat vor nicht langer Zeit einen Bericht über ihre Erlebnisse in der Psychoanalyse und etlichen anderen Therapien veröffentlicht, 1985 unter dem Titel «Wenn Therapien schaden» erschienen, zusammen mit einem mutigen wissenschaftlichen Kommentar von Hansjörg Hemminger, einem biologischen Anthropologen an der Universität Freiburg, der selber einige Jahre lang als Therapeut tätig war.

Mutig? Daß tatsächlich Mut dazu gehört, ein solches Buch an die Öffentlichkeit zu bringen, beweist die mitabgedruckte Klagedrohung eines im Buch vorkommenden Therapeuten; beweisen die rundheraus denunziatorischen Briefe, die einer der in dem Buch pseudonym kritisierten Ärzte an Zeitungsredaktionen verschickte; beweist der Unflat, der sich immer noch über jeden ergießt, der an den von der Psychoanalyse inspirierten Weltbildern rüttelt; aber auch ein Blick in einen zur gleichen Zeit erschienenen Artikel von Paul Parin, einem der linken Chefideologen der heutigen Psychoanalyse, in dem dieser sich die Freiheit nimmt, alle Kritiker seiner Ordensdogmen (auch den Autor) als Hexenjäger, Gegenaufklärer, Kalte Krieger, Propagandisten der «Wende» und – warum dann nicht das gleich auch noch? – Antisemiten zu verleumden.[37]

Erzählte irgendein Patient die Geschichte seiner erfolglosen Psychotherapierung, so entgegnete man ihm mit Sicherheit, daß sein Fall, so bedauerlich er auch sei, jedenfalls keinerlei Verallgemeinerung zulasse: Entweder sei er bei den falschen Therapeuten gewesen (und das Psycho-Gewerbe ist groß darin, die Kompetenz der Mitbewerber anzuzweifeln und die zahlreich vorkommenden Mißerfolge auf Kunstfehler unfähiger Kollegen zurückzuführen), oder bei ihm selber stimme es ja wohl nicht ganz: Seine Mäkelei sei Teil seines therapiebedürftigen Problems. Durchleuchtete dagegen ein Wissenschaftler die psychotherapeutische Praxis kritisch, so hielte man ihm entgegen, im psychotherapeutischen Alltag sei aber alles ganz anders. Das Buch «Wenn Therapien schaden» nimmt seinen Leser in die Zange, denn es ist sowohl Fallgeschichte wie theoretische Durch-

leuchtung. Mit den beliebten Argumenten «unglückliche Ausnahme» oder «abgehobenes Theoretisieren» läßt sich ihm nicht aus-
weichen. (Nach meinen Beobachtungen erwehrte sich die Psycho-
Szene seiner, indem sie sich das Gerücht weitererzählte, es kämen
darin ein paar angeblich falsche oder mißverstandene Zitate vor – so
als hätten einige Fehler die Kraft, tausend Argumente vom Tisch zu
wischen.)

«Vera Becker» ist das Pseudonym einer jungen Frau, die eine Grusel-
geschichte zu berichten hat: ihre mehr als zehnjährige Odyssee durch
neun verschiedene Psychotherapien, eine trostlose Geschichte der
Hoffnungen, Versprechungen, Demütigungen, Schikanen und Enttäuschungen. Fast hebt sich der Abend bei dem Therapeuten, der sie –
zu ihrem eigenen Besten selbstverständlich – auf der Stelle zu vergewaltigen suchte, in seiner schlichten Normalität darin noch positiv
ab.

In der großen Schar derjenigen, die heute einen Psychotherapeuten
in Anspruch nehmen, sind viele, die nur eine diffuse Unzufriedenheit
mit ihrem Leben und ihren «Bezügen» in diese eigentümlichen seelischen Exerzitien treibt. Mit gesunden Anpassungsreaktionen ausgestattet, überstehen sie die meisten Therapien nicht nur wohlbehalten,
sondern gehen des öfteren tatsächlich seelisch bereichert aus ihnen
hervor – immerhin haben sie ja auf jeden Fall «etwas erfahren», «etwas
erlebt», haben sich jahrelang den Luxus geleistet, sich intensiv mit der
eigenen Person und ihrer Vergangenheit zu beschäftigen. In dem zuständigen Jargon heißt das: «Die Therapie hat mir echt viel gebracht.»
Vera Becker aber wollte nichts Bereicherndes erleben. Sie «hatte etwas» (und hat es immer noch), etwas unter psychiatrischen Gesichtspunkten Ernstes: eine Angstneurose. Die Angstneurose über-
schwemmt den Menschen mit Anfällen panischer Angst, über deren
Grundlosigkeit er sich völlig im klaren bleibt, ohne sich doch gegen sie
wehren zu können. Sie beeinträchtigt weder den Verstand noch (wie
die Depression) die Aktivität. Ein Patient mit einer Angstneurose
weiß genau, warum er sich in Psychotherapie begibt: Er will die irrationale Angst loswerden, die sein Leben zur Hölle macht, nicht mehr,
nicht weniger. Er weiß, wann er eine Therapie erfolgreich nennen
würde. Er hat einen Maßstab. Es gibt Psychotherapeuten, die ihm auch
den absprechen. Da seine Ängste «irrational» seien, könne er gar nicht
wissen, was ihm not tut. Es ist ein Argument, das an Menschenverach-
tung grenzt: Es spricht dem Betroffenen aufgrund seiner Krankheit die
Fähigkeit ab, eine zutreffende Aussage über sich selber zu machen.
Alle ihre Therapien haben Vera Beckers Angstneurose nicht geheilt,

die meisten haben ihr wahrscheinlich aber auch nicht direkt geschadet, sieht man von der verlorenen Zeit und den erheblichen Kosten ab (sie schätzt sie auf etwa 100 000 Mark). Mit einer Ausnahme: Die sogenannte Primärtherapie verschlimmerte ihr «Symptom» derart, daß sie für mehr als drei Jahre arbeitsunfähig wurde. Diese Therapie, von dem abtrünnigen Freudianer Arthur Janov erfunden und auch als «Urschrei-Therapie» bekannt, besteht im wesentlichen darin, ihre «Klienten» in allerheftigste Gefühlsausbrüche hineinzusteigern, unter dem Vorwand, sie könnten sich auf diese und nur auf diese Weise von ihrem in der frühesten Lebenszeit angesammelten – rein hypothetischen – «Urschmerz» befreien. (Die dazugehörige Theorie geht also davon aus, daß Schmerzen gespeichert werden können.) An unkontrollierbarem Gefühl aber hatte es Vera Becker nicht gefehlt; nach einigen «Primärerlebnissen» nahm es vollends überhand. Sie wie auch Hemminger, der sich schon in seinem Buch «Flucht in die Innenwelt» kritisch des Urgeschreis angenommen hatte, warnen denn auch geradezu vor der Primärtherapie. Nach Hemmingers Beobachtungen überstehen selbst seelisch stabile Patienten sie selten ohne Schaden. Schlimmstenfalls werden sie süchtig nach «Primärerlebnissen» wie andere nach Heroin. Bestenfalls verfallen sie nur dem Wahn, einzig sie selber seien «real», alle untherapierten anderen aber kranke Gespenster.

Hemmingers theoretische Kommentierung der Geschichte Vera Beckers befaßt sich vor allem mit der Beziehung, die Patient und Therapeut eingehen, einer sonderbaren Beziehung, wie sie sonst im Leben nicht vorkommt und die vielen Patienten das Gefühl gibt, in eine schwindelerregende Denkfalle geraten zu sein. Zwar spricht der Therapeut mit ihnen über Persönlichstes; er selber aber bleibt als Person sonderbar unzugänglich. Hemminger analysiert die Paradoxien, die diesen Eindruck hervorbringen, und er analysiert sie in der neutraleren Sprache der Kommunikationstheorie, um den Vorentscheidungen zu entgehen, die er wohl oder übel übernehmen müßte, bediente er sich der Sprache der betroffenen Theorien (etwa der psychoanalytischen «Übertragungs»-Mystique).

In normaler Sprache gesagt, ist die Hauptparadoxie diese. Der Patient kommt – oft unter erheblichem Leidensdruck, der seine Kritikbereitschaft herabsetzt und ihn von vornherein gefügig stimmt – zu jemandem, bei dem er Hilfe sucht und von dem er weiß: Das ist ein Fachmann für solche Hilfe. Der Fachmann nimmt diese Rolle an. Er setzt den Rahmen (den Ort, die Zeit, die Couch, die Gruppe), er lenkt das Geschehen, er interpretiert – direkt oder indirekt – den Patienten. Er spiegelt zum Beispiel im Fall der orthodoxen Psychoanalyse die

Erzählungen des Patienten diskret zurück in dessen Vergangenheit: «Kommt Ihnen dies Gefühl bekannt vor? Erinnert Sie das an etwas?» (Beim Patienten kommt die Botschaft an: Untersuche deine Kindheit im Sinne der Psychoanalyse!) Oder, im Fall der meisten Gesprächstherapien, spiegelt er sie in die aktuelle Gegenwart: «Was fühlen Sie dabei?» (Die Botschaft: Deine Gefühle sind «kaputt» – hast du überhaupt welche? Und die angemessenen? Achte auf sie und bring sie in Ordnung! Oder im Jargon: «Du kommst noch nicht an deine Gefühle heran.») Selbst wo er sich jeder Interpretation enthält, ist diese sehr wohl präsent; der Patient nämlich versucht, seine Deutungen zu erraten und auf diese Weise – er verspricht sich ja Hilfe davon – das Rechte zu tun. *De facto* handelt es sich also immer um eine Beziehung, in der der Therapeut die Oberhand hat, und genau so will sie der Patient.

Nur – und dies ist die Paradoxie, in der sich der Patient fängt – wird diese Unsymmetrie meist nicht offen erklärt. Der Therapeut lenkt, tut aber so, als lenke allein der Patient: «Das ist Ihre Therapie! Hier kommt nur aufs Tapet, was Sie selber vorbringen! Hier passiert nur, was Sie selber veranlassen!» Die paradoxe Botschaft: Der mich gesund machen soll, weil ich es selber nicht kann, entfaltet sein heilendes Fachwissen, indem er mich auffordert, mich selber gesund zu machen! Eine paradoxe Botschaft ist eine, auf die es keine sinnvolle Reaktion gibt: Wie man es auch machte, es wäre falsch. Die einzige sinnvolle Reaktion bestünde darin, die Paradoxie selber aufzugreifen und zum Thema zu machen. Das aber setzte eine Beziehung voraus, wie sie die Psychotherapie vorsätzlich eben sehr oft gerade nicht bereitstellt: eine Beziehung, in der man «normal» wie im Leben draußen miteinander reden kann und der Therapeut nicht alles Geschick und alle Technik darauf verwendet, jede Frage des Patienten an sich abrinnen zu lassen und dem Patienten zurückzureichen. Wer im wirklichen Leben einem Bekannten von einem schlimmen Erlebnis berichtet, erwartet wenn schon nicht einen hilfreichen Rat, so doch ein Wort der Anteilnahme; würde es ihm vorenthalten etwa mit der Rückfrage «Könntest du mal ausphantasieren, was du dabei fühlst?» oder «Willst du sagen, woran du dabei denken mußt?», so würde er meinen, er habe sich verhört, und die Beziehung schließlich enttäuscht und empört abbrechen.

In ihrer Psychoanalyse-Reportage gibt Janet Malcolm die Anekdote – Anekdote? – von jener jungen Mutter wieder, die in der Therapiestunde von ihren verzweifelten Sorgen um ihr krankes Kind spricht: «Der Analytiker schweigt. Vor seinem Schweigen und Mangel an Mitgefühl weicht die Patientin nun ihrerseits auf ein elendes, tränenvolles Schweigen zurück. Schließlich sagt der Analytiker: ‹Sie leisten Widerstand.› Die Patientin bricht die Behandlung ab und bedeutet dem Analytiker: ‹Sie sind noch kränker als ich.›» [38]

Das ist ein extremer Fall, wie er sich in Wirklichkeit nur sehr selten ereignet haben dürfte; wahrscheinlich sind die meisten Psychoanalytiker heute der Ansicht, daß sie ihren Patienten, vorsichtig und zurückhaltend zwar, auch Anteilnahme und «menschliche Wärme» entgegenbringen dürfen. Freud selber plädierte für völlige Kälte: «Ich kann den Kollegen nicht dringend genug empfehlen, sich während der psychoanalytischen Behandlung den Chirurgen zum Vorbild zu nehmen, der alle seine Affekte und selbst sein menschliches Mitleid beiseite drängt und seinen geistigen Kräften ein einziges Ziel setzt: die Operation so kunstgerecht als möglich zu vollziehen ... Die Rechtfertigung dieser vom Analytiker zu fordernden Gefühlskälte liegt darin, daß sie für beide Teile die vorteilhaftesten Bedingungen schafft, für den Arzt die wünschenswerte Schonung seines eigenen Affektlebens, für den Kranken das größte Ausmaß von Hilfeleistung ...» [39]

Aber auch wenn viele Analytiker sich heute nicht mehr an diese Empfehlung halten: Der Therapeut will und soll für seinen Patienten anonym bleiben, eine weiße Wand, auf der der Analysand nichts als seinen eigenen Schatten erblickt. Und ihm ist «Abstinenz» geboten: Ursprünglich war während einer Analyse jede geschlechtliche Beziehung zu ihren Patienten verpönt, heute ist es jeder private oder gesellige oder berufliche Umgang. Das macht den Analytiker in aller Regel menschlich letztlich unerreichbar. Welche therapeutischen Wirkungen auch immer für diese Strategie sprechen mögen – praktisch macht sie dem Therapeuten jedenfalls seinen Beruf erst möglich. Er muß wohl so sein, um nicht in die Probleme und Verstrickungen der Patienten mit ihrem mitunter sehr schadhaften Wirklichkeitssinn hineingezogen und von ihnen überwältigt zu werden. Niemand etwa wäre diesem Beruf gewachsen, wollte er auf jede Verliebtheit seiner Patienten eingehen. Die Technik des Sich-Heraushaltens verschafft ihm aber darüber hinaus ihnen gegenüber auch einen massiven Vorteil: Er braucht für etwaige Mißerfolge seiner Arbeit kaum die Verantwortung zu übernehmen. Schuld hat ja immer der Patient. Schon Freud hat das dem «Wolfsmann» klargemacht: «Wenn man die Psychoanalyse hinter sich gebracht hat, dann kann man gesund werden. Aber man muß auch gesund werden wollen. Das ist so wie eine Fahrkarte, die man kauft. Die Fahrkarte gibt die Möglichkeit zu fahren. Aber ich muß nicht fahren. Es hängt von mir ab, wie ich mich entscheide.» [40]

Man stelle sich einen Arzt vor, der einen Gallenstein entfernt, ohne daß die Schmerzen nachlassen, und dem Patienten erklärt: Ich habe das Meine getan, und wenn es Ihnen weiter weh tut, dann nur, weil Sie sich nicht entscheiden können, gesund zu werden! Oder in den groben Worten von Claudia Erdheim: «Der Patient ist schuld, wenn in der Analyse nichts weiter geht. Den Scheiß kenn ich doch bis zum Erbrechen. Das sagen alle Analytiker, wenn sie nicht analysieren können.» [41]

Der Analysand sieht sich also einer Technik gegenüber, die ambivalent ist wie nur irgend etwas: Auf der einen Seite ist seine Beziehung zum Analytiker oft seine heftigste und intimste Gefühlsbeziehung überhaupt und soll es auch sein, auf der andern Seite wird er nach allen Regeln der Kunst abgeschmettert, wenn eine Frage nicht als Frage aufgenommen wird, sondern an der Ölhaut einer Gegenfrage («Könnten Sie dem Gefühl einmal nachgehen?») oder dem berühmten psychoanalytischen «Hm» abrinnt – und wenn unweigerlich alles, was der Patient vorbringt, auch seine Erkundigungen und Einwände, nur mehr weitere Indizien abgeben für seine «Psychostruktur», die ja bekannter- und zugegebenermaßen krankhaft ist.

Der Patient will sich erwachsen benehmen und von gleich zu gleich die Situation diskutieren, in der er sich da befindet, so wie er sie, sobald er sich ein Herz faßt, auch mit seinem Chirurgen diskutieren würde. Er fragt etwa zurück, ob er sich tatsächlich «narzißtisch» oder «ödipal» verhalten habe, und er bekommt zu hören: Was sind schon Begriffe? Er möchte gegen eine Deutung Einspruch einlegen und hört: Sie wollen nur vom Therapiegeschehen ablenken. Er fragt nach seiner Diagnose: Was könnten Sie schon mit ein paar Worten anfangen? Er möchte die Therapie selbst zum Gesprächsgegenstand machen: Sie intellektualisieren; Sie sind verkopft; Sie sollten lieber Ihren Gefühlen nachgehen. Kritik ist nur ein weiteres Krankheitssymptom. Daß der Patient krank ist und keine Äußerung von ihm für bare Münze genommen werden dürfe, wissen Therapeut und Patient, ohne es je sagen zu müssen; es ergibt sich schließlich aus der Situation, die sie zusammengeführt hat, es muß nicht eigens formuliert werden, und die Patienten sind sich dessen gewöhnlich akut bewußt.

Denn das Verhältnis Therapeut/Analysand ist und bleibt, auch wenn das beiden Parteien gar nicht lieb ist, ein Machtverhältnis. Man hat es boshaft als ein Verhältnis der Freundschaftsprostitution («Rent-A-Friend») bezeichnet: Der Patient bezahlt für das freundschaftlich-vertrauensvolle Gespräch mit einem anderen Menschen. Aber anders als der Freier überläßt er von vornherein dem Therapeuten die Vorhand: Der weiß ja, was ihm fehlt, und kann ihn gesund machen. Schon das sogenannte Setting der analytischen Sitzung macht klar, wo sich in diesem Verhältnis die Macht befindet. Der Patient sucht den Analytiker auf, in seinem Revier, nie umgekehrt. Der Analytiker bestimmt den Zeitpunkt der Sitzung und beendet sie; er besteht auf einer strikten Einhaltung der Termine. Das Honorar wird meist auch dann fällig, wenn der Patient einen Termin nicht einhalten kann. In der klassischen Analyse liegt der Patient auf einer Couch, der Analytiker sitzt unsichtbar hinter ihm. Die Couch geriet eher durch Zufall in die Analyse. Freud konzipierte seine Therapie in der kurzen Zeit seiner Zusammenarbeit mit dem Arzt Josef Breuer, der glaubte, Hysterie durch Hypnose heilen zu können – und um der leichteren Hypnotisierbarkeit willen mußten sich seine Patienten auf eine Couch legen. Freud kam zu dem Schluß, Hypnose fruchte nichts, und setzte die «freien Assoziationen» des Patienten an ihre Stelle; bei der Couch aber blieb er. «Ich halte an dem Rate fest, den Kranken auf einem Ruhebett lagern zu lassen, während man hinter ihm, von ihm ungesehen, Platz nimmt. Diese Veranstaltung hat einen historischen Sinn, sie ist der Rest der hypnotischen Behandlung, aus welcher sich die Psychoanalyse entwickelt hat. Sie verdient aber aus mehrfachen Gründen festgehalten zu werden. Zunächst wegen eines persönlichen Motivs ... Ich vertrage es nicht, acht Stunden täglich (oder länger) von anderen angestarrt zu werden. Da ich mich während des Zuhörens selbst dem Ablauf meiner unbewußten Gedanken *(sic)* überlasse, will ich nicht, daß meine Mienen dem Patienten Stoff zu Deutungen geben. Der Patient faßt die ihm aufgezwungene Situation gewöhnlich als Entbehrung auf und sträubt sich gegen sie, besonders wenn der Schautrieb (das Voyeurtum) in seiner Neurose eine bedeutende Rolle spielt. Ich beharre aber auf dieser Maßregel, welche die Absicht und den Erfolg hat, die unmerkliche Vermengung der Übertragung mit den Einfällen des Patienten zu verhüten ...»[42]

In der universal-menschlichen Sprache der Gebärden und Körperhaltungen heißt ein solches Arrangement: Ich bin der Erhöhte, du liegst demütig und wehrlos vor mir und darfst noch nicht einmal deine Augen zu mir erheben. Weltliche Potentaten haben sich ihren Untertanen gegenüber immer auf ähnliche Weise in Szene zu setzen gewußt. Ein Gespräch von gleich zu gleich gibt es nur bei gleicher Höhe seiner Partner und unablässigem Blickkontakt, der einen über die augenblickliche Verfassung des Gegenübers ins Bild setzt. Zu jemandem zu sprechen, der über einem thront und dessen Reaktionen man nicht wahrnehmen kann, ist ein Akt der Unterwerfung. Folgerichtig muß sie dem Patienten aufgezwungen werden, angeblich zu seinem Besten. Daß er liegt, soll ihm helfen, sich wie ein kleines Kind zu fühlen und den Analytiker zu erleben, wehrlos, wie er einst vermutlich Mutter und Vater erlebt hat: also zu «regredieren» und jene «alten, frühen Gefühle» zu erinnern und noch einmal zu durchleben.

Wenige Psychoanalytiker wohl drängen ihren Klienten die Deutungen noch so brachial auf, wie Freud das, nach seinen eigenen Fallgeschichten zu urteilen, wenigstens gelegentlich getan zu haben scheint. Aber auch noch die milden, die fragenden, die vorschlagenden Interventionen beeindrucken den für so etwas empfänglichen Patienten, der ein braver Patient sein will. «Er formulierte wackelig, aber ich spürte ja doch, was er meinte, welche Alternative er vorzog, zumindest für wahrscheinlicher hielt ... Ich sollte ja nicht manipuliert werden. Nur spürte ich seine Einstellung. Um so genauer, je länger ich in Analyse war.» [43]

Auch noch diese vorsichtigen, nur eine Frage stellenden Interventionen werden oft als massive Machtausübung erlebt. Wem sein Therapeut andeutet, und sei es auch noch so behutsam, hinter dem, als den man sich selber kenne, stehe eine ganz andere, unsichtbare, in manchem genau entgegengesetzte Person: der muß, wenn er sich darauf auch nur versuchsweise einläßt, an sich selber irre werden – der Therapeut zieht ihm, in therapeutischer Absicht natürlich, den Teppich unter den Füßen weg, und er fällt auf die Nase.

Stuart Sutherland beschreibt diese Erfahrung so: «Es ist charakteristisch für Analytiker und viele andere Psychotherapeuten, daß sie alles umdrehen. Mit den Wünschen anderer Leute übereinstimmen ist nicht länger eine Tugend, die das Leben erleichtert, es wird zur Kollusion [Verschleierung eines Sachverhalts durch sein Gegenteil]; wenn man hinter einem Mädchen herläuft, so ist das ein Zeichen von Homosexualität. Als ich versuchte, den kläglichen Rest von Selbstachtung, der mir noch geblieben war, ein bißchen aufzumöbeln, indem ich von einigen Fällen sprach, bei denen ich nicht getan hatte, was ich gerne getan hätte – aus Angst, anderen weh zu tun –, sagte der jungen Analytiker: ‹Sie könnten das eher als Schwäche auslegen denn als Anstandsgefühl.› Ich möchte nicht den Eindruck erwecken, als hätte er keine Anstrengungen unternommen, mich zu trösten. Er tat es, aber manchmal in ziemlich seltsamer Weise. So erklärte er zum Beispiel: ‹Wissen Sie, ich bewundere Sie wirklich dafür, daß Sie zusammengebrochen sind› ... Meine Krankheit habe mir die Möglichkeit eröffnet, mich zu ändern.» [44]

Oder Dörte v. Drigalski. Sie mochte Juden und besonders einen bestimmten jüdischen Mann. Prompt wies ihr Analytiker sie darauf hin, es handele sich um «abgewehrten Antisemitismus». Sie zweifelte, er bestätigte es ihr: «Ja, den Antisemitismus haben wir eben alle in uns.» Der Prosemit soll also «in Wahrheit» ein Antisemit sein. (Mit der gleichen Nichtberechtigung, mit der gleichen Scheinklugheit könnte einer den Antisemitismus natürlich als abgewehrten Philosemitismus bezeichnen; es kommt wohl nur darum nicht vor, weil in der ganzen Psychoanalyse die «dahintersteckenden» Motive fast immer die üblen sind, sonst brauchten sie ja auch das Tageslicht nicht zu scheuen.) Nur zu bereitwillig unterwirft sie sich dieser Verdrehung und wird entsprechend verunsichert: «Damit war meine letzte eindeutig positive Beziehung entlarvt, meine letzte liebende Ecke hatte sich als Haß herausgestellt. Damit war ich waidwund. Ich bestand aus Haß, Abwehr, Reaktionsbildung...»[45] Warum doch noch? Weil sie für jemanden Zuneigung empfunden hatte.

Natürlich interveniert ein Therapeut nicht mutwillig auf diese Weise. Er hat eine Theorie, die ihn jene hypothetische verdeckte Person hinter der Person erkennen läßt und die ihm sagt, daß ihre Aufdeckung heilend wirke. Aber wenn man auch nur einräumt, daß diese Theorie falsch sein *könnte*, nimmt sich solche Praxis des Therapeuten denn doch einigermaßen unheimlich aus: einem unglücklichem Menschen in einem Augenblick seelischer Krise nahezulegen, daß er immer in einer abgrundtiefen Täuschung über sich selber befangen gewesen sei; daß seine Liebe nur verkappter Haß sei; daß er dermaßen krank sei, daß er keinen Zugang zu seinen richtigen Gefühlen habe und sich selber systematisch verkenne. Die Botschaft heißt: Du bist verrückt. Der so Klassifizierte bleibt dann in der Therapie, um sich von dieser Verrücktheit zu heilen; oder um eines Tages zu hören, er sei doch nicht verrückt. So perpetuiert sich die Therapie.

Nach normalen menschlichen Maßstäben ist es hanebüchen, wie Vera Becker immer dann abgefertigt wurde, wenn sie sich zaghaft nach dem Erfolg der jeweiligen Therapie zu erkundigen wagte. Ihre Enttäuschung, bedeutete ihr der Analytiker, auf dessen Couch sie immerhin zweieinhalb Jahre zugebracht hatte, ohne daß ihre Angst geringer geworden wäre, komme wohl daher, daß sie einst von ihrem Vater enttäuscht war. (Die Theorie dahinter war zweifellos: Sie «übertrage» gerade ihr pathogenes Kindererleben – die Enttäuschung über ihren Vater, der sich wahrscheinlich ihren hypothetischen sexuellen Gelüsten nicht willfährig gezeigt hatte – auf die Person des Analytikers, und wenn es ihr gelinge, diese Enttäuschung zu überwinden, dann sei auch die traumatische Enttäuschung aus ihrer Kindheit überwunden, und ihre Angst verfliege.) Die Botschaft für Vera Becker war: Die Enttäuschung über die Analyse ist ein Teil deiner Krankheit! Als sie in einer anderen Therapie begründete Zweifel vorbrachte, sich also nach normalen Maßstäben besonders erwachsen verhielt, bekam sie zu hören, derlei Ansprüche seien nur ein weiteres Indiz für die Unreife, die Babyhaftigkeit, die eben ihr Problem ausmache. Die Botschaft: Wer hier kritische Fragen stellt, ist unreif – und du willst doch reif werden?!

Die Aufnahme in eine (nicht psychoanalytische, sondern eklektisch mit diversen Verfahren arbeitende) Psycho-Klinik wurde zu einer regelrechten Machtprobe. Gerade vorher hatte sie sich mühsam auf ein ihr zusagendes Körpergewicht heruntergehungert. Jetzt mußte sie, nur um dem Therapeuten zu beweisen, daß sie kirre war, sich gegen ihren Ekel übers Wochenende vier Pfund anessen. In derselben Klinik wurde sie später – bei Tageskosten von 250 Mark – zu Putzarbeiten verurteilt, selbstverständlich aus therapeutischen Gründen. Die Devise: «Kapituliere endlich! Nur dann hast du eine Chance!»

In relativ guter Erinnerung behielt sie nur einen Arzt, der nach der altmodischen Methode «Medikamente, gute Ratschläge und viel Ablenkung» verfuhr; und auch die Sanyassins, die zwar ebenfalls nicht helfen konnten, aber wenigstens freundlich und bei allem fröhlich waren.

Damit soll nicht etwa gesagt sein, daß die Methode «Kopf hoch – reiß dich zusammen – wird schon werden!» eine effektive Psychotherapie wäre, oder gar die effektivste. Sie ist es selbstverständlich nicht, denn sie verkennt, daß es eben nicht in der Macht des psychisch Leidenden steht, ein «Symptom» abzulegen, wenn er sich nur dazu entschlösse. Aber es bedeutet, daß die von der Tiefenpsychologie und nicht nur von ihr so verachtete medikamentöse Therapie – «Tabletten lösen keine Probleme!» – unter Umständen wirkungsvoller ist als das jahrelange analytische Gespräch (was damit zusammenhängen könnte, daß die Probleme des psychisch Kranken oft gar nicht die Ursache, sondern erst die Folge seiner Krankheit sind; und daß jene im Einklang mit der Biologie steht, dieses aber meist ohne sie oder gegen sie geführt wird). Und es bedeutet auch, daß Vorschläge zu den prosaischen Fragen seiner alltäglichen Lebensführung, wie sie der Psychoanalytiker mit seiner Anonymität und Abstinenz seinen Patienten meist mit Bedacht schuldig bleibt, dem psychisch gestörten Menschen durchaus helfen können und die Herablassung nicht verdienen, mit denen ihnen manche Therapeuten zu begegnen pflegen. Kein Mensch wird bestreiten, daß die Beseitigung der Wurzeln einer Erkrankung allemal dem Herumkurieren am Symptom vorzuziehen wäre. Aber wenn die Wurzelbehandlung keine Besserung bringt, weil die Ursachen der Störung möglicherweise auf einem ganz anderen Gebiet liegen als die angenommenen Wurzeln oder weil deren «Aufarbeitung», «Wiederdurchleben» oder «Bewußtmachung» die angenommenen Folgen nicht zeitigt und das «Symptom» entgegen allen Hoffnungen nicht «in sich zusammenbrechen» läßt, dann ist jede effektive Hilfeleistung der endlosen Suche nach der richtigeren Wurzel auf dem falschen Gebiet vorzuziehen.

Der Patient, der mit einem konkreten Leiden kommt und nicht mit einem vagen Wunsch nach neuen Erfahrungen und «Selbstverwirklichung», hat einen Maßstab für den Erfolg der Prozedur, der er sich unterzieht. Mit den beliebten dunklen Hinweisen auf die Relativität aller psychischen Gesundheit – «wer ist schon gesund?» – ist er nicht abzuspeisen. Daß er etwas über sich selbst dazugelernt hat, schätzt er zwar nicht gering, es tröstet ihn aber nicht über den ausgebliebenen Heilungserfolg hinweg. Er will sein «Symptom» loswerden, das ihm jede Minute zur Qual macht. Alles andere zählt dagegen wenig. Er ist es, dem sich die Psychoanalyse gewachsen zu zeigen hätte.

4. HERR MENEUTIK UND FRAU SZIENZ: ÜBER DEN ANTINATURWISSENSCHAFTLICHEN AFFEKT

Je weniger die Erfahrungswissenschaften die Theorien der Psychoanalyse bestätigen, desto entschiedener wandte diese sich von ihnen ab. Vom «Entwurf einer Psychologie» im Jahre 1895 bis zum «Abriß der Psychoanalyse», der sein Lebenswerk zusammenfassen sollte und über dessen Niederschrift er starb, war Freuds ganzer Stolz die Zuversicht, «die Psychologie zu einer Naturwissenschaft wie jede andere» gemacht zu haben, einer, die nicht anders als Chemie oder Physik «Gesetze» der Natur ermittelt. Der Satz lautet in vollem Wortlaut so: «Während man in der Bewußtseins-Psychologie nie über jene lückenhaften, offenbar von anderswo abhängigen Reihen [= Ableitungen] hinauskam, hat die andere [= meine] Auffassung, das Psychische sei an sich unbewußt, gestattet, die Psychologie zu einer Naturwissenschaft wie jede andere auszugestalten. Die Vorgänge, mit denen sie sich beschäftigt, sind an sich ebenso unerkennbar wie die anderer Wissenschaften, der chemischen oder physikalischen; aber es ist möglich, die Gesetze festzustellen, denen sie gehorchen, ihre gegenseitigen Beziehungen und Abhängigkeiten über weite Strecken lückenlos zu verfolgen, also das, was man als Verständnis des betreffenden Gebiets von Naturerscheinungen bezeichnet.» [1]

Allerdings, auch Freud selber schon hielt nicht viel von der Überprüfung psychoanalytischer Thesen nach den in den Naturwissenschaften üblichen Regeln. Auf einer berühmt-berüchtigten Postkarte aus dem Jahre 1934 bedankte er sich bei dem Kollegen Saul Rosenzweig, der ihm die Ergebnisse eines – durchaus positiv ausgegangenen – Experiments über die freudsche Verdrängung zugeschickt hatte, mit den überraschend frostigen Worten: «Ich habe Ihre experimentellen Arbeiten zur Prüfung psychoanalytischer Behauptungen mit Interesse zur Kenntnis genommen. Sehr hoch kann ich diese Bestätigungen nicht einschätzen, denn die Fülle sicherer Beobachtungen, auf denen jene Behauptungen ruhen, macht sie von der experimentellen Prüfung unabhängig. Immerhin, sie kann nicht schaden.»[2] Freud war also allenfalls bereit, Experimente mit einem für seine Theorie positiven Ausgang zu dulden; daß solche Experimente stattfinden müßten, verlangte er nicht. Seine Theorie baute er auf ein Material ganz anderer Art – auf die Beobachtungen, die er und seine Anhänger an ihren Patienten machten, auf das sogenannte klinische Material. Als Freud sich 1933 in einer Vorlesung über den Erfolg seiner Kuren äußerte, hatte er dies anzumerken: «Die Heilerfolge geben weder einen Grund, damit zu prahlen, noch sich ihrer zu schämen. Aber solche Statistiken sind überhaupt nicht lehrreich, das verarbeitete Material ist so heterogen, daß nur sehr große Zahlen etwas besagen würden. Man tut besser, seine Einzelerfahrungen zu befragen.»[3] Wenig Wert legte er also auch auf die Erhebung statistischen Materials, die Effektivität seiner Therapie zu überprüfen. Und in einer Hinsicht hatte er dabei in der Tat recht: Zur empirischen Überprüfung auch der psychoanalytischen Theorie und ihres praktischen Nutzens braucht man möglichst objektive, möglichst vergleichbare, möglichst nichtheterogene Daten von vielen Menschen, wie sie zu seiner Zeit noch nicht zur Verfügung standen. Wie selbst eine «Fülle sicherer Beobachtungen» an den eigenen, in kaum einer Hinsicht vergleichbaren Zufallspatienten dieses Manko ausgleichen und sichere Schlüsse gestatten könnte, erklärte Freud nicht.

Freud also hielt die Psychoanalyse eindeutig für eine Naturwissenschaft, sogar für die erste naturwissenschaftliche Psychologie überhaupt. Zu einer Naturwissenschaft soll sie seine Annahme gemacht haben, daß das Seelische unbewußt sei. Und damit hängte er die Naturwissenschaftlichkeit seiner Theorie an einem ungemein lockeren Nagel auf. Eine Naturwissenschaft nämlich erkennt man nicht an ihren Inhalten, sondern an ihren Methoden. Und gerade «das Unbewußte», wie er es auffaßte, hat immer zu kraß unwissenschaftlichen Spekulationen verleitet. Die Psychoanalyse besteht ja weithin aus Aussagen über ein prinzipiell unbeobachtbares seelisches Geschehen. Es könnte auch eine reine Märchenwelt sein, vergleichbar jener Unterwelt der irischen Folklore, in der trinkfeste zwergenhafte Kobolde, die *leprechauns,* ihr Reich haben. Daß es sich darum nicht handelt: eben dagegen hätte sie sich mit (natur)wissenschaftlichen Methoden zu versichern.

Viele seiner Nachfahren haben sich von seiner (natur)wissenschaftlichen Grundposition losgesagt. Warum? Ich meine, es geschah in dem Bemühen, die Theorien des Gründungsvaters vor den zunehmend negativen Befunden der empirischen Wissenschaften in Sicherheit zu bringen. Sie vollzogen, was man als ihre hermeneutische Wende bezeichnen kann und bezeichnet hat – die Wende zu einer «Verstehenskunst», die den Patienten zu deuten unternimmt, wie der Philologe einen widerspenstigen Text deutet. Auch sie allerdings können sich auf Freud berufen.

Zum Beispiel auf diese Sätze: «Die Psychoanalyse war ... in erster Linie eine Kunst der Deutung und stellte sich die Aufgabe, die erste der großen Entdeckungen Breuers, daß die neurotischen Symptome ein sinnvoller Ersatz für andere unterbliebene seelische Akte seien, zu vertiefen. Es kam jetzt darauf an, das Material, welches die Einfälle der Patienten lieferten, so aufzufassen, als ob es auf einen verborgenen Sinn hindeutete, diesen Sinn aus ihm zu erraten.»[4] Oder: «Zuerst konnte der analysierende Arzt nichts anderes anstreben, als das dem Kranken verborgene Unbewußte zu erraten, zusammenzusetzen und zur rechten Zeit mitzuteilen. Die Psychoanalyse war vor allem eine Deutungskunst.»[5] War es – und blieb es, denn die Fortentwicklung bestand laut Freud nur darin, «den Kranken zur Bestätigung der Konstruktion durch seine eigene Erinnerung zu nötigen. Bei diesem Bemühen fiel das Hauptgewicht auf die Widerstände des Kranken; die Kunst war jetzt, diese baldigst aufzudecken, dem Kranken zu zeigen und ihn durch menschliche Beeinflussung zum Aufgeben der Widerstände zu bewegen.»[5] Wie Freud selber sie sah, war seine «Redekur» also Deutungskunst, gepaart mit der Kunst, die Patienten trotz allen Sträubens zur Annahme seiner Deutungen zu bringen. Deutungskunst aber ist nur ein anderes Wort für Hermeneutik; nur daß deren Gegenstand ursprünglich nicht die Lebensbeichten seelisch Kranker waren, sondern der Wille der Götter, heilige und schwierige Texte und Kunstwerke und anderes Dunkles, dessen Sinn entziffert werden mußte. Für Freud aber stand sein naturwissenschaftlicher Anspruch noch in keinem Widerspruch zu seinem hermeneutischen Vorgehen. Er war sicher, eben durch seine subjektive Deutungskunst zu einer (natur)wissenschaftlichen Psychologie gelangen zu können.

Die nichtpsychoanalytische Psychologie auf der anderen Seite aber ersann immer raffiniertere Methoden, gerade alle subjektiven Vermutungen und Ratereien auszuschließen. Seitdem besteht eine sich weitende Kluft. Und seitdem wollen viele Psychoanalytiker bei

leibe keine Naturwissenschaftler mehr sein, sondern eben Hermeneutiker, Verstehenskünstler. «Die Naturwissenschaften suchen
nach Ursachen, nach Kausalzusammenhängen; die psychologischen,
Geistes- und Sozialwissenschaften nach Motiven, Gründen, Sinnzu-
sammenhängen: Die einen haben mit Tatsachen, die anderen mit
Bedeutungen zu tun»[6]: so beschrieb der Psychosomatiker Stavros
Mentzos den Unterschied – er selber übrigens der Meinung, die heute
geradezu zu einer Seltenheit geworden ist: daß ein «empathisch-
intuitives Verfahren» einerseits, «erfahrungswissenschaftliches
Denken» andererseits sich keineswegs ausschließen und daß beide
wieder zusammengeführt werden müßten. Die Partei der Hermeneutiker aber glaubt sich haushoch über die objektiv-empirischen Wissenschaften erhaben. Ein relativ unpolemisches Wort für diese ist
«Nomologie»: die Erforschung von Gesetzmäßigkeiten in der Natur.
Ein anderes, abfälligeres ist «Positivismus»: In diesem Zusammenhang ist das nicht die greise philosophische Strömung gleichen Namens, sondern nur soviel wie eine angeblich verstiegene Vorliebe für
Fakten. Das schlimmste Schimpfwort aber ist «Szientismus»: übertriebene Wissenschaftsgläubigkeit, die angeblich irrige Zuversicht,
daß auch auf Phänomene des Geistes und der Seele (natur)wissen-
schaftliche Methoden angewandt werden könnten. Wer heute in irgendeiner Form anzweifelt, daß die Psychoanalyse den rigorosen
Wahrheitsfindungsstandards einer (natur)wissenschaftlichen Disziplin gewachsen sei, dem schlägt man mit unfehlbarer Sicherheit das
Argument um die Ohren, in der Tat sei sie es nicht, und das sei gut so,
und daran zweifeln könne nur ein öder Positivist, ein von der Geschichte längst überrollter Szientist, der mit seinen vorsintflutlichen
Ansichten doch das unwissende Publikum bitte verschonen möge.

Der Gegenstand dieses Buches ist nicht die hermeneutische Umdeutung, die sich die Psychoanalyse gefallen lassen mußte. Trotzdem
müssen einige, die verbreitetsten hermeneutischen Argumente wenigstens kurz in Betracht gezogen werden. Es könnte ja wirklich so
sein, wie die Hermeneutiker versichern: daß es einfach verfehlt ist,
an die Aussagen der Freudschen Theorie (natur)wissenschaftliche
Maßstäbe anzulegen. Wäre ihr Räsonnement zwingend, so wäre der
ganze Rest dieses Buches vielleicht nicht falsch, aber überflüssig.

Die tonangebenden Hermeneutiker sind zumeist Philosophen,
keine Ärzte, keine Psychiater. Mit Fakten befassen sie sich von Berufs wegen kaum. Fakten sind in ihren Schriften nur in Form eines
fernen Echos gegenwärtig. Sie philosophieren. Sie nehmen Freuds
Theorie nicht als eine im weiten Sinn medizinische Theorie zur Er-

klärung und Beseitigung krankhafter Seelenzustände und zur Umformung des Charakters, als die sie ganz zweifellos konzipiert wurde und die sie in den Augen der Öffentlichkeit nach wie vor darstellt, sondern als philosophisches Denkgebäude. Bei der Empiriefeindlichkeit vieler heutiger Philosophie kommt einem Philosophen nicht leicht in den Sinn, daß sie durch Fakten korrigiert werden könnte; wenn er sie kritisiert, dann nicht aufgrund abweichender Tatsachen, sondern nur durch Gedanken. Tatsächlich setzen die führenden Hermeneutiker die Richtigkeit der Freudschen Krankheitserklärungen, seines aus ihnen entwickelten allgemeinen psychologischen Modells und die Wirksamkeit seiner Behandlungsmethode schlechterdings voraus. Der einflußreichste aller hermeneutischen Texte, die Psychoanalyse-Kapitel in dem Buch «Erkenntnis und Interesse» des Philosophen Jürgen Habermas, der das Schlagwort vom «szientistischen Selbstmißverständnis der Psychoanalyse» unters gebildete Volk brachte, referiert seitenlang Freudsche Theorien: seine Traumatheorie wie seine Traumtheorie, seine Theorie der Fehlleistungen, seine Libidotheorie, seine Instanzenlehre (vom Ich, Es und Über-Ich) – und das ohne die leiseste Distanz, ja ohne auch nur einmal der Idee nahezutreten, daß diese Erkenntnisse auch angezweifelt werden könnten, ganz als handelte es sich bei Freuds Schriften um unantastbare heilige Texte. Was eigentlich erst zu erweisen wäre, die Richtigkeit der speziellen Annahmen Freuds, wird also in einem nicht näher bezeichneten und allem Anschein nach jedenfalls großen Umfang ganz einfach als eiserner Bestand richtiger Erkenntnis vorausgesetzt.

Ein häufiges Manöver der psychoanalytischen Hermeneutik besteht zunächst darin, den Zweck des ganzen Unternehmens sehr weit und sehr weich zu umschreiben. Es handelt sich nur noch sehr fern um das, wozu Freud und seine Anhänger einst ausgerückt waren: um die Heilung von Psychoneurosen kraft einer Technik, die auf besonderen Annahmen über die Entstehung solcher Störungen beruhte. Statt dessen liest es sich nunmehr so. «In der Psychoanalyse [geht es] weder um ‹Tatsachen› noch um die Beobachtung von ‹Tatsachen›, sondern um die Interpretation einer Geschichte … In der Analyse geht es um den Zugang zur wahren Rede» (der Philosoph Paul Ricœur[7]). «Am Ende der Analyse soll es möglich sein, jene für die Krankheitsgeschichte relevanten Ereignisse der vergessenen Lebensjahre narrativ [= erzählerisch] darzustellen, die zu Beginn der Analyse weder der Arzt noch der Patient kennen … *Der Akt des Verstehens*, zu dem [die psychoanalytische Hermeneutik] führt, *ist Selbstreflexion* … Am Ende muß … das Subjekt seine eigene Geschichte auch erzählen können und die Hemmungen, die der Selbstreflexion im Wege standen, begriffen haben» (Habermas[8]). «Die Beziehungsmuster der Vergangenheit werden – in der Übertragung – neu inszeniert, neu erlebt und bewertet. Der Patient schreibt seine Geschichte um und erwirbt damit auch ein anderes Verständnis von sich selbst in der Gegenwart» (der Psychoanalytiker Jürgen Körner[9]). «Psychoanalyse meint mithin die Methode der beobachtenden Teilnahme an einem szenischen Dialog mit dem nie zu erreichenden Ziel, *alles* kognitiv-emotionale Geschehen darin aufzuklären» (der Psychoanalytiker Wolfgang Tress[10]).

Aber «szenische Dialoge» (unter denen man sich wohl nach bestimmten Regeln ablaufende Unterhaltungen vorstellen soll) gibt es in Tausenden von Arten; und die Psychoanalyse ist nicht *irgendein* solcher Dialog, sondern ein ganz bestimmter – die Regeln, nach denen er vonstatten geht, stammen eben aus Freuds speziellen Annahmen über die Ätiologie, die Entstehung der Krankheiten, die er beseitigen soll. Er hat auch nicht *irgendeine* Aufklärung zum Ziel, sondern eine ganze bestimmte – welche, das bestimmen, wiederum stillschweigend, die speziellen Annahmen des Freudschen Lehrgebäudes. Die Geschichte, die der Patient am Ende erzählen können soll, ist nicht *irgendeine* Geschichte; vielmehr soll er seine Lebensgeschichte in den Kategorien der Psychoanalyse erzählen. Er schreibt seine Geschichte auch nicht auf *irgendeine* Weise um; wenn er sie in einer Psychoanalyse umschreiben lernt, dann im Licht ihrer speziellen Annahmen. Die Deutungen, die der Analytiker anbietet, sind nicht irgendwelche Deutungen – eine Deutung an sich gibt es sowenig, wie es eine Geschichte oder überhaupt Sprache ohne Inhalt gibt, jede Deutung ist immer eine Deutung im Licht bestimmter Annahmen. Ausdrücklich heißt es denn auch: «Das Material der rekonstruktiven Geschichte entnimmt der Analytiker dem eigenen Erleben innerhalb der Analyse, seiner Theorie von der Dynamik der psychosexuellen Entwicklung … Vor allem aber schöpft er wesentlich aus der durch die eigene Lehranalyse aufgeklärten, permanent teilnehmenden Beobachtung des Kindes in sich, welches er selbst einmal ausschließlich war und das in ihm – hoffentlich – noch lebt» (Tress[11]). Oder anders und kürzer gesagt: Seine Deutungen entstammen der Freudschen Theorie und seinen eigenen gegenwärtigen und vergangenen Erfahrungen bei ihrer Anwendung. Und was ist die «wahre» Rede, die der Patient am Ende angeblich zu führen versteht? Ricœur sagt es nicht, aber nach allem, was er sonst sagt, kann er nur eines meinen: die psychoanalytisch inspirierte

Rede. Der Patient soll nicht etwa «erzählen» lernen; er soll seine Lebensgeschichte psychoanalytisch interpretieren.

Nähme man den in solchen aufgeweichten Formulierungen erklärten Zweck der Analyse wörtlich, daß nämlich der Patient in den Jahren auf der Couch lerne, die Geschichte seines Lebens «umzuschreiben» und auf neue Art zu erzählen, so wäre er schlicht lächerlich. So mancher schließlich erzählt bei einem Bierchen sein Leben erst auf diese und dann auf jene Art, ohne daß irgend jemand auf die Idee käme, das sei eine großartige Tat mit therapeutischem Effekt. Wenn niemand lacht, wenn einem vielmehr beim Anhören solcher Erklärungen ein ehrfürchtiger Schauer über den Rücken läuft, als wäre von einem überaus delikaten und harterkämpften und das ganze Leben verändernden Wandel die Rede, dann einzig darum, weil man spürt, daß man derlei nicht wörtlich nehmen darf, daß sich mehr dahinter verbirgt, daß es nicht um irgendeine Abwandlung der Erzählungen aus dem eigenen Leben geht, nicht darum etwa, daß sie witziger oder spannender oder umständlicher oder feierlicher ausfallen sollen als vorher, vielleicht überhaupt nicht um die Erzählweise oder die Erzählung als solche, sondern darum, das eigene Selbstverständnis mit delikatem, nämlich psychoanalytischem Gedankengut anzureichern: sich selber hinfort in psychoanalytischen Kriterien und Kategorien zu begreifen.

So gerieren sich diese hermeneutischen Programmaussagen nach außen hin neutral, indem sie die speziellen Annahmen der Psychoanalyse, die sie gleichwohl im Sinn haben, wohlweislich verschweigen. Sie erklären das ganze Unternehmen vage zu einer «Bewegung der Selbstreflexion» (Habermas) oder einem «szenischen Dialog» (Tress) oder etwas ähnlich Allgemeinem und Hehrem, gegen das kein anständiger Mensch etwas haben kann, und verraten nicht, daß es sich um einen Dialog nach höchst eigenartigen Regeln, um eine aufgrund von höchst eigenartigen Annahmen zustande gekommene Geschichte handelt. Ein bewußtes Täuschungsmanöver nehme ich selbstverständlich nicht an. Der Effekt solcher weiten und harmlos tuenden Umformulierungen dessen, was der psychoanalytische Prozeß beabsichtigt, ist jedoch der eines Wandschirms: Verdeckt von solchen scheinbar neutralen und großherzigen Absichtserklärungen, können höchst eigenartige Annahmen unbefragt hereindringen und ihr Wesen treiben.

Ein anderes hermeneutisches Manöver besteht darin, die Psychoanalyse zu einem fast rein sprachlichen Unternehmen zu machen. Klar, die Hermeneutik hatte es ursprünglich mit Texten zu tun; da käme es ihr gelegen, wenn es auch in der Psychoanalyse um nichts anderes als Textinterpretation ginge. Diese Umdeutung geschieht einerseits durch eine merkwürdige Ausweitung des Sprachbegriffs, andererseits durch eine Einschränkung dessen, was das Eigentliche in einer Psychoanalyse sein soll.

Ricœur etwa geht so weit, zu behaupten, daß die psychoanalytische Traumdeutung sich gar nicht mit dem geträumten Traum befasse, sondern lediglich mit dem Traumbericht – der Traum wird in seinem Verständnis zum «Traumtext». Natürlich kennen wir die Träume anderer immer nur als Berichte von ihnen, und zwischen dem Traum, wie er geträumt wurde, und dem Traum, wie er berichtet wird, besteht notwendig einiger Abstand. Freud war das völlig klar, aber sowenig wie irgend jemand sonst zweifelte er daran, daß Träume als solche eine Realität haben und daß man dieser Realität durch die Traumberichte hindurch wenigstens nahekommen könne. Er wollte das Träumen selbst erklären und nicht den Traumbericht. Der Traum sollte die entscheidenden unbewußten Prozesse verraten, nicht erst der Bericht über ihn.

Habermas bezeichnet Neurosen als Sprachstörungen: Bei ihnen seien «unsere alltäglichen Sprachspiele aufgrund interner Störungen durch unverständliche Symbole durchbrochen. Unverständlich sind solche Symbole, weil sie den grammatischen Regeln der Umgangssprache, den Normen des Handelns und den kulturell eingeübten Mustern der Expression nicht gehorchen.»[12] Der Begriff Sprache wird also ausgedehnt, bis er alle Kommunikation und eigentlich auch («Normen des Handelns») alles Verhalten mit umgreift – nämlich Grammatikverstöße, Ausdrucksverstöße und Normverstöße. In diesem Sinn ist dann jede seelische oder geistige Regung, jede Lebensäußerung zwangsläufig eine sprachliche, ein «Text».

Nun ist dies allerdings eine überaus separatistische Einengung der Psychoanalyse und eine ebenso separatistische Erweiterung des Begriffs Sprache. In der Regel büßt man mit derlei waghalsigen Begriffsüberdehnungen das Instrumentarium ein, sich weiter sinnvoll über die gemeinten Phänomene zu unterhalten. Begriffsausdehnungen unterschlagen Unterschiede. Wenn man gewärtig sein muß, daß der andere jede Lebensäußerung meinen könnte, wenn er von der «Sprache» einer Person redet, kann man über eigentlich sprachliche Phänomene mit ihm nur noch einen höchst mühsamen Diskurs führen (um eins der Lieblingswörter der Hermeneutiker zu gebrauchen).

Mit einer Neurose, soviel muß entgegen der hermeneutischen Begriffsaufweichung festgehalten werden, ist jedenfalls meist keine

Störung der eigentlichen Sprachfunktion verbunden, und schon gar nicht «ist» sie eine Sprachstörung im eigentlichen Sinn. Im Unterschied zu manchen Gehirnschädigungen, die zu einer Aphasie – einem teilweisen oder vollständigen Sprachverlust – führen, lassen die unter dem Namen Neurose zusammengefaßten seelischen Störungen die Artikulation, die Grammatik, den Wortschatz in der Regel völlig intakt. Wenn sie überhaupt auf der sprachlichen Ebene in Erscheinung treten, dann in den Inhalten der Rede, also in dem, worauf sich die Rede bezieht, nicht in der sprachlichen Form.

Die Neurose «ist» auch keine Sprachstörung im ausgeweiteten Sinn einer Kommunikationsstörung. Auch Masern beeinträchtigen die Kommunikation im Habermasschen Sinn; man hat rote Flecken auf der Haut (ein Verstoß gegen das normale unwillkürliche nichtverbale Ausdrucksverhalten), man spricht ungern und wenn, dann am liebsten über seinen Durst (ein Verstoß gegen das normale Sprachverhalten), man fühlt sich matt und legt sich ins Bett (ein Verstoß gegen eine gelernte Verhaltensnorm, derzufolge man aufstehen und zur Schule gehen müßte). Wenn man will, kann man die Masern zwar auf dieser Ebene beschreiben, man darf sich nur nicht einbilden, sie auf dieser Ebene auch erklären zu können; und heilen wird man sie nur, wenn man sie richtig – und das heißt auch: auf der richtigen Ebene – erklärt. Das gleiche gilt für Neurosen. Eine Flugphobie läßt sich nicht beheben, indem ich lerne, anders über Flugzeuge zu «kommunizieren»; ich könnte, kraft «Selbstreflexion», noch so viele Nettigkeiten über sie sagen, meine Augen bei ihrem Anblick freudig aufreißen und sogar einen Flug um die Welt buchen – die Angst vergeht mir darum noch lange nicht (aber ich werde auch anders übers Fliegen kommunizieren, wenn die Phobie beseitigt ist).

Und schließlich «ist» eine Neurose auch keine Sprach- oder Kommunikationsstörung im weiten Sinn einer Störung auf der Symbolebene. Unter Symbolen versteht die heutige kognitive Wissenschaft die bedeutungstragenden geistigen «Partikel» oder Bausteine, mit denen das Geist / Gehirn operiert, wenn es «denkt». Eine Symbolstörung wäre also eine Störung des – sich in einem Symbolcode vollziehenden – Denkens. Neurosen – irrationale Ängste vor bestimmten Gegenständen oder Situationen (Phobien) oder ohne bestimmten Anlaß (Angstneurosen), Depressionen, Zwangshandlungen – sind zumeist jedoch Störungen auf der Ebene der Motivation und der ihr zugrundeliegenden Gefühlsappelle aus unserm Inneren und nicht Störungen des symbolischen Denkens; sie wirken sich nur unter Umständen bis in die Ebene des Denkens hinein aus, ziehen unter anderem auch das Denken in Mitleidenschaft. Aber wer das «bloße» Denken korrigiert, behebt sie noch lange nicht, wie zum Beispiel Freud aus Erfahrung sehr wohl wußte. Sie sind sowenig eine Erkrankung des Symbolgebrauchs, wie Masern wegen der mit ihnen verbundenen roten Hautflecken eine Hautkrankheit sind und als Hautkrankheit behandelt werden können.

Der aufgeschwemmte und verschwommene Wortgebrauch der Hermeneutiker kaschiert alle diese Unterschiede. Wo sie «sprachlich» sagen, muß man immer gewärtig sein, daß sie gar nicht die Sprache selbst meinen, und dann muß man es sich zu «gleichsam sprachlich» ergänzen. Sie gebrauchen das Wort Sprache als Metapher. Metaphern sind natürlich nicht unerlaubt, es gäbe kein Denken ohne sie. Aber es muß im Fall des Falles immer völlig klar sein, daß es sich nur um eine Metapher handelt. Wo immer von der «Grammatik der Gefühle», der «Semantik des Wunsches», der «Narration», dem «Text, den man in einer Erzählung berichten kann» die Rede ist, ist Vorsicht angebracht: Achtung, Metapher! Es wird in Vergleichen oder auf eine noch schwerer zu fassende Art uneigentlich gesprochen! Vor jedem Satz steht ein unsichtbares Als-Ob. Zwar wird in einer Psychoanalyse ausgiebig Sprache benutzt; der Patient soll reden und nicht «agieren» und tut es auch. Wenn man will und wie Ricœur feiertäglicher Ausdrucksweise zugetan ist, kann man sagen, «daß sich die analytische Erfahrung im Bereich der *parole* [der konkreten Sprachäußerung] vollzieht»[13]. Aber damit wird die Analyse nicht zu einem rein innersprachlichen Vorgang, zu einer Stilübung im Umformulieren. Die Sprache hier bezieht sich auf etwas. Sie wird nicht um ihrer selbst willen gesprochen, sondern um ihrer Inhalte willen. Die inhaltsfreie Sprache, die Sprache an sich ist schwer vorzustellen, und in einer Analyse kommt sie jedenfalls in der Regel nicht vor. Die «Symptome» des Neurotikers – seine Angst vor Menschenmengen, sein Zwang, sich ständig zu waschen, seine bodenlose lähmende Traurigkeit – sind keine linguistischen Zeichen. Sie weisen wohl auf etwas hin, auf eine mutmaßliche Störung, aber nicht absichtsvoll wie ein linguistisches Zeichen. Sie deuten auf die Störung, aber sie «bedeuten» sie nicht, wie ein Wort oder ein Satz etwas bedeuten. Sie sind ein Indiz dafür, daß es eine solche Störung gibt. Darum lassen sie sich auch nicht wie ein Text lesen. Robert K. Shope, der sich eingehend mit der Bedeutung des Begriffs der Bedeutung bei Freud auseinandergesetzt hat, erinnert daran, und es ist sonderbar, daß es einer solchen Erinnerung heute überhaupt bedarf: «Für Freud ist die Beziehung zwischen diesen seelischen Phänomenen [Fehlleistungen, Träumen, Symptomen] und ihrer Bedeutung die gleiche wie die zwischen dem Symptom der Masern und seiner Ursache. Sie sind Zeichen allein in dem Sinn, in dem organische Symptome Zeichen für einen erkrankten Organismus sind oder dunkle Wolken Zeichen bevorstehenden Regens. Symptome sind Anzeichen für den Forscher und mögen in ihm die Erwartung wecken, ihre Ursache aufzuspüren, so wie die dunklen Wolken die Regenerwartung wecken.»[14] Freud hatte sich vorgesetzt, Ursachen und damit Gesetzmäßigkeiten zu finden; gestörte «Sprachspiele» wollte er dabei nicht einrenken oder allenfalls nebenbei. Die hermeneutische Versprachlichung der Psychoanalyse verdankt sich selber einer enormen Sprachunschärfe.

Ein weiteres verbreitetes hermeneutisches Manöver lautet: Psychoanalytiker suchen gar nicht nach Ursachen für irgendein seelisches Phänomen, sie suchen nach Gründen. Der amerikanische Analytiker Roy Schafer, der versucht hat, der Psychoanalyse ein neues Sprachgewand zu schneidern, und damit viel Anklang fand, hat zu dem subtilen Unterschied zwischen Ursachen und Gründen dies zu sagen: «Wir befassen uns mit Gründen – Gründen, die ihrem Wesen nach Neubeschreibungen sind, welche Handlungen verständlich machen. Wir befassen uns nicht mit Ursachen – Ursachen, die die Bedingungen sind, welche den fraglichen Handlungen regelmäßig vorhergehen. Ursachen sind die Bedingungen, in deren Abwesenheit die betreffende Handlung nicht ausgeführt würde und in deren Gegenwart sie ausgeführt werden muß ... ‹Ursachen› existieren nur als die Gründe des Handelnden ... Wie die Person diese ‹Ursachen› unbewußt, vorbewußt und bewußt repräsentiert, das ist der entscheidende Gesichtspunkt für das psychoanalytische Verständnis und die psychoanalytische Erklärung; mit anderen Worten, für die Psychoanalyse zählt, wie die Ursachen in der Welt des Individuums in Erscheinung treten ... Kontrolle, Vorhersage, mathematische Genauigkeit sind für uns nicht erreichbar, denn unsere Recherche ist nicht von der Art, daß sie derlei Ergebnisse zeitigen könnte ... Unter dem Banner ‹wissenschaftlicher Psychoanalyse› haben wir uns dieser unhaltbaren kausalen Sprache hingegeben, obwohl wir doch immer nur unserer ausnahmslosen Verpflichtung gelebt haben, den Gang und die Probleme der individuellen menschlichen Entwicklung zu verstehen.»[15]

Was also unterscheidet den der Psychoanalyse lieben «Grund» von einer naturwissenschaftlichen «Ursache»? Ein Grund soll eine Handlung verständlich machen. Eine Ursache soll immer dazu führen, daß eine bestimmte Folge eintritt. Das ist eine gelinde Verkennung dessen, wie die Naturwissenschaften Ursachen sehen. Das

Schnupfenvirus ist sehr wohl die Ursache der Erkältung; aber in Gegenwart eines Schnupfenvirus muß nicht unweigerlich eine Erkältung eintreten! Die meisten Phänomene des Lebens gehen auf das Zusammenspiel vieler Ursachen zurück, und zur Erkennung der Ursachen gehört auch die Erkennung der Bedingungen, unter denen sie ihre Wirkung entfalten und unter denen die Wirkung ausbleibt. Natürlich hatte Freud nichts anderes als Ursachen im Sinn: «Wir haben nämlich die Kausalverkettung längst über die Verdrängungen hinaus verfolgt bis zu den Triebanlagen, deren relativen Intensitäten in der Konstitution und den Abweichungen ihres Entwicklungsganges.»[16] Der Kausalverkettungen! Freud spürte nichts anderem nach als Ursachenketten. Er machte keinen Unterschied zwischen Ursachen und Gründen. Gründe sind nach Schafers Beschreibung nichts anderes als psychische Ursachen, bewußte wie unbewußte: psychische Fakten, die andere psychische Fakten bewirken.

Schafers Beispiel, das die Unterscheidung plausibel machen soll, ist die Impotenz eines jungen Patienten. Der Grund – nicht die Ursache – für seine Impotenz soll der sein, daß er (unbewußt natürlich) den Geschlechtsverkehr als «schmutzige und zerstörerische Verletzung des Schoßes seiner Mutter ansieht»[17]. Diese Vorstellung, die sein Analytiker in ihm vermutet, ist also ihr angeblicher Grund. Und dieser Grund soll die Impotenz bewirkt haben. Er war also ihre unbewußte psychische Ursache. Hätte es sie nicht gegeben, so wäre nach der Meinung des Analytikers auch keine Impotenz eingetreten. Indem er den Grund bewußt macht, will er die Ursache beseitigen. Er entkommt der Welt der Ursachen also keineswegs, indem er sich auf psychische Ursachen beschränkt und diese in «Gründe» umtauft. Täte er es, so wäre seine ganze Bemühung auch völlig uninteressant und unerheblich. Niemandem wäre irgend damit gedient, wenn er «Gründe» zutage förderte, die für nichts die Ursachen waren und sein können. Brächte der Analytiker ans Licht, daß der Patient seine Impotenz auf den Zauber einer bösen Fee zurückführt, so hätte er durchaus einen «Grund» gefunden. Aber niemand gäbe etwas auf ihn, weil nämlich jeder wüßte, daß er nie und nimmer die Ursache gewesen sein kann. Die Analyse ist echten Ursachen auf der Spur; falsche Zuschreibungen, wie sie im menschlichen Denken reichlich vorkommen, interessieren sie höchstens als Hinweise auf die wirklichen Ursachen. Wenn eine Frau wegen ihrer Kinderlosigkeit zum Analytiker geht und der eruierte, daß sie diese auf das Verschwinden der Klapperstörche in ihrem Dorf zurückführt, dann hätte er sehr wohl einen «Grund» gefunden – also das Gewand, in dem eine vermeintliche

Ursache subjektiv «in Erscheinung tritt». Aber dieser «Grund» wäre ganz sicher nicht die Ursache der Kinderlosigkeit gewesen und brächte ihn höchstens auf die hilfreiche Idee, daß sie es vielleicht noch nicht mit Geschlechtsverkehr versucht hat. Und helfen wird er ihr nur, wenn er die Ursache ihrer Kinderlosigkeit findet, egal, welche Gründe sie dafür anführt.

Noch seltsamer, ja bei einen Philosophen seiner Statur geradezu verblüffend ist Habermas' oft nachgesprochenes Argument: «Die Therapie beruht nicht, wie die im engeren Sinn ‹kausale› der somatischen Medizin, auf einer *Indienstnahme* der erkannten Kausalzusammenhänge, sie verdankt vielmehr ihre Wirksamkeit der *Aufhebung* der Kausalzusammenhänge selber.» [18] Da muß man erst einmal tief Luft holen. Langsam also. Irgendein Zustand A führt (unter bestimmten Bedingungen und eventuell im Verein mit anderen Zuständen XYZ) zu einem Zustand B. Das meinen wir, wenn wir sagen: A verursacht B. Der Therapeut, wenn er Glück hat, beseitigt B. Und wenn er außerdem noch recht hatte und sein Heilerfolg sich nicht ganz anderen Zusammenhängen verdankt, die er selber nicht durchschaut, beseitigt er B darum, weil er die Ursache A ausschaltet. Aber damit hebt er den Kausalzusammenhang zwischen A und B keineswegs auf. Eine wirkende Ursache ausschalten ist nicht dasselbe wie einen Kausalzusammenhang aufheben. Im Gegenteil, er kann B nur beseitigen, weil ein Kausalzusammenhang zwischen A und B besteht: weil er A auffindet und als Verursacher von B ausschaltet (jedenfalls in seinem eigenen Verständnis; natürlich könnte er B auch aus ganz anderen Gründen beseitigt haben, die ihm selber nicht bekannt sind – auch dann aber hätte er keinen Kausalzusammenhang aufgehoben). Er benutzt den bestehenden Kausalzusammenhang also gerade zu seiner Kur. Ohne ihn gäbe es sie gar nicht. Auch wenn sie gelingt, ist der Kausalzusammenhang selber nicht gelöscht. Ein Kausalzusammenhang besteht sehr wohl auch dann weiter, wenn im Moment keine Verursachung stattfindet. Der Analytiker hebt den Kausalzusammenhang sowenig auf, wie jemand den Kausalzusammenhang zwischen Lichtschalterposition und Glühbirnenleuchten aufhebt, wenn er das Licht ausknipst.

Die Kausalität, mit der es die Psychoanalyse zu tun habe, so schreibt Habermas, sei eine Kausalität eigener Art. Sie sei nämlich eine «*Kausalität des Schicksals*, und nicht der Natur, weil sie durch die symbolischen Mittel des Geistes herrscht – nur darum kann sie auch durch die Kraft der Reflexion bezwungen werden» [19]. Er stellt damit der Kausalität, wie sie in der Natur besteht und von den Naturwissenschaften erforscht wird, eine Kausalität ganz anderer Art gegenüber, eine geistige Kausalität, die er Kausalität des Schicksals nennt. Diese Schicksals- oder Geistesursachen sollen irgendwie ganz anders beschaffen sein als Naturursachen: Sie lassen sich durch Nachdenken über die eigene Person nicht nur unwirksam machen, sie lassen sich aufheben. Du denkst über dich nach, und was eben noch das Zeug dazu hatte, dich krank zu machen, macht dich nicht weiter krank – und das nicht etwa, weil du die Ursache überwindest, sondern weil sie nunmehr gar keine mehr ist. An diesem Punkt bleibt jede Debatte hoffnungslos stecken. Ja, vielleicht ist im Geist alles anders, vielleicht gibt es dort Ursachen eigener Art, die nichts mit normalen Naturursachen gemein haben, vielleicht lassen sich Ketten solcher Schicksalsursachen auch «aufheben», und das vielleicht sogar durch «Selbstreflexion». Daß die Natur mit ihren ordinären Naturursachen auch im menschlichen Schädel Geltung hat, ist nicht ein für allemal bewiesen; also sind auch Zweifel erlaubt. Die bloße Behauptung, der Geist sei jeder Natur enthoben, ist allerdings etwas dünn; gerne sähe man dafür die eine oder andere Demonstration. Die «akademische» Psychologie, die Hirnphysiologie und die Biologie jedenfalls untersuchen geistige Phänomene mit einigem Erfolg wie andere Naturphänomene auch, und genau das hatte sich Freud ebenfalls vorgenommen: «Es ist möglich, die Gesetze festzustellen, denen [die psychischen Vorgänge gehorchen], ihre gegenseitigen Beziehungen und Abhängigkeiten über weite Strecken lückenlos zu verfolgen, also das, was man als Verständnis des betreffenden Gebiets von Naturerscheinungen bezeichnet.»[20] Vielleicht kommen die naturwissenschaftlichen Psychologen dabei nur zu bescheidenen Erkenntnissen, vielleicht stoßen sie eines Tages sogar auf eine unüberwindliche Grenze. Aber einiges haben sie auf diesem Weg immerhin zutage gebracht, und da sie überhaupt erst am Anfang stehen, wäre es verfrüht, gleich zu kapitulieren.

Auf eine offensichtliche Weise hat Habermas mit seiner mystischen Annahme einer übernatürlichen Natur des Geistes jedenfalls schon einmal unrecht: Es gibt sehr erhebliche geistig-seelische Störungen, die sehr wohl von chemischen Eingriffen in die Gehirnfunktion beeinflußt, gebessert und sogar geheilt werden können, keineswegs aber durch Selbstreflexion, und sei es die ausdauerndste und bemühteste. Die zwischen Manie und Depression wechselnde endogene Gemütskrankheit zum Beispiel läßt sich nicht dadurch kurieren, daß der Kranke über sich selber nachgrübelt, auch nicht daß er in psychoanalytischen Kategorien über sich nachdenkt, wohl aber in vielen Fällen durch die regelmäßige Einnahme von Lithium-Präparaten. Die Aufforderung, jede psychische Störung als Quasi-Sprachstörung zu betrachten und durch Selbstreflexion zu heilen, könnte sich leicht als ein unmenschlicher Rat erweisen, der dem Kranken Unmögliches abverlangt und ihm gangbare Wege der Leidensminderung verbaut. Glücklicherweise werden sich Kranke, die Rat und Hilfe suchen, kaum an einen Philosophen wenden.

Auch findet bei Habermas überhaupt eine sehr sonderbare Vergötzung der «Selbstreflexion» statt. Er scheint völlig vergessen zu haben, daß alles menschliche Nachdenken, auch das über sich selber und die eigene Vergangenheit, zu durchaus falschen Ergebnissen führen kann; und daß andererseits auch Zusammenhänge, die von der (natur)wissenschaftlichen Psychologie ans Licht gebracht oder bestätigt wurden, sehr wohl Anlaß zur Selbstreflexion sein können. «Das Spezifische der Psychoanalyse wäre ..., daß sie eine Selbstreflexion, eine Selbstforschung des Forschungsobjektes ermöglicht, und ... [daß dabei] der Beobachter selbst in das Beobachtungsfeld [gerät] ... Beweist [das] aber eigentlich, daß die Psychoanalyse sich in einem Bereich der Akausalität bewegt? Ich sehe nicht ein, wieso Begriffe wie Kommunikation, Selbstreflexion, Bildungsprozeß erfahrungswissenschaftlichen Kriterien entzogen sein sollten» (Mentzos[21]). So wie Habermas mit dem Begriff Selbstreflexion umgeht, ist er wiederum ein Wandschirm, hinter dem sich allerlei Obskures unkontrolliert breitmachen kann.

Habermas immerhin ist einer jener Hermeneutiker, die sich durchaus Gedanken darüber machen, wie die Interpretationen des Analytikers zu überprüfen, zu validieren wären – also von wem und mit welchen Kriterien entschieden werden soll, ob sie nun richtig sind oder falsch. «Erst die Erinnerung des Patienten entscheidet über die Triftigkeit der Konstruktion», schreibt er. «Wenn sie zutrifft, muß sie auch für den Patienten ein Stück verlorener Lebensgeschichte ‹wiederbringen›, das heißt eine Selbstreflexion auslösen können ... Analytische Einsichten ... können für den Analytiker nur Geltung haben, nachdem sie vom Analysierten selber als Erkenntnis akzeptiert worden sind. Denn die empirische Triftigkeit hängt nicht von kontrollierter Beobachtung und einer anschließenden Kommunikation unter Forschern, sondern allein von der vollzogenen Selbstreflexion und einer anschließenden Kommunikation zwischen dem Forscher und seinem ‹Objekt› ab.»[22] Ganz ähnlich heißt es bei Wolfgang Tress: «Jene Geschichte, auf die sich der Analysand mit seinem Analytiker im Verlauf des analytischen Prozesses einigt, ist eine ... angemessene

Rekonstruktion ... In welcher relevanten Hinsicht aber soll denn eine Abfolge von Deutungen falsch sein, die ein Patient durcharbeitet, sich aneignet und durch die er zu einem kreativen selbstbestimmten Leben in neuen Freiheitsräumen gelangt ...?»[23]

Immerhin, da hätten wir ein Kriterium dafür an der Hand, ob eine psychoanalytische Deutung richtig ist, die Rede «wahr»: Es entscheidet der Patient (gemeinsam mit dem Analytiker). Wenn er sie für richtig hält, wenn er von ihr irgendwie zu profitieren glaubt, wenn sie ihn «echt weiterbringt», wenn er «echt was mit ihr anfangen kann», wie man im Jargon der Psycho-Szene zu sagen pflegt: dann soll es an ihr nichts auszusetzen geben. Oder wie der Analytiker Martin Bartels über die Traumdeutung schrieb: «Die Geltung psychoanalytischer Aussagen (kann) nicht an Kriterien ihrer Wissenschaftlichkeit gemessen werden» – die Traumdeutungen, die dem Analytiker einfallen, besäßen «eine spezifische Weise von Evidenz, die sich nicht rational ausweisen, sondern nur praktisch erweisen kann», und dieser praktische Wahrheitserweis soll allein darin bestehen, daß die Deutung für den Träumenden eine «konkrete Erfahrung» darstelle, «die eine Wandlung seines Zukunftshorizonts herausfordert».[24] Eine konkrete Erfahrung, die irgendwie die Zukunftserwartung verändert – jede Wahrsagung aus dem Kaffeesatz ist genau das, und nach den Kriterien dieser psychoanalytischen Hermeneutik wäre sie ebenso gültig. So menschenfreundlich sich solche Sätze zunächst anhören – ein weicheres Kriterium für die Richtigkeit einer Annahme ist kaum vorstellbar. Es bleibt auch weit unter Freuds Niveau. Ihm war immerhin klar, daß sich beim Patienten die Erinnerungen keineswegs immer einstellten, wenn er ihnen seine Konstruktionen mitteilte, und daß der Patient mit Leichtigkeit zur Übernahme irgendwelcher Deutungen überredet werden kann. Heute wissen wir genauer als er (in dem Kapitel «Der Blick in den Brunnen» ist etwas ausführlicher davon die Rede), wie leicht jemand dazu gebracht werden kann, selbst phantastische und abwegige Deutungen als zutreffende Beschreibungen seiner Persönlichkeit zu akzeptieren. Im Lichte dessen den Wahrheitsbeweis ganz auf die subjektive Einsicht des Patienten zu bauen – Hauptsache, es leuchtet ihm irgendwie ein –, ist naiv und einer Philosophie, die Aufklärung auf ihr Wappen geschrieben hat, zutiefst unwürdig. Folgten wir ihr, müßten wir wieder alles für richtig halten, woran irgend jemand nur fest genug glaubt, und es ginge zurück in die Steinzeit.

Psychoanalyse, so lautet die Kunde der Hermeneutiker, sei gar keine Naturwissenschaft. Aber was ist sie dann? Die vielhundertfach erteilte Auskunft lautet: Sie ist eine Art Geschichtswissenschaft, die ja auch nicht mißt und zählt und rechnet, sondern Zusammenhängen in die Vergangenheit hinein nachspürt. Oder eine Archäologie, die verschüttete Vergangenheit ausgräbt. Zum Beispiel Paul Parin: «Auch die Arbeit des Historikers, mit der die Psychoanalyse viel Gemeinsames hat, ist mit positivistischen Methoden, die für Naturwissenschaftliches entwickelt wurden, nicht nachprüfbar.» [25] Ganz mag er den weißen Kittel des Wissenschaftlers allerdings nicht ablegen und gegen den Lendenschurz des Schamanen vertauschen, denn schon ein paar Absätze weiter tritt die Psychoanalyse wieder als «Wissenschaft» auf, wenn auch als eine, die «eine dialektisch-historische Methode anwendet» – was freilich nicht wörtlich, sondern auch wieder nur als Vergleich zu verstehen ist und womit er, vielleicht denn doch nicht ganz gewollt, die Psychoanalyse in die Nähe der Geschichtsschreibung in den sozialistischen Staaten gerückt hat. Psychoanalyse als Historie oder Archäologie: auch das ist mit Verlaub abermals nur ein Vergleich, und zwar ein doppelt schiefer. Denn erstens müßte sich auch die Geschichtswissenschaft in dem Augenblick dem empirischen Test stellen, wo sie das täte, was die psychoanalytische Theorie ständig tut und worin Freud höchstselbst zufolge ihre große Stärke beruht, nämlich Regelhaftigkeiten erkunden. Hätte sie beispielsweise den Verdacht, Sittenverfall führe «gesetzmäßig» zu Staatsverfall, so hülfe ihr alle Hermeneutik nichts – sie hätte die denkbar objektivsten Kriterien für beide Arten von Verfall aufzustellen und alle erreichbaren Fälle durchzumustern, die die Hypothese zu stützen und zu widerlegen geeignet sind. Sonst wäre sie keine Geschichtswissenschaft, sondern bloße historische Aphoristik – oder Propaganda. Und zweitens unterscheidet sich die Geschichtswissenschaft auch dort, wo sie Rekonstruktion der Vergangenheit betreibt, von der Psychoanalyse ganz fundamental. Sie versucht nämlich die Vergangenheit mit sämtlichen Mitteln so objektiv wie irgend möglich aufzuklären. Die Psychoanalyse aber interessiert sich für die objektive Vergangenheit ihrer Patienten überhaupt nicht, sondern nur für deren subjektives Bild dieser Vergangenheit; man hat noch von wenigen Psychoanalytikern gehört, die auch einmal andere Zeugen der Kindheit ihrer Patienten einvernommen und sich ein objektives Bild davon zu verschaffen versucht hätten. «Es läge nahe», schrieb Freud einmal, «die Lücken in der Erinnerung des Patienten durch Erkundigungen bei den älteren Familienmitgliedern mühelos auszufüllen, allein ich kann nicht entschieden genug von solcher Technik abraten. Was die Angehörigen über Befragen und

4. Herr Meneutik und Frau Szienz

Aufforderung erzählen, unterliegt allen kritischen Bedenken, die in Betracht kommen können. Man bedauert es regelmäßig, sich von diesen Auskünften abhängig gemacht zu haben, hat dabei das Vertrauen in die Analyse gestört und eine andere Instanz über sie gesetzt. Was überhaupt erinnert werden kann, kommt im weiteren Verlauf der Analyse zum Vorschein.»²⁶ Kaum verhüllt scheint durch solche Sätze das Bedürfnis hindurch, sich in seinen Deutungen der Erinnerungen des Patienten ja nicht irremachen zu lassen, indem man die objektive Wahrheit hinter ihnen zu eruieren sucht (und sie damit möglicherweise als falsch entlarvt). Die Psychoanalyse beschränkt sich programmatisch auf die ungeordneten Erinnerungen und Einfälle und Träume ihrer Patienten. Eine Geschichtswissenschaft, die als einzige Erkenntnisquelle freie Assoziationen und Träume der Hauptbeteiligten zuließe, wäre ein Witz.

Die Argumente der Hermeneutik sind nicht von der Art, daß sie einen Naturwissenschaftler zur Abdankung vor den Deutungen der Psychoanalyse veranlassen könnten. Die Hermeneutik hat in keiner Weise nachgewiesen, daß die Naturwissenschaften nichts zu den Fragen beizutragen haben, die die Psychoanalyse aufwirft. Sie hat nur in vielen Tonlagen und immer wieder deutlich gemacht, daß die Psychoanalyse sich besser nicht als Naturwissenschaft verstehen sollte, weil sonst nämlich Kriterien für die Überprüfung ihrer Annahmen zur Anwendung kommen müßten, denen sie vermutlich nicht gewachsen wäre. «Man muß den Mut aufbringen zu sagen, daß die Psychoanalyse wirklich keinen Zweig der Naturwissenschaften bildet ... Es gibt in der Psychoanalyse gar keine ‹Tatsachen› im Sinn der Experimentalwissenschaften» (Ricœur²⁷). «In der Psychoanalyse geht es um Phänomene, die sich dem wissenschaftlichen Nachweis entziehen. Meine Patienten leiden unter Phänomenen, die ich unter dem Mikroskop nicht sehen kann. Die Psychoanalyse ist vor allem eine verstehende Wissenschaft. Es ist nicht angängig, an sie die Maßstäbe der Naturwissenschaft anzulegen» (Margarete Mitscherlich-Nielsen²⁸).

Die Naturwissenschaften untersuchen regelhafte Kausalbeziehungen. Freud hat nichts anderes als regelhafte Kausalbeziehungen gesucht und untersucht – er wollte die Ursachen bestimmter Krankheiten auffinden und unwirksam machen. Wäre die Psychoanalyse nicht von Anfang an eine ätiologische Theorie gewesen – eine Theorie über die Ursachen einiger seelischer Störungen –, so wäre sie gar nichts gewesen und hätte niemals auch nur einen Hund hinterm Ofen hervorgelockt. Die ganze psychoanalytische Hermeneutik verfolgt vor allem das Ziel, dieses ihr ätiologisches Fundament unsichtbar zu machen. Wenn nicht mehr von den Ursachen der behandelten Störungen die Rede ist, so die Hoffnung, können sich auch die (Natur-)Wissenschaften nicht mehr einmischen und die hermeneutische Sinnsuche stören.

Bei ihrer Sinnsuche können auch die Hermeneutiker nicht umhin, Kausalzusammenhängen nachzugehen. Wenn sie irgendein aktuelles seelisches Phänomen im Lichte irgendeines Kindheitserlebnisses «verstehen», nehmen sie natürlich an, daß das frühere das spätere verursacht haben könnte, sonst interessierte es sie sehr wenig; und hinter dem Rücken gewähren sie allen nur irgend brauchbaren ätiologischen Annahmen aus der Libidotheorie, der Theorie der psychosexuellen Entwicklung und der Instanzenlehre freien Einlaß. Wie der Hermeneutiker Wolfgang Tress bekundete, entstammt das Material, aus dem der hermeneutische Analytiker seine Deutungen zusammenbaut, Freuds «Theorie von der Dynamik der psychosexuellen Entwicklung» nebst den eigenen Erfahrungen bei ihrer Anwendung und besteht folglich aus einer Reihe von der Hermeneutik nicht in Frage gestellter spezieller Annahmen, die einmal als naturwissenschaftliche Hypothesen das Licht der Welt erblickten und von ihnen bis heute nicht zu unterscheiden sind. Selber Ursachen und Gesetzmäßigkeiten entdecken könnten die Hermeneutiker nie – sie wollen es ja auch um Himmels willen gar nicht –, eben weil sie von Ursachen gar nichts wissen wollen und an die Stelle des objektiven Nachweises das subjektive Erlebnis des Einleuchtens gesetzt haben.

Diese Hermeneutik ist nichts als die selbstausgefertigte Lizenz, sich um die Richtigkeit seiner «Deutungen» nicht weiter kümmern zu müssen. Hauptsache, es kommt irgendeine «Geschichte» heraus; Hauptsache, diese leuchtet der «Dyade» – Analytiker und Analysand – irgendwie ein. Hätten die Menschen die Wahrheit nie schärfer ins Visier genommen, so lebten sie noch in der Höhle. Und wenn die Hermeneutiker meinen, es gehe ihnen eben nicht um die platte Richtigkeit, sondern um die erhabene Wahrheit, dann kann man ihnen nur dunkel entgegenhalten: Richtigkeit mag etwas Bescheideneres sein als Wahrheit, aber es gibt nichts Wahres im Unrichtigen.

In seiner eingehenden Kritik der antiwissenschaftlichen hermeneutischen Rechtfertigungen kommt der amerikanische Philosoph Adolf Grünbaum zu dem Schluß: «Die neue hermeneutische Auslegung der Psychoanalyse hat ganz das Aussehen nicht einer Zitadelle zur Rechtfertigung der Psychoanalyse, sondern einer Erkenntnissackgasse. So fehlerhaft Freuds Argumente sich auch ausnehmen, ihr

Kaliber ist um astronomische Größen stärker und ihr oft brillanter Inhalt unvergleichlich instruktiver als die Umdeutungen und Nörgeleien seiner hermeneutischen Kritiker, die ihn so herablassend für seinen Szientismus tadeln.»[29]

Der englische Philosoph Frank Cioffi hat die Psychoanalyse rundheraus als eine Pseudo-Wissenschaft bezeichnet. Er hat an einer Reihe von Beispielen gezeigt, daß die psychoanalytische Theorie schon damit gegen die Regeln der Wissenschaft verstößt, daß sie es gern an einer expliziten und eindeutigen Formulierung ihrer Thesen fehlen läßt.

Ein Ergebnis dieser Festlegungsunlust ist der Umstand, daß sie manche ihrer Behauptungen gleichzeitig in stärkeren und schwächeren Fassungen aufstellt und es dem Leser überläßt zu entscheiden, welche denn nun gelten soll. Einmal klingen sie sehr bestimmt und scheinen eine große Reichweite zu beanspruchen; wenn sie sich dann aber nicht bestätigen und in die Bredouille kommen, soll nur noch die schwache Fassung gelten – sie machen sich gleichsam klein und piepsen: Wir haben ja gar nichts weiter gesagt. Es ist eine seltsam zittrige Theorie; immerfort möchte man rufen: Nun halte doch endlich einmal still und laß dich ansehen! Aber schon nimmt die Psychoanalyse eine neue Position ein.

Diese Art, oder Unart, eine Hypothese in verschieden starken Visionen anzubieten, ist besonders irritierend, wenn dergleichen innerhalb ein und derselben Schrift passiert, wenn also die Rechtfertigung, daß sich manche Annahmen halt über die Jahre hin zu verändern pflegen, von vornherein entfällt. Ein eklatantes Beispiel ist Freuds Schrift «Zur Psychopathologie des Alltagslebens». Sie stellt eine aufsehenerregende Theorie vor: daß unsere alltäglichen «Fehlleistungen» von unbewußten Gedanken und Absichten hervorgebracht würden. Der Leser wüßte nun vielleicht ganz gern, für welche Fehlleistungen sie gelten soll: für manche, für viele, für die meisten, für alle. Sieht er das Buch daraufhin durch, so stößt er auf seltsame Inkongruenzen.

Ziemlich zu Anfang heißt es: «Neben dem einfachen Vergessen von Eigennamen kommt auch ein Vergessen vor, welches durch Verdrängung motiviert ist.»[30] «Neben» dem «einfachen» Vergessen, «kommt auch vor ...», ohne Angabe irgendeiner Häufigkeit – es mag also auch sehr selten sein. Einige Seiten später (Freud ist inzwischen beim lückenhaften Zitieren, sieht aber ausdrücklich bei allen besprochenen Fehlleistungen einen «ähnlichen Mechanismus» am Werk) berichtet er, er stehe in dem Ruf, zu meinen, «daß man nichts ohne

Grund vergißt»[31]. «Nichts»! In diesem Fall gälte die Theorie für sämtliche Fehlleistungen; aber noch überläßt er diese starke Fassung einem bloßen Gerücht, zu dem er nicht Stellung nimmt. Ein Stück weiter (inzwischen handelt er von Versprechern) schreibt er: «Unter den Beispielen von Versprechen, die ich selbst gesammelt, finde ich kaum eines, bei dem ich die Sprechstörung einzig und allein auf ... ‹Kontaktwirkungen der Laute› ... zurückführen müßte. Fast regelmäßig entdecke ich überdies einen störenden Einfluß von etwas außerhalb der Rede, und das Störende ist entweder ein einzelner, unbewußt gebliebener Gedanke, ... oder es ist ein allgemeineres psychisches Motiv, welches sich gegen die ganze Rede richtet.»[32] Von der «Kontaktwirkung der Laute» sprach die rivalisierende Theorie, von unbewußten Absichten und Motiven und dem «Sinn» der Fehlleistungen die seine. Nach dieser Stelle zu urteilen, sollte sie nun mittlerweile für «kaum einen» Fall nicht gelten; aber wenn sie auch für fast alle Geltung beanspruchte, dann nur «überdies», nämlich neben der rivalisierenden Theorie, deren Stichhaltigkeit er soweit immer noch anerkennt. Weiter im Text: «In einer großen Reihe von Substitutionen wird beim Versprechen von [den] Lautgesetzen völlig abgesehen.»[33] Nunmehr soll also die rivalisierende Theorie in sehr vielen Fällen ganz ohne Belang sein. Einige Seiten später ist es dann vollends soweit: «Ich erwiderte, daß jedes Versprechen begründet sein müsse.»[34] Jedes! Aber Freud sagt es nicht selber. Er zitiert es nur aus dem «Zentralblatt für Psychoanalyse». Das Buch endet dann allerdings mit dem durch Sperrdruck hervorgehobenen Satz: «Der gemeinsame Charakter aber der leichtesten wie der schwersten Fälle [von Fehlleistung] ... liegt in der *Rückführbarkeit der Phänomene auf unvollkommen unterdrücktes psychisches Material, das, vom Bewußtsein abgedrängt, doch nicht jeder Fähigkeit, sich zu äußern, beraubt worden ist.*»[35] Nun hört es sich an wie ein unumschränkt gültiges Gesetz: Fehlleistungen entstehen aus Verdrängungen. So klar gesagt wird es nie, aber der Leser wird durchaus mit dem Eindruck entlassen, Freuds Theorie solle für jeden Fall gelten und sei der rivalisierenden so haushoch überlegen, daß diese nicht mehr benötigt werde. Genauso hatte Freud seine Schrift denn auch in Erinnerung. Alle Fehlleistungen, so schrieb er zwei Jahrzehnte später, hätte er damals «der physiologischen Erklärung, wo eine solche überhaupt versucht worden war, entzogen, als streng deterministisch aufgezeigt und als Äußerung von unterdrückten Absichten der Person oder als Folge von Interferenz zweier Absichten, von denen die eine dauernd oder derzeit unbewußt war, erkannt.»[36] Aber sobald jemand dergleichen ausspricht, der dieser Theorie nicht wohlgesonnen ist, schallt es ihm entgegen: «Hat Freud ja gar nicht behauptet! Sie haben wohl Passage soundso, in der er die Geltung seiner Theorie selber einschränkt, geflissentlich übersehen, um ihn zu einem Popanz machen zu können? Fälscher!» (Dies ist keine bloße Verdächtigung, es beruht auf mehrfacher eigener Erfahrung.) Und was ist es übrigens, das da störend in die Sprache eingreift? Einfach ein «Gedanke außerhalb der Redeintention»[33], also ein bewußter Nebengedanke? Oder «ein einzelner, unbewußt gebliebener Gedanke»[32]? Die Theorie zittert; sie läßt sich nicht scharf ins Auge fassen.

Nun ist die «Psychopathologie des Alltagslebens» eine Sammlung heterogener Aufsätze aus mehreren Jahren, und vielleicht ist es darum ein wenig unfair, von ihr Widerspruchsfreiheit zu erwarten. Aber das gleiche wiederholt sich zwölf Jahre später innerhalb zweier aufeinanderfolgender Vorlesungen über die Fehlleistungen. Erst heißt es im Konjunktiv: Es könne sich herausstellen, «daß nicht nur einige wenige Fälle von Versprechen und von Fehlleistungen ... einen Sinn haben, sondern eine größere Anzahl von ihnen»[37]. Also soll seine Theorie nicht für alle und auch nicht für wenige Fehlleistungen gelten, sondern für «eine größere Zahl»? Eine Mittelstreckentheorie? In der nächsten Stunde ist aus der «größeren Zahl» eine «große Zahl von Versprechen» geworden, deren Geheimnis er erfaßt habe.[38] Und einige Seiten später folgt die starke Fassung: «... ob dies die Aufklärung aller Fälle von Versprechen ist? Ich bin sehr geneigt, dies zu glauben ...»[39] Also doch! Aller! Ein solches Changieren macht die Theorie in der Tat gegen Kritik ziemlich immun. Was immer man ihr entnimmt, sie hat ja «eigentlich» etwas ganz anderes behauptet. Aber ein Zeichen besonderer Stärke ist diese Unfestlegbarkeit nicht. Was es so schwer macht, sie an die Wand zu nageln, ist nicht ihre Stichhaltigkeit, sondern das Puddinghafte an ihr.

Frank Cioffi selber jagt unter anderem einer für das Freudsche Denkgebäude ganz zentralen Annahme quer durch eine ganze Reihe von Schriften nach: daß die Wurzel von Neurosen kindliche Sexualerlebnisse bildeten. Wie aber lautet denn nun die Theorie genau? «... an der Wurzel aller Symtombildung [sind] traumatische Eindrücke aus dem Sexualleben der Frühzeit zu finden»[40], heißt es scheinbar klar und deutlich in einem Artikel, den Freud für ein «Handwörterbuch der Sexualität» schrieb. Früher aber hatte es geheißen: «... weitere Erkundigungen bei normal gebliebenen Personen [lieferten] das unerwartete Ergebnis, daß deren sexuelle Kindergeschichte sich nicht wesentlich von dem Kinderleben der Neurotiker zu unterscheiden brauche ...»⁴¹ Wenn nun aber Neurotiker und Nichtneurotiker das gleiche kindliche Geschlechtsleben hinter sich hatten – worin besteht dann eigentlich der Unterschied zwischen ihnen? Darin, schrieb Freud einige Zeilen später: «Es kam ... nicht darauf an, was ein Individuum in seiner Kindheit an sexuellen Erregungen erfahren hatte, sondern vor allem auf seine Reaktionen gegen diese Erlebnisse, ob es diese Eindrücke mit der ‹Verdrängung› beantwortet habe oder nicht.»⁴¹ Aha, denkt der Leser nunmehr, es ist also die Verdrängung der kindlichen Sexualerlebnisse, die zu Neurosen führen soll – und liest dann andernorts erstaunt: «In der Tat hatte jeder einzelne [die ödipale Phase] durchgemacht, ihren Inhalt dann aber in energischer Anstrengung verdrängt und zum Vergessen gebracht.»⁴² Alle haben sie ähnliches durchgemacht, alle haben sie es verdrängt – warum also wird der eine neurotisch und bleibt der andere gesund? Nach einiger weiterer Jagd kommt Cioffi zu dem Schluß: «Am Ende wird klar, daß Freuds Behauptung, man finde die neurosenverursachenden Faktoren im kindlichen Sexualleben der Patienten, gar keine kausale Behauptung in dem Sinne ist, wie noch seine [eigene frühere] Verführungstheorie [derzufolge Neurosen auf den sexuellen Mißbrauch der Kinder durch ihre Eltern zurückgehen sollten] eine war, da die von Freud genannten Umstände weder veränderbar sind noch einen vom andern unterscheiden. Ihre wahre Natur würde deutlicher, wenn wir sie als Krypto-Verstehen kennzeichneten (obwohl es sich ... tatsächlich eher um ein Pseudo-Verstehen handelt).»⁴³

Oder noch ein anderes Beispiel. Welche Folgen hat es, wenn jemand einen harten oder einen weichen Vater sein eigen nannte (immer vorausgesetzt, die Psychoanalyse habe überhaupt recht mit ihrer Zurückführung aller Charakterzüge auf die Erlebnisse der Kindheit)? «War der Vater hart, gewalttätig, grausam, so nimmt das Über-Ich diese Eigenschaften von ihm an ... Das Über-Ich ist sadistisch geworden, das Ich wird masochistisch, d. h. im Grunde weiblich passiv.»⁴⁴ Zwei Jahre später aber liest man es umgekehrt: «Der ‹übermäßig weiche und nachsichtige› Vater wird beim Kinde Anlaß zur Bildung eines überstrengen Über-Ichs werden, weil diesem Kind unter dem Eindruck der Liebe, die es empfängt, kein anderer Ausweg für seine Aggression bleibt als die Wendung nach innen.»⁴⁵ Also geht ein ruppiges Gewissen auf einen ungewöhnlich harten Vater zurück, nein, auf einen ungewöhnlich weichen – wenn jemand wie Freud in solchen Freistilableitungen alles aus allem erklären kann, ist es kein Wunder, daß er irgendwann die Übersicht über die verschlungenen Gänge seines Aedificiums verliert und aus Versehen das Gegenteil behauptet.

Cioffi also hält die Psychoanalyse für eine Pseudo-Wissenschaft, und das nicht, weil sie so formuliert wäre, daß sie unwiderlegbar ist – daß die im Zeichen des Saturn Geborenen zur Melancholie neigten, das etwa sei eine sehr wohl widerlegbare Theorie und trotzdem nichts als Pseudo-Wissenschaft. «Damit ein Unternehmen wissenschaftlich genannt zu werden verdient, reicht es nicht, daß Sachverhalte existieren, die seine Thesen widerlegen; es muß vielmehr darüber hinaus so angelegt sein, daß es selber darauf ausgeht zu entdecken, ob es derlei Sachverhalte gibt … Die Pseudo-Wissenschaftlichkeit eines Unternehmens zu behaupten heißt zu behaupten, daß es gewohnheitsmäßig und vorsätzlich mangelhafte Methoden einsetzt (in einer Bedeutung von ‹vorsätzlich›, die kultivierte Selbsttäuschung einschließt).»[46] Die Mangelhaftigkeit der Methode zeigt sich für Cioffi im beständigen Changieren dessen, was die Psychoanalyse nun letztlich behauptet; in der Art, wie sie sich immer wieder der Festlegung entzieht und damit zu hoffen scheint, auch Gegenbeweisen zu entgehen; vor allem aber im Verzicht auf die Überprüfung. «Eine erfolgreiche Pseudo-Wissenschaft ist eine große intellektuelle Leistung.»[47] Soweit Frank Cioffi.

Wenn er sagte, eine Pseudo-Wissenschaft erkenne man nicht daran, daß sie unwiderlegbar sei, sondern daran, daß sie sich weigere, sich selber um etwaige Gegenbeweise zu bemühen, so bezog sich Cioffi natürlich auf die Wissenschaftstheorie von Sir Karl Popper. Ihr zufolge ist das entscheidende Kriterium für die Wissenschaftlichkeit einer Theorie ihre Falsifizierbarkeit – sie muß die Möglichkeit bieten, gegebenenfalls widerlegt zu werden. In eincr mittlerweile berühmten Anmerkung hatte Popper 1963 über die Psychoanalyse geschrieben: «Ich fand, daß jene meiner Freunde, die Marx, Freud und Adler bewunderten, von zahlreichen diesen Theorien gemeinsamen Zügen beeindruckt waren, und besonders von ihrer augenscheinlichen *erklärenden Kraft*. Diese Theorien schienen praktisch alles erklären zu können, das sich auf dem Gebiet abspielte, auf welches sie sich bezogen. Das Studium jeder von ihnen schien eine intellektuelle Bekehrung oder Offenbarung zu bewirken, die einem die Augen für eine neue Wahrheit öffnete, welche von den noch nicht Eingeweihten nicht wahrgenommen werden konnte. Waren einem die Augen erst einmal aufgegangen, so bemerkte man überall bestätigende Umstände: die Welt war voller *Verifizierungen* der Theorie … Ich konnte mir kein menschliches Verhalten vorstellen, das sich nicht im Sinne der Theorien [von Freud und Adler] erklären ließ. Genau diese Tatsache war es – daß sie immer paßten, daß alles sie bestätigte –, die in den Augen ihrer Bewunderer das stärkste Argument zu ihren Gunsten darstellte. Mir begann zu dämmern, daß diese ihre vermeintliche Stärke in Wahrheit ihre Schwäche war ... Unwiderleglichkeit ist für eine Theorie keine Tugend (wie die Leute oft meinen), sondern ein Laster ... Die psychoanalytischen Theorien von Freud und Adler waren einfach nicht testbar, nicht widerlegbar ... Das heißt nicht, daß Freud und Adler nicht manches richtig gesehen haben: Persönlich habe ich keinen Zweifel, daß vieles von dem, was sie sagen, von erheblicher Wichtigkeit ist und eines Tages sehr wohl eine Rolle in einer testbaren psychologischen Wissenschaft spielen mag. Aber es heißt nicht, daß jene ‹klinischen Beobachtungen›, von denen Psychoanalytiker naiv glauben, sie bestätigten ihre Theorien, solches mehr tun als die täglichen Bestätigungen, die Astrologen zu finden pflegen. Was Freuds Epos von Ich, Über-Ich und Es angeht, so hat es keinen sehr viel größeren Anspruch auf wissenschaftlichen Status als Homers gesammelte Geschichten vom Olymp. Die Theorien beschreiben ein paar Fakten, aber in der Form von Mythen»; sie gehören zu jenen «imposanten und alleserklärenden Theorien, die auf Schwachköpfe wie Offenbarungen wirken»[48].

Daß die Psychoanalyse unwissenschaftlich sei, weil nichts auf der Welt sie widerlegen könne: darin mag Popper auch der schon erwähnte Erkenntnistheoretiker Adolf Grünbaum nicht folgen, der sich seit 1977 in einer Reihe von Aufsätzen und einem Buch mit der Frage beschäftigt, wie gut Freuds Gedankengebäude gedacht ist. Zumindest momentweise, so weist er im einzelnen nach, lasse es epistemologisch (erkenntnistheoretisch) nichts zu wünschen übrig: Freud gebe eindeutige Ursachenerklärungen für neurotische Symptome und nenne die Umstände, die sie falsifizierten, wenn die Verknüpfungen denn irrig sein sollten. Nämlich: nur die richtigen Deutungen eines Symptoms führen zu seiner Heilung; falsche Deutungen bewirken nichts und scheiden damit von selber aus. Nach diesem Kriterium sind die Deutungen der Psychoanalyse widerlegbar – und vor allem die geringen Heilungserfolge haben sie widerlegt.

Popper, Cioffi und Grünbaum – sie alle, so scheint mir, haben in gewissem Maße recht: Die Psychoanalyse ist in weiten Teilen tatsächlich irritierend schwammig und widersprüchlich und macht ihre (natur)wissenschaftliche Überprüfung sehr schwer; von sich aus hat sie herzlich wenig unternommen, um sich dem (natur)wissenschaftlichen Test zu stellen; wo sie aber überprüfbar ist und überprüft wurde, ging sie aus diesem Test alles andere als glorreich bestätigt hervor.

Es hilft der Psychoanalyse nicht, daß sie nach dem Willen vieler ihrer heutigen Anhänger gar keine (Natur-)Wissenschaft sein will. Viele ihrer Behauptungen geben sich als wissenschaftliche Behauptungen und haben nichts an sich, was sie aus deren Zahl heraushöbe und von ihnen qualitativ unterschiede. Für sie stellt sich die Frage «richtig oder falsch?» sehr wohl. Daß man – Mitscherlich-Nielsens Worte – die Phänomene, um die es hier geht, unter dem Mikroskop sehen müsse, um sie für wahr zu halten, verlangt kein Mensch; in den Verhaltenswissenschaften gibt es andere Methoden. Im Umgang mit Anhängern von Erleuchtungssekten und anderen Okkultisten bringen einen Höflichkeit und Friedfertigkeit dazu, zu sagen: Gut, du hast deine Wahrheit, ich habe meine, lassen wir sie uns beide. Aber ganz unter uns: Es gibt in Wirklichkeit keine zwei Arten von Wahrheit. Etwas kann nicht gleichzeitig nach normalen Maßstäben falsch sein und nach psychoanalytischen Maßstäben trotzdem richtig. Viele der Phänomene, mit denen sich die Psychoanalyse beschäftigt, haben auch die anderen Wissenschaften interessiert, und die haben darauf ihre vorsichtigen, einstweiligen Antworten gefunden. Sie sind nicht immer – sie sind sogar sehr selten im Sinne der psychoanalytischen Theorie ausgefallen. Da helfen alle Manöver nichts. Jeder mag das Material in Augenschein nehmen und dann selber entscheiden.

Was das Thema Psychotherapie und (Natur-)Wissenschaftlichkeit angeht, so beweist Hansjörg Hemminger in seinen Kommentaren zu «Wenn Therapien schaden» den eloquenten Verlockungen und Pressionen der Hermeneutiker gegenüber, die leicht jeden zu einem hoffnungslosen Flachkopf stempeln, der sich ihnen nicht anschließen mag, eine geradezu befreiend wirkende Standfestigkeit: «Die tiefenpsychologischen Sätze (galten und gelten) als medizinische oder psychologische Aussagen innerhalb des herkömmlichen erkenntnistheoretischen Rahmens dieser Wissenschaften. Wenn man diese Aussagen dann unter ihren eigenen Voraussetzungen prüft und wenn die Prüfung schlecht ausfällt, so sollte man das Ergebnis den Aussagen anlasten und sich nicht mit erkenntnistheoretischen Winkelzügen zu retten versuchen ... Lediglich Sekten und absolutistische Ideologien versuchen, die Prämissen ihrer Aussagen in Dunkel zu hüllen und so der Kritik zu entziehen.»[49] Anders gesagt: wenn die Tiefenpsychologie offen als irgendeine esoterische Weisheitslehre aufträte, eine Art Anthroposophie des Unwißbaren, ließe man sie ja gern in Frieden. Aber viele ihrer Aussagen geben sich als normale wissenschaftlich-psychologische Erkenntnisse. Sie haben nichts an sich, was sie als eine Wahrheit anderer oder gar höherer Ordnung auswiese. Darum müssen sie sich empirische Nachprüfungen gefallen lassen.

Ich gehe in diesem Punkt noch weiter als Hemminger. Wenn eine Theorie den Menschen so hohe Versprechungen macht wie die Tiefenpsychologie, und wenn sie so tief wie diese in ihr Leben einzugreifen beansprucht, dann hat sie eine Bringschuld. Sie selber ist es, die die Beweise antreten müßte. Freuds «Stoß von Dankbriefen in der Mappe des Praktikers» [50] reicht nicht – Zeugnisse zufriedener Kunden kann, wenn es drauf ankommt, auch jeder Kaffeesatzwahrsager vorweisen. Und wenn sie das nicht über sich bringt, dann ist von ihr zumindest zu verlangen, daß sie andernorts benutzte Methoden und andernorts gewonnene Erkenntnisse, die ihre Domäne betreffen, nicht mit so arroganter Verachtung straft, wie viele Hermeneutiker das heute zu tun belieben.

5. EINE ART, TRUGSCHLÜSSE ZU VERMEIDEN: ÜBER DIE OBJEKTIVE NACHPRÜFUNG PSYCHOANALYTISCHER ANNAHMEN

Worin aber besteht denn nun die verschmähte und geschmähte «szientistische» Methode, die auf die Aussagen der Psychoanalyse angeblich nicht angewendet werden kann?
Der amerikanische Schriftsteller Robert M. Pirsig hat sie in seinem Roman «Zen und die Kunst ein Motorrad zu warten» einmal anschaulich beschrieben: als eine Art Dampfwalze, die herausgeholt werden muß, wenn der Mensch vor einem Problem steht, das sich nicht von allein ergeben will. Dann wird sie aufgefahren, schwerfällig, aber mächtig.

Oft wird heute die Wissenschaft mit den augenfälligsten ihrer Produkte verwechselt: den Techniken des industriellen Zeitalters. Oft wird sie für dasselbe gehalten wie der allerdings, und auch im Irren, menschliche, allzu menschliche Wissenschaftsbetrieb. Wissenschaft aber ist im Kern etwas anderes. Sie ist eine Methode, objektive Kenntnisse über die Welt zu erlangen. Diese Methode ist nichts anderes als ein Aufgebot aller nur erdenklichen Vorsichtsmaßnahmen, um sich, soweit das in menschlicher Macht steht, gegen Trugschlüsse zu sichern. Da das überhaupt nicht selbstverständlich ist, sollen die wichtigsten, die elementarsten dieser Vorsichtsmaßregeln hier kurz skizziert werden. Wissenschaftsfeindlichkeit geht heute um; da wäre es gut, wenn den Wissenschaften wenigstens die vermeidbaren Abneigungen erspart blieben, die aus einer Verkennung ihres Wesens entspringen.

Jedes wissenschaftliche Unternehmen beginnt mit einem Verdacht: Irgend etwas kommt einem seltsam vor. Vielleicht ist der Himmel doch gar keine Glasglocke und die Erde doch gar keine Scheibe? Vielleicht führen vergessene Kindheitsleiden zu Neurosen? Wenn man nicht riskieren will, naive Fragen zu stellen oder zu erforschen, was längst bekannt ist, wird ein solcher Verdacht besser nicht aus dem Ärmel geschüttelt. Eine brauchbare wissenschaftliche Hypothese darf nicht ignorieren, was man schon weiß; das heißt, sie erwächst aus dem Kontext der Forschung.

Ein Verdacht ist geweckt; jetzt geht es darum, ihn so herzurichten, daß er nicht «im Raume stehenbleiben» muß, sondern sich nachprüfen läßt, und dann die richtigen Schlüsse aus den Ergebnissen zu ziehen. Dazu haben sich einige Regeln als sinnvoll und nützlich erwiesen. Sie stellen kein spezielles wissenschaftliches Abrakadabra dar; sie sind eben jene Regeln, mit denen sich auch der Alltagsverstand gegen Trugschlüsse zur Wehr setzen würde, nur ausdrücklicher formuliert und rigoroser angewandt.

Die erste Regel besteht darin, den Verdacht so explizit und eindeutig wie nur möglich zu formulieren. «Die Erde ist vielleicht irgendwie nicht so ganz direkt eine Scheibe» wäre keine nachprüfbare Hypothese, und «Kindliche Beziehungsmuster wirken möglicherweise manchmal neurotisierend» wäre es auch nicht, nicht nur wegen des «möglicherweise manchmal», sondern vor allem wegen der Unbestimmtheit der «Beziehungsmuster» – irgendwelche gibt es schließlich in jeder Kindheit.

Zweitens muß die nunmehr explizite Hypothese in eine Form gebracht werden, die sich mit den zur Verfügung stehenden Mitteln nachprüfen läßt. Operationalisieren nennt man das. Daß es eine «Verdrängung» gibt, ein Abschieben schmerzhafter Erlebnisinhalte ins «Unbewußte», welches sich nach außen hin als ein Vergessen darstellt, ist eine in dieser Form kaum nachprüfbare Hypothese: Das Verdrängen selber läßt sich nicht direkt beobachten. Aber die Wissenschaft kapituliert nicht vor dem, was sich nicht direkt beobachten läßt. Daß unangenehme Erlebnisse öfter und gründlicher vergessen werden als angenehme, ist eine nicht unvernünftige Ableitung aus der Verdrängungshypothese. Sie gestattet einschlägige Experimente.

Dritte Regel: Eine Hypothese ist nur dann eine wissenschaftliche Hypothese, wenn sie auch widerlegbar ist – um diese Einsicht hat Karl Popper die Erkenntnistheorie bereichert. Daß Energie gleich Masse mal Geschwindigkeit zum Quadrat sei, ist falsifizierbar. Sätze wie «April, April macht was er will» oder «Der Traum ist der

Wächter des Schlafs» sind es nicht. Erwiese es sich, daß der Träumer nie aus seinem Traum erwacht, so wäre der Satz natürlich bestätigt: Der Traum hat ihn vor dem Aufwachen bewahrt. Wachte der Träumer im Gegenteil aber auf, so wäre der Satz noch keineswegs widerlegt – es hätte der betreffende Wächtertraum nur nicht aufgepaßt. Nun sind natürlich auch Forscher nur Menschen, die ihre eigenen Hypothesen lieber verifizieren als falsifizieren; und ganz gewiß werden Bestätigungen viel eher und lieber veröffentlicht als Fehlanzeigen. Auch sieht der normale Wissenschaftsbetrieb nicht so aus, wie ihn ein glühender Popper-Leser sich gerne vorstellt: Es wird dort nicht unausgesetzt und erbittert falsifiziert. Naturwissenschaftler sind nicht tagsüber bemüht, die Hypothesen umzubringen, die sie sich in ihren schlaflosen Nächten ausdenken. Im Normalfall geht es lockerer zu: Man hat Kenntnisse und Theorien, die sie verknüpfen, man leitet daraus Hypothesen ab («Wenn das wirklich so ist, dann müßte doch auch eigentlich ...»), und dann versucht man Anordnungen zu finden, in denen es sich herausstellen muß, ob sie zutreffen. Dennoch muß ein gutes Experiment so angelegt sein, daß die ihm zugrundeliegende Hypothese auch widerlegt werden könnte. Denn was nicht widerlegt werden kann, läßt sich leider auch nicht bestätigen. Daher die witzige Wirkung, die Sätzen eigen ist wie «Wenn der Hahn kräht auf dem Mist, ändert sich's Wetter, oder es bleibt, wie es ist». Wenn eine Aussage auf gegensätzliche Befunde gleich gut paßt, wenn sie richtig bleibt, was immer auch geschieht, ist es mit ihrem Erkenntniswert nicht weit her.

Die vierte Regel: Da aus einem Einzelfall nie und nimmer eine Gesetzmäßigkeit – oder, bescheidener gesagt, eine Regelhaftigkeit – abgeleitet werden kann, müssen möglichst zahlreiche Fälle herangezogen werden, die für die Hypothese relevant sind. Das beschert einem rasch eine größere Menge an Zahlen. Und da der menschliche Verstand nicht darauf eingerichtet ist, mit größeren Mengen roher Zahlen vergleichend umzugehen, braucht er Hilfsmittel, diese Zahlen seinem Begreifen gefügig zu machen: die Statistik. Unweigerlich hantieren viele Studien der «akademischen» Psychologie mit statistisch aufbereiteten Meßdaten. Ihre Kollegen Geisteswissenschaftler haben darum die Bezeichnung «Zahlenhuber» für sie parat. Vielen widerstrebt die Vorstellung, daß irgend etwas Psychisches sich in Zahlen ausdrücken lasse; es würdigt den Menschen in ihren Augen herab. An der Aussagekraft der Zahlen ändert diese Abneigung nichts, und die hängt nur ab von der Güte der erhobenen Daten und ihrer statistischen Aufbereitung.

Regel Nummer fünf: Da der menschliche Erkenntnisapparat so ausgelegt ist, daß er seine Beobachtungen und Schlüsse zuweilen unabsichtlich verzerrt und verfälscht, müssen die Beobachtungsmethoden die denkbar objektivsten sein, nämlich möglichst frei von subjektiven Vorentscheidungen, Vorurteilen, Vorlieben, Sympathien, Antipathien, Launen, Unaufmerksamkeiten, Vergeßlichkeiten, Sehfehlern, Blindheiten. Wenn etwa der Einfluß einer bestimmten Therapie auf die endogene Depression zur Debatte steht, gelangt man nie irgendwohin, solange derselbe Gemütskranke von dem einen Psychiater als Zwangsneurotiker, von dem anderen als Agoraphobiker, von dem nächsten als paranoider Schizophrener, vom vierten als bipolarer Depressiver und von dem fünften als völlig gesund diagnostiziert wird (dergleichen kommt leider vor). Und auch für das in Frage stehende Ergebnis, für die «abhängige Variable» werden möglichst objektive Kriterien benötigt. Wenn der eine Psychiater nach einer Zeit der Therapie zu dem Schluß kommt, der Zustand des Patienten habe sich wesentlich gebessert, der nächste aber keinerlei Veränderung feststellen kann, ist über den Therapieerfolg herzlich wenig Aufschluß gewonnen. Man muß von vornherein wissen, was als was zählen soll; und möglichst sollte man sich mit seinen Fachkollegen darüber geeinigt haben.

Sechste Regel: Bei dieser ganzen Unternehmung der Erkenntnisgewinnung ist sorgfältig darauf zu achten, daß das untersuchte Ergebnis nicht von ganz anderen, der Aufmerksamkeit des Forschers leider entgangenen Faktoren hervorgebracht wird als denen, die er als Ursache angenommen hatte. Das ist nur gesunder Menschenverstand: Wenn ich herausfinden will, ob jemand tatsächlich einen Liter Bier in einem Zug trinken kann, wie er behauptet, dann reicht es nicht, sein Glas erst voll und dann leer zu sehen – dann muß ich sichergehen, daß er es nicht abgesetzt oder heimlich ausgeschüttet hat. Mögliche andere Ursachen soweit erdenklich auszuschließen: das heißt, ein Experiment, eine Studie zu «kontrollieren». Diese Notwendigkeit legt dem Forschen starke Beschränkungen auf, und da man vor allem bei den Wissenschaften, die sich mit der Welt des Lebendigen und ihren unübersehbaren wechselseitigen Abhängigkeiten und Beeinflussungen befassen, selten sicher sein kann, alle Einflußfaktoren ganz und gar im Griff («unter Kontrolle») zu haben, die in ein bestimmtes Ergebnis eingegangen sein könnten, kann man auch eines Ergebnisses selten ganz sicher sein. Die Erfahrungswissenschaften liefern grundsätzlich keine «Beweise», sie liefern «Evidenzen»: nämlich mehr oder weniger starke Indizien. Die Indizien sind um so stärker, je strenger die Kontrolle war. Diese Grundidee des wissenschaftlichen Forschens hat sich nur langsam durchgesetzt und ist bis zur Psychoanalyse immer noch nicht ganz durchgedrungen. Einem der ersten Experimentatoren des Abendlands, dem Stauferkaiser Friedrich II., werden eine ganze Reihe reichlich brutaler Experimente zugeschrieben. Unter anderem wollte er genau wissen, ob die Verdauung auch während des Schlafs vonstatten gehe (oder ob dann auch die Därme schlafen). Eine gesunde, falsifizierbare Hypothese von schöner Explizitheit: «Speisen werden während des Schlafs verdaut – stimmt das?» Wie er sie operationalisierte, hätte allerdings ganz und gar nicht den Beifall heutiger Wissenschaftler: Er ließ zwei Versuchspersonen reichlich zu Abend essen (womit er die Eingangsvariable «Essen» für beide gleich machte), befahl dem einen zu schlafen und dem andern wachzubleiben und ließ beiden am nächsten Morgen den Bauch aufschneiden (womit er sie ums Leben brachte). Das heißt, er baute eine Kontrolle in das Experiment ein: Er begnügte sich nicht mit der Feststellung, ob Schlaf der Verdauung förderlich sei; er prüfte gleichzeitig, ob Nicht-Schlaf die Verdauung nicht ebenso unterstütze. (Wie auch immer das Ergebnis dieses Experiments ausfiel: Es besagte nichts und konnte gar nichts besagen. Denn wenn einer von den beiden im Laufe der Nacht stärker verdaut haben sollte als der andere, so konnte das hundert Ursachen haben, die eben nicht «kontrolliert» worden waren.)

Das Laborexperiment ist den Wissenschaften, die sich mit der Seele befassen, darum so lieb, weil hier die genauesten Kontrollen möglich und mithin die saubersten Ergebnisse zu gewinnen sind: unverunreinigt durch unüberblickbare störende Einflüsse von außerhalb. Jedoch lassen sich im psychologischen Labor meist nur «kleine» Fragen stellen, und die Laborsituation ist so künstlich, daß oft der Verdacht bleibt, im wirklichen Leben wären ganz andere Antworten herausgekommen. Das Laborexperiment ist aber auch keineswegs die einzige Quelle, aus der objektive Erkenntnis geschöpft werden kann. Eine andere ist die Feldstudie: die Beobachtung dessen, was sowieso geschieht, nur nach möglichst objektiven Kriterien. Schließlich gibt es die Mischform der experimentellen Feldstudie: Sie beobachtet eine natürliche Situation (also das, was sowieso geschieht), führt dort aber künstlich Variablen ein, an denen sich die zur Debatte stehende Frage klären müßte.

Wer beispielsweise die Zusammenhänge zwischen Gewalt im Fernsehen und Gewalt im Leben untersucht, kann es im Laborexperiment tun: etwa indem er zwei Fernsehfilme vorführt, einen aggressiven und einen idyllischen, und registriert, ob diejenigen, die den aggressiven Film gesehen haben, sich im Anschluß anders verhalten als die Kontrollgruppe. Er kann, bei einer Feldstudie draußen in der Wirklichkeit, Menschen ausfindig machen, die sich regelmäßig gewalttätige Filme ansehen, und sie zur Kontrolle mit Personen vergleichen, die keinen Bedarf an derlei Medienkost haben. Er kann, ebenfalls im wirklichen Leben, seinen Versuchspersonen eine brutale Fernsehdiät entweder zumuten oder vorenthalten und dann die Folgen studieren.

Eine Abart der Feldstudie ist die epidemiologische Untersuchung, die Erforschung der Häufigkeit einer Krankheit. Auch für psychoanalytische Annahmen sind solche Untersuchungen relevant. Zum Beispiel behauptete Freud, Paranoia (Verfolgungswahn) gehe auf abgewehrte, also verdrängte homosexuelle Gelüste zurück: «Der paranoische Charakter liegt darin, daß zur Abwehr einer homosexuellen Wunschphantasie ... mit einem Verfolgungswahn ... reagiert wird.»[1] Je schärfer die gesellschaftliche Ächtung und Unterdrückung der Homosexualität, so sollte man meinen, desto rigoroser müßten alle entsprechenden Wünsche abgewehrt werden; je duldsamer aber Gesetze und öffentliche Meinung, desto weniger Verdrängung wäre nötig. Nun ist die Einstellung zur Homosexualität in wenigen Jahrzehnten unzweifelhaft sehr viel duldsamer geworden; also wäre zu erwarten, daß auch Paranoia insgesamt seltener geworden ist und weiter wird. Eine epidemiologische Untersuchung gäbe der ätiologischen Hypothese recht oder unrecht. Und bisher sieht es ganz so aus, als hätte sie unrecht. Einige Häufigkeitsuntersuchungen der Schizophrenie, zu deren Formenkreis die Paranoia heute meist gezählt wird, vor allem ein Fallregister, das seit 1916 annähernd alle in Norwegen vorkommenden schizophrenen Erkrankungen erfaßt, deuten übereinstimmend darauf hin, daß die Schizophrenie in den letzten hundert Jahren weder häufiger noch seltener geworden ist,[2] also wohl nichts mit der Strenge der herrschenden Sexualmoral zu tun hat.

Die Notwendigkeit von Kontrollen heißt auch: Jede Untersuchung, die wissenschaftlich genannt zu werden verdient, muß von sich aus die Gegenprobe machen. Wenn die Tiefenpsychologie nach Ursachen fahndet, nimmt sie typischerweise ein oder zwei Fälle von Krankheit und sucht die Vergangenheit so lange ab, bis sie einen lange zurückliegenden Vorgang entdeckt (oder auch konstruiert) hat, der mit ihren jeweiligen Theorien über die Verursachung psychischer Störungen vereinbar ist – der muß es dann gewesen sein. In jede bessere Studie der «akademischen» Psychologie aber ist die Gegenprobe eingebaut. Es reicht ihr also keineswegs, daß es Fälle gibt, in denen einer bestimmten Störung tatsächlich eine denkbare Ursache vorangegangen ist; sie fragt gleich mit, ob es andere Fälle gibt, wo dieselbe mutmaßliche Ursache ohne Folgen blieb oder die betreffenden Folgen auch eintraten, ohne daß ihnen die mutmaßliche Ursache vorhergegangen wäre. Das heißt, sie versucht, den geläufigen Fehlschluß *post hoc ergo propter hoc* (weil zeitlich danach, darum deswegen) zu vermeiden: Weil deine Mutter dich zu fest gewindelt hat, fügst du dich heute einer despotischen Staatsform (wie eine psychoanalytische Erklärung des russischen Nationalcharakters einmal behauptet hat). Oft hört man: die Ursachen einer Neurose wird man nur durch die Untersuchung von Neurotikern in Erfahrung bringen; die Untersuchung von Nichtneurotikern trage nichts zur Klärung dieser Frage bei. Das ist ein fundamentaler Irrtum. Die Theorie, im Sternzeichen des Steinbocks geborene Menschen seien treu, ist nicht dadurch beweisbar, daß man eine noch so große Zahl treuer «Steinböcke» auftreibt. Man müßte gleichzeitig ermitteln, ob und in welchem Ausmaß es auch untreue «Steinböcke» gibt und ob Nicht-«Steinböcke» im Durchschnitt weniger treu sind. Erst wenn das in einem für die Theorie günstigen Sinne entschieden ist, lohnt es sich, nach den Mechanismen der Verknüpfung zu fragen, die zwischen dem Sternzeichen und der Charaktereigenschaft bestehen mögen. Das Vorhandensein positiver Fälle reicht niemals aus, eine Theorie glaubwürdig zu machen; sie hat sich – eine elementare Vorsichtsmaßregel in den Wissenschaften – von vornherein und mit System um mögliche Gegenbeweise zu kümmern.

Siebente Regel: Nicht nur unbeachtete, aber wirksame Einflußfaktoren müssen ausgeschaltet werden, auch der Zufall muß es. Die Theorie, daß die Münze präpariert sei, weil sie nach dem Hochwerfen nämlich immer wieder einmal auf die Zahl falle, ist wertlos: Keine Präparation, der Zufall bringt dieses Ergebnis hervor. Wenn ich eine Münze hochwerfe, und sie fällt zweimal auf die Zahl, so würde mich das nicht wundern. Täte sie es zehnmal, so fände ich es schon leicht merkwürdig. Täte sie es fünfzigmal, so hätte ich längst den Verdacht, daß es nicht mit rechten Dingen zugeht. Bliebe ich geduldig und würfe sie hundertmal hoch, und immer wäre der Kopf oben: ich wüßte, sie ist präpariert. Bei einer unpräparierten Münze wäre ein solches Ergebnis zwar möglich, aber es wäre verschwin-

dend unwahrscheinlich. Ganz ohne explizit in Wahrscheinlichkeits-
rechnung bewandert zu sein, wissen wir intuitiv, daß es darauf ankommt, wie groß die Zahl der positiven Ergebnisse («Kopf!») im Verhältnis zur Gesamtzahl der beobachteten Fälle ist. Je kleiner deren
Zahl, um so bedeutungsloser das Ergebnis. Dreimal Kopf: das begründet noch keinerlei Verdacht, das Geldstück sei präpariert. Es könnte
«reiner Zufall» sein. (Zufall heißt hier: obwohl die Münze nach bestimmten, unveränderlichen Gesetzen fällt, wirken so viele verschiedene Faktoren auf ihren Fall ein, daß wir sie nicht übersehen
können und uns vom Ergebnis immer von neuem überraschen lassen
müssen.) Bei einem wissenschaftlichen Versuch kommt es also darauf an, zu erkennen, ob der bloße Zufall ein ähnliches Ergebnis hervorgebracht haben könnte; oder genauer: zu ermitteln, inwieweit
sich die gefundenen Ergebnisse von solchen unterscheiden, die auch
der Zufall hervorgebracht hätte. Dafür gibt es statistische Methoden.
Sie filtern das bedeutungsvolle Signal aus dem Hintergrund des Zu-
fallsrauschens hervor. Hebt sich das Ergebnis deutlich von dem ab,
was nach den Gesetzen der Wahrscheinlichkeit auch vom Zufall zu
erwarten gewesen wäre, so heißt man es «signifikant»; hebt es sich
überdeutlich von ihm ab, so ist es hoch signifikant. Kaiser Friedrichs
Experiment hätte auch besser kontrolliert sein können – ein signifi-
kantes Ergebnis hätten bloße zwei Fälle nie gebracht.

Achte Regel: Die gesuchte Ursache muß der zur Debatte stehenden Wirkung nahe und spezifisch für sie sein. Eine Ursache, die in der
Ursachenkette weit entfernt ist oder die außer der in Rede stehenden
Wirkung noch zig andere hervorgebracht haben könnte, liefert nur
eine sehr schwache und uninteressante Erklärung. Erschiene heute
ein Kaspar Hauser und wollte wissen, warum Autos fahren, so wäre
ihm herzlich wenig mit der Antwort gedient: «Weil die Sonne auf die
Erde scheint» oder «Weil Scheiben, bei denen jeder Punkt des Randes
die gleiche Distanz zum Mittelpunkt hat, rollen können» (zwei sowohl ferne als auch unspezifische Ursachen, denn die Energieein-
strahlung der Sonne und die physikalischen Eigenschaften des Rades
erklären unzählige Phänomene und nicht speziell das Auto). «Starke
Erklärungen haben die Qualität spezieller Relevanz, logischer Un-
mittelbarkeit», schrieb der britische Mediziner und Biologe Sir Peter
Medawar: «Und diese Qualität müssen sie besitzen, wenn sie geprüft
werden sollen und es sich erweisen muß, ob sie bis auf weiteres annehmbar oder, was auch vorkommen kann, irrig sind. Psychoanalytische Erklärungen sind in diesem Sinne immer schwache Erklärungen.»[3]

Medawar gibt eine Reihe von Beispielen, den Vorträgen auf einem internationalen Psychoanalytikerkongreß des Jahres 1963 entnommen, etwa dieses: «Wenn ein Individuum seine Frau, sein Kind, seine Bekannten und selbst völlig Fremde schlägt, so dürfen wir vermuten, daß seine Ich-Funktionen auf grobe Weise versagt haben. Die Kontrolle des Ichs ist teilweise umgangen worden.» Vorausgesetzt, das «Ich», wie es in solchen Feststellungen in Erscheinung tritt, ist überhaupt ein sinnvolles Konzept: mit dem «Versagen der Ich-Funktionen» könnte man 1001 Phänomene erklären; über den besonderen psychiatrischen Fall, den sie aufzuhellen vorgibt, über das, was in jenem Individuum vorgegangen sein mag, sagt eine solche Erklärung gar nichts; eine Aussage wie «der Kerl hat sich nicht beherrscht» wäre ebenso gut oder vielmehr schlecht. Oder dies: «Von dem Antisemiten wird der Ödipuskomplex als narzißtische Kränkung ausagiert und erlebt, und diese Kränkung wird auf den Juden projiziert, dem er die Vaterrolle zuweist.»[4] Angenommen, Ödipuskomplex und narzißtische Kränkung wären erwiesene Tatsachen: auch dann noch wäre diese Hypothese zur Ätiologie des Antisemitismus sehr schwach. Denn da nach Freudscher Lehre jeder kleine Junge einen Ödipus-Komplex hat und den Vater als sexuellen Rivalen haßt, könnte sich auch jeder vom Vater gekränkt fühlen, und jeder solchermaßen Gekränkte könnte sich zu rächen versuchen, indem er jemand anderem die Vaterrolle zuweist. Warum nicht Onkel Fritz oder dem Klassenlehrer oder den drei Müllmännern, die zweimal die Woche vorbeikommen? Warum der Gesamtheit der Juden? «Seine Wahl des Juden ist dadurch bestimmt, daß sich der Jude in der einzigartigen Lage befindet, gleichzeitig den allmächtigen und den kastrierten Vater zu repräsentieren.»[4] Inwiefern Jüdinnen und Juden gleichzeitig kastrierte und potente, sogar omnipotente Väter repräsentieren, bleibt das Geheimnis des Deuters. Der Alt-Nazi Alfred in Günter Wallraffs Report «Ganz unten», der befindet, daß Europa unter Hitler noch ganz in Ordnung gewesen sei, und der seinen Antisemitismus inzwischen zu einem Haß auf alle «Hottentotten, Scheißkanaken, Kümmeltürken und Knoblauchjuden» erweitert hat[5] – repräsentieren für den etwa auch die «Hottentotten», was immer er sich unter ihnen vorstellen mag, diesen potent-kastrierten Vater? Will er sie und die Türken und die anderen Ausländer alle an Vaters Statt «an die Wand stellen»? Was die These erklären soll, erklärt sie mitnichten: weder den Ursprung des Ausländerhasses noch die Wahl bestimmter Haßobjekte. Es ist eine pure Scheinerklärung. Solche Beispiele, schreibt Medawar, illustrieren «die olympische Flottheit

(*Olympian glibness*) psychoanalytischen Denkens ... eine begriffliche Öde in Verbindung mit einer enormen Ungeniertheit und Leichtigkeit (*facility*) der Erklärungen ... Ein Lavastrom von *Ad-hoc*-Erklärungen ergießt sich über alle Schwierigkeiten hinweg und um sie herum und läßt nur ein paar Geländebuckel zurück, die die Stellen markieren, wo sie sich einmal befunden haben mögen.»[6]

In der Pop-Psychologie des Alltags lautet eine typische unspezifische und alles zudeckende Erklärung: «Sein Symptom rührt daher, daß er eine so unglückliche Kindheit hatte.» Die typische Antwort darauf ist ein seufzendes «Ach ja?». Darin drückt sich einerseits die Bereitschaft aus, einer unglücklichen Kindheit durchaus lang anhaltende schlimme Folgen zuzuschreiben, andererseits die uneingestandene Unzufriedenheit mit derlei unspezifischen Erklärungen. Denn wenn eine unglückliche Kindheit böse Folgen fürs spätere Leben hat, dann können das doch immerhin höchst unterschiedliche Folgen sein; und wenn nicht nur das in Rede stehende Symptom auf jene Ursache zurückgeht, sondern hundert andere ebenfalls, dann ist in Wahrheit keins erklärt.

Neunte Regel: Ein gesundes Prinzip in den empirischen Wissenschaften besagt: Hat man die Auswahl zwischen mehreren möglichen Erklärungen für ein Phänomen, so empfiehlt es sich, es erst einmal mit der einfacheren zu versuchen. Nicht, daß die einfachere unbedingt die richtige sein muß; aber die Sparsamkeit gebietet, die weithergeholten Erklärungen erst dann zu versuchen, wenn sich die naheliegenden als unzulänglich herausgestellt haben. Das Prinzip ist bekannt unter dem Namen «Occams Klinge», nach dem Spätscholastiker Wilhelm von Occam, der empfahl, «die Zahl der Dinge nicht unnötig zu vermehren» und die überflüssigen wegzurasieren. Wenn ein Mensch Bilder nicht mag, auf denen einem Hund der Schwanz abgehackt wird, so liegt es nahe, daß er das Abhacken von Schwänzen gefühlsmäßig mißbilligt oder, allgemeiner, Grausamkeiten gegenüber Tieren oder, noch allgemeiner, Grausamkeit überhaupt. Um die Abneigung gegen Schmerz und Brutalität zu erklären, muß man nicht den Umweg gehen, daß das Schwanzabhacken oder irgendeine andere – fremde oder eigene – körperliche Verletzung eine hypothetische Kastrationsangst mobilisiere und nur darum mit Mißfallen betrachtet wird. Eine solche Erklärung umfaßte zwei Annahmen: daß das Abhakken eines Körperteils Schmerz erzeugt und unter anderem darum gefürchtet wird, und daß die Kastration die einzige Körperverletzung ist, die der Mann wahrhaft fürchten kann. Die sparsamere Erklärung ist die, welche mit einer Annahme auskommt, in diesem Fall der ersten.

Schließlich die zehnte Regel: Ein Ergebnis mag sehr deutlich ausgefallen sein. Trotzdem wäre es möglich, daß irgendein unbemerkter
Umstand in der ganzen Versuchsanordnung, irgendeine übersehene
Randbedingung, irgendeine Parteilichkeit des Forschers, irgendein
Fehler in seinem Gedankengang vorgelegen hat und das Ergebnis un-
gültig macht. Darum sollten alle wichtigen Experimente wiederholt
werden, und zwar möglichst von anderen Forschern, die sich ruhig
alle Mühe geben können, das Ergebnis zu widerlegen. Und wenn ein
Befund nach mehreren solchen Replikationen immer noch Bestand
hat: dann muß wohl etwas dran sein – dann darf sich der Verdacht
langsam zu einer Fast-Gewißheit auswachsen. Die objektiv-empirische Wissenschaft formuliert dergleichen bescheiden und unscheinbar: «Die linke Hirnhemisphäre scheint meist diejenige zu sein, welche die Sprache steuert.» Das klingt anders als Freuds unentwegtes
und auftrumpfendes «ganz ohne Zweifel steht fest», «die Fülle abso-
lut sicherer Beobachtungen hat zweifelsfrei ergeben» ...
     Die Bescheidenheit der (natur)wissenschaftlichen Aussagen
täuscht den Nichtfachmann leicht. Wenn sich etwas nach dieser Prü-
fungsprozedur so oder so zu verhalten «scheint», auch wénn noch
viele Fragen offenbleiben, dann hat eine solche Aussage ein ganz
eigentümliches Gewicht und ist sehr viel mehr als eine bloße weitere Spekulation, deren Fürwahrhalten dem Belieben jedes einzelnen
überlassen ist. Die Dampfwalze hat ihre Arbeit getan.
     Es versteht sich, daß alle Schlüsse, die auf diesem Erkenntnisweg
gezogen werden, rationale Schlüsse sein müssen. Das heißt, sie müssen sich einigen Denkvorschriften fügen, die sich das menschliche
Denken selbst auferlegt, um Trugschlüsse zu vermeiden, Vorschrif-
ten wie: «Du sollst keinen Schluß verwerfen, nur weil er dir persönlich nicht paßt», «Für jede Behauptung solltest du irgendein Beweismaterial vorlegen», «Alles hat seinen Grund», «Du mußt Widersprüche meiden wie die Pest», «Du sollst nicht annehmen, daß eine
Sache gleichzeitig sie selbst und eine ganz andere sein kann», «Zwei
sich widersprechende Erklärungen können nicht gleichzeitig richtig
sein», «Du mußt prüfen, welche Folgerungen jede deiner Annahmen
nach sich zieht» ... Sicher läßt sich auch anders denken; daß sich
anders richtiger denken läßt, hat indessen noch niemand aufgezeigt.
Die wissenschaftliche Rationalität ist das Ergebnis sozusagen einer
Wette. Gewettet wurde und wird, daß jegliches Phänomen eine rationale Erklärung hat. Es hat eine rationale Erklärung, weil es nur eine
einzige Natur gibt und an keiner Stelle ein übernatürliches Wirken
zu Hilfe gerufen werden muß; und weil die menschliche Rationalität

der inneren Beschaffenheit dieser Natur entspricht. Es läßt sich nicht beweisen, daß sich das Rationalitätsprinzip bis ganz zuletzt durchhalten läßt, daß das menschliche Erkennen nicht irgendwann in Bereiche gelangt, in denen die Rationalität versagt. Aber der Mensch, unwiderruflich aufgeklärt, rechnet nicht mehr wirklich damit, daß hinter dem nächsten Gebüsch eine übernatürliche Macht lauert, die die Fallgesetze auf den Kopf stellt. Die Wette wurde bisher kein einziges Mal verloren, alle in Angriff genommenen Phänomene, auch wenn sie zunächst noch so unbegreifbar schienen, haben sich schließlich als einer rationalen Erklärung zugänglich erwiesen, und so darf man schon darauf vertrauen, daß das Rationalitätsprinzip auch noch eine ganze Weile halten wird; daß es keine Lücken im großen Zusammenhang der Natur gibt; und daß schon gar nicht ausgerechnet das Innere des menschlichen Schädels eine solche Lücke bildet, an der die Rationalität zuschanden werden muß.

Allerdings, man müßte schon sehr vernagelt sein, um nicht zu bemerken, daß hier ein großes Dilemma besteht. Es gibt Probleme, die, obwohl im Prinzip rational begreifbar, sich vorläufig der (natur)wissenschaftlichen Methode nicht gefügig machen lassen, etwa weil sie zu komplex sind oder weil die vorhandenen Untersuchungsapparate oder -verfahren sie nicht erreichen. Manche würden sogar sagen: alle wirklich interessanten Probleme aus dem Bereich der menschlichen Psyche gehören dazu, im Augenblick bestimmt und vielleicht noch auf sehr lange Zeit. Und wo die Antwort von Wertnormen abhängt, muß die Wissenschaft von vornherein passen. Wie sehr die Erde durch die Abfälle der menschlichen Industrie verschandelt und zerstört werden sollte, läßt sich wissenschaftlich nicht beantworten. Die Wissenschaft kann nur versuchen, möglichst genau feststellen: wenn ihr das und das tut, wird das und das geschehen. Die Wissenschaft tut sich auch schwer, Aussagen über «den Geist» oder «die Psyche» an sich zu machen; sie kann nur konkrete und bestimmte einzelne Fragen untersuchen, zum Beispiel: Reagiert die Psyche auch auf Eindrücke, die nicht bewußt wahrgenommen werden? Wacht man aus Träumen seltener auf als aus dem traumlosen Schlaf? Führt eine strenge Sauberkeitserziehung zu bestimmten Charaktereigenschaften? Mit der Zeit häufen sich Antworten auf Abertausende solcher Fragen. Dabei zersplittert die Psyche, deren Einheit wir doch erleben, in ungezählte Einzelaspekte, und man kann sich nicht darauf verlassen, daß jemand dafür zuständig sein wird, sie wieder zusammenzusetzen. Vor allem daher die Enttäuschung über die (natur)wissenschaftliche Psychologie: lauter Spezialisten, die in kleinen Trippelschritten Spezialfragen nachgehen, und keiner hat das Ganze im Auge, den erlebenden Menschen. Verständlich ist diese Enttäuschung durchaus. Aber man kann nur das Mögliche verlangen. Die eigne Psyche zu verstehen: das ist wohl das schwierigste Projekt, das sich die Menschheit vorgenommen hat, und in ein paar Jahren oder auch Jahrzehnten ist allen wichtigen Fragen nicht beizukommen. Wir jedoch leben heute und können unsere Fragen nicht bis zum nächsten Jahrtausend vertagen. Wir müssen heute handeln, zum Beispiel heute Psychotherapie anbieten, auch wenn wir keinerlei Mittel haben, um sicher in Erfahrung zu bringen, welche Art von Therapie in welchen Fällen wirkt, welche Bestandteile der Therapien es sind, die wirken. Wir müssen der Wissenschaft also in vielem weit vorauseilen. Wir können uns dabei nur auf unsere Intuition verlassen und auf die primitive, langwierige, aber wirksame Methode «Versuch und Irrtum». Auch gegen die hermeneutische Methode – das intuitive, einfühlende Verständnis – ist nichts einzuwenden, sie ist sogar willkommen – unter einer Bedingung: sie darf sich nicht rundheraus in Widerspruch zu Erkenntnissen setzen, die auf härtere Weise gewonnen wurden; und sie darf nicht dazu benutzt werden, die (natur)wissenschaftlichen Verfahren schlechthin als unzuständig und belanglos zu diskreditieren. Was die objektiven Disziplinen ermitteln, wird nicht darum unrichtiger oder überflüssiger, weil wir eigentlich mehr erwartet hatten, und es wäre verhängnisvoll, auf (natur)wissenschaftlichem Wege gewonnene Erkenntnisse zu ignorieren, nur weil die Dampfwalze so langsam vorankommt und alles in so viele kleine Teile zerstückelt. Nötig wäre eine Intuition, die sich bestens informiert hält über den Stand der Naturwissenschaften vom Menschen und die jederzeit bereit ist, sich selber im Lichte relevanter «harter» neuer Befunde zu revidieren – eine aufgeklärte, lernende hermeneutische Intuition. Davon aber kann man zur Zeit nur träumen.

Nun haben wir uns in den letzten Jahrzehnten sehr wirkungsvoll den Glauben ausgetrieben, daß es eine objektive, wertfreie Erkenntnis geben könnte – in jeder Erkenntnis haben wir unser parteiisches Interesse aufgespürt. Tatsächlich kann selbst die scheinbar neutralste Erkenntnis in der Praxis Folgen zeitigen, die sich nicht mehr wertfrei sehen lassen; tatsächlich gehen schon in die Auswahl der Fragestellungen unsere Interessen ein. Aber darum zu behaupten, eine wertfreie Erkenntnis gebe es schlechterdings nicht, und man könne jeden Versuch in dieser Richtung dann auch gleich unterlassen, heißt jedes Augenmaß verlieren. Es gibt sehr wohl kraß subjektive, vom eigenen Interesse bestimmte Erkenntnisse und solche, bei denen es sehr schwer fiele, eine solche Parteilichkeit aufzuspüren. Wenigstens annäherungsweise gibt es objektive Erkenntnis sehr wohl, und das Projekt einer vom Individuum mit seinen Beschränkungen und Voreingenommenheiten möglichst absehenden Erkenntnisgewinnung bleibt das größte und (im guten wie im bösen) folgenreichste der Menschheit. Es läßt sich nicht mit dem Hinweis vom Tisch wischen, daß Klassenlage oder Zeitgeist oder Karrieredenken manche Fragestellungen eher aufkommen lassen als andere und manche Antworten willkommener machen. Heute gilt es als unfein, als «wissenschaftstheorieunkritisch», Objektivität für möglich und anstrebenswert zu halten. Aber sobald man sie als Anspruch fallenläßt, gibt man die Wahrheit zum Abschuß frei.

Die wissenschaftliche Methode reicht nicht überall hin. Aber wo sie hinreicht, da gibt es keine Alternative zu ihr. Niemand hat bisher ernstlich einen anderen, kürzeren, besseren Weg der Wahrheitsfindung vorgeschlagen.

Die Psychoanalyse macht eine Reihe von sehr kraftvollen Aussagen über den Aufbau und den Werdegang der menschlichen Psyche: daß der Charakter irreversibel von den Erfahrungen in den allerersten Lebensjahren festgelegt wird; daß alle Äußerungen der Liebe zu Mutter und Vater sexueller Natur seien; daß zurückgewiesene Triebansprüche später zu neurotischen Entgleisungen führen und so weiter. Es sind Dinge, die, wenn richtig, weitreichende Folgen hätten und die niemand sonst behauptet – darum wirken sie von vornherein so untrivial. Wie immer, wenn wir es mit so erheblichen wie verwegenen Annahmen zu tun bekommen, stellt sich die Frage: Was beglaubigt sie? Wie wurden sie gewonnen? Welche Bestätigungen wurden seit ihrer Konzeption gefunden? Welches Material liegt vor, das auch einen Zweifelnden von ihrer Richtigkeit überzeugen könnte – also welches objektive, unabhängige Material, das auch ein nicht schon Überzeugter gelten lassen müßte? Es ist leicht, eine Behauptung aufzustellen, und viel schwerer, sie zu widerlegen; manche sind überhaupt unwiderlegbar. Aber wir verwerfen Annahmen nicht nur, wenn sie regelrecht widerlegt worden sind; wir verwerfen vernünftigerweise auch solche, für die die positiven Beglaubigungen ausbleiben oder die nach unseren sonstigen Kenntnissen einfach nicht richtig sein können. Wer behauptete, es gebe doch einen Mann im Mond, und zwar sei er einen Schuh hoch und lebe in einem Erdloch auf der Rückseite, hätte zwar mit Sicherheit unrecht; aber ihn förmlich zu widerlegen erforderte einen ungeheuren Aufwand und mißlänge vielleicht selbst dann. Wir glauben nicht an den Mann im Mond, weil er sich einfach nie sehen läßt und weil der Mond, so wie wir ihn kennen, kein Biotop für solche Wichtel darstellt. Wäre es anders, gäbe es kaum einen Aberglauben, der nicht doch Anspruch darauf erheben könnte, ernst genommen zu werden. Widerlegt worden ist auch nie, daß Scherben Glück bringen. Je exotischer eine Annahme, desto stärker sollten auch ihre positiven Beglaubigungen ausfallen und desto mehr sollte aus allgemeinen Gründen für sie sprechen. Auch die Psychoanalyse kann nicht davon leben, daß die eine oder andere ihrer Annahmen nicht förmlich widerlegt wird; sie braucht Fakten, die sie untermauern, und einen Zusammenhang, in dem sie plausibel wirken.

Das sogenannte klinische Material: das ist es, woraus die Psychoanalyse ihre Erkenntnisse gewonnen hat und gewinnt und worauf sie sich bis heute in erster Linie stützt. Klinisches Material: das sind die Beobachtungen des Psychoanalytikers an seinen Analysanden in der analytischen Situation. Es ist nicht: die «kontrollierte» Studie und erst recht nicht das Experiment, wie sie in der objektiven Psychologie selbstverständlich heimisch sind.

Und dieses klinische Material soll keine gute Quelle sein? Zunächst ist das überhaupt nicht einzusehen. Analytiker sind ja doch gründlich ausgebildete, erfahrene, gewissenhafte Menschen. Warum sollten ihre Beobachtungen als Erkenntnisquelle denn wertlos sein? Wertlos sind sie auch keineswegs; aber als einzige Erkenntnisquelle sind sie unzulänglich. Und das sind sie, weil die Beobachter die gebildetsten, erfahrensten, gewissenhaftesten der Welt sein können und ihre Beobachtungen dennoch notwendig – so die Fachformel – epistemologisch kontaminiert sind, nämlich in erkenntnistheoretischer Hinsicht verunreinigt oder verseucht.

Was verunreinigt sie? Die mangelnde Objektivität; oder umgekehrt: daß ihnen kein Schutz gegen subjektive Entstellungen eingebaut ist. Auch wenn der Psychoanalytiker mit dem Vorsatz an die Arbeit ginge, der unvoreingenommenste Beobachter der Welt zu sein – es gäbe nie eine Garantie dafür, daß seine Erwartungen nicht doch in seine Beobachtungen eingehen und sie auf subtile oder grobe Art verzerren.

Tatsächlich ist objektive Beobachtung überhaupt nicht seine Absicht. Er begegnet seinen Patienten ganz und gar nicht unvoreingenommen, sondern mit einer Theorie im Kopf, die seinen Blick lenkt, seine Ohren sich in bestimmten Momenten spitzen läßt. Er hat diese Theorie in seiner langen Ausbildung – Studium, Lehranalyse – anerkannt, und praktizieren darf er nur, weil er sie anerkannt hat und durch seine Mitgliedschaft in einer psychoanalytischen Vereinigung weiter anerkennt. Er wird seine Patienten also auch im Lichte dieser Theorie beobachten, und in ihrem Lichte wird er Schlüsse aus seinen Beobachtungen ziehen. Die Einsichten, die er selber gewinnt und die er seinem Patienten nahebringt, sind Einsichten mit den Vorzeichen dieser Theorie. Gerade darin ja besteht sein Beruf.

Was daraus folgt, wurde oft formuliert, zum Beispiel von dem «akademischen» Psychologen Albert Bandura: «Der Inhalt der Einsichten, die ein bestimmter Patient gewinnt, und seines in Erscheinung tretenden ‹Unbewußten› ließ sich aus ‹den Glaubensüberzeugungen des Therapeuten besser vorhersagen als aus der konkreten sozialen Lerngeschichte des Patienten.»[7] Was Therapeut und Patient im Laufe einer Analyse scheinbar gemeinsam im Patienten entdecken, heißt das, sind die vorgefaßten theoretischen Überzeugungen des Analytikers. Ein amerikanischer Analytiker, Judd Marmor, hat diesen Sachverhalt am schlagendsten zum Ausdruck gebracht. Die Analyse, so schrieb er, will beim Patienten Einsicht bewirken. Was aber ist Einsicht? «Für einen Freudianer bedeutet sie eins, für einen Jungianer etwas anderes, für einen Rankianer, Horneyaner, Adlerianer oder Sullivanianer wieder etwas anderes. Wessen Einsichten sind die richtigen? Tatsache ist, daß Patienten, die von Analytikern all dieser Schulen behandelt werden, nicht nur günstig reagieren, sondern auch stark an die ihnen vermittelten Einsichten glauben. Selbst zugegeben ‹unrichtige› Deutungen haben sich als therapeutisch wertvoll erwiesen! ... je nach dem Standpunkt des Analytikers scheinen die Patienten jeder Schule mit genau dem phänomenologischen Material aufzuwarten, das die Theorien und Deutungen ihrer Analytiker bekräftigt! So neigt jede Theorie dazu, sich selber zu bestätigen. Freudianer bringen Material über den Ödipus-Komplex und die Kastrationsangst zum Vorschein, Jungianer über Archetypen, Rankianer über Trennungsangst, Adlerianer über männlichen Ehrgeiz und Minderwertigkeitsgefühle, Horneyaner über idealisierte Bilder, Sullivanianer über gestörte interpersonale Beziehungen und so fort ... Wofür der Analytiker sich interessiert, was für Fragen er stellt, auf welches Material er reagiert und welches er ignoriert – alles das übt einen subtilen, aber signifikanten suggestiven Einfluß auf den Patienten aus ...»[8]

Da ist das Stichwort: Suggestion. Das klinische Material ist nicht frei von Suggestionseffekten. Auf manchmal sehr subtile Weise suggeriert der Therapeut seinem Patienten, was dieser nur aus sich selber herauszuholen glaubt; und auch, daß er sich gebessert oder geheilt fühlen sollte. Darum ist das klinische Material «epistemologisch kontaminiert» und kann unmöglich die einzige Quelle für eine objektive Theorie bilden. Der Psychoanalytiker läuft immer Gefahr, seinen klinischen Beobachtungen genau das zu entnehmen, was er vorher selber in seine Patienten hineingesehen hat.

Dieser Suggestionsverdacht wird oft leichthin abgetan. Der «Berufskodex und die analytische Technik selbst» wirkten der Suggestion entgegen, schrieb etwa Paul Ricœur 1981. Als meinte der Verdacht der epistemologischen Kontamination einen grobschlächtigen Effekt, der sich per Berufskodex verbieten ließe! Freud nahm den Verdacht zumindest ernst. In seiner letzten Vorlesung von 1916/17 sagte er: «Nun werden Sie sagen, ... es besteht doch die Gefahr, daß die Beeinflussung des Patienten die objektive Sicherheit unserer Befunde zweifelhaft macht ... Es ist die Einwendung, welche am häufigsten gegen die Psychoanalyse erhoben worden ist, und man muß zugestehen, wenn sie auch unzutreffend ist, so kann man sie doch nicht als unverständig abweisen. Wäre sie aber berechtigt, so würde die Psychoanalyse doch nichts anderes als eine besonders gut verkappte, besonders wirksame Art der Suggestionsbehandlung sein, und wir dürften alle ihre Behauptungen über Lebenseinflüsse, psychische Dynamik, Unbewußtes leichtnehmen ... Die Widerlegung dieser Anwürfe gelingt leichter durch die Berufung auf die Erfahrung als mit Hilfe der Theorie. Wer selbst Psychoanalysen durchgeführt hat, der konnte sich ungezählte Male davon überzeugen, daß es unmöglich ist, den Kranken in solcher Weise zu suggerieren. Es hat natürlich keine Schwierigkeit, ihn zum Anhänger einer gewissen Theorie zu machen und ihn so auch an einem möglichen Irrtum des Arztes teilnehmen zu lassen ... Die Lösung seiner Konflikte und die Überwindung seiner Widerstände glückt jedoch nur, wenn man ihm solche Erwartungsvorstellungen gegeben hat, die mit der Wirklichkeit in ihm übereinstimmen.»[9] Damit hat Freud eingeräumt, daß die psychoanalytische Situation in der Tat höchst suggestionsträchtig ist. Und er hat angegeben, was seiner Meinung nach das klinische Material von der Verunreinigung durch Suggestionen freihält. Es ist der Heilungserfolg. Suggestionen bewirken seiner Meinung nach nichts, nur richtige Erkenntnisse werden vom Patienten letztlich akzeptiert und bringen ihm Heilung.

Heute halten sich Analytiker mit ihren Deutungen meist zurück und versuchen nicht mehr, ihre Patienten zu ihren theoretischen Ansichten zu bekehren. Trotzdem können sie nicht verhindern, daß auch noch ihre behutsamsten Rückfragen und Einwürfe den Patienten suggestiv lenken. Er ist empfänglich für noch feinere Beeinflussungen: «Der Gesichtsausdruck des Therapeuten, ein fragender Blick, ein Heben der Augenbrauen, ein kaum wahrnehmbares Kopfschütteln oder Achselzucken – alles das sind für den Patienten bedeutsame Winke. Doch selbst hinter der Couch wirken unsere ‹Hms› wie unser Schweigen, die Interessiertheit oder Uninteressiertheit, die aus unserem Tonfall herauszuhören sind, oder unsere wechselnden Körperhaltungen wie feine Funksignale, die die Anworten des Patienten beeinflussen, die einen verstärken, die anderen abschwächen. Zahlreiche Beobachter haben solche Beeinflussung experimentell bestätigt.»[10] Aber selbst wenn der Therapeut ganz stumm und reglos bliebe, wüßte sein Patient heutzutage vom Hörensagen oder aus gezielter Lektüre eine ganze Menge über die Theorie hinter der aufwendigen Behandlung, auf die er sich eingelassen hat – und wüßte also auch ganz gut, welcherlei «Material» von ihm erwartet wird.

Nach seinen eigenen Bekundungen zu urteilen, scheint Freud selber seine Analysen zuweilen wie einen Ringkampf betrieben zu haben, in dem es darum ging, einem widerspenstigen Patienten seine Deutungen aufzunötigen. Der Psychologe Christof T. Eschenröder hat nachgewiesen, wie massiv Freud seine Patienten nach eigener Bekundung immer wieder in seinem Sinn beeinflußt hat. Etwa seinen wohl berühmtesten Patienten, den «Wolfsmann», der Jahrzehnte später der Journalistin Karin Obholzer berichtete: «Als er mir alles erklärt hat, hab ich ihm gesagt: Also gut, ich bin einverstanden, aber ich werd das noch überprüfen, ob das richtig ist. – Und er hat gesagt: Also fangen Sie damit gar nicht an. Weil in dem Moment, in dem Sie versuchen, die Dinge kritisch zu betrachten, können wir mit der Kur nicht weiterkommen. Es wird Ihnen so und so helfen, ob Sie jetzt glauben oder nicht glauben, es hilft Ihnen. – Na und selbstverständlich hab ich dann auf weitere Kritik verzichtet.»[11] Eschenröder nennt dies einen Fall von positiver Suggestion. Man kann es auch schlicht als Erpressung bezeichnen: Wenn du meiner Deutung nicht kritiklos zustimmst, wirst du nicht gesund.

Eschenröder: «Der Analytiker beeinflußt den Patienten, indem er ihm deutlich macht, welche Inhalte für die Therapie besonders wichtig sind. Äußerungen, die dem Therapeuten als relevant erscheinen, werden beachtet und verstärkt, während andere Inhalte nicht oder weniger beachtet werden. Konstruktionen und Interpretationen seitens des Analytikers beeinflussen das Selbst- und Weltbild des Patienten. Abweichende, mit der Theorie nicht übereinstimmende Äußerungen werden häufig als Widerstand gedeutet (und entsprechend ‹bearbeitet›). Wenn der Patient die analytischen Deutungen annimmt und in sein Selbstkonzept integriert, wirkt sich dies auf sein Denken, Fühlen und Handeln aus. Er wird daher häufig direkte oder indirekte Bestätigungen für die Therapie seines Therapeuten liefern.»[12]

Noch in einer seiner letzten Schriften beschäftigte Freud der Vorwurf der Suggestion. «Die Gefahr, den Patienten durch Suggestion irrezuführen, indem man ihm Dinge ‹einredet›, an die man selbst glaubt, die er aber nicht annehmen sollte, ist sicherlich maßlos übertrieben worden. Der Analytiker müßte sich sehr inkorrekt benommen haben, wenn ihm ein solches Mißgeschick zustoßen könnte; vor allem hätte er sich vorzuwerfen, daß er den Patienten nicht zu Wort kommen ließ. Ich kann ohne Ruhmredigkeit behaupten, daß ein solcher Mißbrauch der ‹Suggestion› in meiner Tätigkeit sich niemals ereignet hat.»[13] Was ist das für ein flaues Kriterium dafür, ob Suggestion stattgefunden hat oder nicht: Suggestion könne sich nur dort einschleichen, wo man den Patienten nicht «zu Wort kommen» läßt! Umgekehrt heißt das doch, Suggestion sei ausgeschlossen, wenn der Patient nur zu Wort kommt. Einen unbeabsichtigten Einblick in seine Praxis gibt Freud in seiner «Traumdeutung». Er selber hatte von einem Buch mit dem Titel «Berühmte Redner» geträumt, und seine Deutung besteht darin, daß er den Titel auf sich selber bezieht: «Der Sachverhalt ist der, daß ich vor einigen Tagen neue Patienten zur psychischen Kur aufgenommen habe und nun zehn bis elf Stunden täglich zu sprechen genötigt bin. Ich bin also selbst so ein Dauerredner.»[14] Also war er es offenbar, der in den Therapiestunden am meisten redete, nicht seine Patienten. Und der Zweck des vielen Redens bestand darin, die Patienten trotz ihres Sträubens («Widerstand») von seinen Deutungen zu überzeugen. Zuweilen scheint er seine Patienten geradezu wie Feinde behandelt zu haben, deren Sträuben es niederzukämpfen galt. Und wenn sie zwischendurch auch einmal zu Worte kamen, dann war er anscheinend schon beruhigt: Dann war jede Suggestion ausgeschlossen.

Auf die folgende Weise etwa versuchte Freud den «nervösen Husten» einer achtzehnjährigen Patientin (Ida Bauer, genannt «Dora») zu deuten und damit zu heilen: «Als sie wieder einmal betonte, Frau K. liebe den Papa nur, weil er ein *vermögender* Mann sei, merkte ich aus gewissen Nebenumständen ihres Ausdrucks, ... daß sich hinter dem Satze sein Gegenteil verberge: Der Vater sei ein *unvermögender* Mann. Dies konnte nur sexuell gemeint sein, also: Der Vater sei unvermögend, also impotent. Nachdem sie diese Deutung aus bewußter Kenntnis bestätigt, hielt ich ihr vor, in welchen Widerspruch sie verfalle, wenn sie einerseits daran festhalte, das Verhältnis mit Frau K. sei ein gewöhnliches Liebesverhältnis, und andererseits behaupte, der Vater sei impotent, also unfähig, ein solches Verhältnis auszunützen. Ihre Antwort zeigte, daß sie den Widerspruch nicht anzuerkennen brauchte. Es sei ihr wohl bekannt, daß es mehr als eine Art der sexuellen Befriedigung gebe. Die Quelle dieser Kenntnis war ihr allerdings wieder unauffindbar. Als ich weiter fragte, ob sie die Inanspruchnahme anderer Organe als der Genitalien für den sexuellen Verkehr meine, bejahte sie, und ich konnte fortsetzen: dann denke sie gerade an jene Körperteile, die· sich bei ihr in gereiztem Zustande befänden (Hals, Mundhöhle). Soweit wollte sie freilich von ihren Gedanken nichts wissen, aber sie durfte es sich auch gar nicht völlig klargemacht haben, wenn das Symptom ermöglicht sein sollte. Die Ergänzung war doch unabweisbar, daß sie mit ihrem stoßweise erfolgenden Husten, der wie gewöhnlich einen Kitzel im Halse als Reizanlaß angab, eine Situation von sexueller Befriedigung *per os* zwischen den zwei Personen vorstellte, deren Liebesbeziehung sie unausgesetzt beschäftigte. Daß die kürzeste Zeit nach dieser stillschweigend hingenommenen Aufklärung der Husten verschwunden war, stimmte natürlich recht gut; wir wollten aber nicht zu viel Wert auf diese Veränderung legen, weil sie ja schon so oft spontan eingetreten war.»[15]

Diese Szene soll hier gar nicht kommentiert werden. Man vergegenwärtige sie sich nur: Da ist ein gescheites, verstörtes achtzehnjähriges Mädchen, das an Ohnmachtsanfällen, Krämpfen, Husten, Atembeschwerden und anderem leidet und einen Nervenarzt aufsucht, zu dieser Zeit ein Mann von 46 Jahren, dessen Stern gerade aufgeht. Er ignoriert alle Hinweise auf ein organisches Leiden, obwohl er weiß, daß ihr Vater Tuberkulose und die gleichen asthmatischen Beschwerden wie sie hat und vor ihrer Zeugung Syphilitiker war. Umstandslos diagnostiziert er «Hysterie» und verspricht ihr, sie davon zu heilen. Dazu fordert er sie auf, sich auf seine Couch zu legen und von sich zu erzählen. Immer wieder kreisen ihre Gedanken um den Vater und seine Geliebte. Einmal sagt sie: Die liebe ihn ja doch nur seines Geldes wegen – und nichts anderes. Er dreht ihr das Wort buchstäblich im Mund herum und behauptet, sie habe in Wahrheit an die Impotenz des Vaters gedacht (auf die zu tippen dem Deuter nicht schwergefallen sein dürfte, denn er wußte ja von den Krankheiten des Mannes). Mit welchem Grund versteht er «impotent», wo sie «vermögend» sagte? Nur weil es da «gewisse Nebenumstände ihres Ausdrucks» gegeben haben soll – vielleicht hat sie es etwas zögernd gesagt, es war ja auch ein möglicherweise ungerechter Vorwurf; wenn die «gewissen Nebenumstände» nicht ohnehin nur in der Einbildung des ärztlichen Detektivs bestanden. Daraufhin hält er ihr einen längeren Vortrag, der im Klartext auf dies hinausläuft: Ihre Kehle sei darum so gereizt, weil sie sich immerzu vorstelle, allerdings ohne das mindeste davon zu ahnen, wie ihr Vater seine Geliebte in den Mund fickt. (Im Eifer des Gefechts hat er ganz vergessen, daß als Ersatzhandlung bei Impotenz auch Fellatio nicht gut möglich ist.) Sie streitet diese Deutung ab, er nimmt ihren Einspruch als Bestätigung: Gerade weil sie von «ihren Gedanken» (seine Gedanken sind in seiner Darstellung an dieser Stelle bereits ganz selbstverständlich zu ihren Gedanken geworden) eben nichts wisse, hätten diese ihr «Symptom», den Husten, hervorbringen können. Der Husten selber also soll beweisen, daß sie sich solchen unbewußten Phantasien hingibt. Daß er nach einiger Zeit dann wieder einmal besser wird, schreibt der Arzt halb und halb seiner Detektivarbeit zu; der Heilerfolg bestätigt ihm die eigene Konstruktion. Oder vielmehr würde er sie sich gern von ihm bestätigen lassen, muß dann aber doch einräumen, daß der Husten auch vor seiner «Enthüllung» schon manchmal besser geworden war. Die Patientin hat ihm selber fast nichts gesagt; die ganze Konstruktion stammt von ihrem Analytiker und wird von ihr abgestritten. Keine Erinnerung, keine Zustimmung, keine Heilung kommt ihr entgegen. Kein objektiver Tatbestand bestätigt sie in irgendeiner Weise. Sie könnte ein bloßes Hirngespinst sein. Hinterher aber bildet sie eben jenes «klinische Material», an dem sich dann die psychoanalytische Theorie formt. Die Ätiologie des Hustens? Er gehe auf unbewußte Vorstellungen vom oralen Geschlechtsverkehr zurück. Beweis? Das «klinische Material», etwa Freuds berühmter Fall «Dora», der doch «unabweislich» die Ätiologie des nervösen Hustens geklärt habe.

Darum mögen die «Szientisten» das klinische Material der Psychoanalyse nicht als beweiskräftig akzeptieren. Darum halten sie es für epistemologisch kontaminiert. Aussagekräftig könnte es erst in Verbindung mit einer Theorie sein, die sich auch einer objektiven Überprüfung stellt; dann wären die klinischen Beobachtungen nur ein weiterer Test unter naturalistischen Bedingungen, der sie bestätigen, aber auch in Zweifel ziehen könnte. «Empirisch», nämlich aus der Erfahrung gewonnen ist auch das klinische Material. Aber ob die Theorien der Psychoanalyse stichhaltig sind, läßt sich einzig aufgrund des von Psychoanalytikern gelieferten klinischen Materials nie und nimmer entscheiden. Dazu ist eine Empirie anderer, objektiver Art nötig: der verflixte Szientismus.

«Freuds Fallgeschichten und theoretische Schriften bestehen zum großen Teil aus gelegen kommenden Anekdoten, entwaffnenden literarischen Parallelen, fintenreicher Abwehr von Einwänden, Versprechungen, daß die Beweise später nachgereicht würden, oder falschen Versicherungen, daß sie schon früher geliefert wurden, Beteuerungen, daß vorgebliche Heilungen und objektive Beobachtungen seine Theorie bewiesen hätten, und der Behauptung, daß die Zweifel seiner Kritiker auf unbewußten Widerstand und Verdrängung zurückgingen. Kurz, während er weiterhin betonte, daß die Psychoanalyse eine strenge Naturwissenschaft sei, hatte sich Freud einfach aus der weiteren wissenschaftlichen Gemeinschaft zurückgezogen und sie durch einen Kult seiner persönlichen Autorität ersetzt.» So Frederick Crews in einem Essay [16], der sich mit den heroischen Gründerjahren der Psychoanalyse befaßt und mit der Art, wie Freud zu seinen vermeintlich wissenschaftlichen Einsichten kam.

Objektive, zumindest tendenziell objektive Überprüfungen der Theorie haben stattgefunden, Experimente im Labor und in der «Natur», Feldstudien. Zuweilen wurden sie von Psychoanalytikern durchgeführt, meist aber von «akademischen» Psychologen und Psychiatern, die der Psychoanalyse mit Interesse und Sympathie gegenüberstanden. Wer sich mit diesem Korpus bekannt machen will, ist nicht darauf angewiesen, in den vergilbten Jahrgängen entlegener Fachzeitschriften nachzublättern. Es gibt zwei umfangreiche Bücher, die nichts anderes tun, als diese Arbeiten zu referieren und zu bewerten. Eins stammt von den amerikanischen Psychologen Seymour Fisher und Roger P. Greenberg (1977), das andere von dem englischen Psychometriker Paul Kline (1972; stark ergänzte zweite Auflage 1981). Beide Bücher begegnen der Psychoanalyse mit großem Wohlwollen. Beide haben sich bemüht, nichts zu übersehen, was irgend für Theorien sprechen könnte, und ignorieren ausnahmslos alles, was indirekt gegen sie spricht. Und beider Autoren sind davon überzeugt, daß sie nicht wenige objektiv-empirische Studien zusammengetragen haben, die deren Annahmen stützen oder sie zumindest nicht widerlegen. Freuds Theorien, so meinen beide, hätten den Test gar nicht schlecht bestanden, und die Bestandsaufnahme tue ihnen einen Gefallen. Das Buch von Kline hat den Vorteil der größeren Übersichtlichkeit und Aktualität. Sein Autor hat auf diesem Gebiet selber über lange Jahre Forschung betrieben.

Wer diese Materie auch nur stellenweise kennt, wird von den Ergebnissen nicht überrascht sein. Wenn er der Psychoanalyse gewogen ist, wird er sich bei der Lektüre immer wieder freuen, daß auch nach den Kriterien der strengen akademischen Wissenschaft hier und da etwas Wahres dran zu sein scheint. Wer sich jedoch naiver an die Lektüre macht, der wird aus dem Wundern gar nicht mehr herauskommen. Immerhin weiß er, zumindest vom Hörensagen, einiges über die Psychoanalyse, weiß, daß einzelne Teile ihrer Theorien sich dem psychologisierenden Zeitgeist tief eingeschrieben haben, hantiert selber willig mit Begriffen wie Ödipus-Komplex, Kastrationsangst, orale Phase, analer Charakter, Regression, Fixierung, Triebabfuhr, Sublimierung, Verdrängung, Fehlleistung, sucht Träume nach Sexualsymbolen ab, begreift Stadionprügeleien als Ausdruck eines Destruktionstriebs ... Eine dermaßen einflußreiche und dermaßen kraftvolle, ja geradezu dramatische Theorie wird doch auch im Labor immer wieder ihre Richtigkeit demonstriert haben? Vielleicht, daß sie stärkere und schwächere Partien hat und hier oder da etwas modifiziert werden muß, wie jede wissenschaftliche Theorie – aber das Gesamtergebnis wäre doch ganz gewiß überwiegend und wahrscheinlich sogar überwältigend positiv?

Bevor Kline mit seiner Bestandsaufnahme auch nur beginnen kann, so muß man verblüfft entdecken, unternimmt er etwas Schwerwiegendes: Er gibt die psychoanalytische Theorie als Einheit preis, bei der alle Annahmen miteinander verbunden sind und auseinander folgen, und behandelt sie als ein Sammelsurium unverbundener Theorien, die unabhängig voneinander überprüft, bestätigt oder widerlegt werden können. Für Freud stellte sie hingegen eine unverbrüchliche Einheit dar – eine «Einheit, aus der nicht jeder nach seiner Willkür Teile herausbrechen» dürfe,[17] und das war sie tatsächlich. Wenn irgendeine Annahme sich nicht bestätigt hat, so wirkt sich das in Klines Verständnis niemals auf eine benachbarte Annahme aus; wenn eine übergeordnete Annahme zurückgezogen werden muß, bleiben dennoch die logisch und historisch von ihr abgeleiteten unverändert bestehen und werden weiter einzeln überprüft. Das heißt, für Kline ist die Psychoanalyse von vornherein gar nicht mehr das große, zusammenhängende Gedankengebäude, als das sie einst konzipiert war, sondern eine Art Grabbelkiste, in der man, wenn man aufpaßt und sich auskennt, unter viel Ramsch vielleicht das eine oder andere brauchbare Stück findet. Die Bibliographie zu Klines Buch enthält gut 600 Titel; die allermeisten sind einzelne Forschungsberichte. Das Buch von Fisher/Greenberg sichtet etwa 2000 Forschungsberichte. Man kann also schätzen, daß die Psychoanalyse dem objektiven Test alles in allem gut zweitausendmal unterzogen worden ist. Auf den ersten Blick scheint das nicht wenig; aber wenn man sich vergegenwärtigt, daß über ein einzelnes Problem wie das des Alkoholismus zur Zeit etwa 700 objektiv-empirische Studien pro Jahr erscheinen, so wirkt selbst Fisher/ Greenbergs höhere Zahl geradezu ärmlich.

Kline ignoriert alle Studien, die den Rorschach-Test benutzten; Fisher/Greenberg berücksichtigen auch sie, und das erklärt zum Teil ihre höhere Zahl. Der Rorschach-Test, 1921 von dem Psychologen Hermann Rorschach eingeführt, war über Jahrzehnte hin der meistbenutzte psychologische Test überhaupt und hat auch heute noch manche Anhänger. In den Augen der Öffentlichkeit war er geradezu der Inbegriff aller psychologischen Diagnostik. Er beansprucht nicht weniger, als die gesamte Persönlichkeit in allen ihren Winkeln erfassen zu können. Bekanntlich besteht er aus zehn farbigen, seitensymmetrischen Tintenklecksen; der Testleiter registriert, was der Getestete in sie hineinsieht und wie er das tut, und wertet diese Reaktionen dann nach vorgegebenen Gesichtspunkten aus. Wenn er ein Könner ist, liest sich sein Report wie eine hochliterarische Charakterbeschreibung. Leider nur hat sich mit den Jahren herausgestellt, daß der Rorschach-Test von minimaler Reliabilität und magerer Validität ist; das heißt, als Meßinstrument ist er höchst ungenau, und es ist unklar, ob er überhaupt mißt, was er messen soll. In dem maßgebenden Werk, in dem regelmäßig alle psychologischen Tests vorgestellt und einer strengen Kritik unterzogen werden, dem «Mental Measurement Yearbook», kam der Psychologe Arthur R. Jensen nach der Sichtung der umfangreichen Rorschach-Literatur 1965 zu dem ungewöhnlich vernichtenden Ergebnis: «Solange die Befürworter des Rorschach-Tests nicht [mit Beweisen für seine Reliabilität und Validität] aufwarten, scheint die Empfehlung nicht unangebracht, in der klinischen Praxis völlig auf ihn zu verzichten und von Psychologiestudenten nicht weiter zu verlangen, daß sie ihre Zeit mit ihm verschwenden ... Der Fortschritt in der klinischen Psychologie mag inzwischen daran gemessen werden, wie schnell und gründlich sie sich vom Rorschach lossagt.»[18] Rorschach-Studien also ignoriert Kline in seiner Bestandsaufnahme; andere «projektive» Tests bezieht er mit ein, auch wenn strenge Psychometriker von ihnen nicht viel besser denken.

Von den 600 Studien der Freudschen Theorien, die Kline erfaßt, kamen bei großzügiger Zählung knapp 100 zu positiven Ergebnissen. Die anderen 500 widersprachen den Freudschen Theorien, oder sie waren für sie entweder irrelevant oder so mangelhaft, daß ihnen weder ein Pro noch ein Kontra zu entnehmen war. Die meisten der referierten positiven Studien (etwa 20) betreffen das Phänomen der «Wahrnehmungsabwehr», die, wie ein späteres Kapitel zeigen wird, völlig außerhalb des Freudschen Paradigmas erforscht und erklärt wurde und nur notdürftig mit der Freudschen Theorie zu vereinbaren ist. Die bloße Tatsache, daß es so etwas wie «Wahrnehmungsabwehr» gibt, beweist noch nicht die Realität der Verdrängung, und wäre die Verdrängung als Phänomen erwiesen, so wäre noch immer lange nicht ausgemacht, daß sie bewirkt, was sie Freud zufolge bewirken soll – daß verdrängte Vorstellungen Krankheitssymptome hervorrufen. Die zweitgrößte Anzahl positiver Studien (etwa 16) bestätigt Kline zufolge die Freudschen Annahmen über die Symbolbildung. Bei näherem Hinsehen stehen sie mit denen aber höchstens in einem fernen Zusammenhang. Freud nämlich hatte behauptet, daß in den Träumen viele Gegenstände eine symbolische sexuelle Bedeutung haben; untersucht aber wurde zum Beispiel, ob Menschen, denen man aufträgt, Gegenstände nach dem Geschlecht zu klassifizieren (ist ein Hammer eher männlich, eine Flasche eher weiblich?), dies tatsächlich tun, und des öfteren sogar nach dem Freudschen Kriterium der Länglichkeit (Penis-Symbole) und Hohlheit (Vagina-Symbole). Daß wir etwas auf Aufforderung und völlig bewußt tun können, beweist noch lange nicht, daß «das Unbewußte» etwas ähnliches von sich aus und ständig tut. Manche Themen der positiven Studien wiederum sind dem Zentrum der Freudschen Theorien so fern, daß deren Ausgang sehr wenig besagt. Eine unzweideutig positive Studie etwa fand, daß Patienten mit Blinddarmentzündung ihre Lebensgeschichte überdurchschnittlich oft mit Geburtskomplikationen begonnen hatten, und Kline schreibt diesen Befund voll der Psychoanalyse gut. Wenn es tatsächlich zutrifft – und auf eine einzige Studie verläßt man sich bei solchen Fragen besser nicht –, gäbe es natürlich sehr wohl auch andere Erklärungen.

Dies denn ist überhaupt der häufigste und schwerste Einwand gegen Klines Verfahren, vor allem von dem Psychologen Hans Jürgen Eysenck wiederholt vorgetragen: Sobald ein Ergebnis eine Freudsche Annahme unterstützt oder ihr zumindest nicht allzu kraß widerspricht, sieht Kline sie als bewiesen an. Ob sich das positive Ergebnis auch anders erklären läßt, fragt er nicht – alternative Erklärungen zieht er nicht in Erwägung. Wenn andererseits ein Ergebnis der Freudschen Annahme widerspricht, betrachtet er sie noch lange nicht als widerlegt, sondern nur als einstweilen nicht bestätigt.

Aber selbst wer diesen Schönheitsfehler hinzunehmen bereit wäre, könnte doch an seinen zehn Fingern nachzählen, daß die objektiv-empirische Nachprüfung zu 80 Prozent negative oder irrelevante Ergebnisse brachte. Die restlichen 20 Prozent betrafen die

Freudsche Theorie zum Teil nur indirekt; einige waren ganz und gar marginal. Klines Bestandsaufnahme, von der er selber findet, sie sei für die Psychoanalyse gar nicht ungünstig ausgegangen, wirkt auf den weniger zu Wohlwollen entschlossenen Leser also geradezu katastrophal. Was einmal ein riesiges, imposantes Gebäude war, steht als eine Ansammlung verschiedenartigster kleiner Hütten dar, von denen die allermeisten verfallen sind oder in Trümmern liegen.

6. DIE SEELE ALS DAMPFMASCHINE: ÜBER PSYCHISCHE ENERGIE

Jene Zone seiner Theorien, in der es um die Grundfragen nach dem Wesen und dem Ursprung alles Psychischen geht, nannte Freud selber Metapsychologie. Die Metapsychologie soll sich zur Psychologie verhalten wie die Metaphysik zur Physik: Sie befaßt sich mit dem, was hinter der Psychologie zu suchen ist, hinter den beobachtbaren und erfahrbaren Tatsachen. Sie ist der allgemeinste und abstrakteste Teil des psychoanalytischen Gedankengebäudes, und sie gibt diesem Zusammenhalt. Freud selber brachte seine metapsychologischen Überlegungen nicht mit der gleichen Gewißheit vor wie seine Gedanken zur Psychopathologie; er erklärte sich ausdrücklich bereit, sie preiszugeben und durch bessere zu ersetzen, wenn sich solche eines Tages fänden. Aber was Eingang in das zeitgenössische Denken gefunden hat und dort bis heute weiterwirkt, ist nicht so sehr Freuds Neurosenlehre wie seine Metapsychologie. Verwunderlich ist es nicht, denn das Modell der Seele, das Freud entwarf, ist so anschaulich wie umfassend und in sich konsequent. Könnte man es nachbauen und die Köpfe der Menschen damit ausstatten, so würde es möglicherweise sogar auf irgendeine Weise funktionieren – es ist kurios, sich zu überlegen, wie sich die Welt des Menschen dann veränderte. Denn ganz entscheidend verändern würde sie sich. Sie würde sich verändern, weil es eben kein realistisches Modell war. Heute läßt sich mit Bestimmtheit sagen, daß es in seinen wesentlichen Zügen nicht nur unzureichend oder zweifelhaft war, sondern falsch.

Als Freud in den frühen neunziger Jahren des vorigen Jahrhunderts sein Modell zu skizzieren begann, war er immerhin schon 35 Jahre alt und hatte des längeren als Nervenarzt und neurobiologischer Forscher gearbeitet. Es war ihm völlig selbstverständlich, daß sich jedes brauchbare Modell der Psyche mit dem vereinbaren lassen muß, was über Anatomie und Physiologie des Gehirns bekannt ist; daß es keine Psychologie unabhängig von der Physiologie des Nervensystems geben kann. Daß er von dieser Voraussetzung ausging, in einer Zeit, als solche Ideen noch keineswegs Allgemeingut waren, war eine der Stärken seines Denkens. Die Grundannahmen der Psychoanalyse wurden aus der Neurophysiologie entwickelt, am deutlichsten in dem erst nach Freuds Tod veröffentlichten «Entwurf einer Psychologie» aus dem Jahre 1895, dessen Existenz niemand auch nur geahnt hatte. Dieser «Entwurf» oder vielmehr «sein unsichtbarer Geist», so Freuds englischer Übersetzer und Herausgeber James Strachey, «spukt bis zum Ende durch die ganze Reihe seiner theoretischen Schriften». Es war ein völlig gesunder Ansatz, das Seelenmodell, das im Entstehen begriffen war, auf ein neurophysiologisches Fundament bauen zu wollen. Denn selbst wer nicht mit der Mehrheit der heutigen Gehirnforscher der Ansicht ist, daß neurophysiologische und psychische Vorgänge schlechthin identisch sind (nämlich zwei Seiten ein und derselben Medaille), kann dennoch nicht abstreiten, daß sie jedenfalls sehr viel miteinander zu tun haben und daß es zahllose Entsprechungen zwischen psychologischen und physiologischen Vorgängen gibt. Also muß man beide Beschreibungsebenen im Auge behalten und darf nicht zulassen, daß sie in Widerspruch zueinander geraten. Eine psychologische Theorie steht heute sehr viel stärker da, wenn sie wenigstens ungefähr anzugeben weiß, wie das, was sie erklären will, neurophysiologisch funktionieren könnte – wenn sie also ihren Blick auch nach unten, in die Maschinerie des Zentralnervensystems richtet. Und eine psychologische Theorie, die die Neurophysiologie gegen sich hat, ist von vornherein unglaubwürdig – psychische Vorgänge anzunehmen, die neurophysiologisch unmöglich sind, nehmen sich heute nur noch Okkultisten heraus. Wie Freuds Modell den neurophysiologischen Kenntnisstand zu Ausgang des neunzehnten Jahrhunderts auswertete und umsetzte, war in sich auch schlüssig. Nur eben: die Neurophysiologie entwickelte sich seitdem weiter; die meisten Psychoanalytiker aber haben es nicht für nötig gehalten, auch Freud selber nicht, ihre Theorien im Licht neuer, genauerer neurophysiologischer Erkenntnisse zu revidieren. So bleibt die Psychoanalyse im Ansatz implizit begründet auf eine hoffnungslos veraltete Neurophysiologie.

Die Psyche bringt Handlungen hervor, Handlungen sind Bewegung, und so hat es seine Logik, daß Freuds Modell im Kern ein Modell der «Triebe» ist: ein Modell dessen, was die Seele antreibt und wie sie diese Antriebe in Bewegung umsetzt. Getrieben wird Freuds Modell von einer Kraft, die unter manchen Namen auftritt, unter anderem als «psychische Energie».

Energie, so wie die Physik sie versteht – das ist kein Stoff, keine Substanz, sondern eine Eigenschaft: nämlich die Fähigkeit, Arbeit verrichten zu können. Es gibt keine verschiedenen Energien, wie es keine verschiedenen Arbeitsfähigkeiten gibt. Aber verschiedenen Materiezuständen ist die Eigenschaft, Energie zu besitzen, gemeinsam. Diese Formen, in denen Energie auftritt, sind ineinander verwandelbar. Vernichten läßt sich Energie sowenig, wie sie sich aus dem Nichts schaffen läßt. Energie hat keine Identität, keine Geschichte, keine Ziele. Man kann nicht ein bestimmtes Stück Energie isolieren und dann verfolgen, was aus diesem wird. Energie hat sowenig ein Schicksal wie die Eigenschaften «Grün» oder «Stark».

Der große spanische Histologe Santiago Ramón y Cajal hatte in den achtziger Jahren des neunzehnten Jahrhunderts nachweisen können, daß das Gehirn kein Netzwerk ist, wie man bis dahin gemeint hatte, sondern aus einzelnen Nervenzellen – den Neuronen – besteht. Damit war die Neuronentheorie etabliert, die bis heute Bestand hat, und Freud legte sie seinem Modell zugrunde. Darüber hinaus war klargeworden, daß im Nervensystem elektrische Impulse eine Rolle spielen. Welche Rolle das war, war noch nicht genau zu sehen; und indem er ihnen eine falsche Rolle zuschrieb, schlich sich ein schwerwiegender Irrtum in Freuds Modell ein.

Freud dachte sich die Sache so: Die Sinne nehmen Energie aus der Umwelt auf und leiten sie durch die von der «Peripherie» zur Zentrale führenden (die «afferenten») Nervenbahnen ins Gehirn. Damit sie nicht zuviel Energie aufnehmen und weitergeben und das Gehirn damit überlasten, ist als Sicherung ein «Reizschutz» eingebaut, der nur abgeschwächte, dem Zentralnervensystem zuträgliche Energiemengen durchläßt. Außerdem wird im Körper selber, im «Soma», Energie erzeugt und weiter ins Gehirn geschickt; gegen diese körpereigene Energie gibt es keinen Reizschutz. Das Gehirn, die Psyche ist den Energieschüben aus dem Körper preisgegeben. Sie sind die Grundlage der «Triebe».

Freuds «psychischer Apparat» also wird aus der Außenwelt und aus dem Körper mit Energie beschickt. Diese Energie lädt einzelne Neuronen und Neuronengruppen elektrisch auf; sie «besetzt» sie. Das psychoanalytische Fachwort der «Besetzung» hat hier seinen Ursprung; es bedeutete anfangs also nichts anderes als elektrische Ladung. Die Psyche, so meinte Freud, strebt danach, sich dieser Ladungen zu entledigen: Sie wünscht sich den Zustand gleichmäßiger Erregungslosigkeit. Also will sie die ihr zugeführten Reize wieder beseitigen; sie fühlt sich nur wohl, wenn die Trieb-«Spannungen» mindestens auf gleichem Niveau gehalten und möglichst verringert oder beseitigt werden. Freud nannte dies, mit einem von Barbara Low geprägten Wort, das «Nirwanaprinzip»: Die Psyche will die Reize, die sie mit Energie aufladen beziehungsweise besetzen, nicht spüren müssen – sie drängen auf «Abfuhr».

«Abgeführt» werden sie normalerweise durch eine ihnen zugeordnete Muskelbewegung, also durch eine Handlung. Ich muß irgend etwas Bestimmtes tun, um mein Gehirn von einer bestimmten, ihm aus dem Körper zugeflossenen Energiemenge zu befreien.

Die psychische Energie, die das Modell antreibt, ist also ein Quantum Nervenerregung (Qn), möglicherweise ein Quantum elektrischer Energie. Wie Freud schon 1894 schrieb: «... an den psychischen Funktionen [ist] etwas zu unterscheiden (Affektbetrag, Erregungssumme), das alle Eigenschaften einer Quantität hat – wenngleich wir kein Mittel besitzen, dieselbe zu messen – etwas, das der Vergrößerung, Verminderung, der Verschiebung und der Abfuhr fähig ist und sich über die Gedächtnisspuren der Vorstellungen verbreitet, etwa wie eine elektrische Ladung über die Oberfläche der Körper. Man kann diese Hypothese ... in demselben Sinne verwenden, wie es die Physiker mit der Annahme des strömenden elektrischen Fluidums tun.»[1]

Diese dem elektrischen Strom ähnliche «psychische Energie» soll entweder «frei» oder «gebunden» auftreten. Frei: dann läßt sie sich leicht von einer Stelle auf die andere «verschieben» und besteht auf ihrer sofortigen und vollständigen «Abfuhr». Gebunden: dann läßt sie sich nicht mehr so leicht teilen und anderswohin «verschieben». Die «Stelle», an die sie sich bindet, war in Freuds frühem, physiologischem Denken eine Neuronengruppe; später, als er sein Modell aus einem neurophysiologischen zu einem ideenpsychologischen gemacht hatte, eine dem Gedächtnis eingeschriebene Vorstellung.

Frei oder gebunden – beeinflußt von Helmholtz und des Glaubens, der Satz von der Erhaltung der Energie müsse sich auch auf die Psyche anwenden lassen, meinte Freud, die «psychische Energie» könne nicht gelöscht werden. Einmal im Körper entstanden und in die Psyche eingeflossen, bleibe sie erhalten, reize die Seele auf eine dieser lästig fallende Weise und müsse schließlich «abgeführt» werden. Der «psychische Apparat» wäre also so konstruiert, daß er sich mit der aus der Außenwelt und dem Körper einströmenden Energie auflädt, und da er jede solche Aufladung als unangenehm empfindet, will er sie durch entsprechende Handlungen «abführen» und so sein reizfreies Nirwana wiederherstellen. Energie kann nur abgeführt, also verausgabt, oder gespeichert werden. Wenn sie gespeichert wird, behält sie ihre Macht. «Sie bedroht das Wohlbefinden des Organismus, auch wenn sie im Augenblick im Zaum gehalten werden kann. Der Organismus des ‹Entwurfs einer Psychologie› wird von Trieben beherrscht und ist dauernd in der Gefahr, von ihnen überwältigt zu werden. Es ist keine zu grobe Karikatur, den ‹Entwurf› ein Katze-auf-dem-heißen-Blechdach-Modell zu nennen, in dem beständige innere Triebe Schübe von Energie erzeugen, die das Ich und das bewußte System in hektischer Bewegung halten»[2], schreiben zwei zeitgenössische Neurowissenschaftler in der Rückschau.

Wie sähe die Welt aus, wenn die Psyche so beschaffen wäre? In einem fort sammelte sich «psychische Energie» in den Köpfen der Menschen. Das Bedürfnis, sie durch die ihnen entsprechenden Handlungen zu beseitigen, nähme stetig zu. Irgendwann würde der Druck unerträglich: und dauernd könnten wir es erleben, wie Menschen immer unruhiger hin und her laufen und schließlich explodieren. Uns selbst ginge es genauso. In regelmäßigen Abständen könnten wir nicht mehr an uns halten. Und da es für die Psychoanalyse im Grunde nur zwei Triebe gibt, Liebe und Haß, Eros und Thanatos, ereignete sich in diesen Explosionen wohl vor allem zweierlei: Wir würden den zufällig in der Nähe befindlichen Nebenmenschen entweder vergewaltigen oder zusammenschlagen. So aber geht es in der Welt offensichtlich nicht zu.

In den Grundzügen blieb Freud diesem Modell treu, auch als er nicht mehr auf der Ebene von Neuronen und elektrischen Ladungen dachte. Immer strömten in seinem Modell Trieb-«Quanten» aus dem Körper – vor allem aus den erogenen Zonen – in die Seele, «besetzten» dort etwas, zwar keine Nervenzellen mehr, aber Vorstellungen oder Erinnerungen, und drängten auf «Abfuhr». Was diese Trieb-Quanten, diese «Erregungsquantitäten» eigentlich sein mochten, wenn sie keine elektrischen Potentiale waren, wußte Freud zu seinem großen Bedauern nicht zu sagen: «Die Unbestimmtheit all unserer Erörterungen, die wir metapsychologische heißen, rührt natürlich daher, daß wir nichts über die Natur des Erregungsvorgangs in den Elementen der psychischen Systeme wissen und uns zu keiner Annahme darüber berechtigt fühlen. So operieren wir also stets mit einem großen X ...»[3]

Soweit das alte Modell, von dem die Psychoanalyse ausging. Indessen stellte es sich heraus, daß das Gehirn und mit ihm die Psyche keineswegs ein Organ zur Sammlung und Verteilung und Beseitigung elektrischer oder sonstiger Energieformen ist. Es ist kein Akkumulator, sondern ein Signalsystem. Von außen fließt keine Energie ein. Seine Sensoren – die Sinne – sind vielmehr das, was ein Ingenieur «Umwandler» nennen würde. Ein Umwandler ist zum Beispiel ein Mikrophon – es verwandelt Luftdruck (die Schallwellen) in elektrische Energie. Aber dabei findet kein Energieübertrag statt. Die Verstärkeranlage, zu der das Mikrophon gehört, hat ihre eigene elektrische Energieversorgung; die kinetische Energie des Luftdrucks gelangt auf keine Weise in sie hinein. Die Membranschwingungen steuern nur den Fluß der elektrischen Energie – sie wirken als Signale. Auch die Energie, die das Gaspedal niederdrückt, geht nicht in die Energie des Motors ein; sie regelt nur den separaten Energiehaushalt des Motors. Die Umwandler, die unsere Sinnesorgane sind, melden die Anwesenheit von Energie (von Licht, Schall, Druck, Hitze) an das Gehirn, fangen diese selbst aber weder auf, noch leiten sie sie weiter. Auch aus dem Körper fließt keine Energie ins Gehirn. Wie alle Körperzellen, erzeugen sich die Nervenzellen, auch die des Gehirns, selber die Energie, die sie zu ihrer Arbeit benötigen, und zwar schlicht dadurch, daß sie den Zucker spalten, der mit dem Blutstrom durch den ganzen Körper geschwemmt wird. Das Gehirn muß sich also auch keiner elektrischen Ladungen entledigen; es muß keinerlei Energie «abführen».

Der normale Zustand der Nervenzelle ist auch nicht der ungeladene, «unbesetzte»: Die untätige Nervenzelle besitzt ein «Ruhepotential», eine selbsterzeugte, nicht von außen in sie eingeströmte schwache elektrische Ladung. Die psychische Tätigkeit beruht nicht auf der Annahme, Speicherung und Weitergabe elektrischer Ströme, sondern auf dem Austausch elektrischer und chemischer Signale. Diese Signale in Form schwacher, selbsterzeugter elektrischer Ladungen und Konzentrationen von Neurotransmittern haben kein dauerhaftes Leben über ihren Anlaß hinaus; sie verlieren sich wieder. Erregung braucht keine bestimmte Handlung, um beseitigt zu werden. Eine irgendwo entstehende Erregung ist auf ihrem Weg durch den Filz der Nervenzellen Verstärkungen und Hemmungen ausgesetzt; sie kann auch ganz und spurlos gelöscht werden. Jede Nervenzelle ist ein Element, das die erregenden und abregenden Impulse addiert und subtrahiert, die sie erreichen, und selber «feuert», nämlich einen Impuls weitergibt, wenn ihr Potential einen bestimmten, veränderlichen Schwellenwert überschreitet. (Bei epileptischen Anfällen versagen diese Hemmungsmechanismen, und die selbsterzeugten Erregungen des Gehirns schaukeln sich auf. Freuds Welt wäre auch eine von Epileptikern.) Daß das Gehirn seine – immer nur selbsterzeugten – Erregungen auch selber wieder beseitigen kann, hatte Freuds Modell an keiner Stelle vor- oder vorhergesehen.

Auch das «Nirwanaprinzip» ist falsch. Das Gehirn strebt keineswegs nach Freiheit von Reizen und Erregung. Es benötigt im Gegenteil einen ständigen Einstrom von Reizen. In den fünfziger Jahren begann man – zuerst an der McGill-Universität in Kanada – zu untersuchen, was mit dem Organismus geschieht, wenn ihm sämtliche Außenreize vorenthalten werden. Diese sogenannte sensorische Deprivation führt relativ schnell zu erheblichen Funktionsstörungen des Geistes: Man wird unfähig, seine Aufmerksamkeit auf irgend etwas zu richten, und damit verfällt das organisierte Denken; an seiner Stelle kommt es zu diffusen Tagträumen, die so lebhaft sein können, daß sie den Charakter von Halluzinationen annehmen.[4] Die Folgen sind so abträglich, daß sogar die bloße Erforschung der sensorischen Deprivation als eine Art von Folter in Verruf geriet und heute kaum noch stattfindet. Eine längere Abschirmung gegen sämtliche Außenreize führt zu einer Umkehr von Reifungsprozessen, sozusagen einer Art Rückwärtsreifung. Nicht der reizfreie Zustand also ist es, den das Gehirn herstellen möchte; die Seele benötigt ein mittleres Reizniveau, sie kann gesund nur funktionieren, wenn sie ständig maßvoll stimuliert wird.

Die Vorstellung von den Trieben, die in Form irgendeiner Energie von außen in die Psyche einfließen, sich dort aufstauen und zur Abfuhr animieren (spöttisch, aber treffend hat man alle Modelle dieser Art als «Psychohydraulik» bezeichnet) – diese ganze Vorstellung verleiht dem psychoanalytischen Seelenmodell das altmodische Aussehen einer Dampfmaschine, die unter Druck gesetzt wird und diesen in Bewegung umwandeln muß. Nur daß dieser Dampfmaschine mit der Zeit ein unübersehbar kompliziertes System von Röhren und Ventilen angefügt wurde, die die große Vielfalt der Bewegungen – also der Handlungen – plausibel machen sollen, welche die Dampfmaschine Seele unter dem Druck der «psychischen Energie» ausführt.

Bei dem Entwurf von Freuds psychohydraulischem Modell hat das Erlebnis der Sexualität Pate gestanden: «Wir haben alle erfahren, daß die größte uns erreichbare Lust, die des Sexualaktes, mit dem momentanen Erlöschen einer hochgesteigerten Erregung verbunden ist.»[5] Die Sexualität erleben wir, als sammelte sich in uns irgendeine Energie, die uns dazu drängt, sie im Koitus zu entladen. Ist sie dann entwichen, fühlen wir uns energielos, nämlich matt, bis sich langsam neue Lüsternheit («Libido», um mit der Psychoanalyse zu reden) in uns anstaut.

Daß unsere Psyche eine Art Druckbehälter sei, in dem sich der Geschlechtstrieb staut und immer gebieterischer nach Abfuhr verlangt, ist indessen nur ein Bild für unser Erleben, nicht aber eine Beschreibung der tatsächlichen neurophysiologischen Vorgänge. Als Bild mag es uns zuweilen ganz treffend vorkommen; aber der Wissenschaft geht es um Erklärungen und nicht um mehr oder weniger gelungene Metaphern. Und auch das Erleben beschreibt diese nur sehr ungefähr; denn natürlich wissen wir sehr genau, daß sich der Sexualtrieb in uns keineswegs immer und immer stärker aufbaut, wenn wir ihm eine Weile nicht nachgeben – seine Steigerung hat Grenzen, er geht auch wieder, er kommt in Wellen, er ist abhängig von der Situation. Was wirklich geschieht, scheint dies zu sein: Ein im Hypothalamus des Zwischenhirns produziertes Hormon (das LHRH) regt die unterhalb des Hypothalamus befindliche Hypophyse zur Abgabe anderer Hormone an (der Gonadotropine), die die Tätigkeit des Eierstocks und der Hoden steuert. Gleichzeitig wirkt es auf einen Hypothalamuskern ein, der das Paarungsverhalten auslöst (also das, was wir Geschlechtstrieb zu nennen gewöhnt sind). Beim Orgasmus werden im Gehirn auf elektrische Signale aus den Geschlechtsorganen hin körpereigene Opiate ausgeschüttet. Deren Anwesenheit wird subjektiv als «Wollust» empfunden; als biochemische Signale unterbinden sie gleichzeitig die Freisetzung des LHRH. Der Mangel an LHRH wiederum drosselt die sexuelle Appetenz. Erst wenn die beim Orgasmus erzeugten körpereigenen Opiate nach und nach ausgeschieden werden, wird wieder LHRH abgegeben – und von neuem stellt sich der «Geschlechtstrieb» ein. Eine körperliche Funktion – letztendlich die Ejakulation von Sperma – ist also an ein psychisches Erleben gebunden: Sie erzeugt im Gehirn Lustgefühle, indem sie dort Opiate freisetzt. Und wenn der Opiat-Spiegel sinkt, meldet sich auf der psychischen Ebene ein neues Orgasmusbedürfnis. Schleust man von außen Opiate (also etwa Opium) in den Körper ein, so sinkt der Sexualtrieb; dagegen führen Medikamente wie Naloxon, die die Wirkung der Opiate blockieren, zu erhöhtem Sexualtrieb und zu Erektionen.[6] Es ist möglich, daß Einzelheiten an dem Bild dieses Mechanismus noch korrigiert werden müssen. Soviel aber ist klar: Erstens arbeitet das Gehirn auch bei der «Libido» mit Signalen, nämlich mit der Menge körpereigener Opiate, die ins Blut ausgeschüttet werden, nicht aber mit sich aufstauender Energie irgendeiner Form. Zweitens ist es nicht das Nachlassen einer Erregung, was als «Lust» erlebt wird; die Psyche liest nicht das Schwinden oder die Löschung eines Erregungszustands als «Lust», sondern das positive Vorhandensein spezieller Signale (Opiate).

Das Druckmodell ist also bestenfalls eine ungefähre Metapher für einige psychische Phänomene. Realität hat es nicht. Die «psychische Energie» ist das Phlogiston der Psychoanalyse – jene geheimnisvolle und geisterhafte chemische Substanz, eine Art Prinzip der Brennbarkeit, die nach einer chemischen Theorie des achtzehnten Jahrhunderts in allen brennbaren Stoffen enthalten war und bei deren Verbrennung aus ihnen entwich. Die Theorie war für ihre Zeit recht wacker und schien einiges ganz gut zu erklären, zum Beispiel, daß die Stoffe beim Verbrennen leichter wurden. Trotzdem war sie falsch, es gibt einfach kein Phlogiston, bei der Verbrennung geschieht etwas ganz anderes.

In welchem Maß und in welcher Weise die Vorstellung einer psychischen Energie die Psychoanalyse bis heute bestimmt, ist schwer auszumachen. Explizite Formulierungen dazu gibt es seit langem nicht mehr. Die Theorie der psychischen Energie besitzt keinerlei bestimmten Status. Sie bildet eher eine Art Denkhintergrund. Denn selbst wenn die Begriffe andere sind, tut auch mancher heutige Psychoanalytiker nichts anderes, als nach dem «Schicksal» dieser geisterhaften, in den «psychischen Apparat» eingespeisten Trieberregung zu fahnden: wie irgendein «Fluidum» unbekannter Natur, das aus dem Körper in die Seele eingedrungen ist, sich dort bewegt, Wege bahnt, an Vorstellungen bindet, ansammelt, verzweigt, aufspaltet, vermischt, verschiebt oder – vornehmstes Schicksal – veredelt («sublimiert»), indem es sich von den groben persönlichen sexuellen Zielen löst und sich auf geistige oder kulturelle Ziele richtet (so daß für die Psychoanalyse selbst jede kulturelle Tat letztlich sexuell inspiriert ist).

Auch in den Randzonen der Wissenschaft ist die «psychische Energie» nicht tot. Kein Psychoanalytiker, ein von psychoanalytischem Denken inspirierter Psychologe (Reiner Maue) erklärte 1986 die Seekrankheit nicht medizinisch, sondern psychologisch, als eine Reaktion auf «als bedrohlich empfundene Informationen», also als eine Art Schreck- und Angstreaktion auf ungewohnt schwankenden Boden und wankende Wände. Und auf welchem Weg soll diese Angst zum Kotzen führen? Indem sich beim Versuch, diesen «Konflikt» zu lösen, «psychische Energie» staut. Selbige «sucht ein Sicherheitsventil» (wahrscheinlich würde sie einem sonst offenbar buchstäblich den Schädel sprengen), und durch die Poren (Schweiß) und den Magen (Erbrechen) zischt der aufgestaute Überdruck ins Freie. Eine nette und einfältige Idee von jener Sorte, wie sie leider die ganze Psychosomatik immer wieder in Verruf bringen: Wenn du kotzt, dreht dir in Wahrheit deine Seele (beziehungsweise eine okkulte Energie) den Magen um.

Derartige Pseudoerklärungen sind populär, und tatsächlich hat sich Freuds Energie-Theorie in dem Maße, in dem sie aus der Wissenschaft verschwand, in der Pop-Psychologie um so lebendiger eingenistet. Sehr dazu beigetragen hat Freuds abtrünniger Schüler Wilhelm Reich.

Reich nahm die Theorie von der sexuellen Energie viel wörtlicher, als den Freudianern mittlerweile lieb war. In den zwanziger Jahren entwickelte er seine Lehre von der «orgastischen Potenz», die erst lange nach seinem Tod, im Verlauf der 68er Revolution, zu ihrer vollen Wirkung kommen sollte. Die Neurose, so glaubte er mit dem Freud der Gründerjahre, hat mit einem gestörten Sexualleben zu tun – und selber fügte er hinzu: Auch wo dieses ganz in Ordnung scheint, liege beim Neurotiker dennoch eine Störung vor, und zwar eine Störung der Orgasmusfähigkeit. Wie Freud machte er aus der behaupteten Beziehung schnurstracks – ohne Gegenprobe – eine Kausalbeziehung: *Weil* manche Menschen ein gestörtes Sexualleben hätten, *weil* sie keinen richtigen Orgasmus erlebten, würden sie neurotisch. (Falls eine solche Korrelation tatsächlich besteht, könnte die Richtung der Verursachung natürlich auch genau umgekehrt sein: Weil einer eine Neurose hat, ist auch seine Sexualfunktion beeinträchtigt. Heute weiß man, wie leicht alle Arten körperlicher Erkrankungen und seelischer Schwierigkeiten die Sexualität in Mitleidenschaft ziehen.) Im Orgasmus entlade sich eine in allen Lebewesen wirkende Energie, die er sexuelle oder vegetative oder biologische Energie nannte; je mehr davon sich angesammelt habe, desto heftiger falle er aus. Wo diese Entladung behindert ist, staue sie sich, und dieser Stau führe zur Neurose: «Wenn jede seelische Erkrankung einen Kern gestauter Sexualerregung hat, dann kann nur die Störung der orgastischen Befriedigungsfähigkeit ihn bedingen.»[7] Also machte sich Reich daran, seine neurotischen Patienten zu kurieren, indem er ihre Impotenz und Frigidität bekämpfte und ihre «orgastische Potenz» herstellte, nämlich «*die Fähigkeit zur Hingabe an das Strömen der biologischen Energie ohne jede Hemmung, die Fähigkeit zur Entladung der hochgestauten se-*

xuellen Erregung durch unwillkürliche lustvolle Körperzuckung.»[8]
Was diesen Energiefluß hemme, das seien gewisse charakterliche Ver-
härtungen (der «Charakterpanzer») und muskuläre Verkrampfungen
und Verspannungen. Reichs Neurosentherapie lief also auf eine Art
Entspannungsübung hinaus – gegen die als solche wohl wenig einzuwenden ist. Aber die Theorie, die hinter ihr stand, machte die Geschlechtlichkeit zu dem Auspuffsystem einer fiktiven Energie.
Später sollte Reich in noch viel abgründigere energetische Spekulationen geraten. Um einzellige Lebewesen zu züchten, an denen sich
jene biologische Energie studieren ließe, machte er Aufgüsse. Er setzte
Heu und dann auch Erde und Meersand mit Wasser an und ließ diese
Infusionen eine Weile stehen und quellen. Beim Zerfall entstanden
kleine Bläschen, die er für eine neue Art von Lebewesen hielt und
«Bione» nannte. Im Dunkeln ging ein schwaches graublaues Leuchten von ihnen aus. Er meinte, es handele sich um eine bislang unbekannte Strahlung, eine «bestimmte Art *bio-energetischer Strahlung*», die eine Rötung und ein Prickeln auf der Haut hervorrufe. Den
folgenden Schritt beschreibt sein ihm sehr wohlgesonnener Biograph
David Boadella so: «Im Juli 1940 [fuhr er] zum Zelten nach Maine. Er
wohnte mit seiner Frau Ilse in einer Blockhütte am Mooselookmegun-
tic Lake. Als er eines Abends den Himmel über dem See beobachtete,
zog das Flimmern der Sterne seine Aufmerksamkeit auf sich. Er bediente sich einer improvisierten Guckröhre, um die einzelnen Sterne
isoliert betrachten zu können. Ohne bewußte Absicht richtete er das
Rohr dann auf den dunklen Zwischenraum zwischen zwei Sternen und
bemerkte ein schwaches Flimmern ähnlich dem, das er in seinem
Metallkäfig [an den Bionen-Kulturen] wahrgenommen hatte. Er stellte
daraufhin die Hypothese auf, die Erdatmosphäre sei mit einer ihm
unbekannten Energieform angefüllt, identisch mit der Energie, die er
bei seinen Beobachtungen im Eisenkäfig entdeckt hatte.»[9] Diese Strahlung nannte er «Orgon», und er baute einen «Orgon-Akkumulator»,
um sie zu sammeln, eine Art mit Blech ausgeschlagene Saunakabine.
Wer in ihm Platz nahm, so meinte er, werde von dieser Energie intensiv
bestrahlt und wäre gegen allerlei Leiden gefeit. Überzeugt, eine den
Physikern unbekannte Naturkraft entdeckt zu haben, führte er das
Gerät 1941 Einstein vor. Der blieb unbeeindruckt; der geringfügige
Temperaturunterschied zwischen drinnen und draußen, der Reich als
Beweis für die Realität des Phänomens erschienen war, ließ sich erklä-
ren, ohne gleich eine neue kosmische Bio-Energie anzunehmen.

Um so beeindruckter – wenn auch nicht ausdrücklich vom «Orgon»
– sind Pop-Psychologen. In manchem Ashram fließt heute psychische

Energie die Menge, «Energien» sogar (im Plural, denn mehrere sind allemal imposanter als die Einzahl), die «Energiefelder» bilden und die berühmten *vibrations* erzeugen. Das «Unterbewußtsein» wird als ein «Kraftwerk» empfohlen. Eine ursprünglich vernünftige, wenn auch unrichtige wissenschaftliche Idee ist in den Okkultismus abgesunken. Und durch diesen hindurch noch tiefer, in die amorphe Alltagspsychologie. Dort hat einer heute «echt gute Energy drauf» (was wohl besagen soll, er sei sympathisch und rege). Freuds nervliche Erregungsquantität Qn, vollends auf den Hund gekommen.

Wer sich klarmacht, daß Triebwünsche, was immer sie sein mögen, jedenfalls keine Quantitäten irgendeiner Energie X sind, die in der Seele lebendig bleiben, bis ihre Abfuhr geglückt ist, dürfte bereits hier schwarz sehen für so manche psychoanalytische Annahme.

Ein typisch Freudsches Räsonnement, das ganz auf dieser Vorstellung beruht, ist die gar wunderliche Theorie, mit der er erklären wollte, warum verwundete Kriegsteilnehmer seltener neurotisch werden als unverwundete. Sie ging so: Eisenbahnfahren oder Schaukeln errege bekanntlich erotische Phantasien; also entstehe offenbar durch Körperbewegung ein Mehr an Sexualerregung; also schüttele auch der mächtige Aufprall der Kugel oder des Splitters im Körper Libido locker, die prompt in die Seele ströme; also müsse diese eigentlich unter dem Ansturm jener zusätzlichen Lüsternheit neurotisch werden. Indessen, nun befinde sich im Körper auch eine Verletzung und in der Seele die Vorstellung derselben, eine Kränkung der Eigenliebe sozusagen, die der «psychische Apparat» auszugleichen versuche, indem er zusätzliche Mengen Libido in die Vorstellung der Wunde leite. Dort seien sie sicher untergebracht und könnten nun keine Neurose mehr verursachen. «So würde die mechanische Gewalt des Traumas das Quantum Sexualerregung frei machen, ... die gleichzeitige Körperverletzung würde aber durch die Inanspruchnahme einer narzißtischen Übersetzung des leidenden Organs den Überschuß an Erregung binden.»[10] Schüttle mich nicht, sonst werde ich geil, und das macht mich dann neurotisch; wenn schon, dann bring mir wenigstens eine Wunde bei, auf daß meine Lüsternheit bei dieser verweile ...

Das kommt davon, wenn man Neurosen für das Werk überschüssiger Lüsternheit hält, Wünsche für Energiequanten und die Seele für einen Energiespeicher und eine Druckverteilungsanlage.

«Alle Rede von ‹Energie›, im Singular oder Plural, [ist] im Grunde eine nutzlose Metapher. Was uns wirklich interessiert, ist der Kausalnexus, das System der Wirkungszusammenhänge. Natürlich wird bei jeder Sinnesreizung, bei jeder Nervenerregung, bei jeder Muskelzukkung auch Arbeit geleistet, und die braucht Energie. Aber es handelt sich hier stets um ganz banale Stoffwechselenergie, die nicht das geringste mit dem zu tun hat, was in den verschiedenen Lehrbüchern als ‹Libido›, ‹Aktivation› oder meinetwegen auch als ‹aktionsspezifische Energien› geführt wird» [11], schrieb der Psychologe Norbert Bischof.

7. DIE UNEINIGEN DREI:
ÜBER DIE INSTANZEN ES,
ICH, ÜBER-ICH

Das eigentliche Herzstück der Freudschen Metapsychologie ist die sogenannte Instanzenlehre. Im Unterschied zur energetischen Triebtheorie wurde sie fern von aller Hirnanatomie und Hirnphysiologie entwickelt. Fertig wurde sie erst in den frühen zwanziger Jahren. Kurz zusammengefaßt, besagt sie: die Psyche bildet keine Einheit, sondern besteht aus mehreren relativ unabhängigen «Instanzen» oder «Provinzen» oder «Agenturen», dreien an der Zahl, die Freud schließlich das «Es», das «Ich» und das «Über-Ich» nannte; unter diesen Namen machte das Trio Karriere. Die berühmte «Psychodynamik», von der die Psychoanalyse spricht, ist nichts anderes als die ständige Auseinandersetzung, die sich zwischen diesen drei Instanzen in unserem Kopf abspielen soll. Klar, wenn unter unserem Schädel drei separate «Instanzen» zu Hause sind, deren Interessen von vornherein und prinzipiell weit auseinandergehen, muß es dort in der Tat dramatisch und, wenn man will, «dynamisch» zugehen.

Das Es: Freud dachte es sich als «von der Außenwelt abgeschnitten», unerbittlich auf Lust bedacht, unmoralisch, chaotisch (nämlich von widersprüchlichen Lustwünschen erfüllt), unlogisch und zeitlos («Wunschregungen, die das Es nie überschritten haben, aber auch Eindrücke, die durch Verdrängung ins Es versenkt worden sind, sind virtuell unsterblich» [1]). Kurz, es ist dieses Es «ein Chaos, ein Kessel voll brodelnder Erregungen» [1]. Alles, was in ihm vorgeht, entzieht sich prinzipiell der Bewußtheit. In dem Es des späteren Freud – das Wort entlehnte er von Groddeck, der hatte es wohl von Nietzsche – ging «das Unbewußte», das «System Ubw» aus den Anfangsjahren der Psychoanalyse auf. Als Freud nämlich zu der Auffassung kam, daß auch seine anderen Instanzen nicht zu denken waren ohne teilweise unbewußt bleibende Operationen, taufte er in «Es» um, was vorher das «Ubw» gewesen war. Das Es, so wie er es sich nun vorstellte, sollte jedoch nicht mehr nur aus verdrängten (infantil-sexuellen) Wünschen bestehen wie vordem das «Ubw»; es war kurz die Instanz, «welche die Leidenschaften enthält»², untertan einzig dem «Lustprinzip». Unbekümmert um alle Realität will es Lust.

Am Anfang ist die Psyche des Kindes nichts als «Es», es herrscht das totale «Lustprinzip». Langsam spaltet sich dann an den Außenbezirken, der «Rindenschicht» des Es eine zweite Instanz ab, das Ich. Das Ich: Es «hat die Aufgabe übernommen, [die Außenwelt] bei dem Es zu vertreten, zum Heil des Es, das ohne Rücksicht auf diese gewaltige Außenmacht im blinden Streben nach Triebbefriedigung der Vernichtung nicht entgehen würde. In der Erfüllung dieser Funktion muß das Ich die Außenwelt beobachten, eine getreue Abbildung von ihr in den Erinnerungsspuren seiner Wahrnehmung niederlegen, durch die Tätigkeit der Realitätsprüfung fernhalten, was an diesem Bild der Außenwelt Zutat aus inneren Erregungsquellen ist. Im Auftrag des Es beherrscht das Ich die Zugänge zur Motilität, aber es hat zwischen Bedürfnis und Handlung den Aufschub der Denkarbeit eingeschaltet … Es vertritt Vernunft und Besonnenheit.»³ Während das Es also blindwütig nur dem «Lustprinzip» folgt, weiß das Ich, daß Lust nicht immer gleich zu haben ist und der Realität erst abgetrotzt werden muß; darum bildet es Fähigkeiten aus, sich mit der Realität auseinanderzusetzen, die das Es nicht besaß. Auf dem Weg zur Lust, zur Triebbefriedigung läßt es sich auf Umwege ein, die zwar nicht so unmittelbar, wie es dem Es lieb wäre, dafür aber um so sicherer zur Lust führen. Im Grunde also dient auch das Ich nur dem Es, aber auf eine kluge, aufgeklärte Art und Weise, zu der das Es selber nicht fähig wäre. Diese seine Art nannte Freud das «Realitätsprinzip».

Das Über-Ich: Diese dritte Instanz kommt erst nach dem sechsten, siebenten Lebensjahr hinzu. Es beobachtet das Ich in einem fort, paßt auf, daß es sich nicht unmoralisch verhält, droht ihm mit Strafen und enthält das Idealbild, das ein Mensch von sich selber angefertigt hat, das «Ich-Ideal». Mehr oder weniger ist es mit dem identisch, was in der Alltagssprache Gewissen heißt. Unliebsame, unsittsame, unzüchtige Lustwünsche, die sich aus dem Es melden, verurteilt es; sie werden von ihm oder von dem «in seinem Auftrag» handelnden Ich aus dem Bewußtsein verbannt und ins Es zurückgeschickt (der Vorgang heißt Verdrängung). «Das Über-Ich legt den strengsten moralischen Maßstab an das ihm hilflos preisgegebene Ich an, es vertritt ja überhaupt den Anspruch der Moralität, und wir erfassen mit einem Blick, daß unser moralisches Schuldgefühl der Ausdruck der Spannung zwischen Ich und Über-Ich ist.»⁴

Das Ich hat also kein leichtes Leben. Es scheint zu angestrengtem Lavieren und ewigem Kummer verurteilt. «Das arme Ich ... dient drei gestrengen Herren, ist bemüht, deren Ansprüche und Forderungen in Einklang miteinander zu bringen. Diese Ansprüche gehen immer auseinander, scheinen oft unvereinbar zu sein; kein Wunder, wenn das Ich so oft an seiner Aufgabe scheitert. Die drei Zwingherren sind die Außenwelt, das Über-Ich und das Es.»[5]

Diese drei Wesenheiten existieren angeblich in der Seele nebeneinanderher und versuchen sich dauernd gegenseitig zu übervorteilen. Jede soll ihre eigene Energieversorgung haben (das Ich «entlehnt» ihre Energie dem Es, manchmal nur mit List und Tücke), ihr eigenes Gedächtnis, ihre eigenen Vorstellungen, Wünsche, Abneigungen, Gedankengänge. Jede wäre, kurz gesagt, eine ziemlich vollständige psychische Person, und zwar eine mit ausgeprägtem Charakter: drei höchst unterschiedliche Charakterzwerge in eines jeden Kopf. Diese Personifizierungen der Instanzen sind keine späteren und unverständigen Verballhornungen Freudschen Denkens. Wie sich schon in den eben wiedergegebenen Zitaten zeigt, erging sich Freud genußvoll in Personifizierungen seiner Konstrukte: «Das Über-Ich ... beschimpft, erniedrigt, mißhandelt das arme Ich, läßt es die schwersten Strafen erwarten, macht ihm Vorwürfe ...»[6]

Eine derartig grundlegende Dreiteilung der Psyche, so möchte man denken, müßte sich auf Schritt und Tritt bemerkbar machen und nicht erst, wenn man die Lupe zu Hilfe nimmt. Im Experiment gar, das es eigens auf ihre Bestätigung angelegt hat, müßte sie sich noch und noch bestätigen. Tatsächlich aber wurde Freuds Instanzenlehre nur wenige Male experimentell überprüft, und die Ergebnisse waren mehr als dünn. Paul Klines Übersicht verzeichnet ganze drei Versuche.

In den fünfziger Jahren untersuchte der amerikanische Psychologe Raymond B. Cattell mit einer Reihe von Tests die Motive, welche Einstellungen und Interessen zugrunde liegen. Die Ergebnisse unterwarf er der Faktorenanalyse, einem in der Psychologie entwickelten statistischen Verfahren, mit dessen Hilfe sich erkennen läßt, ob die vielen Meßdaten, die ein Test liefert, verschiedene Häufungsmuster bilden. Aus solchen Mustern erschließt man dann die Komponenten – oder «Faktoren» –, aus denen sich die im Test untersuchte Eigenschaft oder Fähigkeit zusammensetzt. Zum Beispiel stellt man bei der Auswertung eines Tests fest, daß Testpersonen, die Aufgabe 3 gut lösen, oft auch die Aufgaben 5 und 6 gut lösen, nicht aber die Aufgabe 2, die dafür von jenen gut gelöst wird, die auch 1 und 4 am besten bewältigen. So käme man zu dem Schluß, daß bei den Fähigkeiten, die zur Lösung dieser Testaufgaben erforderlich sind, zwei Faktoren im Spiel sein müssen. Dann kann man sich die betreffenden Aufgaben ansehen, und vielleicht stellt man fest, daß 3, 5 und 6 stärker sprachlich betont waren und 1, 2 und 4 stärker rechnerisch. So könnte man sich den einen Faktor als Sprach-, den anderen als Rechenvermögen denken. Meist ist der Fall längst nicht so klar. Ein solcher Faktor ist zunächst nichts als eine statistische Größe. Er muß interpretiert werden. Hinter den Daten über die Einstellungen und Interessen, stellte Cattell fest, standen insgesamt fünf solcher abstrakten, interpretationsbedürftigen Faktoren. Die ersten drei von diesen brachte er versuchsweise mit Freuds drei Instanzen in Verbindung. Der Alpha-Faktor schien eine Komponente unbedingten Wünschens darzustellen (Es), der Beta-Faktor realistisches Wissen und Können (Ich), der Gamma-Faktor selbstbezogenes Phantasieren über eine Tätigkeit, verbunden mit gänzlicher Uninformiertheit (Ich-Ideal als Teil des Über-Ichs). Dünn war dieses Ergebnis, wie trotz seiner Sympathie für die Psychoanalyse auch Kline einräumt, weil die gefundenen Faktoren nur mit einigem Krampf so interpretiert werden konnten, daß sie halbwegs mit Freuds Instanzen übereinstimmten, weil Freuds Theorie drei Instanzen vorsieht und nicht deren fünf, und vor allem weil in dem ausgewerteten Test nach *bewußten* Einstellungen und Interessen gefragt worden war, so daß das ja *in toto* unbewußte Es als Alpha-Faktor ganz unplanmäßig in Erscheinung trat.

Ein paar Jahre später untersuchten Cattell und Pawlik die Daten eines Persönlichkeitstests nach dem gleichen Verfahren. Dabei stießen sie auf drei Faktoren. Den einen interpretierten sie als «unreifes selbstbezogenes Temperament», den zweiten als «maßvolle Übernahme äußerer Normen» und den dritten als «hoher Durchsetzungswille». Die Autoren waren selber der Ansicht, daß es trotz einiger Ähnlichkeiten mit Es, Über-Ich und Ich voreilig wäre, diese drei abstrakten Persönlichkeitsfaktoren mit Freuds drei Instanzen gleichzusetzen.

Ende der fünfziger Jahre beschlossen zwei Psychologen (Dombrose und Slobin), etwas direkter vorzugehen, und entwarfen einen Test, den sie Id-Ego-Superego-Test, kurz IES nannten. Es mußten Bilder betitelt, Bildergeschichten vervollständigt, Photos beschrieben, Linien gezogen werden – und wie das gemacht wurde, sollte nach dem Willen der Autoren verraten, ob die Impulse aus dem Es, dem Ich oder dem Über-Ich stammten. Der Test aber ließ zu wünschen übrig; als Meßinstrument erwies er sich als wenig verläßlich, und niemals wurde demonstriert, ob er überhaupt maß, was er zu messen bestimmt war, trotz einiger weiterer, ebenso halbherziger Versuche mit ihm. Technisch gesagt: seine Reliabilität war niedrig und seine Validität fraglich. Klines Resümee: «Bislang hat der Test keinerlei Beweise geliefert, die die Freudsche Theorie stützten. Die wenigen vorliegenden Berichte haben nur versuchsweise angedeutet, daß dem Test möglicherweise einige Validität zukommen könnte.»[7] So sind die experimentellen Beweise für die Instanzenlehre beschaffen: dünn, wie gesagt.

Es hätte der Theorie genützt, wenn im Gehirn irgendeine Drei- oder wenigstens Zweiteilung gefunden worden wäre, mit der sich die Teilung der psychischen Person in Es, Ich und Über-Ich hätte in Verbindung bringen lassen. Psychoanalytikern, die heute meist keine Monisten, Materialisten, «Biologisten» mehr sind und die der Gedanke befremdet, daß die Psyche auf die Maschinerie des Gehirns angewiesen sein soll, liegt der Gedanke zwar fern; aber wenn es mit rechten Dingen zugehen soll, dann müßte die psychische Dreiteilung tatsächlich mit irgendeiner feststellbaren anatomischen oder funktionellen Dreiteilung des Gehirns einhergehen. Es müßten nicht unbedingt drei verschiedene Gehirnbereiche sein, die sich räumlich voneinander abheben (Freud selber glaubte nicht an eine Lokalisierbarkeit seiner Instanzen); es könnten auch drei nicht räumlich, aber in ihren Funktionen getrennte Systeme sein, oder drei verschiedene Zustände. Nichts dergleichen hat sich angefunden.

Ein britischer Autor[8] identifizierte einmal das Mittelhirn versuchsweise mit dem Es, die sensorische Großhirnrinde mit dem Ich und bestimmte Wellenmuster des Schlaf-EEGs (die K-Komplexe und Spindeln, die für das Tiefschlafstadium II charakteristisch sind) mit dem «Zensor», der die Gedanken des Es hindern soll, ins Bewußtsein vorzudringen. Aber die bewußte Verarbeitung der Außenwelt beansprucht viel mehr Gehirnbereiche als nur den sensorischen Kortex; und was das hauptsächlich für die Koordination der Bewegungen zuständige Mittelhirn mit dem Freudschen Es und bestimmte Wellenformen mit dem «Zensor» zu tun haben sollen, ist vollends unerfindlich.

Einige Analytiker versuchten auf einen andern Wagen aufzuspringen. Im letzten Vierteljahrhundert hat sich herausgestellt, daß die beiden Hälften des Großhirns unterschiedliche Arbeitsweisen haben und unterschiedliche Aufgaben erfüllen. Links werden (bei Rechtshändern) bevorzugt serielle und symbolische Arbeiten erledigt, darunter das Sprachverstehen und die Sprachproduktion, rechts simultane, räumliche, bildliche, musikalische Aufgaben. Wiederholt wurde der Versuch gemacht, diese funktionale Gehirnasymmetrie mit Freuds Unterscheidung von Primär- und Sekundärprozessen und damit indirekt mit seinen Instanzen in Verbindung zu bringen.[9]

Primärprozesse nannte Freud die psychischen Vorgänge im Es; die aus dem Körper eintreffenden Trieberregungen (die es nur in Freuds Phantasie gab) sollen hier noch «ungebunden» sein, nämlich frei, von einer Stelle – einer Vorstellung, einer Erinnerung – zur anderen «verschoben» zu werden. Sekundärprozesse wären dagegen die seelischen Vorgänge, bei denen jene fiktiven Trieberregungen «gebunden» sind, nicht mehr verschiebbar. Wie der Name schon sagt, gehen die Primärprozesse den Sekundärprozessen zeitlich voraus. Auch in der Entwicklung des Menschen gibt es zunächst nur Primärprozesse; sie sollen mit viel intensiveren Lustempfindungen verbunden sein als die Sekundärprozesse.[10]

Die beiden Gehirnhälften, die beiden Arten von Prozessen – wie geht das zusammen? Zunächst ist Freuds Vorstellung von zwei grundverschiedenen Arten seelischer Prozesse so eng mit seinem überholten energetischen Modell verknüpft, nämlich mit der Vorstellung in die Seele einströmender Erregungen, welche in der Psyche umhergeistern und Vorstellungen und Erinnerungen «besetzen», daß schwer einzusehen ist, wieso man sie überhaupt noch einmal ausgraben sollte. Indessen, man könnte sie aus dem obsoleten energetischen Modell befreien. Dann bleibt übrig: daß Primärprozesse (die Vorgänge des Es) lustversessen sind, leidenschaftlich, chaotisch, zeitlos, unlogisch, realitätsblind, Sekundärprozesse (die des Ich) dagegen realitätsorientiert sind, besonnen, vernünftig, logisch. Nicht Freud, der Psychoanalytiker Otto Fenichel befand, im Primärprozeß spielten konkrete Bilder eine größere Rolle, im Sekundärprozeß Worte. Insofern könnte man in der linken Gehirnhälfte immerhin den Ort der Sekundärprozesse wittern, in der rechten den der Primärprozesse – rechts das Es, links das Ich. Auch daß die linke Seite auf die lineare Analyse und Synthese spezialisiert ist, auf die Zerlegung ihrer Aufgaben in eine Abfolge von Einzelschritten, die rechte aber auf ganzheitliche Erfassung und simultane Verarbeitung, ließe sich noch, wenn auch bereits mit Schwierigkeiten, in die Freudsche Unterscheidung hineinzwängen. Damit aber enden die Analogien dann auch schon. Die Vorgänge, auf die die rechte Gehirnhälfte spezialisiert ist, sind zwar nichtsprachlich, aber keineswegs unbewußt, sie sind nicht minder rational und realitätszugewandt als die der linken, sie sind sogar eher unlustbetont als jene (die rechte Hälfte, wenn überhaupt eine, ist die der schweren, tiefen, schmerzhaften Gefühle), und sie sind auch nicht primär, weder zeitlich noch in ihrer Wichtigkeit. Freuds Unterscheidung war eine Sache, die erwiesene Spezialisierung der beiden Hemisphären ist eine andere. So verständlich es ist, daß manche Psychoanalytiker Freuds betagte Konzepte an moderne Forschungsergebnisse ankoppeln möchten: die beiden inkongruenten Dinge aufeinander zu beziehen, bekommt weder dem einen noch dem anderen. Sie passen einfach nicht zusammen. Freud wird bei so vielen Nichtübereinstimmungen von ein paar ungefähren Analogien, die sich in ihrer Mitte finden, nicht nachträglich bestätigt, und die Hemisphärenforschung wird durch die Vermengung der von ihr gefundenen funktionalen Asymmetrien mit psychoanalytischen Konzepten nicht weitergebracht.

Freud war es zufrieden, wenn man sich unter seinem Über-Ich schlicht das Gewissen der Volkspsychologie vorstellte. Wenn er diesem altbekannten Stachel einen neuen Namen gab, dann darum, weil er ihm bei dem Versuch, ihn in seine Theorie einzupassen, eine originelle und höchst eigenartige Entstehungsgeschichte zuschrieb. Das Gewissen wäre «der Erbe des Ödipuskomplexes»! Der zwei- bis fünfjährige Junge begehrt Freud zufolge die Mutter und fürchtet, dafür vom Vater kastriert zu werden. Dieser Kastrationsangst kann er schließlich nur auf eine Weise entkommen: Er entsagt seinen inzestuösen Wünschen und rettet damit seinen Penis, allerdings unter Opfern, nämlich indem er ihn «lahmlegt». Diesen Verzicht macht er sich angenehmer, indem er sich in den Vater hineinversetzt, sich mit ihm «identifiziert», sich den Vater sozusagen einverleibt («introjiziert») und dessen Normen zu seinen eigenen macht. «Die ins Ich introjizierte Vater- oder Elternautorität bildet dort den Kern des Über-Ichs, welches vom Vater die Strenge entlehnt, sein Inzestverbot perpetuiert und so das Ich gegen die Wiederkehr der libidinösen Objektbesetzung versichert.»[11] Um also seines Verlangens ledig zu werden, mit seinem Penis-chen an der Musch seiner Mutter herumzumachen, eignet sich der Knabe den Standpunkt seines Vaters an und verurteilt sein eigenes Gelüst, und das nennt er dann Moral. So kommt er zu einem Gewissen. Oder wieder mit Freuds Worten: «Der Ödipuskomplex des Knaben [geht] an der Kastrationsangst zugrunde.»[12] Wie das Mädchen zu seinem Gewissen kommt, glaubte Freud nur «schattenhaft» zu erkennen: Es ersetze den Wunsch nach einem Penis durch den nach einem Kind vom Vater, und da beide Wünsche sich nie erfüllen, «verläßt» es den Ödipus-Komplex einfach *peu à peu*. So kommt es niemals zu einem richtig kraftvollen Gewissen. Tatsächlich, das steht da: «Man zögert es auszusprechen, kann sich aber doch der Idee nicht erwehren, daß das Niveau des sittlich Normalen für das Weib ein anderes wird. Das Über-Ich wird niemals so unerbittlich, so unpersönlich, so unabhängig von seinen affektiven Ursprüngen, wie wir es vom Manne fordern. Charakterzüge, die die Kritik seit jeher dem Weibe vorgehalten hat, daß es weniger Rechtsgefühl zeigt als der Mann, weniger Neigung zur Unterwerfung unter die großen Notwendigkeiten des Lebens, sich öfter in seinen Entscheidungen von zärtlichen oder feindseligen Gefühlen leiten läßt, fänden in der oben abgeleiteten Modifikation der Über-Ichbildung eine ausreichende Begründung.»[13] Die Erklärung der moralischen Weltordnung aus dem Besitz eines Rettichs.

Allerdings faßte Freud seine Theorie dann doch wieder allgemeiner. «Der Elterneinfluß», schrieb er, «regiert das Kind durch Gewährung von Liebesbeweisen und durch Androhung von Strafen, die dem Kinde den Liebesverlust beweisen und an sich gefürchtet werden müssen. Diese Realangst ist der Vorläufer der späteren Gewissensangst ...» Erst später werde dieser äußere Zwang verinnerlicht, und damit trete an die Stelle der Eltern das Über-Ich, «welches nun das Ich genau so beobachtet, lenkt und bedroht wie früher die Eltern das Kind»[14]. Was in dieser Form fast klingt wie die behavioristische Lerntheorie: Durch selektive Verstärkung, also durch eine Art von Dressur brächten unsere Eltern uns bei, was gut ist und was böse. Oder in der Alltagssprache: Wofür die Eltern uns bestrafen, das lernen wir moralisch verurteilen. Daran ist sicher etwas; aber nichts speziell Psychoanalytisches.

Die «akademische» Entwicklungspsychologie hat sich immer wieder mit der Frage befaßt, wie Menschen zu einer Moral kommen. Die Theorie, an der sich seit 1964 alle anderen messen, ist die des Harvard-Psychologen Lawrence Kohlberg. Wie Piaget die Entwicklung des Intellekts in aufeinander aufbauenden Stadien beschrieben hatte, so beschrieb Kohlberg die Entwicklung der Moral. Im ersten Stadium herrschen fragloser Gehorsam und die Angst vor Bestrafung: Man akzeptiert, daß die Moral hat, wer die Macht hat. Das zweite Stadium ist das der «Marktplatz-Moralität»: Gut ist, was Angenehmes bewirkt, vor allem für einen selber, und böse, was unangenehme Folgen hat. Jenseits dieses Stadiums erreicht die Moral, was Kohlberg das «konventionelle Niveau» nannte. Stadium 3: Für moralisch hält man es, wenn man anderen wohl will und Gutes tut. Stadium 4: Moral besteht darin, Gesetze zu befolgen und die soziale Ordnung hochzuhalten. Viele Menschen gelangen nie über dieses konventionelle Niveau hinaus. Manche aber erreichen postkonventionelles Niveau, Stadium 5: Die Gesetze sollten befolgt werden, da sie das rationale Ergebnis mehrheitlicher moralischer Ansichten sind. Oder gar Stadium 6: Man ist universellen Prinzipien der Gerechtigkeit und

Gleichheit treu und hält Gesetze nicht für verbindlich, wenn sie Ungerechtigkeiten mit sich bringen sollten. Die Stadien sind nicht bestimmten Lebensaltern zugeordnet; die Entwicklung kann sich bis weit ins Erwachsenenleben hinein ziehen. Bis zum zehnten Lebensjahr haben die meisten Stadium 2 erreicht, bis zur Pubertät Stadium 4. Aber die Entwicklung setzt sehr früh ein und vollzieht sich dann ganz allmählich; eine Beziehung zu Freuds «psychosexuellen» Entwicklungsstufen ist nirgends zu erkennen. Schon vier Monate alte Säuglinge schreien mitfühlend, mit fünfzehn Monaten üben sie sich freiwillig im Teilen, im «Abgeben». Lange vor der hypothetischen Kastrationsdrohung bauen sie sich prosoziale, moralische Normen und erproben sie. Von Ödipus-Komplex, Kastrationsdrohung und Über-Ich ist bei der objektiv-empirischen Erforschung der kindlichen Moral überhaupt nicht die Rede.

Das Es in Freuds Instanzenlehre ist ein Monster: blind für die Außenwelt, von widersprüchlichen Leidenschaften durchtost, auf nichts versessen als auf Lust. «Angesichts eines solchen monströsen Gebildes fragt man sich», schrieb der Psychologe Franz Kiener, «wie das einzelne Individuum bzw. die Gattung Mensch damit eine Überlebenschance haben konnte? Aus den Forschungsbefunden der Physiologen, Ethologen und Psychologen geht hervor, daß biotische Prozesse ... allenthalben auf Anpassung nach einem Regelsystem ablaufen. Vom Standpunkt der Entwicklung und der in ihr begründeten Adaption physischer und psychischer Funktionen an die Umwelt ist das Es als ‹blindes› lustsuchendes System ein unhaltbares Konstrukt.»[15]

Die Seele des Neugeborenen soll ganz Es sein, noch ganz undifferenziert. Je mehr aber bekannt wird über Embryo und Säugling, desto abwegiger scheint die Ansicht, das neugeborene Menschenwesen sei zunächst nichts als ein undifferenziertes Konglomerat. Es ist anatomisch und physiologisch durch und durch strukturiert und differenziert, und es besitzt vom Augenblick der Geburt an Arten und Weisen, sich mit der Außenwelt sinnvoll auseinanderzusetzen. Zum Beispiel sucht es die Brust, um an ihr zu saugen; es merkt sich die Stimme der Mutter; es schreit auf eine Weise, die die Mutter herbeiruft, wenn es Aufmerksamkeit braucht; vermutlich erkennt es die Mutter an ihrem Geruch wieder; es versucht sich an sie anzuklammern ... Dieses sich ständig und planmäßig erweiternde Verhaltensrepertoire, dem wahrscheinlich ein sich ebenso erweiterndes inneres Erleben entspricht, hat der Säugling nicht, weil sein Es, um besser ans Ziel – Lust! – zu kommen, Gelände ans Ich abträte, auch nicht, weil es ihm beigebracht würde oder er es durch Beobachtung lernte, sondern weil es dem Menschen wie anderen Säugetieren in vielen Jahrmillionen der Evolution so einprogrammiert wurde. Ein Neugeborenes, dessen Psyche ganz aus einem autistischen Triebchaos bestünde, hätte keine Überlebenschancen gehabt.

Wie sich Teile eines solchen Monstrums von sich aus in das besonnene Ich verwandeln können, ist eine der Fragen, die der Psychoanalyse zu schaffen gemacht haben. Viel inner-psychoanalytischer Scharfsinn mußte auch aufgeboten werden, um dem in Freuds Modell zwischen Außenwelt, Über-Ich und «übermächtigem» Es ziemlich hoffnungslos eingeklemmten «armen Ich» in der Theorie etwas mehr Freiraum und Selbständigkeit zu erstreiten. So wurde als eine etwas modernere Variante der Psychoanalyse die sogenannte Ich-Psychologie geboren.

Das Ich, denkt man, sollte keine solchen Schwierigkeiten bereiten. Schließlich haben wir ein bewußtes inneres Erleben, nehmen bewußt wahr, empfinden bewußt, denken bewußt, verhalten uns bewußt, und in allem erleben wir uns selber als eine unverwechselbare Einheit, eben ein «Ich», wenn man dem einen Namen geben will, und das hat wahrhaftig nicht erst Freud entdeckt. Das Ich, wie die Psychoanalyse es sieht, bereitet aber Schwierigkeiten, und zwar erhebliche.

Erstens ist die Ausgrenzung eines Ichs innerhalb der Psyche überhaupt nur dann sinnvoll, wenn es sich von mindestens einem ganz anderen Seelenbezirk abheben kann. Ist jedoch das Es (oder das «Ubw») ein unbrauchbares Konstrukt, so ist überhaupt nicht mehr klar, wovon sich das Ich eigentlich unterscheiden soll. Dann wäre es nur ein anderer Name für die Psyche selbst, die Seele, das Geist / Gehirn.

Zweitens sind Freud und die meisten seiner Nachfahren, wo sie vom Ich sprechen, ganz in einem Dualismus cartesischer Art befangen: dort der bewußtlose Körper, hier der körperlose bewußte Geist, das Ich. Für die Psychoanalyse ist das Ich eine Art immaterieller, geistiger Person, die von oben in den Körper hineinregiert: Das Ich «verfügt» über die willkürlichen Bewegungen, es «vermittelt» zwischen Es und Außenwelt, es lenkt die blindwütigen körperlichen Triebe in akzeptable Kanäle. Das Ich steht dem biologischen Körpergeschehen also gegenüber und ist nicht ein Teil davon.

Den dritten und größten Schönheitsfehler des Freudschen Ich-Begriffs hat der Analytiker Emanuel Peterfreund besonders deutlich herausgearbeitet. Freuds Ich ist ja definiert durch die Summe seiner Leistungen, «Ich-Funktionen» genannt: Das Ich soll das sein, was die Wahrnehmungen macht, was die Bewegungen kontrolliert, was Erfahrungen im Gedächtnis speichert, was den Organismus an die Außenwelt anpaßt, was das innere Geschehen integriert, was entscheidet, welche Triebe zugelassen werden sollen ... Die Namhaftmachung noch so vieler solcher Ich-Funktionen, so Peterfreund, könne aber von vornherein gar nichts anderes liefern als leere Erklärungen. Da das Buch von Peterfreund und Schwartz in deutscher Sprache bisher nicht zugänglich und überhaupt so gut wie unbekannt ist, sei hier der betreffende Abschnitt zitiert. «Man stelle sich vor, wie es um die Kardiologie stünde, wenn sie sich mit dem Herzen im Stil der Ich-Psychologie befaßte. Man spräche von einer kardialen Wesenheit, die von ihren Funktionen definiert wird: einer Funktion, die den Herzschlag beschleunigt, einer anderen, die ihn verlangsamt, einer dritten, die unter Stress seine Amplitude vergrößert, einer vierten, die die Herztätigkeit in das übrige Körpergeschehen integriert, und so fort. Es wäre ein rein tautologischer Ansatz; erklärt wäre damit nichts. Was sich beobachten ließe, würde einfach einer Wesenheit zugeschrieben, deren Natur unbekannt und unerklärt bliebe. Abstraktionen und Verallgemeinerungen wären daraus nicht zu gewinnen. Es gäbe keine Reduktionen auf elementarere oder universellere Phänomene. Naturgesetze würden nicht abgeleitet. Nichts wäre gesagt, was einem erlaubte, ein Modell zu bauen, welches das Herz simuliert. Der Ansatz führte nicht dazu, daß unser Wissen oder unsere Fähigkeit der Naturbeherrschung gemehrt würde. Auf der Grundlage eines solchen Ansatzes hätte man ein Kunstherz oder einen Schrittmacher niemals herstellen oder auch nur ersinnen können. Alle Erklärungen, die auf dem Ich-Begriff beruhen, sind gleichermaßen tautologisch. Was sich psychologisch beobachten läßt, wird einem Agenten zugewiesen, dessen Natur unbekannt und unerklärt bleibt ... Sinnvolle Naturgesetze mit empirisch überprüfbaren Konsequenzen lassen sich daraus nicht ableiten. Allgemein bietet die Ich-Psychologie keine Möglichkeit, ein Modell zur Simulation der Seele zu bauen oder auch nur zu ersinnen. Kurz, ich sehe nicht, wie sich der Schluß vermeiden ließe, daß der Ich-Begriff grob unangemessen ist, selbst wo man ihn rein deskriptiv benutzt. Und wenn er in hochfliegenden erklärenden Aussagen verwendet wird, ergibt er wissenschaftlich wenig Sinn. Aussagen, die mit dem Konzept der Ich-Funktionen operieren, sind Pseudo-Erklärungen.»[16]

Dieses ist der wundeste Punkt der ganzen Instanzenlehre. Selbst wenn ihre Dreiteilung halbwegs richtig wäre, hörte sie schon auf, wo die Wissenschaft erst anzufangen hätte. Sie zerlegt die Seele in mehrere ihrerseits unerklärte Homunculi – das ist lateinisch und heißt wörtlich «Männchen» – und gibt dies als ihre Erklärung aus. Sie spaltet die Seele in drei «quasi-personale Instanzen» [17], drei Wesenheiten, die sich benehmen, als wären sie mehr oder weniger ganze Personen. Es war kein unfairer Einfall, als ein Hollywood-Film («The Forbidden Planet») das Es leibhaftig auftreten ließ, als eine riesige geisterhafte Raubkatze, das Monster Id. Einer der ersten, auf die Fragwürdigkeit von Personifizierungen dieser Art aufmerksam zu machen, war der amerikanische Psychiater Harvey Nash: «In [Freuds] Metapher [von den Personen innerhalb der Person], die an mittelalterliche Vorstellungen von fremden Homunculi im Innern des Menschen erinnert, erscheint eine einzige Person als aus mehreren ‹inneren Personen› zusammengesetzt ... Diese Innen-Personen treten in dramatischer Interaktion als die inneren Figuren eines Spiels im Spiel auf. Eine frühe Fassung des Dramas zeigte, wie das Unbewußte den gerissenen und aufmerksamen Zensor zu übertölpeln suchte, der über den Traum wachte. Später wurden die Rollen neu besetzt, mit Es, Ich und Über-Ich als Helden ... Um Verwirrung zu vermeiden, ist vorgeschlagen worden, die Metapher der innerpersonalen Personen dadurch zu ersetzen, daß man von ‹Spannungen zwischen innerpersonalen Organisationen› ... spricht. Aber wirres Denken kann sich in der Abwesenheit von Metaphern ebenso ereignen wie in ihrer Gegenwart. Die offene Metapher hat zumindest den Vorteil, die Widerspruchsfreiheit einer Theorie nachprüfbar zu machen.» [18] Peterfreund: «Das Ich der heutigen psychoanalytischen Theorie ist eine Person innerhalb des psychischen Apparats. Ein solcher Ansatz, der die Attribute, die man zu erklären sucht, einer unbekannten anthropomorphisierten Wesenheit zuschreibt, ist typisch für anachronistisches wissenschaftliches Denken. Die psychoanalytische Theorie versucht die Seele zu erklären, indem sie innerhalb der zu erklärenden Seele eine weitere Seele annimmt.» [19] Es ist, als meldete sich eine neuartige Ingenieurwissenschaft mit der Theorie, der Radioapparat funktioniere, weil sich mehrere kleine Radios in ihm befänden, von denen eins dazu da ist, Stromstöße auszuschicken, ein anderes, Töne hervorzubringen, und ein drittes aufpaßt, daß alles seine gewohnte Ordnung hat. Es fließen im Radio tatsächlich Ströme, es werden Töne produziert, und Normen werden auch befolgt; aber nie gelangte man auf diese Weise zu einem brauchbaren Radiomodell.

Es gibt darum heute Analytiker, denen die Instanzenlehre etwas peinlich ist. Einer von ihnen ist Roy Schafer, der es auf sich genommen hat, die Psychoanalyse wenigstens sprachlich von allzu anachronistischen Vorstellungen zu reinigen. Verdinglichungen und Personifizierungen lehnt er strikt ab. Als Instanzen, als Bereiche, als Agenturen, als Provinzen der Seele, kurz als Dinge, die mit Dingwörtern bezeichnet werden können, werden das Es, Ich und Über-Ich bei ihm liquidiert. Sie leben in seiner Fassung einzig fort als mögliche Verhaltensweisen, sozusagen nach dem Motto: «Wo Substantiv war, soll Adverb sein.» Es gibt kein Es mehr, sondern nur noch eine Möglichkeit, «eshaft» zu handeln, nämlich «auf eine Weise erotisch oder aggressiv, die insofern mehr oder weniger infantil ist, als sie irrational, unangepaßt, ungehemmt, unbekümmert um Folgen und Widersprüche und durch und durch selbstsüchtig ist...»[20] Das «Ich» verschwindet ebenso; was bleibt, ist die Möglichkeit «ichhaften» Handelns: «Recht verstanden, meint der Begriff Ich, bestimmte menschliche Ziele auf bestimmte Weise zu verfolgen, zum Beispiel durch Wahrnehmen, Sicherinnern, Nachdenken, Verdrängen, Projizieren und Synthetisieren.»[21] Aus dem Über-Ich schließlich wird die Art, sich «überichhaft» zu verhalten, nämlich «die eigenen Handlungen irrational, infantil, streng moralistisch und strafend zu beurteilen», und das alles unbewußt.[22] Es ist klar, daß Schafer die Instanzenlehre damit aus der Gefahrenzone bugsiert. Neben tausendundeinem Adverb für mögliche menschliche Handlungsweisen – stolz und feige und taktlos und so weiter – ist viel Platz für weitere, warum also nicht auch für ein Verhalten, das eshaft, ichhaft oder überichhaft ist? Allerdings ist die Instanzenlehre um ihretwillen nicht entworfen worden, und als bloßer Hinweis darauf, daß man wahrnimmt, sich erinnert oder nachdenkt und so weiter und für dies und manches andere mehr auch ein einziges Wort gebrauchen könnte, hätte sie niemals großen Eindruck gemacht. Nein, sie war schon, was sie scheint: eine Theorie über die Gliederung der Psyche und den ständigen Kleinkrieg zwischen ihren Unterabteilungen. Schafers Renovierung überpinselt diese Theorie, bis nichts mehr von ihr zu sehen ist; dann malt er, gleichsam als Andenken an sie, einige ihrer Begriffe auf die entstandene freie Fläche.

Ihr Appeal aber bestand gerade in den Personifizierungen, die sie bot, und darin besteht er auch weiter. So leben denn Es, Ich und Über-Ich bei heutigen Psychoanalytikern als Quasi-Personen im Innern der Person fort. «Das Es liegt mit dem Ich im Konflikt ...» «Das Unbewußte weiß es besser ...» «Das Über-Ich suggeriert mir ...» «Das Ich fühlt sich gedrängt ...»

Freuds Instanzenlehre war eine verspätete Neuauflage mittelalterlicher Dämonologie im Gewande der Wissenschaft. Die Person erschien als von drei Dämonen bewohnt, die einen unablässigen Streit in ihr aufführen. Einer war geil, rücksichtslos und böse, einer hochmoralisch und streng, und zwischen den beiden suchte der dritte mühsam, listig und anpasserisch Form und Contenance zu wahren. Ein Bild war das, eine Metapher, nicht mehr und nicht weniger, so eingängig wie die populäre Ansicht, «Herz und Verstand» oder «Kopf und Bauch» lägen miteinander im Widerstreit, und keine Erklärung für irgend etwas.

8. WECHSELNDE SCHLEIMHÄUTE: ÜBER DIE «PSYCHOSEXUELLE» ENTWICKLUNG

Dahinter steckt bestimmt etwas Sexuelles! Das ist die Botschaft, mit der Sigmund Freud dem Zeitgeist am tiefsten imponiert hat. Aus der Ferne betrachtet, zeigt sich in seiner Theorie gleichzeitig eine gewaltige Überschätzung und eine gewaltige Unterschätzung der Sexualität. Eine Unterschätzung, weil er Sexualität, jedenfalls in der Frühzeit der Psychoanalyse, für nicht viel mehr gehalten zu haben scheint als die Lustgewinnung an wechselnden Schleimhäuten. Eine Überschätzung, weil er auch Lebensäußerungen für sexuell motiviert hielt, die niemand anders jemals mit Sexualität in Verbindung gebracht hätte – und die wohl tatsächlich herzlich wenig mit ihr zu tun haben.

Geht man der Frage nach, wie er eigentlich dazu kam, allüberall Sexuelles zu wittern, so fällt auf, daß es in seinem Denken von 1892 an eine große Parteilichkeit in dieser Richtung gegeben zu haben scheint. Die Beweise waren mehr als dünn, aber sein Wille groß und mächtig. Insofern ist Freud die unausbleibliche Komplementärfigur eines verklemmten und prüden Zeitalters. Wo alle Welt darauf bestand, daß Sexualität nicht in Erscheinung treten dürfe, ja so tat, als gäbe es sie eigentlich gar nicht, mußte einer kommen und verkünden: Ich aber sage euch, alles ist sexuell, jedenfalls mehr, als ihr euch jemals träumen ließet – ihr ahnt gar nicht, wie sehr euch die Frustration schadet. Und wer an sich selber verspürt hatte, wie es tut, seine Sexualität kaschieren oder unterdrücken zu müssen, und darum noch mehr Sex im Kopf hatte als weniger frustrierte Menschen, mochte im stillen antworten: Der Mann hat recht.

An einem Punkt in der Gründungszeit der Psychoanalyse war Freud überzeugt, daß Hysteriker darum Hysteriker waren, weil sie als Kin-

der von ihren Eltern sexuell mißbraucht worden waren. Dann korri-
gierte er sich: weil sie allzugern sexuell mißbraucht worden wären
und sich darum einbildeten, es wäre tatsächlich geschehen. Die Einbildung sollte sich nur «im Unbewußten» abgespielt haben: Sie bildeten sich die entscheidenden sexuellen Erlebnisse ein, ohne selber
etwas von diesen Einbildungen zu merken, zu ahnen, zu wissen, zu
erinnern.

Zu den sexuellen Erlebnissen der Kindheit, die unbewußt, aber un-
vergänglich bleiben sollen, gehört das Onanieren im vierten Lebensjahr: «Alle Einzelheiten dieser zweiten infantilen Sexualtätigkeit hinterlassen die tiefsten (unbewußten) Eindrucksspuren im Gedächtnis
der Person, bestimmen die Entwicklung ihres Charakters, wenn sie
gesund bleibt, und die Symptomatik ihrer Neurose, wenn sie nach der
Pubertät erkrankt.»[1] *Alles* soll bis in die letzten Einzelheiten im Gedächtnis haften, und man selber ahnt nicht das mindeste davon, aber
es prägt den Charakter für alle Zeit!

Zunächst, schrieb Freud[2], habe er seine Einsichten in die kindliche
Sexualität ausschließlich aus der Analyse Erwachsener destilliert;
erst ab 1908 habe man auch Kinder beobachtet. Er sagt: «unbefangen»
beobachtet. Aber 1908 war seine Theorie längst fertig, da dürfte es mit
seiner Unbefangenheit nicht mehr weit her gewesen sein. Und mit der
Beobachtung?

Das Jahr 1908 nennt er wohl darum, weil er selber damals ein Kind
analysierte, den fünfjährigen Sohn Herbert Graf, Sohn eines guten Bekannten, in der psychoanalytischen Literatur geführt als der «Kleine
Hans». Hans hatte im Januar 1908 eine Pferdephobie entwickelt: Er
fürchtete, von einem Pferd gebissen und verfolgt zu werden. Im Mai
gab sich diese Angst wieder. Freud führte das auf seine Analyse zurück.
Aber will man das eigentlich Analyse nennen? Hans' Vater war ein
überzeugter Anhänger von Freud. Was Freud über das Kind wußte,
hatte er vom Vater. Auch behandelte er den Jungen nicht selber. Freud
sah den Jungen überhaupt nur ein einziges Mal. Die «Analyse» voll-
brachte ebenfalls der Vater nach Beratung mit Freud; eine Fernanalyse
sozusagen. Sie bestand darin, daß der Vater dem Kind Freuds Deutung
nahebrachte, nämlich daß seine Angst vor Pferden auf die (unbewußte) Angst vor dem Vater mit seinem Penis zurückgehe. «Ich
[schreibt der Vater] sage ihm daraufhin: ‹Weißt du, warum du dich vor
den großen Tieren fürchtest? Große Tiere haben einen großen Wiwimacher, und du fürchtest dich eigentlich vor dem großen Wiwimacher.› ‹Aber ich habe noch nie von den großen Tieren den Wiwimacher
gesehen.› [Also antwortet der Kleine Hans. Darauf der Vater:] ‹Aber

vom Pferde doch ...›»[3] Nach etlichen Wochen solcher Massage träumte Hans sogar schon von seinem Wiwimacher: «‹Es ist der Installateur gekommen und hat mir mit einer Zange zuerst den Podl [Hintern] weggenommen und hat mir dann einen andern gegeben und dann den Wiwimacher...› ‹Er hat dir einen größeren Wiwimacher und einen größeren Podl gegeben.› [So der Vater.] ‹Ja.› ‹Wie der Vatti sie hat, weil du gerne der Vatti sein möchtest?› ‹Ja, und so einen Schnurrbart wie du möcht' ich auch haben und solche Haare.›»[4] Die «Analyse» bestand also darin, daß die Person, die das neurotische Symptom, die Angst vor Pferden, angeblich ausgelöst hatte, der Vater, mit dem Sohn über den Körperteil sprach, der ihn dermaßen verschreckt haben sollte. Nach solcher Bearbeitung ist es kaum verwunderlich, daß sich auch Hans für das Ding zu interessieren begann, von dem der Vater so besessen sprach.

Die Kindheit seiner erwachsenen Patienten war fern, ihre Erinnerungen waren wacklig; also mögen die ihnen abgeluchsten Einsichten zweifelhaft gewesen sein, wie Freud selber einräumt. Den Hauptgrund, warum sie Zweifel verdienen, erwähnt er jedoch nicht. Aus seinen eigenen Fallgeschichten erfährt man, wie zielstrebig und unersättlich er bei seinen Patienten nach sexuellen Erlebnissen fahndete. Natürlich erzählten sie ihm unter solchem Druck manches, er schien ja gar nichts anderes hören zu wollen; und da ihm das selten ausreichte, dachte er sich weiteres aus und versuchte es ihnen unterzuschieben, mit wechselndem Erfolg – immer überzeugt, er lege heldenhaft und unerbittlich eine genierliche Wahrheit bloß, die zuzugeben alle sich sträubten. Sollten sie sich ruhig sträuben – er nahm es als Bestätigung, daß er richtig lag. Gerade ihr «Widerstand» gegen seine Enthüllungen sollte deren Wahrheit bestätigen. Sexuelles gab man in seiner Zeit nicht gern zu; er folgerte daraus mit seiner eigentümlichen Logik, daß Sexuelles im Spiel sein mußte, wenn man es nicht zugab. Wem sein Verdacht zwingend sagt, daß es etwas geben muß, der wird Anzeichen, Fährten, Fußstapfen finden. Ist der Zweig dort nicht wirklich geknickt? Das kann nur der Yeti gewesen sein, der Schneemensch des Himalaya. Aber wer es auch noch fertigbringt, aus der Tatsache, daß der Zweig *nicht* geknickt ist, einen Hinweis auf die Existenz des Yeti zu entnehmen («solch ein Wesen würde sich doch nicht dadurch verraten, daß es Zweige knickt!») – der kann sich vor Bestätigungen seiner Theorie nicht mehr retten.

Eine andere Quelle seiner psychosexuellen Einsichten erwähnte Freud später höchstens noch *en passant* und geniert: nämlich den Berliner Hals-Nasen-Ohren-Arzt Wilhelm Fließ, mit dem er seit 1887 bekannt und seit 1892 aufs engste befreundet war. Fließ machte zu jener Zeit wie Freud selber reichlichen Gebrauch von Kokain und war im übrigen wohl einer der eindrucksvollsten Spinner aller Zeiten, ein Mann aus der *lunatic fringe* der Wissenschaft, ihrer immer reichlich besetzten pseudohaften Randzone. Fließ' Marotte, die schließlich zu einem pseudowissenschaftlichen System eigener Art ausgebaut werden sollte, war die Überzeugung, daß das menschliche Leben von zwei Zyklen durchwaltet würde, einem männlichen von 23 Tagen Dauer und einem weiblichen von 28; je nachdem, welcher Zyklus den Embryo im Mutterleib zuerst traf, sollte er sich zu einem Jungen oder Mädchen entwickeln. Überall, auch im Kosmos spürte Fließ seine Zahlen 23 und 28 auf. Er war damit der Erfinder der Lehre vom Biorhythmus, purer Pseudowissenschaft[5]. Seine andere Marotte war die Nasenreflexneurose. Es ist eine Krankheit, die mit ihm sang- und klanglos verschollen ist. Mit ihr hatte es folgendes auf sich. Fließ hatte in den achtziger Jahren als örtliches Betäubungsmittel Kokain verwendet, über dessen Eigenschaften zunächst noch wenig bekannt war. Dabei war ihm aufgefallen, daß bei einigen seiner Patienten allerlei Beschwerden auf der Stelle verschwanden, wenn er die Droge auf ihrer Nasenscheidewand applizierte, unter anderem Migräne, Schwindel, Asthma, Heuschnupfen und Menstruationsbeschwerden. Statt diese Wirkung, wie es richtig gewesen wäre, der Aktion zuzuschreiben, die das durch die Nasenschleimhaut schnell resorbierte Rauschgift im Gehirn entfaltete, glaubte er, alle die auf die Kokaingaben ansprechenden Beschwerden seien – mittels obskurer Nervenreflexe – von jenen behandelten Stellen auf der Nasenscheidewand *verursacht* worden. Und zwar verrieten sich krankmachende Stellen durch Schwellungen. Man müßte also auch nur die geschwollenen Stellen in der Nase behandeln, um die Symptome zum Verschwinden zu bringen. Den Reigen der angeblich von solchen Nasenschwellungen hervorgerufenen Symptome faßte er unter dem Begriff «nasale Reflexneurose» zusammen. Da sich auch Menstruationsbeschwerden darunter befanden, glaubte er, es gebe eine besonders enge Beziehung zwischen Nase und Sexualität; die mit Kokain behandelten Stellen in der Nase bezeichnete er daher auch als «Genitalstellen». Freud bewunderte Fließ' Theorie und glaubte selber eine Nasenreflexneurose zu haben. Zweimal ließ er sich von Fließ die vermeintlich schuldigen Stellen an seiner Nasenscheidewand verätzen.

Bei einem von Fließ' Besuchen in Wien ließ Freud eine seiner Patientinnen an der Nase operieren. Es handelte sich um eine junge Frau namens Emma Eckstein, die sich mit Darmbeschwerden an Freud gewandt hatte und von diesem sogleich als «hysterisch» diagnostiziert worden war. (Die Diagnose «Hysterie» war damals immer dann beliebt, wenn der Arzt vor einer ungewöhnlichen und unerklärlichen Krankheit stand, die nicht in seinen Lehrbüchern vorkam, so wie es bis vor kurzem die «vegetative Dystonie» – eine angebliche «Verstimmung der vegetativen Nerven» – war.) Fließ ließ bei der Operation versehentlich ein halbmeterlanges Stück Verbandsgaze in der Wunde zurück. Verständlicherweise hatte die Patientin in der Folge starke Schmerzen und dauernde Nasenblutungen. Sie hielten auch noch an, als ein hinzugezogener Arzt die Gaze schließlich entdeckt und entfernt hatte. Freud wertete auch diese Beschwerden weiterhin als hysterische Symptome. Er war überzeugt, «das Frauenzimmer» blute «aus Sehnsucht» – nach ihm, ihrem Arzt. Freud an Fließ am 4. Mai 1896: «Als sie meine Ergriffenheit bei der ersten Blutung ... sah, fand sie einen alten Wunsch nach Liebe in Kranksein verwirklicht, ... und als ich nachts nicht kam, erneuerte sie die Blutung, als unfehlbares Mittel, meine Zärtlichkeit wieder zu wecken. Sie hat dreimal spontan geblutet, und jede Blutung hielt über vier Tage an, was eine Bedeutung haben muß.» Und am 4. Juni 1896: «... daß es Wunschblutungen waren, ist unzweifelhaft.»[6]

Es ist dies eine der finstersten Episoden aus der Frühzeit der Psychoanalyse, und man muß sich diesen Wust von Quacksalberei schon vergegenwärtigen, wenn man fragt, wie sicher der wissenschaftliche Boden ist, aus dem Freuds Theorie erwuchs. Ein Arzt führt eine Darmstörung auf letztlich sexuelle Ursachen zurück; um diese zu behandeln, läßt er die Kranke an der Nase operieren; und als der Kollege die Operation verpatzt, erklärt er die resultierenden postoperativen Beschwerden damit, daß die Patientin in ihn verliebt sei ...

Frank J. Sulloway hat im einzelnen untersucht, was Freuds Theorie der psychosexuellen Entwicklung alles Fließ verdankt. Von Fließ stammte die Idee einer spontanen kindlichen Sexualität (er mußte sie seiner eigenen Theorie zuliebe annehmen, denn der Biorhythmus sollte mit der Geburt zu schwingen beginnen und im Grunde sexueller Natur sein). Von Fließ nicht erfunden, aber propagiert wurde die Lehre von der ursprünglichen Bisexualität des Menschen (denn in jedem sollte sowohl der männliche als auch der weibliche Zyklus schwingen). Als erster auch war Fließ auf den Einfall gekommen, daß bei allen Neurosen eine unbewußte homosexuelle Komponente im Spiel sei. Fließsches Gedankengut war die Rückkehr zu bestimmten «Fixierungsstellen» in der psychosexuellen Entwicklung. Fließ hielt das Saugen des Babys für sexuell («Bemerken möchte ich nur, daß die

Saugbewegung, welche kleine Kinder mit Lippen und Zunge an periodischen Tagen ... machen, das sog. ‹Ludeln›, ebensowie das Daumenlutschen, als ein Äquivalent für Onanie angesehen werden muß» – Fließ 1897); und das Defäkieren und Urinieren desgleichen. Die Idee einer psychosexuellen «Latenzperiode» geht ebenfalls auf Fließ zurück – einem Zeitabschnitt zwischen der Beendigung des angeblichen ödipalen Dramas um den sechsten Geburtstag und dem Beginn der Pubertät, in dem die kindliche Sexualität schlummern soll, eingeschüchtert sozusagen von den gerade überstandenen ödipalen Qualen. Kurz, was Freud später für die originellsten Entdeckungen der Psychoanalyse halten sollte, war zu einem guten Teil von Fließ aufgebracht worden und stammte damit aus trübster Quelle.

Eine weitere Quelle der psychosexuellen Theorie ist Freuds berühmte «Selbstanalyse» im Hochsommer 1897, der sagenhafte Gründungsakt der Psychoanalyse. Denn ihrem Begründer soll damals gelungen sein, was gewöhnlichen Sterblichen nach seiner Lehre auf immer verwehrt ist: durch eine Anstrengung heldischer Introspektion das eigene «Unbewußte» zu entziffern. Hauptsächlich deutete er in dieser Zeit eigene Träume, und durch ihre freie Auslegung kam er der eigenen frühkindlichen Sexualität auf die Spur – unter allen denkbaren Erkenntnisquellen wohl der dubiosesten eine. Welche andere wissenschaftliche, welche andere psychologische Theorie traute sich, zu ihrem Beweis die Träume ihres Urhebers, von ihm selber gedeutet, ins Feld zu führen?

Die Medizinhistorikerin Elizabeth M. Thornton hat das ganze Frühwerk Freuds nach den Quellen seiner Überzeugung abgesucht, Hysterie gehe auf sexuelle Schwierigkeiten zurück. Sie hat nichts gefunden. Die beiden älteren Ärzte, mit denen Freud zeitweise zusammengearbeitet hatte, sein Wiener Kollege Josef Breuer und der berühmte Pariser Neurologe Jean-Martin Charcot, hatten die Idee einer sexuellen Ätiologie für die Hysterie noch ausdrücklich verneint. Plötzlich, wie aus dem Nichts geboren, war 1892 Freuds Überzeugung da und hinfort unerschütterlich. Kein klinisches Material, erst recht kein objektivempirisches, keine Zahlen, keine Diskussion alternativer Erklärungen – nichts, was irgendwie als wissenschaftlicher Beweis gelten könnte.

Mit seinem von vornherein auf Sexuelles erpichten Blick erkannte Freud bei seinen neurotischen Patienten, vor allem bei den Hysterikern unter ihnen, daß sie «pervers» waren. Perversität war für ihn ein weitgefaßter Begriff: Darunter fielen Homosexualität, Fetischismus und Nekrophilie, aber offenbar auch Fellatio und heterosexueller

Analverkehr. Er beschloß, daß diese Kranken neurotisch geworden waren, *weil* ihr Sexualleben nicht in Ordnung war. Aber er hatte erstens keine Ahnung, ob und wie weit solche «perversen» Praktiken auch unter Nichtneurotikern verbreitet waren. Seine mangelnde Kenntnis dessen, was das Normale ist, zeigt sich unter anderem daran, daß er einmal einen Mann als «impotent» diagnostizierte, weil der den Beischlaf nicht zweimal hintereinander ausführen konnte – was nur das normale Los der Männerwelt ist, hielt er für eine krankhafte Abirrung. Zweitens war es logisch wiederum ein unzulässiger Schluß: Auch wenn tatsächlich alle A B sein sollten (also alle Neurotiker Perverse), folgt daraus noch nicht, daß jedes B darum ein B ist, *weil* es ein A ist. Alle Deutschen sind Kartoffelesser; aber sie sind nicht darum Deutsche, weil sie Kartoffeln essen. «Ich muß vorausschicken, ... daß diese Psychoneurosen, soweit meine Erfahrungen reichen, auf sexuellen Triebkräften beruhen ... Die Symptome sind ... die Sexualbetätigung der Kranken», erklärte Freud[7] damals kategorisch. Das psychoneurotische Symptom soll sich einstellen, wo einem die sexuelle Betätigung versagt ist und man den angeblichen Triebwunsch vor anderen wie vor sich selber verleugnet. Es ist sozusagen sein Stellvertreter.

Später nannte Freud einen anderen Hauptgrund für die Annahme, die neurotischen Symptome seien nichts anderes als sexuelle Ersatzbefriedigungen: «Unsere Überzeugung von der Bedeutung der Symptome als libidinöse Ersatzbefriedigungen ist erst durch die Einreihung der Übertragung endgültig gefestigt worden.»[8] Mit der «Einreihung» meinte er, daß er es geschafft hatte, das, was er «Übertragung» nannte, in seine Theorie einzubauen. Und mit «Übertragung» meinte er den Umstand, daß die Patienten ihrem Analytiker oft heftige Gefühle entgegenbrachten, ihn anhimmelten oder sich gar schnurstracks in ihn verliebten. Solche Gefühle, so kam es ihm vor, eben weil er schon der Überzeugung war, daß alle Arten der Zu- und Abneigung sexuell motiviert seien – solche Gefühle konnten nur sexueller Art sein, und wo es sich rundheraus um Verliebtheit handelte, verriete sich nur ihr allgemeiner Kern. «Die Tatsache der grob sexuell betonten, zärtlichen oder feindseligen Übertragung, die sich bei jeder Neurosenbehandlung einstellt, obwohl sie von keinem Teil gewünscht oder herbeigeführt wird, ist mir immer als der unerschütterlichste Beweis für die Herkunft der Triebkräfte der Neurose aus dem Sexualleben erschienen.»[9] Da diese «zärtlichen oder feindseligen» Gefühle der Patienten aber, wie Freud meinte, in Wahrheit gar nicht ihm persönlich galten, sondern den Figuren ihrer Kindheit, und auf ihn nur «übertragen» waren, mußte sich einst Sexuelles zwischen ihnen und ihren Eltern und Geschwistern abgespielt haben. Es mußte also eine kindliche Sexualität geben, die sich auf die nächsten Angehörigen richtete. Nur bei den späteren Neurotikern? Aber sind die Neurosen nicht weit verbreitet? Sind wir nicht sogar «alle ein bißchen hysterisch»[10]? Dann mußte die kindliche Sexualität ein ganz allgemeines Phänomen sein. Nur lag sie keineswegs zutage. Worin also sollte sie bestehen?

An diesem Punkt halfen ihm die «Perversionen» der Neurotiker und seine mechanistische Auffassung der Sexualität weiter. Die «Perversen» benutzten Mund und After zum Geschlechtsverkehr. «Bei den Perversionsneigungen, die für Mundhöhle und Afteröffnung sexuelle Bedeutung in Anspruch nehmen, ist die Rolle der erogenen Zone ohneweiteres ersichtlich. Dieselbe benimmt sich in jeder Hinsicht wie ein Stück des Geschlechtsapparats.»[11] Auch bei Nichtneurotikern spielt der Mund eine Rolle als erogene Zone, aus der sexuelle Trieberregung in die Seele strömt; sie küssen sich und sind damit wohl ein bißchen pervers. Aber benutzen nicht auch schon kleine Kinder...? Ja, selbst sie, die unschuldigen Kleinen...? Den Mund...? Den Hintern...? Zwar nicht direkt zum Kopulieren...? Aber werden die Schleimhäute nicht auch gereizt, wenn ...? Könnte also nicht doch immerhin...? Logisch war es der eklatanteste aller Fehlschlüsse. Der Satz «Alle Psychoanalytiker sind Weise» läßt sich nicht umkehren; nicht alle Weisen sind Psychoanalytiker. Liebende benutzen wohl auch den Mund; aber nicht jede Mundbenutzung geschieht daher um der Liebe willen. So ward aus der Anschauung der Neurotiker und einer Menge zielbewußter Kombinatorik die Libidotheorie und die Lehre von der psychosexuellen Entwicklung geboren.

Die Libidotheorie: Sie besagt, daß unter den meßbaren Energie- oder Erregungsmengen, die angeblich aus dem Körper in die Psyche strömen, ein großer Teil qualitativ etwas Besonderes ist: Sie treiben zur sexuellen Betätigung. In der Umgangssprache heißt das einfach Geschlechtstrieb oder, gröber, Geilheit. Freud wählte dafür den technischer klingenden Namen Libido. Zunächst nahm er an, daß es nur zwei Arten von Trieben gebe, eben die Libido, die «Objekte» verlangt, an denen sie «abgeführt» werden kann, und neben ihr die in seinem Denken sehr kümmerlich behandelten sogenannten Ich-Triebe, die zur Selbsterhaltung und da vor allem zur Nahrungsaufnahme treiben. Grob gesagt: Sex und Essen. In seiner Schrift «Jenseits des Lustprinzips» dann legte er das bisherige Gegensatzpaar der (sexuellen) Objekt- und der auf Selbsterhaltung bedachten Ich-Triebe zu einem einzigen Triebbündel zusammen, das er die «Lebenstriebe» nannte; sie sollen den Organismus zur Fortsetzung und Fortpflanzung seines Lebens anhalten.[12] Aber dualistisch blieb sein Triebmodell: Den Lebenstrieben stellte er den Todestrieb gegenüber, der den Organismus angeblich dazu bewegen will, in den Zustand des Anorganischen zurückzukehren. Aus der Polarität von Lebens- und Todestrieben machten Freud und Freudianer später eine gröbere Polarität, nämlich die zwischen «sexuellen Energien» und «destruktiven Energien» oder schlicht zwischen Liebe und Haß. Mit der Todestriebtheorie haben sich auch viele Psychoanalytiker niemals anfreunden können; nicht wenige trennten sich sogar von der Libidotheorie – es schien ihnen nicht plausibel, die ganze reiche Palette menschlicher Motive auf bloße ein oder zwei Triebqualitäten zu reduzieren.

Ein Teil der Libido (die sich aus verschiedenen «Partialtrieben» zusammensetzen soll) richtet sich auf die eigene Person; auch jede Art von Eigenliebe ist für Freud also gleichfalls sexuell motiviert und heißt darum Narzißmus. Ein anderer Teil richtet sich auf andere Personen – sie sucht sich an menschlichen «Objekten» wie Mutter oder Vater abzureagieren. Das erste Objekt der Libido, so die Libidotheorie, ist in der Regel die Mutter. Schon das Neugeborene hat Angst, wenn die Mutter es verläßt. (Bis in die zwanziger Jahre hielt Freud Angst für «umgewandelte» Libido, glaubte er, Angst und Sexualität verhielten sich zueinander wie Essig und Wein.) Warum aber fürchtet der Säugling die Abwesenheit der Mutter? «Wenn der Säugling nach der Wahrnehmung der Mutter verlangt, so doch nur darum, weil er bereits aus Erfahrung weiß, daß sie alle seine Bedürfnisse ohne Verzug befriedigt. Die Situation, die er als Gefahr wertet, gegen die er versichert sein will, ist also die der Unbefriedigung, des *Anwachsens der Bedürfnisspannung*, gegen die er ohnmächtig ist.»[13] Oder anders gesagt: «Personen, welche mit der Ernährung, Pflege, dem Schutz des Kindes zu tun haben, [werden] zu den ersten Sexualobjekten, also zunächst die Mutter oder ihr Ersatz.»[14] Der Säugling merkt sich, heißt das, wer ihn von seinen – im weiten Sinn sexuellen – Bedürfnisspannungen befreit, also seine Lust erregt hat; den macht er zu seinem «Objekt». In der Regel wird es die Mutter sein.

Man kann diese Behauptung aber auch aus der psychohydraulischen Libidotheorie lösen, und dann klingt sie sogleich ganz einleuchtend: Der Säugling «liebt» seine Mutter, weil sie es ist, die ihn füttert und versorgt und beschützt. Damit könnte man sich leicht zufriedengeben, ob man nun der Psychoanalyse ferner oder näher steht. Es ist die «Sekundärtriebtheorie»: Die Liebe des Kindes zu seiner Mutter gehe darauf zurück, daß es von ihr gepflegt wird; das Kind liebt, wer ihm

Lust macht. Sie aber ist einer jener Punkte, an denen die Theorie sich als eindeutig falsch erwiesen hat.

Daß sie falsch sein muß, begann sich bei den inzwischen klassischen Versuchen mit jungen Rhesusaffen herauszustellen, die Harry Harlow in den fünfziger Jahren in den Primaten-Laboratorien der Universität Wisconsin durchführte. Er ließ Rhesusaffenkinder isoliert – ohne Kontakt zu ihrem Muttertier und anderen Artgenossen – aufwachsen und beobachtete, daß sie ihr Leben lang affektiv gestört blieben. Sie blieben es, obwohl sie bestens gefüttert und gepflegt wurden, für die Abfuhr ihrer «Bedürfnisspannungen» also regelmäßig gesorgt war.

Es waren vor allem diese Befunde, die den Londoner Kinderpsychiater John Bowlby an der Psychoanalyse irremachten und ihn schließlich dazu brachten, seine ethologisch orientierte Bindungstheorie an ihre Stelle zu setzen. Er resümierte das entscheidende Experiment Harlows so: «In einer Versuchsserie, bei der Affenbabys gleich nach der Geburt der Mutter weggenommen wurden, gab man ihnen Modellmütter, entweder einen Drahtzylinder oder einen mit weichem Tuch bedeckten ähnlichen Zylinder. Sie wurden mit einer Flasche gefüttert, die sich in jedes dieser Modelle stecken ließ. Dadurch ließen sich separate Messungen durchführen, die die Wirkung sowohl der Futtergabe als auch der Objekte erfaßten, die sich beim Anklammern angenehm anfühlten. Alle Experimente bewiesen, daß ‹Kontaktkomfort› zu Bindungsverhalten führte, Futter dagegen nicht ... Wenn ein Affenjunges, das mit einer nichtfütternden Stoffattrappe aufgezogen wird, beunruhigt ist, sucht es sofort nach der Attrappe und klammert sich an diese an (genau wie der wilde Affe in ähnlichen Umständen sofort seine Mutter sucht und sich an diese klammert). Nun fürchtet sich das junge Tier weniger, und es kann sogar anfangen, das bisher gefürchtete Objekt zu erkunden. Wenn ein ähnlicher Versuch mit einem Baby angestellt wird, das mit einem ‹milchspendenden› Drahtmodell aufgezogen wurde, zeigt sich bei ihm eine ganz andere Verhaltensweise: Es sucht nicht nach dem Modell, bleibt statt dessen beunruhigt und erkundet es nicht.»[15] Die Affenkinder suchen also nicht die Verringerung irgendwelcher Bedürfnisspannungen bei ihrer Mutter, sondern schlicht Kontakt. Die Stoffattrappe, die ihnen so etwas wie Fellkontakt erlaubte, «liebten» sie sogar dann, als sie sich ihnen gegenüber ausgemacht unlusterzeugend verhielt (im Experiment blies sie ihnen einen unangenehmen Luftstrom entgegen).

Offenbar «lernen» die Affenjungen die «Liebe» zu ihrer Mutter überhaupt nicht: Diese muß sie nicht füttern, sie muß auch sonst nicht «lieb» zu ihnen sein, sie kann sogar Dinge tun, die das Junge eigentlich dazu bringen müßte, sie zu meiden. Die Jungen sind offenbar von Anfang an so programmiert, daß sie sich an das nächste erreichbare fellige Wesen anklammern und den Kontakt mit ihm aufrechtzuerhalten suchen. In der Regel, das heißt unter natürlichen Bedingungen, wird das ihre Mutter sein. Ihre Nähe suchen sie, bis sie groß genug werden, langsam ihre Umwelt zu erkunden und dabei die Mutter zeitweise und unter ständiger Rückversicherung und dann immer kühner und sicherer werdend zu verlassen. Diese Bindung an die Mutter ist etwas Primäres, nicht von anderen Befriedigungen Abgeleitetes. Sie ist nicht psychoanalytisch und auch nicht lerntheoretisch zu verstehen, als Ergebnis verminderter Bedürfnisspannungen oder als Verstärkung bestimmter Verhaltensweisen. Das «Objekt» Mutter ist für das Junge kein Mittel zu irgendeinem Zweck; auch die unfürsorgliche Mutter wird geliebt, wie ergreifend geliebt! Die Liebe zur Mutter ist kein «Sekundärtrieb», kein Derivat der (sexuellen) Lustsuche; sie läßt sich nicht auf Lusterzeugung reduzieren. Sie ist ein eigener biologischer Instinkt, der sicherstellt, daß sich das Neugeborene an das einzige Wesen auf der Welt anschließt, welches es schützen und versorgen wird, weil es ebenfalls biologisch so eingerichtet ist, daß es seine eigenen Jungen schützt und versorgt.

Sowohl die Psychoanalyse wie auch die Lerntheorie sagen voraus, daß der Säugling jedes Wesen «lieben» wird, das seine Bedürfnisse befriedigt – die Kraft, die ihn bewegt, das Verlangen nach Lust (die für Freud dasselbe ist wie eine Verminderung der eigenen Erregungsspannung) kann sich all und jedes zum «Objekt» nehmen, sofern es nur seinen Zwecken dienlich ist. Die ethologisch orientierte Bindungstheorie hat dagegen gezeigt, daß diese erste Bindung durchaus individuell ist und ihr «Objekt» nicht austauschbar. Das Junge «liebt» die Mutter oder die Mutterattrappe auch dann unverwandt weiter, wenn sie seine Bedürfnisse überhaupt nicht befriedigt.

Gut, Rhesusaffen. Aber Menschen? Daß es bei ihnen nicht grundlegend anders ist, dafür spricht schon die Tatsache, daß nicht das Menschengeschlecht es ist, das die Mutter-Kind-Fürsorge erfunden hat. Es handelt sich um eine sehr viel ältere biologische Errungenschaft der Natur, deren die Ahnen des Menschen vor und während ihrer Menschwerdung auf jeden Fall teilhaftig gewesen sein müssen. Sie werden sie nicht aufgegeben oder eingebüßt haben, um sie als Kulturartefakt sofort neu zu erfinden.

Für die biologische Programmierung der Mutter-Kind-Bindung spricht ebenfalls, daß viele Einzelheiten der physiologischen und verhaltensmäßigen Abstimmung zwischen Mutter und Kind den Menschen überhaupt nicht bewußt (im Sinne von bemerkt und verstanden) sind und erst mühsam von der Wissenschaft aufgespürt werden müssen. Zum Beispiel, daß der Säugling die Stimme der Mutter schon in den ersten Stunden seines Lebens von fremden Stimmen unterscheiden kann. Oder daß das Kind schon mit zwei Tagen die Mutter am Geruch identifiziert (das Neugeborene bevorzugt ein Tuch, das mit der Milch der eigenen Mutter getränkt ist) und vielleicht auch die Mutter ihr Kind. Oder daß Mütter die Lautäußerungen von Säuglingen (das Hungerweinen, das Schmerzweinen und andere) viel besser unterscheiden und das heißt verstehen als Frauen, die zur Zeit keine kleinen Kinder versorgen; diese Frauen verstehen Säuglingslaute selbst dann schlechter, wenn sie ältere Kinder haben, an denen sie die Bedeutung der Weinlaute früher einmal lernen konnten. Solche unwillkürlichen Abstimmungen zwischen Mutter und Kind, von deren Vorhandensein die Menschen gar nichts wissen und die sie schon darum nicht geplant haben können, können schlechterdings keine willentlichen Kulturprodukte, sie müssen biologisch verankert sein.

Es gibt noch andere Hinweise darauf, daß Mutter und Kind beim Menschen physiologisch wie in ihrem Verhalten von vornherein aufeinander abgestimmt sind. Bowlby: «Erstens ist wohlbekannt, daß ein Menschenbaby mit einem Festhaltevermögen geboren wird, das ihm hilft, sein eigenes Gewicht zu tragen ... Zweitens lieben Babys menschliche Gesellschaft. Schon in den ersten Tagen lassen sich Babys durch soziale Interaktion beruhigen, etwa, wenn man sie auf den Arm nimmt, sie anspricht oder sie liebkost, und bald schon scheinen sie Freude daran zu haben, die Bewegungen von Menschen zu beobachten. Drittens steigern sich die Reaktionen des Schwätzelns und Lächelns bei Babys in der Intensität, wenn ein Erwachsener darauf in einer sozialen Weise reagiert, das heißt, indem er dem Baby Aufmerksamkeit schenkt. Dazu bedarf es weder der Nahrung noch sonst einer körperlichen Pflege, obwohl beides unterstützend wirken kann ... Die Tatsache, daß ein Kleinkind eine Bindung zu anderen gleichaltrigen oder etwas älteren Kindern zu entwickeln vermag, verdeutlicht, daß sich Bindungsverhalten entwickeln und auf eine Figur richten kann, die gar nichts unternommen hat, um die physiologischen Bedürfnisse des Kindes zu befriedigen. Dasselbe trifft auch auf erwachsene Bindungsfiguren zu.»[16]

Kinder lieben ihre Mutter auch dann, wenn sie von Ammen gefüttert und versorgt werden. Es handelt sich bei der Liebe des Kindes zur Mutter eben nicht um die Abfuhr von Triebspannungen an dem nächstbesten «Objekt», das sich als dazu brauchbar erwiesen hat, aber grundsätzlich austauschbar bleibt. Die wechselseitige Liebe zwischen Mutter und Kind – die primäre Bindung – beruht vielmehr auf einem sinnvollen Instinkt, der mit einer Vielzahl von aufeinander abgestimmten Reaktionen und Gefühlsappellen dafür sorgt, daß das biologisch Sinnvolle geschieht: daß das Kind mütterliche Fürsorge erfährt, bis es imstande ist, für sich selber zu sorgen. «Wer mit verhaltensbiologischen Prinzipien vertraut ist, … dem wird es nicht neuartig vorkommen, sich das Menschenkind als derartig genetisch vorprogrammiert vorzustellen, daß es ein Ensemble von Verhaltensmustern hervorbringt, welches es in einer angemessenen Umwelt dazu veranlaßt, mehr oder weniger dicht in der Nähe dessen zu bleiben, der für es sorgt, und genauso wenig neuartig wird er die Vermutung finden, daß diese Neigung zur Nähewahrung die Funktion hat, das mobile Kleinkind und das heranwachsende Kind vor etlichen Gefahren zu schützen, unter denen im Milieu der evolutionären Anpassung des Menschen wohl die Gefahr, die ihm von Raubtieren drohte, an oberster Stelle stand … Doch auf klinische Psychiater und Entwicklungspsychologen wirkten solche Ideen, als sie zum ersten Mal auftauchten, wie ein Schock» (John Bowlby [17]).

Natürlich ist jeder frei, die Worte mit jedwedem Inhalt zu füllen. Wer wie Freud und mit ihm viele Psychoanalytiker alle aus dem Innern kommenden Gefühlsappelle, die ein Wesen veranlassen, Wärme, Geborgenheit, Zuwendung, Nähe zu suchen, sich an ein anderes zu binden, sei es an die Eltern, sei es an den späteren Liebespartner, sei es an einen Freund oder an ein Hobby oder an das Gemeinwesen, partout erotisch oder sexuell nennen möchte, dem ist das nicht zu verwehren. «Den Kern des von uns Liebe Geheißenen bildet natürlich, was man gemeinhin Liebe nennt und was die Dichter besingen, die Geschlechtsliebe mit dem Ziel der geschlechtlichen Vereinigung. Aber wir trennen davon nicht ab, was auch sonst an dem Namen Liebe Anteil hat, einerseits die Selbstliebe, andererseits die Eltern- und Kindesliebe, die Freundschaft und die allgemeine Menschenliebe, auch nicht die Hingebung an konkrete Gegenstände und an abstrakte Ideen. Unsere Rechtfertigung liegt darin, daß die psychoanalytische Untersuchung uns gelehrt hat, alle diese Strebungen seien der Ausdruck der nämlichen Triebregungen, die zwischen den Geschlechtern zur geschlechtlichen Vereinigung hindrängen … Wir meinen also, daß die Sprache mit dem Wort ‹Liebe› in seinen vielfältigen Anwendungen eine durchaus berechtigte Zusammenfassung geschaffen hat …» [18] Wenn Freud die Umgangssprache als Zeugen aufruft, dann in der Hoffnung, daß sie ihm eine zusätzliche Bestätigung für seine Theorie liefern könnte. Aber auf das Zeugnis der Umgangssprache ist in der Wissenschaft wenig zu geben. Auf jeden Fall muß man sich hüten, sich von dem Wortgebrauch auch gleich eine Erklärung soufflieren zu lassen. Selbst wenn auf alles das Wort «Liebe» irgendwie zu passen scheint, muß es noch lange nicht dasselbe sein. Wenn die Umgangssprache ein und dasselbe Wort für verschiedene Phänomene verwendet, dann tut sie es nicht, weil sie dasselbe wären, sondern weil sie in den Augen des «Umgangsmenschen» irgendeine Ähnlichkeit besitzen. Das Lied der Romantik, das Lied der Nachtigall und das Lied, das in allen Dingen schläft, sind Dinge, die miteinander nicht viel zu tun haben und nicht auseinander erklärt werden können; nur unserer Fähigkeit, auch sehr ferne Ähnlichkeiten zu bemerken, und unserem Bedürfnis, auch für ferne Phänomene vertraute Begriffe einzusetzen, verdanken sie ihre Vereinigung unter einem sprachlichen Dach. Benennen und Erklären sind grundsätzlich zweierlei. *Nennen* kann man das Lutschen des Säuglings «sexuell» oder «libidinös» oder «kannibalisch» oder wie auch immer; ob es aber tatsächlich eine Äußerung von Sexualität *ist*, darf damit nicht vorweg entschieden sein. Es entscheidet sich überhaupt nicht durch sprachliche Argumente.

Heute kann man des öfteren hören, daß die sexuellen Wünsche des Kindes, von denen Freud sprach, nur gleichsam sexuelle Wünsche gewesen seien. Aber Freuds Theorie handelt nicht von quasisexuellen Impulsen, von «Liebe» im allgemeinsten Sinn. Es soll sich eindeutig um die Erzeugung sexueller Lust an wechselnden Schleimhäuten handeln: «Das Sexualziel des infantilen Triebes besteht darin, die Befriedigung durch die geeignete Reizung der so oder so gewählten erogenen Zone hervorzurufen.»[19]

Die Körperstellen, aus denen die Kinder ihre sexuelle Lust beziehen, sollen im Lauf der Zeit wechseln; und dieser Wechsel und seine psychischen Begleitumstände machen die «psychosexuelle» Entwicklung aus, von der Freud annahm, sie hinterlasse lebenslange Folgen. Zunächst soll die frühkindliche Sexualität noch nichts mit den Genitalien zu tun haben, sondern ihre Lust aus anderen Schleimhäuten beziehen. Alle Kinder sollen regelmäßig eine Phase «prägenitaler», nämlich zuerst «oraler» und dann «analer» Sexualität durchlaufen, ehe sie beginnen, sich an ihren Geschlechtsteilen zu schaffen zu machen. Dann auch beginnen sie mit dem, was Freud die «kindliche Sexualforschung» nannte – sie werden neugierig auf Sexuelles im engeren Sinn. Dies soll die «phallische» Phase sein. Das herausragende «psychosexuelle» Ereignis ist dann regelmäßig der «Ödipus-Komplex» mit dem Wunsch nach Geschlechtsverkehr mit dem gegengeschlechtlichen Elternteil. Der soll mit so viel Angst und Enttäuschung verbunden sein, daß die Kinder danach fürs erste von der Sexualität genug haben.[20] Sie soll auf Tauchstation gehen: die «Latenzperiode», die erst mit dem Anbruch der Pubertät ein Ende findet.

In Wahrheit ist die kindliche Sexualität in der Zeit der angeblichen Latenz, des Schlummers in der Verborgenheit, nicht «latenter» als zu irgendeiner anderen. Die gesamte Kindheit über werden die Sexualhormone in gleichmäßig niedrigen Mengen ins Blut ausgeschüttet. Nur kurz vor der Geburt und dann erst wieder mit einsetzender Pubertät werden sie in hohen Mengen produziert. Ganz pausiert ihre Bildung nie. Im Einklang mit diesem Befund gibt es auch im protosexuellen Verhalten des Kindes keine Zeit der Ruhe. Die Häufigkeit der Onanie und das Interesse an sexuellen Dingen nehmen vielmehr langsam und stetig zu.

Wer in fast allen Lebensäußerungen des Kleinkinds Sexuelles wittert, der ist übrigens schlecht dafür gerüstet, die wirklichen frühkindlichen Vorformen der Sexualität zu erkennen und zwischen ihnen zu differenzieren. Denn in der Tat gibt es kindliche Vorboten der Sexualität, wenn auch eine ganz ohne den dramatischen Charakter, den Freud ihnen zuschrieb. Sie zeigt sich vor allem in den Gliedversteifungen, die schon bei dem wenige Monate alten Säugling vorkommen können, und in dem späteren Hang zur Berührung der eigenen Geschlechtsteile, bis hin zu deutlich onanistischen Praktiken.

Der «Kinsey-Report» berichtet, daß zweijährige Jungen und weniger als ein Jahr alte Mädchen beim Onanieren beobachtet wurden. Die große Mehrzahl aller Jungen beginnt sich jedoch erst mit zehn, elf oder zwölf Jahren, also kurz vor der Pubertät und noch mitten in dem, was Freud die «Latenzzeit» nannte, mit der Onanie zu befassen; vorher sind «die meisten jungen Knaben ... bei einem Versuch der Onanie in ihren Bewegungen so flüchtig, daß keine Befriedigung erlangt wird, und sie haben daher auch kein weiteres Interesse an einer Wiederholung des Versuchs»[21]. Nur eine Minderheit onanierte vor der Pubertät, und zwar mehr Mädchen (19 Prozent) als Jungen (10 Prozent). Kinsey berichtet von etlichen Mädchen, die noch vor dem dritten Geburtstag bis zum Orgasmus onanierten; auch Jungen erreichten vor der Pubertät und zum Teil in noch sehr jungen Jahren einen Orgasmus, allerdings ohne Ejakulation.[22]

Doch selbst bei einer scheinbar so eindeutig sexuellen Betätigung wie der Onanie verbietet es sich, jedes neugierige Spiel, das in den Augen Erwachsener sexuellen Interessen zu entspringen scheint, sei es das Befingern des Genitales, sei es das Heiratsspiel, auf sexuelle

Motive zurückzuführen. «Die kindliche Motivation», schreibt der Verhaltensbiologe Bernhard Hassenstein, «ist dabei sicherlich meist gar nicht sexueller Natur, sondern gehört in den Bereich des Erkundens, der Wißbegierde und des Spielens. Es wäre ja merkwürdig und bedürfte einer besonderen Erklärung, wenn der Wissensdurst der Kinder die Körpergegend der Geschlechtsorgane ausklammern würde. Man sollte daher bei solchen Erkundungs- und Spielhandlungen gar nicht von Onanie sprechen und diesen Begriff auf die sexuelle Selbstreizung mit der Tendenz zur Steigerung der Erregung beschränken.»[23] Hassenstein hält nur eine solche aktive Selbstreizung für bedenklich; für bedenklich aber nicht, weil Kinder vor der Pubertät einen Sexualtrieb hätten und ihn aus moralischen oder hygienischen Gründen nicht ausleben sollten, sondern weil sie auf eine «gestörte Entwicklung in anderen Verhaltensbereichen» hindeute. Wenn ein Kind onaniert, so ist das also ein Indiz dafür, daß es unerfüllte Bedürfnisse auf ganz anderen Gebieten hat als dem der Sexualität.

Kleinkinder – so sah es Freud – sind polymorph pervers. Das klingt technisch und gewichtig und irgendwie verwerflich, sollte indes nur heißen, daß sie aus vielerlei Betätigungen an ihrem Körper Lust ziehen, die für Freud prinzipiell sexuell ist. Aber in verschiedenen Lebensaltern herrschen bei ihnen andere «erogene Zonen» vor.

Die erste ist der Mund. Die Säuglinge der Säugetiere saugen, wie man weiß. Sie saugen an der Mutterbrust, um zu trinken, Kinder saugen aber bald auch an anderem, dem Daumen, einem Zeh, einem Bettzipfel, und das ohne zu trinken und nur weil es ihnen Spaß zu machen scheint. Sie saugen, um Lust zu gewinnen. Und Lust kann nur Sexuallust sein. Im Saugen sollen Ernährungstrieb und Sexualtrieb zunächst vermischt sein. Das ist die «kannibalische» Phase: Die Kinder versuchen, die Mutterbrüste aufzufressen. «Das Sexualziel besteht in der *Einverleibung* des Objektes, dem Vorbild dessen, was späterhin als *Identifizierung* eine so bedeutsame psychische Rolle spielen soll.»[24] (Ein typischer Salto mortale, diese Gleichung: Du identifizierst dich mit einem Vorbild? Das kommt daher, daß du als Säugling immer die Brustnippel deiner Mutter auffressen wolltest – du hast sie buchstäblich in dich hineingenommen, sie dir einverleibt, und diese wonnevolle Hereinnahme imitierst du jetzt, indem du dir jemanden sozusagen psychisch einverleibst! Eine entfernte Ähnlichkeit zwischen zwei weit auseinanderliegenden Vorgängen, eigentlich nicht mehr als die Möglichkeit, sie beide mit Ach und Krach mit ein und demselben Wort – Einverleibung – bezeichnen zu können, muß in dieser Tollhauspsychologie dazu herhalten, den einen aus dem anderen zu erklären.)

Sind beim Neugeborenen Ich- und Objekttriebe noch vermischt, so sollen sie sich alsbald trennen. Das Saugen teilt sich dann in eine Ernährungs- und eine Sexualfunktion. «Das Wonnesaugen ist mit voller Aufzehrung der Aufmerksamkeit verbunden, führt entweder zum Einschlafen oder selbst zu einer motorischen Reaktion in einer Art von Orgasmus.»[25] Die durchs Lutschen zum Orgasmus kommenden Säuglinge – es gibt sie freilich nur in Freuds Phantasie.

Alles Kitzeln, alles Hautreiben im Leben eines Säuglings ließ in den Gedankengängen, die Freud seinen Lesern vorführte, unmittelbar auf Sexualität, auf Onanie schließen. Womit sich die Theorie in der charakteristischen Volte wieder einmal selber bestätigte: Wenn das Kleinkind von Sexualität besessen ist, dann müßte es sich an seiner Haut Lust verschaffen. Da, kitzelt es sich nicht wirklich? Dann stimmt es also, dann haben wir einen Fall von kindlicher Sexualität vor uns. Alle Zärtlichkeit zu Mutter und Vater und anderen Pflegern: ebenfalls sexuell motiviert.

Heute hört sich die Theorie zum Beispiel so an: «Die erste Phase des Trieblebens ist die orale. Sie dauert von der Geburt bis etwa zum achtzehnten Lebensmonat. Ihren Namen verdankt sie der Tatsache, daß die libidinöse Befriedigung aus der Nahrungsaufnahme und den mit ihr verbundenen Organen bezogen wird – dem Mund, den Lippen und der Zunge. Die Befriedigung der oralen Bedürfnisse in Form der Sättigung führt zu Spannungsfreiheit und Schlaf. Viele Schlafstörungen scheinen mit Phantasien orallibidinöser Natur verbunden zu sein. Beißen und Saugen sind Tätigkeiten, die dazu dienen, orale Triebe zu befriedigen und die Welt zu ‹erkunden› … Karl Abraham (1924) zufolge neigen Menschen, deren orale Bedürfnisse übermäßig frustriert worden sind, ständig dazu, Enttäuschungen vorwegzunehmen. Sie sind Pessimisten. Auf der anderen Seite neigen Individuen, deren orale Bedürfnisse befriedigt worden sind, zu einer optimistischeren Sicht der Dinge» (der Analytiker Jacob A. Arlow[26]).

Auf die orale folgt die anale Phase. Jetzt sollen die Schleimhäute des Anus die empfindlichste «erogene» Zone sein, und die Kinder genießen die Defäkation sexuell. «Kinder, welche die erogene Reizbarkeit der Afterzone ausnützen, verraten sich dadurch, daß sie die Stuhlmassen zurückhalten, bis dieselben durch ihre Anhäufung heftige Muskelkontraktionen anregen und beim Durchgang durch den After einen starken Reiz auf die Schleimhaut ausüben können.»[27]

Verstopfungen wie Durchfälle, alle die «so häufigen Darmstörungen der Kinderjahre sorgen dafür, daß es der Zone an intensiven Erregungen nicht fehle»[27]. Diskret deutet Freud damit an, daß das, was der Laie wie der normale Mediziner für eine lästige Verdauungsstörung hält, ein psychisches Geheimnis in sich berge; es diene «in Wahrheit» dazu, dem Kind geschlechtliche Lust zu verschaffen. Damit sind auch die Bauchschmerzen einer psychoanalytischen Deutung zugeführt. Tatsächlich deutete Freud auch die Verstopfung, über die manche seiner «neurotischen» Patienten klagten, in eben diesem Sinn: als eine «Zurückhaltung der Fäkalmassen, die also anfangs eine absichtliche ist, um sie zur gleichsam masturbatorischen Reizung der Afterzone zu benützen»[28]. Eine quälende Darmstörung gleich Onanie: absurder hat selten ein Arzt die Krankheiten seiner Patienten verkannt.

«Der Darminhalt ... hat für den Säugling noch andere wichtige Bedeutungen. Er wird offenbar wie ein zugehöriger Körperteil behandelt, stellt das erste ‹Geschenk› dar, durch dessen Entäußerung die Gefügigkeit, durch dessen Verweigerung der Trotz des kleinen Wesens gegen seine Umgebung ausgedrückt werden kann.»[28] Der Darminhalt soll sogar die Bedeutung «Kind» bekommen, «das nach einer der kindlichen Sexualtheorien durch Essen erworben und durch den Darm ausgeschieden wird»[28]. Kot als Geschenk: Elizabeth Thornton sieht in dieser Theorie eins der vom Kokaingebrauch verursachten psychotischen Symptome Freuds: «Die Theorie, ob von seinen Patienten oder der eigenen Person abgeleitet, ist hoch pathologisch; sie erinnert an die vielen seltsamen Vorstellungen, die Irre mit ihren Exkretionen verbinden. Als zum Beispiel Guy de Maupassant an fortgeschrittener Neurosyphilis starb, hielt er seine Ausscheidungen absichtlich zurück und sagte, sein Urin sei ‹ganz aus Diamanten ... ganz aus Juwelen›.»[29]

Die anale Phase soll auch eine sadistische sein. Das heißt, die Libido kommt Freud zufolge in dieser Zeit vorwiegend in Gestalt zweier «Partialtriebe». Der eine richtet sich auf die Lustgewinnung an den Schleimhäuten des Afters, der andere kommt in Gestalt eines «Bemächtigungstriebs, der leicht ins Grausame übergreift»[30]. Daß Kinder dieses Alters die Dinge um sie herum zu untersuchen beginnen, den einen oder anderen in Besitz nehmen und dabei noch tolpatschig und ziemlich hemmungslos sind, wird also ebenfalls sexuell gedeutet: als Sadismus, als sexuelle Lust am Quälen. Mit dem Nebeneinander gerade dieser beiden hypothetischen Partialtriebe aber soll es eine besondere Bewandtnis haben – es soll der Vorläufer des späteren Gegensatzes zwischen Männlichkeit und Weiblichkeit sein. Der Wunsch nach Reizung der «erogenen Darmschleimhaut» soll ein «passives» und mithin proto-weibliches Sexualziel sein, der Wunsch nach «Bemächtigung» mit Hilfe der Körpermuskulatur ein «aktives» und proto-männliches.[31] Wo das einmal gefundene Erklärungsschema sich selbständig zu machen und eine Schönheit eigener Art zu entwickeln beginnt – alles scheint immer wunderbarer zueinander zu passen –, hält man den Kopf am besten eine Weile in die frische Luft und erinnert sich daran, daß das elaborierte Theorienknäuel auf der Behauptung ruht, es sei ihr Geschlechtstrieb, der kleine Kinder von anderthalb Jahren einerseits zum Defäkieren, andererseits zum Zugreifen bewege (sozusagen zum Kacken & Pakken) – einer Behauptung bizarrster Art, für die kein einziger objektiver Befund spricht, sondern höchstens einige sehr entfernte, vage und willkürliche Analogien.

Die Analtheorie wiederum in modernem Resümee: «Zwischen achtzehn Monaten und drei Jahren besteht die Hauptquelle der Lust und der libidinösen Befriedigung in den Aktivitäten, die mit dem Zurückhalten und Ausdrücken der Fäces verbundes sind ... Das Interesse an körperlichen Vorgängen, am Beriechen und Berühren des Kots und am Spiel mit ihm stehen im Vordergrund ... Der Ekel, den jene zeigen, die dem Kind Sauberkeit beibringen, und die Scham, die das Kind empfinden soll, können zu verminderter Selbstachtung führen. Als Reaktion darauf kann das Kind mit Bokkigkeit und Widerspenstigkeit reagieren und mit dem Vorsatz, alles im Griff zu haben, was ihm zustößt. Letzteres kann die Form einer trotzigen Verzögerungstaktik annehmen. Durch einen Reaktionsbildung genannten Vorgang kann das Kind seinen Wunsch, alles einzusauen, dadurch überwinden, daß es gewissenhaft sauber, übertrieben pünktlich und geizig im Umgang mit seinem Besitz wird» (Arlow[32]).

So drastisch, wie sie gemeint war, stellen sich die meisten, die heute zartsinnig von oralen und analen Charakteren raunen, die Theorie der psychosexuellen Entwicklung nicht vor. Eines hat sie jedenfalls für sich: Es lassen sich überprüfbare Hypothesen daraus ableiten, über deren Richtigkeit oder Falschheit die Wirklichkeit entscheidet. Sie ist eminent testbar. Sie ist vielfach getestet worden.

Bekommt das Kind zu knappe orale Lust, etwa indem es zu früh oder zu abrupt abgestillt wird, so soll es zu einem «oralen Pessimisten» werden: verzagt, passiv, feindselig-aggressiv. Bekommt es ausgiebig orale Lust, wird es «verwöhnt», so wird ein «oraler Optimist» aus ihm: zuversichtlich, gesellig, großzügig, abhängig. Die erste Frage muß also sein: Gibt es diese Typen? Kommen diese Eigenschaften tatsächlich gehäuft miteinander vor? Die zweite: Lassen sie sich auf die behaupteten Saugerfahrungen zurückführen? Die dritte: Sind diese sexueller Natur?

Aus der Fülle der Arbeiten, die diesen Fragen nachgingen, können hier nur ein paar besonders herausragende Erwähnung finden.

Gegen die psychoanalytische Herleitung des oralen Charakters spricht sehr stark, daß Kinder mit Gaumen- oder Lippenspalten, die nie an irgend etwas saugen konnten, keineswegs vermehrt zu oralen Pessimisten wurden oder in sonstige seelische Schwierigkeiten gerieten. Eine deutsche Studie, die speziell dieser Frage nachging und deren Ergebnisse in einer psychoanalytischen Zeitschrift veröffentlicht wurden, kam zu dem Ergebnis: «Gemessen an den erschwerten Entwicklungsbedingungen, den an sie geknüpften immerhin nicht unbegründeten psychodynamischen Hypothesen (Libidoentwicklung, individuelle Autonomie) ... scheinen die von uns untersuchten [fünfundsechzig] Spaltträger geradezu erstaunlich unauffällig und ‹normal› zu sein.»[33] Und was gern als Beweis für die Richtigkeit der Oraltheorie angeführt wird, daß nämlich oral frustrierte Kinder mehr am Daumen lutschen als andere, beweist nicht mehr, als daß Daumenlutschen ein Ersatz fürs Saugen ist oder sein kann.

Zwischen 1948 und 1951 maß Frieda Goldman-Eisler in einer Serie von Studien per Fragebogen verschiedene «orale» Eigenschaften und kam zu dem Ergebnis: Ja, es gibt jene beiden Charaktertypen. Freud (und sein Jünger Karl Abraham, von dem die Theorie des oralen Optimismus im wesentlichen stammt) hatten also richtig beobachtet. Gäbe es die beiden Typen nicht, so wäre die Theorie notwendig falsch; daß es sie gibt, bestätigt sie jedoch noch nicht. Denn bestimmte Charakterzüge können aus vielen Gründen gemeinsam auftreten; es brauchte den Aufwand der psychoanalytischen Theorie zum Beispiel nicht, um vorauszusagen, daß ein Optimist eher gesellig sein wird als ein Pessimist. Bestätigt würde die Theorie erst, wenn es Beweise für die behauptete frühkindliche Entstehungsgeschichte und dazu für die sexuelle Natur der entscheidenden Erlebnisse gäbe. Für letzteres gibt es nicht nur keinen Schimmer von Beweis; es gibt noch nicht einmal einen Versuch, einen solchen zu finden. Das Sexuelle an der Oralität ist nach wie vor reine Glaubenssache.

Und was fand Goldman-Eisler noch? Sie stellte einerseits einen Zusammenhang zwischen früher Entwöhnung und Pessimismus fest; für den ebenfalls vorausgesagten Zusammenhang zwischen früher Entwöhnung und feindseliger Aggressivität fand sie keine Stütze. Bei einigem Wohlwollen also ließe sich sagen, sie habe die Theorie zur Hälfte bestätigt. Zur anderen Hälfte aber wurden die entscheidenden Erwartungen eben nicht bestätigt. Die Psychoanalyse hat den oralen Charakter wohl einigermaßen zutreffend beobachtet, aber falsch erklärt, und seinen Namen trägt er damit zu Unrecht.

Entscheidende Fragen ließ Goldman-Eisler offen. Wieviel Verlaß war auf die Erinnerung der Mütter, auf deren Auskünften all ihre Schlüsse beruhten? Waren die Kinder tatsächlich oral frustriert, nur weil sie relativ früh entwöhnt worden waren – wirkt denn die Babyflasche oral frustrierend? Wieso eigentlich, wenn der Säugling nur daran interessiert ist, Lust aus seinen Mundschleimhäuten zu gewinnen? Soviel zu einer prominenten Studie mit teilweise positivem Ausgang.

Wird das Kind in seiner Lustgewinnung beim Koten behindert, so soll sich ein «analer Charakter» entwickeln. Dieser ist klarer definiert als der orale, nämlich durch das Trio Ordnungsliebe, Sparsamkeit und Eigensinn. Tatsächlich treten diese drei häufig miteinander auf. Wieder läßt sich sagen: Zutreffend beobachtet, sogar zutreffender als beim ziemlich diffusen Oralcharakter, bei dem selbst unter Psychoanalytikern wenig Einigkeit besteht, welche Eigenschaften ihm zuzurechnen sind. Aber auch richtig erklärt? So relativ klar umrissen der anale Charakter ist, so vage ist schon bei Freud, was ihn hervorrufen soll. Die Sauberkeitserziehung – aber was an ihr? Nach Freud, daß sie «zu früh, zu spät, zu streng, zu permissiv» ist. Da kann man auch gleich sagen: jede Sauberkeitserziehung mag zum analen Charakter führen; oder mit den von widersprüchlichen psychologischen Ratschlägen drangsalierten Eltern seufzen: Wie man's macht, ist's falsch.

Ein Zusammenhang zwischen der Strenge der Reinlichkeitserziehung und dem Analcharakter wurde logischerweise mehrfach gesucht, aber niemals gefunden. Ein Beweis für die sexuelle Natur der analen Lust wurde wiederum noch nicht einmal gesucht. Das Buch von Fisher/Greenberg, vollständiger als das von Kline, zählt achtzehn Studien auf. Beispiele: «Beloff (1957) interviewte die Mütter einer Stichprobe von Studenten in den höheren Semestern, um herauszufinden, wieviel Zwang sie bei ihrer Sauberkeitserziehung ausgeübt hatten. Sie forderte des weiteren jeden Studenten auf, sich selber im Hinblick auf eine Reihe analer Charakterzüge zu beurteilen.

Eine entsprechende Beurteilung holte sie von deren Bekannten ein. Die Korrelationen zwischen diesen Beurteilungen und der Sauberkeitsinformation blieben auf Zufallsniveau ... Finney (1963) ließ eine Stichprobe von Kindern durch Psychiater und Lehrer in bezug auf Charaktereigenschaften wie Hartnäckigkeit, Ordentlichkeit, Sammelwut und Feindseligkeit beurteilen. Wieder ergab sich keine Beziehung zwischen den Töpfchen- und den Persönlichkeitsparametern»[34] ... und so fort. Fisher/Greenberg resümieren: «Unglücklicherweise haben die Studien, die extreme Praktiken bei der Sauberkeitsgewöhnung – den Beginn, die Strenge und die Beendigung – untersuchten, im großen und ganzen nicht ergeben, daß eine Korrelation mit dem Vorhandensein analer Charakterzüge besteht.»[35]

Gefunden wurde, daß «anale» Eltern oft «anale» Kinder haben. Das aber könnte so sein, weil sich die «analen» Charakterzüge ebenso vererben wie andere auch; oder weil ordnungsliebende, sparsame, hartnäckige Eltern ordnungsliebende, sparsame und hartnäckige Kinder erziehen; oder aus beiden Gründen. Jedenfalls braucht es die Psychoanalyse nicht, einen solchen Zusammenhang zu erklären.

Paul Kline meint, 1968 die Analtheorie selber bestätigt zu haben. Er maß bei 46 Studenten mit einem Test ihre «Analität», mit einigen anderen Tests, ob und wie sehr sie zu zwanghaftem Verhalten neigten. Tatsächlich, die «Analen» erwiesen sich als die Zwanghafteren. Daß eine solche Korrelation irgend etwas besagt, hängt natürlich erstens davon ab, daß beide Messungen nicht das gleiche unter verschiedenen Namen messen; und zweitens, daß Verlaß ist auf das Maß der Analität. Als Maß für die Analität benutzte Kline einen projektiven Test, die Blacky-Bilder. Das sind zwölf Zeichnungen, die die Familie des Hundes «Blacky» in verschiedenen «freudschen» Situationen zeigen. Die Versuchspersonen müssen sich zu den einzelnen Bildern äußern, und der Versuchsleiter registriert, wie «verstört» sie auf die Bilder reagieren. Eine dieser Situationen zeigt einen kotenden Hund. Wer auf diese Zeichnung überdurchschnittlich stark reagiert, dem wird eine starke Analität zugeschrieben. In den anderen Tests aber wurde zum Teil ebenfalls nach der Einstellung zu Schmutz und Exkrementen gefragt. Die gefundene und angeblich beweiskräftige Korrelation mag also nicht mehr als eine Tautologie gewesen sein: Wer Dreck nicht mag, stört sich auch an dem Bild eines Hundes, der Dreck macht, und umgekehrt. Oder mit den Worten des Psychologen Hans Jürgen Eysenck: «Für den Nichtfreudianer ist das Blacky-Bild nichts als ein grobes Maß für die Einstellung zu scheißenden Hunden.»[36]

Eine neuere Studie machte sozusagen die Gegenprobe. Der Ethnologe Paul Riesman beobachtete in Obervolta vier Jahre lang zwei benachbarte Stämme. Ihr Verhalten und im Einklang damit ihr Selbstgefühl standen in scharfem Kontrast. Die Fulbe waren würdevoll, reserviert, kontrolliert, raffiniert; ihre ehemaligen Sklaven, die Riimaaybe laut, nach außen gekehrt, Gefühle zeigend, realistisch. Wäre die Theorie der psychosexuellen Entwicklung richtig, so hätte ihr gegensätzlicher Charakter auf verschiedene Praktiken beim Stillen und bei der Sauberkeitsgewöhnung zurückgehen müssen. Die Kindererziehung in beiden Stämmen aber war völlig gleich. Ein und derselbe Erziehungsstil – und trotzdem bildeten sich höchst unterschiedliche Persönlichkeiten. «Unser verbreiteter Glaube, daß das Erleben des Kindes den Charakter des Erwachsenen formt, entspricht keinem menschlichen Entwicklungsgesetz», schreibt Riesman dazu.[37]

Nachdem er alles Für und Wider abgewogen hat, das die objektiv-empirische Forschung zu dieser Frage zutage gefördert hat, kommt Paul Kline 1984 zu dem wohlwollenden Schluß: «Die psychosexuelle Theorie ist widerlegbar und kann darum als wissenschaftlich gelten. Es gibt einige Anzeichen dafür, daß Charakterkonstellationen, die Freud als oral und anal beschrieben hat, tatsächlich vorkommen. Diese Beschreibungen ergeben allerdings nur Sinn, wenn sich Verbindungen zur prägenitalen Sexualität oder zu den betreffenden Erziehungspraktiken nachweisen ließen. Für solche Verbindungen gibt es zwar schwache Anzeichen, aber keinerlei klare, eindeutige Bestätigung …»[38] Zwölf Jahre vorher hatte er das Resümee etwas schärfer formuliert: «Es gibt überzeugende Hinweise dafür, daß Charakterkonstellationen vorkommen, die dem oralen und analen Charakter entsprechen; diese jedoch konnten nicht auf verdrängte prägenitale Sexualität oder auf bestimmte Erziehungstechniken zurückgeführt werden … Die große Bedeutung, die Psychoanalytiker aufgrund ihrer Theorie der Entwöhnung und der Sauberkeitserziehung beigemessen haben, ist so ungerechtfertigt, wie es die Namen für die betreffenden Charaktersyndrome sind … Der anale Charakter wird zur zwanghaften Persönlichkeit, wie sie in der Psychiatrie wohlbekannt ist, … und der weniger klar umrissene orale Charakter gehört zweifellos unter den Begriff der sozialen Extraversion.»[39] Eysencks Resümee desselben Materials fiel harscher aus: Überhaupt nichts ist bewiesen; Kline hat nur versäumt, sich bei den spärlichen scheinbar positiven Befunden nach alternativen Erklärungen umzusehen.

Nach psychoanalytischer Theorie müßten sich bei Kindern zunächst onanistische, dann homosexuelle und dann heterosexuelle Interessen zeigen. Kinsey hat bei seiner epochalen Auslotung des Geschlechtslebens in Amerika unter anderem ermittelt, welcher Art Sexualspiele sich Kinder hingeben. Hetero- und homosexuelle Spiele traten gleichzeitig auf; aber heterosexuelle in den frühen Jahren häufiger als homosexuelle. «Die Hypothese der Freudschen Schule, daß die psychosexuelle Entwicklung in der Regel von narzißtischen (onanistischen) Interessen und Betätigungen zum Interesse an anderen Individuen gleicher Körpermerkmale (homosexuellem Interesse) und dann erst zum Interesse an Individuen mit abweichenden Körpermerkmalen (heterosexuellem Interesse) verlaufe, wird durch die Lebensgeschichten der Frauen und Männer unserer Auslese nicht bestätigt.»[40]

Gläubige werden erleichtert seufzen: Hier und da ein positiver Befund, das sei doch immerhin etwas, und im übrigen brauche es solche Beweise nicht. Ungläubige aber: Das ist alles nur mit Krampf gewonnen und überaus dünn beglaubigt, und wenn es keine stärkere Evidenz für das ganze vermeintliche psychosexuelle Drama gibt, das angeblich in frühester, unerinnerter Kindheit in uns tobt, kann man es getrost in die Rumpelkammer wissenschaftlicher Mythen räumen.

9. DER KOMPLEX, DEN SELBST ÖDIPUS NICHT HATTE: ÜBER INZESTWÜNSCHE

Es war einmal ein böser König, dem gebar seine Gemahlin einen Sohn, und da ein Hellseher ihm geweissagt hatte, der werde den Vater eines Tages um sein Leben bringen, beschloß er seinen Tod. Er übergab den Säugling einem Hirten, der ihn auf einem Berg aussetzen sollte. Und damit später sein Geist nicht laufen und sich rächen könne, durchbohrte er ihm vorher noch den Fuß. Den guten Mann aber dauerte das Kind, und er übergab es einem Kollegen, der es seinem König brachte. Dieser nahm es auf wie ein eigenes Kind, und der Knabe wuchs heran in Unkenntnis seiner Herkunft. Aber es gingen Gerüchte, zuweilen spottete man seiner, und so brach der junge Mann eines Tages auf, um die Wahrheit zu erfahren. Auf der leider arg schmalen Straße kam ihm ein Wagen entgegen, dessen Lenker ihn barsch anfuhr, er solle Platz machen. Als er sich weigerte, hielt der Wagen auf ihn zu und überrollte einen Fuß, indes der Lenker mit der Peitsche nach ihm schlug. Da packte ihn maßloser Zorn, und in seiner Aufwallung tötete er den Fremden. Später gelangte er in eine trauernde Stadt, deren König gerade ums Leben gekommen war und die überdies von einem der zu jener Zeit häufigen Ungeheuer bedroht war. Er besiegte das Ungeheuer durch Klugheit und empfing den Preis für seine Heldentat: die Witwe des verstorbenen Königs. Sie – Jokaste war ihr Name – aber war niemand anderer als seine leibliche Mutter, denn der freche fremde Wagenlenker – Laios mit Namen – war sein leiblicher Vater gewesen. Schande über den Sohn, der den Vater getötet und die Mutter geheiratet hatte! Sein Name aber war Schwellfuß. In seiner Sprache heißt das Oidipus.

Und seines ist, so meinte Freud, das Los eines jeden Kindes. Das dritte Lebensjahr ist erreicht, die «orale» und die «anale» Phase seiner Sexualität ist durchschritten (sofern es nicht in einer von ihnen hängengeblieben – «fixiert» – ist), und nun befindet es sich in der «phallischen» Phase. So heißt sie, weil der Knabe manchmal an seinem Penis-chen spielt und das Mädchen an seinem Blümchen. Auch beginnen die anatomischen Unterschiede zwischen Jungs und Mädchen Interesse zu erregen.

In dieser Zeit nun soll ein untergründiges Familiendrama ablaufen. Der kleine Junge liebt seine Mutter und phantasiert davon, seinen Penis irgendwie an ihr zu betätigen. Der Vater ist ihm im Weg, er ist eifersüchtig auf ihn, er haßt ihn, er wünscht ihn fort, er wünscht ihn tot. Und er fürchtet ihn auch. Er fürchtet, daß er gelaufen kommt wie im «Struwwelpeter» der Schneider mit der Scher – und das Schwänzchen schneidet er / ab, als ob Papier es wär! Der Zufall zeigt ihm eine nackte Frau, und sofort sieht er: Die hat ja gar keinen! Was er so fürchtet, die Kastration, die gibt es also wirklich! Es ist dies das «größte Trauma seines Lebens» [1].

Während dem Knaben unbändige Kastrationsangst zusetzt, hält sein Schwesterchen sich für bereits kastriert und beneidet alle Männer um ihr hängendes Pinkelwerkzeug: Penisneid. Dieses Ensemble von Wünschen und Befürchtungen – die sexuell motivierte Liebe des Sohnes zur Mutter oder ersatzweise zur Schwester, der Tochter zum Vater oder ersatzweise zum Bruder, die Angst, entdeckt und durch eine perfide einschlägige Verstümmelung bestraft zu werden – dieses Ensemble ist natürlich nichts anderes als der Ödipus-Komplex. Jeder habe ihn, jeder müsse hindurch, und wie er mit ihm fertig werde, bestimme sein gesamtes späteres Seelen- und Liebesleben. Ihm komme «bei allen Menschen größte Bedeutung für die Endgestaltung des Liebeslebens [zu]. Man hat es als charakteristisch für den Normalen hingestellt, daß er den Ödipus-Komplex bewältigen lernt, während der Neurotiker an ihm haften bleibt.» [2]

Da man es heute erleben kann, daß rundweg abgestritten wird, Freud habe den Kindern im Kindergartenalter jemals unverblümte sexuelle Wünsche gegenüber ihren Eltern unterstellt und nicht bloß Wünsche nach Zuwendung, Geborgenheit, Liebe, folgt hier die Theorie noch einmal in Freuds eigenen Worten: «Man sieht leicht, daß der kleine Mann die Mutter für sich allein haben will, die Anwesenheit des Vaters als störend empfindet, unwillig wird, wenn dieser sich Zärtlichkeiten gegen die Mutter erlaubt, seine Zufriedenheit äußert, wenn der Vater verreist oder abwesend ist. Häufig gibt er seinen Gefühlen direkten Ausdruck in Worten, verspricht der Mutter, daß er sie heiraten wird. Man wird meinen, das sei wenig im Vergleich zu den Taten des Ödipus, aber es ist tatsächlich genug, es ist im Keim dasselbe.» [3] Und noch ganz am Ende seines Lebens: «Der Knabe tritt in die Ödipusphase ein, er beginnt die manuelle Betätigung am Penis mit gleichzeitigen Phantasien von irgendeiner sexuellen Betätigung desselben an der Mutter, bis er durch Zusammenwirken einer Kastrationsdrohung und dem Anblick der weiblichen Penislosigkeit das größte Trauma seines Lebens erfährt, das die Latenzzeit mit allen ihren Folgen einleitet. Das Mädchen erlebt nach vergeblichem Versuch, es dem Knaben gleichzutun, die Erkenntnis ihres Penismangels oder besser ihrer Klitorisminderwertigkeit mit dauernden Folgen für die Charakterentwicklung...»[4]

Aber nicht nur den «Kern aller Neurosen» soll der Ödipus-Komplex bilden; er soll darüber hinaus auch noch «die Anfänge von Religion, Sittlichkeit, Gesellschaft und Kunst»[5] erklären. Wie das?

Einst, lang ist's her, ward eine Horde von Urmenschen geführt von einem alten Tyrannen, der zugleich der Vater aller Hordenmitglieder war und als einziger das Recht hatte, die weiblichen Mitglieder zu beschlafen. Die Söhne kuschten eine Weile, dann wurde es ihnen zu bunt. Sie empörten sich, erschlugen den Alten und fraßen ihn gemeinsam auf. Nach dem Fest aber begann der große Katzenjammer. Der immer gewußt hatte, wo's langgeht, fehlte ihnen nun. Sie fühlten sich hilflos und schuldig. Um wenigstens seinen Geist zu versöhnen, gelobten sie, das Tier, welches das Symbol für ihn war, künftig zu schonen. Es wurde zum Totemtier des Stammes. Außerdem mußten sie sich hinfort jenen Wunsch versagen, der sie zu ihrer frevelhaften Untat bewegt hatte: die Weiber der Horde, die ihre Mütter und Schwestern waren, zu besitzen. So verhängten sie sich ein Inzesttabu. Religion, Sittlichkeit und Kultur waren geboren. Die Erinnerung an die den Vatermord begleitenden Gefühle aber erbte sich fort von Generation zu Generation. «Wir lassen vor allem das Schuldbewußtsein wegen einer Tat über viele Jahrtausende fortleben und in Generationen wirksam bleiben, welche von dieser Tat nichts wissen konnten.»[6]

Diese ungeniert frei erfundene Geschichte aus der Frühzeit des Menschengeschlechts mag auf sich beruhen. Der Ethnologe Claude Lévi-Strauss urteilte über sie: «Das Begehren der Mutter oder Schwester, die Ermordung des Vaters und die Reue der Söhne entsprechen ohne Zweifel keiner Tatsache ... Man [gemeint ist Freud] geht nicht von den Tatsachen aus zurück zu einem Mythos, sondern erfindet sich einen Mythos, um die Tatsachen zu erklären; mit einem Wort, man geht vor wie ein Kranker, statt diesen zu interpretieren.»[7] Die aus diesem Mythos abgeleitete quasiwissenschaftliche Theorie lautet: Die Gefühle des Ödipus-Komplexes verdanken sich der Erinnerung an einen prähistorischen Vatermord. Und die läßt sich rasch *ad acta* legen. Freud ging von Lamarcks Evolutionstheorie aus, derzufolge sich erworbene – also im Laufe des Lebens gelernte – Eigenschaften an die Nachkommen weitervererben sollten. Diese Theorie ist ohne jedes Wenn und Aber falsch: Es führt ein Weg von der Erbsubstanz DNA zur Proteinsynthese und damit in den Organismus, aber kein Weg zurück aus dem Organismus in die Erbsubstanz. Es gibt keine Vererbung von Erinnerungen und auch keine Vererbung von Schuldgefühlen.

Aber den Ödipus-Komplex könnte es natürlich auch geben, wenn diese frühgeschichtliche Spekulation fallengelassen wird. Was spricht dafür, daß es ihn gibt und daß die ganze Geschichte nicht ein Märchen war? Niemand merkt je etwas von jenem grausen Familiendrama, weder Eltern noch Kinder, denn es soll sich ja «unbewußt» abspielen: Die betreffenden Wünsche und Ängste werden, weil sie alle so weh täten, nie bis ins Bewußtsein durchgelassen. Wenn es nicht die härtesten Beweise für eine so abenteuerliche Geschichte von den Liebes- und Eifersuchtsqualen unsichtbarer Personen im Innern jeder Person gibt: wie konnte es dann dazu kommen, daß ein ganzer Kulturkreis sie als mutmaßliche lautere Wahrheit akzeptierte? Dies wird eine der spannenderen psychologischen Fragen der Zukunft sein.

Die Quelle der Theorie ist die gleiche wie für die übrige «psychosexuelle» Entwicklung: Wilhelm Fließ' pseudowissenschaftliche Spekulationen und Freuds berühmte «Selbstanalyse» des Jahres 1897. Bei seinen introspektiven Anstrengungen glaubte er sich unter andrem zu erinnern, daß seine «Libido gegen *matrem* [die Mutter] erwacht» war, als er sie mit zwei Jahren während einer Schlafwagenfahrt von Leipzig nach Wien einmal «*nudam*» (nackt) gesehen hatte.[8] Nun aber hat sein Bio- oder vielmehr Hagiograph Ernest Jones herausgefunden, daß Freuds Erinnerung in diesem Punkt nicht die verläßlichste war. Die fragliche Reise hatte tatsächlich erst zwei Jahre später stattgefunden, als er bereits vier war. Wie war er auf das Alter zweieinhalb gekommen? Zuvor hatte ihm Freund Fließ berichtet, daß sein kleines Söhnchen in Liebe zu seiner nackten Mutter entbrannt sei. Genaues wird man nie wissen; aber Freuds Erinnerung mag sehr wohl eine Pseudo-Erinnerung gewesen sein, zustande gekommen unter dem Einfluß von Fließ' Erzählungen und bestimmt, dem Freund etwas Bestätigendes mitzuteilen. (Oder eine weitere Kokain-Vision, wie Elizabeth Thornton meint.)

«Die Erfahrungen der Psychoanalyse [machen] die Annahme einer angeborenen Abneigung gegen den Inzestverkehr vollends unmöglich. Sie haben im Gegenteile gelehrt, daß die ersten sexuellen Regungen des jugendlichen Menschen regelmäßig inzestuöser Natur sind und daß solche verdrängte Regungen als Triebkräfte der späteren Neurose eine kaum zu überschätzende Rolle spielen», so also lautet die Theorie, formuliert in der Schrift «Totem und Tabu»[9]. Wünschen wir uns zwischen dem dritten und fünften Lebensjahr alle nichts so sehnlich wie den Inzest? Bleiben diese Wünsche für viele, die seelisch Gestörten, ihr Leben lang bestimmend?

Das bloße Wort schon läßt uns erschauern: Inzest! Blutschande, wie Luther es übersetzte: «Wenn jemand bei seines Vaters Weibe schläft, daß er seines Vaters Blöße aufgedeckt hat, die sollen beide des Todes sterben; ihr Blut sei auf ihnen ... Wenn jemand seine Schwester nimmt ... und ihre Blöße schaut und sie wieder seine Blöße, das ist eine Blutschande. Die sollen ausgerottet werden vor den Leuten ihres Volks.»[10] Und kaum ist der Schauer verflogen, meldet sich die vorwitzige amoralische Stimme in uns mit der neugierigen Frage: Inzest, wie das wohl wäre? Habe ich mir als kleines Kind Inzest gewünscht?

So düster faszinierend der Inzest als mythisch-literarisches Thema seit Urzeiten ist, als dringendes soziales Problem wird er in unseren Gesellschaften nicht behandelt. Das liegt vor allem an seiner Privatheit und seiner Seltenheit; so paradox es sich zunächst anhört, liegt es aber auch mit an Freud.

Leicht ist es nicht, sich auch nur eine annähernde Vorstellung von der tatsächlichen Häufigkeit inzestuöser Kontakte zu bilden. Wo es zum Inzest kommt, geschieht es eben in der Verborgenheit der Familie; in irgendeine Statistik gelangt es nur selten.

Die aufschlußreichsten Zahlen findet man wohl immer noch im «Kinsey-Report». Der amerikanische Sexualforscher Alfred C. Kinsey hatte sich unter andrem danach erkundigt, wie viele Menschen vor ihrer Pubertät die sexuellen Avancen Erwachsener über sich ergehen lassen mußten und wie häufig inzestuöse Beziehungen unter Erwachsenen waren. Es stellte sich heraus, daß die weitaus meisten Fälle – nämlich 80 bis 90 Prozent – Mädchen betrafen; die wenigen betroffenen kleinen Jungen waren Opfer von Päderasten geworden (und nicht etwa ihrer Mütter oder Schwestern oder gar umgekehrt). Von den 4441 Frauen, die Kinsey befragte, gaben 1075 (oder 24 Prozent) an, daß sich ihnen in ihrer Kindheit erwachsene Männer in sexueller Absicht genähert hätten, meist nur einmal oder wenige Male, bei jeder zwanzigsten von ihnen aber fortgesetzt. Jede vierte Frau also war als Mädchen den sexuellen Annäherungsversuchen Erwachsener ausgesetzt. In der Regel hatte es sich um sexuelle Anträge, um Entblößungen oder Streicheln gehandelt – um vollzogenen Koitus in 3 Prozent der Fälle. Das Gros der Verführer bildeten Fremde (52 Prozent) und Freunde oder Bekannte der Familie (32 Prozent). In 3 Prozent der Fälle hatte der Bruder, in 4 Prozent der Vater das Mädchen zu verführen gesucht oder verführt oder vergewaltigt.[11] Eigentlicher Inzest – also vollzogener Geschlechtsverkehr zwischen Verwandten ersten Grades – war mithin selten. Riskiert man eine Extrapolation von Kinseys Zahlen, so scheint es in seiner Stichprobe insgesamt nicht mehr als zwei oder drei solcher Fälle gegeben zu haben. Hochgerechnet auf die ganze Bevölkerung, müßte man dann unter 100 000 Menschen mit etwa 50 «echten» Inzestfällen rechnen; bei reichlich der Hälfte von ihnen mißbraucht der Vater, bei knapp der Hälfte ein Bruder das Mädchen. So kam denn Kinsey auch zu dem Schluß: «Heterosexueller Inzest spielt eine größere Rolle in den Gedanken der Ärzte und Fürsorgebeamten als in der Wirklichkeit ... Einige Psychoanalytiker behaupten, daß sie noch nie einen Patienten gefunden hätten, der nicht inzestuöse Beziehungen gehabt hätte. Diese Feststellung weicht jedoch völlig von den spezifischen Angaben ab, die für diese Untersuchung erlangt ... wurden ... Die häufigsten inzestuösen Kontakte finden sich bei Kindern vor der Pubertät, aber die Zahl solcher Fälle unter Jugendlichen oder älteren Männern ist sehr gering.»[12]

Kinseys Zahlen machen zweierlei deutlich. Erstens: Sexueller Mißbrauch von Kindern, insbesondere von kleinen Mädchen kommt sehr viel häufiger vor, als eine auf ihre Wohlanständigkeit bedachte Gesellschaft vermutet; Kinsey selber meinte, daß er in den unteren Sozialschichten sogar noch häufiger sei, als seine Zahlen erkennen ließen. Zweitens: Unter diesen Fällen gibt es auch Fälle von Inzest, und wahrscheinlich sind sie die mit den katastrophalsten seelischen Folgen, aber sie sind sehr selten.

In der näheren Gegenwart ermittelte ein amerikanischer Autor[13] bei einer Befragung von College-Studenten, daß nicht weniger als 13 Prozent inzestuöse Beziehungen zu ihren Geschwistern gehabt hatten. Bei näherem Hinsehen aber schrumpfte auch diese Zahl; meist hatte es sich um kindliche Sexspiele gehandelt und bei nur 0,4 Prozent um versuchten oder vollzogenen Geschlechtsverkehr zwischen leiblichen Geschwistern über 13 Jahre.

Sieht es in der Bundesrepublik anders aus? Herbert Maischs Buch über den Inzest erwähnt, daß es in der Bundesrepublik 1965 insgesamt 111 Verurteilungen wegen eines Verstoßes gegen den Paragraphen 173 des Strafgesetzbuchs gab, der den «Beischlaf mit einem leiblichen Abkömmling» mit bis zu drei Jahren Haft bedroht.[14] Dabei waren jene Fälle mitgezählt, in denen ein Stief- oder Adoptivvater (also kein Blutsverwandter) die Tochter sexuell mißbraucht hatte. Das war ein verurteilter Delinquent auf 500 000 Personen. Selbst wenn es – eine extrem hohe Schätzung (meist wird eine Dunkelziffer von 1 zu 10 bis 1 zu 20 angesetzt) – tatsächlich hundertmal so viele Fälle von Inzest gegeben haben sollte, die nicht vor den Richter gelangten, hätte es sich um 20 Fälle auf 100 000 Einwohner gehandelt.

Neuere Zahlen hat das Kriminalistische Institut vorgelegt.[15] Vier Jahre lang wurden alle in Niedersachsen angezeigten Delikte registriert, die unter dem Oberbegriff «Straftaten gegen die sexuelle Selbstbestimmung» zusammengefaßt werden: sexueller Mißbrauch von Kindern (35,5 Prozent), Exhibitionismus (23,9 Prozent), Vergewaltigung (15,9 Prozent) und einige andere. Es gab insgesamt 8058 solcher Anzeigen, 2014 pro Jahr. In 20 Prozent dieser Fälle ging es um versuchten oder vollzogenen Geschlechtsverkehr zwischen engen Wohnungsgenossen und Verwandten. Aus einer Pfälzer Gerichtsstatistik ist bekannt, daß etwa jeder zehnte solcher Fälle Sexualkontakte zwischen Eltern und ihren leiblichen Kindern, also fast ausschließlich zwischen Vätern und Töchtern betreffen dürfte. So kann man sich, mit allem Risiko des Irrtums, 40 Anzeigen wegen «echten» Inzests errechnen. Und wenn man die Dunkelziffer 1 zu 50 verwendet (sie muß darum niedriger sein, weil längst nicht jede Anzeige zu einer Verurteilung führt, weil also die Zahl der angezeigten Delikte höher ist als die Zahl der Verurteilungen und der unbekannten richtigen Zahl näher), kommt man auf knapp 30 Fälle pro 100 000 Einwohner.

Dieser Ausflug in die Statistik war nötig, da in der öffentlichen Diskussion Inzest und sexueller Mißbrauch von Kindern oft zusammengeworfen werden. Nur darum kann es geschehen, daß immer wieder besorgt «Epidemien» von Inzest ausgerufen werden. Sie gibt es wahrscheinlich nicht. Wohl aber werden Kinder, vor allem Mädchen, alarmierend häufig sexuell drangsaliert, und zwar sehr oft von Nachbarn, Erziehern, Freunden und Bekannten der Familie, Wohnungsgenossen, Verwandten aller Grade. Derlei Vorfälle sind offenbar mehr als doppelt so häufig wie Vergewaltigungen. Eigentlicher Inzest, also Inzest innerhalb der Kernfamilie, ist indessen eine Rarität. Wenn es sich um einen so elementaren und heftigen und allgemeinen Wunsch handeln sollte, wie Freud behauptete, ist diese seine Seltenheit immerhin merkwürdig.

Gemessen an der Theorie, ist es auch seltsam, welcher Inzest der häufigste ist. Erwarten müßte man, daß es der Mutter-Sohn-Inzest ist. Dieser aber ist gerade der seltenste. Der weitaus häufigste ist der Vater-Tochter-Inzest, der zweithäufigste der Geschwisterinzest. Bei Freud sind ferner die Inzestwünsche die der Kinder und nicht die der Eltern. Wo es in der Wirklichkeit zu inzestuösen Beziehungen zwischen zwei Generationen kommt, geht die Initiative fast ausnahmslos von den Älteren aus. In den meisten Fällen handelt es sich um nichts anderes als um die Ausnutzung der väterlichen Machtposition: um Vergewaltigung, Verführung, Erschleichung von Zärtlichkeiten – die Tochter wird nicht gefragt und ist nicht in der Lage, den Vater als Liebhaber abzuwehren. Freud zufolge müßte der Geschlechtsverkehr mit dem Vater ihren intimsten Wünschen entsprechen. Die meisten Mädchen, denen der Vater sexuelle Gewalt antut, leiden aber unsäglich unter der Situation und versuchen ihr, sobald sie selbständig genug sind, zu entrinnen. Verurteilungen wegen Inzest gibt es vor allem darum, weil solche Mädchen dem Vater Strafe wünschen, ihn anzeigen und einen Prozeß durchstehen. Angesichts solchen Elends gehört sehr viel … Theorievertrauen? Dreistigkeit? … dazu, mit der Psychoanalyse zu behaupten: Sie haben sich, entgegen allem Augenschein, mit dem Inzest ihren tiefsten Wunsch erfüllt.

Es ist dies ein Punkt, an dem eine falsche psychologische Theorie nicht einfach eine falsche Theorie bleibt, sondern verhängnisvolle praktische Folgen hat.

1896 hielt Freud – die Psychoanalyse war noch im Entstehen begriffen – einen Vortrag vor dem Verein für Psychiatrie und Neurologie in Wien, in dem er eine Theorie zur Ätiologie der Hysterie vorstellte, die er selber als bahnbrechend ansah. Sie hieß fortan einfach die «Verführungstheorie» und behauptete, hysterische Frauen seien darum hysterisch geworden, weil sie in ihrer Kindheit sexuell mißbraucht worden seien. «Ich stelle also die Behauptung auf, zugrunde jedes Falles von Hysterie befinden sich – durch die analytische Arbeit reproduzierbar, trotz des Dezennien umfassenden Zeitintervalles – *ein oder mehrere Erlebnisse von vorzeitiger sexueller Erfahrung, die der frühesten Jugend angehören.* Ich halte dies für eine wichtige Enthüllung, für die Auffindung eines *caput Nili.*»[16] Sei es, weil er bald selber nicht mehr an seine «Nilquelle» glaubte; sei es, weil die Theorie eisig aufgenommen wurde und er fürchtete, sich zu schaden, wenn er an ihr festhielte – er ließ sie sehr bald fallen und kam niemals mehr auf sie zurück. Aber jene achtzehn Patientinnen, auf deren Erzählungen er die Verführungstheorie aufgebaut hatte, hatten ihm doch jene traumatischen kindlichen Sexualerlebnisse mitgeteilt, und zwar so mitgeteilt, daß er selber zum erstenmal sein ganzes großes rhetorisches Geschick hatte aufbieten können, seine ärztlichen Kollegen von der Realität jener Verführungen zu überzeugen? Er sei, so beschloß er anzunehmen, von den Frauen schlichtweg angelogen worden. Jene Verführungen seien niemals vorgefallen; sie hätten sie sich nur eingebildet. Oder wie er es später formulierte: «Sie erinnern sich an eine interessante Episode aus der Geschichte der analytischen Forschung, die mir viele peinliche Stunden verursacht hat. In der Zeit, da das Hauptinteresse auf die Aufdeckung sexueller Kindheitstraumen gerichtet war, erzählten mir fast alle meine weiblichen Patienten, daß sie vom Vater verführt worden waren. Ich mußte endlich zur Einsicht kommen, daß diese Berichte unwahr seien, und lernte so verstehen, daß die hysterischen Symptome sich von Phantasien, nicht von realen Begebenheiten ableiten. Später erst konnte ich in dieser Phantasie von der Verführung durch den Vater den Ausdruck des typischen Ödipuskomplexes beim Weibe erkennen.»[17] Das kleine Mädchen, so ging nunmehr die Theorie, leide unter seiner Penislosigkeit, wünsche sich den Penis des Vaters, möchte vom Vater verführt werden und ein Kind empfangen. Nicht die Väter der neurotischen Patientinnen hätten diese als Kinder mißbraucht; die Mädchen hätten sich vielmehr selber den Inzest mit dem Vater gewünscht (unbewußt, versteht sich, da ein solcher Wunsch viel zu erschreckend gewesen wäre, um ins Bewußtsein zugelassen zu werden), und da er in der Realität nicht zu haben war, hätten sie ihn herbeiphantasiert.

Einer von Freuds frühesten Gefolgsleuten, der Psychoanalytiker Karl Abraham, ging zwar nicht so weit, alle diese Verführungsgeschichten für Märchen zu halten. Aber wo sie auf reale Vorfälle zurückgingen, so meinte er, habe das verführte Mädchen die Verführung gewünscht und an ihr mitgewirkt: «Alle diese Beobachtungen bei Erwachsenen wie bei Kindern ... führen uns zu dem Schlusse, daß den sexuellen Traumen und speziell den infantilen, ebenso wie anderen Traumen, in vielen Fällen eine unbewußte Absicht auf seiten des scheinbar passiven Teiles zugrundeliegt.»[18] Es war die frühe Fassung einer Ansicht, die heute weit verbreitet ist, auch wo man nichts von den speziellen Annahmen der Psychoanalyse hält, und die man auf die einfache Formel «Das Opfer hat ja selber schuld, es hat es so gewollt» bringen kann. Ein Fall von «Kollusion»: Untergründig arbeite das Opfer mit dem Täter zusammen.

Und nun stelle man sich ein Mädchen vor, das jahrelang von sei-

nem Vater sexuell bedrängt worden ist, das gelitten hat, das so eingeschüchtert wurde, daß es mit keinem Menschen darüber sprechen
konnte, das sich schämt und schuldig fühlt – und eines Tages kommt
die Sache heraus, oder es bringt sie doch selber heraus, und die Familie zerbricht darüber. Es wird zutiefst verstört sein und Hilfe dringend
nötig haben. Von seinen Angehörigen ist sie in dieser Situation kaum
zu erwarten. Sehr oft wird es sich bei einem Psychologen, Psychiater,
Therapeuten wiederfinden. Der wiederum wird oft einen psychoanalytischen Hintergrund haben. Und dieser Hintergrund wird ihm na-
helegen, die Erzählungen des Mädchens für dessen Hirngespinste zu
halten und ihm direkt oder indirekt zu erklären, daß es sich alles nur
einbilde, weil es selber so sehr gewünscht habe, vom Vater verführt
zu werden. Die katastrophalen Folgen solchen psychologischen Bei-
stands kann man sich leicht ausmalen.

Florence Rush, die ein bewegendes und kenntnisreiches Buch über
den sexuellen Mißbrauch von Kindern in Geschichte und Gegenwart
geschrieben hat und selber sozialpädagogisch tätig war, berichtet etliche solche Fälle aus ihrer Praxis. Zum Beispiel diesen: «... Sie wird
dreizehn. Sie nimmt ein Bad. Als sie herauskommt, verstellt ihr Vater [der sich jahrelang immer wieder zu ihr ins Bett geschlichen hat]
ihr den Weg. Sie hat große Angst. Sie haßt ihn, sie ekelt sich vor ihm.
Sie läuft weg und versteckt sich unter dem Haus. Als ihre Mutter
zurückkommt, sagt sie es ihr. Sie sagt, daß ihr Vater sie drei Jahre lang
sexuell belästigt hat. Ihre Mutter wird blaß. ‹Ist dir klar, was du da
sagst?› ‹Ja.› ‹Sag bloß nichts zu deiner Großmutter.› Eine Woche später wird das Mädchen zum Marinepsychiater geschickt. Er legt ihr
die Hand auf den Schenkel und sagt, daß alle kleinen Mädchen ihren
Papa zu verführen suchen. Am nächsten Morgen wird sie zu ihrer
Großmutter geschickt.»[19] Rush schildert auch die Folgen solchen
Denkens, und sie schildert sie so: «Wo die Realität einem nebelhaf-
ten Unbewußten geopfert wird, bleibt dem kleinen Mädchen kein
Ausweg. Sie ist in einem Netz erwachsener Vermutungen gefangen,
und was man ihr bietet, ist nicht Schutz, sondern die Behandlung
einer spekulativen Krankheit, während der Täter – Onkel Willi, der
Kaufmannsgehilfe, der Zahnarzt oder ihr eigener Vater – sich weiter
seiner Vorliebe für kleine Mädchen hingeben kann. Was das Kind erlebt, ist so entsetzlich wie der schlimmste kafkaeske Alptraum: Ihre
Geschichte wird ihr nicht geglaubt, sie wird für krank erklärt und,
schlimmer noch, dem ‹Wohlwollen› psychoanalytisch orientierter
‹Kinderexperten› überlassen.»[20]

Wenn die Theorie von den kindlichen Inzestwünschen nicht aufs allersorgfältigste geprüft und erhärtet ist, kann sie in der Praxis nur verheerende Folgen zeitigen. Die Fakten aber sprechen nicht für sie. Inzest ist sehr selten. Wo er vorkommt, geht die Initiative von den Eltern aus. Im häufigsten Fall zwingt der Vater die Tochter zu sexuellen Handgreiflichkeiten. Mutter-Sohn-Inzest ist noch sehr viel seltener; Fälle, in denen der Sohn die Mutter verführt, sind so gut wie gar nicht bekannt.

Auf die Frage aber, warum der Inzest in der Wirklichkeit so selten ist, gibt es eine Standardantwort, die auch Freud gegeben hat: das Inzesttabu. Inzest komme kaum vor, weil er überall aufs strengste verboten ist. Wenn kein Verbot sie hinderte, wenn sie dürften, wie sie wollen, dann stürzten die Angehörigen einer Familie in sexuellster Absicht übereinander her.

Tatsächlich, Inzest war und ist in nahezu allen bekannten Gesellschaften verboten. Im alten Ägypten und im alten Persien zwar gab es den dynastischen Inzest: Die Herrscher waren zum Inzest ermächtigt oder geradezu verpflichtet; aber das wohl nur als ein weiteres Zeichen dafür, daß sie über die für gewöhnliche Sterbliche geltenden Gesetze erhaben waren. Bei einigen Naturvölkern gibt es die Sitte des magischen Inzests, der Kraft und Glück – für die Jagd oder den Krieg – bringen soll. Beides sind Ausnahmen, die hier wirklich einmal die Regel bestätigen. Keine heutige Gesellschaft billigt den Inzest innerhalb der Kernfamilie, das Inzestverbot ist universal, und auf den ersten Blick scheint es völlig zureichend zu erklären, warum Inzest so selten ist.

Trotzdem bleibt ein leiser Zweifel. Schließlich schrecken sexuelle Tabus doch sonst nicht so gründlich; schließlich haben die Menschen für ihre erotischen Neigungen immer Ruf, Besitz und sogar das Leben aufs Spiel gesetzt. Ist es also vielleicht doch nicht allein das Verbot, das sie abhält? Gibt es außerdem eine natürliche Inzestschranke? Haben die Menschen etwa gar kein so dringendes Bedürfnis nach Inzest?

Dies nun ist eine Frage, die Anthropologen, Psychologen und Soziologen immer wieder beschäftigt hat, eine Grundsatzfrage, eine heikle Jahrhundertfrage. Der Inzest als aktuelles soziales oder psychisches Problem hat sie weniger interessiert; um so mehr dafür als ein Fall, an dem sich die relative Macht von Natur und Kultur erweisen muß und an dem man möglicherweise studieren kann, wie ein Primat zu einem Kulturwesen wurde. Was also hält uns vom Inzest zurück, ein kulturelles Verbot oder eine natürliche Hemmung? Oder beides?

In dieser Frage standen sich von Anfang an zwei Parteien gegenüber. Der Einfachheit halber kann man sie die «Biologisten» und die «Soziologisten» nennen (die höhnische Nachsilbe hängt jede Partei der anderen an; vom Fach her waren die meisten Anthropologen). «Biologisten» waren jene, die eine natürliche Inzesthemmung am Werk sahen. Die Partei der «Soziologisten» auf der anderen Seite bestand darauf, daß einzig und allein ein kulturell verhängtes Verbot dem Inzest entgegenstehe. Die Soziologisten waren immer weit in der Überzahl. Zeitweilig wäre es geradezu unanständig gewesen, nicht auf ihrer Seite zu stehen.

Der Ethnologe Sir James Frazer, der Verfasser des «Goldenen Zweigs», war in diesem Sinne Soziologist: «Das Gesetz verbietet den Menschen nur, wozu ihre Triebe sie geneigt machen; was die Natur selber verbietet und bestraft, das braucht das Gesetz nicht mehr zu verbieten und zu strafen … Statt aus dem gesetzlichen Inzestverbot zu schließen, daß eine natürliche Abneigung gegen den Inzest bestehe, sollten wir darum besser annehmen, daß es einen natürlichen Trieb gibt, der ihn begünstigt.»[21] In einem eigentümlichen Sinn Soziologist war in dieser Frage der strukturalistische Ethnologe Claude Lévi-Strauss: «Vorher [nämlich vor dem Inzestverbot] gab es noch keine Kultur; mit ihm hört für den Menschen die souveräne Herrschaft der Natur zu existieren auf. Das Inzestverbot ist der Vorgang, in dem sich die Natur selber überwindet; es entzündet den Funken, unter dessen Einwirkung sich eine neue, komplexere Struktur bildet, die die einfacheren Strukturen des Seelenlebens gleichzeitig in sich aufnimmt und überhöht, wie diese es mit dem tierischen Leben getan hatten. Es bewirkt den Beginn einer neuen Ordnung und stellt sie selber dar.»[22] Was wohl heißen soll: Als es einer Gruppe von Urmenschen gelang, sich selber den Inzest zu verbieten, der noch im Übergangsfeld vom Tier zum Menschen die Regel war, eröffnete sie sich den Weg zu einer kulturbestimmten Zukunft. Und natürlich war auch Freud in dieser Frage Soziologist: «Die Erfahrungen der Psychoanalyse [machen] die Annahme einer angeborenen Abneigung gegen den Inzestverkehr vollends unmöglich.»[23]

Auf der Gegenseite standen der britische Sexualforscher Havelock Ellis und vor allem der finnische Philosoph Edvard Westermarck: «Bei den Vorfahren des Menschengeschlechts hat es, wie bei anderen Tieren, zweifellos eine Zeit gegeben, in welcher Blutsverwandtschaft kein Hindernis des geschlechtlichen Verkehrs bildete. Doch mußten hier, wie anderswo, naturgemäß Abweichungen auftreten, und wahrscheinlich blieben jene unserer Ahnen, die die enge Kreuzung vermieden, am Leben, während die anderen mit der Zeit verkamen und schließlich zu Grunde gingen. So konnte sich ein Instinkt entwickeln, welcher in der Regel stark genug war, um schädlichen Verbindungen vorzubeugen.»[24] Dieser Instinkt äußere sich nicht in einem aktiven Abscheu; er sei auch nicht auf so etwas wie eine «Stimme des Blutes» angewiesen, die den nahen Blutsverwandten mit Sicherheit erspürt und aus der Zahl der möglichen Sexualpartner streicht. Er funktioniere unauffälliger und dabei sicherer: «Natürlich entwickelte sich der Instinkt einfach als Widerwille der Individuen gegen Verbindungen mit anderen, mit denen sie [von früher Jugend an] zusammenlebten; da diese jedoch fast stets Blutsverwandte waren, mußte im Ergebnis [die Heirat innerhalb der Kernfamilie meistens ausgeschlossen sein].»[24] Dies ist der Kern der Westermarck-Hypothese: Wer die Kindheit zusammen verbracht hat, findet sich später erotisch uninteressant. Sie wurde in den fast hundert Jahren ihres Bestehens oft verlacht, aber Westermarck hielt bis ans Lebensende an ihr fest.[25] Keine widrige Entdeckung knackte sie, und in den letzten beiden Jahrzehnten wurde sie schließlich doch noch bestätigt, und zwar gleich dreifach.

Niemand kann ein Experiment veranstalten, um zu klären, ob das gemeinsame Aufwachsen das spätere sexuelle Interesse aneinander unterdrückt. Aber zuweilen macht das Leben Experimente, und die Wissenschaft braucht nur findig genug zu sein, im richtigen Augenblick zuzusehen. Dreimal war es so entgegenkommend.

In Taiwan gibt es den aussterbenden Brauch der «kleinen Braut» (sim-pua): Die künftige Frau wird – weil das billiger ist – schon als Baby von der Familie ihres Mannes adoptiert und wächst in dieser auf. Wenn sie etwa fünfzehn ist, wird die «kleine Hochzeit» gefeiert. Der Ethnologe Arthur P. Wolf ging der Frage nach, wie erfolgreich diese «kleinen Ehen» im Vergleich zu normalen chinesischen Ehen im selben sozialen Milieu sind. Sie sind wenig erfolgreich. Erstens sind sie bei den Brautleuten, die wie Geschwister groß geworden sind, denkbar unbeliebt; der Bräutigam muß förmlich ins Bett seiner Frau geprügelt werden. «Kleine Eheleute» haben mehr außereheliche Affairen als andere. Ein Viertel dieser Ehen endet in Scheidung oder dauernder Trennung (die normale Rate liegt unter 1 Prozent). Aus ihnen gehen 30 Prozent weniger Kinder hervor.[26]

In den meisten israelischen Kibbuzim wuchsen die Kinder bis vor kurzem, und teilweise auch heute noch, nicht bei ihren Eltern auf, sondern in Kinderhäusern unter der Obhut von geschulten Betreuerinnen. Sie sollten nicht von ihrer Familie sozialisiert und für das Leben in der Kibbuz-Gemeinschaft vorbereitet werden, sondern durch die *kita*, die feste Gruppe ihrer Altersgenossen. Mädchen und Jungen wuchsen in diesen Altersgruppen gemeinsam auf und wurden völlig gleich behandelt. Spätere Liebschaften und Ehen innerhalb der Altersgruppe waren nicht nur nicht verboten, sie waren geradezu erwünscht. Der israelische Soziologe Joseph Shepher durchforstete sämtliche Heiratsregister der Kibbuzim.[27] Von 2769 Paaren stammten nur 14 aus derselben Altersgruppe. Und diese 14 waren erst nach dem sechsten Jahr oder mit jahrelangen Unterbrechungen in einer *kita* gewesen. Es fand sich keine einzige Ehe, deren Partner von klein auf und ununterbrochen zusammengelebt hätten.

In arabischen Ländern gibt es die Sitte der «Parallelkusinen»-Heirat: Der Sohn soll bevorzugt eine Tochter des Vaterbruders zur Frau nehmen. Da die Familienverbände eng zusammenleben, wachsen auch Vettern fast geschwisterlich auf. Die Ehen unter diesen Verwandten sind, wie die Anthropologin Justine McCabe im Libanon feststellte, ebenso unbeliebt und verlaufen ebenso relativ erfolglos wie die *sim-pua*-Ehen auf Taiwan.[28]

Daß lange Intimität zu sexueller Anziehung führe, wie Lévi-Strauss und andere mit ihm annahmen, wird von diesen Beobachtungen widerlegt: Sie tut es nicht, sofern die Intimität bis in die frühe Kindheit zurückreicht. Ganz wie von Ellis und Westermarck behauptet, scheint der Trick der Natur also der zu sein: Mit wem ich zusammen in der Buddelkiste gespielt habe, der übt später keinen sexuellen Reiz auf mich aus. Normalerweise trifft dies Desinteresse die anderen Angehörigen der Kernfamilie, vor allem jene, mit denen es aus Altersgründen am ehesten zum Inzest kommen könnte, die leiblichen Geschwister. Manchmal kann es, wie in den genannten Fällen, die Falschen treffen – wenn Unverwandte zu primär Vertrauten werden. Die Natur nimmt das offenbar in Kauf, denn die Alternative hätte nur ein Mechanismus sein können, der dafür sorgt, daß jedes Lebewesen seine Blutsverwandten mit Sicherheit identifizieren kann. Dessen «Konstruktion» aber wäre sehr viel aufwendiger gewesen. Warum eine «Stimme des Blutes» einbauen, wenn der Zweck – die Inzestvermeidung – im Regelfall, daß Geschwister gemeinsam aufwachsen, auch sehr viel einfacher und sicherer erreicht werden konnte?

Ödipus, der dem betreffenden «Komplex» seinen Namen gegeben hat, wurde, wie man sich erinnern wird, als Säugling von seinen Eltern getrennt; der Vater, den er ermordete, die Mutter, die er heiratete, waren beide völlige Fremde für ihn, sonst hätte die Tragödie ihren Lauf nicht genommen. Auch war er von sich aus gar nicht auf die Idee gekommen, die fremde ältere Frau zu ehelichen, die sich später als seine Mutter entpuppen sollte. Er hatte sie vielmehr als Preis für die Überlistung der schrecklichen Sphinx gewonnen. Die alten Griechen waren nämlich gute Beobachter der Wege der Natur.

Ausgesprochen oder unausgesprochen war die Prämisse der soziologischen Position die, daß im Tierreich Inzest die Regel sei. Tiere, meinte man, paarten sich wahllos durcheinander, und manche dieser Paarungen geschähen notwendig auch unter nahen Blutsverwandten. Auch die Urmenschen noch hätten nichts gegen Inzestverbindungen gehabt. Endogamie – die Heirat innerhalb der Familie – sei das Normale gewesen. «Nicht nur waren Bruder und Schwester ursprünglich Mann und Frau, auch der Geschlechtsverkehr zwischen Eltern und Kindern ist noch heute bei vielen Völkern gestattet», glaubte schon Friedrich Engels zu wissen,[29] und hundert Jahre später formulierte der Psychiater Dieter Wyss die allgemeine Meinung so: «Da in der Frühmenschheit die Vermehrung der Nachkommenschaft ... natürlicherweise in der Kernfamilie durch Geschwisterinzest erfolgt sein dürfte, betraf das Inzestverbot in erster Linie die Geschwisterverbindungen und andere, analog in der Kernfamilie mögliche, aber unwahrscheinliche Beziehungen (Vater/Tochter, Sohn/Mutter).»[30] Erst die Verhängung des kulturellen Inzestverbots habe diesem animalischen Zustand ein Ende gemacht.

In Wahrheit jedoch ist Inzest bei Tieren, die unter natürlichen Bedingungen leben, die große Ausnahme. (Haustiere, denen ihre natürlichen Reaktionen abgezüchtet wurden, Zootiere, deren natürliche Sozialordnungen zusammengebrochen sind, verführen zu völlig falschen Schlüssen.) Die Allgemeinheit der Inzestvermeidung bei Tieren hat vor allem der Zürcher Psychologe und Ethologe Norbert Bischof ans Licht gebracht.[31] Das generelle Schema bei Säugern und Vögeln ist offenbar einfach dies: Wenn das Junge geschlechtsreif wird, verläßt es seine Familie. Ein besonders eklatanter Fall hatte Bischof überhaupt erst auf die Spur gebracht: Als er am Seewiesener Max-Planck-Institut ethologisch arbeitete, hatten ihn unerwartet zwei Gänse, bei denen er seit ihrem Schlüpfen Elternstelle vertrat, von einem Tag auf den andern «verlassen»; auch voneinander (es handelte sich um eine Gans und einen Ganter) hielten die Geschwister fortan Abstand. Ähnliches wird von jungen Schimpansinnen berichtet, die bei Menschen aufgezogen wurden: Ihren menschlichen Eltern gegenüber verhalten sie sich bei näherrückender Geschlechtsreife immer reservierter; an einer zunehmenden Abneigung gegen Menschen schlechthin, die ja Artgenossen für sie darstellen, kann das nicht liegen, denn Fremden werfen sie sich mit unzweideutigen Anträgen an den Hals.

Die Natur hat verschiedene Verfahren gefunden, heranwachsende Tiere von Mutter und Geschwistern (und gegebenenfalls auch vom Vater) zu trennen. Bei einigen Arten werden die jungen Männchen von ihrer Familie buchstäblich hinausgeworfen; oder es werden die Töchter von fremden Männchen entführt. Bei manchen Arten absentieren sich die jungen Männchen von ihren «langweiligen» Familienangehörigen und bilden mit ihresgleichen «Kohorten», ehe sie sich ins reproduktive Leben stürzen. Wo ein männliches Junges über die Geschlechtsreife hinaus bei seinen Blutsverwandten bleibt, tritt ein seit langem bekannter Effekt ein, der «psychische Kastration» heißt: Es ist sexuell allgemein desinteressiert. Wird es aber aus seiner Gruppe herausgenommen und mit Fremden konfrontiert, so kommt es vor, daß sein geschlechtliches Interesse innerhalb von Sekunden hellwach ist.

Das Ergebnis ist jedenfalls immer das gleiche. Wenn das Tier zur Paarung bereit ist, sind nahe Blutsverwandte nicht in der Nähe. Der Umgang mit Angehörigen der Ursprungsfamilie – die «primäre Vertrautheit», die erste Bindung des Lebens – unterdrückt die Sexualität; die erwacht erst Fremden gegenüber. Jedes Tier muß sich aus der primären Vertrautheit lösen, muß sich von seiner Familie emanzipieren, ehe es selber sexuell aktiv wird. Primäre Bindung und Sexualität schließen einander aus.

Unter den sozialen Motiven stellen sich das Verlangen nach Geborgenheit und das Verlangen nach Autonomie mithin als die großen Gegenspieler heraus. Ihre relative Stärke folgt einem Reifungsplan. Das Autonomiebedürfnis wächst langsam heran. Erst wenn es beim Eintritt der Geschlechtsreife das Geborgenheitsbedürfnis überflügelt, kommt die Zeit der Sexualität. Die soziale Motivation und ihre gesetzhafte Veränderung im Lebensverlauf ist eine Strategie der Natur, die dafür sorgt, daß Jungtiere sich an ihre Mutter (oder ihre Eltern) anschließen, solange sie Schutz nötig haben – und die später mit ziemlicher Sicherheit den Inzest ausschließt.

Bischof ist nicht der Meinung, daß der Mensch in dieser Hinsicht die Biologie hinter sich gelassen hätte. Zu deutlich scheint das allgemeine «Säugetiermuster» auch noch bei ihm durch. Kein kulturelles Gebot verlangt, daß quasi-geschwisterlich aufgewachsene junge Menschen kein sexuelles Interesse füreinander aufbringen dürfen. Die Kultur gebietet vielmehr, daß der junge Mann seine *sim-pua*, seine Parallelkusine, seine *kita*-Gefährtin attraktiv finde – der Reiz bleibt genau entgegen ihrem Gebot aus. Der Unterschied zwischen Tier und Mensch besteht vor allem darin, daß bei diesem zu Gefühlsappellen verblaßt ist, was bei jenen noch zwingende Verhaltensprogramme waren. Er muß nicht mehr dies tun und jenes lassen; er möchte es nur noch. Über Gefühlsappelle aber kann man sich auch hinwegsetzen. Und die vielfältigen Sozialstrukturen, die der Mensch sich geschaffen hat, können die Gefühle in die falsche Richtung gehen lassen. Wo etwa Jungen und Mädchen von klein auf getrennt werden, bleiben Brüder und Schwestern füreinander Fremde und damit potentielle Sexualpartner. Wo Kinder gar nicht bei ihren Familienangehörigen aufwachsen, werden diese zu Quasi-Geschwistern und sexuell gemieden, während – der Fall des Ödipus – Blutsverwandten später sexuelle Reize zuwachsen können. Auf den Mechanismus der Natur ist also kein völliger Verlaß mehr. Darum muß der Mensch sich zusätzlich ein Inzestverbot erteilen. Frazers berechtigter Einwand, daß die Kultur nicht verbieten müsse, was die Natur dem Menschen schon verboten hat, hat damit eine Antwort gefunden: Sie hat ihm den Inzest eben nicht zuverlässig genug verleidet.

Aber was ist denn eigentlich das Schlimme am Inzest, das Natur und Kultur dahin gebracht hat, ihn in einer Gemeinschaftsaktion zu verhindern? Die Standardantwort auf diese Frage lautet: die sogenannte Inzuchtdepression. Die ist keine Schimäre. Inzestkinder sind sehr viel öfter mißbildet oder geistig behindert als andere Kinder; die Sterblichkeit im ersten Lebensjahr ist bei ihnen wesentlich höher. Die nachteiligen Folgen des Inzests machen sich also umgehend bemerkbar – Grund genug, ein Tabu zu verhängen (das im übrigen ganz anders begründet sein mag).

Die Natur aber muß einen anderen Grund gehabt haben. Angenommen, ein Züchter bestünde auf Inzucht. Dann kämen zwar zuerst all die ungünstigen Merkmale zum Vorschein, die bisher verborgen («rezessiv») gewesen waren, und er erzeugte zunächst eine Menge weniger lebenstauglicher Nachkommen. Aber einige durchaus lebenstaugliche Varianten wären wahrscheinlich auch darunter; und kreuzte er diese weiter miteinander, so wären bald all die nachteiligen rezessiven Merkmale ausgefiltert, und die rigoros ingezüchteten Tiere oder Pflanzen blieben gleichmäßig lebenstauglich – eine uniforme und auch uniform gesunde Linie. Verordnete man ihr Exogamie, so brächte nunmehr diese Nachteile mit sich. Inzuchtschäden treten nur dort auf, wo Exogamie – die Fortpflanzung unter Nichtverwandten – bereits die Regel ist; sie können mithin nicht zur Einsetzung dieser Regel geführt haben. Zum Einbau einer Inzuchtbarriere hat die Natur nicht die Inzuchtdepression veranlaßt; diese hätte sie, so paradox es klingt, auch durch rigorose Inzucht vermeiden können. Wären die Menschen von jeher endogam gewesen, so wären bei Inzest auch keine Erbschäden aufgetreten, die sie zur Verhängung eines Inzestverbots hätten bewegen können. Die universale Existenz der Inzesttabus deutet also gerade darauf hin, daß Exogamie und nicht Inzest immer die Regel war.

Bischof zeigt auf, welchen Grund die Natur in Wirklichkeit hatte, Inzestbarrieren zu errichten. Der Zweck der geschlechtlichen Fortpflanzung ist die Durchmischung der Gene. Sie erhöht die genetische Variabilität. Sie bringt lauter leicht verschiedene Individuen hervor. Und diese Verschiedenheit ist bei der Anpassung an veränderliche ökologische Bedingungen ein unschätzbarer Vorteil. Uniforme Stämme nämlich sind im Nachteil, sobald sich die Umweltbedingungen ändern; die Wahrscheinlichkeit, daß zumindest einige ihrer Individuen das Zeug haben, mit den neuen Verhältnissen fertig zu werden, ist niedrig. Wenn einer untergeht, gehen alle unter. Sind die Individuen dagegen in Grenzen verschieden, so haben einige von ihnen eher eine Chance; manche mögen sogar gerade jetzt prosperieren. Einzig um der Variabilität willen gibt es in der Natur Sexualität. Inzucht aber verringert die genetische und damit die individuelle Variabilität. Würde sie zugelassen, so höbe sie die Vorteile der geschlechtlichen Fortpflanzung wieder auf. Darum müssen alle sich geschlechtlich fortpflanzenden Lebewesen so ausgerüstet sein, daß sie Inzucht meiden.

All dies ist nicht günstig für Freuds Ödipus-Theorie. Wenn in der Natur nicht Inzestwünsche die Regel sind, sondern Inzestvermeidung; wenn die Sexualität unter den Bedingungen primärer Vertrautheit bei Tieren wie auch beim Menschen einer Hemmung unterliegt; wenn die frühen Geborgenheitsansprüche und die späteren Autonomieansprüche zwei verschiedenen und gegensinnigen Funktionskreisen angehören – dann kann die Zuwendung und Zärtlichkeit, die es zwischen Kindern und ihren Eltern gibt, nicht mehr als sexuell und mithin inzestuös interpretiert werden. Einige Elemente haben kindliche und geschlechtliche Bindung wohl gemeinsam – Kinder schmusen mit ihren Eltern, Liebende schmusen miteinander. Solche Gemeinsamkeiten besagen jedoch nicht, daß beides «im Grunde» das gleiche wäre. Wir legen uns zum Schlafen hin und zur Liebe; das macht den Schlaf noch nicht zu einem Geschlechtsakt. Wenn schon, wäre es plausibler, das Spätere aus dem Früheren abzuleiten und nicht umgekehrt. Statt das kindliche Bindungsverhalten zu einer frühen Form von Sexualität zu ernennen, könnte man dann sagen, daß sich die geschlechtliche Liebe manche Elemente aus dem Zärtlichkeitenrepertoire des Kindes entleiht.

Wie aber steht es nun um die experimentelle Nachprüfung der Ödipus-Theorie? Paul Kline[32] führte insgesamt vierzehn Studien auf, von denen vier seiner Meinung nach unzweideutig positiv ausgegangen waren. Er kam zu dem Schluß, es gebe «starke Beweise für den Ödipus-Komplex», und gründete dieses Votum ausdrücklich auf zwei Studien. Sie waren damals also das Überzeugendste, was die Theorie für sich aufzubieten hatte.

Der eine Experimentator[33] hatte 305 Mädchen und Jungen zwischen fünf und sechzehn Jahren zwei unfertige Geschichten von einem Kind vorgelesen, das sich mit einem Elternteil amüsiert und dann dem anderen Elternteil begegnet. Außerdem hatte er ihnen ein paar Bilder («Vater und Mutter», «Mutter und Kind» ...) gezeigt. Die Versuchspersonen mußten die Geschichten zu Ende erzählen und die Bilder erläutern. Und dies stellte er fest: Die hinzuerfundenen Schlüsse, in denen ein Kind das Elternteil seines eigenen Geschlechts traf, waren negativer. Bei der Bilderläuterung schienen die Jungen mehr Konflikte mit der Vaterfigur zu haben als Mädchen mit der Mutterfigur. Sofern auf die Methode Verlaß war, war also ermittelt, daß Mädchen der Vater und Jungen die Mutter lieber ist; und daß das gespannteste Verhältnis in der Familie das Vater-Sohn-Verhältnis ist. Das möchte man gerne glauben; speziell psychoanalytisch ist nichts daran. Es beweist die Ödipus-Theorie nicht, es widerspricht ihr nur nicht. Ein weiteres Ergebnis bestand darin, daß mehr Mädchen als Jungen in der Phantasie die Vaterfigur eine Treppe hinaufgehen und in ein Zimmer eintreten sahen. Der Experimentator meinte, das Treppensteigen symbolisiere Geschlechtsverkehr und das Betreten des Zimmers Penetration, und wertete den Befund als zusätzlichen Beweis. Da solche Symbolzuweisungen aber reine Spekulation sind, taugen sie nicht für irgendeine Beweisführung.

Die andere Studie[34] nahm sich der Träume von 120 Studentinnen und Studenten an. Sie zählte, wie viele Hinweise auf Kastrationsangst und Penisneid in den Traumberichten vorkamen. Als Hinweis auf Kastrationsangst galt es, wenn die oder der Träumende seinen Penis oder irgendein angebliches Penissymbol wie Gewehr oder Speer nicht gebrauchen konnte; als Hinweis für Penisneid, wenn die oder der Träumende einen Penis oder eins jener angeblichen Penissymbole erwarb. Tatsächlich, Studentinnen erwarben mehr Penissymbole als Studenten, und Studenten konnten öfter ein Penissymbol nicht gebrauchen als Studentinnen. Auch diese Studie hätte Beweiskraft nur, wenn die Symbolbedeutungen ausgemachte Sache wären; genau das aber sind sie nicht. Eysenck/Wilson verreißen die Arbeit noch viel massiver: «Etliche Kriterien, nach denen die Kastrationsangst in den Träumen gezählt wurde, sind so formuliert, daß sie sich von vornherein nur auf die Männer beziehen können (zum Beispiel ‹Unfähigkeit oder Schwierigkeit des/der Träumenden bei der Benutzung seines/ihres Penis ...›) ... Zu den Kriterien, nach denen Penisneid gezählt wurde, gehörte: ‹... Eine weibliche Person träumt, sie sei ein Mann ...› Da solche Träume aus Gründen der Logik von vornherein nie bei Männern vorkommen können, ist die ‹Entdeckung›, daß bei Frauen mehr ‹Penisneidträume› vorkommen, eine bloße Tautologie.»[35] Auch habe die Studie offengelassen, warum jemand denn eigentlich von einem Penissymbol (wenn es denn eines sein sollte) träumt – weil er einen Penis vermißt oder im Gegenteil gerade keinen Penis haben will? Mit der gleichen Berechtigung ließen sich nämlich die angeblichen Penisträume der Männer als Kastrations*wünsche*, die der Frauen als Penis*angst* verstehen. «Eine feministische Version der Freudschen Theorie mit dem Zentralkonzept eines ‹Hohlraumneids› würde sich mit Hall/Van de Castles empirischen ‹Beweisen› genauso gut vertragen.»[36]

Seitdem ist ein positiver experimenteller Befund dazugekommen, und es ist der vielleicht stärkste empirische Beweis für Freuds psychosexuelle Theorie überhaupt: Silvermans Pfeilwurfwettbewerbe. Lloyd H. Silverman, Psychologieprofessor an der Universität New York, ersann eine jedenfalls sehr originelle Methode, die Ödipus-Theorie zu testen. Er lud dreißig neunzehnjährige Studenten zu einem Dart-Wettbewerb. Während sie ahnungslos ihre Pfeile warfen, zeigte er ihnen unterschwellig (nämlich so kurz, daß sie sie nicht erkennen konnten) vier Botschaften folgenden Wortlauts: «Papa schlagen ist okay», «Papa schlagen ist schlecht», «Mama und ich sind eins» und «Leute gehen». Die Punktzahl, die die Studenten erzielten – so stellte es sich heraus –, änderte sich mit der Botschaft. «Papa schlagen ist schlecht» senkte sie um 12 Prozent, «Leute gehen» um 6; «Mama und ich sind eins» dagegen erhöhte sie um 6 Prozent, «Papa schlagen ist okay» um 9. Statistisch signifikant war nur die Steigerung bei «Papa schlagen ist okay».[37] Der Versuch wurde von anderen Forschern einige Male wiederholt; manchmal ging er so aus wie bei Silverman, manchmal nicht. Doch selbst wenn dem Ergebnis zu trauen wäre, wäre es höchst seltsam. Denn daß «das Unbewußte» auch Pfeile werfen könne, behauptete die Theorie nun wirk-

lich nicht. Im Gegenteil, in Freuds Modell hat ausschließlich das
«Ich» den Zugang zur Motorik und nicht das unbewußte «Es». Daß
die unbewußten Wünsche nicht nur zum Siegen ermuntern oder
vom Siegen abraten, sondern je nachdem auch die Hand sicherer oder
unsicherer führen, das hätte niemand vorhergesehen. Leider aber hat
die ganze Demonstration einen Schönheitsfehler. Um festzustellen,
ob die Punktzahl wirklich vom Inhalt der deftig ödipalen Botschaften
abhing und nicht von irgendwelchen ganz anderen Umständen,
wären Kontrollversuche nötig gewesen. Sie haben offenbar nie stattgefunden. Vor allem wäre es interessant zu wissen, ob der positive
Effekt der angeblich signifikant wirkungsvollen Botschaft verschwände, wenn man das ödipale «Papa» wegließe. Wenn ein bloßes
«Schlagen ist okay» nämlich genauso wirkungsvoll sein sollte, wäre
der Effekt ohne jede Bemühung der Ödipus-Theorie erklärt: Dann
hätte ein normaler, wenn auch hier unterschwellig dargebotener An-
feuerungsruf Wirkung gezeitigt. Aber vielleicht kann man sich die
weiteren Versuche auch schenken. Leute, die die Ödipus-Theorie auf
den Ausgang eines Pfeilspiels hin glaubwürdiger oder unglaubwürdi-
ger fänden, dürften zu selten sein, als daß sich weitere Bemühungen
in dieser Richtung lohnten. (Was von «unterschwellig» verabreich-
ten Suggestionen überhaupt zu halten ist, wird in dem Kapitel «Unter der Schwelle» näher beschrieben.)

Zuweilen glaubte Freud, nur Eingeweihte wären imstande, das ödipale Drama zu erkennen: «… nur solche Forscher [können] die hier
beschriebenen Anfänge des menschlichen Sexuallebens bestätigen,
die Geduld und technisches Geschick genug besitzen, um die Analyse bis in die ersten Kindheitsjahre des Patienten vorzutragen.»[38]
Zuweilen aber fand er wiederum, es sei das Offensichtlichste von der
Welt: «[Die Psychoanalyse] erkannte, daß das frühinfantile Sexualleben im Ödipus-Komplex gipfelt, in der Gefühlsbindung an den gegengeschlechtlichen Elternteil mit Rivalitätseinstellung zum
gleichgeschlechtlichen, eine Strebung, die sich in dieser Lebenszeit
noch ungehemmt in direkt sexuelles Begehren fortsetzt. Das ist so
leicht zu bestätigen, daß es wirklich nur einer großen Kraftanspan-
nung gelingen konnte, es zu übersehen.»[39] Man kann es sich aussuchen. Mit einer Theorie, die nur auf dem esoterischen Wissen Eingeweihter und Voreingenommener beruht, ist es allerdings nicht weit
her; die Stärke einer Theorie erweist sich daran, ob sie die Kraft hat,
auch Zweifelnde zu überzeugen. Aber jeder kann das ödipale Drama
ja angeblich beobachten; er müßte sich geradezu anstrengen, es zu
übersehen.

Ein britischer Psychologe hat Freud beim Wort genommen, in einer Zeit, als man noch damit rechnete, allüberall empirische Bestätigungen für seine Theorie zu finden. C. W. Valentine beobachtete seine eigenen fünf Kinder systematisch und protokollierte über Jahre hin ihr Verhalten; außerdem verschickte er Fragebogen an sechzehn Bekannte, zumeist Psychologen und keiner ein notorischer Gegner Freuds, um in Erfahrung zu bringen, was sie während der ödipalen Phase ihrer Kinder beobachtet hatten. Nicht-Freudianer werden seine Ergebnisse kaum in Erstaunen setzen.

«Ich kann bei meinen eigenen Kindern nicht den geringsten Anhaltspunkt für einen Ödipus-Komplex finden. Das meiste Material widerspricht ihm sogar diametral, vor allem die Tatsache, daß die Mädchen ihre Mutter nach dem zweiten Lebensjahr deutlich vorzogen, wenn die Jungen sich Freud zufolge von ihrem Vater abwenden und die Mädchen ihn vorziehen sollten. Die Beziehungen der Kinder zu den Eltern verlaufen genauso, wie man es vernünftigerweise erwarten würde. Zunächst eine starke Bindung von Jungen und Mädchen gleichermaßen an ihre Mutter – ihre Betreuerin und Trösterin. Später, nach dem zweiten Lebensjahr, fühlen sie sich auch zu ihrem Vater hingezogen, der jetzt mit ihnen spielen kann und zwar manchmal strenger ist, aber ihnen auch die aufregendsten Vergnügungen verschafft. Aber diese wachsende Attraktivität des Vaters nach dem zweiten und dritten Lebensjahr ist bei Jungen viel ausgeprägter als bei Mädchen; denn bereits in diesem Alter stimmen die Mädchen in Geschmack und Interessen mehr mit ihrer Mutter überein.»[40]

Und auch aus der Fragebogenerhebung ergab sich, daß die Kinder völlig unabhängig von ihrem Geschlecht in den ersten sechs Lebensjahren die Mutter eindeutig vorziehen; bei nur wenigen wird nach dem zweiten Lebensjahr der Vater zum Favoriten. Die ganze frühe Kindheit über fühlen sich Mädchen mehr zur Mutter hingezogen als Jungen und mehr Jungen zum Vater. Wenn der Vater strenger war als die Mutter, bevorzugte ihn kein Kind; aber Töchter hingen an der Mutter mehr auch dann, wenn sie die Strengere war. Die Hauptperson für das Kind gleich welchen Geschlechts also ist die Mutter; der Vater kommt erst später und schwächer ins Spiel, und er muß sich eigens beliebt machen; aber seine Söhne, deren gefürchteter und gemiedener Erzrivale er doch sein soll, stehen ihm insgesamt dennoch freundlicher gegenüber, so wie sich ihre Schwestern stärker an ihre Mutter hängen, statt eifersüchtig auf sie zu sein und sie zu meiden. Auch die Eifersucht auf Geschwister scheint Freuds

Theorie stark übertrieben zu haben – bei zwei Dritteln der beobachteten Kinder waren keinerlei Anzeichen von Eifersucht zu erkennen.

Oder hat der Analytiker vielleicht doch ein Instrumentarium in der Hand, das niemand sonst besitzt und das ihn die ödipalen Konflikte des Kindes erkennen läßt, wo niemand sonst sie sieht? Enthüllt die direkte psychoanalytische Beobachtung von Kindern in dem fraglichen Alter, was sich vor allen anderen verbirgt, ihr sexuelles Interesse an den Eltern? Längst gibt es ja auch eine Kinderpsychoanalyse. Sie hatte zwei Pionierinnen, Freuds Tochter Anna und Melanie Klein. Zwei Fälle aus Kleins Praxis, von ihr beschrieben.

Auftritt Trude, ein Mädchen von dreidreiviertel Jahren, mitten im Ödipus-Alter: «Das stark neurotische, ungewöhnlich an die Mutter fixierte Kind betrat mit Angst und Unlust mein Zimmer, und ich war genötigt, bei offener Tür leise zu sprechen. Aber bald hatte mir das Kind einen Einblick in seine Komplexe geboten: Trude sagte, daß die Blumen aus der Vase entfernt werden sollten; sie warf ein Spielmännchen, das sie in einen Wagen gelegt hatte, wieder aus dem Wagen heraus und beschimpfte es; aus ihrem Bilderbuch (das sie mitgebracht hatte) sollte ein Mann mit einem hohen Hut entfernt werden; auch meinte sie, die Kissen seien durch einen Hund in Unordnung gebracht worden. Meine Deutung, daß sie den Penis des Vaters zu entfernen wünsche, weil er die Mutter (dargestellt durch die Vase, den Wagen, das Bilderbuch und das Kissen) in Unordnung bringe, verminderte die Angst sofort und bewirkte, daß die Kleine viel zutraulicher ging als sie gekommen war ...»[41]

Auftritt Peter, ebenfalls dreidreiviertel Jahre alt: «In der zweiten Analysenstunde stellt er gleich wieder Wagen und Autos ... auf; hintereinander zu einer langen Reihe und nebeneinander. Dazwischen läßt er wieder zwei Wagen und dann wieder zwei Lokomotiven – ebenso wie in der ersten Stunde – gegeneinander stoßen. Dann stellt er zwei kleine Schaukeln nebeneinander, zeigt mir den inneren, freibeweglichen, länglichen Teil und sagt: ‹Schau, wie das bammelt und stößt.› Nun deute ich. Indem ich auf die bammelnden Schaukeln, die Lokomotiven, die Wagen, die Pferde verweise, sage ich: ‹Die sollen immer zwei Menschen – den Papa und die Mutti – vorstellen, die ihre Tüpödichen (das war seine Bezeichnung für das Genitale) gegeneinander stoßen.› Da widerspricht er: ‹Nein, das ist nicht schön›, läßt aber immerfort weiter die Wagen aneinander stoßen und sagt dazu: ‹So haben sie ihre Tüpödichen gegeneinander gestoßen.› Gleich darauf erzählt er wieder von seinem kleinen Brüderchen … Ich deute nun wieder: ‹Du hast dir gedacht, daß Papa mit Mutti die Tüpödichen zusammenstoßen und daß davon das Brüderchen Fritz gekommen ist.› Nun läßt er auch einen dritten kleinen Wagen mitstoßen. Ich deute: ‹Das stellt dein Tüpödichen vor. Du wolltest mit Papas und Muttis Tüpödichen zusammen auch dein Tüpödichen mitstoßen.› … Peter läßt nun die zwei kleineren Wagen immer wieder gegeneinander stoßen und erzählt von ‹zwei Pipihühnern›, die er und sein Brüderchen in das Schlafzimmer ließen, ‹damit sie sich beruhigen; dort haben sie aber gestoßen und gespuckt› … Als ich ihm deute, daß die Pipihühner die Tüpödichen von ihm und Fritz sind, die miteinander stoßen und spucken, also onanieren, stimmt er nach einigem Widerstand bei.»[42]

Betrachtet man diese vergnüglichen Geschichten (in denen übrigens ein Dreijähriger vorkommt, der mit einem Säugling stoßend und spuckend onaniert) ohne psychoanalytische Brille, so fällt einem alsbald auf, daß die beiden Kinder der Analytikerin schlechterdings gar nichts über irgendwelche ödipalen Gelüste oder Konflikte mitgeteilt haben. Alles, aber auch alles hat sie selber hineininterpretiert, besessen von der fixen Idee, in den Worten und im Spiel der Kinder irgendwelche Anspielungen auf die elterlichen Tüpödichen aufzuspüren. Und da sie bereit ist, jedwedes Aneinanderstoßen und jedwedes In-Verhältnis (Blumen in der Vase, Figur im Buch) als «unbewußte» Darstellung des Geschlechtsverkehrs zu verstehen, fehlt es ihr an Indizien wahrlich nicht – es dürfte schließlich kaum eine kindliche Beschäftigung mit Spielzeug geben, bei der nichts aufeinandertrifft oder nichts sich in oder auf etwas anderem befindet. Die einzige Spur einer Bestätigung besteht darin, daß ihre «Deutung» angeblich prompte Wirkung zeigte – das Mädchen ging «zutraulicher», als es gekommen war. Kunststück, wo die Tante so verrückte Geschichten erzählte.

Und damit mag es sein Bewenden haben. Wenn die Psychoanalyse verlangt, daß wir an ihr Ödipus-Drama glauben, mag sie sich – nach neunzig Jahren Gerüchten – gelegentlich um den einen oder anderen auch für Uneingeweihte einsichtigen und zwingenden Beweis bemühen.

10. DER GROSSE UNTERSCHIED UND SEINE KLEINEN URSACHEN: ÜBER GESCHLECHTSUNTERSCHIEDE

Die Erklärung der seelischen Unterschiede zwischen Frauen und Männern ist kein zentraler Teil der psychoanalytischen Theorie. Aber sie geht logisch aus dieser hervor und ist folgerichtig mit ihr verbunden. Und sie hat Wirkung gezeitigt. Feministinnen hat sie gegen die Psychoanalyse aufgebracht; ihretwegen sahen sie in ihr ein uraltes, hoffnungslos patriarchalisches Vorurteil in neuem Gewand.

Erst 1925 machte sich Freud daran zu erklären, warum Frauen seiner Meinung nach eine andere Psyche haben als Männer. Diesen seinen Überlegungen verdanken wir eine der ungewollt heitersten Schriften der Psychoanalyse, die zu deren Ruf beigetragen hat, jedenfalls nie langweilig und farblos zu sein: «Einige psychische Folgen des anatomischen Geschlechtsunterschieds».

Ihr Räsonnement war knapp und ging so: Bis zum Alter von etwa vier Jahren gibt es keine psychischen Geschlechtsunterschiede. Dann erreicht das Kind nach der «oralen» und der «analen» seine dritte psychosexuelle Entwicklungsstufe, die «phallische», und nunmehr wird es kritisch. Jungs beginnen am eigenen Penis zu spielen, Mädchen an der Klitoris. Bisher hat sich die «sexuelle Energie», die Libido beider Geschlechter gleichermaßen auf die Mutter gerichtet, und zwar, wie Freud tatsächlich schreibt, «infolge des Einflusses von Nahrungszufuhr und Körperpflege»[1] (die bekannte Sekundärtriebtheorie). Nun aber, in der phallischen Phase, geschieht dem Mädchen etwas Furchtbares, und es wird sich davon nie mehr ganz erholen. Es muß eine folgenschwere Entdeckung machen: «Es bemerkt den auffällig sichtbaren, groß angelegten Penis eines Bruders oder Gespielen, erkennt ihn sofort als überlegenes Gegenstück seines eigenen, kleinen und versteckten Organs und ist von da an dem Penisneid verfallen.»[2] Indem es am Brüderchen einen männlichen Riesenpenis entdeckt, entdeckt es Freud zufolge also, was männliche Chauvis dem weiblichen Geschlecht seit Aristoteles immer wieder einzureden versucht haben: daß Frauen defekte Männer sind.

Während der Knabe, der nun mit seiner Mutter schlafen möchte und von Eifersucht und Haß auf seinen großen väterlichen Rivalen verzehrt wird, sich nur mit der Angst plagen muß, zur Strafe für seine Gelüste vom Vater kastriert zu werden, bleibt dem Mädchen – so immer noch Freud – der traurige Schluß nicht erspart, daß es bereits kastriert ist. Und auch den Jungen beeindruckt der Anblick des weiblichen Genitals tief: Es bestätigt ihn in der Gewißheit, daß es die schon vorher undeutlich befürchtete Kastration tatsächlich gibt, vertieft also seine Angst vor dem Vater. Gleichzeitig erzeugt die Beobachtung in ihm einen «Abscheu vor dem verstümmelten Geschöpf oder triumphierende Geringschätzung desselben»[3]. Wenn Männer später hochmütig auf Frauen hinabsehen, Frauen nicht für voll nehmen, sich selber für etwas Gelungeneres halten oder Frauen geradezu mit Haß verfolgen – dann ist dies Freud zufolge nichts anderes als die direkte Konsequenz aus ihrer Entdeckung, daß den Mädchen ihr bestes Stück fehle.

Das Mädchen, dem beim Anblick des ersten männlichen Schwanzes angeblich klar wird, daß es kastriert ist, ist hinfort übel dran. Es kann seine schmähliche Penislosigkeit verleugnen – dann wird es versuchen, sich wie ein Mann zu benehmen. Oder aber es räumt wohl oder übel ein, daß ihm der begehrte Penis tatsächlich fehlt – dann «stellt sich – gleichsam als Narbe – ein Minderwertigkeitsgefühl beim Weibe her»[4]. Darum gehen Frauen mutloser und bedrückter durchs Leben als Männer: Sie können sich der Einsicht nicht verschließen, daß ihnen das Beste im Leben ein für allemal vorenthalten wurde.

Dieses Gefühl, ohne Penis etwas Minderwertiges zu sein, führt schließlich zu der weiblichen Scham, zu der weiblichen Eitelkeit, zu dem weiblichen Liebesbedürfnis und manchen anderen weiblichen Zügen. Die Scham ist dazu da, «den Defekt des Genitales zu verdecken»[5]. Die Eitelkeit rührt daher, daß die Frau «ihre Reize als späte Entschädigung für die ursprüngliche sexuelle Minderwertigkeit um so höher einschätzen muß»[5]. Ihr verglichen mit dem des Mannes größeres Liebesbedürfnis stellt sich ein, weil sie für ihren leidigen Defekt getröstet werden möchte. Frauen haben, so Freud, im Lauf der Weltgeschichte auch wenig anderes erfunden und entdeckt als das Flechten und Weben. Und warum gerade das? Das «unbewußte Motiv» dazu war, daß sie ihre peinlich penislose Blöße verhüllen wollten, so wie die Natur es ihnen vorgemacht hatte, indem sie ihnen Schamhaare wachsen ließ; wenn die Frauen «flochten und webten», dann eigentlich eine zweite Schambehaarung (vielleicht weil ihr Mangel gar nicht genug verhüllt werden konnte?). «Wenn Sie [meine Hörer] diesen Einfall als phantastisch zurückweisen, ... bin ich natürlich wehrlos.»[6]

Nebenbei handelt es sich um ein kleines, dafür aber um so anschaulicheres Beispiel dafür, wie sich mit dieser Sorte psychoanalytischer Erklärungen aus einer bestimmten Ursache ein bestimmtes Phänomen ebenso leicht ableiten läßt wie sein genaues Gegenteil. Es muß bei Bedarf nur ein Vorgang eingeschaltet werden, der «Kompensation» oder «Reaktionsbildung» heißt und dessen Funktion darin besteht, aus einem X ein U zu machen. Weibliche Scham hat also ihren Grund angeblich in einem schicksalhaften Minderwertigkeitserlebnis; weibliche Eitelkeit ebenfalls, aber sie ist gerade eine Reaktion gegen dieses Minderwertigkeitsgefühl, dazu da, es zu kompensieren. Natürlich mag es sehr wohl psychische Kompensationen geben; doch damit die Theorie so voraussagekräftig wird, wie sich das für jede brauchbare Theorie gehört, müßte sie sagen, wann diese eintreten und wann nicht. Aber wann das Ereignis A zu seiner logischen Folge X führt und wann zu dessen Gegenteil U, darüber schweigt sich Freuds Theorie aus. Die Umkehrung wurde *ad hoc* eingeschaltet, um ein für die Theorie lästiges Phänomen – die weibliche Eitelkeit, aus der nicht gerade das postulierte Minderwertigkeitsgefühl zu sprechen scheint – aus dem Weg zu schaffen. Wären Frauen Freud nicht schamhaft und eitel, sondern umgekehrt schamlos und schlumpig vorgekommen, so hätte seine Theorie das ebenso bereitwillig erklärt. Es wäre ja sonnenklar gewesen, daß und warum sie schamlos sind: Sie müssen, «unbewußt» natürlich alles das, ihre peinliche Blöße kompensieren. Und daß und warum sie schlumpig sind, hätte sich ebenso leicht erklären lassen: So, wie die Natur sie verstümmelt hat, wissen sie, daß es an ihnen nichts zu retten gibt. Jede andere Kombination der Eigenschaften schamhaft/schamlos und eitel/schlumpig wäre gleich gut erklärt gewesen. Klar, daß sie schamlos und eitel oder schamhaft und schlumpig sind oder die eine eitel und die andere schlumpig oder auch eine einzige teils schamhaft, teils schamlos ... Bei dieser Sophistik braucht es die

Theorie niemals zu irritieren, wenn das genaue Gegenteil dessen eintritt, was sie eigentlich voraussagt. Dann hat eben eine Umkehrung stattgefunden, auch gut. Sie sagt das eine wie das andere voraus. Immer hat sie recht. Aber die Theorie, daß der nächste Sommer entweder schön oder feucht oder beides wird, steht nicht hoch im Kurs.

Das Mädchen, meinte Freud, kann nun seinen Mangel eines Tages noch auf eine andere und einigermaßen wirksame Art recht und schlecht kompensieren: «Es gibt den Wunsch nach dem Penis auf, um den Wunsch nach einem Kind an die Stelle zu setzen, und nimmt in dieser Absicht den Vater zum Liebesobjekt.»[7] Das Kind, ebenfalls eine Art Protuberanz des Unterleibs, als Penisersatz; der weibliche Wunsch nach einem Kind als Folge des Penisneids ...

Diese famose Theorie erklärt also vielerlei auf einmal: warum Konflikte zwischen Tochter und Vater schwächer sind als zwischen Sohn und Vater (weil der Sohn den Vater als sexuellen Rivalen haßt, die Tochter den Vater aber liebt und ein Kind mit ihm zeugen will); warum Frauen ihr Leben lang niedergeschlagener, schamhafter, eitler, anlehnungsbedürftiger, untüchtiger sind als Männer (weil sie über ihren anatomischen Mangel nicht hinwegkommen); warum Frauen Kinder bekommen wollen (weil sie ihren Penismangel kompensieren möchten); warum Jungen ihren Vater fürchten (weil der Anblick des penislosen weiblichen Genitals sie in der Vermutung bestätigt hat, daß der Vater imstande wäre, ihnen zur Strafe für ihre ehebrecherische Liebe zu seiner Frau das Schwänzchen abzuschneiden); warum Männer sich Frauen überlegen fühlen (weil sie sich im Besitz von etwas Herrlichem wissen, das den Frauen ein für allemal abgeht).

Und warum sollte es nicht so sein?

Es ist eine untergeordnete Frage, ob es tatsächlich einen weiblichen Penisneid gibt. Möglicherweise gibt es solche Fälle, wie es auch Fälle von männlicher Kastrationsangst geben mag und bei einer realen Kastrationsdrohung gewiß gibt. (Ein gläubiger Freudianer ist so eingestimmt, daß er sicherlich unentwegt von ihr geplagt wird.) Die empirischen Beweise für einen weiblichen Penisneid sind schwach, zum Teil geradezu lächerlich, wie jene berüchtigte Studie, die feststellte, daß amerikanische College-Studentinnen einen geliehenen Bleistift (ein Penis-Symbol in den Augen des Freudianers) etwas seltener zurückgaben als ihre männlichen Studiengenossen – ein Umstand, der, sollte er wirklich die Regel sein, natürlich tausend näherliegende Gründe haben könnte, die alle ausgeschlossen werden müßten, ehe man zu einer so exotischen Erklärung wie «Penisneid» greifen dürfte. In der nichtpsychoanalytischen Entwicklungspsychologie, die ein sehr intensiv beforschtes Gebiet ist, spielen Penisneid und Kastrationsangst jedenfalls nicht die geringste Rolle – sie existieren für sie gar nicht.

Wichtiger ist, daß die Theorie der Geschlechtsunterschiede einen Mangel aufzeigt, der das gesamte Freudsche Œuvre durchzieht, aber hier besonders sichtbar wird: Freuds unklare Einstellung zur Biologie. Es wäre falsch, ihm vorzuwerfen, daß er die biologischen Determinanten der Psyche verkannt oder ignoriert hätte. Immer wieder hat er sie ausdrücklich anerkannt: «Was wissen wir bis jetzt zu diesem Problem [warum diese und jene Person gerade an der einen bestimmten Neurose und an keiner anderen erkranken muß, zum Problem der Neurosenwahl]? Eigentlich ist hier nur ein einziger allgemeiner Satz gesichert. Wir unterscheiden die für Neurosen in Betracht kommenden Krankheitsursachen in solche, die der Mensch ins Leben mitbringt, und solche, die das Leben an ihn heranbringt, konstitutionelle und akzidentelle ... Die Gründe für die Neurosenwahl [sind] durchwegs von der ersteren Art, also von der Natur der [ererbten] Dispositionen, und unabhängig von den pathogen wirkenden Erlebnissen.»[8] Das Erleben also soll es sein, was einen seelisch krank macht; aber welche seelische oder seelisch bedingte Krankheit man dann bekommt, das soll abhängen von biologischen, erblichen Faktoren. An anderer Stelle heißt es: Unter den Neurosen verursachenden Faktoren «ist zunächst die hereditäre Disposition; – wir kommen nicht oft auf sie zu sprechen, weil sie von anderer Seite energisch betont wird und wir nichts Neues zu ihr zu sagen haben. Aber glauben Sie nicht, daß wir sie unterschätzen; gerade als Therapeuten bekommen wir ihre Macht deutlich genug zu spüren. Jedenfalls können wir nichts an ihr ändern.»[9] Etwas weiter dann bezeichnet er die «relativen Intensitäten» des Sexualtriebs als den maßgebenden konstitutionellen Faktor.

Freud hat also die Bedeutung «konstitutioneller», erblicher Faktoren einerseits betont und andererseits heruntergespielt. Er unterschätzte den Einflußbereich der Gene. Seiner Meinung nach waren sie vor allem oder nur für die unterschiedlichen Stärken des Sexualtriebs verantwortlich. Es war auch falsch, alles Angeborene für unabänderlich zu halten und darum auch für unerreichbar für jede Therapie. Genetisch bedeutet keineswegs soviel wie unabänderlich. Die Hautpigmentierung beruht auf Veranlagung, aber wie jedermann weiß, läßt sich der Teint sehr wohl beeinflussen. Eine genetische Kurzsichtigkeit läßt sich durchaus korrigieren – mit Hilfe einer Brille. Und nun stelle man sich vor, ein allgemeines Vorurteil hielte Kurzsichtigkeit für psychogen (vielleicht, im Stil der Psychoanalyse, für die therapiebedürftige Abwehr unliebsamer Anblicke): dann und erst dann wäre jeder Kurzsichtige verurteilt, es auch zu bleiben.

Aber andere sprachen ja schon genug darüber. Also kümmerte sich Freud bei der Erforschung der Neurosenursachen nicht weiter um eventuelle genetische Faktoren. So war er nicht dagegen gefeit, irgendwelchen Lebensereignissen zuzuschreiben, was vielleicht ererbte Dispositionen waren. Und in dem Maße, in dem seine Anhänger beileibe keine «Biologisten» mehr sein wollten, gingen sie darin noch weiter als er. Die große Mehrzahl ihrer Konstruktionen bezieht sich auf die Lebensgeschichte, auf das voraufgegangene seelische Erleben, und sie berücksichtigt nicht, was für den einzelnen schon entschieden gewesen sein mag, ehe er mit dem Erleben begann. Die Psychoanalyse räumt zwar ein, daß es eine erbliche Determination gibt, läßt sie aber meistens sogleich auf sich beruhen, verfährt, als gäbe es sie doch nicht, und sucht die Gründe für alle Phänomene, die ihren Gegenstand bilden, im seelischen Erleben. Warum erlebst du heute auf die Weise X? Weil du einst, in deiner frühesten Kindheit, auch schon auf die Weise X erlebt hast (Wiederholungszwang). Oder weil du damals auf die Weise Y erlebtest, es dir unangenehm war und du es soweit abgeändert hast, bis die weniger unangenehme Weise X daraus geworden war (Verschiebung). Oder weil dir damals A unerträglich war und du es in sein Gegenteil X verkehrt hast (Reaktionsbildung).

In einem hellsichtigen und ungewöhnlich bescheidenen Moment schrieb Freud: «Die Biologie ist wahrlich ein Reich der unbegrenzten Möglichkeiten, wir haben die überraschendsten Aufklärungen von ihr zu erwarten und können nicht erraten, welche Antworten sie auf die von uns an sie gestellten Fragen einige Jahrzehnte später geben würde. Vielleicht gerade solche, durch die unser ganzer künstlicher Bau von Hypothesen umgeblasen wird.»[10] Die Jahrzehnte sind vergangen, der Fall ist eingetreten: Die biologisch orientierte Medizin, Psychologie und Anthropologie sind heute dabei, den künstlichen Hypothesenbau der Psychoanalyse umzublasen. Einer der Analytiker, die gemerkt haben, daß es sich bei der Geringschätzung der Biologie um kein läßliches Versäumnis handelt, ist Emanuel Peterfreund. Er schrieb: «[Die Psychoanalyse in ihrer bisherigen Form] sieht das Psychische nicht als Manifestation biologischer Aktivität; sie sieht es, als herrsche es über die biologische Aktivität. Sie hat den entscheidenden Schritt nicht vollzogen, das Psychische des Menschen in einen größeren biologischen und evolutionären Zusammenhang zu stellen... Das hat zu einer Unmenge begrifflicher Verwirrungen geführt und die Psychoanalyse der Wissenschaft des zwanzigsten Jahrhunderts immer weiter entfremdet ... Die psychoanalytische Theorie hat nie der Tatsache ins Auge gesehen, daß sie implizit ein Wunder postuliert. Sie trennt die Seele begrifflich vom Körper und behauptet, daß ein Ich (eine Untereinheit der Persönlichkeit) in der Lage sei, die biologische Aktivität zu kontrollieren und sich über alle evolutionäre Zeit hinwegzusetzen.»[11] Hier liegt wohl das größte Versäumnis der Psychoanalyse; ob sie es je wieder aufzuholen vermag, wird von Jahr zu Jahr zweifelhafter.

Freud war in gewissem Sinn ein «Biologe der Seele» (Frank J. Sulloway), aber ein guter Biologe war er nicht. Schlechte Biologie war, daß er zwar von der Tatsache der Evolution alles Lebendigen überzeugt war, aber einer schon zu seiner Zeit längst überholten lamarckistischen Spielart der Evolutionstheorie anhing und an die Vererbung erworbener Merkmale glaubte. So konnte er beispielsweise allen Ernstes annehmen, die Erinnerung an einen hypothetischen Vatermord in einer menschlichen Urhorde und an die Schuldgefühle, die ihm auf dem Fuß folgten, könne sich über die Generationen und Jahrhunderttausende hin weitervererbt haben. Oder er nahm die erbliche Weitergabe sogenannter «Urphantasien» an: «Es erscheint mir sehr wohl möglich, daß alles, was uns heute in der Analyse als Phantasie erzählt wird, die Kinderverführung, die Entzündung der Sexualerregung an der Beobachtung des elterlichen Verkehrs, die Kastrationsdrohung – oder vielmehr die Kastration, – in den Urzeiten der menschlichen Familie Realität war und daß das phantasierende Kind einfach die Lücken der individuellen Wahrheit mit prähistorischer Wahrheit ausgefüllt hat.»[12] Es erschien Freud möglich, aber es ist nicht möglich. Selbst wenn in vorgeschichtlichen Menschenfamilien Kastration und Kinderverführung die Regel gewesen sein sollten (und es gibt weder irgendeinen Hinweis darauf, daß sie je die Regel waren, noch allgemeine Gründe, aus denen sie die Regel hätten sein können), die Erinnerung daran hätte sich nicht weitervererben können, um dann in den Phantasien der Kinder wieder zum Vorschein zu kommen. (Abgesehen davon machen seine eigenen Fallgeschichten den Eindruck, nicht seine Patienten hätten ihm jene angeblichen «Urphantasien» erzählt, sondern er sie seinen Patienten.)

Schlechte Biologie war ferner, daß Freud einen «Todestrieb» auch nur für möglich hielt. Der von ihm postulierte Todestrieb (Thanatos) ist nicht etwa eine bloße Lebensmüdigkeit in Zeiten der Mutlosigkeit, sondern ein aktiver Wunsch, der den Menschen beseelen soll, ein biologischer Grundtrieb, der den Organismus angeblich dazu bewegt, möglichst rasch, wenn auch nur auf seine individuelle Weise in den Zustand des Anorganischen zurückzukehren. (Der Zusatz «auf seine individuelle Weise» war nötig, um zu erklären, warum die Leute etwas dagegen haben, ermordet zu werden: Sie wünschen nicht irgendeine Todesart, sondern nur ihre persönliche.) Biologisch war der Todestrieb ein Unding, denn ein Lebewesen, dem eine Mutation ein Gen bescherte, welches es veranlaßte, von sich aus seinen Tod zu suchen, hinterließe keine oder jedenfalls weniger Nachkommen als seine Artgenossen und schiede damit aus der Evolution aus. Es verminderte das, worauf es in der Evolution entscheidend ankommt: seine Tauglichkeit, seine *fitness* – seinen Nettoreproduktionsvorteil also. Jede solche Erbanlage entginge dem Schicksal nicht, sich zwangsläufig selber auszumerzen.

Schlechte Biologie aber war vor allem, daß er nie jene Fragen stellte, die ein Biologe zuallererst stellt. Wenn ein Biologe vor einem für ihn neuen Merkmal steht, ob vor einer Körperstruktur oder einem Verhaltensmuster, so fragt er zunächst einmal nach seinem Sinn: nämlich nach seinem Anpassungswert, nach dem Überlebens- und Reproduktionsvorteil, den es seinem Eigentümer verschafft hat. Irgendeinen Vorteil muß es seinem Besitzer gebracht haben, sonst wäre es in der Konkurrenz der Evolution wahrscheinlich ausgemerzt worden. Etwas biologisch verstehen heißt seinen Zweck, seine Funktion in der Auseinandersetzung mit der Umwelt, seinen Sinn erkennen. Außerdem fragt der Biologe nach der zugrundeliegenden körperlichen «Maschinerie», die das Merkmal verwirklicht; er fragt nach seiner Entfaltung im Verlauf der individuellen Lebensgeschichte (seiner Ontogenese); und er fragt nach seiner Entwicklung im Verlauf der Evolution (der Phylogenese). Freud aber schränkte seinen Blick ausschließlich auf die Ontogenese ein – von seinen phantastischen Verirrungen zu mythischen Vatermorden oder Kastrationen abgesehen, kümmerte ihn die Evolution wenig, und nach der «Maschinerie» fragte er nach dem Scheitern früher diesbezüglicher Versuche schon gar nicht mehr. Das beraubte seine bizarre Psychologie jeder Stütze in anderen (über- und untergeordneten) Beschreibungsebenen, die sie doch dringend nötig gehabt hätte; es brachte sie in Gefahr, von diesen jederzeit Lügen gestraft zu werden.

Pseudo-biologische Gesetzmäßigkeiten freudscher Art verurteilen das Neugeborene, durch den höchst natürlichen Vorgang der Geburt von einem Trauma gezeichnet zu sein, das ihn möglicherweise das Leben lang nicht verläßt; sie verurteilen den Säugling, seine Mutter auffressen zu wollen und den Verlust der Mutterbrust das ganze Leben über nicht mehr verschmerzen zu können; sie verurteilen das Kind, lange vor dem Beginn der reproduktiven Lebensphase von seiner Sexualität gequält zu werden; sie heften die sexuelle Befriedigung unter andrem an die Darmentleerung; sie zwingen den kleinen Jungen, sich mit Gedanken an die Ermordung seines Vaters zu tragen; sie machen das moralische Verhalten des Erwachsenen davon abhängig, daß er einmal in Furcht und Zittern vor der Schere des Vaters gelebt hat, die ihm seinen Schwanz abschnitte; und sie erlegen es der Frau auf, als Kind einmal kräftig über das nachmalige Sexualwerkzeug ihres Brüderchens erschrocken zu sein, um ihre Geschlechtsidentität finden zu können. Wozu all das? Welchen Anpassungswert hätte es, einen Säugling mit kannibalischen Gelüsten auszustatten? Die Entwöhnung zu einem allgemeinen Trauma zu machen? Hätte die Natur die Dinge auf freudsche Art geregelt, so wäre nicht das subtile und robuste Phänomen entstanden, das das Leben ist, sondern bestenfalls absurdes Theater. In Freuds früher Zeit mag das noch nicht so deutlich gewesen sein. Heute ist es das.

Geschlechtsunterschiede im Körperbau und im Verhalten gibt es bei vielen Tieren, also wohl auch psychische Geschlechtsunterschiede. Der Tierzüchter rechnet fest damit. Er wird keine Kuh zum Kampfrind abrichten wollen, obwohl eine Kuh in besonderen Situationen, nämlich wenn ihr Kalb bedroht ist, sehr kämpferisch sein kann. Kommen diese Unterschiede im Tierreich auf ganz andere Weise zustande als beim Menschen? Trotz der bestehenden biologischen Verwandtschaft?

Wenn sie auf die gleiche Weise entstehen – ist die Kuh dann weniger kämpferisch als der Stier, weil sie von Kalb auf über ihre Penislosigkeit betrübt war? Und wie gar sollen die eklatanten Geschlechtsunterschiede im Hühnerhof zustande kommen, wenn doch die Küken nie des Penis eines Hahns ansichtig werden, weil der nämlich in der Kloake, dem einen hinteren Körperausgang der Hühner verborgen ist? Die Erklärung der Geschlechtsunterschiede aus dem Erschrecken über den anatomischen Geschlechtsunterschied funktionierte überhaupt nur dann, wenn man annähme, daß denen, bei denen jener Schreck wirken soll, schon ein besonderer Mechanismus angeboren ist, der sie auf das Vorhandensein eines Penis achten und über sein Fehlen auf eine hochspezifische Weise erschrecken ließe. Wenn die Natur aber für einen solchen spezifischen Schreckmechanismus gesorgt haben sollte, dann hätte sie das gleiche Ergebnis auf eine direktere und sicherere Weise erzielen können als über das Erleben mit allen seinen Zufälligkeiten.

In der Tat ist die Vorstellung grotesk, die Natur habe sich bei einer so grundlegenden und lebensnotwendigen Einrichtung wie der Geschlechtsdifferenzierung auf einen so unzuverlässigen Mechanismus verlassen. Derlei elementare Gegebenheiten werden tiefer und sicherer verankert sein. Auch beim Menschen. Käme jemand auch nur auf die Idee, aus einem in einem Nonnenkonvent aufwachsenden Kind würde nie Mann oder Frau? Oder was wäre, wenn der Sohn versehentlich irgendeinen Mann für kastriert hielte: müßte er dann fortan auf die Männer so mitleidig hinabsehen wie angeblich auf die Frauen? Die entscheidenden Tatsachen werden keinen Zufällen überlassen. Denn die Natur ist eine ganz ungeheuerlich zweckmäßige Einrichtung. Sie ist es darum, weil der Vorgang von zufälliger Mutation und anschließender Erprobung (der Selektion), der die Evolution ist, nur Zweckmäßiges oder jedenfalls nichts grob Zweckwidriges zugelassen und erhalten hat.

Nun wird man einwenden, man könne Mensch und Tier nicht auf die gleiche Stufe stellen, und so sei der Mechanismus beim Menschen eben vielleicht doch ein völlig anderer als sonst in der Natur. Man stellt sie aber auch nicht auf eine Stufe, nur weil man die vielen Übereinstimmungen konstatiert, die in Wahrheit evolutionäre Kontinuitäten (Homologien) oder gleichartige Erfindungen aufgrund von gleichartigen Überlebensproblemen (Analogien) sind. Der Einwand müßte also richtig lauten: Für Tiere mag es nachgewiesen sein, daß erblich determinierte neurophysiologische Regelmechanismen die Geschlechtsunterschiede in Gestalt, Verhalten und mutmaßlichem subjektivem Erleben bestimmen – das aber erlaubt noch lange nicht, diese Vorgänge auf den Menschen zu verallgemeinern; beim Menschen könnte ein oberflächlich ähnliches Ergebnis völlig andere Gründe haben. Bei Tieren Hormone – bei uns vielleicht ja doch Kastrationsangst und Penisneid?

In der Tat, stammesgeschichtlich miteinander verwandte Tiere haben auch neurophysiologisch vieles, aber nicht alles gemein. Darum kann man von einer Art nicht ohne weiteres auf die andere schließen. Daß sie vieles gemein haben, begründet die «pharmakologische Brücke» auch zwischen Mensch und Tier: Die Ähnlichkeit der Regelmechanismen erlaubt es, viele Medikamente an Tieren zu erproben. Dazu gehören sogar etliche «psychotrope», nämlich auf die Seele einwirkende Substanzen. Tiere werden zum Beispiel mit den gleichen Tranquilizern ruhiggestellt wie Menschen. Aber da manche Regelmechanismen von Art zu Art verschieden sind, reicht die Erprobung einer Substanz an einer Art nie aus, läßt sich kein an einem Tier gewonnenes Ergebnis automatisch auf andere Arten und auf den Menschen verallgemeinern. In jedem Fall muß geprüft werden, ob es tatsächlich übertragbar ist.

Wie bei Säugetieren das geschlechtstypische Verhalten gesteuert wird, ist in groben Zügen seit Jahrzehnten bekannt: von den Geschlechtshormonen. Besonders gründlich erforscht wurden einige Nagetiere (Mäuse, Ratten, Hamster) und Primaten. Bei Männchen verringert die Kastration die Aggressivität, während umgekehrt die Injektion von Testosteron sie erhöht.[13] Ein frühes, genetisch gesteuertes embryonales Programm bewirkt, daß sich männliche oder weibliche Körper entwickeln. Dann, relativ spät, in der Zeit um die Geburt herum (bei Mäusen und Ratten zum Beispiel in den Tagen danach, bei Meerschweinchen in den Tagen davor) wird bei männlichen Tieren ein Schub von männlichen Geschlechtshormonen, von Androgenen in das Blut ausgeschüttet. Sie wirken auf gewisse Gehirnbezirke ein und prägen damit dem späteren Verhalten ein männliches Muster auf. Man kann im Experiment genau jene Anomalien künstlich erzeugen, die sich aus dieser Tatsache vorhersagen lassen. Wird der Androgenschub im Experiment unterbunden, so wachsen körperlich männliche, aber «psychisch» weibliche Tiere heran. Wird das Gehirn körperlich weiblicher Tiere mit Androgenen um die Zeit der Geburt virilisiert, so entsteht der entgegengesetzte Effekt.[14] Die psychischen Geschlechtsunterschiede beruhen auf einer regelhaften perinatalen Wirkung von Geschlechtshormonen, die ihrerseits im genetischen Programm beschlossen ist.

Aber beim Menschen? Die entsprechenden Versuche, die Klarheit brächten, verbieten sich. Aber zuweilen unternimmt die Natur ein Experiment, und zuweilen sind Forscher zur Stelle, die es beobachten.

Eine selten vorkommende hormonelle Erkrankung ist das Adrenogenitale Syndrom. Die Nebennieren funktionieren infolge eines Erbfehlers schon im Mutterleib nicht, wie sie sollten. Sie geben zu wenig Kortisol ab und statt dessen einen Vorläuferstoff der männlichen Geschlechtshormone, der Androgene. Tritt dieser unplanmäßige Androgenüberschuß bei einem Mädchen auf, so werden seine äußeren Geschlechtsteile und dazu sein Verhalten und Erleben vermännlicht. Wird die Hormonstörung gleich nach der Geburt erkannt, so kann die vermehrte Androgenabgabe durch Kortisongaben gebremst werden; dann entwickeln sich die Mädchen später noch zu «richtigen» Frauen. Aber sie verhalten sich knabenhafter, bevorzugen körperlich anstrengende Lauf- und Raufspiele, spielen weniger mit Puppen, sind stärker als andere Mädchen auf ihren Platz in der Rangordnung bedacht.

Selbst so feine psychische Einstellungen wie das Interesse an Ehe und Mutterschaft im Vergleich zum Interesse für Beruf und Karriere sind betroffen. In einer Untersuchung von 14 Mädchen mit dem Adrenogenitalen Syndrom wünschte sich nur eins die Ehe mehr als einen Beruf; neun hatten gelegentliche Hochzeitsphantasien. In einer gesunden Kontrollgruppe von 15 Mädchen ging zehn Ehe vor Karriere, und alle hatten die für Mädchen typischen Hochzeitsphantasien.[15] Die Androgene aber, die vor der Geburt die Gehirne erreicht hatten, hatten die Psyche mit männlichen Neigungen versehen.

Eine noch seltenere Krankheit ist der Männliche Pseudohermaphroditismus. Infolge von Inzucht trat er in einigen Dörfern von Santo Domingo gehäuft auf; dort wurde er näher untersucht. Während des frühen embryonalen Testosteronschubs, der die Ausbildung männlicher Geschlechtsorgane bewirkt, nimmt bei dieser Enzymstörung die Haut, aus der sich das Genital entwickeln soll, das im Blut zirkulierende Testosteron nicht an. Die Folge: ein eigentlich männlicher Fetus entwickelt weibliche Geschlechtsorgane. Das Kind wird scheinbar als Mädchen geboren, und normalerweise wird es in der Folge auch als Mädchen behandelt. Mit der einsetzenden Pubertät jedoch beginnt die Androgenproduktion. Bei den Pseudo-Mädchen tritt der Stimmbruch ein, es wachsen ihnen Hoden und Penis, ihr Geschlechtstrieb beginnt sich auf Frauen zu richten – kurz, aus den Mädchen werden Männer. Wenn diese Krankheit in den Vereinigten Staaten auftrat, wurden die Mädchen zu Beginn ihrer unerwarteten, hormongesteuerten Vermännlichung kastriert, blieben Mädchen und wuchsen zu Frauen heran. In Santo Domingo gab es keine Möglichkeit für diese Operation. Hier legten die Schein-Mädchen mit beginnender Pubertät ihre Mädchenrolle in kürzester Zeit ab, die bisher sowohl ihre natürliche wie ihre gelernte Geschlechterrolle gewesen war; an ihrer Stelle nahmen sie einzig aufgrund der Wirkung der Hormone und ganz ohne entsprechende Erziehungsmaßnahmen die gänzlich ungelernte Männerrolle an.[16]

Der Schluß ist schwer zu vermeiden: daß der neurophysiologische Mechanismus, der bei den Säugetieren die psychische Geschlechtsdifferenzierung bewirkt, beim Menschen ebenfalls wirksam ist (wenn im Detail auch sicher auf verschiedene Weise). Das psychische Geschlecht wird davon bestimmt, ob in den Wochen vor der Geburt im Blut Androgen kreist.

Die Feministinnen hören das so ungern, wie sie Freuds Lehre von der Entstehung der psychischen Geschlechtsunterschiede aufgenommen haben. Sie – und viele andere Zeitgenossen – ziehen es vor, die

Geschlechtsunterschiede ausschließlich dem «sozialen Lernen» zuzuschreiben: Jedem Menschen werde seine Geschlechtsrolle absichtslos und beiläufig anerzogen. Zweifellos spielt soziales Lernen eine Rolle; seine besonderen Effekte sind aber darum so schwer zu erkennen, weil sie normalerweise in die gleiche Richtung weisen wie die biologischen, hormongesteuerten Einflüsse – beide Einflußarten «maskieren» einander. Vermutlich hätten sich die Feministinnen mit Freuds Phantasiegebilde noch eher arrangieren können, denn reine Gedanken lassen sich leichter umdeuten als die Befunde aus den Labors der Psychobiologie. Aber es gibt andere, die wissen lieber, woran sie wirklich sind.

Daß Freud den Penis für das Organ aller Organe hielt und die Klitoris für einen verkümmerten Penis, hat den Frauen auch noch einige weniger ideologische als praktische Probleme eingebrockt. Der Mann, schrieb er, habe «nur eine leitende Geschlechtszone, ein Geschlechtsorgan, während das Weib deren zwei besitzt: die eigentlich weibliche Vagina und die dem männlichen Glied analoge Klitoris. Wir halten uns für berechtigt anzunehmen, daß die Vagina durch lange Jahre so gut wie nicht vorhanden ist, vielleicht erst zur Zeit der Pubertät Empfindungen liefert ... Das Wesentliche, was also an Genitalität in der Kindheit vorgeht, muß sich beim Weibe an der Klitoris abspielen. Das Geschlechtsleben des Weibes zerfällt regelmäßig in zwei Phasen, von denen die erste männlichen Charakter hat; erst die zweite ist die spezifisch weibliche.»[17] Damit war der Mythos vom vaginalen Orgasmus geboren. Die reife Frau, besagte er, müsse unbedingt einen vaginalen Orgasmus haben. Der klitorale Orgasmus sei der Orgasmus kleiner Mädchen. Er sei unweiblich, sei männlich, denn die Klitoris sei ja nichts als ein minderwertiger, kümmerlicher Penis. Überall dort, wo der Einfluß der Psychoanalyse hinreichte, war damit den Frauen ein Reifepensum aufgegeben: Sie mußten unbedingt den wahren, den vaginalen Orgasmus erreichen, und wenn ihnen der nicht gelang, taten sie recht, an ihrer Weiblichkeit zu zweifeln; manche Psychoanalytiker bezeichneten sie dann rundheraus als frigide.

Indessen, den vaginalen Orgasmus gibt es gar nicht. Vor allem die sexualphysiologischen Untersuchungen von William Masters und Virginia Johnson in den sechziger Jahren brachten an den Tag, daß es überhaupt nicht zwei weibliche Orgasmen gibt, einen klitoralen und einen vaginalen, sondern nur einen, der stärker oder schwächer ausfallen kann, und dieser eine ist dem des Mannes sehr ähnlich; physiologisch äußert er sich vor allem durch eine Serie von drei bis zwölf Muskelkontraktionen im Abstand von vier Fünftelsekunden; beim

Mann zieht sich das Glied zusammen, bei der Frau das äußere Drittel der Scheide, die sogenannte orgastische Manschette; die erste dieser Kontraktionen wird als Beginn des Orgasmus erlebt. Ob er durch eine Stimulierung der Klitoris oder eine der Vagina ausgelöst wurde: das physiologische Muster ist immer das gleiche. Das ist auch nicht verwunderlich, denn die Vagina ist kaum innerviert. Die Reize, die zum Orgasmus führen, gehen allein von der Klitoris aus. Auch dann, wenn sie nicht unmittelbar stimuliert wird, weder manuell noch vom Penis, bewirken die Bewegungen des Penis in der Vagina, daß sich die empfindliche Spitze ihres Schafts an den Enden der Schamlippen reibt, die sie umschließen. Diese Reibung ist es, die den vermeintlich vaginalen Orgasmus auslöst. Er ist ebenfalls ein klitoraler. Die Klitoris ist auch keineswegs ein minderwertiger Penis; sie ist nur der äußere Teil eines Gewebesystems (des Klitoralsystems), das nicht weniger ausgedehnt und reaktionsfähig ist als der männliche Penis.

Die Annullierung des unmöglichen vaginalen Orgasmus, den ihnen Freuds verquere Sexualtheorie auferlegt hatte, haben viele Frauen als eine Art zweiter sexueller Befreiung erlebt.

11. DAS TÜCKISCHE TEUFELCHEN: ÜBER FEHLLEISTUNGEN

Die «Freudsche Fehlleistung» ist sprichwörtlich geworden. Man gießt sich den Kaffee statt in die Tasse in die Zuckerdose; man erkundigt sich bei seinem Gast aus Versehen, ob er «gut geschnarcht» habe; man steht dumm mit der Schuhbürste vorm Kühlschrank und weiß nicht mehr, was man da wollte; man wirft den Brief statt in den Briefkasten in den Müllbehälter; man liest «Scheißstand», wo «Schießstand» steht – und in den schlimmeren Fällen möchte man versinken vor Scham; oft aber ist jemand zur Stelle, einen wissend zu trösten: «Na, das war aber eine klassische Freudsche Fehlleistung.» Der Alltag ist durchsetzt mit derlei unscheinbaren Versehen, bei denen man tut, was man nicht tun wollte, und sich selber entsprechend fremd und merkwürdig vorkommt. Jede Psychologie, die sie zu erklären unternimmt, kann auf Interesse rechnen. Unter allen Schriften Freuds hat keine soviel Verbreitung gefunden wie seine Aufsatzsammlung «Zur Psychopathologie des Alltagslebens»[1], in der er seine Theorie des Versprechens, Verhörens, Verlesens, Vergreifens, Verlierens, Vergessens von Vorsätzen erstmals darlegte.

Das Besondere an dieser Theorie war nicht, daß sie diese winzigen und scheinbar so banalen Vorkommnisse des Alltags ernst nahm – das hatten auch schon andere getan. Das Besondere an ihr war, daß sie sie keineswegs für zufällige und beliebige Pannen hielt. Freuds ketzerische Botschaft lautete: Alle diese Patzer hätten ihren guten, nämlich vielmehr meist bösen Sinn. In ihnen verrieten sich gegen unseren Willen die innersten Wünsche, Abneigungen, Befürchtungen, kurz das, was Psychologen heute unsere Motive nennen. Indem man sie analysiere, könne man entdecken, was uns in den Tiefen unterhalb unseres kontrollierenden Bewußtseins wirklich bewegt. In schweren Fällen rufe der beständige Konflikt des von Begierden umgetriebenen «Unbewußten» mit dem bewußten «Ich» eine Neurose hervor. Aber auch wo es so schlimm nicht komme, verrate jenes «Unbewußte» seine beunruhigende Gegenwart – in den Träumen und eben in den Fehlleistungen. Diese seien nichts anderes als Mini-Neurosen.

Die Theorie hat dazu beigetragen, die Unterschiede zwischen psychischer Gesundheit und Krankheit zu verwischen, und mit an der Überzeugung gebaut, die heute Allgemeingut ist: Im Grunde seien wir alle Neurotiker. Sie hat auch bewirkt, daß ein rechtschaffen mißtrauischer Mensch heutzutage hinter jedem Versehen, hinter jeder Gedächtnislücke eine geheime und wahrscheinlich böse Absicht wittert. Im Patzer verrät sich die wahre Person – das war die neue Lehre, die wie alle Verlautbarungen über den unbekannten wahren Menschen im Innern eines jeden auf ein fasziniertes Publikum zählen konnte. Da ging es nicht nur um Neurotiker, sondern um jedermann, um eines jeden Zwerg im Kopf, den Dämon namens «Unbewußtes», hier dabei beobachtet, wie er uns bei den unscheinbarsten Verrichtungen verräterisch ins Wort fällt oder ins Handwerk pfuscht.

Paradebeispiel, von Freud am ausführlichsten erörtert, war ein Fall von Zitatverstümmelung. Ein gebildeter junger Mann (vielleicht ein Bruder Freuds) hatte im Gespräch mit ihm geklagt, daß Juden wie er in Österreich-Ungarn nur wenig Chancen hätten, und den Gedanken mit einem Vers von Vergil zu beschließen gedacht: «*Exoriare aliquis nostris ex ossibus ultor* – Erwüchse aus unsern Gebeinen doch jemand als Rächer!» Aber das Zitat wollte ihm nicht vollständig einfallen, das «*aliquis*» (irgend jemand) fehlte, und da er von Freuds Überzeugung gehört hatte, «daß man nichts ohne Grund vergißt», bat er ihn, auf der Stelle sein Kunststück vorzuführen und herauszufinden, warum er das Wort vergessen hatte. Freud kam ihm bereitwillig nach. Er ließ den jungen Mann eine Weile lang erzählen, was ihm zu dem Wort «*aliquis*» alles in den Sinn kam, die Einfälle wanderten von «*liquidus*» (flüssig) zur Kirchengeschichte und nach Italien und zu Erinnerungen an eine Reise, und als Freud eine für seine Theorie brauchbare Stelle in diesen «freien Assoziationen» erspähte, hakte er ein. Der junge Mann war auf Umwegen darauf gekommen, er könne in Italien ungewollt ein Mädchen geschwängert haben. Dies und nichts anderes, erklärte ihm Freud, sei das gesuchte Motiv: Während sein bewußtes Ich über die Benachteiligung der Juden klagte und sich Nachkommen wünschte, die ihn rächen könnten, habe sich sein «Unbewußtes» gedacht: «Wünschest du dir Nachkommenschaft wirklich so lebhaft? Das ist nicht wahr. In welche Verlegenheit kämest du, wenn du jetzt die Nachricht erhieltest …? Nein, keine Nachkommenschaft, wiewohl wir sie zur Rache brauchen.»[2] Und darum habe ihm «das Unbewußte» – das offenbar auch Latein konnte – das «*aliquis*» aus dem Satz entwendet. So hätten beide ihren Kopf durchgesetzt, «Ich» und «Ubw», und das täten sie in jeder Fehlleistung; diese sei eine «Kompromißbildung» zwischen ihren widerstreitenden Wünschen. Unwillkürlich sieht man es vor sich, das «dynamische Unbewußte», wie es sich schadenfroh die Hände reibt. Wenn es seine Meinung («Bloß kein Kind!») schon nicht direkt ausdrücken konnte, so hatte es dem bewußten «Ich» doch immerhin sein schönes Zitat kaputt und so auf seine unterirdische Existenz aufmerksam gemacht.

Überhaupt kann «das Unbewußte» nicht nur Sprachen, es ist sprachlich offenbar sogar viel behender als das «Ich». Eine Frau hatte Freud von einem Vortrag und einem Traum erzählt. Beide handelten von Schlangen. Im Traum hatte sich ein Kind durch einen Schlangenbiß selber getötet. Der Vortrag hatte von erster Hilfe bei Schlangenbissen gehandelt. Freud fragte zurück, von welchen Giftschlangen der Gegend denn die Rede gewesen sei. Die Frau: von der Klapperschlange. Ein Irrtum: Klapperschlangen gibt es in Österreich nicht, wie Freud sogleich bemerkte, und eigentlich wußte die Frau das sehr wohl. Ein Psychologe, der nicht hinter allem unbewußte Motive wittert, fände das Versehen nicht weiter geheimnisvoll: Die Frau träumte nach dem Vortrag einen thematisch verwandten Traum, und in ihrem Bericht nannte sie automatisch die bekannteste aller Giftschlangen, ohne in dem Moment gewahr zu werden, daß die in dem Vortrag gar nicht vorgekommen sein konnte. Nicht so Freud. Ihm zufolge war es zu dem Versehen gekommen, weil «das Unbewußte» mit der Figur der Kleopatra beschäftigt war, die durch einen Schlangenbiß Selbstmord begangen hat. Diese seine Gedanken habe es in jenem Traum zu erkennen gegeben, indem es ein Kind an einem Schlangenbiß sterben ließ. Und als ihm die Frau davon Bericht erstattete, müsse «das Unbewußte» immer weiter «Kleopatra! Kleopatra!» gedacht haben, ohne jedoch in der Lage zu sein, dies vom «Ich» offen aussprechen zu lassen. (Was an der Gestalt der Kleopatra so genierlich sein soll, daß das Bewußtsein von ihr nichts wissen darf, erklärt Freud nicht.) So habe es sich mit einem Kompromiß begnügen müssen. Als das «Ich» die Schlangenart nennen wollte, habe «das Unbewußte» eine Gelegenheit erblickt, ihm eine falsche Art unterzuschieben; nicht direkt eine fiktive «Kleopatraschlange», aber eine existente Schlange, deren Name immerhin die Konsonanten k-l-p-r enthält, die auch in «Kleopatra» vorkommen. «Das Unbewußte» – hier mußte es also nicht nur die günstige Gelegenheit im voraus erspähen, das heißt wissen, was das «Ich» zu sagen vorhatte; es mußte auch den Katalog aller in Frage kommenden Schlangen absuchen, um jenen mit der größtmöglichen Konsonantenübereinstimmung aufzutreiben, eine Aufgabe, die die sprachlichen Fähigkeiten des «Ichs» wohl überstiege. Und das alles, um – warum? – unerkennbar verdeckt «Kleopatra!» sagen zu können. Ein Wunder.

Seine Theorie, so meinte Freud, habe einen großen Vorteil gegenüber allen «mechanischen» Theorien, die die Fehlleistungen ohne Rückgriff auf offene oder geheime Motive erklärten. Diese könnten höchstens erklären, warum es in manchen Situationen zu einem Patzer komme; seine Theorie dagegen erkläre, warum es gerade zu einem bestimmten Patzer komme. Das aber tut sie ganz offensichtlich nicht. Wenn den jungen Mann wirklich der geheime Wunsch «Ich will kein Kind!» bewegt haben sollte, so hätte der sich nämlich auf tausenderlei Weise bemerkbar machen können. Freuds Theorie sagt keineswegs voraus, daß es ausgerechnet mit einem Versprecher passieren mußte, daß dieser nur die Form einer Gedächtnislücke haben konnte und daß diese an genau der Stelle aufzutreten hatte, an der sie auftrat. Nichts also ist determiniert. Alles hätte eintreten können. Beziehungsweise: welche Fehlleistung dem jungen Mann auch immer unterlaufen wäre, mit der gleichen Methode hätte sie sich auf das gleiche unbewußte Motiv zurückführen lassen. An dem unterstellten Motiv gemessen, war es sogar eine besonders unwahrscheinliche Stelle. Hätte sich tatsächlich das angebliche «Unbewußte» über das beabsichtigte Vergil-Zitat geärgert und diesem widersprechen wollen, so hätte es sehr viel passender gegen das «erwüchse» oder den «Rächer» einschreiten können, nicht aber gegen das für den Sinn des Satzes völlig entbehrliche «irgend jemand». Außerdem war die Furcht des jungen Mannes vor der Schwangerschaft seiner italienischen Freundin überhaupt nicht unbewußt im Freudschen Sinn, nämlich «verdrängt» (vergessen); er dürfte sogar unausgesetzt an sie gedacht haben. Verdrängt war sie nur in dem Sinn, in dem die Umgangssprache das Wort verwendet: Er dachte ungern an die Sache, sprach ungern von ihr. Das aber ist gerade nicht, was Freud unter Verdrängung verstand.

Auch sonst ist die Theorie eher faszinierend als überzeugend. Freud präsentiert einerseits Fehlleistungen und andererseits vermutete Motive. In keinem einzigen Fall aber weist er nach, daß ein unbewußtes Motiv eine bestimmte Fehlleistung wirklich verursacht hat. Seine Beweisführung erschöpft sich darin, immer wieder vorzuführen, daß jemand, der seine Phantasie walten läßt, sich jede Menge unbewußte Motive ausdenken kann. Des öfteren läuft die vorgebliche Deutung auf eine bloße Unterstellung hinaus, und manchmal auf eine ziemlich dreiste. Ein Mann hat zu einer jungen Witwe gesagt: «Sie werden Trost finden, indem Sie sich völlig Ihren Kindern widwen.» Analytische Deutung: «Der unterdrückte Gedanke wies auf andersartigen Trost hin: eine junge schöne Witwe wird bald neue Sexualfreuden genießen.»[3] Die (reichlich stammtischhafte) Assoziation Witwe/Lustige Witwe, auf der diese Deutung fußt, war aber wohlgemerkt nicht die der Frau noch die des Mannes, der sich da versprochen hatte. Es war die des Analysierers.

Wo Freuds Deutungen auf Anhieb überzeugen, sind die Fehlleistungen das Werk eines völlig bewußten Nebengedankens, der sich absichtswidrig nach vorn gedrängt hat, nicht aber, was sie der Theorie zufolge eigentlich sein sollten: das Werk eines unbewußten Motivs. Es sind Versprecher wie: «Dann aber sind Tatsachen zum Vorschwein gekommen.»[4] Der das gesagt hatte, berichtete, er habe beim Verfertigen des Satzes daran gedacht, daß jene Tatsachen Schweinereien seien. Nicht sein «Unbewußtes» also hatte die Schweinereien eingeschmuggelt; sie stammten aus einem gleichzeitigen bewußten Nebengedanken.

Der italienische Linguist Sebastiano Timpanaro, der ein ganzes und kritisches Buch über «Die Freudsche Fehlleistung» geschrieben hat, hält alle scheinbar guten Beispiele in Freuds Sammlung für derartige «gaffes»: «‹Fehlleistungen› dieser Art gehen gewiß darauf zurück, daß etwas unterdrückt wurde; aber der Sprecher ist sich des Unterdrückten völlig bewußt... Es ist nichts, was wirklich ‹verdrängt› (vergessen) wurde und jetzt aus den Tiefen seines Unbewußten wieder auftaucht.»[5]

Der Umstand, daß sich zuweilen (durchaus bewußte) parallele Gedanken in unsere Äußerungen hineindrängen, erklärt, warum wir manchmal genau das tun oder sagen, was nicht zu tun oder zu sagen wir uns vorgenommen hatten: warum wir etwa den kahlen Herrn Kahl mit «Herr Glatz» anreden. Es geschieht nicht, weil sich unser dämonisches Unbewußtes mit seiner unverfrorenen Meinung einmischte, sondern weil unser Bewußtsein so sehr damit beschäftigt war, jede Anspielung auf die Glatze zu vermeiden und darum «Glatze» dachte.

Für die Öffentlichkeit ist die Theorie, daß hinter jeder Fehlleistung ein unbewußtes Motiv stecke, lebendig als ein unausgesetzter Verdacht. Sie scheint die schlechthin gültige zu sein. Wenn sich die «akademische» Psychologie aber mit dem Phänomen befaßt, ignoriert sie sie einfach, als etwas, das völlig unbewiesen und nicht gerade wahrscheinlich ist. Sie treibt keine Freudsche Motivfahndung.

Für sie lassen sich Fehlleistungen zureichend auch ohne Griff ins Reich der mehr oder weniger geheimen Wünsche erklären.

Einer der führenden Experten auf diesem Gebiet ist der englische Psychologe James Reason, der eine umfangreiche systematische Sammlung solcher Fehlhandlungen angelegt hat. (Ergänzt wurde sie seither von dem kalifornischen Psychologen Donald Norman.) Er interpretiert sie, ohne jede Psychodämonik, ganz im Rahmen der kognitiven Psychologie (der Informationsverarbeitung): als Beaufsichtigungsfehler. Der Unterschied könnte kaum krasser ausfallen. Wenn eine Mutter ihrem Säugling versehentlich Salz statt Zucker in den Fencheltee täte, argwöhnte die Freudsche Theorie, sie hasse ihr Kind im Innersten, auch wenn sie nichts davon wisse; vielleicht sogar: sie habe unbewußte Mordabsichten gehabt. (Und die Frau hätte nicht nur den Schaden und die Schuldgefühle, sie wäre auch noch entsetzt über die unsichtbare Verbrecherin in sich selber.) Eine hochinteressante Deutung – Moritaten überall. Die kognitive Psychologie dagegen sagt uninteressanterweise nur: Sie habe nicht aufgepaßt.

Und was heißt das? «Bewußtsein» ist kein einheitlicher Zustand, der nur dasein oder fehlen kann (in der Bewußtlosigkeit, im Koma); es kommt in Graden. Das verschärfte Bewußtsein nennen wir Aufmerksamkeit. Sie richtet sich wie ein Scheinwerfer auf Einzelheiten der Wahrnehmungswelt. Stellen wir uns vor, wir sitzen zu Hause und sehen fern. Wir sehen das halbe Zimmer, aber wenn der Film interessant ist, bemerken wir es nicht. Unser aufmerksames Bewußtsein ist auf den Bildschirm gerichtet; nicht auf alles, was dort zu sehen ist (die Palme im Hintergrund bemerken wir auch nicht), sondern auf die wichtigste Einzelheit (das Gesicht der Hauptdarstellerin). Wenn wir wollten, könnten wir den Scheinwerfer der Aufmerksamkeit auf jedes andere Detail des gesamten Bildes richten; passiert darin irgendwo etwas möglicherweise Wichtiges (gibt es irgendwo eine neue Bewegung), richtet er sich automatisch dorthin. Gleichzeitig hören wir den Filmdialog, überhören aber völlig die ebenso laute Filmmusik, die unsere Stimmung dennoch stark beeinflußt. Unbemerkt hören wir noch vieles mehr: die Mücken an der Decke, das Surren des Ventilators, die Unterhaltung im Nebenzimmer. Fällt dort etwa unser eigener Name, so nehmen wir die Hör-Aufmerksamkeit prompt von dem Film fort und richten sie auf das Gespräch; also hatten wir es schon vorher unbewußt mitgehört und unsern Namen verstanden, noch ehe die Aufmerksamkeit sich auf diese Schicht der simultanen Höreindrücke einstellte. Unser Geruchssinn meldet Zigarettenrauch, aber wir werden uns dessen nur bewußt, wenn wir ihm Aufmerksamkeit zuwenden. Den Meldungen des Temperatur- und des Tastsinns geschieht das gleiche: Nur neue und genügend starke dringen ins Bewußtsein vor; wie sich die Kleidung auf der Haut anfühlt, ignoriert es – das leise Kitzeln des Haars, das in den Kragen fällt, wird dagegen bemerkt. Unsere Sinne halten uns die ganze Welt zur Verfügung; im Fall des Sehens in einer Weise, die man nur bewußt, wenn auch zum großen Teil unbemerkt nennen kann; im Falle der anderen Sinne unbewußt, aber jederzeit ins Bewußtsein rufbar. «Richtig» bewußt wird nur, worauf die Aufmerksamkeit fällt; und dies wird auch bevorzugt dem Gedächtnis eingeschrieben. Das aufmerksame Bewußtsein faßt nicht viel; schon zwei Dinge gleichzeitig zu verfolgen fällt ihm schwer, bei dreien muß es meist kapitulieren. Von der «Peripherie» des Körpers, wo die Sinneseindrücke aufgenommen werden, bis zum aufmerksamen Bewußtsein findet eine starke Ausfilterung von Daten statt. Das aufmerksame Bewußtsein ist eine oberste Aufsichtsinstanz, die nur noch die wichtigsten Informationen erreichen.

Der Philosoph William James, der Amerikas erster Psychologe war, hat einen heute in Vergessenheit geratenen, aber nützlichen Begriff für jene Bewußtseinsstufe geprägt, auf der unsere Wahrnehmungen dem Geistorgan zwar schon zur Verfügung stehen, aber noch nicht voll zu Bewußtsein gekommen sind. Er nannte sie Randbewußtsein. Im Randbewußtsein befindet sich etwa das Ticken einer Uhr, das wir hören, aber nicht «bemerken» (daß wir es registriert haben, wird klar, wenn die Uhr plötzlich stehenbleibt: dann wird uns bewußt, was wir vorher überhört haben). Im Randbewußtsein befinden sich die Gesichter einer Menschenmenge, die wir auf der Suche nach einem Bekannten durchmustern. Wir sehen sie alle, bemerken sie aber nicht. Das Randbewußtsein enthält also jene Wahrnehmungen, auf die noch nicht der Lichtkegel der Aufmerksamkeit gefallen ist.

Wenn wir eine neue Verrichtung erlernen – einen Knoten zu binden, Klavier zu spielen, Fahrrad zu fahren –, müssen wir ihr zunächst volle Aufmerksamkeit zuwenden. Je besser wir etwas beherrschen, desto «unbewußter» können wir es ablaufen lassen. Der Fahrschüler kann sich nicht gleichzeitig unterhalten. Der geübte Autofahrer fährt automatisch; seine Aufmerksamkeit muß sich nur in kritischen Situationen einschalten, im übrigen ist sie frei für andere Beschäftigungen. Lernen heißt Automatisieren. Automatisieren heißt unter anderem: dem Zentralnervensystem Bewegungsprogramme («Motorschemata») einprägen, die, einmal abgerufen, ohne Konsultation des Bewußtseins ablaufen können.

Und nun die Fehlleistungen. Anders, als man erwarten würde, ereignen sie sich, wie Reason feststellt, kaum je bei Verrichtungen, die wir noch nicht recht beherrschen. Ihre Domäne sind die mehr oder weniger zur Routine gewordenen, die stark automatisierten Handlungen. In allen Sammlungen solcher Fehlhandlungen stammen die allermeisten aus dem häuslichen Bereich: beim Anziehen, in Bad und Küche; ganz besonders häufig scheint es beim Tee- und Kaffeekochen zu Pannen zu kommen. Diese Routineverrichtungen können fast «geistesabwesend» ablaufen, und die relative Müdigkeit morgens und abends macht den «Geist» noch abwesender. Ein längeres Handlungsprogramm («zur Arbeit fahren», «zu Abend essen») setzt sich aus Unterprogrammen zusammen («zur Garage gehen», «Auto starten») und diese wiederum aus noch elementareren Programmen («Tür aufschließen», «Treppe hinabsteigen»), und so weiter; jede automatisierte Handlungsfolge ist also eine Collage einzelner Programmbausteine. Ihre Verbindungsstellen sind kritische Punkte, die bewußte Aufsicht brauchen. Sonst kann es zu Fehlern kommen.

Zum Beispiel schiebt sich an einem kritischen Punkt eine stärkere, eingeübtere Routine vor, wie in der klassischen Fehlleistung von William James: «Ich ging ins Schlafzimmer, um mir für den Abend etwas Bequemes anzuziehen. Ich stand neben dem Bett, nahm den Schlips ab und zog das Jackett aus. Das nächste, was ich bemerkte, war, daß ich in die Pyjamahose stieg.» Oder es werden Endprogrammteile weggelassen: «Ich wollte gerade in die Badewanne steigen, als ich entdeckte, daß ich noch meine Unterwäsche anhatte.» Oder «starke», in der Situation aber sinnlose Teilprogramme drängen sich herein: «Beim Hinausgehen aus dem Wohnzimmer schaltete ich am hellichten Tag das Licht ein.» Oder Teilprogramme werden in der falschen Reihenfolge montiert: «Ich ließ Wasser in den Eimer laufen und tat den Deckel drauf, ehe ich den Hahn zugedreht hatte.» Oder es wird vergessen, daß voraufgehende Teilprogramme schon stattgefunden haben: «Ich steckte die Zigarette in den Mund, holte die Streichhölzer hervor und nahm eine zweite Zigarette aus der Schachtel.» Oder man vergißt die ganze Absicht und hat dann an irgendeinem kritischen Punkt keine Ahnung mehr, welche Routine zu folgen hätte: «Ich ging hinauf ins Schlafzimmer, wußte dort aber nicht mehr, was ich gewollt hatte.» Oder der Mangel an Aufmerksamkeit führt zu mangelhaften Wahrnehmungen: «Ich drückte Rasiercreme auf die Zahnbürste.» Oder die Programme werden falsch zusammengestellt: «Mein Bürotelefon klingelte, ich nahm den Hörer und rief ‹Herein!›.» «Ich wickelte einen Bonbon aus, steckte das Papier in den Mund und warf den Bonbon in den Mülleimer.» Die tiefenpsychologische Deutung würde in allen diesen Fällen heimliche Absichten wittern, in der Art, daß «das Unbewußte» dem bewußten «Ich» den Bonbon mißgönnt – vielleicht, daß es um der erotischen Attraktivität willen auf die schlanke Linie achtet. Die Montagetheorie sagt nur: die Bewegungen wurden aus Unaufmerksamkeit verwechselt.

Ausgiebiger untersucht als Fehlhandlungen wurden Versprecher. Auch hier zeigte es sich: Die meisten, vielleicht sogar alle lassen sich rein linguistisch erklären, als Montagefehler. Unbewußte Motive müssen nicht bemüht werden.

Ausdrücklich getestet wurde Freuds Theorie von der Londoner Psychologin Thelma Veness[6]. Sie ließ 32 Studentinnen Wörter vorlesen und registrierte, bei welchen sie sich versprachen. Die Hälfte der Wörter war emotional stark befrachtet (*kiss, lust, rape, whore*), die anderen klangen ihnen sehr ähnlich, waren aber neutral (*miss, just, nape, lore*). Die emotionalen Wörter, oder doch zumindest das eine oder andere von ihnen, hätten, so der Gedankengang, «das Unbewußte», nämlich unbewußte Motive auf den Plan rufen und einen Konflikt zwischen bewußten und unbewußten Vorstellungen heraufbeschwören müssen. Nach der Theorie war also zu erwarten, daß sich die jungen Frauen bei den emotionalen Wörtern öfter versprachen. Bei 7200 vorgelesenen Wörtern kamen nur 41 Versprecher vor. 20 von ihnen betrafen emotionale, 21 neutrale Wörter. Sauberer hätte man gar nicht demonstrieren können, daß die Emotionalität des Gesprochenen keinen Einfluß auf die Versprecher hat. Die Schwierigkeit mit derlei experimentellen Überprüfungen Freudscher Theoriefragmente ist nur die: Die ursprüngliche Theorie ist so schwammig, daß man niemals ganz sicher sein kann, die richtigen Hypothesen aus ihr abgeleitet zu haben. Wenn man aber nicht die richtige Hypothese getestet haben sollte, ist ein negatives Ergebnis auch keine Widerlegung. Was Veness in diesem Fall aus der Theorie ableitete, daß nämlich manche gefühlsbetonten Wörter den Einspruch «des Unbewußten» auf sich ziehen sollten, scheint zwar eine logische und vernünftige Konsequenz zu sein. Aber wer das negative Ergebnis nicht mag, könnte ohne weiteres einwenden, daß die getestete Hypothese keineswegs zwingend aus der Theorie hervorgehe – und rasch wäre *ad hoc* eine neue Hypothese auf dem Tisch, die sich mit dem Ergebnis besser vertrüge. Zum Beispiel könnte man behaupten, «das Unbewußte» werde zwar durch die emotionalen Begriffe aufgescheucht und irgendwie in Wallung versetzt, aber da ihm der ganze Test nicht passe, sabotierte es alle seine Wörter gleichmäßig. Eine Theorie, die so vage ist, daß sie sich mit allen möglichen gegensätzlichen empirischen Befunden vereinbaren läßt, ist allerdings keine Zierde der Wissenschaft.

Experimentell hat der kalifornische Kommunikationswissenschaftler Michael T. Motley Versprecher erzeugt. Zuerst versetzte er seine Versuchspersonen in einen bestimmten Zustand: Die einen mußten befürchten, gleich einen elektrischen Schlag zu erhalten; die anderen wurden durch eine hübsche und aufreizend gekleidete Versuchsleiterin erotisch angetörnt. Dann mußten sie Wortpaare verlesen. Diese waren so ausgesucht, daß sich immer dann eine Anspielung auf ihren augenblicklichen Gemütszustand ergab, wenn sich die Probanden auf eine bestimmte Weise verlasen und die Anfangslaute vertauschten. Zum Beispiel stand *sham dock* da; das ließ sich zu *damn shock* (verdammter elektrischer Schlag) verschütteln. Um die Probanden zu eben diesen Versprechern zu verführen, gingen jedem solchen Paar einige andere Wortpaare mit den gleichen Anfangskonsonanten voraus. Und tatsächlich, die den Schlag fürchteten, versprachen sich bei Paaren wie *sham dock* häufiger; die erotisch Aufgestachelten verschüttelten häufiger Wortpaare wie *past fashion* (natürlich zu *fast passion*, flinke Liebschaft). Der innere Zustand beeinflußte also, welche Versprecher den Leuten unterliefen. Motley selber meinte, er habe Freuds Theorie damit in gewisser Weise bestätigt. Das aber hatte er keineswegs. Denn wiederum war die Gemütsverfassung – Angst vor dem Schlag, sexuelle Erregung – alles andere als unbewußt gewesen, kein verdrängter (Kinder-)Wunsch; es hatten sich nur bewußte momentane Parallelgedanken eingemengt.

Und Motley erklärt diese Versprecher denn auch selber auf völlig unfreudsche Art. Jedes Wort ist im Geist mit anderen, verwandten Wörtern zu einem Netz von Assoziationen verbunden. Am stärksten sind die Assoziationen zu Wörtern mit verwandten Bedeutungen, schwächer die zu ähnlich klingenden Wörtern. Immer wenn wir ein Wort benutzen, wird ein ganzes Feld von Wörtern mit verwandtem Sinn und Klang mit aktiviert. Etwaige parallele Gedanken aber erregen ihr eigenes Netz von Assoziationen. Dabei kann es dann vorkommen, daß fälschlich ein Wort aus dem Parallelgedanken so sehr aktiviert wird, daß es sich in den Satz hineinschiebt.

Wenn wir ein falsches Wort verwenden, so ist es nicht irgendein falsches und meist auch kein besonders heikles, sondern eins, das derselben Klasse angehört (wir ersetzen kein Substantiv durch ein Verb) und das dem beabsichtigten meist in der Bedeutung, seltener im Klang ähnlich ist («Prozession» statt «Demo», «Supermarkt» statt «Supermacht»); oft ist es eins, das dem Sprecher vertrauter ist. Wiederum schiebt sich die eingeübtere Routine in den Vordergrund. Der Textkritik ist dieser Vorgang geläufig: Beim Abschreiben wird oft das Vertraute für das Fremde eingesetzt. Wird eine Handschrift oft abgeschrieben, so wird fast mit Sicherheit irgendwann ein Mönch «theologisch» für «teleologisch» schreiben. In der Textkritik heißt diese häufige Panne schlicht Banalisierung (Timpanaro).

«Ich fordere Sie *auf, auf* das Wohl unseres Chefs *auf*zustoßen» – Freud vermutete hinter diesem Versprecher die hämischen Absichten «des Unbewußten». In der Psycholinguistik wird er einfach als «Nachklang» geführt – die beiden voraufgehenden «auf» haben das folgende «an» infiziert, und in diesem Fall kam zufällig ein peinliches Ergebnis heraus. Nachklänge und Vorklänge («Griebesgram») stellen mit Abstand die Mehrheit aller Versprecher; die meisten davon sind völlig sinnlos, enthüllen also auch keinerlei geheimen Sinn. Die offenkundige Sinnlosigkeit der meisten Versprecher aber beirrte Freud nicht. Er machte sie seiner Theorie schließlich durch die Zusatzannahme gefügig, manchmal komme «das Unbewußte» eben nicht dazu, seine eigenen Vorstellungen in verdeckter Form zum Ausdruck zu bringen, sondern verrate sich nur dadurch, daß es überhaupt eine Fehlleistung veranlasse. Damit «bewiese» dann jede Fehlleistung durch ihr bloßes Auftreten, daß die Seele voll ist von irgendwelchen verdrängten Wünschen; und es entfiele auch noch die letzte Möglichkeit, die Theorie zu falsifizieren. Solange sich in der Fehlleistung ein bestimmtes unbewußtes Motiv zu erkennen geben sollte, war die Deutungsfreiheit noch ein wenig eingeschränkt – es mußte sich, wenigstens mit Ach und Krach, eine halbwegs logische Verbindung zwischen dem vermuteten Motiv und dem Fehler knüpfen lassen. In der erweiterten oder vielmehr vollends aufgeweichten Fassung aber sagte dann jeder Schnitzer für jedes geheime Motiv gut.

Manchmal sagen wir genau das Gegenteil von dem, was wir sagen wollen («kurz» statt «lang»); selbst solche Fälle müssen nicht das Werk des tückischen Zwergs im Kopf sein. Es genügt die Annahme, daß wir bei der Wahl des Wortes in unserem inneren Lexikon knapp danebengreifen. Wir wählen nicht ein völlig anderes, sondern eins, das sich nur in einer einzigen Dimension von dem beabsichtigten unterscheidet. «Ich kann ihr nichts Gutes ... äh Schlechtes nachsagen» – so etwas legt zwar mißtrauische Vermutungen nahe, aber vielleicht tun sie dem Sprecher unrecht, vielleicht wollte er auch «im Unbewußten» nicht lästern, sondern hatte nur seinen Satz so sehr auf den Ausdruck des «Guten» hin angelegt, daß er sich zunächst gegen dessen Verwandlung in das «Schlechte» sträubte, zu der die möglicherweise viel später entworfene grammatische Konstruktion – die Negation – ihn zwang.

Als Montagefehler – so hatte die Versprecher schon der Grazer Sprachwissenschaftler Rudolf Meringer gesehen, der 1895 die größte Sammlung aller Zeiten veröffentlichte. Freud bediente sich aus ihr (zu Meringers lebenslangem Verdruß); aber obwohl er behauptete, er habe alle ihm erreichbaren Fehler auf seine Weise «analysiert», deutete er von den 8800 Fehlern der Meringerschen Kollektion ganze neun, und bei keinem davon war es ein im strengen Sinn *unbewußtes* Motiv, das ihn ausgelöst hatte.

Hinter manchen Fehlleistungen mag durchaus nicht nur eine Unaufmerksamkeit, sondern auch ein Motiv stehen. Aber im Fall der Versprecher müßte es ein anderes Wort sein, das störend in die eigentlich geplante Äußerung eingreift; das heißt, das Motiv müßte bereits die Ebene der Sprache erreicht, seinen eigenen sprachlichen Ausdruck gefunden haben und könnte damit grundsätzlich schlecht ein unbewußtes sein. Im Fall der nichtsprachlichen Fehlleistungen ist es anders; wenn wir uns vor der falschen Tür einfinden, mag uns in der Tat ein nicht bis in unser Bewußtsein vorgedrungenes Motiv dorthin geführt haben, der unserer momentanen Aufmerksamkeit entgangene Wunsch, jenen Raum zu betreten. Aber es muß nicht unbedingt ein «schlimmes» Motiv gewesen sein, eines, dessen wir uns nur darum nicht bewußt waren, weil wir es verdrängt gehabt hätten. Mit Freud zu unterstellen, jedwede Fehlleistung habe eine geheime und verdrängte Absicht, dann zu raten, welche das gewesen sein könnte, und aus diesen geratenen Motiven eine zweite, «unbewußte» Person zusammenzusetzen, scheint darum so überflüssig wie irreführend.

Die genaue Untersuchung großer Mengen von Versprechern hat die Psycholinguisten – hier ist vor allem Victoria Fromkin zu nennen – in die Lage gesetzt, herauszufinden, in welchen Schritten unser Geist seine Sätze zusammenbaut.[7] Denn wie der Geist arbeitet, verrät sich manchmal am ehesten an den Fehlern, die er macht, und so verdienen sie es durchaus, auch wissenschaftlich ernst genommen zu werden. Aber «psychopathologisch», das Werk krankmachender unbewußter Triebe, dürften die allerwenigsten sein.

12. NACHTGEDANKEN: ÜBER DIE DEUTUNG DER TRÄUME

In der Nacht vom 23. zum 24. Juli 1895 träumte Freud in einem Sommerhaus auf der Bellevue bei Wien einen Traum, den berühmt gewordenen Traum von «Irmas Injektion». Er spielt auf einem Empfang im Hause Freud. Der Hausherr begegnet «Irma» wieder, einer ehemaligen hysterischen Patientin, und muß von ihr hören, daß es ihr gar nicht gut gehe – sie habe Schmerzen im Hals, im Magen und im Leib. Ein Kollege Freuds tritt hinzu, untersucht sie und stellt eine Diphtherie fest. Er sagt auch gleich, woher sie diese habe: Ein Freund Freuds habe ihr eine Injektion mit einer verschmutzten Spritze gegeben.

Als Freud nach dem Aufwachen über den Traum nachdachte, glaubte er hinter der Traumhandlung ein Motiv zu erkennen: seinen Wunsch nämlich, nicht schuld zu sein an dem Leiden der ehemaligen Patientin. Dieser Wunsch, so meinte er, habe ihn dazu gebracht, «Irma» im Traum ein organisches Leiden zuzuschreiben, für das er als Seelenarzt nicht verantwortlich war. Der nämliche Wunsch habe ihn dazu bewogen, den Freund als Schuldigen hinzustellen. Gerade ihm sei die Schuld zugeschoben worden, weil er sich am Vortag über ihn geärgert hatte. Er hatte «Irma» unlängst wiedergesehen und Freud von ihr berichtet, es gehe ihr zwar besser, aber nicht gut. Das hatte Freud als Vorwurf gegen seine seelenärztliche Kunst verstanden, und zu seiner Rechtfertigung hatte er noch am gleichen Abend «Irmas» Krankengeschichte zu Papier gebracht. Den Traum, meinte Freud, habe er nur geträumt, um die Schuld an «Irmas» Zustand von sich zu weisen. «Sein Inhalt ist also eine Wunscherfüllung, sein Motiv ein Wunsch.»[1] Mit dieser allerersten Traumdeutung stand für Freud der eine Grundpfeiler seiner Traumtheorie: Träume seien Wunscherfüllungen. Am 12. Juni 1900 schrieb er an seinen Freund, den Berliner Hals-Nasen-Ohren-Arzt Wilhelm Fließ, der seinerseits dem Zusammenhang von Nase und Sex nachspürte und entdeckte, daß das menschliche Leben

von den Zahlen 23 und 28 durchwaltet würde: «Glaubst Du eigentlich, daß an dem Hause [auf der Bellevue] dereinst auf einer Marmorta-
fel zu lesen sein wird: ‹Hier enthüllte sich am 24. Juli 1895 dem /
Dr. Sigm. Freud / das Geheimnis des Traumes›?»

Inzwischen wurde diese Tafel angebracht. Ob das Geheimnis des
Traums sich Freud jemals enthüllt hat, ist jedoch fraglicher denn je.
Der Text hätte vielleicht besser gelautet: «Hier vollführte der
Dr. Sigm. Freud einen seiner vielen halsbrecherischen Weitsprünge
von einem Minimum an Empirie zu einem Maximum an Theorie.»
Und nebenbei zeigt der Einfall, von welchem unbändigen Ehrgeiz
Freud besessen war. Gerade hatte er eine einzige Idee zu einem einzigen Traum eines einzigen Menschen entwickelt, und schon sollte sie
ein letztes Welträtsel lösen – alles mußte schnurstracks mindestens
zu einer «Nilquelle» führen. Wohl ist seine «Traumdeutung» von
1900 der erste Grundtext aller Psychoanalyse; Freud selber hat kein
ähnlich umfangreiches Buch wieder geschrieben (und auch kein solches Flickwerk, wie es die «Traumdeutung» durch all die Einschübe
der nächsten Jahrzehnte wurde). Aber 1900 – das war mehr als ein
halbes Jahrhundert ehe bekannt wurde, wann und wieviel und wovon
die Menschen wirklich träumen, und damit einfach zu früh, eine vollständige Theorie des Traums aus dem Boden zu stampfen. Der Versuch
war zu seiner Zeit heldenhaft, und er konnte nicht gutgehen.

Freuds Traumtheorie hat vier Angelpunkte. Eins: Der Traum ist der
Wächter des Schlafs. Zwei: Träume sind Wunscherfüllungen. Drei:
Der Traum handelt insgeheim von kindlicher Sexualität. Vier:
Träume sind der Königsweg zum Unbewußten. Die vier Punkte hän-
gen zusammen; wie sie zusammenhängen, macht die Theorie aus. In
Kurzfassung lautet diese folgendermaßen.

Wenn das bewußte «Ich» schläft, wacht «das Unbewußte» weiter.
Das «Ich» schläft, weil es einem «Schlaftrieb» gehorcht. Der Schlaftrieb ist der Trieb, «zum aufgegebenen Intrauterinleben zurückzukehren» [2] – das «Ich» will allnächtlich in den Mutterleib zurückkehren,
und zu diesem Zweck bricht es seine Beziehungen zur Außenwelt ab.
(Auch der Schlaf ist also für Freud keine physiologische Einrichtung,
sondern psychisch motiviert, Sehnsucht nach dem Mutterschoß.) Die
Hemmungen, die es «dem Unbewußten» im Wachen auferlegt hat,
lockern sich jetzt, und das dürfen sie auch, denn das «Ich», das ja der
Herr der Bewegungen und somit der Handlungen ist, ist im Schlaf
gelähmt, so daß «das Unbewußte» nichts Schlimmes anstellen kann.

Dieses «Unbewußte» ist ein Kessel brodelnder Wunschregungen,
vor allem solcher, die das «Ich» nicht wahrhaben will und darum

zurückgewiesen hat – nämlich kindlicher Sexualwünsche. Stießen sie jetzt, da das «Ich» nicht aufpaßt, ins Bewußtsein vor, so weckten sie unfehlbar den Schläfer mit ihrer Gewalt. Soll der Schlaf nicht gestört werden, so müssen sie abgefangen und unschädlich gemacht werden. Der unbewußte Wunsch leiht seine «Energie» irgendeiner schlaffen – mit wenig «Energie» besetzten – Erinnerung an kurz Zurückliegendes (dem «Tagesrest») und präsentiert sich so dem «Zensor», der seines Amtes waltet und die sogenannte «Traumarbeit» an ihm verrichtet. Sie entstellt den unbewußten Traumgedanken dermaßen, daß das Bewußtsein ihn nicht erkennen kann. Dazu verwendet sie einige Standardkniffe. Zum Beispiel «verdichtet» sie ihn; so kommt es, daß ein knapper, lakonischer Traum zu ellenlangen Deutungen führt (denn die Deutung tut nichts anderes, als den Traumgedanken in allen Einzelheiten auszubuchstabieren). Oder sie «verschiebt» seine Gefühlsakzente auf andere Gegenstände. Oder sie «verkehrt» ihn in sein Gegenteil (dann bedeutet das Schwarz des Traumes Weiß). Oder sie versteckt den Traumgedanken in Symbolen. So wird aus den geheimen, verbotenen («latenten») Traumgedanken der («manifeste») Trauminhalt. Bis zur Unkenntlichkeit verkleidet, darf sich das Skandalon nunmehr dem Bewußtsein präsentieren: Es wird geträumt, und damit erspart der Traum dem Schläfer das Erwachen. Er ist also ein Kompromiß: Das «Unbewußte» kann seine unzüchtigen Interessen vorführen, wenn auch nur verschleiert; das bewußte «Ich» läßt sie in dieser Form passieren und erkauft sich so den weiteren Schlaf. «In gewissem Sinn sind alle Träume *Bequemlichkeitsträume*, sie dienen der Absicht, den Schlaf fortzusetzen, anstatt zu erwachen. Der Traum ist der Wächter des Schlafes, nicht sein Störer.»[3] Gelänge es, die Traumarbeit sozusagen wieder rückgängig zu machen, hinter dem nichtssagenden «manifesten» Trauminhalt den «latenten» Traumgedanken aufzuspüren, so hätte man den nackten, den unverstellten «unbewußten Gedanken» vor sich. Der Träume deutende Analytiker tue genau das: Er durchschaue jene Entstellungen und dringe so zum «Unbewußten» seines Patienten vor. «Die Traumdeutung ... ist die Via regia [das ist der Königsweg] zur Kenntnis des Unbewußten im Seelenleben.»[4]

In einem zentralen Punkt changiert auch diese Theorie auf höchst irritierende Weise. Was sollen das für Wunschregungen sein, die sich im Traum ausdrücken? Irgendwelche Wünsche? Sexuelle Wünsche? Kindliche sexuelle Wünsche? Es ist, als wollte Freud dringend etwas sagen, traute sich dann aber doch nicht, gäbe es nur undeutlich zu verstehen und wiche, wenn tatsächlich Kritik laut würde, entrüstet zurück: Hab ich nie behauptet! «Je mehr man sich mit der Lösung von

Träumen beschäftigt», schrieb er an der einen Stelle, «desto bereitwilliger muß man anerkennen, daß die Mehrzahl der Träume Erwachsener sexuelles Material behandelt und erotische Wünsche zum Ausdruck bringt.»[5] Das scheint eindeutig. Indessen, 1919 fügte er den Satz ein: «Die Behauptung, daß *alle Träume eine sexuelle Deutung erfordern*, gegen welche in der Literatur unermüdlich polemisiert wird, ist meiner *Traumdeutung* fremd.»[6] *Alle* also nicht? Aber doch *die Mehrzahl*? Oder auch die nicht? Schon im übernächsten, aus einer früheren Fassung übriggebliebenen Satz heißt es: «Daß die auffällig *harmlosen* Träume durchwegs grobe erotische Wunschvorstellungen verkörpern, haben wir bereits an anderer Stelle behauptet.»[6] Sämtliche harmlosen Träume also sollen sexuell sein – und die nicht harmlosen, die offen sexuellen dann etwa nicht? Tatsächlich hatte es an der «anderen Stelle», auf die der Satz verweist, keineswegs geheißen, die harmlosen Träume seien sexuell, sondern: «[Ich stelle die Behauptung auf], es gebe keine indifferenten Traumerreger, also auch keine harmlosen Träume.»[7] Einmal heißt es: «*Der Wunsch, welcher sich im Traume darstellt, muß ein infantiler sein.* Er stammt dann beim Erwachsenen aus dem *Ubw*»[8] – das heißt, in sämtlichen Träumen Erwachsener kämen verdrängte Kinderwünsche zum Ausdruck, und verdrängt sollen sie natürlich sein, weil es unerlaubte sexuelle Wünsche waren. Auch das scheint eindeutig: «Je tiefer man sich in die Analyse der Träume einläßt, desto häufiger wird man auf die Spur von Kindheitserlebnissen geführt ... *Das Träumen ist ein Stück des überwundenen Kinderseelenlebens.*»[9] Aber wo ist der verdrängte kindliche Sexualwunsch in seinem eigenen Traum von «Irmas Injektion» – und in vielen anderen Träumen, deren Deutung er vormacht? Wie die Theorie denn nun eigentlich lautet – nie werdet ihr's erfahren. So und so.

Freuds Traumtheorie ist eine einzige Einladung zu einer Beschäftigung, die sich seit Menschengedenken größter Beliebtheit erfreut: der Traumdeutung. Der okkulte Traumdeuter will dem Traum nicht eigentlich Aufschlüsse über den Träumer entnehmen, über seine momentane Verfassung, über seine Persönlichkeit. Er sieht das Geträumte als Zeichen für etwas ganz anderes. Er ist nicht aus auf den Sinn im Traum, sondern hinter ihm. Er meint, Träume «bedeuteten» etwas. Sie «bedeuteten» dem Träumer – im alten Sinn des Wortes –, was die Zukunft für ihn bereithält, also etwa, ob er es riskieren könne, eine Reise anzutreten. Ihre «Bedeutung» sei eine geheime Botschaft, die der Kundige entziffern könne. Diese Tradition setzt sich in Freuds Traumtheorie fort. Der Kundige, der Weise ist jetzt der Psychoanalytiker, der den indifferenten manifesten Trauminhalt hinter sich läßt, um hinter ihm des latenten Traumgedankens ansichtig zu werden. Der Traum ist ein Rebus, ein Bilderrätsel, und «unsere Vorgänger auf dem Gebiet der Traumdeutung haben den Fehler begangen, den Rebus als zeichnerische Komposition zu beurteilen. Als solche erschien er ihnen unsinnig und wertlos.»[10] Der psychoanalytische Deuter dagegen hält sich nicht bei der Oberfläche, der «Zeichnung» auf. Er errät, was in ihm verschlüsselt ist, seinen Sinn, und der ist wertvoll, denn mit seiner Hilfe, so meint er, stoße er zu einer tieferen Wahrheit über den Träumer vor, zu dessen (kindlich-sexuellen) Wünschen und Gedanken, die ihm selber unbewußt sind, aber seine Träume wie seine Fehlleistungen und im Fall des Falles auch seine Neurosen bewirken.

Es fällt auf, daß der Keim der Theorie, der Traum von «Irmas Injektion», ihren Spezifikationen überhaupt nicht entspricht. Ein Wunsch mag ihn inspiriert haben, der Wunsch, nicht schuld zu sein an der Krankheit der Patientin; aber es war dies kein unbewußter Wunsch und schon gar kein kindlicher Sexualwunsch. Freud machte gar nicht den Versuch, hinter dem manifesten Inhalt irgendeinen latenten, geheimen Gedanken zu erspähen, von dem er selber vorher nichts gewußt hatte. Die Situation des Traumes nahm er durchaus als sie selber, seine Personen waren sie selber, wenngleich vermischt, nämlich angereichert mit Zügen ähnlicher Personen, und nur es selbst war auch das Thema des Traums, Freuds ärztliches Verhältnis zu seinen Patienten. Selbst die Injektionsspritze, in der spätere Freudianer ein Phallussymbol zu sehen gar nicht umhingekonnt hätten, läßt er sie selber sein, eine bloße Injektionsspritze. Freud las nur die Oberfläche des Traums. Seine ganze «Deutung» war keineswegs, was eine psychoanalytische Traumdeutung seiner eigenen Lehre zufolge eigentlich sein sollte, die Übersetzung eines manifesten Traumgeschehens in geheime Gedanken, sie war lediglich die Paraphrasierung eines manifesten Trauminhalts (und darum auch für Nichtfreudianer sehr wohl annehmbar).

Das Charakteristische psychoanalytischer Traumdeutung ging Freuds Deutung seines eigenen Irma-Traums noch völlig ab. Er dachte gar nicht daran, seinen Traum als Königsweg in sein eigenes «Unbewußtes» zu benutzen. Es ist darum höchst befremdlich, daß dieser Traum einen solchen Stellenwert in der ganzen psychoanalytischen Bewegung erringen, daß Freuds Behandlung dieses Falles zum Urmodell freudscher Trauminterpretation avancieren konnte. Eine psychoanalytoide Literatin feiert die Irma-Nacht und ihre Folgen geradezu als Ereignis von weltgeschichtlicher Größe: «Die Psychoanalytiker haben gefolgert, daß es Freud gelungen sei, den archimedischen Punkt der Durchdringung von Allgemeinem und Besonderem zu besetzen, da er das Traumobjekt, den Körper der Mutter, mit seiner Traumdeutung in Theorie und Praxis durchdrang. Ein Ödipus in eigener Sache, penetriert er das Geheimnis des Traums und konnte sich so mit ‹Irmas Injektion› einen der maßlosen Wünsche der Menschheit erfüllen. Das bleibt so unwiederholbar wie die Entdeckung des Südpols.»[11] Solch einem erhabenen Gedanken sollte man besser nicht nahetreten. Aber wenn man partout wissen will, was er bedeutet, dann ja wohl dies: Aller Menschen oder zumindest Männer größter Wunsch ist es, der eigenen Mutter beizuschlafen; Freud habe das zwar nicht geschafft, aber doch eine ansehnliche Ersatzhandlung zuwege gebracht – er sei nämlich «gleichsam» in den Traum, in das Geheimnis des «Traumobjekts» eingedrungen. (Das angehängte «-objekt» und nur das macht aus dem Forschungsgegenstand Traum etwas «libidinös Besetztes», einen Liebespartner.) Da die Entschlüsselung des Irma-Traums ferner aus dem besonderen Einzelfall eine allgemeine Gesetzmäßigkeit ableiten sollte, verbanden sich hier Besonderes und Allgemeines, und auch dieser Sachverhalt läßt sich mit einem von «dringen» abgeleiteten Verb bezeichnen: Sie «durchdrangen» sich. Ein matter Kalauer als Tiefsinn ausgegeben, dreimal Penetration also: Mutterinzest und Traumdeutung und die Vereinigung von Allgemeinem und Besonderem. Oder auf deutsch: So wie das Besondere das Allgemeine vögelt, so wollte Freud die Mutter vögeln und vögelte statt dessen den Traum. Klar, daß eine solche Tat nicht ihresgleichen hat und einen mindestens in den Rang eines Amundsen erhebt.

Die kindlichen Sexualwünsche seiner Theorie, die in allen oder nicht in allen Träumen zum Ausdruck kommen sollten, hätten vor allem ödipale Gelüste sein müssen. Tatsächlich behauptete er an einer Stelle: «Der Traum, mit der Mutter sexuell zu verkehren, wird ebenso wie damals auch heute vielen Menschen zuteil, die ihn empört und verwundert erzählen.»[12] Sehr sonderbar, da dieser Wunsch ja doch seinerzeit ob seiner Entsetzlichkeit «verdrängt» worden sein soll – und jetzt gibt er sich bei «vielen» Menschen in den Träumen ganz offen zu erkennen, und sie erzählen auch noch offen davon, wenn auch empört und verwundert? Dann aber heißt es wieder ganz anders: «Wenn ich gegen Patienten die Häufigkeit des Ödipustraumes, mit der eigenen Mutter geschlechtlich zu verkehren, betone, so bekomme ich zur Antwort: Ich kann mich an einen solchen Traum nicht erinnern. Gleich darauf steigt aber die Erinnerung an einen anderen, unkenntlichen und indifferenten Traum auf, der sich bei dem Betreffenden häufig wiederholt hat, und die Analyse zeigt, daß dies ein Traum des gleichen Inhalts, nämlich wiederum ein Ödipustraum ist. Ich kann versichern, daß die verkappten Träume vom Sexualverkehre mit der Mutter um ein Vielfaches häufiger sind als die aufrichtigen.»[13] Also nicht die Patienten erzählen ihm häufig ödipale Träume – er erzählt ihnen häufig, daß sie welche haben müßten; und deutet ihre «indifferenten» Träume im übrigen so, daß sie als Ödipus-Träume dastehen.

Als Exempel nennt Freud den Traum eines Mannes, der eine verheiratete Frau zur Geliebten hat – und in seinem Traum zärtlich zu seinem Nebenbuhler ist, mit ihm schmuse. Die feindlichen Gefühle, so Freuds Deutung, «verbergen sich hinter demonstrativen Zärtlichkeiten, die aus der Erinnerung an seinen kindlichen Verkehr mit dem Vater stammen»[14]. Wenn allerdings jedwede Zärtlichkeit, und jedwede Unzärtlichkeit desgleichen, aus der Erinnerung an den Ödipus-Komplex abgeleitet wird, dann gibt es Beweise zuhauf. Diese Ableitung selbst aber bleibt bloße Behauptung. Und bei den widersprüchlichen Aussagen über das, was ihm seine Patienten mitgeteilt haben sollen, beschleicht einen ein schrecklicher Verdacht: Sollte Freud bei der Ausbreitung seines klinischen Materials etwa immer mal wieder schlichtweg geflunkert haben?

Freudsche Traumdeutung als Enthüllung des kindlichen Sexuallebens erlebt man dagegen besonders anschaulich in einer Arbeit, die Freuds Herausgeber James Strachey «die ausführlichste und wichtigste Krankengeschichte Freuds» nannte, nämlich «Aus der Geschichte einer infantilen Neurose»[15], niedergeschrieben etwa zwei Jahrzehnte nach der Konzipierung der Traumtheorie und darum nicht mehr ein tastendes Pionierwerk zu nennen. Bekannter ist die Fallstudie unter dem Namen «Der Wolfsmann». Im Zentrum dieser Analyse steht ein Traum; seine Deutung muß also als das Beste gelten, was psychoanalytische Kunst überhaupt vermag.

Der «Wolfsmann» war ein wohlhabender 23jähriger Russe, der sich 1910 auf Freuds Wiener Couch einfand, viereinhalb Jahre lang analysiert und dann als geheilt entlassen wurde. Wovon geheilt, wird aus der Beschreibung nicht klar; Freud betrachtete ihn als Zwangsneurotiker. In seiner Schrift befaßte er sich nicht mit den aktuellen Schwierigkeiten seines Patienten, sondern mit den psychischen Schwierigkeiten, die dieser in der Kindheit hatte. Zu ihnen gehörte: wenig Selbständigkeit, eine Angst vor Wölfen und zeitweilige religiöse Wahngedanken. Bald nach Beginn der Beichte erzählte er Freud einen Kindertraum; offenbar jahrelang war in der Analyse dann von diesem Traum die Rede; und mit dem Rätsel des Traums glaubte Freud schließlich die Kinderneurose des Mannes «gelöst» zu haben.

Der Traum des Wolfsmanns war kurz und einfach gewesen: Er liege nachts im Bett, das Fenster gehe auf, er sehe draußen einen Nußbaum und auf dessen Ästen sechs oder sieben weiße Wölfe mit buschigen Schwänzen. Reglos schauten sie ihn an. Erschreckt wache er auf.

Die analytische Rückübersetzung dieses Traums in die unbewußten Gedanken, die ihm angeblich zugrunde lagen, war ein langwieriges und mühseliges Unterfangen. Freud interessierte sich zunächst dafür, welche Rolle Wölfe für den kleinen «Wolfsmann» gespielt hatten. Er kannte sie nur aus Märchen. Einige dieser Märchen erzählte er Freud, der sie alle links liegen ließ und sich nur auf eines von ihnen stürzte: ein Märchen, in dem einem Wolf der Schwanz ausgerissen wird. Dieses Märchen, meint Freud willkürlich, habe den «Wolfsmann» dazu gebracht, von Wölfen zu träumen. Denn es enthält eine «unzweideutige Anknüpfung an den Kastrationskomplex»[16]. Schwanz ist gleich Penis, Schwanzabhacken und Schwanzabreißen gleich Kastration. Daß der Traum von Kastration handelte, entnahm ihm Freud also nicht etwa; er trug es als Prämisse an ihn heran. Er wollte einen Hinweis auf die Kastration finden und wählte das betreffende Märchen unter mehreren, die er ebenso hätte wählen können, nur darum, weil es seiner vorgefaßten Meinung entgegenkam, die er dann auch prompt bestätigt sah.

Aber noch ist der Traum nicht «gedeutet». Die geträumten Wölfe waren ja überhaupt nicht schwanzlos, im Gegenteil, sie hatten buschige Fuchsschwänze. Diese, sagt Freud nun, seien nichts anderes als eine «Kompensation der Schwanzlosigkeit»[16]. Schwänze bedeuteten also Nicht-Schwänze. Diese *Ad-hoc*-Verdrehung ins Gegenteil schrieb er der «Traumarbeit» zu und taufte sie auf den Namen Kompensation.

Nunmehr also waren es schwanzlose und das heißt kastrierte Wölfe, die aus dem Baum herübersahen. Das war zwar schon eine stattliche Leistung der Deutungskunst, aber viel ließ sich mit ihr noch nicht anfangen. Der Traum, so wollte es die Theorie, durfte keineswegs von Wölfen gehandelt haben, auch nicht von kastrierten, sondern nur von Familienmitgliedern des «Wolfsmanns». So beschloß Freud, den Wolf für einen «Vaterersatz» zu halten. Was ihn zu dieser Gleichsetzung berechtigte, sagt er nicht; er verkündet sie nur: «... der Wolf [war] bei meinem Patienten der erste Vaterersatz»[17], zwei Seiten später: «Wir hatten ... erschlossen, daß der Wolf ein Vaterersatz sei.»[18] Die Deutung ist vorangeschritten, aber was hat sie bisher erbracht? Ein halbes Dutzend kastrierter Väter im Baum. Die kastrierten Väter aber sind für Freuds zielstrebig anvisierte Deutung unbrauchbar. So läßt Freud sie wieder fallen. Übrig bleibt der Wolf als Vater, wie die übrige Deutung zeigt, sogar höchst, unkastriert und potent, und daß die Wölfe Schwänze haben – eben noch ein Hinweis darauf, daß sie kastriert seien –, bedeutet laut Freud für den Träumer jetzt nur noch: «Es gibt also wirklich eine Kastration.» [19] Man sieht, daß kleine Jungen in Freuds Welt ein äußerst drangsaliertes Leben führen: Jeder Tierschwanz, dessen sie ansichtig werden, wie auch jeder fehlende Tierschwanz und überhaupt jedes längliche Objekt, und seine Abwesenheit desgleichen, halten immer nur die eine Botschaft für sie bereit: Wehe, dein Vater wird dir dein Schwänzchen rauben.

Und immer noch sind wir weit vom Ziel. Es sind viele wolfshafte Väter, sie sind weiß, sie sind weder kastriert, noch drohen sie dem Träumer, ihn zu kastrieren, sie tragen nur Schwänze, wie Wölfe das gewöhnlich tun, und sehen ihn an. Wie weiter?

Die Vielzahl der Wölfe, meint Freud nun, sei ein «willkommenes Entstellungsmittel» [20] der «Traumarbeit». Sie sei den Märchen entnommen, bedeute aber gerade die Einzahl: Sechs bis sieben Wölfe gleich ein Vater. Oder: um nicht zu verräterisch von einem Wolf-Vater träumen zu lassen, habe der Traumzensor ihn vervielfacht.

Die weiße Farbe dieser siebeneinigen Wolfvaterkreatur aber habe zwei Gründe: Einmal habe der kleine Wolfsmann Schafe und Schäferhunde bei sexuellen Handlungen beobachtet und deren Färbung entliehen (es muß sich wohl um Albinohunde gehandelt haben); zum anderen entstamme sie der weißen Bett- und Leibwäsche der Eltern. [20] Sieben weiße Wölfe gleich ein Vater im Nachthemd, der dem Söhnchen qua Schwanzbesitz bedeutet: Wehe, es gibt eine Kastration!

Zu dem Nußbaum, in dem die Wölfe sitzen, fällt Freuds Patienten irgendwann ein Weihnachtsbaum ein. Darauf stürzt sich Freud sofort. Weiße Wölfe im Nußbaum gleich Schmuck im Weihnachtsbaum – der Patient, meint er, habe mit dem Traum seine freudige Erwartung von Weihnachtsgeschenken ausgedrückt. Nebenbei benutzt er den Einfall, das Erlebnis, von dem der Traum handeln soll, zu «datieren» – auf eine Vorweihnachtszeit Jahre vor diesem Traum.

Das Fenster geht auf? Wieder eine «Verkehrung», meint Freud und korrigiert den Traum: «In Wahrheit» gingen die Augen des Träumers auf. Die Wölfe sehen den Träumer an? Noch eine Verkehrung. «In Wahrheit» sehe der Träumer die Wölfe an. [18] Die Wölfe seien reglos? Eine weitere Verkehrung: Ihre Reglosigkeit bedeute «heftigste Bewegung» [21]. Nun ist die Lösung nahe. Es schaut der Träumer bereits den in heftiger Bewegung begriffenen Vater im Nachthemd an.

Dennoch meint Freud ahnungsvoll, an dieser Stelle werde ihn nun der Glaube der Leser verlassen – als wäre ein Leser, der das Bisherige geschluckt hat, überhaupt noch durch irgend etwas in seinem Glauben zu erschüttern. Der ausdrückliche Hinweis auf die allerschwächste Stelle seiner Beweisführung soll die Zweifel abfangen, die Freud selber befallen. Denn nunmehr verzichtet er selbst auf «Beweise» wie die vorhergehenden, versichert lapidar, es sei ihm gelungen, «für alle Fragen, die sich an diese Szene knüpfen konnten, befriedigende Antworten zu erhalten» [22], und präsentiert seine endgültige Deutung: Als der Wolfsmann mit anderthalb Jahren einmal während eines nachmittäglichen Malariaanfalls im Schlafzimmer seiner Eltern lag, habe er die «Urszene» beobachtet: wie der Vater der Mutter beiwohnte, und zwar dreimal und von hinten. (Dreimal, weil der Wolfsmann einmal irrtümlich glaubte, Freud habe einen dreimaligen Koitus eruiert.) Zu ihrer Zeit blieb die Urszene unbegriffen. Dann aber, als der Junge in seine ödipale Phase eintrat, sei sie erinnert und in ihrer furchtbaren Wucht durchschaut und zum Gegenstand eines Angsttraums gemacht worden. Die Urszene sei das Trauma, das für die Neurose des Patienten verantwortlich sei. So liegt der latente Traumgedanke nunmehr offen vor uns und lautet folgendermaßen: Als Vierjähriger wünschte ich mir, daß mein Vater mich koitiert, und das erinnerte mich, daß ich zweieinhalb Jahre vorher einmal mit angesehen hatte, wie mein Vater es mit meiner Mutter machte, *more ferarum*, nach Art der Tiere. Bei jenem Anblick war ich dermaßen in sexuelle Erregung geraten, daß ich ins Bett geschissen hatte (denn in jenem Alter holt sich das Kind seine Sexuallust aus dem Anus). Und als ich jene aufregende Szene im Traum erinnerte, machte ich mir klar, daß ich selber wie meine Mutter penislos, also kastriert sein müßte, wenn der Vater auch mich wie ersehnt beschlafen sollte. Darüber erschrak ich dermaßen, daß ich aufwachte und noch lange beklommen war (natürlich ohne von alldem jemals irgend etwas zu ahnen). Uff, geschafft! (Daß der Wolfsmann nicht, wie jeder kleine Ödipus, den Wunsch hatte, mit der Mutter zu kopulieren, und den Vater darum als Rivalen haßte, sondern vielmehr wünschte, daß sein Vater mit ihm die Kopula unternähme – zu dieser aparten Verdrehung seiner eigenen Ödipaltheorie äußert sich Freud nicht weiter.)

Ein paar Jahre später nahm er die ganze Deutung wieder halb zurück. Vielleicht, meinte er, habe der Wolfsmann die Urszene gar nicht mit angesehen, sondern sie sich nur vorgestellt, nachdem er Tiere bei der Paarung beobachtet hatte. Gleichviel.

Wer die Deutung mit Freuds Traumtheorie im Kopf zur Kenntnis nimmt, dem fällt übrigens auf, daß er selber sie in der Aufregung ganz vergessen zu haben scheint. «Wächter des Schlafs» war dieser Traum nicht gewesen – vielmehr hatte er den Schläfer gerade geweckt. Und irgendeine Wunscherfüllung ist weder seinem manifesten noch seinem latenten Inhalt zu entnehmen. Da die sichtbaren Wölfe wie die unsichtbaren kopulierenden Eltern den Träumer erschreckten, scheint es sich eher um Angstvorstellungen als um eine Wunscherfüllung gehandelt zu haben.

Wenn «Ich» wird, wo «Es» war; wenn dem «Unbewußten» Boden abgerungen und «Energie» abgenommen ist; wenn das Verdrängte ans Licht geholt wurde – dann müßte eigentlich die Erinnerung an das kommen, was der Analytiker mühevoll erschlossen hat, und es müßte die Neurose in sich zusammenfallen. Nichts dergleichen ist hier geschehen. Keine Erinnerung des Wolfsmanns kam Freuds *tour de force* bestätigend entgegen. Keine Heilung trat ein. Seiner Interviewerin Karin Obholzer vertraute der Wolfsmann kurz vor seinem Tode im Jahre 1979 an: «Wissen Sie, von der Traumdeutung hab ich nie viel gehalten! ... In meiner Geschichte, was ist da eigentlich durch Träume erklärt worden? Ich wüßte nicht, was. Der Freud führt doch alles auf die Urszene zurück, die er aus dem Traum ableitet. Im Traum aber kommt sie nicht vor. Wenn er zum Beispiel die weißen Wölfe als Nachthemden oder so was, als Leintücher oder als Kleider setzt, das ist doch irgendwie an den Haaren herbeigezogen, finde ich. Diese Szene im Traum, daß sich die Fenster öffnen und so weiter und daß da diese Wölfe sitzen, bis zu seiner Deutung, das ist, ich weiß nicht, das ist ein sehr langer Weg. Das ist doch mehr oder weniger an den Haaren herbeigezogen.»[23] Und: «Das Ganze ist unwahrscheinlich, weil die Kinder in Rußland bei der Kinderfrau im Zimmer geschlafen haben, aber nicht bei den Eltern im Schlafzimmer ... Er behauptet, ich hab's gesehen, aber wer garantiert Ihnen, daß es wahr ist? Daß es nicht eine Phantasie von ihm ist? Das ist das eine. Und zweitens, wenn man etwas bewußtmacht, was im Unbewußten ist, das hilft ja überhaupt nicht ... Ich habe immer gedacht, daß die Erinnerung kommen wird. Aber sie ist nicht gekommen.»[24]

Diese Glanzleistung psychoanalytischer Traumdeutung, sie ist der grandios krampfige Versuch, einen Traum der vorgefertigten Theorie gefügig zu machen, um diese dann wiederum aus ihm ableiten zu können. In der Tat, nichts garantiert, daß es sich nicht um ein bloßes Phantasiegebilde des Deuters handelt. Keinerlei objektiver Befund stützt sie an irgendeiner Stelle ab. Unter ähnlich reichlichem Aufgebot von *ad hoc* bemühten Verschiebungen, Verkehrungen und Kompensationen ließe sich jedem Trauminhalt jeder Traumgedanke entnehmen.

Kommt psychoanalytische Traumdeutung heute zu festeren Ergebnissen? Zum Abschluß eines mehrjährigen Traumseminars trug der amerikanische Psychoanalytiker Manuel D. Zane fünf Kollegen einen Traum eines seiner Patienten vor und bat sie um ihre Deutung. Der Patient hatte geträumt, er sitze bei einem unangenehm geschwätzigen Friseur und erschrecke über den Beginn einer Glatze. Obwohl inzwischen manche Analytiker versucht hatten, auch den vernachlässigten manifesten Trauminhalt zu rehabilitieren und zu befragen, wandte keiner der fünf Analytiker auch nur einen Gedanken an ihn – es war, als wäre er nie geträumt worden. So kam keiner etwa zu dem Schluß, der Traum habe die Angst des Mannes vor dem Haarausfall und eventuell dem Altern ausgedrückt. Alle fünf suchten sie nach dem latenten Gedanken dahinter, und jeder fand ihn anderswo. Dr. B: «Ich glaube, dieser Vorfall beim Friseur hat irgend etwas mit der Kindheit des Patienten und der Beziehung zu seinem Vater zu tun. Und auch der zum Therapeuten.» Dr. C: «Ich glaube, diesem Typ liegt vor allem daran, jeden Angriff abzuwehren, der seiner Omnipotenz oder seinem Narzißmus einen Schlag versetzen könnte.» Dr. A: «Ich glaube nicht, daß es sich um Haarausfall dreht ... Das Bild des Traumes besagt, ‹ich kann mich meiner homosexuellen Wunschregungen nicht erwehren›.» Dr. C noch einmal: «Ich glaube, der Patient wollte sagen, ‹ich kann mich meiner Unbeherrschtheit, meiner Wut nicht erwehren; also muß ich mich in eine weibliche homosexuelle Rolle fügen, um keinen Streit heraufzubeschwören, der mich vernichten würde.›» Dr. E: «Wenn ihr diese Gesäßdeutung und so weiter bringt, wie werdet ihr dann mit den zusätzlichen Tatsachen fertig, die es da auch noch gibt – daß sie [die kahle Stelle] immer größer wird?» Dr. B: «Die Vergrößerung der kahlen Stelle würde ich für ein Zeichen wachsender Angst und wachsender Wut halten.» Dr. C: «Das ist genau das Gebiet der Auflösung, das so prägenital ist. Darum habe ich etwas gegen eure Verwendung des Begriffs homosexuell. Es handelt sich um – um eine Identitätskrise.»[25] Fünf Analytiker, neun Deutungen. Wir hatten: Jemand sitzt beim Friseur und erschrickt über seine beginnende Kahlheit. Wir haben nach getanem Werk: Vaterprobleme, Narzißmus, Omnipotenz, Homosexualität, Prägenitalität, Kontrollverlust, Angst, Wut, Identitätskrise. Dies ist keine Parodie, sondern ein Protokoll, veröffentlicht in einem hochseriösen psychoanalytischen Sammelwerk. Auf die Deutung «Homosexualität», so muß man erläuternd hinzufügen, kamen die Herren einzig und allein aufgrund der kahlen Stelle, die ihnen das Bild eines nackten Hinterns eingab, so wie auch Freud schon einen Hintern in dem geträumten Spiegelbild des Mondes in einem See gesehen hatte. («Der blasse Mond ist dann der weiße Popo, aus dem das Kind hergekommen zu sein bald errät.»²⁶) Freud selber hätte einen Traum vom Haarausfall im Einklang mit seiner Symbollehre als Ausdruck von Kastrationsangst lesen müssen – möglicherweise meinte Dr. A mit seiner Bemerkung das gleiche. Zane bedauert eine so große Uneinigkeit unter fünf durch das lange Seminar doch sogar aufeinander eingestimmten Analytikern. Ihre prospektiven Klienten müßte das Grausen packen. Wer traute einem Ärztekollegium, wenn der eine ein Hühnerauge für einen Tumor, der andere für eine Pestbeule, der nächste für einen verschluckten Kirschkern und noch ein anderer für eine Rache der kleinen grünen Männchen hielte? Der Außenstehende ist frei, eine Auslegung für so phantastisch und abwegig wie die andere zu halten – und eine Profession, die ihre Klientel mit derlei «Deutungen» überzieht und nichts Anstößiges dabei findet, für nichts Besseres als jede Wahrsagerei.

Die Verschwommenheit der Theorie, die zu beliebigen Deutungen einlädt, wird von manchen Hermeneutikern heute als ihre Stärke empfunden: «Gerade jene vom einheitswissenschaftlichen Standpunkt aus bemängelte Unbestimmtheit und Vagheit der Freudschen Formulierungen ist es, die sie für das hermeneutische Feld so fruchtbar macht weil dadurch Sinnantizipationen durchgehalten werden können, die noch dem kleinsten Traumfragment eine integrierbare Bedeutung abzuringen vermögen.»²⁷ Im Klartext: Keine bestimmte theoretische Annahme hält den Deuter im Zaum; noch dem unscheinbarsten Traumfetzen (Traumfragment) kann er Deutungen (Sinnantizipationen) angedeihen lassen, wie sie ihm belieben, und er darf auf ihnen auch beharren (durchhalten), Hauptsache, sie passen irgendwie zu dem sonstigen Bild, das er sich von seinem Patienten macht (integrierbar). Klar, solch eine großzügige Lizenz scheint «fruchtbar»; allerdings nicht für die Wahrheitsfindung.

An der ganzen Traumtheorie hat die Allgemeinheit freilich am meisten die Theorie der Traumsymbole beeindruckt. Wenn in einem Krimi heute der Ganove die Pistole zieht, weiß jeder, der etwas von der Psychoanalyse hat läuten hören, daß er in Wahrheit seinen Phallus in Anschlag bringt. Wenn eine Kundin Bockwürste in ihre Einkaufstasche stopft, dann erklärt sie ihren Sexualnotstand, nicht wahr? Wenn eine Angst vorm Fliegen hat, dann hat sie eigent-

lich Angst vorm Lieben. Ein Phallus-Symbol die Rakete auf der Ab-
schußrampe, die doch nun wirklich ganz unübersehbar einem erigierten Penis ähnelt – also wird die Raumfahrt nichts anderes als
ein Ausfluß menschlicher Sexbesessenheit sein oder männlicher
Sexprotzerei oder eine Kompensation männlicher Impotenz oder so
ähnlich? Und die vernagelten Kanonen in einem frühen Bergman-
Film, die konnten nur «tote Hose» bedeuten (das sollten sie aber
auch). Symbole, besonders Sexsymbole sind der Pop-Psychologie
nämlich lieb und wert.

Die ursprüngliche Fassung der «Traumdeutung» allerdings enthielt die Theorie der Traumsymbole noch gar nicht; sie wurde erst
später nach und nach hinzugefügt. Neben Verdichtung, Verschiebung und Umkehrung sollte nun die Symbolisierung ein weiteres
Mittel der Verhüllung «latenter» Gedanken sein. Umgekehrt gesagt: Wenn ich alle möglichen Dinge, die im Traum vorkommen,
gar nicht als sie selber nehme, sondern als stellvertretende Zeichen
für einen geheimen Gedanken, dann ist der Traumdeutung eine
wilde weite neue Welt erschlossen.

Ein Symbol: das war ursprünglich ein Erkennungszeichen, etwa
ein Paßwort, und es ist heute im allerallgemeinsten Sinn irgendein
konkretes, sinnfälliges Ding, das in unserem Denken ein anderes
vertritt, meist ein weniger anschauliches oder jedenfalls eines, das
denkerisch schwerer zu handhaben ist. Es gibt zwei Klassen von
Symbolen: willkürliche und analoge. Willkürliche Symbole haben
mit dem, was sie vertreten oder repräsentieren, schlechterdings
nichts gemein. Fast alle Wörter sind solche willkürlichen Symbole;
oder auch das auf der Spitze stehende Dreieck, das dem Autofahrer
bedeutet, anderen die Vorfahrt zu lassen. Analoge Symbole demgegenüber sind dem, was sie bezeichnen, in irgendeiner Hinsicht ähnlich. Der Fluß ist ein analoges Symbol der Veränderlichkeit, weil
sein Wasser nie das gleiche ist; die Taube ist ein analoges Friedens-
symbol, weil sie – irrtümlich – als ein besonders friedfertiges Tier
gilt. Manche Symbole werden allgemein verwendet (die Fahne als
Symbol der Nation, die Rose als Symbol der Vulva), manche sind
und bleiben sehr persönlich (das in den Tee getauchte Gebäck, die
Madeleine, als Symbol der eigenen kindlichen Vergangenheit). Beim
Kind setzt die Symbolisierungsfähigkeit etwa dann ein, wenn es imstande ist, irgendeinen Holzklotz als «Haus» zu betrachten und zu
behandeln. Sie ist eine der elementaren Fähigkeiten der menschlichen Intelligenz, in Rudimenten auch bei Menschenaffen nachgewiesen. Ohne sie müßte alles Denken verkrüppeln. Symbole sind

allgegenwärtig, und sie kommen in tausend Gestalten und Bedeutungen.

Freuds Traumsymbole muten dagegen primitiv an. Nur wenige Dinge, dekretierte Freud, würden vom Traumzensor überhaupt in Symbole umgesetzt: der Körper, die Eltern, Kinder, Geschwister, Geburt, Tod, Nacktheit – und vor allem die Sexualität, die ihm zufolge die «übergroße Mehrheit» aller Traumsymbole stellt. Es sind alles analoge Symbole; die Analogie besteht fast immer in einer gewissen Ähnlichkeit der Gestalt, manchmal auch in einer sehr entfernten Ähnlichkeit der Funktion. Alles Längliche symbolisiert in dieser Welt den Penis: Stöcke, Schirme, Stangen, Bäume, Messer, Dolche, Lanzen, Säbel, Gewehre, Pistolen, Bleistifte, Federstiele, Nagelfeilen, Hämmer, Schlangen; desgleichen alles, was Flüssigkeit abgibt: Wasserhähne, Gießkannen, Springbrunnen; oder was «einer Verlängerung fähig» ist: Drehbleistifte, Hängelampen; oder was fliegt: Luftballons, Zeppeline, Flugzeuge (für Freud scheint «schweben» das gleiche gewesen zu sein wie « sich aufrichten»); oder was besitzt oder selber ist, was man mit einschlägig geschärfter Phantasie als Vorhaut ansehen könnte: Hüte und Mäntel. Alles Hohle dagegen soll das weibliche Geschlechtsteil symbolisieren: Schächte, Gruben, Höhlen, Gefäße, Flaschen, Schachteln, Dosen, Koffer, Büchsen, Kisten, Taschen, Schiffe, Schränke, Öfen, Zimmer, Türen, Tore, Schnecken, Muscheln … Und der Tisch, weil er aus Holz ist. Und das Buch, weil es aus Papier ist. Holz und Papier aber sind «Symbole des Weibes», weil sie Stoffe sind.[28]

Da so fast die gesamte Dingwelt zu Sexualsymbolen erklärt ist, ist es unmöglich, in einem Traum nichts Sexuelles zu finden. Man braucht bloß die Liste der Symbole und ein aufmerksames Auge, um etwaige weitere zu erspähen, die der Katalog vergessen hatte. Das Bildungsprinzip ist ja schlicht genug. Irgendwie eher länglich oder eher hohl ist schließlich fast jedes Ding.

Freud sagte nicht, jedes geträumte Objekt sei ein (sexuelles) Symbol. Manchmal, so erklärte er, sei eine Zigarre auch bloß eine Zigarre. Indirekt aber gab er doch zu verstehen, daß man besser daran täte, alles symbolisch zu nehmen – etwa mit der Bemerkung, seine Hörer mögen es sich nicht verdrießen lassen, daß *sämtliche* Träume vom Fliegen als Erektionsträume gedeutet werden *müssen*[29] (Die Erektion oder Der Fliegende Penis). Der Theorie, daß manchen Dingen im Traum manchmal irgendeine symbolische Bedeutung zukommen könnte, wäre schwer zu widersprechen; sie wäre aber auch zu unscheinbar, um irgend jemanden zu beeindrucken. Freud war von der Universalität seiner Traumsymbole überzeugt und bereit, jeden Traum nur aufgrund seiner Symbole «gleichsam vom Blatt weg zu übersetzen», auch wenn er von einem solchen Vorgehen abriet: «Indem die Symbole feststehende Übersetzungen sind, realisieren sie in gewissem Ausmaße das Ideal der antiken wie der populären Traumdeutung ... Sie gestatten uns unter Umständen, einen Traum zu deuten, ohne den Träumer zu befragen.»[30] Ob dem Träumer die so gewonnenen Deutungen einleuchteten, war ihm gleichgültig; da das Symbol ja für etwas Verdrängtes stehen sollte, das er nicht kenne und auch um keinen Preis wahrhaben wolle, wisse der Träumer «zum Symbol ohnedies nichts zu sagen»[31]. Wieder einmal der nervtötende Pseudo-Syllogismus, mit dem sich die Theorie selber bestätigen möchte. Vordersatz: Wenn du von deinem Penis träumen willst, tarnst du ihn, beispielsweise als Regenschirm. Mittelbegriff: Tatsächlich, da ist ja ein Regenschirm in deinem Traum. Schlußsatz: Also hast du von deinem Penis geträumt.

Wenn man nun fragt, welche objektiv-empirischen Bestätigungen es für diese Theorie der Traumsymbole gibt, so lautet die schlichte Antwort: Es gibt keine.

Psychoanalytiker führten für ihre Richtigkeit drei Gründe an. Erstens: Die symbolisch gedeuteten Träume paßten gut in das Bild des Träumenden, das sich der Analytiker aus vielen Quellen gleichzeitig konstruiert. Das ist kein Beweis, denn es gibt keine objektive Bestätigung dafür, daß dieses Bild richtig ist – die Stimmigkeit könnte allein daher rühren, daß die Deutung sowohl der Träume wie der anderen Äußerungen des Patienten auf die gleiche Weise falsch ist. Zweitens: Die Träumer bestätigten durch ihre freien Assoziationen die Deutung selber – wenn sie also aufgefordert würden, zu sagen, was ihnen zu den mutmaßlichen Symbolen alles einfällt, nennten sie selber die symbolische Bedeutung. Auch das ist kein Beweis. Einmal nennen die Patienten in ihren freien Assoziationen viel mehr als nur die mutmaßliche symbolische Bedeutung, und nur der Analytiker wählt just diese aus all den Assoziationen aus. Zum andern: Wenn jemand gedrängt wird, im Wachen zu sagen, woran ein geträumter Regenschirm ihn alles erinnert, und auf der Suche nach Vergleichbarem unter vielem andern auch das männliche Glied nennt, beweist das nicht, daß der Regenschirm in seinem Traum den Penis gemeint hatte, und erst recht nicht, daß alle geträumten Regenschirme ihn meinen, sondern nur, daß er ihm jetzt, im Wachen und auf der Couch seines Analytikers eingefallen ist. Drittens: Auch in Sagen, Märchen, Schwänken würden alle diese Dinge als

Sexualsymbole verwendet. Das aber beweist nur, was ohnehin kein Mensch je bezweifelt hat, daß wir bewußt Symbole erfinden und verwenden, nicht aber, daß alle diese Dinge immer und überall Symbole sind oder gar Sexualsymbole und daß sich irgendein freudsches «Unbewußtes» gerne durch freudsche Symbole ausdrückt.

Als oft zitiertes Beispiel dafür, wie ein psychoanalytisches Traumsymbol wunderbar von einem altehrwürdigen poetischen Symbol bestätigt wird, führt Freuds Mitarbeiter und Biograph Ernest Jones 1919 die Zähne an. Als freudsches Symbol stehen sie für «Geburt». Und im Hohenlied Salomos steht zu lesen: «Deine Zähne sind eine Herde Schafe, die frisch gewaschen sind, von denen jedes Zwillinge wirft, und es ist kein unfruchtbares unter ihnen.» In modernes Deutsch übersetzt, lautete die Stelle: «Deine Zähne gleichen einer Herde geschorener und gewaschener Schafe, von denen jedes einen Zwilling hat und keines fehlt.» Nichts von «Geburt». Der Dichter beschrieb vielmehr die Zähne seiner Freundin, indem er sie mit Schafen verglich und ihre Weiße, ihre Vollzähligkeit und ihre Ebenmäßigkeit rühmte, nämlich den Umstand, daß jeder auf der andern Seite sein genaues Gegenstück, seinen «Zwilling» besaß. Er sagte also nichts anderes als: Deine Zähne sind schön weiß und symmetrisch und noch alle da. Er pries ein jugendliches Gebiß, nichts Geringes in einer Zeit unentwickelter Zahnheilkunst. Er gebrauchte nicht die Zähne als Geburtssymbol, sondern die weißen Schafe als Metapher (als abgekürzten bildhaften Vergleich) für die Zähne.

Auch das andere Paradebeispiel solcher angeblichen Übereinstimmungen zwischen Folklore und Psychoanalyse ist nicht viel besser: die Schlange. Die Schlange ist in vielen Kulturen ein Symbol für vieles: für Unsterblichkeit (wegen ihrer Häutungen), für die Schöpfung, den Himmel, den Regen (wegen der Schlangenform des Regenbogens), für die Seele und die Ahnen (wegen ihrer Wohnung in Höhlen und Erdlöchern), für Kraft (wegen der Stärke der Riesenschlange), für alle möglichen Bedrohungen (wegen ihres Gifts) – nur ein unzweifelhaftes Penissymbol scheint sie vor Freud ausgemacht selten gewesen zu sein. Im einflußreichsten Traumdeutungsbuch aller Zeiten, dem des Wahrsagers Artemidoros von Daldis im zweiten nachchristlichen Jahrhundert, symbolisiert die Schlange Kaiser, Kraft, schleichende Krankheiten, Geld und reiche Frauen – vom Penis ist nicht die Rede.

Die objektiv-empirischen Studien, die sich mit der Symbolfrage befaßten, ermittelten, was gar nicht in Frage stand, nämlich daß es eine bewußte sexuelle Symbolik gibt und daß wir im Wachen sexuelle Symbole bilden und verwenden. Zum Beispiel, daß längliche Figuren eher für männlich und hohle eher für weiblich gehalten werden, wenn man sie unbedingt einem Geschlecht zuordnen muß. Oder daß Jungen gerundete Formen lieber waren und Mädchen spitze. (Einige Studien allerdings widersprachen dem Befund diametral: Hier fanden Jungen spitze Formen attraktiver und Mädchen runde. Selbst diese untergeordnete Frage – ob es geschlechtstypische Vorlieben für runde und spitze Formen gibt – muß man also bis heute für offen halten.)

Unter den wenigen objektiv-empirischen Studien, die wenigstens nebenbei die Frage der Traumsymbolik berührten, ragt die von Calvin Hall aus dem Jahre 1963 hervor. Ihr eigentliches Ziel war, die Realität des Ödipus-Komplexes nachzuprüfen. Gibt es ihn wirklich, so die Überlegung, dann ist zu erwarten, daß die verdrängten ödipalen Konflikte des Kindes in den Träumen Erwachsener wiederaufgewärmt werden, die ja das Geschehen im «Unbewußten» abbilden sollen. Der einst beneidete und gefürchtete Vater würde in diesem Fall nicht leibhaftig auftreten, sondern symbolisiert werden durch «unbekannte männliche Personen». In Männerträumen müßte es darum mehr fremde Männer und aggressive Begegnungen mit ihnen geben als in Frauenträumen, hinter denen kein Ödipus-Komplex steht. Und tatsächlich, so verhielt es sich auch: Männerträume waren reicher an Begegnungen und Aggressionen zwischen Männern. Aber was ist damit bewiesen? Hall wertete das Ergebnis als Bestätigung für die Ödipus-Theorie und indirekt auch für die Traumsymboltheorie. Um es so werten zu können, mußte er Freuds Traumtheorie fallenlassen – denn in diesen Träumen erfüllten die Träumer sich ja meist keine Wünsche, sondern stellten ihre angeblichen unbewußten Konflikte dar. Eysenck/Wilson stellten Halls Folgerung als einen exemplarischen Trugschluß vor. Die Studie beweise nur: wenn die Symboltheorie richtig wäre und alle fremden Männer im Traum den Vater symbolisierten, dann wäre Freuds Traumtheorie falsch (und Träume wären in diesem Fall gar keine Erfüllungen unbewußter Wünsche), die Ödipus-Theorie aber bestätigt. Ob jedoch die Symboltheorie richtig ist, wurde in dieser Studie gar nicht geprüft; vielmehr ging als Prämisse in sie ein, daß sie richtig sei. Tatsächlich sind weder Traum- noch Symbol- noch Ödipus-Theorie nötig, das Ergebnis zu erklären. Denn Männer sind in der Realität aggressiver als Frauen und erscheinen einem nicht nur so in Erinnerung an die vermeintlichen eigenen kindlichen Ödipus-Qualen. Also sind sie an aggressiven Begegnungen auch häufiger beteiligt als

Frauen. Und die Träume haben nur die realen Verhältnisse abgebildet. Sonderbar und erklärungsbedürftig wäre es erst, wenn es in den Träumen ganz anders zugehen sollte als im Leben.

Die symbolische Deutungswut hat früh von Träumen auf Kunstwerke übergegriffen. Ein Künstler, der sich dagegen gewehrt hat, war der Schriftsteller Vladimir Nabokov. In fast jedem seiner Werke gibt es empörte Bemerkungen über den «Wiener Quacksalber», über die schäbige Welt seiner Sex-Symbole, über die hechelnde Jagd, die auf sie gemacht wird. «Ich begreife nicht, wie jemand, der bei Verstand ist, zum Psychoanalytiker gehen kann; aber natürlich, wem der Verstand getrübt ist, der mag alles probieren ... Unsere Enkel werden den heutigen Psychoanalytikern zweifellos mit der gleichen amüsierten Verachtung begegnen wie wir der Astrologie und Phrenologie. Eins der stärksten Stücke scharlatanhaften und satanischen Unsinns, das je einem leichtgläubigen Publikum aufgeschwatzt wurde, ist die Freudsche Traumdeutung.»[32] Trotzdem widerfuhr es Nabokov, daß auch seine eigenen Werke psychoanalytisch durchleuchtet wurden. Ein solcher Deuter, William Woodin Rowe, entdeckte sexuelle Anspielungen sogar in den Wörtern: in dem Wort *manipulate* die Silbe *man* (Mann), im Wort *wicked* die Silbe *wick* (was auch Penis heißen kann), und so fort. Nabokov verbat sich den Unfug: «Die diversen Wörter, die Mr. Rowe fälschlich für ‹Symbole› hält und die vermeintlich von einem schwachsinnig durchtriebenen Romancier über seinen Text gestreut wurden, um die Gelehrten auf Trab zu halten, sind keine Etiketts, keine Fingerzeige und schon gar nicht die Abfalleimer einer Wiener Wohnung, sondern lebendige Partikel einer konkreten Beschreibung, Bestandteile eines poetischen Bildes und Echos schöpferischer Emotion ... Wenn jedes ‹come› (kommen) und jedes ‹part› (Teil) auf den Seiten meiner Bücher von mir angeblich gebraucht wird, um ‹Orgasmus› und ‹Geschlechtsteil› auszudrücken, dann kann man sich gut einen Begriff machen von den verwerflichen Schätzen, die Mr. Rowe in jedem französischen Roman heben könnte, wo die Vorsilbe ‹con› so häufig ist, daß jedes Kapitel geradezu zu einem Ragout aus weiblichen Geschlechtsteilen wird.»[33]

Eine der Hauptanstrengungen auf diesem Gebiet ist das Poe-Buch der Prinzessin Marie Bonaparte. Sie rückt dem Werk zuleibe wie Freud dem Traum: auf der Suche nach seinen «unbewußten Themen», dem latenten Inhalt. Poe hat früh die Mutter verloren; dieses biographische Faktum benutzt seine postume Analytikerin, um sein ganzes Werk monoton als Ausfluß der Sehnsucht nach der verlorenen Mutter zu deuten. Das Meer in dem mystischen Abenteuerroman «Gordon Pym»: ein Muttersymbol. Das Schiffsinnere, eine Insel, der Südpol: Muttersymbole. Die geheimnisvolle Weiße am Ende des Romans: Leichenblässe und Muttermilch (und der Rum vorher, den die Matrosen saufen, deren «Ersatz»). Und die Handlung beschreibe «in Wahrheit» immer wieder das Innere des Körpers der Mutter, ihren Uterus, ihr Gedärm (die Freud zufolge für das Kind dasselbe sind) – die «Mutter-Kloake». «Die stets verborgene und immer gegenwärtige Mutter manifestiert sich ... hier in den großen Symbolen, deren Sinn von der ganzen Menschheit gefühlt wird – ohne daß diese Menschheit sie versteht ... Die Abenteuer sprechen erstens einmal durch sich selbst, sie berichten vom Meer, von Schiffen, Schiffbruch, unbekannten Inseln: Sie bieten sozusagen den manifesten Inhalt der Erzählung, indem sie das Kunstwerk dem Traum angleichen. Aber erst die andere Melodie, jene, die gleichsam als Unterstimme mitklingt, erzeugt die tiefergreifende Wirkung, sie gibt der Erzählung jenen packenden Akzent, den man empfindet, ohne ihn verstehen zu können, sie ist daher dem latenten Trauminhalt vergleichbar, den allein die Analyse verständlich machen kann.»[34] Doch selbst wenn: wenn ein beschriebenes oder gemaltes oder besungenes Meer tatsächlich die Mutter bedeuten sollte; wenn ein Künstler sich mit ihm befaßte, weil er der Sehnsucht nach seiner Mutter Ausdruck geben will; und wenn schließlich auch das Publikum nur darum Gefallen an seinem Werk fände, weil es ähnliche «unbewußte» Sehnsüchte hat – selbst dann wäre nicht das mindeste darüber gesagt, warum solche «unbewußten» Gedanken gerade diesen bestimmten Ausdruck gefunden haben. Wenn ein Mensch immerzu an die Mutter oder ihre grause «Kloake» denken muß und darum gern von deren zugelassenem Symbol phantasiert, dem Meer – warum kritzelt er dann nicht eine Zeichnung oder das Wort Meer aufs Papier, warum brummelt er nicht das Wort Meer in die Serviette, warum fährt er nicht nach Torremolinos und taucht hinab in die grause Kloake? Warum schreibt er einen «Gordon Pym»? Was befähigt ihn, dergleichen zu schreiben? Die «unbewußten» Gedanken an die Mutter können es nicht sein, denn die müssen weit verbreitet sein. Kurz, zu dem Spezifischen eines Kunstwerks, zu dem, was ein Kunstwerk zum Kunstwerk macht, gar zu der Frage seines Ranges als Kunstwerk dringt diese psychoanalytische Deutung seiner angeblichen Symbole gar nicht erst vor. Sie erklärt, und zwar vermutlich falsch, aber läßt das Erklärte so dunkel zurück, wie es war. Darum wirkt sie bei allem Aufgebot von Scharfsinn so schal und nichtssagend.

Die Theorie der Traumsymbole wird bald ein Jahrhundert alt, und viele halten sie für ganz fraglos richtig. Es ist keine Theorie über irgendein Phänomen, das die meisten nur vom Hörensagen kennen, sondern über ihr eigenes allnächtliches Erleben. Man sollte meinen, daß es für eine solche Theorie Bestätigungen noch und noch gäbe. Darum ist es fast genierlich, festzustellen, daß in dieser ganzen Zeit auch nicht der Schimmer eines Beweises für sie aufgetaucht ist; ja, sie wurde niemals auch nur so formuliert, daß die Realität eine Chance erhielte, sie zu bestätigen oder zu widerlegen.

Die Frage ist, wie es um den Rest der Traumtheorie steht. «Der Traum ist der Wächter des Schlafes.» «Alle Träume sind Wunscherfüllungen.»

Im Schlaflaboratorium der Universität Chicago wurde 1953 beobachtet, daß die Augen der Schläfer mehrmals in der Nacht heftig hin und her rollten. Man ging dem Phänomen nach, zeichnete auf, wann es sich ereignete, wie lange es anhielt, wie das Gehirnstrombild in dieser Zeit aussah – und entdeckte im Schlaf eine zweite Art von Schlaf. Die Augenbewegungen waren nicht das Wichtigste daran, sondern nur ein äußeres Anzeichen, an dem sich dieser andersartige Schlaf leicht erkennen ließ. Er erhielt den Namen REM-Schlaf (*Rapid Eye Movement Sleep*, der Schlaf der schnellen Augenbewegungen). 20 bis 25 Prozent des Schlafs bestehen beim Menschen aus REM-Schlaf. Er kommt in regelmäßigen Abständen vor, etwa alle neunzig Minuten, vier- bis sechsmal in der Nacht. Die erste REM-Phase ist die kürzeste, gegen Morgen hin werden die REM-Phasen länger. Der ganze Schlaf hat eine zyklische Architektur: Auf jede auch in sich strukturierte Nicht-REM-Phase folgt beim gesunden Schläfer eine kürzere REM-Phase. Das Gehirnstrombild während des REM-Schlafs sieht fast aus wie das im Wachen. Tatsächlich sind die vegetativen Funktionen (wie Herzrate und Verdauung) und der Stoffwechsel, auch der Gehirnstoffwechsel gegenüber dem Nicht-REM-Schlaf erhöht, so als befinde sich der Körper mitten in heftiger Aktivität. Dabei ist er völlig schlaff: Die Skelettmuskulatur ist wie gelähmt. Welches der Zweck der verschiedenen Schlafzustände und ihres regelmäßigen Wechsels ist, weiß man bis heute nicht. Vermutlich handelt es sich aber doch um die physiologische Erholung und Wiederherstellung subtiler Gehirnfunktionen. Da große Teile des Tierreichs schlafen, scheiden seelische Motive als Ursache des Schlafs aus; sonst müßten es solche sein, die der Mensch mit allen Warmblütern gemein hat.

Bald nach der Entdeckung des REM-Schlafs wurde klar: Im REM-Schlaf wird geträumt. Bis dahin hatte die Menschheit als ihre

Träume das gekannt, was ihr morgens, beim Aufwachen, davon zufällig im Gedächtnis haftete – also gewöhnlich den letzten Traum der Nacht. Wer sich an keinen erinnerte, glaubte, er hätte nicht geträumt; wer sich nie an einen erinnerte, glaubte, er träume nie. Jetzt aber wußte man: Alle träumen, und zwar mehrmals in der Nacht und jedesmal über eine längere Zeit hin, zehn bis vierzig Minuten lang. Und wenn man sie aus dem REM-Schlaf schnell weckte, so daß sie keine Gelegenheit hatten, ihre Träume zu vergessen, konnten sie ihre Träume erzählen. Damit war die objektiv-empirische Traumforschung geboren. Als man der Sache nachging, mußte man zwar die anfängliche Überzeugung, REM-Schlaf sei nichts anderes als Traumschlaf, revidieren. Manchmal (in etwa 20 Prozent der Fälle) weiß ein REM-Schläfer von keinem Traum zu berichten. Und auch etwa 60 Prozent der Nicht-REM-Schläfer berichten davon, daß in ihrem Schlafbewußtsein gerade etwas vor sich gegangen sei.[35] Aber wahr ist doch: Die allermeisten Bewußtseinsvorgänge im Nicht-REM-Schlaf sind eher gedanken- als traumähnlich; lebhafte, ausgedehnte Traumdramen von halluzinatorischer Qualität ereignen sich überwiegend im REM-Schlaf und dort fast immer.

Der Traum sei der Wächter des Schlafs? Dann dürften die Schläfer aus dem ja fast immer von echten Träumen «bewachten» REM-Schlaf nicht oder jedenfalls nicht so oft erwachen wie aus dem Nicht-REM-Schlaf. Tatsächlich sind aber die tiefsten Nicht-REM-Phasen die festesten: Aus ihnen erwacht man am seltensten, und wenn man aus ihnen geweckt wird, ist man noch für eine ganze Weile «schlaftrunken». Dagegen wurde im Schlaflabor des Münchner Max-Planck-Instituts für Psychiatrie ermittelt,[36] daß die Schläfer, wenn man sie aufwachen läßt, wann sie wollen, in 40 Prozent der Fälle aus dem REM-Schlaf erwachen. Da der REM-Schlaf insgesamt nur etwa 20 Prozent des Schlafs ausmacht, ist das doppelt so oft, wie zu erwarten gewesen wäre, wenn nur der Zufall darüber entschiede, wann einer wach wird. In einer anderen Studie stellten die Münchner Schlafforscher Hartmut Schulz und Jürgen Zulley fest, daß in ihrem Schlaflabor alles spontane Aufwachen in 30 Prozent der Fälle aus dem REM-Schlaf geschah. In Isolationsexperimenten, bei denen den Versuchspersonen über Tage und Wochen hin sämtliche Hinweise auf die Tageszeit vorenthalten werden, so daß sie sich ihre eigene Zeiteinteilung, ihren eigenen «Tag», ihren eigenen Wach- und Schlaf-Rhythmus erfinden müssen, erwachten sie sogar zu 70 Prozent aus dem REM-Schlaf. Der REM-Schlaf mit seinen Träumen ist also gerade die bevorzugte Aufwachphase. Der fast traumlose Tiefstschlaf ist der festeste. Wäre der Traum der Wächter des Schlafs, so wäre er ein einzigartig miserabler Wächter, ein Wächter, der den Schlaf, den er hüten soll, vielmehr immer wieder unterbricht. Träume sind Wunscherfüllungen? Freud selber hatte mit dieser seiner These größere Schwierigkeiten. Ihm standen ja die Angst- und Strafträume entgegen, bei denen offenbar keine Wünsche in Erfüllung gingen, sondern deren genaues Gegenteil – Befürchtungen. Zeitlebens experimentierte er mit verschiedenen Erklärungen, das lästige Phänomen seiner Theorie gefügig zu machen. Vielleicht steckte hinter den geträumten Ängsten eine geheime Lust am Leiden? Hinter den geträumten Strafen Masochismus? Er kam sogar auf den Gedanken, seine Patienten träumten diese widerspenstigen Träume nur, um ihn zu ärgern – sie erfüllten sich im Traum den Wunsch, seiner Theorie zu widersprechen – und bestätigten sie damit ungewollt. Den lästigen «Einwand des Angsttraums» räumte er dann in seiner letzten Schrift endgültig so aus dem Weg: «Man darf nicht vergessen, daß der Traum in allen Fällen das Ergebnis eines Konflikts, eine Art Kompromißbildung ist. Was für das unbewußte Es eine Befriedigung ist, kann eben darum für das Ich ein Anlaß zur Angst sein.»[37] Mit anderen Worten, man hat im Angsttraum zwar Angst, aber drunten, im Verborgenen, erfüllt sich das Es gleichzeitig lustvoll einen Wunsch. Da niemand es je dabei beobachten kann, da man das Wort des Psychoanalytikers dafür nehmen muß, daß es sich tatsächlich so verhält, läßt sich diese These nicht widerlegen, aber auch nicht bestätigen. Sie ist vor der Wissenschaft sicher.

Anderes noch spricht gegen die Wunscherfüllungstheorie. Freud selber hielt Angst- und Strafträume für Ausnahmen. Die experimentelle Traumforschung hat ermittelt, daß sie das keineswegs sind. In Amerika wurden Tausende und Abertausende von Traumberichten gesammelt.[38] Unglück (46 Prozent) ist ein viel häufigeres Traumthema als Erfolg (17). Angst (14), Wut (10) und Schreck (10) sind häufiger als Freude (7). In den Träumen der Menschen also herrschen die unangenehmen, die negativen Gefühle und Ereignisse vor. Die manifesten Trauminhalte jedenfalls, aus denen die Wunscherfüllungstheorie («Irmas Injektion») ja schließlich abgeleitet worden war, widersprechen ihr in der Mehrzahl.

Im Schlaflabor hat man Schläfer sehr hungrig oder sehr durstig zu Bett geschickt. Hunger und Durst gehören normalerweise nicht zu den unkeuschen Wünschen, die der Traumzensor nur getarnt durchlassen dürfte. Also läßt die Theorie erwarten, daß diese Schläfer sich träumend ihre Wünsche erfüllen und vom Essen oder Trinken träumen werden. Sie taten es nicht. In einem anderen Versuch ließ der Schlafforscher William Dement, der dem REM-Schlaf seinen Namen gegeben hatte, die Schläfer reichlich trinken, um dann festzustellen, wann die Spannung der Blase – also der Wunsch zu urinieren, auch einer der erlaubten Wünsche – sie weckte. Sie erwachten aus traumlosem Schlaf nicht häufiger als aus Träumen. Diese also hatten das Erwachen nicht verhindert. Und sie handelten auch nicht vom Urinieren.

Wenn Träume tatsächlich unbewußte Wünsche erfüllen, also nach Freuds energetischem Modell Trieberregungen abbauen, müßte man ferner erwarten, daß die Verhinderung von Träumen Triebspannungen erhöht. Der Entzug von REM-Schlaf aber hatte keine Auswirkung auf das Triebniveau im Wachen. Die Unterdrückung des REM-Schlafs und damit der meisten Träume verstärkte insbesondere den Sexualtrieb nicht.

Manche glaubten, daß die im REM-Schlaf vom Baby- bis ins Greisenalter auftretenden Scheidenfeuchtungen und Gliedversteifungen (im Volksmund als «Morgenlatte» bekannt) den Zusammenhang zwischen Träumen und Sexualität bestätigten. Aber diese Veränderungen an den Geschlechtsteilen sind meist von keiner seelischen Sexualerregung begleitet. Sie gehören vielmehr in das Bild einer erhöhten vegetativen Erregung, eines «vegetativen Sturms», der im REM-Stadium den ganzen Körper erfaßt. Wer ihretwegen die Träume für sexuell motiviert hielte, könnte und müßte sie mit dem gleichen Recht für Verdauungs- oder Herzpumpträume halten.

Schließlich spricht gegen die Wunscherfüllungstheorie, daß der Schlafzyklus und mit ihm das Vorkommen von Träumen von einem unabhängigen periodischen neurophysiologischen Prozeß gesteuert wird. Das Zentrum dieser Steuerung befindet sich unten im Hirnstamm, dort, wo nach heutigem Wissen irgendwelche Wünsche oder sonstige Gedanken nicht hindringen. Damit ist Freuds Traumtheorie auch neurophysiologisch unwahrscheinlich.

Ende der siebziger Jahre formulierten zwei Physiologen der Harvard-Universität, J. Allan Hobson und Robert W. McCarley, eine neue, eine physiologische Traumtheorie. Sie nannten sie «Aktivations-Synthese»-Theorie. Mit ihr hat es folgendes auf sich. Im oberen Hirnstamm befindet sich ein kleines Feld von Riesenneuronen, das periodisch «feuert», wenn REM-Schlaf herrscht. Die Signale, die es abwärts, Richtung Rückenmark ausschickt, bewirken den Verlust der Muskelspannung, die REM-Lähmung. Die gleichzeitig nach oben gehenden Signale erreichen vor allem jene Hirngebiete, in denen Gesehenes, Gehörtes, Gehbewegungen und das Gleichgewicht bearbeitet werden. Sie verursachen die Träume und beeinflussen deren Inhalte. Eben darum, so meinen Hobson und McCarley, sind alle Träume bildlich und akustisch, darum auch wird in den Träumen soviel gelaufen, gestiegen und gefahren. (Träume, die nicht bildhaft sind, scheinen uns gar keine zu sein; auch Blinde aber träumen, wenn auch in anderen Sinnesmodi.) Und eben weil jene Impulse die Geruchs- und Geschmackszentren nicht erreichen, fehlen Geruchs- und Geschmacksträume fast ganz. Die Probe aufs Exempel liefert der Gleichgewichtssinn. Im Wachen hat er kaum je Ungewöhnliches zu melden. Im REM-Schlaf aber erreichen ihn häufig stärkere elektrische Potentiale aus dem Hirnstamm – und tatsächlich sind Träume vom Stürzen, Schweben, Sichdrehen relativ häufig. Einige Erfahrungsbereiche also fallen in den Träumen fast ganz aus, andere werden ungewöhnlich intensiv beansprucht; und ob das eine oder andere geschieht, hängt offenbar von dem Muster der Zufallsaktivationen des Gehirns ab.

Man sieht, daß es sich zwar um eine physiologische Traumtheorie handelt, daß es aber eine mit psychologischen Implikationen ist. Das physiologische Geschehen bestimmt oder beeinflußt die Trauminhalte. Wenn es sich nämlich so verhält, wie Hobson und McCarley meinen, dann träumen wir etwa von einem Treppensturz nicht, weil uns irgendein psychisches Bedürfnis dazu veranlaßt, uns selber eine solche Phantasie zu erzeugen, ein Wunsch nach dem Sturz oder eine Furcht davor, und wir träumen davon auch nicht, weil wir nach Geschlechtsverkehr verlangen und Treppensteigen ein Symbol dafür ist und wir den peinlichen Wunsch doppelt verstecken, indem wir das Steigen in ein Fallen umkehren. Wir träumen den Sturz, weil gerade eine zufällige Impulssalve aus dem Hirnstamm hinten im Kleinhirn angekommen ist, eine dem Fallen entsprechende Aktivation ausgelöst hat und unser Bewußtsein sich darauf nun recht und schlecht einen Vers machen muß.

Träume sind nach dieser Theorie nämlich nichts anderes als Versuche des Schlafbewußtseins, sich die verschiedenen, von den Zufallssignalen des Hirnstamms ausgehenden Erregungen einigermaßen plausibel zu interpretieren. Da Erregungsmuster herrschen, die im Wachen, mitten in der Realität so gut wie nie vorkommen, muß sich das Schlafbewußtsein bizarre Geschichten zusammenreimen. Die vom Hirnstamm ausgehenden Impulssalven bewirken die Aktivation. Das Schlafbewußtsein versucht eine Synthese dieses Aktivationsmusters vorzunehmen. Daher der Name Aktivations-Synthese-

Theorie. Den sinnlosen Aktivierungen einzelner Neuronenspuren wird vom Traum eine möglichst sinnvolle Geschichte unterlegt. Der Traum ist eine Sinngebung des Sinnlosen.[39]

Zum Beispiel verfolgt uns im Traum ein Stier. Wir versuchen wegzulaufen und kommen nicht von der Stelle. Die psychoanalytische Traumdeutung fahndete nach kryptischen psychischen Erlebnissen und Bedürfnissen hinter dem Traumbild. Etwa: der Stier symbolisiere einen Mann, und im Traum verstecke und enthülle sich der Wunsch, von einem Mann verfolgt und vergewaltigt zu werden – darum gehorchen uns unsere Beine nicht. Hobson/McCarleys Theorie sieht die Sache anders. Unser Gehirn erzeugt spontan das Erregungsmuster des Rennens, unser Schlafbewußtsein sucht eine Situation, in der wir rennen würden, und verfällt auf den Stier. Da es aber auch noch registriert, daß die üblichen Rückmeldungen aus den Beinen ausbleiben, interpretiert es sich das gesamte, im Wachen nicht vorkommende Erregungsmuster als ein Laufen ohne voranzukommen.

Für die Richtigkeit dieser Theorie – die im übrigen faszinierende Andeutungen über die Natur des Bewußtseins enthält – sprechen auch noch einige Laborbefunde. Man hat REM-Schläfern alle möglichen äußeren Reize dargeboten, hat einen Wecker läuten lassen, sie mit Wasser besprüht, mit Luft angeblasen, sie dann geweckt, gefragt, wovon sie gerade geträumt hätten, und die Trauminhalte daraufhin untersucht, ob jene äußeren Reize in irgendeiner Form in sie Eingang gefunden hatten. Oft hatten sie es, oft hatten sie es nicht. Das Schlafbewußtsein nimmt es nicht so genau. Es registriert und identifiziert die Erregungen nicht so zuverlässig wie das Wachbewußtsein. Auch bei ihrer Interpretation verfährt es laxer. Der Wecker etwa wird, wenn überhaupt, in beliebiger Form in den laufenden Traum eingebaut, mal als Kirchenglocke, mal als Telefonklingel, mal als Geschirrgeschepper. Es hat Reizen, die in diesem Fall von außen kamen, irgendeine ungefähr passende Geschichte angedichtet.

Wenn es ein Weckerläuten als Geschirrklappern liest, hat es übrigens eine Ersetzung vorgenommen. Statt vom Wecker handelt der Traum vom Telefon. Aber das Telefon ist nicht etwa ein Symbol für den Wecker, ebensowenig wie der Zucker, mit dem wir versehentlich den Braten würzen, ein Symbol für das Salz ist. Das Schlafbewußtsein, laxer, weniger auf Realitätsprüfung ausgerichtet als das Wachbewußtsein, hat sich ganz einfach verlesen. Das Telefon war kein Symbol, sondern ein Irrtum. Wie dieses laxe Schlafbewußtsein in der Lage sein soll, ganze unbewußte Gedankenfolgen nach einem universal gültigen Symbolkatalog Punkt für Punkt in eine zulässige Form zu übertragen, und zwar so, daß nach der Übersetzung der Einzelheiten wieder eine zusammenhängende und einigermaßen glaubwürdige Geschichte daraus wird, ist vollends schleierhaft. Selbst das aufmerksame und logische Wachbewußtsein wäre damit vor eine schwere Aufgabe gestellt oder überfordert. Verhielte es sich so, wie Freud glaubte, so müßten wir in der Tat den Eindruck haben, es wäre in uns ein Homunculus tätig, der Taten vollbringt, die wir selber nie vollbrächten.

In dem Umstand, daß Träume oft – heute wissen wir: meistens, ja fast immer – vergessen werden, sah Freud eine weitere Bestätigung für seine Theorie. Wenn wir unsere Träume so leicht vergäßen, dann darum, weil «eine feindselige (das heißt vom Widerstand ausgehende) Absicht nicht gefehlt hat»[40]. Traumvergessen sei «tendenziös». Mit einem Wort, es soll Verdrängung sein. Der Traum führe verbotene Wünsche vor, zwar verkleidet, aber doch nicht ganz unkenntlich gemacht. Um sie auch in dieser Verharmlosung nicht wahrhaben zu müssen, vergäßen wir ihn schleunigst. Schon die experimentelle Traumforschung hat diese Meinung in Frage gestellt. Erstens nämlich bleiben uns vor allem gefühlsintensive Träume im Gedächtnis, auch unangenehme, auch schmerzhafte, ja gerade die – also solche, von denen man als freudianisch instruierter Zeitgenosse erwarten sollte, daß sie als erste der Verdrängung anheimfallen. Und zweitens erinnern wir uns an einen Traum um so besser, je schneller wir aus ihm aufwachen. Je langsamer wir aus ihm auftauchen, um so gründlicher entfällt er uns. Gar nicht sein Inhalt also gibt den Ausschlag, ob ein Traum vergessen wird, sondern die Art des Erwachens. Womit auch dieser Teil von Freuds Traumtheorie hinfällig wird. Träume werden fast immer vergessen. Das Vergessen ist kein erklärungsbedürftiger Sonderfall, sondern die Regel. Offenbar sollen sie vergessen werden. Das Vergessen hat ja auch seinen guten Sinn: das Gedächtnis nicht mit nutzlosen Daten zu überfrachten, die das Geist/Gehirn bei seiner Auseinandersetzung mit der Realität eher störten als unterstützten. Eine – reichlich spekulative – neue Theorie besagt sogar: Wir träumen, um unnützes Material zu vergessen, zu verlernen – der Traum als eine Art psychische Müllbeseitigungsanlage; unsere Träume dem Vergessen zu entreißen und in ihnen zu bohren, könne uns darum nur schaden.[41]

«Die Träume verbergen keinen Sinn; im Gegenteil konstruieren sie Sinn aus sinnlosen Erregungen» (J. Allan Hobson). Wenn das so ist, ist die ganze Traumdeutung von den okkulten Traumdeutern bis zu den Tiefenpsychologen im Grunde verfehlt. Dann gibt es keinen Sinn hinter dem Traum, den die Kunst des Deuters zutage fördern könnte. Dann läßt sich der Traum in keine geheime Botschaft übersetzen. Das heißt nicht, daß Träume psychologisch uninteressant sind; es heißt nur, daß ihr «Sinn» nicht hinter ihnen zu suchen ist, sondern in ihnen. Ebenso ist eine bläuliche Hautverfärbung – die Zyanose – kein Symbol für ein krankes Herz oder sonst etwas, sie «bedeutet» dieses nicht, sondern sie ist schlicht ein Symptom, nämlich für eine mangelhafte Sauerstoffsättigung des Blutes, sie weist auf diese hin, weil sie ihre regelmäßige äußerliche Folge ist. Wie man der Zyanose entnehmen kann, daß wahrscheinlich eine Kreislaufschwäche vorliegt, kann man wohl auch Träumen Aufschlüsse über die seelische Verfassung des Träumers entnehmen. Tatsächlich war es möglich, Schizophrene und Depressive mit großer Sicherheit nur an ihren Träumen zu erkennen; wenn diese von erfahrenen Psychiatern anonym beurteilt wurden, war denen meist klar, welches der Traum eines Schizophrenen, eines Depressiven oder eines Gesunden war. Im Lichte der Aktivations-Synthese-Theorie ist das nur folgerichtig. Zu den Aktivationszuständen, die sich dem Schlafbewußtsein zur Interpretation und Verknüpfung stellen, gehört auch die bestehende Gemütsverfassung, gehören die wichtigen Themen und Sorgen des Tags, deren spezifische Erregungen im Geist/Gehirn nachhallen. Also wird sich alles dies in den manifesten Träumen wiederfinden. Welche Aktivierungen «gelesen» werden, welche Inhalte das Bewußtsein ihnen zuordnet, was es aus dem Gedächtnisspeicher abfordert, auf welche Weise es Sinn aus Sinnlosem konstruiert – das verrät notwendigerweise manches von der persönlichen Art des Träumers und von seinen speziellen Erfahrungen. Darum vertreibt die neue Theorie keineswegs alle Traumpsychologie.

Der Schlafphysiologe Gerald W. Vogel[42] hat eingewandt, daß Freuds Traumtheorie von Hobson und McCarley vorschnell zu Grabe getragen wurde. Erstens seien auch Gebiete im Vorderhirn an der Steuerung des REM-Schlafs mit seinen Träumen beteiligt, und zweitens sei keineswegs erwiesen, daß psychologische Zustände überhaupt mit physiologischen Zuständen korrelieren. Aber der biochemische Regler sitzt unten im Hirnstamm, und von hier gehen die Aktivierungen aus. Dieser Gehirnbezirk aber ist eben nicht zuständig für das Wünschen. Und die monistische Geist/Gehirn-Theorie, derzufolge Seelisches und Physiologisches zwei Seiten einer Medaille sind, ist nicht ein für allemal bewiesen, das ist richtig – sie ist mehr ein dringender Verdacht. Aber man kann das Argument auch umkehren. Dann hat Freuds Traumtheorie erst dann wieder eine Chance, wenn bewiesen werden sollte, daß seelische und gehirnphysiologische Vorgänge *nicht* miteinander korrelieren. Die Aussichten dafür sind gering.

1981 debattierten Hobson und McCarley auf einem Kongreß der Amerikanischen Psychiatrischen Vereinigung mit Analytikern über ihre Theorie. Hinterher ließ man das Publikum abstimmen. Zwei Drittel der anwesenden Psychiater fanden, Freuds Theorie sei nicht länger vertretbar.[43]

13. DER BLICK IN DEN BRUNNEN: ÜBER INTROSPEKTION UND GEDÄCHTNIS

Freud hat sich selber neben Kopernikus und Darwin gestellt; aber kurioserweise nicht als einer, der das Wissen der Menschheit bereichert hätte wie sie, sondern als jemand, der ihr auch eine Ohrfeige verpassen mußte, und zwar eine noch deftigere. Erst die kosmologische Kränkung der naiven Eigenliebe durch Kopernikus, der der Menschheit mitteilte, «daß unsere Erde nicht der Mittelpunkt des Weltalls ist», dann die biologische durch Darwins Abstammungstheorie, die «das angebliche Schöpfungsvorrecht des Menschen zunichte machte», und nun auch noch die empfindlichste Kränkung, die psychologische: nämlich seine eigene Lehre vom übermächtigen Unbewußten, die dem Menschen die Einsicht zumute, «daß er nicht einmal Herr ist im eigenen Hause».[1]

Wenn die Geschichte der Kultur wirklich ein Ohrfeigenwettbewerb sein sollte und der Mensch kränkbar durch die Einsicht, daß er seiner selbst nur sehr mangelhaft bewußt ist – dann müßte sich der Wanderpokal mittlerweile wohl bei einem Psychologieprofessor der Universität Michigan mit Namen Richard Nisbett befinden. Nisbett hat in den siebziger Jahren eine Reihe von Experimenten durchgeführt, deren brisante Bedeutung für das menschliche Selbstverständnis zögernd erkannt wird. Ihr Ergebnis läßt sich in einem einzigen Satz unterbringen: Wir kennen unsere eigenen Beweggründe nur schlecht, und alle Introspektion hilft uns nicht viel – wir *glauben* immer nur zu wissen, warum wir etwas tun oder meinen.

In der heutigen Pop-Psychologie stehen wir als zwar nicht immer rationale, aber doch ganz und gar bewußte Wesen da, abgesehen von dem irrationalen unbewußten Homunculus im Keller unserer Seele, der uns manchmal triebhaft in die Parade fährt. Wir sind überzeugt, daß wir wissen, was uns bei unseren Urteilen und Handlungen beeinflußt und bestimmt, daß wir sie uns bewußt überlegen und daß wir nur in uns selber hineinzusehen brauchen, um zu erkennen, warum wir dieses tun und jenes lassen. Wir scheinen für uns selber nach Belieben durchsichtig. Der Irrtum könnte nicht größer sein.

Daß wir über uns selber ziemlich schlecht Bescheid wissen, war schon bei etlichen Experimenten klargeworden, die eigentlich ganz anderen Fragen gegolten hatten. Zum Beispiel hatte sich gezeigt, daß ein Mensch einem anderen um so eher zu Hilfe eilt, je weniger Zeugen er hat. Stehen andere dabei, so sinkt seine Hilfsbereitschaft. Ihre Abwesenheit ist einer der wirklich wirksamen Gründe für sein Eingreifen, so sehr, daß man jedem, der Hilfe braucht, nur wünschen kann, seine Hilferufe mögen nur einen einzelnen erreichen und nicht eine ganze Menschenmenge. Aber die Leute wissen nicht, daß ihr Handeln von der Anwesenheit anderer beeinflußt wird. Sagt oder demonstriert man es ihnen, so streiten sie es beharrlich ab.[2]

In einem anderen Versuch waren Oberschüler nach ihrer Einstellung zu einem damals bewegenden politischen Thema befragt worden, der Rassenintegration in der Schule. Ein paar Wochen später fanden Gruppendiskussionen statt, getrennt für die Befürworter und die Gegner der gemischtrassigen Schule. Dabei war ein in das Experiment eingeweihter Schüler anwesend, der mit vorbereiteten Argumenten versuchen sollte, jede Gruppe vom Gegenteil zu überzeugen – und der das auch weitgehend schaffte. Es fand also ein allgemeiner Meinungsumschwung in beiden Richtungen statt – aus Befürwortern wurden Gegner, aus Gegnern Befürworter. Dann sollten die Schüler sich noch einmal an ihre früheren Meinungen erinnern. Sie erinnerten sich; aber falsch. Ihr Gedächtnis hatte die vorherigen Meinungen gründlich umfrisiert. So bemerkten sie selber ihren tatsächlichen Meinungswandel gar nicht.[3]

Derlei Befunde waren es, die Richard Nisbett und Timothy Wilson dazu brachten, in einer Serie von neun Experimenten dieser sonderbaren Unkenntnis der eigenen Motive nachzugehen.

In zwei dieser Experimente beispielsweise tarnten sich die Versuchsleiter als Marktforscher, die in Bekleidungsgeschäften die Meinung der Kundschaft einholen. Sie legten vier Damenstrümpfe oder vier Nachthemden nebeneinander aus und baten die Vorübergehenden, dies Angebot zu begutachten und anzugeben, welches die beste Ware sei. Man musterte die vier Artikel und entschied sich dann jeweils für einen von ihnen: der sei der beste. Was die Leute nicht wußten, war, daß es in diesem Fall gar keinen besten gab – alle vier waren nämlich völlig identisch. Die meisten entschieden sich für den, der rechts lag. Auch davon wußten sie nichts, und als man sie fragte, ob die Position ihre Wahl beeinflußt habe, stritten sie es entrüstet ab. Obwohl er uns nicht bewußt ist, gibt es diesen Positionseffekt aber, und er beeinflußt unsere Entscheidungen. Warum er das tut, weiß man nicht. Vielleicht kommt es daher, daß man Reihen von Artikeln wie Schriftzeilen von links nach rechts mustert und als vorsichtiger Käufer allen zuerst gesehenen Artikeln gegenüber mißtrauisch bleibt; vielleicht liegt es an der Verschiedenheit der beiden Gehirnhälften, von denen die linke, die die Daten aus dem rechten Gesichtsfeld verarbeitet, in der Regel die positiveren Gefühle hat; vielleicht hat es auch ganz andere Gründe. Wie auch immer, der Positionseffekt tut seine Wirkung, wir ahnen nichts davon und glauben es kaum.

Bei einem anderen Experiment führte man drei Gruppen von Studenten einen Dokumentarfilm über Armut in der Großstadt vor. Eine Gruppe sah den Film unter einwandfreien Bedingungen. Bei der zweiten Gruppe war die Projektion unscharf. Bei der dritten kreischte draußen eine Kreissäge. Als man die Zuschauer im Anschluß bat, den Film in mehrerer Hinsicht zu bewerten, und sich bei der Gelegenheit erkundigte, ob die Störungen ihre Bewertung ungünstig beeinflußt hätten, sagten sie ja, vor allem jene, die der Lärm gestört hatte. Tatsächlich aber beurteilten alle drei Gruppen den Film völlig gleich. Also hatten die meisten fälschlich gemeint, sie seien durch die Störungen negativ beeinflußt worden. Introspektion hatte sie nicht vor dem Irrtum über sich selber bewahrt.

In einem weiteren Versuch zeigte man Studenten einen Videofilm, in dem ein belgischer Professor mit Akzent einen pädagogischen Vortrag hielt. Es gab diesen Film in zwei Fassungen. In jeder Hinsicht waren sie gleich (gleicher Text, gleiche Person, gleiche Kleidung, gleiche Manierismen, gleicher Akzent), nur in einer nicht: In der einen Fassung sprach der Mann betont freundlich, in der anderen betont kalt. Dann fragte man die Studenten, wie ihnen der Professor insgesamt gefallen habe und wie sie seine Attribute – Erscheinung, Manierismen und Akzent – beurteilten. Wie fast zu erwarten, hatte er ihnen in der «warmen» Version gefallen, in der «kalten» mißfallen. Die ihn mochten, beurteilten auch seine Attribute günstig; die anderen nicht. Daß ihr Urteil über seine Attribute davon abhängig gewesen sei, ob er ihnen insgesamt gefiel oder nicht, stritten sie indessen ab. Alle waren der Meinung, ihr Gefallen oder Mißfallen sei umgekehrt von seinem Aussehen, seinen Manierismen oder seinem Akzent bestimmt worden. Ursache und Wirkung hatten sie miteinander vertauscht.[4]

Aber vielleicht waren diese Situationen einfach zu nebensächlich? Vielleicht waren die Menschen über ihre eigenen Beweggründe viel besser orientiert, wenn es um Wichtigeres ging als die Wahl zwischen vier Strümpfen? Wenn sie sich anstrengten, ihre eigenen Beweggründe zu durchschauen?

Nisbett berichtet auch von einer Studie,[5] die Wichtigerem galt, dem tagtäglichen Stimmungswandel, und bei der tatsächlich introspektive Anstrengungen unternommen worden waren. Zwei Monate lang führte eine Anzahl von Frauen Protokoll. Auf der einen Seite notierten sie ihre jeweilige Stimmungslage, auf der anderen ein paar objektive Daten: unter anderem das Wetter, das körperliche Befinden, die Schlafdauer der vorhergehenden Nacht, den Tag im Menstruationszyklus, die sexuelle Aktivität, den Wochentag. Mit diesen Angaben ließ sich ausrechnen, mit welchen Faktoren die jeweilige Stimmung tatsächlich am stärksten korreliert hatte. Daneben wurden die Frauen gefragt, welche Faktoren ihrer Meinung nach die ausschlaggebenden gewesen seien. Die Übereinstimmung zwischen objektiven und subjektiven Aussagen war nur gering. Subjektiv wurde der Schlaf für das Wichtigste gehalten, objektiv war er ziemlich gleichgültig. Subjektiv erschien der Wochentag nebensächlich; objektiv war er von großer Bedeutung. Subjektive und objektive Einschätzung stimmten noch am stärksten, wenn auch nur geringfügig, *in puncto* «Menstruationszyklusphase» und «Orgasmus» überein; *in puncto* «Schlaf» und «körperliches Befinden» so gut wie gar nicht; je stärker die Stimmung der Frau aber tatsächlich vom «Wetter» und vom «Wochentag» abgehangen hatte, für desto unmaßgeblicher hielt sie beide. Diese Frauen hatten sich monatelang bewußt mit den Gründen für ihre wechselnden Stimmungen auseinandergesetzt; erkannt hatten sie sie nur höchst mangelhaft.

«Das Beweismaterial rechtfertigt also den größten Pessimismus hinsichtlich der menschlichen Fähigkeit, die eigenen Denkprozesse zutreffend zu beschreiben» – so Nisbetts und Wilsons Schluß.[6] In der Tat, wir sind eigentümlich hilflos, wenn wir angeben sollen, warum wir etwas tun. Warum man dazu neigt, in einer Reihe von Gegenständen den rechts plazierten zu wählen: durch Introspektion kann man es nicht erkunden. Warum schlafen wir jeden Tag acht Stunden? Die Wissenschaft weiß darauf noch keine Antwort, und noch soviel Innenschau bringt uns der Beantwortung dieser Frage um keinen Daumenbreit näher. Warum sind wir durstig? Weil es heiß ist und wir lange nichts getrunken haben, lautet unsere Antwort, aber sie stammt nicht aus der Innenschau, sondern aus der Beobachtung äußerer Umstände. Daß das Gefühl «Durst» hervorgebracht wird, weil bei Wasserverlust die Salzkonzentration des Blutes steigt und eine bestimmte Neuronengruppe im Hypothalamus bei steigender Salzkonzentration eine Gruppe von Peptiden (Angiotensin II genannt) ins Blut abgibt: das ergründen wir introspektiv nie und nimmer; auf diese Signalebene unseres Zentralnervensystems reicht unser Bewußtsein nicht hinab.

Indessen, die Menschen beschreiben ihre Denk- und Urteilsprozesse doch, und sie sind der felsenfesten Überzeugung, daß sie sie in der Regel richtig erkennen und beschreiben. Woher nehmen sie das Material für diese Beschreibungen?

In einem anderen Experiment[7] wurden den Teilnehmern die angeblichen Stellenbewerbungsunterlagen einer Sozialhelferin vorgelegt. Sie waren manipuliert. Manche enthielten einen Hinweis auf ihr gutes Aussehen, andere auf ihre guten Zensuren, wieder andere auf eine Ungeschicklichkeit (sie habe Kaffee auf dem Schreibtisch des Interviewers verschüttet) oder einen Autounfall, in den sie verwickelt gewesen sei; oder man sagte den Versuchspersonen, sie würden die Bewerberin persönlich kennenlernen. Die Testteilnehmer sollten angeben, wie sympathisch die Frau ihnen war, wie sehr sie auf die Sorgen ihrer Klienten eingehen würde, wie intelligent und wie flexibel sie ihnen vorkomme; dazu, wie stark Aussehen, Zensuren, Geschicklichkeit, die Aussicht auf eine persönliche Begegnung – also die manipulierten Faktoren – ihrer eigenen Meinung nach ihre Bewertungen beeinflußt hätten. So ließ sich ausmachen, wie sehr die manipulierten Informationen die einzelnen Bewertungen objektiv beeinflußt hatten; und dieser objektive Einfluß ließ sich der subjektiven Einschätzung gegenüberstellen. Nur in einem Punkt ergab sich eine hohe Übereinstimmung: Der Hinweis auf die akademischen Leistungen beeinflußte die Einschätzung der Intelligenz der Bewerberin objektiv wie subjektiv stark. Im übrigen tappten die Versuchspersonen im Nebel. Soweit waren nur die früheren Experimente noch einmal bestätigt worden. Nun aber taten die Forscher etwas Listiges. Sie legten einer anderen Gruppe nicht die Bewerbungsunterlagen, sondern nur die kahlen manipulierten Faktoren vor und fragten sie, wie die ihre Bewertungen beeinflussen würden, in der Art: «Hätte gutes Aussehen Einfluß darauf, ob Ihnen ein anderer Mensch gefällt?» Sie fragten sie also nicht nach irgendwelchen eigenen Urteilsprozessen, sondern nach ihren allgemeinen

Theorien über das Zustandekommen von Urteilen. Und siehe da: die Befragten maßen in völliger Unkenntnis des speziellen Falles den einzelnen Faktoren genau dasselbe Gewicht bei wie die Versuchspersonen, die die ganze Akte studiert hatten. Diese hatten wohl in sich hineingeschaut. Aber ihre Introspektion hatte nicht die Prozesse an den Tag gebracht, aus denen ihr Urteil tatsächlich hervorgegangen war. Was sie ins Bewußtsein geholt hatte, waren die gängigen Theorien über das Zustandekommen von Urteilen. Nur wo die Theorien zufällig richtig waren, stimmten subjektive und objektive Gründe überein. Daß gute akademische Leistungen auf Intelligenz schließen lassen, ist eine gängige und richtige Theorie; dieser Einflußfaktor wurde also auch richtig erkannt. Für die nachweislich ebenso richtige Tatsache, daß uns gut aussehende Menschen eher gefallen, gibt es dagegen keine gängige Theorie; die gängige Theorie in diesem Punkt besagt eher, daß Äußerlichkeiten keinen Einfluß auf unsere Wertschätzung haben sollten. Also verkannten die Versuchspersonen den Einfluß, den das Aussehen auf sie ausgeübt hatte. Sie hatten eben nicht ihre eigenen Urteilsprozesse befragt. Sie hatten zu Rate gezogen, was «man» so meint. Man meint etwa, daß einen der Lärm während einer Filmvorführung nur negativ beeinflussen kann. Diese Konsultation geläufiger Theorien hatten sie mit Introspektion verwechselt.

«Wie andere Menschen in Alltagssituationen haben wahrscheinlich auch die Probanden in diesen Experimenten nicht einmal versucht, ihre Erinnerungen an die eigenen Denkprozesse zu Rate zu ziehen», resümieren Nisbett und Wilson.[8] Statt dessen griffen sie zunächst auf Erklärungen zurück, die in ihrem Kulturkreis im Schwange waren, und wo ihnen keine einfielen, entwarfen sie eigenhändig eine in Frage kommende Theorie. Ihre Erklärung entstammte nicht der Introspektion; sie entstammte einer übernommenen oder spontan gebildeten Theorie. «Es ist beängstigend, daß man selber nichts Gewisseres über die Arbeitsweise des eigenen Geistes weiß als ein Außenstehender, der die Lebensgeschichte kennt und weiß, was einen beeinflußt haben könnte, als man sich sein Urteil bildete.»[9]

Jeder ist sich selber der Nächste, jeder kennt seine eigene Lebensgeschichte am allerbesten; jeder beobachtet seine eigenen Handlungen, Gefühle und Gedanken fortgesetzt und am intensivsten, wenn auch nicht ohne Voreingenommenheit; jeder entwickelt über das eigene Verhalten auch die meisten – und die interessiertesten – Theorien, und er ist als einziger in der Lage, sie in vielen Situationen immer wieder zu testen. Wie die Wahrnehmungen der Außenwelt durch Übung und Bemühung immer differenzierter werden, so lernt man auch die inneren Zustände des eigenen Geist/Gehirns immer genauer zu lesen. Für das kleine Kind ist Musik ein bald mehr, bald weniger angenehmer Tonsalat; der Musiker nimmt noch die feinsten Nuancen des Tastenanschlags wahr. Das kleine Kind fühlt, daß es jemanden mag oder nicht leiden kann; der erfahrene Erwachsene kann seine eigenen seelischen Zustände sehr viel genauer analysieren, kann den Anflug von Neid und die Spur von Angst in seiner Liebe erkennen (oder auch die Eifersucht, die ihn plagt, beharrlich verkennen und für moralische Entrüstung über den Nebenbuhler halten). Diese Art von Analyse ist es eigentlich, die wir mit Introspektion gewöhnlich auch meinen: die Bemühung, unsere inneren Zustände differenzierter wahrzunehmen und möglicherweise Theorien über ihr Zustandekommen und ihre möglichen Folgen zu entwerfen. In diesem Sinn hat jeder einen großen Vorsprung im Verständnis der eigenen Person. Aber dieser Vorsprung verdankt sich nicht einem privilegierten Zugang zu den eigenen Denk- und Fühlprozessen, sondern der unausgesetzten und immer schärferen Beobachtung der fertigen inneren Zustände und des äußeren Verhaltens. Vor Irrtümern bei dieser Selbstbeobachtung ist niemand sicher. Die uns zur Verfügung stehenden Theorien müssen nicht richtig sein. Wie diese Zustände wirklich zustande kommen, entzieht sich unserem Blick.

Das wiederum heißt nicht, daß wir immer im Irrtum sein müssen, wenn wir unserm Geist Auskunft über unsere Beweggründe abverlangen. Wir werden, so Nisbett, sie um so eher richtig erkennen, je deutlicher uns erstens die Faktoren bewußt sind, von denen sie abhängen, je plausiblere Theorien uns zweitens zur Verfügung stehen und je weniger wir drittens auf die falsche Fährte gelockt werden von Faktoren, die ebenfalls in Frage kämen, aber tatsächlich keinen Einfluß haben. Wenn wir erstens den Lavendelduft einer Seife als solchen bemerken, wenn wir zweitens wissen, daß Lavendel der Nase allgemein wohlgefällig ist, und wenn wir drittens nicht von Faktoren irregeführt werden, die uns unserer Meinung nach sehr wohl hätten beeinflussen können, in Wahrheit aber irrelevant waren (vielleicht der Tatsache, daß die Seife in rosa Kreppapier der Firma Soundso eingepackt war): dann werden wir richtig sagen können, warum uns jenes Stück Seife zusage. Sonst erfänden wir uns eine andere, mehr oder weniger glaubhafte Theorie für unser Gefallen, eine Theorie, die uns sogleich zur Gewißheit wird, weil es uns vorkäme, als hätten wir sie durch Introspektion gewonnen, und die wahren Gründe blieben für uns selber im Dunkel.

Manche Psychotherapiemethoden bauen ganz auf die Kraft der Introspektion. Ihr Credo lautet: Wer sich unter der Anleitung eines Fachmanns darauf einlasse, sich selber angestrengt und schonungslos zu erforschen, der werde am Ende seinen wahren Motiven auf die Spur kommen. Sie werden bewußt, und ihre Bewußtheit bringe die Befreiung von ihren pathogenen Interferenzen. Anders gesagt: «Das empirische Material, mit dem der Psychoanalytiker umgeht, [ist wesentlich] von dem empirischen Material der reinen Verhaltensforscher unterschieden: Beim Psychoanalytiker handelt es sich um Informationen seiner Patienten, die aus deren introspektiven Bemühungen stammen», schrieb etwa Annemarie Dührssen[10]. Wenn man sich jedoch klarmacht, daß die Menschen offenbar prinzipiell unfähig sind, auch nur in trivialen und kurz zurückliegenden Angelegenheiten auf dem Weg der Introspektion ihre wirklichen Beweggründe richtig zu erkennen, weil diese nämlich in einer Schicht ihres Geistes zusammengesetzt werden, zu denen ihr Bewußtsein keinen Zugang hat, wird man all dieses Vertrauen auf die Kraft der Innenschau für verfehlt halten müssen. Die Menschen besitzen eine demonstrierte Bereitschaft, auf akzeptierte Theorien zurückzufallen, wenn sie sich selber erklären sollen, und die Auffindung oder Konstruktion einer solchen Theorie mit Selbsterkenntnis zu verwechseln; das muß sie anfällig machen für die Erklärungsangebote des Therapeuten. Zumindest liefert ihnen die Introspektion keine verläßliche Kontrolle darüber, welche seiner Erklärungsangebote zutreffen mögen und welche nicht. Die Hauptsache ist, daß sie sich plausibel anhören. Den Gefallen, den er an einer Hypothese seines Therapeuten findet, wird der Patient leicht mit deren Bestätigung durch Introspektion verwechseln, und kein Warnsignal hält ihn davon ab.

Von hier führt ein kurzer, logischer Weg zu der Warnung des Philosophen Adolf Grünbaum: «Es ist zwecklos und irreführend, Analysanden zu fragen, warum sich ihr Zustand gebessert hat. Denn auch nach einer erfolgreichen Analyse hat der Patient keinen privilegierten Zugang zu den tatsächlichen Mechanismen, die seine Veränderung bewirkt haben.»[11]

Das Buch von Fisher und Greenberg, das die wissenschaftliche Glaubwürdigkeit der Psychoanalyse wohlwollend unter die Lupe nimmt, kommt unter anderm zu einem Schluß, der sehr gut in das Bild paßt: «Die Forschung ist sich einig, daß der Glaube eines Patienten an eine bestimmte Deutung und die daraus folgende Minderung seiner Angst überhaupt nicht von der Richtigkeit der Deutung abhängen. Forscher haben festgestellt, daß die Menschen sich auch reines Geflunker als treffende Beschreibung ihrer Persönlichkeit enthusiastisch zu eigen machen.»[12]

Bei einer der ersten Demonstrationen dieses Phänomens gab ein amerikanischer Psychologieprofessor seinen neununddreißig Studenten einen Test, der Aufschlüsse über ihre Persönlichkeit erbringen sollte.[13] Das nächste Mal bekam jeder von ihnen das Ergebnis – ein Blatt mit einer ganzen Reihe von Feststellungen über seinen Charakter. Der Psychologe aber tat nur so, als habe er den Test ausgewertet. In Wirklichkeit hatte er, ohne einen Blick in die Testergebnisse, sich eine einzige Pseudo-Charakterskizze ausgedacht und jedem Studenten ein mit dessen Namen versehenes Exemplar davon ausgehändigt. Jeder bekam also den nämlichen Text; er enthielt Feststellungen wie: «Sie besitzen ein großes Bedürfnis, anderen zu gefallen und von ihnen bewundert zu werden ... Sie haben einen Hang, sich selber kritisch zu sehen ... Obwohl Sie nach außen hin diszipliniert und beherrscht sind, neigen Sie innerlich zu Besorgtheit und Unsicherheit ...» Dann wurden die Studenten aufgefordert anzugeben, wie gut sie sich von den Beschreibungen getroffen fühlten. Ein einziger von den neununddreißig fand sich nur mittelmäßig getroffen, alle anderen aber gut bis hervorragend; im Durchschnitt gaben sie an, daß sie sich von über zehn der dreizehn Feststellungen, die die Pseudo-Charakterskizze enthielt, durchschaut fühlten. Ihr Respekt vor einem Test, der derartiges leistete, war entsprechend groß.

Wie das passieren konnte? Der Psychologe hatte einen Standardtrick von Wahrsagern und Astrologen angewandt: Er hatte die Pseudo-Charakterskizze so allgemein gehalten, daß sie auf alle und jeden zutreffen mußte. So ziemlich jeder hat sexuelle Probleme, ist mal gesellig, mal reserviert, findet es klüger, nicht immer offenherzig zu sein, oder hat in seiner Kindheit gelegentlich Konflikte mit seinen Eltern gehabt – wer dergleichen auf den Kopf zugesagt bekommt, fühlt sich erkannt und vergißt darüber zu bedenken, daß solche Feststellungen für alle gleichermaßen gelten und mithin auch ganz ohne Ansehen der Person getroffen werden können. Ihre Autorität verdanken Psychotherapeuten auch dem Umstand, daß ihre Patienten sich von ihnen in ihrem Innersten erkannt fühlen. Wenn der Therapeut ihnen bedächtig eröffnet, daß es ihnen offenbar schwerfalle, treu zu bleiben, oder daß sie sich von ihrem Vater zuweilen nicht verstanden gefühlt haben, zucken sie insgeheim zusammen: Ja, so ist es, genau so. Und wer so tief in sie einzudringen vermag, muß der nicht tatsächlich eine ungewöhnliche Kenntnis des Herzens besitzen? Sicher ist jeder in irgendeiner Hinsicht und in irgendwelchen Momenten lieblos – und zuckt also auch schuldbewußt zusammen, wenn ihm ein privater oder professioneller Charakterdeuter seine Lieblosigkeit vorhält. Um einen solchen Vorwurf wirklich einschätzen zu können, müßte er wissen, ob er liebloser ist, als es Menschen im allgemeinen sind. Denn um zu entscheiden, in welchem Maß eine allgemeine Feststellung über die menschliche Seele auf einen selber zutrifft, müßte man die Durchschnittsnorm kennen. Die aber kennen wir allenfalls nach einer Menge wacher Lebenserfahrung und immer nur recht und schlecht. Und wenn wir sie kennen, fehlt uns oft das Selbstbewußtsein, sie auch wirklich als Maßschnur anzuwenden und zuzugeben: ja, ich bin feiger als die meisten; ja, ich bin zuverlässiger. Darum fällt es Charakterdeutern aller Schattierungen, gut- wie böswilligen, so außerordentlich leicht, uns mit Pseudoerkenntnissen über unsere Person zu bluffen und für einen Blick in den Handteller und ein paar gemurmelte allgemeinmenschliche Platitüden das Geld aus der Tasche zu ziehen.

Das letzte Experiment konnte zwar den Verdacht wecken, daß es dem Menschen nicht gegeben sei, sich selber objektiv zu beschreiben oder sich in einer objektiven Beschreibung seiner Person wiederzuerkennen. Strenggenommen aber bewies es nicht mehr, als daß die Leute wenig Gespür dafür haben, welches allgemeine und welches individuelle Charakterzüge sind. Ein anderer amerikanischer Psychologe verfolgte die Fährte ein Stück weiter.[14] Vierundvierzig seiner Studenten gab er einen der bewährtesten und in der klinischen Praxis verbreitetsten Persönlichkeitstests, das *Minnesota Multiphasic Personality Inventory* (MMPI). Die Ergebnisse ließ er von Fachleuten zu – zutreffenden – individuellen Charakterskizzen ausformulieren, die sich etwa so lasen: «Die Unterlagen dieses Mannes deuten darauf hin, daß er unter erheblicher Spannung steht, es aber geschafft hat, seine Angst zu beherrschen. Es kommt zu Konflikten zwischen den Werten der Gesellschaft, die er anerkennt und akzeptiert, und einigen seiner eigenen Einstellungen und Verhaltensweisen. Er hat einen Hang zur depressiven Verstimmung und zu verschiedenen unerheblichen körperlichen Krankheiten und nervösen Symptomen. Mit Menschen, die in diese Konflikte nicht involviert sind, kommt er gut aus. Die vorherrschende Stimmung ist eher pessimistisch als optimistisch. Oft fällt es ihm schwer, sich auf seine Arbeit zu konzentrieren.» Dann wurde jedem Studenten seine Persönlichkeitsskizze ausgehändigt, zusammen mit einer zweiten, die wiederum ohne Ansehen der Person verfertigt worden war. Die Aufgabe bestand darin anzugeben, welches die richtige Skizze war und welches die falsche. Die Trefferquote erreichte noch nicht einmal Zufallsniveau: Nur achtzehn Studenten erkannten die echte Beschreibung ihrer Persönlichkeit, die übrigen hielten die falsche für die echte.

Bei einer näheren Analyse der Beliebtheit der einzelnen – echten wie falschen – Interpretationen zeigte sich, daß sie nicht alle die gleiche Chance hatten, für richtige Beschreibungen der eigenen Person gehalten zu werden. Am häufigsten akzeptiert wurden vage Behauptungen («Diese Person schätzt ein gewisses Maß an Unstetheit im Leben»), janusköpfige Behauptungen («Zeitweise ist diese Person deprimiert, zu anderen Zeiten heiter»), häufig zutreffende Behauptungen («Ein Problem bildet die Konzentrationsfähigkeit») und schließlich schmeichelhafte Behauptungen («Dieser Proband ist energisch und beliebt»).

Was daraus folgt? Daß wir uns selber sehr schwer objektiv einzuschätzen vermögen und in der Verlegenheit jenen Aussagen und Pseudo-Diagnosen Glauben zu schenken nur allzu bereit sind, die entweder unsere Unsicherheit und unsere Zweifel widerspiegeln, die geläufigsten Stereotype wiederholen oder unserer Selbstgefälligkeit entgegenkommen. Eine richtige Beschreibung unserer Person erkennen wir – auch dies wurde ermittelt – nicht sicherer als ein richtiges Horoskop: nämlich als rieten wir nur ins Blaue hinein.

Wir lassen uns von falschen Aussagen über uns leicht verführen. Die Introspektion liefert uns keine verläßlichen Informationen aus unserem Geist/Gehirn – und auch das Gedächtnis nicht. Freud war lange überzeugt, daß die Deutungen des Psychoanalytikers unbedingt durch die Erinnerungen des Patienten bestätigt werden müßten, um als richtig gelten zu können. Psychoanalyse als Behandlungstechnik: das war für ihn nichts anderes als ein Mittel, Gedächtnislücken auszufüllen, Vergessenes (nämlich auf Veranlassung des Über-Ichs aus dem Bewußtsein Verdrängtes) zurückzuholen in die Erinnerung. Erst im Alter ließ er diesen Anspruch fallen: «Der Weg, der von der Konstruktion des Analytikers ausgeht, sollte in der Erinnerung des Analysierten enden; er führt nicht immer so weit. Oft genug gelingt es nicht, den Patienten zur Erinnerung des Verdrängten zu bringen. Anstatt dessen erreicht man bei ihm ... eine sichere Überzeugung von der Wahrheit der Konstruktion, die therapeutisch dasselbe leistet wie eine wiedergewonnene Erinnerung.»[15] Die wiedergefundene Erinnerung – sie hätte immerhin eine gewisse Kontrolle dafür geboten, daß der Analytiker mit seinen Vermutungen auf dem richtigen Weg war. Der Analytiker riet ja nur; aber manchen seiner Vermutungen wäre eben die Erinnerung des Patienten entgegengekommen und anderen nicht. Nun aber entfiel auch diese Kontrolle, und es sollte genügen, daß der Patient fest an die Deutung seines Analytikers glaubte (was natürlich ebensogut darauf zurückgehen konnte, daß dieser sie ihm suggestiv genug aufgeredet hatte).

Doch selbst wenn der Patient sich erinnert, wenn ihm wieder einfällt, was sein Analytiker nur geraten hat – zu bauen wäre auf diese seine Erinnerungen kaum. Denn so bereitwillig, wie der Mensch falsche Erklärungen seiner Beweggründe für die pure, durch Introspektion gewonnene Wahrheit nimmt, so bereitwillig hält er auch fiktive Erinnerungen für echt. Freuds Ansicht, daß wir das Leben lang sämtliche Eindrücke getreulich aufbewahren, auch wenn sie manchmal nur schwer oder gar nicht auffindbar sind, ist wohl nicht haltbar. «Der wichtigste und auch befremdendste Charakter der psychischen Fixierung» – schrieb er – «ist der, daß alle Eindrücke in der nämlichen Art erhalten sind, wie sie aufgenommen wurden, und überdies noch in all den Formen, die sie bei den weiteren Entwicklungen angenommen haben … Jeder frühere Zustand des Gedächtnisinhalts [läßt sich] wieder für die Erinnerung herstellen …»[16] Und fünfzehn Jahre später: «In den psychoanalytischen Behandlungen ist ganz regelmäßig die Aufgabe gestellt, die infantile Erinnerungslücke auszufüllen, und insoferne die Kur überhaupt einigermaßen gelingt, also überaus häufig, bringen wir es auch zustande, den Inhalt jener vom Vergessen bedeckten Kindheitsjahre wieder ans Licht zu ziehen. Diese Eindrücke sind niemals wirklich vergessen gewesen, sie waren nur unzugänglich, latent, haben dem Unbewußten angehört.»[17] Damit aber wäre wohl auch ein so leistungsstarker Speicher wie das menschliche Gedächtnis weit überfordert: sämtliche Eindrücke in allen ihren Veränderungen unauslöschlich zu registrieren.

Wieder und wieder hat sich in Gedächtnisexperimenten gezeigt, wie leicht wir unsere Erinnerungen abändern, fälschen, ergänzen oder auch ganz und gar erfinden, ohne doch ihre Echtheit anzuzweifeln. Wie ein Textverarbeitungssystem, das immer nur die letzte, allenfalls noch die vorletzte Fassung eines Dokuments in seinen Speichern aufbewahrt, hält sich das Gedächtnis an die letzte Version, die einem Erlebnis in der Rückschau gegeben wurde. Sie ist es, die erinnert wird. Die echten und die mit der Zeit dazuerfundenen Partien kann das Gedächtnis nicht auseinanderhalten, wirkliche und Pseudo-Erinnerungen kann es nicht unterscheiden.

Der Psychologe Jean Piaget erinnerte sich lebhaft, wie man ihn als Zweijährigen aus seinem Kinderwagen entführen wollte. In allen Einzelheiten hatte er es vor sich: die Champs-Élysées, das Kinderfräulein, das bei seiner heldenhaften Verteidigung Schrammen im Gesicht davontrug, die Flucht des Kidnappers, die Menge der Umherstehenden, das kurze Cape und den weißen Stab des Polizisten. Als er fünfzehn war, schickte das inzwischen der Heilsarmee beigetretene Kinderfräulein die Uhr zurück, die es seinerzeit zur Belohnung erhalten hatte, und gestand reumütig, daß es die ganze Geschichte erfunden hatte.[18] Die Gespräche über diesen dramatischen fiktiven Vorfall hatten in Piaget lebhafte Vorstellungen hervorgerufen, und die wurden von ihm erinnert wie ein authentisches Erlebnis.

Manch einer wird eine solche Anekdote nicht beweiskräftig finden. Aber auch im Experiment trat der gleiche Effekt in Erscheinung. Zum Beispiel wurden Versuchspersonen Filmaufnahmen von einem Verkehrsunfall vorgeführt und dann Fragen gestellt wie: «Wie schnell war der Wagen, als er das Halteschild überfuhr? Wie schnell war der weiße Sportwagen, als er auf der Landstraße an der Scheune vorbeikam?» Schließlich ließ man die Probanden die entsprechende Filmszene aus dem Gedächtnis beschreiben. Sie beschrieben sie mitsamt Halteschild und Scheune. Der Film aber hatte in Wahrheit gar keine Scheune enthalten, und statt eines Halteschilds hatte er ein Vorfahrtschild gezeigt. Die spätere, in den Fragen enthaltene Information war der Erinnerung an die Filmszene ununterscheidbar einverleibt worden.[19]

Die objektive Gedächtnispsychologie hat noch eine andere psychoanalytische Annahme in Zweifel gezogen. Als Grundpfeiler seiner Theorie betrachtete Freud selber die Verdrängungslehre. Die Verdrängung ist danach ein Abwehrvorgang: Ein «Zensor» an der Pforte des bewußten Ichs weist Vorstellungsinhalte zurück, die mit unerlaubten Triebwünschen zu tun haben. (Nach der Erfindung des Über-Ichs handelt der Zensor dabei in dessen Auftrag. Verdrängt werden nicht die Triebimpulse selber, verdrängt werden auch nicht Gefühle; verdrängt werden die «Repräsentanzen» der Triebe: jene Ideen und Vorstellungen, an die sich die unerwünschten Triebimpulse geheftet haben.) Ins «Unbewußte» abgeschoben, weil ihre Zulassung zu großen Schmerz verursachen würde, sind diese Vorstellungen hinfort wie vergessen, obwohl sie im «Unbewußten» lebenslang unverändert fortbestehen. Das Bewußtsein weiß nichts mehr von ihnen und kann sie sich auf keine Weise mehr vergegenwärtigen.

Es ist nur eine logische Ableitung aus dieser Theorie, daß Vorstellungen, die Schmerz und Unlust erzeugen könnten, öfter und gründlicher vergessen werden als angenehme oder neutrale Vorstellungen. So aber ist es nicht. Schon 1950 mußte der Psychoanalytiker David Rapaport die einschlägige Forschung folgendermaßen resümieren: «Diese [nicht mehr von der Hand zu weisenden] Experimente deuteten darauf hin, daß ein Material um so besser erinnert wird, je angenehmer oder unangenehmer es einem ist – je stärker also ... die mit ihm verbundenen Gefühle sind.»[20] Heute ist bekannt, daß Erlebnisse, die mit starkem Stress (im neurophysiologischen Sinn des Wortes) einhergehen, sogar ungewöhnlich dauerhaft erinnert werden: Schreckliche Episoden werden nicht etwa bevorzugt vergessen, sondern schreiben sich dem Gedächtnis meist im Gegenteil ganz besonders tief ein. Mit unangenehmen Gefühlen belastete Wörter (wie «Vergewaltigung») werden zwar kurzfristig eher vergessen, langfristig aber besser erinnert. Würden die emotionalen Wörter im Freudschen Sinn verdrängt, so wäre zu erwarten, daß sie sowohl kurz- als auch langfristig schwerer zu erreichen bleiben. Heute nimmt man darum an, daß diese andersartige Behandlung heikler Reizwörter durch das Gedächtnis nichts mit irgendeiner Verdrängung zu tun hat, sondern daß sie mit dem Vigilanzniveau zusammenhängt – mit dem Grad der Wachheit. Einfach gesagt: Solche heiklen Reize verstören uns zunächst ein wenig, so daß wir nicht hundertprozentig bei der Sache sind, wenn wir sie unmittelbar danach aus dem Gedächtnis wiedergeben sollen. Dort aber sind sie deutlicher abgespeichert als die faden Reize, und nach Tagen und Wochen stehen sie uns eher als diese zur Verfügung.[21]

Damit soll keineswegs das Offensichtliche abgestritten werden – daß es tatsächlich gibt, wofür Freud von dem Philosophen Herbart das Wort «Verdrängung» entlieh und was viele Psychologen heute lieber «motiviertes Vergessen» nennen. Es gibt die milden alltäglichen Vorformen: Wir denken über unangenehme Themen nicht gerne nach, wir rufen uns unangenehme Episoden nicht gern in Erinnerung, obwohl wir es könnten; und wenn wir solchen Gedächtnispfaden nicht oder nur selten und flüchtig nachgehen, werden sie mit der Zeit auch zuwachsen. Es scheint auch die Regel zu sein, daß uns ein Schmerz um so milder erscheint, je ferner er uns zeitlich ist (was damit zusammenhängen könnte, daß wir uns überhaupt weniger an die Schmerzen selber als an die Tatsache erinnern, welche gehabt zu haben – man versuche nur, sich nicht nur die Umstände seines letzten Zahnschmerzes vorzustellen, sondern diesen selber). Und die eigene Kindheit wird aus der Ferne regelmäßig günstiger beurteilt, als sie aus der Nähe war. Alles dies könnte man den Rosa-Brillen-Effekt nennen: Wir deuten uns die Vergangenheit um, bis sie unsern Wünschen eher gerecht wird; sonst bleiben wir ihr lieber fern. Das aber ist Verdrängung nur im umgangssprachlichen Sinn des Worts und noch keine Freudsche Verdrängung, kein völliges Vergessen, keine Verbannung unwillkommener Triebrepräsentanzen ins «Unbewußte».

Es gibt jedoch gut belegte klinische Symptome, die dem sehr nahe kommen, was Freud im Auge hatte: Der Patient scheint sich gegen Erinnerungen zu wehren, die ihm unerträgliche Angst machen, indem er sie effektiv unterdrückt. Vielleicht finden sich auch für solche seltenen und abnormen Zustände eines Tages hirnphysiologische Erklärungen. Vielleicht aber handelt es sich wirklich um psychisch verursachte Amnesien. Ein derartiger Zustand ist die sogenannte Fugue: Der Patient weiß nicht mehr, wer er bisher war, verläßt seine Umgebung, wandert umher, und wenn er schließlich wieder «zu sich» kommt – oft geschieht es nach wenigen Tagen, manchmal aber auch erst nach langer Zeit –, hat er meist nur noch schwache Erinnerungen an die Vorfälle während seiner Fugue. (Es ist ein Zu-sich-Kommen im wahrsten Sinne des Worts, denn man selber ist man nur, wenn man seine Erinnerungen besitzt.) Der Held in Wim Wenders' Film «Paris, Texas», der wider alle Wahrscheinlichkeit geistesabwesend und sprachlos monate- oder jahrelang durch die Wüste des amerikanischen Südwestens gewandert sein soll, muß an einer solchen «hysterischen» Amnesie gelitten haben.

Nur indem Freud erstens als ein allgegenwärtiges Phänomen auffaßte, was eine seltene und krankhafte Radikalmaßnahme der Psyche ist, und indem er es zweitens in seine Sexualtheorie einpaßte, gelangte er zu seiner Verdrängungslehre. Streift man die Verallgemeinerung und die triebtheoretische Untermauerung ab, so hat Freud hier vielleicht den Finger auf ein sehr reales Phänomen gelegt.

Daß unser Gedächtnis alle Eindrücke lebenslang aufbewahrt, scheint nun allerdings von einigen außergewöhnlichen Erlebnissen bestätigt zu werden. Es gibt Situationen, in denen sich Menschen plötzlich aufs allerlebhafteste an längst vergessene Dinge erinnern:

am Rand des Erstickens oder Ertrinkens (sofern sie doch noch gerettet werden und später von diesen Augenblicken erzählen können); zu Beginn eines epileptischen Anfalls; oder bei den berühmten Experimenten des kanadischen Gehirnchirurgen Wilder Penfield, bei denen er während seiner Operationen am geöffneten Schädel Gehirngebiete mit winzigen Elektroden reizte. Plötzlich hatten die Betreffenden Szenen oder ganze Bilderbögen von Szenen bis in die letzten Einzelheiten vor Augen, so als befänden sie sich mitten in ihnen. Zuweilen reichten sie bis in die Kindheit zurück. Das Phänomen heißt Panorama-Erlebnis. An seiner Realität gibt es keinen Zweifel. Ausgelöst wird es offenbar, wenn die für das episodische Gedächtnis zuständigen Schläfenlappen in abnorme Zustände geraten, bedingt durch den Mangel an Sauerstoff beim Ersticken oder Ertrinken, durch die elektrischen Stürme eines sich aufbauenden epileptischen Anfalls, durch die Reizströme des Chirurgen. Zweifelhaft aber ist, ob es sich bei jenen Visionen um echte Erinnerungen handelt oder nicht vielmehr um Halluzinationen, die dann fälschlich für Erinnerungen gehalten werden. Daß es sich um Pseudo-Erinnerungen handeln könnte, dafür spricht die Tatsache, daß derlei lebhafte Erinnerungen auch unter Hypnose vorkommen, daß die echte Hypnose im Gegensatz zu der bloßen Dösigkeit, die manchmal als Hypnose ausgegeben wird, wahrscheinlich ebenfalls die milde Form eines Schläfenlappenanfalls, also epileptischer Natur ist[22] – und daß viele der unter Hypnose wiedergefundenen Erinnerungen nachweislich falsch sind.

Tatsächlich neigen unter Hypnose viele Menschen zur Hypermnesie: Sie erinnern sich an Dinge, die ihnen im wachen Zustand nicht einfallen wollten. Aber diesen Erinnerungen ist wenig zu trauen. In einem neueren Experiment[23] – es ging darum, sich möglichst viele aus einer Serie von sechzig Zeichnungen ins Gedächtnis zu rufen, die vorher kurz vorgeführt worden waren – tauchten bei Hypnotisierten zwar doppelt so viele Erinnerungen auf wie in einer wachen Kontrollgruppe. Aber unter diesen Erinnerungen waren dreimal so viele Fehler. Die Gedächtnisanstrengung hatte unter Hypnose zusätzlich also fast ausschließlich Pseudo-Erinnerungen zum Vorschein gebracht. Der reichliche Fluß der Erinnerungen war bloßer Schein gewesen. Dabei waren alle fest von der Authentizität ihrer Erinnerungen überzeugt.

Daß die Erinnerungen bis ins früheste Kindesalter zurückreichen, ist im übrigen wenig wahrscheinlich. Das Gehirn ist in der ersten Lebenszeit noch sehr unfertig. Zwar hat es bei der Geburt schon fast alle seine Nervenzellen, aber sie sind noch sehr spärlich miteinander verbunden. Die Gehirntätigkeit aber beruht darauf, daß elektrische Potentiale von Nervenzelle zu Nervenzelle wandern. Dazu müssen die Neuronen Kontakte miteinander herstellen. Es wachsen ihnen Fortsätze, die andere Neuronen berühren. An den Kontaktstellen, den sogenannten Synapsen, können sie ihre Potentiale auf andere Zellen übertragen. Erst im dritten, vierten Lebensjahr wird das Geflecht dieser Fortsätze und damit die Zahl der Synapsen annähernd so dicht wie im erwachsenen Gehirn. Erst nach und nach auch legt sich eine fettige Isolierschicht aus Myelin um diese Fortsätze, ohne die es keine sichere Übertragung von Impulsen geben kann. Die Wahrnehmungen und die Bewegungen des Kindes organisieren und koordinieren sich in dem Maße, in dem die Synapsenbildung und die Myelinisation fortschreiten. Wahrscheinlich beginnt auch das Gedächtnis erst nach und nach zu funktionieren. Jedenfalls scheint es nicht sehr sinnvoll anzunehmen, das Gedächtnis könnte Eindrücke aufbewahren, die das Kind so noch gar nicht wahrnehmen kann. Auch beim Spracherwerb «überhört» das Kind Äußerungen, die sein momentanes Sprachverständnis übersteigen, und was so an ihm vorbeigeht, das kann es auch später unter keinen Umständen reproduzieren. Selbst noch Erwachsene können ja einen Eindruck, der keinerlei «Sinn» macht, ihrem Gedächtnis nicht wieder abverlangen. Wir merken uns nur Eindrücke, denen unser Geist/Gehirn Struktur gibt. «Rauschen» ist nicht erinnerungsfähig; wir erinnern uns nur, daß da ein Chaos war. Ich vermute, daß Wickelkinder beispielsweise die «Urszene», den elterlichen Geschlechtsverkehr, in seiner Bedeutung gar nicht wahrnehmen können. Wenn sie sehen, daß die Eltern irgendwie miteinander zugange sind, verstehen sie das Gebaren nicht, und was für sie unverständlich ist, interessiert sie nicht, erschreckt sie nicht, traumatisiert sie nicht und prägt sich auch ihrem Gedächtnis nicht ein. Damit sie bei dem Anblick selber in heftige Erregung geraten, müßten sie nicht nur sexuell so erregbar sein wie Erwachsene, sondern die Szene auch begreifen. Es ist auch nicht glaubhaft, daß solche Eindrücke uns zunächst kalt lassen und wir Jahre später erst über sie erschrecken, weil es nicht wahrscheinlich ist, daß wir gleichsam eine perfekte, bis ins letzte Detail durchgezeichnete Videoaufzeichnung unseres gesamten Lebens und auch unserer frühesten Kindheit in uns tragen und die Erinnerungen nur darum fehlen oder lückenhaft sind, weil wir sie aus sexualmoralischen Gründen verdrängt hätten (und genau das gab Freud zu verstehen)[24].

Wir können durch Innenschau einfach nicht entscheiden, welche unserer Erinnerungen wahr sind und was unsere Beweggründe beeinflußt und bestimmt hat. So zuversichtlich wir es auch immer wieder versuchen – wir riskieren, uns gewaltig zu täuschen. Wir spähen nach innen – und entdecken, was unser Geist/Gehirn verrichtet hat, nicht aber, wie es das verrichtet.

14. DER GEFANGENE IM KELLER: ÜBER DAS UNBEWUSSTE VOR FREUD

Die Allgemeinheit sieht in Sigmund Freud vor allem den «Entdekker des Unbewußten». Das ist falsch, und er selber beanspruchte nichts dergleichen. Wohl hat Freud mehr als jeder andere dazu beigetragen, daß «das Unbewußte», und zwar in einem höchst eigenartigen Sinn, Eingang fand in die populären zeitgenössischen Ansichten über die Seele; aber daß in der Seele eine Menge vor sich geht, was dem Bewußtsein nicht zugänglich ist, war lange vor ihm geläufig.

Der englische Wissenschaftshistoriker Lancelot Law Whyte, der 1960 mit einer Geschichte des «Unbewußten vor Freud» aufwartete, verfolgte die Idee zurück bis ins zweite Jahrhundert zu dem griechischen Arzt Galen. Er zitiert Thomas von Aquin: «Es gibt Vorgänge in der Seele, deren wir nicht unmittelbar gewahr sind.» Oder Pascals Satz, der gerade wegen seiner «ungenauen» metaphorischen Form immer noch so wahr und frisch ist wie am ersten Tag: «Das Herz hat seine Gründe, von denen der Verstand nichts weiß.» Für Leibniz stand fest, daß sich jede Wahrnehmung aus kleineren Bestandteilen aufbaue, die unbewußt blieben. Eine ununterbrochene Denktradition zieht sich hin zu dem romantischen Mediziner, Maler und Schriftsteller Carl Gustav Carus, dessen 1846 erschienene «Psyche» eine Feier des Unbewußten war: «[Es ist] die höchste Aufgabe der Lehre von der Seele, in die Regionen einzudringen, wo das Seelenleben noch ganz ohne Bewußtsein sich wirksam erweist.» Was in Schopenhauers Metaphysik «Wille» hieß, das blinde Streben in allen Dingen und Lebewesen, hatte in seiner Einschränkung auf den Menschen eine ferne, aber von Freud ausdrücklich anerkannte Ähnlichkeit mit dem ganz und gar unbewußten «Es» der Psychoanalyse, wie auch Schopenhauers «Vorstellung» dem Begriff Bewußtsein nicht fern war. 1868 er-

schien Eduard von Hartmanns imposante, Carus verpflichtete drei-
bändige «Philosophie des Unbewußten», die ein halbes Jahrhundert
lang in immer neuen Auflagen und Übersetzungen verbreitet war und
um 1900, als Freud mit seiner Lehre an die Öffentlichkeit trat, ein
beliebter Salongesprächsgegenstand gewesen sein muß. In Freuds
letztem Gymnasialjahr wurde das «Lehrbuch der empirischen
Psychologie» von Gustaf Adolf Linder (1858) benutzt, das ganz auf den
Ideen des Philosophen und Pädagogen Johann Friedrich Herbart
fußte.[1] Der hatte zu Beginn des Jahrhunderts nicht nur dem unbewußten Geist großes Gewicht beigemessen, sondern auch schon von ins
Unbewußte «verdrängten» Vorstellungen gesprochen, sein «Unbewußtes» trug mithin bereits Freudsche Züge. Bei Linder muß Freud
den Satz gelesen haben: «... Vorstellungen, die einmal im Bewußtsein
waren und aus irgend einem Grund aus ihm verdrängt wurden, [sind]
nicht verloren gegangen, sondern können unter gewissen Umständen
wiederkehren.»[1]

So unbeholfen jenes frühe Bild eines unbewußten Seelenlebens
auch war: daß es dieses geben müsse, schließt Whyte, sei «um 1700
vorstellbar, um 1800 ein aktueller Gesprächsgegenstand und um 1920
gesellschaftlich wirksam» geworden.[2] Henri F. Ellenberger, ein anderer Historiker des Unbewußten, war der Auffassung, es gebe bei Freud
und Jung «kaum eine Idee, die nicht von der [deutschen] Naturphiloso-
phie und der romantischen Medizin vorweggenommen wurde».
Dasselbe, aber sehr viel boshafter, sagte einer der Pioniere der wissenschaftlichen Psychologie, Hermann Ebbinghaus, und zwar im Hinblick auf den eigentümlichen Dreh, den Freud der Vorstellung des
Unbewußten gegeben hatte: «Was an diesen Theorien neu ist, ist
nicht wahr, und was wahr ist, ist nicht neu.»[3]

Wenn diese Tradition überhaupt je unterbrochen war (und sofern
man dergleichen geistige Entwicklungen überhaupt einem einzelnen
Denker in die Schuhe schieben kann), so war es darum, weil Anfang
des siebzehnten Jahrhunderts der Philosoph René Descartes die Axt
anlegte und unsere ganze schöne einheitliche Welt rigoros in zwei
voneinander unabhängige Teile spaltete: die räumliche Materie und
eine nicht räumliche Denksubstanz. Es gebe, so lehrte er, einerseits
alles das, was Länge, Breite und Höhe hat und einen Ort im Raum
einnimmt – die Materie, zu der auch der menschliche Körper gehört;
andererseits den denkenden, rechnenden, sprechenden Geist. Der
Körper sei maschinengleich und bewußtlos; die in ihm hausende bewußte Intelligenz sei von ihm unabhängig und verkehre mit ihm nur
über feine Dämpfe in der Zirbeldrüse. (Die Zirbeldrüse sollte es sein,

weil sie Descartes zufolge das einzige einheitliche, unpaarige Organ des Gehirns war, also die einzige Gehirnstruktur, die kein symmetrisches Gegenstück auf der anderen Gehirnseite hatte und darum als Ort des einheitlichen Geistes in Frage kam.) Descartes erhob den Zweifel an allem zum Grundprinzip; nur eines schien ihm über jeden Zweifel erhaben: das eigene Bewußtsein («ich denke zweiflerisch, also bin ich»). Denken – das war für Descartes «alles, was derart in uns geschieht, daß wir uns seiner unmittelbar aus uns selbst bewußt sind» (das Einsehen, die Vorstellung, das Wollen, die Wahrnehmung). Und: «Alle unsere Begriffe knüpfen wir an Worte.»[4] Der Geist, das Denken, das immaterielle Geschehen im Kopf war für Descartes also ohne weiteres identisch mit dem denkenden und sprechenden Bewußtsein.

Da Tiere nicht sprechen, so folgte daraus, haben sie auch keine bewußte Intelligenz und sind bloße bewußtlose Uhrwerke – ein Gedanke, der noch heute zur Rechtfertigung mancher Tierquälerei herhalten muß. «Wie Menschen verschiedene Automaten herstellen, die sich gedankenlos bewegen, so bringt die Natur ihre sehr viel prächtigeren Automaten hervor. Diese natürlichen Automaten sind die Tiere ... Der Hauptgrund dafür, daß den Tieren Bewußtsein abgeht, ist der, daß ... niemals ein Tier beobachtet wurde, welches das Stadium wirklicher Sprache erreicht hätte, das heißt ein Tier, das durch Wort oder Zeichen etwas kundgetan hätte, das dem reinen Denken zuzurechnen wäre. Sprache ist das einzige sichere Anzeichen dafür, daß im Körper ein Geist verborgen ist.»[5] So leider der große Begründer der modernen Philosophie.

Der englische Philosoph John Locke war in seiner Abneigung gegen das, was damals «angeborene Ideen» hieß, Descartes' großer Widersacher; aber mehr als alle anderen verhalf er der cartesischen Ansicht zum Durchbruch, daß Seele gleich Bewußtsein sei und der Geist für sich selber völlig durchsichtig. «Die überwiegende öffentliche Meinung geht ... noch immer dahin, die Begriffe ‹psychisch› und ‹bewußt› für gleichbedeutend zu halten», diagnostizierte von Hartmann vor über einem Jahrhundert, und noch heute fiele seine Diagnose kaum anders aus. Auch wo wir von Descartes nie ein Wort gelesen haben, regiert sein Dualismus bis heute, versetzt mit christlicher Körperverachtung und Lockes Gleichsetzung von Geist und Bewußtsein, obwohl uns doch jeder trauernde Hund und jeder Schluck Alkohol und jede Valiumtablette eines Besseren belehren könnten; nur um den unsichtbaren Freudschen Dämon «Unbewußtes» ist diese Vorstellung noch vermehrt worden.

Das Problem, das hinter jenem Automatenverdacht steht, ist das

«Problem des fremden Bewußtseins», und das ist bis heute nicht wirklich zufriedenstellend lösbar. Sicher ist jeder ja nur des eigenen; ob andere – Menschen, Tiere, Wesen von fremden Sternen – eines haben und ob und wie sich dessen Qualitäten von meinem eigenen unterscheiden, kann ich nicht sagen. Um es zu sagen, müßte ich in das innere Erleben eines anderen Wesens schlüpfen können. Nichts wird mir je dazu verhelfen. «Rot» ist für mich eine bestimmte Wahrnehmungsqualität; wenn das «Rot», das ich sehe, für meinen Nachbarn so aussehen sollte wie mein «Grün» und umgekehrt, werden wir auf diesen Unterschied nie aufmerksam werden – alle Unterscheidungen, die wir machen, werden weiter stimmen; und wie das «Bienenpurpur» für die Biene aussieht, also eine Farbe, die für uns nicht sichtbar ist, für die Biene aber sehr wohl (sie dirigiert sie sicher ins Zentrum für uns einfarbig aussehender Blüten), können wir nicht sagen. Trotzdem scheint uns die Behauptung, andere Menschen und die höheren Tiere hätten gar kein Bewußtsein, oder nur eines, das mit unserem keinerlei Ähnlichkeit hat, intuitiv völlig absurd. Bei anderen Wesen beobachten wir, welche Situationen zu welchem Verhalten (insbesondere zu welchem Ausdrucksverhalten) führen; wir vergleichen, ob bei uns selber ähnliche Situationen zu ähnlichem Verhalten führen. Und wenn das der Fall ist, nehmen wir an, daß auch bei den anderen Wesen zwischen Reiz und Verhalten jene inneren erlebten Zustände vorhanden waren, die wir unter den gleichen Umständen in uns selber vorgefunden hätten. Eine solche Annahme bringt uns ziemlich weit; das heißt, sie erlaubt uns, das Verhalten anderer Wesen einigermaßen treffend zu erklären und vorauszusagen. Das ist ihre einzige, aber erhebliche Daseinsberechtigung. «Unsere [Alltags-]‹Theorie› erlaubt es uns, das Verhalten der Menschen besser als irgendeine sonst verfügbare Theorie zu erklären, und welchen besseren Grund könnte es geben, einem Satz allgemeiner Gesetze über unbeobachtbare Zustände und Eigenschaften Glauben zu schenken? Die Gesetze der volkstümlichen Psychologie sind aus dem gleichen Grund glaubwürdig, wie die Gesetze irgendeiner anderen Theorie glaubwürdig sind: weil sie erklärenden und voraussagenden Erfolg haben» (der Philosoph Paul Churchland[6]).

Dort dumpf der niedere Körper, hier hell und immateriell und rational und ausformulierbar der bewußte Geist und in dessen Souterrain, bedrohlich und irgendwie auch wiederum verlockend, der irrationale Dämon Unterbewußtsein mit seinen zügellosen Leidenschaften: so sieht das Seelenmodell der Pop-Psychologie des ausgehenden zwanzigsten Jahrhunderts aus. Jene folgenreiche Zweiteilung und dazu die

Gleichsetzung von Geist mit (sprachlichem) Bewußtsein steht bis heute dem Verständnis des Organismus als einer Einheit im Weg und war wohl «einer der gröbsten Schnitzer, die sich die Menschheit je geleistet hat» (Whyte[7]).

Für die Philosophen vor Freud, die mit Descartes nicht einig waren, bildeten – in einem Bild von Leibniz – die unbewußt bleibenden Regionen des Geistes eine Art Ozean, aus dem nur einige Inseln des Bewußtseins herausragten; jede bewußte Geistestätigkeit ging aus einer unbewußten hervor. Freud näherte sich diesem Ozean mit dem spezielleren Interesse des Psychopathologen. Er fahndete nach den Ursachen seelischer Störungen und glaubte sie in den unbewußten Regionen gefunden zu haben – in dem, was in «das Unbewußte» verdrängt worden war. Zwar bestand auch für ihn «das Unbewußte» aus mehr als «dem Verdrängten»; aber selber interessierte ihn daran denn doch eigentlich nur, daß es als eine Art Behältnis für unerlaubte Wünsche in Frage kam, und zwar nicht für beliebige Wünsche, sondern für die auf Inzest versessenen Sexualwünsche des Kindes, die seine Lehre postulierte. Im Menschen stiegen triebhafte Wünsche auf, die sein Bewußtsein nicht ertragen könne und entweder zurückweise oder gar nicht erst zulasse (das eben ist «Verdrängung» im Freudschen Sinn); sie würden dem bewußten Blick entzogen (also, falls sie einmal bewußt waren, ganz und gar vergessen), blieben jedoch lebendig, rumorten unsichtbar fort und versuchten doch noch irgendwie zum Zug zu kommen. Der fortgesetzte Konflikt zwischen ihnen und dem bewußten «Ich», das sich ihrer erwehren muß, mache krank. Die Kolonie dieser verbannten Lüsternheiten nannte er zunächst «System Ubw»; als ihm später klar wurde, daß auch seine beiden anderen Seelenprovinzen «Ich» und «Über-Ich» nicht durchweg in heller Bewußtheit funktionieren konnten, taufte er es in «das Es» um.

«System Ubw» oder «Es» bildeten in dieser Vorstellung ein zusammenhängendes selbständiges Etwas innerhalb der Psyche, komplett mit eigenen Gedanken, Gefühlen, Begierden, Erinnerungen und eigener Energieversorgung – sozusagen eine unsichtbare zweite Quasi-Person in der Person, die sich von der ersten nur dadurch unterschied, daß sie unlogischer, leidenschaftlicher, verantwortungsloser und eben ganz und gar «unbewußt» war, auch bei angestrengtestem Absuchen des eigenen Inneren nicht zu entdecken. (So wie Freud sie sich vorstellte, war sie auch misanthropischer und verleitete das «Ich» kaum je zu ungewollten Freundlichkeiten – denn jeder Tiefenpsychologe stellt sich «das Unbewußte» anscheinend gern als ein Spiegelbild seiner eigenen schattigeren Charakterseiten vor.)

Dies soll keine Karikatur sein. Es ist keine. Freud selber meinte, die unbewußten Zustände der Seele «können mit all den Kategorien beschrieben werden, die wir auf die bewußten Seelenakte anwenden, als Vorstellungen, Strebungen, Entschließungen und dergleichen. Ja, von manchen dieser latenten Zustände müssen wir aussagen, sie unterscheiden sich von dem bewußten eben nur durch den Wegfall des Bewußtseins.»[8] Er hatte auch Gefallen an Personifizierungen. In einer Vorlesung etwa beschrieb er sein «Es» und sein «Über-Ich» als «gestrenge Herrn» voller ungezähmter Leidenschaften, die das «arme Ich» in die Mangel nehmen.[9] Das «Über-Ich» gar «beschimpft, erniedrigt, mißhandelt» das Ich, «macht ihm Vorwürfe wegen längst vergangener Handlungen»[10]. Bis in die Neuzeit hinein glaubte man ebenfalls, daß in der Person zuweilen eine unsichtbare Quasi-Person hause und sie zu unvernünftigem und unmoralischem Tun anstifte. Man nannte sie Dämon.

Die Personifizierung des Unbewußten durch die Psychoanalyse war, wie der amerikanische Philosoph Daniel Dennett schrieb, eine bloße Krücke. Die immer unabweisbarere Einsicht, daß es unbewußte seelische Prozesse gebe, wurde annehmbarer gemacht durch die Fiktion, «die ‹unbewußten› Gedanken, Wünsche und Pläne gehörten zu einem anderen Selbst innerhalb der Psyche»[11].

Bertrand Russell hatte sich schon 1921 über diese mittelalterliche Theorie des dämonischen (das Fachwort heißt «dynamischen») Unbewußten lustig gemacht: «Freud und seine Gefolgsleute haben zweifellos demonstriert, wie groß die Bedeutung ‹unbewußter› Wünsche beim Zustandekommen unserer Handlungen und Überzeugungen ist, aber sie haben nicht versucht, uns zu verraten, was ein ‹unbewußter› Wunsch denn nun wirklich ist, und damit haben sie ihre Lehre mit einem Nimbus von Geheimnistuerei und Mythologie ausgestattet, welcher viel zu ihrem populären Reiz beigetragen hat. Sie tun so, als sei es für einen Wunsch das Normale, bewußt zu sein, und als müßte für seine eventuelle Unbewußtheit eine positive Ursache aufgespürt werden. So wird das Unbewußte hier zu einer Art untergründigem Gefangenen, der drunten im Kerker haust und nur ab und an unter düsterem Gestöhn und Verwünschungen und mit sonderbar atavistischen Gelüsten ans Tageslicht der Respektabilität gelangt. Fast unvermeidlich denkt der normale Leser sich dieses Kellerwesen als ein zweites Bewußtsein, das von dem ‹Zensor›, wie Freud ihn nennt, daran gehindert wird, seine Stimme in Gesellschaft vernehmlich zu machen, abgesehen von den raren und fürchterlichen Gelegenheiten, bei denen er dermaßen laut brüllt, daß alle ihn hören und es einen Skandal gibt. Den meisten von uns gefällt die Vorstellung, daß wir verzweiflungsvoll böse sein könnten, wenn wir uns nur gehen ließen. Darum ist das Freudsche Unbewußte vielen stillen und braven Menschen ein Trost gewesen.»[12]

Genau als solch ein Kellerwesen ist «das Unbewußte» in den psychologischen Gedankenschatz des Jahrhunderts übergegangen. «Entdecken Sie den Boris Becker in sich! Nutzen Sie das Kraftpotential Ihres Unterbewußtseins!» wirbt eine Anzeige im Vertrauen auf die Muskelpakete jenes Dämons. Manche ihrer eigenen Bilder langweilten sie selber, weil ihnen «die Sprache des Unbewußten fehlt, das sich jeder Kontrolle und Zensur entzieht», vermutet, im Vertrauen auf die überlegenen künstlerischen Fähigkeiten des Dämons, die pschoanalytische Schriftstellerin Alice Miller. In dem amerikanischen Science-fiction-Film «Forbidden Planet» (Alarm im Weltall, 1965) ist es leibhaftig zu besichtigen: als mordendes «Monster Id» (Ungeheuer Es), ein raubkatzenhafter Schemen mit – laut Drehbuch – «trüben Schweinsaugen, kleinen schlaffen Ohren, Vampirschnauze und klaffendem Alptraumgebiß». Die Anknüpfung an Freud war Absicht. Irving Block, der den Film entwarf, sagte: «Es gibt wirkliche Monster und Dämonen, die in uns existieren und von denen wir nichts wissen.» Und so erscheint das Monster Id denn riesengroß in einer Szene, «das körperliche Äquivalent zu den verdrängten Urtrieben im Unbewußten des Raumfahrers Morbius, aus dem es entsprang»[13].

Tiefenpsychologie und akademische Psychologie sprechen heute von Unbewußtem. Dies aber ist der große Unterschied zwischen ihnen: Jene meint «das dynamische Unbewußte», den zugegeben sehr eindrucksvollen, aber wohl fiktiven Dämon im Kopf, der dem Menschen mit seinen wilden unmoralischen Wünschen zusetzt; diese spricht von einer Vielzahl geistiger Prozesse, die sich unter anderem in ihrer Bewußtheit unterscheiden – und hinter denen langweiligerweise kein böses Geheimnis lauert.

15. UNTER DER SCHWELLE: ÜBER SUBLIMINALE WAHRNEHMUNG UND WAHRNEHMUNGSABWEHR

Ende der vierziger Jahre stießen «akademische» Psychologen beim Experimentieren auf ein Phänomen, das in ihrem Weltbild kaum unterzubringen war. Es war fast, als gäbe es in der Seele eine unsichtbare zweite Seele. Hatte man gar endlich im exakten Experiment die Schwanzquaste des Dämons «Unbewußtes» erwischt, von dem die Psychoanalyse seit einem halben Jahrhundert so ahnungsvoll sprach?

In diesen Experimenten reagierten die Versuchspersonen auf etwas, das sie gar nicht wahrgenommen hatten. Zum Beispiel zeigte man ihnen ein neutrales Gesicht und projizierte die Wörter «glücklich» oder «wütend» darüber, diese aber so extrem kurz, daß sie nicht zu erkennen waren. Keiner wußte, um welche Wörter es sich handelte. Nach mehreren Wiederholungen begannen jene, denen das Wort «glücklich» hinzugegeben worden war, das Gesicht als heiter zu sehen; die anderen fanden es immer aggressiver.[1] Oder man spielte über Kopfhörer gleichzeitig in ein Ohr Musik und ins andere Worte, diese jedoch so leise, daß die Versuchspersonen sie nicht verstehen konnten, ja überhaupt nichts von ihnen merkten; trotzdem beeinflußten sie den Gang ihrer Gedanken und Vorstellungen.

Das Phänomen heißt «unterschwellige Wahrnehmung» oder «Subzeption». Die Richtung der Wahrnehmungspsychologie, die sich seiner vor allem in den fünfziger und sechziger Jahren in weit über tausend einzelnen Studien annahm, nannte sich *New Look*. Ein zusätzlicher Fund machte den *New Look* besonders interessant: Den meisten Versuchspersonen fiel es schwerer, gefühlsbetonte Wörter oder Bilder zu erkennen; sie mußten länger oder stärker dargeboten werden als gefühlsneutrale Reize. Bei einem der ersten einschlägigen Experimente[2] zeigte man einer Reihe von Studenten mit dem Tachistoskop, einem Projektor für extrem kurze Darbietungszeiten, achtzehn Wörter – elf neutrale wie «Apfel», «Glas», «Besen» und sieben heikle wie «Hure», «Penis», «Dreck». Beim erstenmal waren die Wörter eine Millisekunde (tausendstel Sekunde) lang zu sehen und für alle Versuchsteilnehmer völlig unentzifferbar. Beim zweiten Durchgang betrug die Projektionsdauer zwei Millisekunden, beim dritten drei, und so fort. Das Ergebnis: Die neutralen Wörter wurden bei durchschnittlich sechs Millisekunden Projektionsdauer richtig erkannt; die gefühlsbetonten aber erst bei zwölf Millisekunden. Es war ganz so, als wehrten sich die Menschen unwissentlich, gefühlsbetonte Anblicke wahrnehmen zu müssen. So taufte man das Phänomen denn auch «Wahrnehmungsabwehr».

Manche Psychoanalytiker glaubten, mit dem *New Look* und ganz besonders mit der Wahrnehmungsabwehr habe die akademische Psychologie endlich eine Spur des freudschen «Ubw» gefunden. Vielen akademischen Psychologen war die Sache gar nicht geheuer. Heute hat wohl die Mehrheit von ihnen keine Schwierigkeiten mehr, das Faktum einer unterschwelligen und selektiven Wahrnehmung zu akzeptieren. Einige aber bezweifeln noch immer, daß es sie überhaupt gibt, und halten sie nach wie vor für ein Artefakt, ein Kunstprodukt der Laborsituation.

Die Hauptschwierigkeit ist natürlich eine logische. Wenn ich den Blick von einer unangenehmen Szene abwende, dann weil ich sie wahrgenommen und schwer erträglich gefunden hatte. Aber wie kann ich mich gegen einen Anblick wehren, den ich noch gar nicht wahrgenommen habe? Wie kann ich meine Wahrnehmungsschwelle gegenüber einem gefühlsbetonten Anblick heraufsetzen, wenn ich noch gar nichts gesehen habe? «Die Behauptung, man könne etwas wahrnehmen, um es nicht wahrzunehmen, ist ein logischer Widerspruch», schrieb etwa der Psychologe J. J. Gibson[3]. So war, was sich in jenen Experimenten gezeigt hatte, für viele der reinste Spuk. Es konnte einfach nicht sein – und nur darum wurde das Phänomen so ausgiebig ausgeforscht, weil es möglichst wegerklärt werden sollte.

Alle erdenklichen Einwände wurden durchprobiert. Hatten vielleicht die Erwartungen der Experimentatoren die Ergebnisse unwillentlich verfälscht? Aber an der Objektivität mancher Studien gab es nichts auszusetzen, und gelegentlich fanden auch Forscher, die eigentlich ausgezogen waren, ihm ein Ende zu machen, den Spuk bestätigt. Hatten die Versuchspersonen die kurz vorgeführten Wörter vielleicht doch zum Teil erkannt? Aber das Phänomen blieb selbst dann bestehen, wenn man die Wörter nicht mehr extrem kurz, sondern extrem schwach vorführte, so daß die Probanden auch keinen Licht-blitz, sondern schlechterdings gar nichts mehr sahen und nicht ein-mal wußten, daß ihnen überhaupt etwas gezeigt worden war. Fiel ihnen das Erkennen mancher Wörter schwerer, weil es sich um selte-nere oder schwierigere Wörter handelte? Aber das Phänomen wich auch dann nicht, wenn man Wörter genau gleicher Häufigkeit und Schwierigkeit verwendete. Der stärkste Einwand lautete: Bei der ver-meintlichen Wahrnehmungsabwehr werden gar keine Wahrnehmun-gen abgewehrt; die Versuchspersonen bringen es nur nicht fertig, Ta-buwörter so leichthin auszusprechen wie neutrale. Aber das Phäno-men behauptete sich beispielsweise auch, wenn das Erkennen eines Tabuworts mit einem neutralen Wort und das Erkennen eines neu-tralen Worts mit einem Tabuwort bekundet werden sollte und die Genierlichkeit also keine Rolle mehr spielen konnte; oder wenn es überhaupt nichts mehr zu sagen gab, wie in einem Experiment des Londoner Psychologen Norman Dixon[4]. Er bot einem Auge unter-schwellig Wörter dar und maß währenddessen, ob gleichzeitig das andere Auge seine Empfindlichkeit herauf- oder herabsetzte. Eben das aber tat es. «Sah» ein Auge – unerkennbar – ein heikles Wort, so verän-derte das andere seine Empfindlichkeit. Es wurde immer schwerer, an ein bloßes Artefakt zu glauben.

Langsam aber dämmerte es auch, daß das Phänomen gar nichts Spukhaftes an sich hat. Die Wahrnehmung ist ja kein singulärer Akt, der sich in einem einzigen Verarbeitungsschritt vollzieht und nur entweder stattfindet oder nicht. Sie scheint uns sehr schnell zu gehen, aber sie ist ein Prozeß. Auf dem Weg der Sinnesdaten von den Emp-fangsstationen zur Bewußtheit muß das Gehirn eine sehr erhebliche Analysearbeit vollbringen. Auf diesem Weg filtert es viele Eindrücke aus; viele von ihnen erreichen das Bewußtsein nie. Aber auch die ausgefilterten sind im Gehirn für einen kurzen Moment präsent und wirksam. Spielt man etwa über einen Kopfhörer beiden Ohren gleich-zeitig ganz verschiedene Texte vor, so kann der Hörer nur einem von ihnen aufmerksam folgen, so wie man sich auf einer Party auch immer nur auf eins der gleichzeitigen Gespräche konzentrieren kann; die andere Tonspur wird überhört – man weiß einfach nicht, was da ge-sprochen wurde. Fällt dort aber ein Reizwort, zum Beispiel der eigene Name, so horcht man plötzlich auf. Man horcht auf, *nachdem* er aus-gesprochen wurde, nicht vorher. Man hat also nicht etwa zufällig in einem passenden Augenblick zur anderen Tonspur hinübergeschal-tet. Das Gehirn muß die andere Tonspur die ganze Zeit über verfolgt und sogar verstanden haben, sonst hätte es den Namen verpaßt. Nur hat es das Bewußtsein erst in dem Augenblick hinzugezogen, als das kritische Wort fiel.

Norman Dixon, der die beiden Standardbücher über «vorbewußte Informationsverarbeitung» geschrieben hat, und der amerikanische Psychologe Matthew H. Erdelyi erklären die Sache etwa so:[5] Die Sinnesdaten fließen zunächst in einen Zwischenspeicher, einen sogenannten Puffer, der sie für kurze Zeit, höchstens zwei Sekunden lang, alle zur Verfügung hält. Hier, im sogenannten sensorischen Gedächtnis, werden sie vom Großhirn bis hin zur Bedeutungsebene analysiert – und das heißt, daß das Langzeitgedächtnis befragt werden muß (denn um zum Beispiel ein Wort zu «verstehen», muß man ihm die im Langzeitgedächtnis gespeicherte Bedeutung zuordnen). Gleichzeitig wird auf anderen, etwa dreißig Millisekunden langsameren Nervenbahnen der Retikulärformation im Hirnstamm Meldung gemacht, und zwar nicht über den Inhalt des Reizes, mit dem sie nichts anfangen könnte, sondern nur über seine Intensität. Ist diese groß genug, so beginnt die Retikulärformation zu «feuern». Diese von ihr ausgehende Erregung, Aktivierung genannt, ist nötig, damit Bewußtheit entsteht. Ein Reiz, der so kurz oder schwach ist, daß er die Retikulärformation zu keiner Aktivierung bewegt, ist zwar im Gehirn verfügbar, aber unbewußt. Bewußtheit aber kann auf eine noch andere Weise zustande kommen. Kommt das Großhirn bei seiner Analyse zu dem Ergebnis, daß der betreffende Reiz bedeutungsvoll ist, so unterrichtet es seinerseits die Retikulärformation. Ein Signal stößt diese an, und auch in diesem Fall beginnt sie zu feuern, mit dem Ergebnis, daß Bewußtheit hergestellt wird.

Bewußt also werden Eindrücke, die entweder von vornherein stark genug sind; oder die das Großhirn als bewußtseinsbedürftig erkannt hat. Unbewußt bleibt das Schwache und das Bedeutungslose. Das Bewußtsein ist demnach jene Stelle ganz am Ende der Informationsverarbeitung, durch die aus der Unzahl der ständig im Gehirn eingehenden Daten nur noch eine kleine Auswahl passiert, die sich entweder durch ihre Stärke oder ihre erkannte Bedeutung auszeichnet. Hier und nur hier, wo die Handlungen geplant werden, werden sie – eben diesen geheimnisvollen Umstand nennen wir Bewußtsein – subjektiv erlebt. Dann wandern die wichtigsten von ihnen ins Langzeitgedächtnis; die anderen werden, wie vorher all die unwichtigen Sinneseindrücke, verlorengegeben und zerfallen spurlos.

Damit wird das wundersame Phänomen mit den Begriffen der kognitiven Psychologie (jener heute vorherrschenden Strömung in der akademischen Psychologie, die die «Seele» als Informationenfluß im lebenden Nervensystem untersucht) und im Einklang mit bekannten Gegebenheiten der Gehirnphysiologie ganz ohne sensationelle Enthüllungen erklärbar. Die psychoanalytische Lehre hätte vorausgesagt, daß das bewußte Ich unerlaubte Triebreize zurückweist («verdrängt»), deren Zulassung zu schmerzhaft wäre. Daß alle gefühlsbetonten Wörter, auch jene, von denen man sich schwer vorstellen kann, daß sie irgendeinen Bewußtseinsschmerz erzeugen sollen, etwa das Wort «Dreck», es etwas schwerer haben, zum Bewußtsein durchzudringen, hätte sie nicht eigentlich vorhergesagt, aber es ließe sich noch mit ihr vereinbaren.

Gar nicht mit ihr vereinbaren aber läßt sich ein weiterer Befund. Die einen zwar nehmen heikle Reize schwerer wahr, die anderen aber ganz im Gegenteil leichter! Sie erkennen heikle Wörter oder Bilder noch vor den neutralen! Jenes heißt in der akademischen Psychologie heute *repression* (Unterdrückung), dieses *sensitization* (was etwa soviel wie «Empfänglichkeit» bedeutet). Jeder ist irgendwo auf einem Kontinuum zwischen diesen beiden Polen angesiedelt, und es gibt einen Test, der ermittelt, wo.[6] Dixon selber hält das Wort Wahrnehmungsabwehr für falsch gewählt, unter anderem eben, weil es auch sein genaues Gegenteil, die Bevorzugung emotionaler Eindrücke («Wahrnehmungsvigilanz») bezeichnen muß. Wahrscheinlich kann gar keine Rede davon sein, daß der Mensch grundsätzlich unliebsame Wahrnehmungen ausschließen will. Vielmehr handelt es sich um eine Sache des individuellen «kognitiven Stils», um eine Temperamentsfrage sozusagen. Manche haben eine aktiv suchende Aufmerksamkeit, sind überall und immer auf dem Quivive – anderen liegt weniger daran zu erfahren, was bedeutungsvoll für sie sein könnte.

Das Phänomen der unterschwelligen Wahrnehmung ließ sich auch darum so schwer aus der Welt diskutieren, weil jene unbewußte Reaktion auf einen unbemerkten Reiz im Labor durchaus deutliche und unbezweifelbare Spuren hinterlassen hatte. Erregung – die von der Retikulärformation ausgehende elektrische Aktivierung höhergelegener Hirnbereiche – läßt sich objektiv messen. Unter anderem beschleunigt sie den Herzschlag, vor allem aber setzt sie den elektrischen Widerstand der Haut um ein weniges herab (vermutlich, weil sie auf der Haut zu einer augenblicklichen leichten Schweißabsonderung führt, die die Haut geringfügig feuchter macht). Diese überaus empfindliche «elektrodermale Reaktion» (EDR) ist ein feiner Indikator für das Auf und Ab der in der Seele herrschenden Erregung. Mit einer entsprechenden Apparatur wird der Hautwiderstand fortlaufend aufgezeichnet, und die Ausschläge der Kurve bezeichnen die Momente, in denen sich das Geist / Gehirn in Alarmzustand versetzt hat. Auch unterschwellig dargebotene emotionale Reize rufen solche Ausschläge hervor. Sie sind Indizien dafür, daß das Gehirn an diesen Stellen tatsächlich alarmiert war. Kein Psychoanalytiker aber hat je eine solche objektive Spur des unbewußten geistigen Aufruhrs vorgelegt, von dem er spricht. Obwohl das «dynamische Unbewußte» doch laut Freud ein Hexenkessel voller brodelnder Erregungen sein soll, scheinen sie ganz und gar im Körperlosen zu toben, für kein Gerät abfangbar. Zum Beispiel wenn das leidenschaftliche «Unbewußte» dem «Ich» einen Satz verdirbt – also kurz bevor man einen Sprachschnitzer macht –, müßte eigentlich die ihm nach Freuds Auffassung zugrundeliegende heftige Kollision zwischen den Wünschen von Ich und «System Ubw» eine verräterische EDR auslösen, jedenfalls dann, wenn es im Gehirn mit rechten Dingen zugeht. Sie wäre ein unübersehbarer Beweis dafür, daß in diesem Augenblick tatsächlich eine starke unbewußte Erregung am Werk war. Sie müßte ganz leicht nachweisbar sein. Sie ist nie nachgewiesen worden.

Ende der fünfziger Jahre gab es Versuche, das Phänomen der unterschwelligen Wahrnehmung für die Werbung auszunutzen. Wenn man dem Geist (oder, in psychoanalytischem Verständnis, «dem Unbewußten») eine Werbebotschaft zukommen ließe, von der das Bewußtsein (das «Ich nichts erfährt und gegen die es sich darum auch nicht wehren kann: wäre das nicht der Königsweg zum Portemonnaie des Verbrauchers? Der amerikanische Werbepsychologe James Vicary berichtete 1956, er habe in einem Kino in New Jersey alle fünf Sekunden weit unterschwellige und darum völlig unbemerkte Werbespots für Cola und Popcorn in den Spielfilm eingeblendet und so in sechs Wochen die Umsätze für beides fabelhaft gesteigert. Genaueres über das Experiment wurde nie berichtet, und manche bezweifeln nicht nur sein Ergebnis, sondern daß es jemals stattgefunden hat.[7]

Spektakuläre Bestätigungen im Labor blieben jedenfalls aus. In einem Experiment mußten Studenten Aufsätze über ein bestimmtes Bild schreiben. Unterschwellig wurde deren Länge beeinflußt.[8] Die einen sahen – oder sahen vielmehr nicht – während des Schreibens die unterschwellig dargebotene Aufforderung «Schreib mehr!», die anderen die Aufforderung «Nicht schreiben!». Die Schreib-mehr-Gruppe verfertigte im Durchschnitt etwas längere Aufsätze. Wurden die beiden Aufforderungen dagegen überschwellig gezeigt, so daß jeder Teilnehmer sie bewußt lesen und erfassen konnte, so hatten sie keinerlei Wirkung auf die Länge der Aufsätze. Der unterschwellige Appell, so kann man also annehmen, war wirksam, weil er die bewußten Vorstellungen über das, was eine angemessene Aufsatzlänge wäre, umgangen hatte. Wie lang ihre Aufsätze wurden, war den Studenten natürlich bewußt, und sie konnten sie bewußt länger oder kürzer machen. Was ihnen nicht bewußt war, war der ihnen suggerierte Wunsch, mehr oder weniger zu schreiben. Da er nicht dem Licht des Bewußtseins ausgesetzt war, konnte dieses ihn auch nicht außer Kraft setzen. Soweit diesem Experiment zu trauen ist, muß man eine gewisse, wenn auch schwache Beeinflußbarkeit durch subliminale Reize für wenigstens im Bereich des Möglichen halten.

Einem anderen Experimentator[9] gelang es, seine Versuchspersonen mit Hilfe des unterschwellig dargebotenen Wortes «*Beef*» (Rindfleisch) etwas hungriger zu machen, als sie sowieso schon waren; aber als sie sich dann anschließend auf das kalte Büfett stürzten, wählten sie keineswegs bevorzugt Roastbeef-Sandwiches. Hungriger hatte der Reiz sie anscheinend gemacht, aber nicht hungrig gerade auf Beef. Unterschwellige Werbung für eine bestimmte Ware oder gar für eine bestimmte Marke hätte unter solchen Bedingungen kaum eine Chance.

Seitdem denkt die akademische Psychologie gering von den Möglichkeiten einer unterschwelligen Beeinflussung. Bereits vorhandene allgemeine Bedürfnisse, so lautet die vorherrschende skeptische Meinung, könne man vielleicht ein wenig aufmuntern; aber zu bestimmten Handlungen, zum Kauf bestimmter Produkte ließe sich so kein Mensch überreden. Die unterschwellige Überredung funktionierte schon darum nicht, weil ihr Effekt – der Kauf einer Ware – sich schließlich dem Bewußtsein nicht verheimlichen ließe; dieses könnte allemal sein Veto einlegen. Und da sich gerade damals – Ende der fünfziger Jahre – lebhafte Proteste gegen alle ungewollten Beeinflussungen durch eine psychologisch immer raffinierter vorgehende Werbung erhoben, geschürt vor allem von Vance Packards weltweitem Bestseller «Die geheimen Verführer», ließ die Werbung die ohnehin wenig versprechende Methode wieder fallen; in einigen Staaten wurde unterschwellige Werbung gesetzlich ganz verboten.

Dennoch verbreitet ein amerikanischer Autor, Wilson Bryan Key, seit Anfang der siebziger Jahre in mehreren Bestsellern immer wieder die eine Horrornachricht: die Werbung strotze von absichtlich plazierten unterschwelligen Botschaften. In den Lichtmustern von Eiswürfeln, den feinen Linien der Haut oder der Oberfläche von Crackers glaubte er immer wieder das Wort «SEX» zu entdecken. In dem Foto einer Zahnpastareklame, das eine Mutter mit ihrem kleinen Kind zeigte, sah er den gehobenen mütterlichen Zeigefinger als einen Phallus, den Babymund als Vulva. Eine Brauseflasche der Marke «Sprite» symbolisierte in seinen Augen einen «erigierten, maskulinen, männlichen Phallus»[10].

Keys «Deutungen» sind einigermaßen abentcucrlich. Zwei Beispiele. «Sexmagazine wie ‹Playboy› bieten meisterhafte Illusionen von Frauen ... Unser Playboy ist dazu verurteilt, sein Leben lang mit sich selber zu spielen, während er die göttinnengleichen Illusionen anschaut. Laut Freud ist Blindheit ein Symbol für Kastration. Der blinde Ödipus mußte sich auf einen Stab stützen. Der Stab ist natürlich ein phallisches Symbol, und ‹Playboy› ist es auch. Man stelle sich das ergreifende Schicksal einer wirklichen Frau vor, die sich ehelich an einen Playboy bindet, dessen Unreife und Realitätsblindheit ständig von Phantasien und Illusionen genährt werden müssen.»[11] Soweit diese Gedankenflucht etwas besagen soll, besagt sie wohl dies: Einem Playboy sind fotografierte Frauen lieber als wirkliche. Er ist unreif, weil er realitätsblind und impotent ist. Er starrt immer nur in Magazine wie «Playboy» und bringt keine Action zuwege. Welche gewundene Weise, so etwas zu sagen! Und was für eine Verkennung des Playboys! Ödipus, der sich auf ein phallisches Symbol stützt, weil er impotent ist; der Playboy, der Illusionen anschaut und darum blind ist ... Eine Zigarettenreklame für die Marke «Camel» ist Key unter anderem darum suspekt, weil die Schachtel auf dem hölzernen Rand eines Billardtisches liegt: «Freuds Analyse der Traumphänomene zufolge ist das gemaserte Holz ein Symbol des Weibes. Diese unterschwellige Botschaft ... versichert also den Raucher seiner sexuellen Potenz und Männlichkeit.»[12]

Wie man sieht, handelt es sich also gar nicht um «unterschwellige» Botschaften im eigentlichen Sinn, den die Psychologie dem Wort gegeben hat. Es sind das alles vielmehr durchaus überschwellige und noch nicht einmal immer versteckte Wörter, Symbole, Organdarstellungen. Das einzige Unterschwellige an ihnen scheint zu sein, daß nur Key sie sieht oder vielmehr aus neutralen Mustern herausinterpretiert. In keinem Fall hat er nachgewiesen, daß das, was er da zu erblikken meint, in der von ihm gesehenen Bedeutung absichtlich angebracht wurde – oder daß es irgendeine Wirkung hatte. Werbefachleute sind sich einig, daß Keys Gruselberichte ohne Substanz sind, Fälle einer wildgewordenen, leicht paranoiden Phantasie, die mit der gleichen Berechtigung in Tapetenmustern Sexszenen entdecken und auch noch den Himmel entlarven würde, weil er die Menschen mit seinen busen- und hinternförmigen Wolken zum Lotterleben verführe.[13] Freud ist für Keys krause, aber offenbar populäre Psychologie nicht direkt verantwortlich zu machen; aber unverkennbar ist er einer ihrer Ahnherren.

Die unterschwellige Werbung war der einzige Versuch, die Pop-Psychologie des Unbewußten zu Geld zu machen und sich über unsere Köpfe hinweg mit dem vermeintlichen «Dämon Ubw» in uns ins Benehmen zu setzen. Er hat sich zerschlagen.

16. BEWUSSTES UND UNBEWUSSTES: ÜBER GEHIRNE, COMPUTER UND DEN GEIST

Es begann in der Pubertät mit tagelangen, schweren rechtsseitigen Kopfschmerzen. Immer waren sie begleitet von Sehstörungen. Im linken Gesichtsfeld sah er ein blinkendes ovales Licht, später ein weißes, bunt ausgefranstes Feld. Die Anfälle wurden mit den Jahren häufiger und unerträglicher, und da nichts gegen sie half, entschloß man sich schließlich zu einer Gehirnoperation. Ein kleines Gebiet seiner Großhirnrinde, genauer: seines rechten Hinterhauptlappens wurde abgetragen. Es war das Areal, in dem die Signale, die beide Augen aus dem linken Gesichtsfeld liefern, bis zur bewußten Wahrnehmung verarbeitet werden. Tatsächlich hörten die Anfälle auf. Aber von nun an litt er unter Hemianopsie, «Halbseitenblindheit»: Im linken Gesichtsfeld war er jetzt völlig blind. War er völlig blind? Bewußt sah er auf dieser Seite gar nichts mehr. Aber wenn man ihm dort Lichtflecken zeigte und ihn raten ließ, wo sie sich befänden, riet er sonderbarerweise fast immer richtig. Ebenso sicher «riet» er, ob es sich um Linien, Kreuze, Kreise handelte; selbst Farben schien er zu ahnen. Er selber staunte. Sein Gesichtssinn war zur einen Seite hin völlig blind, und obwohl er dort nichts eigentlich sah, wußte er, was sich dort befand.[1]

Das Phänomen heißt «Blindsehen» und ist seitdem mehrfach beobachtet worden, wenn die für das bewußte Sehen zuständigen Gebiete in der hinteren Großhirnrinde beschädigt oder entfernt waren. Die Augen, nach wie vor intakt, melden die Eindrücke aus der nunmehr unsichtbaren Hälfte des Gesichtsfeldes weiterhin an andere Hirngebiete, die diese Informationen verarbeiten, aber nicht bewußt werden lassen; irgendwo «weiß» das Gehirn in solchen Fällen, daß sich ein Kreuz links unten befindet, auch wenn es bewußt gar nichts sieht.

Ein anderer Fall. Bei einer ganz bestimmten beidseitigen Beschädigung der hinteren Großhirnrinde büßt der Kranke eine erstaunliche Fähigkeit des menschlichen Geistes ein, die Gesunden so selbstverständlich ist, daß sie sich keine Rechenschaft über sie geben: die Fähigkeit, bekannte Gesichter wiederzuerkennen. Diese äußerst seltene Störung heißt Prosopagnosie, «Gesichtsunkenntnis». Der Prosopagnostiker sieht niemals ein ihm bekanntes Gesicht. Seine Wahrnehmungen, auch die Gesichtswahrnehmungen, sind nach wie vor intakt. Auch sein Personengedächtnis ist intakt, denn er hat keine Mühe, vertraute Menschen kraft der über die anderen Sinneskanäle übermittelten Eindrücke zu identifizieren, an ihren Geräuschen oder Gerüchen. Nur alle Gesichter sehen für ihn gleich fremd aus. Wenn man ihm nun aber durcheinander Fotografien von bekannten und unbekannten Gesichtern vorlegt, fällt seine elektrodermale Reaktion (also die Veränderung seines Hautwiderstands) bei den bekannten sehr viel stärker aus. Obwohl sein Sehbewußtsein sie nicht erkennt, muß sein Gehirn sie auf eine andere, dem Bewußtsein nicht zugängliche Weise wiedererkannt und daraufhin die elektrodermale Reaktion ausgelöst haben.[2] Die Forscher meinen, der besondere Hirndefekt, der hier vorliegt, verhindere nicht die Verarbeitung der Gesichtsdaten selbst, sondern einzig die elektrische Aktivierung des Gehirns, die indes die Vorbedingung der Bewußtheit ist.

Beide Erscheinungen sind unter anderem darum so verblüffend, weil sie zu zwei abgründigen Fragen einladen. Wie stark hängen wir normalerweise von Wahrnehmungen ab, die uns niemals zu Bewußtsein kommen? Und wenn das Gehirn auch mit unbewußt bleibenden Informationen richtig umzugehen versteht – wozu dann überhaupt Bewußtsein? Wozu dient es? Wäre ein unbewußter Automat nicht ebenso leistungsfähig?

Noch tiefer ins Grübeln können einen die geradezu sensationellen Experimente des Neurophysiologen Benjamin Libet in San Francisco stürzen, die ein weiterer schwerer Schlag für das menschliche Selbstgefühl sein dürften. Jahrzehntelang war das Thema Bewußtsein in der Wissenschaft tabu. Bewußtsein ist schließlich das Privateste, das Unzugänglichste überhaupt; keiner kann sichere Aussagen über das Bewußtsein seines Nebenmenschen machen, und sei es auch nur darüber, ob das Grün, das der sieht, dem eigenen Grün irgendwie ähnlich ist; ja er könnte nicht einmal beschwören, daß der andere überhaupt ein inneres Erleben hat. So beschränkte sich die Psychologie lieber auf Äußerliches und Objektivierbares, auf das beobachtbare, meßbare Verhalten. Libet gehört zu den immer zahlreicher werdenden Wissenschaftlern, die diese Selbstbeschränkung hinter sich lassen.

Seine ingeniösen Untersuchungen galten unter anderem dem genauen Zeitpunkt, zu dem einem ein Reiz oder ein Akt bewußt werden. So ermittelte er, daß ein Hautreiz – etwa ein Nadelstich in den Finger – erst nach der für Nervenvorgänge langen Zeit von etwa 500 Millisekunden (tausendstel Sekunden) – einer halben Sekunde – zu Bewußtsein gelangt, obwohl er, eine relativ langsame Reizleitungsgeschwindigkeit von zwanzig Metern pro Sekunde vorausgesetzt, schon nach etwa 50 Millisekunden im Gehirn eintrifft.[3] Bis Bewußtheit entsteht, müssen offenbar Millionen von Nervenzellen in konzertierte Aktion getreten sein, und das braucht Zeit.

Das eigentlich Verwunderliche daran aber ist dies: Der Reiz erreicht unser Bewußtsein zwar erst eine halbe Sekunde später, aber das Bewußtsein datiert ihn zurück in den Augenblick, in dem er tatsächlich eingetreten war. Wir bemerken den Nadelstich zwar erst eine halbe Sekunde nachdem die Nadel unsere Haut gestochen hat, aber wir bemerken ihn so, als wäre er eine halbe Sekunde eher passiert. Das Bewußtsein hat also die Fähigkeit, auch zeitlich zu projizieren, wie es ständig räumlich projiziert, wenn es zum Beispiel einen tatsächlich ja im Kopf empfundenen Schmerz an genau die Stelle des Körpers verlegt, von der aus er dem Gehirn gemeldet wurde. Daß Reiz und das Bewußtsein davon gleichzeitig seien – Illusion! Ein Trick unseres Geistorgans!

Ein weiteres Experiment ging aus von einer Entdeckung des Ulmer Neurologen Hans Helmut Kornhuber. Der hatte festgestellt, daß jeder Muskelbewegung im Gehirn ein Aufbau elektrischer Aktivität voraufgeht, ein «Bereitschaftspotential», welches sich mit einiger List im EEG (dem Elektroenzephalogramm, der Hirnstromkurve) aufspüren läßt. Das Bereitschaftspotential ist ein objektiver Hinweis darauf, wann genau das Gehirn mit der Vorbereitung einer Bewegung beginnt. Libet ließ seine Versuchspersonen zu einem nur von ihrem Willen abhängenden Zeitpunkt eine Bewegung machen, zum Beispiel mit den Fingern schnipsen: Musterbeispiel für eine der bewußten freien Entscheidung entsprungene Handlung. Er registrierte, wann das Gehirn mit der Vorbereitung der Bewegung begann und wann die Versuchspersonen sich bewußt zu der Bewegung entschlossen. (Den genauen Zeitpunkt des Bewußtwerdens zu bestimmen war natürlich der schwierigste Teil des Experiments. Libet ließ seine Versuchspersonen unverwandt ein uhrähnliches Zifferblatt mit einem geschwind rotierenden Zeiger ansehen und sich nach der Ausführung der Bewegung sagen, bei welcher Zeigerposition ihnen bewußt geworden war, daß sie die Bewegung jetzt gleich machen wollten.) Und siehe da, diese

Entscheidung fiel regelmäßig erst, wenn die Bewegung, wie das Bild der elektrischen Gehirnaktivität verriet, bereits eingeleitet war: und zwar etwa 350 Millisekunden, also gut eine Drittelsekunde nach dem Beginn des Bereitschaftspotentials. Etwa 550 Millisekunden vor der Willkürbewegung setzte das Bereitschaftspotential ein, aber erst etwa 200 Millisekunden vor ihr wurde dem Probanden bewußt, daß er sie nun gleich machen werde. Die «freie Entscheidung» muß also längst festgestanden haben, als sie bewußt getroffen wurde.[4] Allerdings, die bewußte Entscheidung fiel immer etwa 150 bis 200 Millisekunden vor der Muskelaktivierung, also vor der Bewegung selbst – das Bewußtsein hätte also noch ein Veto gegen sie einlegen können, und manchmal tat es eben das und stoppte sie tatsächlich. Trotzdem spielte es offenbar nur einen Entscheidungsprozeß nach, der unbewußt bereits gelaufen war.

Es ist eine wahrhaft schwindelerregende Perspektive. Sie könnte einen auf die Idee bringen, daß wir Opfer eines gemeinen Witzes seien – uns einzubilden, wir träfen bewußte Entscheidungen, wenn unser Bewußtsein diesen doch nur hinterherhinkt, wenn es uns beschlossene Sachen so vorführt, als gäbe es noch eine Entscheidung zu treffen. Wir könnten aber auch wiederum einfach fragen: Wozu eigentlich Bewußtsein, wenn es doch auch ohne ganz gut zu gehen scheint? Wenn wir sogar unsere freien Entscheidungen ohne seine Beteiligung treffen können?

Hier ist man plötzlich bei den Letzten Fragen. Wer nach dem Wesen des Bewußtseins fragt, wirft das uralte Leib-Seele-Problem auf, an dem sich die Denker seit Jahrtausenden die Zähne ausbeißen, und begibt sich mitten in eine Geheimniszone, in der sich heute nur ein paar Philosophen, Hirnforscher und Science-fiction-Phantasten verstohlene und ziemlich ratlose Blicke zuwerfen.

Das große Rätsel – es sind gar nicht die vielerlei unbewußt ablaufenden geistigen Prozesse, von denen die moderne Psychologie spricht. Das ganz große Rätsel ist vielmehr das Bewußtsein: wie es zustande kommt und welchen Zwecken es dient. Der Mensch weiß mehr über Quarks und Schwarze Löcher als über das, was sich in seinem Kopf zuträgt, und am allerwenigsten weiß er darüber, wie die dort versammelte Materie es fertigbringt, einiger der sich in ihr abspielenden Vorgänge gewahr zu werden. Die Wissenschaft, der sonst doch nichts zu groß oder zu klein, zu nahe oder zu weit ist, hat zu dieser Frage der Fragen bisher auch nicht das bescheidenste, vorläufigste Theoriechen anzubieten. Die Künstliche-Intelligenz-Forschung, die das Ziel verfolgt, eines Tages den menschlichen Geist in irgendeinem anderen

Medium nachzubauen, schweigt sich über das Bewußtsein bisher aus. Ihre Automaten simulieren immer mehr Geistestätigkeiten, und eines Tages vielleicht wirklich den kompletten Geist. Bewußtsein wäre ihm damit noch nicht eingebaut. Vielleicht aber ließe er sich am Ende überhaupt nur dann vollständig simulieren, wenn man auch ihn mit Bewußtsein ausstatten könnte. Das Bewußtsein, so argwöhnt darum der amerikanische Philosoph John Haugeland, könnte sich am Ende als die Zeitbombe erweisen, die in der ganzen emsigen Künstlichen-Intelligenz-Forschung tickt.

Viele, auch viele Wissenschaftler, sehen nicht einmal das Problem. Denn es ist schwer, das Bewußtsein wegzudenken, ohne den ganzen Menschen gleich mit wegzudenken. Daß ich sehe, schmecke, nachdenke, etwas glaube, etwas meine, etwas will, daß ich Gefühle habe und, wenn ich will, weiß, daß ich sehe, schmecke, denke, glaube, meine, will, fühle – es scheint so selbstverständlich, daß wir uns einen Menschen, dem diese Innenwelt abgeht, nur im Koma oder tot vorstellen können. Daß im Geist / Gehirn nicht nur innere und äußere Daten registriert, verglichen und in Handlungen umgesetzt werden, sondern daß wir einen Teil dieser Vorgänge erleben, daß wir uns ihrer bewußt sind – es scheint so selbstverständlich, als könnte es gar nicht anders sein. Es könnte aber.

Da ist die irritierende Frage nach dem Bewußtsein der Tiere, jedenfalls der höheren. Sie wirken auf uns ganz so, als hätten auch sie ein Bewußtsein, wenn auch vermutlich ein ganz anderes als wir. Von manchen aber werden sie, in der Tradition von Descartes, für bewußtlose Automaten gehalten – und niemand kann ihnen diese Ansicht, so abwegig sie auch anmutet, letztlich widerlegen, denn sicher können wir immer nur der eigenen inneren Erlebniswelt sein. Funktionieren Tiere tatsächlich bewußtlos? Und wo in der Entwicklungsskala der Organismen beginnt das Bewußtsein?

Da ist ferner die Überlegung, ob das fremde Wesen von einem anderen Stern, dem wir ja eines Tages nicht nur in Science-fiction-Filmen, sondern tatsächlich konfrontiert sein könnten und das sich für uns gewiß zunächst sehr merkwürdig und völlig unberechenbar verhielte, seine Außen- und Innenwelt irgendwie selber erlebt oder auch ohne Bewußtsein intelligent handelt.

Und da ist neuerdings vor allem der Computer.

Es herrscht, von wenigen unentwegten Dualisten abgesehen, heute unter den Wissenschaftlern, aber keineswegs in der Öffentlichkeit im wesentlichen Einigkeit darüber, daß das, was wir Geist oder Seele nennen und wozu auch das Bewußtsein gehört, auf einem auf die gleiche Weise differenzierten materiellen Prozeß im Zentralnervensystem beruht: daß Gehirn und Geist, neurophysiologische und psychische Vorgänge einander «isomorph» (gestaltgleich) sind. Es herrscht Einigkeit nicht darum, weil das ein für allemal bewiesen wurde, sondern weil es zunehmend schwerer wird, das Gegenteil anzunehmen. Die ganze Hirnforschung hat schließlich immer nur weitere Beispiele für Entsprechungen zwischen geistigen und hirnphysiologischen Vorgängen gefunden, aber keine Gegenbeispiele.

Es ist wichtig, dies festzuhalten. Die Gehirnphysiologie kann heute recht gut beschreiben, wie ein Signal von den Sinnesorganen ins Zentralnervensystem gelangt; und auch, wie ein Signal aus dem Zentralnervensystem zu den Muskeln fließt und sie in Bewegung setzt. Was dazwischen geschieht – wenn wir uns überlegen, ob wir die Mücke, die uns gerade in den linken Zeigefinger sticht, totschlagen sollen oder nicht –, kann sie heute nicht beschreiben. Dualisten müssen annehmen, daß eine aus einer ganz anderen und jedenfalls nicht materiellen Substanz, aus «Geist» bestehende Wesenheit sich die materiellen Schmerzsignale betrachtet, sie beurteilt, eine Entscheidung trifft und dann wieder eine Reihe von Neuronen anstößt, die materiell zu feuern beginnen und so die angemessene Armbewegung veranlassen. Wie diese Substanz beschaffen ist, was sich an den Schnittstellen von Geist und Materie abspielt – das können die Dualisten nicht im allermindesten erläutern. Auch Monisten können bisher nicht viel darüber sagen, was sich materiell ereignet, wenn unser Geist / Gehirn das tut, was wir «denken» nennen. Sagen können sie jedoch mit Sicherheit, daß zwischen Input und Output materielle Prozesse im Gehirn stattfinden und daß diese materiell (zum Beispiel durch psychotrope Chemikalien oder durch elektrische Reizung einzelner Gehirnareale oder durch mechanische Einwirkungen) beeinflußbar sind. Die dualistische Position wäre sehr viel stärker, wenn sie auch nur auf einen einzigen Fall verweisen könnte, in dem irgendein geistiger Prozeß nachweislich unbeeinflußt von irgendwelchen materiellen Gegebenheiten verliefe. Das aber kann sie nicht. Statt die Lücke mit dem ganz und gar Unvorstellbaren zu füllen, einem unmateriellen Geist, scheint es der monistischen Mehrheit heute befriedigender, das immerhin, wenn auch schwer Vorstellbare anzunehmen: geistige Prozesse als materielle Gehirnprozesse, ein Geist / Gehirn – und unsere derzeitige Unkenntnis der materiellen Korrelate von geistigen Funktionen auf der einen Seite deren Feinheit und Flüchtigkeit und auf der andern der Schwerfälligkeit der Beobachtungsinstrumente zuzuschreiben.

Jeder Dualismus, der den Geist für ein Etwas erklärt, das von der Materie unabhängig ist, läuft zudem am Ende darauf hinaus, daß hier etwas Nichtphysikalisches in die Physik hineinregieren, etwas Nichtmaterielles (der Geist) die Moleküle des Gehirns in Bewegung setzen müsse. Wäre es so, dann hätte die Natur einen Riß, dann gälte das Gesetz, daß Energie nicht aus dem Nichts entstehen und nicht verlorengehen kann, wohl im ganzen Kosmos, nur unter unserer Schädeldecke nicht, dann befände sich dort die Schleuse, durch die das Übernatürliche ins Weltall sickert. Manchen kommt eine solche Idee wie gerufen. Wer es aber plausibler findet, daß es nur eine einheitliche Natur gibt, der richtet sich, ehe er dergleichen annimmt, vorerst – nämlich solange nicht gegenteilige Tatsachen ans Licht kommen – besser darauf ein, daß Geist und Gehirnprozesse nicht zweierlei, sondern nur zwei Seiten *eines* Geschehens sind.

Das heißt dann auch: Es gibt Ereignisse und Zustände im Gehirn, die sich sowohl von außen wie von innen, physiologisch wie psychologisch beschreiben lassen; und keine psychologische Theorie darf behaupten, was physiologisch unmöglich ist.

Das sehr schwer ausdenkbare Verhältnis von Gehirn und Geist läßt sich vielleicht ein wenig besser begreifen, wenn man es mit dem Verhältnis zwischen Orgel und Toccata oder zwischen Computer und Programm vergleicht. Das eine ist die Maschinerie, auf der das andere «läuft» – nur daß das Gehirn dann als eine Orgel zu denken ist, die ihre Toccaten weitgehend selber hervorbringt, ein Computer, der sich seine eigenen Programme schreibt.

Der Vergleich zwischen Gehirn und Computer ist einerseits richtig und nützlich, denn auch das Gehirn dient der Informationsverarbeitung: Es baut aus den durch die Sinne einströmenden codierten Daten nach vorgegebenen Regeln ein Modell der Welt, eine kleine stellvertretende Welt im Kopf, und es steuert das Verhalten des Organismus innerhalb dieser «repräsentierten» Welt. Genau das tut auf seine plumpere Weise der Roboter am Fließband. Andererseits gibt es große Unterschiede zwischen Gehirn und Computer. Das Gehirn arbeitet relativ langsam, aber «parallel» – es verrichtet Millionen von Aufgaben gleichzeitig; der Computer arbeitet schneller, aber in seinen bisherigen kommerziellen Ausführungen «seriell»: eins nach dem andern. Dem Gehirn wird die Software nicht eingefüttert, es entwickelt sie zu einem guten Teil aus sich heraus. Das Gehirn tritt aus eigenem Antrieb – «spontan» – in Aktion und nicht erst, wenn jemand die Taste drückt. Das Gehirn denkt nicht nur «kalt» wie der Computer, es bewertet, was es denkt, durch seine «heißen» Gefühle. Das Gehirn verbessert seine Programme selber – es «lernt». Das Gehirn funktioniert technisch auf andere Weise, eletrochemisch statt elektrisch, und es hat ein unnachahmbares biologisches Schicksal. Außerdem wächst in den letzten Jahren der Verdacht, es arbeite nicht algorithmisch wie der digitale Computer. Ein Algorithmus ist die Reihe eindeutiger Rechenregeln, die der Computer befolgt, wenn er seine Aufgabe erledigt, aus einer Zeichenfolge (einem «Symbol») eine andere zu machen. Wenn das Geist/Gehirn eine Aufgabe löst, dann meist aber wohl nicht, indem es eindeutige Regeln hinzieht und auf seine Symbole anwendet. Vielmehr scheinen sich die Erregungen in großen Gruppen von Neuronen selber stabile Konfigurationen zu suchen, die dann die «Lösung» repräsentieren. Nicht auf Algorithmen angewiesen zu sein, nimmt dem Geist/Gehirn die sture Präzision des Computers; aber es beschert ihm dafür etwas Unschätzbares, eine große Fehlertoleranz. Anders als der Computer erkennt das Geist/Gehirn zum Beispiel ein A auch dann, wenn es anders aussieht als jedes zuvor gesehene A. Ob man künftige Computergenerationen von den strengen Algorithmen befreien kann, ist offen.

Gesetzt nun den Fall, es gelänge, den Baustein des Gehirns, das Neuron, künstlich nachzubauen: ein winziges Element, das über Tausende von Tentakeln elektrische Potentiale einsammelt, sie miteinander verrechnet und, wenn ein bestimmter (veränderbarer) Schwellenwert erreicht ist, einen Impuls an ein anderes Element weitergibt, also dasselbe tut wie ein Neuron. Und nun begänne man, die Zellen eines menschlichen Gehirns, alle zehn Milliarden, von denen jede Tausende von Verbindungen zu anderen Zellen hat, eine nach der anderen durch diese Elemente zu ersetzen. Am Ende erhielte man einen äußerst kompakten Filz aus Miniaturgeräten, verschaltet genau wie ein Gehirn, durch den die elektrischen Signale in genau den gleichen abenteuerlichen Mustern zuckten. Hätte das Ding Bewußtsein? Viele Wissenschaftler vor allem aus dem Bereich der Künstlichen Intelligenz würden ohne weiteres sagen: Aber natürlich! Bewußtsein sei eine Sache der Informationsverarbeitung, ein Programm, und dasselbe Programm läuft natürlich auf ganz verschiedenen Geräten!

Einer der Pioniere der Kybernetik, Alan Turing, hat sich 1950 ein hochinteressantes Gedankenexperiment ausgedacht. In einem Raum befindet sich ein Computer. In einem zweiten Raum sitzt ein Mensch. In einem dritten Raum ist einer, der – zum Beispiel auf einer Tastatur – den beiden Fragen stellt und – zum Beispiel aus einem Drucker – Antworten erhält. Er weiß nicht, wer der Computer ist und wer der Mensch, und bemüht sich, seine Fragen so zu stellen, daß er es möglichst rasch herausfindet. Bei allen heutigen Computern hätte er es schnell heraus, es sei denn, seine Fragen oder Beobachtungen dürften sich nur auf sehr spezielle Bereiche beziehen. Wer etwa ein Schachspiel zwischen Computer und Mensch verfolgte, ohne die beiden Partner zu sehen, hätte auch heute schon große Mühe zu entscheiden, wer hier was ist. Denn Computer sind noch Spezialisten. Aber sie werden immer leistungsstärker. Angenommen, es würde eines Tages ein wenig spezialisierter und dazu parallel arbeitender, spontaner, «heiß» rechnender, lernender Computer gebaut und mit dem ganzen enormen «Weltwissen» eines Normalmenschen ausgestattet, die vollkommene Simulationsmaschine: der Fragesteller könnte es beim Turing-Test sehr schwer haben.

Dieser Kasten spräche natürlich auch, wenn man wollte, sogar mit einer menschlich klingenden Stimme, bereitwillig von seinem wandelbaren Innenleben. Vielleicht sagte er uns, wie sehr er den elektrischen Strom genießt, der seine Leitungsbahnen durchpulst. Drohte man ihm, den Strom abzuschalten, so flehte er einen vielleicht jammervoll an, ihn nicht zu töten, er hänge so an seinem Funktionieren. Hätte er dieses innere Erleben auch? Oder täte er nur so?

Manche würden sagen: Aber ja doch – wer könnte es ihm absprechen? Denn dieses Innenleben sei eben jener Zustand, der sich bei einem gewissen extrem hohen Komplexitätsgrad der Informationsverarbeitung von selber ergibt. Es «emergiere» in diesem Fall (was nichts anderes heißt als: es kommt zum Vorschein). Bewußtsein, das sei eine emergente Eigenschaft gewisser hochkomplexer materieller Prozesse. Andere (ich selber auch) hielten den Kasten für wahrscheinlich nicht bewußter als ein Plätteisen, ein Gerät bar jedes inneren Erlebens – es sei denn, ihm wäre zufällig oder planvoll genau jener Trick eingebaut, der in lebenden Wesen Bewußtheit erzeugt. Denn gerade wer davon überzeugt ist, daß jedes seelische Phänomen ein materielles Korrelat haben muß, muß auch einen speziellen materiellen Mechanismus verlangen, durch den sich bewußte von unbewußten Vorgängen unterscheiden. Bewußtsein, so der Philosoph John Searle, setzte irgendeine besondere «kausale Eigenschaft» des Gehirns voraus, also irgendeinen materiellen Mechanismus, der Bewußtheit hervorruft.[5] Und worin die bestehen könnte: das eben ist ganz und gar unbekannt und nicht einmal ahnbar. Wir wissen nur soviel: Bewußtsein braucht die Großhirnrinde, die elektrische Aktivierung aus dem Hirnstamm und die koordinierte Tätigkeit von Millionen von Neuronen. Sonst ist Dunkel.

Von «dem Unbewußten» zu sprechen, als sei es eine nahezu vollständige Person mit eigenen Gedanken, Gefühlen, Erinnerungen und Absichten, ein dämonischer Mr. Hyde in jedem Dr. Jekyll, scheint nach alldem naiv. Es ist so naiv, als verdinglichte man die vielen verschiedenen Signalbearbeitungsvorgänge im Innern eines Fernsehapparats zu «dem Unsichtbaren» und schriebe dessen dunklen Machenschaften dann einige Qualitäten des normalen Fernsehbildes und alle möglichen Bildschirmstörungen zu. Warum hat das Bild eben so geflackert? Ach, eine Fehlleistung seines Unsichtbaren... Warum ist das Bild immer so rotstichig? Weil das Unsichtbare seine Energien vom Blauen abgezogen hat ... Mit einer solchen Art von «Videoanalyse» käme bei der Reparatur eines Fernsehers keiner weit.

«Das Unbewußte» als «quasi-personale Instanz» in der Person (Franz Kiener[6]) gibt es also sehr wahrscheinlich nicht. Aber unbewußt ist vieles im eigenen Geist: das meiste sogar. In diesem Punkt behält Freud recht: «Das Unbewußte ist eine regelmäßige und unvermeidliche Phase in den Vorgängen, die unsere psychische Tätigkeit begründen; jeder psychische Akt beginnt als unbewußter.»[7]

Es gibt dazu quantitative Überlegungen, möglich gemacht dadurch, daß sich Informationen in ihre kleinsten Einheiten (Bit) zerlegen und zählen lassen. Durch die verschiedenen Sinne fließen sekündlich 600000 Bit ins Gehirn, über vier Fünftel davon Sehdaten. Durchs Bewußtsein aber fließen nur 10 bis 20 Bit pro Sekunde.[8] Das gesamte Langzeitgedächtnis faßt etwa 400 Millionen Bit.[9] Das aber heißt: Nur ein Vierzigtausendstel der Informationen, die der wache Mensch aufnimmt, stößt bis in sein Bewußtsein vor, der Rest wird schon vorher ausgefiltert. Von den 30 Milliarden Bit, die sein Bewußtsein im Laufe des Lebens erreichen, kann sein Gedächtnis nur gut ein Hundertstel speichern. Unter drei Millionen Bit, mit denen das Gehirn beschäftigt ist, steht nur eins dem Bewußtsein dauerhaft zur Verfügung. Solche Zahlen nimmt man besser nicht zu wörtlich; es gibt andere, um etliche Größenordnungen verschobene Schätzungen. Das Verhältnis zwischen bewußten und unbewußten Informationen aber ist auch bei diesen etwa das gleiche. Durch das Bewußtsein strömt immer nur ein verschwindender Teil der Informationen, mit denen das Gehirn insgesamt zu tun hatte und hat.

Solche Zahlenspiele sind auch dazu angetan, uns weniger gering von unserm Körper denken zu lassen. Jeder Organismus besteht aus Atomen und Molekülen; füllte man die «durcheinander» in einen Beutel, so wäre der herzlich wenig wert. Aber wer wüßte, wo jedes Molekül hingehört, könnte aus ihnen den Körper zusammensetzen. Was den Organismus über ein Mischmasch seiner Moleküle erhebt, ist die besondere Ordnung dieser seiner Bausteine, also sein Informationsgehalt. Aber, so schreibt H. H. Kornhuber, «der Körper enthält mehr Information, als das seelische Erleben je enthalten kann ... Die Weisheit des Körpers ist umfassender als die unseres bewußten Geistes.»[10]

Wenn hier von «Bewußtsein» die Rede ist, ist natürlich nie gemeint, was die Gesellschaftswissenschaften darunter verstehen: die expliziten wie die impliziten Einstellungen und Denkschemata eines Menschen – das «Klassenbewußtsein», das «Modebewußtsein», das «falsche Bewußtsein» und so weiter. («In unserer WG sind wir lauter umwelt- und ernährungsbewußte Leute»: das soll nicht etwa heißen, andere seien bewußtlos; es heißt, andere fräßen und würfen ihre Abfälle fort, ohne über die Folgen nachzudenken.) Hier ist immer von dem Bewußtsein der Psychologie die Rede: von dem Zustand des inneren Erlebens, der in der Narkose verschwindet und zu dem man aus einer Bewußtlosigkeit erwacht.

Diese Bewußtheit ist kein einheitlicher Zustand, der nur entweder bestehen oder nicht bestehen kann. Sie kommt in verschiedenen Formen und Graden. Mindestens fünf Stufen der Bewußtheit müssen unterschieden werden (und der Verfeinerung der Unterscheidungen ist keine Grenze gesetzt).

Bewußt ist zunächst, wessen wir im Augenblick, und sei es undeutlich, gewahr sind.

Bewußter wird uns, worauf sich jeweils die Aufmerksamkeit richtet.

Die dritte Stufe der Bewußtheit ist eine Art innerer Ruck, mit dem wir etwas, auf dem unsere Aufmerksamkeit ruht, sozusagen in seinem Vorhandensein anerkennen; die Umgangssprache sagt, wir «bemerken» es.

Auf eine noch höhere Weise bewußt wird uns, was wir – in verschiedenem Maße – verstehen.

Und auf eine wiederum andere schließlich, was wir in Sprache fassen können.

Zur Illustration ein einfaches Beispiel: ein Vexierbild in einer Zeitschrift. Man kann es uns «unterschwellig» vorführen, so kurz oder so schwach, daß wir es nicht sehen; unter geeigneten Bedingungen bekommt unser Geist / Gehirn dennoch Kunde davon und reagiert darauf, auch wenn wir nichts davon ahnen. In diesem Fall läßt sich mit Fug und Recht sagen, daß uns das Bild «unbewußt» war. Nun aber durchblättern wir die Zeitschrift, werfen einen kurzen Blick auf eine Seite nach der anderen; irgendwann sehen wir dabei auch das Vexierbild, und zwar das gesamte, aber es interessiert uns nicht, und wir blättern weiter. In diesem Fall hat es die erste Stufe der Bewußtheit erreicht, skizzenhaft prägt es sich sogar dem Gedächtnis ein. Die zweite Stufe der Bewußtheit ist erreicht, wenn wir nicht sogleich weiterblättern, sondern unsere Aufmerksamkeit auf das Bild richten. Wir «sehen» die in ihm versteckte Figur die ganze Zeit, mehrfach erfaßt vielleicht auch unsere Aufmerksamkeit sie. Dann plötzlich sehen wir sie nicht nur, sondern wissen: Das da ist die gesuchte Figur – unser Geist / Gehirn hat sie förmlich anerkannt, hat sie «bemerkt». In diesem Augenblick ist sie uns voll bewußt geworden. Aber wir brauchen nicht auf dieser Stufe zu verharren. Wir können zum Beispiel untersuchen, wie der Zeichner es fertiggebracht hat, eine Figur so sichtbar-unsichtbar in seinem Bild zu verstecken, wir können uns unbegrenzt viel Wissen über Vexierbilder, über Rätsel, über den Mechanismus des Sehens verschaffen, und alles dies wird unsere Wahrnehmung bewußter machen. Alles dies kann bis in die letzten Phasen, in denen wir uns Informationen von außen heranholen, völlig sprachfrei verlaufen. Aber wir können auch versuchen, diese Erlebnisbagatelle mitzuteilen; in diesem Fall erst müssen wir sie in Sprache übersetzen, und dabei wird sich herausstellen, daß sich einige ihrer Aspekte ohne weiteres übersetzen lassen, einige nur mit Mühe, andere gar nicht. Daß zum Beispiel das in der Zeichnung verborgene Schiff ein ganzes Netz von Assoziationen in uns aktiviert hat und mit ihnen manche angedeutete Erinnerung, manches angedeutete Gefühl (vielleicht verliebte Sommernächte auf weißen Fähren) werden wir kaum erschöpfend zum Ausdruck bringen können, sowie wir auch die Geschmacksnuance eines Weins oder den Klang einer Oboe sehr wohl wahrnehmen, bemerken und sogar physikalisch verstehen können, ohne doch je in der Lage zu sein, sie in Sprache zu fassen, weil wir die nötigen Begriffe nicht besitzen.

Wie ein Zoom holt das Bewußtsein ein Phänomen immer näher heran und macht es schließlich teilweise mitteilbar. Und im Laufe unseres Lebens lernen wir, die Außen- wie unsere Innenwelt differenzierter wahrzunehmen, in unterschiedlicher Hinsicht und in verschiedenem Maß zu verstehen, sie teilweise auch sprachlich auszudrücken. Das heißt, unser Bewußtsein erweitert und vertieft sich ständig; wir können es willentlich erweitern und vertiefen. Das Beispiel Vexierbild versagt hier seinen Dienst. Aber nehmen wir eine Oper. Wenn wir sie als Kind zum erstenmal im Radio hören, ist sie nichts als eine amorphe Tonmasse. Nach und nach aber erkennen wir die eine oder andere Stelle in ihr wieder, können einzelne ihrer Melodien identifizieren und vielleicht auch nachsingen, verstehen zunehmend den Text, überschauen ihre Handlung, ordnen sie stilistisch ein – und wenn wir Musiker werden, können wir schließlich ihre einzelnen Instrumentalstimmen auswendig und beherrschen jede Nuance des Ausdrucks. Unser Gehör liefert dem Geist / Gehirn die nämlichen Daten, die es schon beim erstenmal geliefert hatte und die von dem zu einer ersten Stufe von Bewußtheit weiterverarbeitet worden waren – aber der gleiche Eindruck ist uns nun auf eine quantitativ und qualitativ unvergleichbare Weise bewußt. Dabei wirken die höheren Stufen auf die niederen zurück: Durch unser Wissen gelenkt, hören und bemerken wir jetzt auch viel mehr.

Eben weil es diese verschiedenen Formen, diese unterschiedlichen Scharfeinstellungen des Bewußtseins gibt, verlaufen sich so viele Gespräche über Bewußtes und Unbewußtes schnell in einem semantischen Irrgarten. Wenn der eine unter Bewußtsein das Wahrnehmen versteht, der andere das Ausdrückenkönnen; wenn der gleiche, der eben mit dem Bewußten noch das Bemerkte meinte, gleich darauf nur noch das gründlich Verstandene als bewußt gelten läßt, muß sich jede Diskussion hoffnungslos verfranzen. «Die Eheberatung arbeitet Unbewußtes heraus, indem sie den Partnern ihre Konfliktmuster bewußt macht» – die Umgangssprache ist sowieso unbelehrbar, und natürlich ist solch ein aus dem vollen Menschenleben gegriffener Satz auch ganz in Ordnung, solange nur alle wissen, was gemeint ist: nicht etwa, daß die Ratsuchenden ihre Konflikte verdrängt, also vergessen hätten und jetzt erst bemerkten, sondern daß sie deren Ursachen hoffentlich etwas genauer zu verstehen und etwas geschickter zu besprechen gelernt haben. Man muß sich nur hüten, diese Art von «Bewußtmachung» schnurstracks mit jener sehr viel spezielleren zu verwechseln, die die Tiefenpsychologien meinen: vergessene Triebregungen zu erinnern und dann entweder intensiv zu durchleben oder ausgiebig darüber zu sprechen oder beides – und sich vielleicht noch eine Theorie über ihr zeitweiliges Abhandenkommen zurechtzulegen. Drastischer gesagt: wer sich «bewußt» macht, daß 641 eine Primzahl ist oder daß er seinen Chef nicht nur haßt, wie er immer glaubte, sondern auch bewundert, bewegt sich damit noch lange nicht innerhalb der Freudschen Lehre vom dynamischen Unbewußten.

Freuds Meinung war, daß Vorstellungen in drei Zuständen existieren können: unbewußt (die meisten), vorbewußt (grundsätzlich bewußtseinsfähig, aber im Augenblick nicht bewußt) und bewußt. Welchen Nutzen eine solche Klassifizierung für manche Zwecke auch haben mag: sie verbirgt die Tatsache, daß es viele verschiedene Arten und Grade der bewußten Verfügbarkeit wie der Unbewußtheit gibt; sie sämtlich in die drei Kategorien «bewußt», «unbewußt», «vorbewußt» zu pressen, muß zu unentwirrbaren Schwierigkeiten führen.

Über «das Unbewußte» sagte Freud, es korreliere in hohem Maße mit dem Verdrängten; oder: «Das Verdrängte ist uns das Vorbild des Unbewußten».[11] In seiner Version also, die Schule machte, bestand «das Unbewußte» zunächst nur aus Vorstellungen, die von unwillkommenen Triebregungen inspiriert waren; und auch später, als er einsah, daß in der Seele viel mehr unbewußt vorhanden sein müsse als das Verdrängte, interessierte ihn «das Unbewußte» doch weiterhin vor allem als Beutel für zurückgewiesene Vorstellungen.

Über das Bewußtsein hat Freud sich nur selten und recht dunkel geäußert, mit am ausführlichsten in seinem Aufsatz «Das Ich und das Es». Hier heißt es zunächst: «Bewußt sein ist zunächst ein rein deskriptiver Terminus, der sich auf die unmittelbarste und sicherste Wahrnehmung beruft ... Die jetzt bewußte Vorstellung ist es im nächsten Moment nicht mehr.»[12] Das scheint zu besagen, daß Freud unter Bewußtsein zunächst das innere Erleben der eigenen Wahrnehmungen verstand: das, was unsere Sinne im jeweiligen Augenblick erfassen (sofern sie es bis ins Bewußtsein weitergeben). Daß es sich außerdem um die «sichersten» Wahrnehmungen handeln soll, legt den Schluß nahe, daß auch noch die Aufmerksamkeit auf einer Wahrnehmung verweilen muß, damit diese sich als «bewußt» qualifiziert; denn «sicher» ist dem Bewußtsein nichts, was es ohne Aufmerksamkeit wahrnimmt. Einige Seiten später aber antwortet Freud auf die selbstgestellte Frage, wie etwas bewußt beziehungsweise vorbewußt werde: «Durch Verbindung mit den entsprechenden Wortvorstellungen ... Durch ihre Vermittlung werden die inneren Denkvorgänge zu Wahrnehmungen gemacht.»[13] Das aber heißt: Bewußt sind von vornherein die äußeren Wahrnehmungen; die inneren Vorstellungen, Gedanken aber werden nur bewußt, sofern sie in Sprache gefaßt werden. Die Sprache also soll es sein, die die unbewußten Inhalte dem Bewußtsein unterbreitet. In diesem Punkt ist Freud waschechter Cartesianer: Bewußt ist nur das in Sprache Ausdrückbare und Ausgedrückte.

Jeder mag natürlich die Wörter gebrauchen, wie er will; aber Bewußtsein an Sprachlichkeit zu binden ist ein schwerwiegender Schritt und hat Folgen. Es führt notwendig dazu, daß wir alle unsere inneren Wahrnehmungen und Gedanken, für die uns keine sprachlichen Begriffe zur Verfügung stehen oder die wir zumindest nicht auf Anhieb angemessen formulieren können, «unbewußt» nennen müßten, und seien sie auch noch so unmittelbar und noch so sicher. Ein großer, vielleicht sogar der größere Teil unseres deutlichen inneren Erlebens erhielte damit das Etikett «unbewußt». Zum Beispiel können wir versuchen, uns den Geruch von Prousts in Tee getränkter Madeleine oder die Sonate von Vinteuil vorzustellen – zweifellos ein «innerer Denkvorgang»; sprachlich beschreiben aber könnten wir diese Vorstellung nie und nimmer. Der ganze Vorgang – der Beschluß, uns einen Geruch oder einen Geschmack oder einen Klang vorzustellen, und dann die aufgerufene Vorstellung selber – kann völlig außerhalb der Sprache verlaufen. Das macht ihn offensichtlich keineswegs unbewußt. Er wird unserm Bewußtsein nicht erst zugänglich, wenn er an Worte geheftet wird. Wir wissen von uns keineswegs nur, was wir uns sprachlich selber berichten; es ist ein lehrreiches Gedankenspiel, sich auszumalen, wie sich alles ändern würde, wären ihre sprachlichen Aussagen die einzige Informationsquelle über die eigene Person.

Noch klarer zeigt sich die Unproduktivität einer unangemessenen Betonung der Sprachlichkeit an dem, was in den letzten Jahrzehnten über die Spezialisierungen der beiden Gehirnhälften ans Licht gekommen ist. Es gibt Menschen, denen eine ganze Gehirnhälfte operativ entfernt werden muß. Manchmal ist es die Hälfte, die die Sprache beherrscht (in der Regel die linke). Ihnen bleiben nur ganz geringfügige Sprachfähigkeiten. Aber bewußtlos werden sie nicht. Ihr inneres Erleben scheint sich fortzusetzen wie vor der Operation, nur daß sie es nun nicht mehr in Sprache fassen können. Auch normales Denken verläuft zu großen Teilen ohne Sprache. Wenn wir zum Beispiel ein verwickeltes Zahlenverhältnis denken wollen, etwa den Altersaufbau einer Bevölkerung, könnten wir ihn zwar total in Sprache überführen, indem wir angeben, wie viele Personen auf jedes Lebensjahr entfallen; aber die etwa 110 Zahlen, die man so erhielte, könnten nur Gedächtnisakrobaten überhaupt im Kopf behalten, und wohl niemand wäre imstande, ihnen einen Sinn zu entnehmen und sinnvoll mit ihnen zu hantieren. Trotzdem kann jeder leicht und umstandslos mit ihnen umgehen: indem er sich die Zahlen in ein Bild übersetzt, einen Graph, den «Lebensbaum». Er wird mit einem Blick verstanden, er wird als Bild memoriert, und der Erinnerung läßt sich jederzeit eine Vielzahl von Auskünften entnehmen: welche Jahrgänge besonders reichlich vertreten sind, welche dezimiert sind. Sehr wahrscheinlich ist das (bei Rechtshändern) eine Leistung der rechten Großhirnhäfte, die selber nur sehr rudimentär über Sprache verfügt, aber um so geschickter ist bei der räumlich-bildhaften Verarbeitung komplexer Verhältnisse. Ein riesiger Teil unseres bewußten Denkens – der bildhafte, räumliche – vollzieht sich also außerhalb der Sprache und ohne die Sprache.

Wenn man Freud folgen wollte, müßte man alles dies für unbewußt halten. Und wenn man gar, wie es manche Psychoanalytiker heute tun, «etwas bewußt machen» – das Ziel der Analyse – für gleichbedeutend hält mit «einer sprachlichen Sinndeutung unterwerfen», und die einzige relevante sprachliche Sinndeutung die des Psychoanalytikers findet, dann kommt man dahin zu behaupten, ein Mensch habe dreißig Jahre unbewußt gelebt und sei erst auf der Couch seines Analytikers zum Bewußtsein erwacht. Niemandem kann man einen solchen Wortgebrauch verbieten; aber er entfernt sich so sektiererisch von dem üblichen Verständnis des Begriffs, daß eine Verständigung sehr schwer wird. Es ist schon möglich, daß etwa an manchen Fehlleistungen «unbewußte» Gedanken oder Wünsche beteiligt sind. Aber ob es so ist, wird sich niemals klären lassen, wenn der eine im freudschen Sinn «verdrängte» Absichten als «unbewußt» bezeichnet, der andere aber auch einen bewußten parallelen Nebengedanken, den man nur nicht so gern verraten möchte. Solange man nicht angibt, welche Art von Bewußtsein man im Auge hat, muß alle Diskussion und Forschung steril bleiben.

«Das Unbewußte» erscheint in diesem Buch immer in Anführungszeichen. Wie der Leser gemerkt haben dürfte, geschieht es nicht, um die Realität unbewußter Prozesse in unserem Geist / Gehirn in Abrede zu stellen oder in ihrer Bedeutung herunterzuspielen – ganz im Gegenteil. Der Einwand, den die Anführungsstriche ausdrücken, richtet sich allein gegen die Verdinglichung, die von der Substantivierung bewirkt wird: also dagegen, daß die große Zahl verschiedenster unbewußter Prozesse zu «dem Unbewußten» ernannt wird – und daß dieses «Unbewußte» dann vorwiegend oder ausschließlich als der Ort verdrängter Triebwünsche oder gar als ein einheitlicher Agent mit eigenen Absichten, Erinnerungen, Gedanken und Gefühlen aufgefaßt wird.

Und er richtet sich auch gegen Freuds Drei-Fächer-Theorie – nämlich gegen seine so populäre Ansicht, eine Vorstellung existierte notwendig in einem der drei Fächer «unbewußt», «vorbewußt» oder «bewußt» und würde unter bestimmten Bedingungen von dem einen Fach ins andere geschoben, ohne daß sie sich in ihrem Wesen änderte. Tatsächlich sind uns immer nur bewußte Vorstellungen bekannt, die Endprodukte unseres Geist / Gehirns. Alle gehen sie aus unbewußten Prozessen hervor. In welchen Vorformen sie dort gehandelt werden, oder vielmehr: wie sich diese Vorformen dem inneren Erleben darstellen würden, wenn sie durch ein Wunder erlebt werden könnten – das kann kein Mensch auch nur ahnen; wahrscheinlich jedenfalls in viele verschiedene Komponenten zerlegt und nicht etwa als vollständige Vorstellungen, denen nur eine Qualität fehlt, nämlich die Bewußtheit. Sie sind wohl einfach nicht so geartet, daß die Kategorien inneren Erlebens auf sie anwendbar wären. Wer ein Brot in seine Vorformen zerlegt, stößt nicht auf lauter kleine Brote, sondern auf Mehl, Wasser, Salz, Treib- und Konservierungsmittel, und je weiter man auch diese zerlegt, desto brotunähnlicher werden die Bestandteile. Ebensowenig enthält und verwahrt das elektronische System eines Fernsehers schon das fertige Bild, nur unsichtbar – es erzeugt das Bild vielmehr aus Signalen ohne eigene Bildqualität.

Der Unterschied mag manchem haarspalterisch erscheinen; tatsächlich aber enthält Freuds Terminologie ein ganz bestimmtes Erklärungsmodell, und ob wir es wollen oder nicht, hält sie uns bei ihrer Übernahme in der höchst eigentümlichen Freudschen Welt fest und hindert uns, auf die Suche nach eigenen Erklärungen zu gehen. Man schlage nur die Zeitung auf. Die Kamera, so lesen wir zum Beispiel in einer Besprechung von Claude Lanzmanns Film «Shoah», zeige etwas, «wofür wir noch keine Begriffe haben und das mit dem Wort ‹Verdrängung› nur unzulänglich benannt ist. Worte alleine könnten nicht preisgeben, was in diesen spießigen und farblosen Tätern, Mitläufern und Schreibtischtätern vor sich geht. Aber ihr Gesicht verrät, daß sie mehr wissen, als sie sagen, und daß das, was sie wissen, keineswegs so tief verdrängt ist, wie man beim Hören ihrer Worte glauben könnte. Vielleicht sollten wir von einer ‹verlogenen› Verdrängung sprechen; von einer Verdrängung, die die empfundene Schuld nicht ins Unbewußte einsperrt, sondern nur ins Vorbewußte, jederzeit Abrufbare verweist und sie dort mit aller Kraft unter Verschluß hält.» Alles scheint säuberlich geordnet und erklärt. Aber ist es das?

Dem Verfasser (es handelt sich um den Erziehungswissenschaftler Micha Brumlik) war etwas aufgefallen: Diese Leute, ehemalige Funktionäre des Judenmords, behaupteten mit Worten, etwas nicht mehr zu wissen, aber ihre Gesichter verrieten, daß sie es durchaus noch wußten. Im Alltagsverständnis nennte man das schlicht und einfach: Sie lügen. Einen bekannten Sachverhalt nicht zugeben und wahrhaben zu wollen, heißt auch «Verdrängung», nicht im freudschen Sinn, sondern im Alltagssinn. In diesem also könnte man zutreffend sagen: Die Leute verdrängen. Der Autor begnügt sich nun nicht damit, zu beschreiben, was er gesehen hat. Er ruft, um es auch gleich noch zu erklären, eine psychologische Theorie zu Hilfe, die sich mit dem «Verdrängen» befaßt, und prompt meldet sich Freuds Drei-Fächer-Theorie. Sie nötigt ihn, die sprachlich abgestrittenen, körpersprachlich aber

zugegebenen Schuldgefühle in eins der drei Fächer «bewußt», «vorbewußt», «unbewußt» zu tun. Offenbar passen sie in keines richtig.
«Bewußt» können sie nicht sein, da die Betreffenden sie ja sprachlich
nicht eingestehen und sogar abstreiten, also offenbar zu «verdrängen»
suchen. «Unbewußt», also im Freudschen Sinn «verdrängt» und damit ganz und gar vergessen, können sie ebensowenig sein, sonst könnten sie sich ja nicht mimisch so deutlich mitteilen. Also tut der Autor
sie in das mittlere Fach, «vorbewußt» – und merkt nicht, daß er sich
damit in einen aussichtslosen Widerspruch verwickelt, denn Freuds
«Vorbewußtes» wäre in der Tat, wie er schreibt, das «jederzeit Abrufbare»; was aber «mit aller bewußten Kraft unter Verschluß gehalten
wird», das eben ist schlechterdings nicht jederzeit abrufbar. Die Drei-
Fächer-Theorie hat ihm eine Schematisierung auferlegt, die zu dem
Sachverhalt einfach nicht passen will. Ein Fach, dessen Inhalt auf dem
einen Mitteilungsweg zurückgehalten, auf dem anderen aber weiter-
gereicht wird, sieht sie nicht vor. Die logischen Schwierigkeiten, in
denen sich der Autor verfängt, stammen nicht aus seinen Beobachtungen, sondern nur aus dem Versuch, sie partout in Freudschen Begriffen
zu erklären. Manche Sachverhalte lassen sich in ihnen einfach nicht
unterbringen. Und vorschnelle Verdinglichungen wie «das Vorbewußte» suggerieren, daß ein Phänomen schon erklärt sei, obwohl es
noch nicht einmal zutreffend beschrieben ist. Die Freudsche Terminologie, die im Zusammenhang mit einem bestimmten Seelenmodell
entstand und dieses immer wieder heraufbeschwört, auch dort, wo sie
nur deskriptiv und nicht erklärend verwendet werden, scheint mir
darum bei der Beschreibung und Erklärung derartiger Phänomene
heute hinderlich.

Der Mensch ist ein weitgehend unbewußtes Wesen.

Unbewußt ist unser gesamter Gedächtnisinhalt, abgesehen von
dem winzigen Ausschnitt, den wir gerade heranziehen. Dabei ist das
Wiedererkennungsgedächtnis um vieles größer als das Reproduk-
tionsgedächtnis. Wenn wir ihnen begegnen, erkennen wir zum Beispiel etwa zehnmal so viele Wörter, nämlich etwa 100000, wie wir
jemals selber verwenden. Aber wollte darum jemand sagen, ein Wort
wie «Kalotte» befinde sich «im Unbewußten»? Und wenn es einem
doch einfällt: es sei «aus dem Vorbewußten» aufgetaucht? Jedenfalls
war das Wort «Kalotte» keineswegs wegen seiner Tendenz «verdrängt» worden; sein Status im Gedächtnis war nicht krankhaft und
nicht krankmachend, sondern schlicht der für das Gros aller Wörter
normale.

Unbewußt, dem Bewußtsein prinzipiell unzugänglich ist die Signalebene unserer Psyche. Alle Sinneseindrücke, alle Selbstwahrnehmungen übersetzt sich das Nervensystem in seinen eigenen Code. In unserm Kopf ist die Welt in Gestalt elektrischer Impulse repräsentiert, die von Nervenzelle zu Nervenzelle weitergegeben werden. Der ganze Reichtum der Welt, ihre Formen, Farben, Gerüche, ihre Laute und unsere Gedanken und Gefühle dazu: unser Kopf bewegt ihn in Gestalt einer einzigen Art elektrischer Signale, unterschieden nur nach ihrem Ort, ihrer Bahn, ihrer Frequenz. In diese Schicht der zuckenden Potentiale greift das Bewußtsein nie hinab. Es erreicht auch die Strategien nicht, die das Gehirn zur Analyse der Außenwelt anwendet, die ja nicht so, wie sie ist, «an sich», in den Kopf gelangt, sondern in einer artspezifischen Deutung. Daß es bestimmten Lichtfrequenzen bestimmte Farben zuordnet oder Kontraste betont, läßt sich durch keinen Akt des Bewußtseins beeinflussen. Wie die Welt «an sich» ist, kann niemand sagen: Atomwolken, Energieschwaden. Unser Gehirn macht daraus, unbewußt, etwas Anschauliches, Begreifbares. Es erleichtert uns die Arbeit, Reize mit Verhalten zu beantworten.

Ohne Hinzuziehung des Bewußtseins – automatisch – werden die angeborenen Reflexe wie die erlernten Bewegungen vom Gehirn gesteuert, das Treppensteigen, Fahrradfahren, Maschineschreiben. Selbst unsere exquisiteste bewußte Tätigkeit, das Sprechen, geschieht bis fast zum Ende automatisch: Niemand wüßte zu sagen, wie sein Geist / Gehirn es fertiggebracht hat, irgendein Wort – sagen wir «Tiefkühlgefühl» – aufzufinden oder zu erfinden; niemandem sind all die verzweiflungsvoll komplexen Syntaxregeln bewußt, die er gleichwohl schlafwandlerisch anwendet, wenn er Sätze bildet.

Unbewußt bleibt das Gros der Sinneseindrücke, die auf uns eindringen. Manche von ihnen sind so schwach und kurz, daß sie auf keine Weise ins Bewußtsein zu holen wären, sondern «unterschwellig» bleiben müssen; dennoch sind sie in unserem Geist / Gehirn für einen kurzen Moment vorhanden und können uns beeinflussen. Automatisiert werden die gewohnten Wahrnehmungen. Wer täglich am Kolosseum vorbeifährt, bemerkt es schließlich nicht mehr. Je älter wir werden, desto gewohnter werden uns immer mehr unsere Wahrnehmungen – unser Wahrnehmungserleben wird immer blasser, es gibt für uns «nichts Neues unter der Sonne» mehr. Unbemerkt bleiben Eindrücke, auf die wir normalerweise nicht die Aufmerksamkeit richten, Hintergrundgeräusche, Gerüche, der beiläufige Ausdruck von Körperhaltung und Mimik und wer weiß wie viele Informationen, die unser Geist / Gehirn wohl registriert, deren Existenz wir – auf der Bewußtseinsebene – aber nicht einmal ahnen. Wer uns mit geweiteten Pupillen anblickt, den finden wir attraktiver (wohl darum, weil seine erweiterten Pupillen darauf zurückgehen, daß er uns attraktiv findet). Aber die meisten Menschen wissen nichts von diesem Pupillensignal und seiner Bedeutung. In Freuds Schema «bewußt», «vorbewußt», «unbewußt» läßt es sich nicht einordnen. Wir nehmen es wahr und reagieren darauf, aber wir bemerken es nicht. Wir lassen uns lenken und wissen nicht das mindeste davon. Kein Wunder, daß wir auch nur schlecht durchschauen, warum wir etwas tun und etwas anderes lieber lassen – unsere Beweggründe, unsere Motive.

Unbewußt – wir sagen lieber: intuitiv – verläuft weitgehend sogar jene Tätigkeit, die wir für unsere bewußte Geistesleistung *par excellence* halten: das denkerische Problemlösen. Immer wieder haben große, originelle Denker beschrieben, wie ihnen lang gesuchte Lösungen plötzlich, nebenbei, ohne Anstrengungen eingefallen sind. Der Mathematiker Jules Henri Poincaré: «Wegen der Reiserei hatte ich meine mathematische Arbeit ganz vergessen. Bei der Ankunft in Coutances nahmen wir einen Bus. In dem Moment, als ich meinen Fuß auf das Trittbrett setzte, kam mir, ohne daß ihr irgend etwas den Weg bereitet hätte, die Idee, daß die Transformationen, die ich zur Definition der Fuchsschen Funktionen benutzt hatte, identisch mit denen der nichteuklidischen Geometrie waren.»[14] Auch Leuten, die keine großen Mathematiker sind, sind solche Trittbretteinfälle geläufig. Wir wissen, daß unser Gehirn – unbewußt – an Problemen weiterarbeitet, die wir ihm präsentiert haben; und vielleicht überrascht es uns mit ihrer Lösung, vielleicht ordnet es sie wenigstens so weit, daß wir uns neues Material besorgen können, welches uns dann der Lösung näherbringt. Wer plötzlich vor einem schwierigen Problem steht, für das er keine Lösungsroutine besitzt, tut aus Erfahrung gut daran, die Sache nicht zu forcieren – der Alltag hält für solche Fälle den Ratschlag «überschlaf es erst einmal» bereit.

Viele Psychologen teilen heute die Auffassung, daß dem Bewußtsein immer nur die Ergebnisse geistiger Tätigkeit zur Verfügung stehen, nicht aber diese selbst. Wir werden uns nicht der Prozesse des Denkens, sondern in der Regel nur seiner Produkte bewußt. Wir geben unserm Geistorgan bewußt Probleme in Auftrag und nehmen dann wiederum bewußt in Augenschein, was es zumeist unbewußt und nach Regeln, deren wir nicht gewahr sind und die wir nicht anzugeben wüßten, daraus gemacht hat.

Der Zweck des Bewußtseins? Es muß eine Art Monitor sein, der dem Geist/Gehirn als Endstufe eingebaut ist, eine letzte, oberste Prüfungsinstanz. Man muß sich nur hüten, es wiederum als einen

Homunculus zu denken, der sich die Tätigkeit des Geist/Gehirns ansieht, seine Schlüsse daraus zieht und ihm seine Anweisungen erteilt. Das Bewußtsein steht dem Geist/Gehirn nicht als Betrachter gegenüber. Bewußtsein *ist* eine Art letzter, integrierender Selbstüberprüfung des Geistorgans.

Es ist nur den im Moment bedeutungsvollsten Inhalten vorbehalten, es simuliert die möglichen Folgen des Handelns und stellt sie damit zur Entscheidung. So scheint es, mit den Worten von George Mandler, ein «Notizblock für die Wahl von Handlungssystemen»[15] zu sein. Aber könnte nicht auch ein bewußtloser Automat die angemessene Handlung ausrechnen? Tun Computer es nicht? Vielleicht ist es bei der Komplexität der Gehirntätigkeit – Millionen, unter Umständen auch Milliarden von Prozessen spielen sich gleichzeitig ab – wirklich praktischer, einen «Vorstellungsraum» zu schaffen, in dem die allerwichtigsten Inputs und Outputs integriert werden. Es beschert uns eine analoge Repräsentation der ganzen Außenwelt und eine analoge Repräsentation unserer möglichen und wirklichen Akte in ihr. (Aber fragte man mich ganz privat, wozu das Bewußtsein meiner Meinung nach gut sei, so sagte ich ganz leise: Ohne Bewußtsein wäre das Leben für den einzelnen Organismus nichts, was stattfinden müßte – er nähme kein Interesse an ihm. Bewußtsein gibt es, damit er auch etwas von seinem Leben hat, damit er von sich aus auch leben möchte – und sollte ein solches Begehren etwa keinen Überlebenswert haben?)

Wie auch immer die Frage nach dem Zweck und der Mechanik des Bewußtseins eines Tages beantwortet werden mag: der Mensch ist jedenfalls kein bewußtes Wesen mit «einem Unbewußten» und gar einem absichtsvoll tätigen «Unbewußten» voller unzüchtiger Wünsche. Er ist ein unbewußtes Wesen mit einer erstaunlichen und ganz und gar geheimnisvollen, aber nicht nur ihm eigenen Fähigkeit: einige wenige Ergebnisse seiner seelischen Tätigkeit subjektiv erleben zu können.

17. DIE WUNDEN DER KINDHEIT: ÜBER DIE WAHRSCHEINLICHKEIT DER TIEFENPSYCHOLOGISCHEN TRAUMATHEORIE

Als die Wurzel aller tiefenpsychologischen Praxis hat Hansjörg Hemminger in seinem Buch «Kindheit als Schicksal?» die Traumatheorie bezeichnet. Man könnte darüber streiten, ob nicht vielmehr Freuds Lehre vom Unbewußten den Kern ausmache. In Wahrheit ist beides engstens miteinander verquickt. Denn «die Verdrängungslehre» – sie sei «der Grundpfeiler, auf dem das Gebäude der Psychoanalyse ruht, so recht das wesentlichste Stück derselben», stellte Freud fest.[1] Die Verdrängungslehre aber ist nichts anderes als die Meinung, daß schmerzliche Erlebnisse des Kindes – Traumen – aus dessen Bewußtsein ferngehalten werden, aber in der seelischen Unterwelt (ein Wort von Freud) lebendig bleiben und später von dorther irgendwie Schaden stiften.

Den Schaden, den der tiefenpsychologisch orientierte Therapeut zu behandeln unternimmt, die aktuelle seelische Störung, das sogenannte «Symptom» führt er in aller Regel auf eine seelische Verletzung zurück, eben ein Trauma, und zwar in aller Regel auf ein Trauma, das in früher und frühester Kindheit eingetreten ist, in den ersten fünf Lebensjahren. Daß die frühe Kindheit alles entscheidet: das ist das grundlegende Dogma der Psychoanalyse. Kurt R. Eissler, der Sekretär des Freud-Archivs, hat es mit dem ihm eigenen Schwung zu Papier gebracht: «Es ist die grundlegende Erkenntnis der psychoanalytischen Forschung, daß, eine durchschnittliche Konstitution vorausgesetzt, die Ereignisse der ersten fünf Lebensjahre darüber entscheiden, ob aus dem Kind später ein Verbrecher oder ein Heiliger wird, ein Durchschnittsbürger oder ein Spitzenkönner, ein gesunder, angepaßter Mensch oder einer, den Neurose oder Depression zerreißen.»[2] Eine solche Sicht der Dinge macht den Erwachsenen in jeder Hinsicht – geistig, emotional, sozial – von seinen Kindheitserlebnissen abhängig. Die ersten Lebensjahre legten ihn ein für allemal fest. Sie entschieden nicht nur über die spätere seelische Stabilität, sondern auch über den gesamten intellektuellen und sozialen Werdegang. Und wenn die Psychoanalyse und die verwandten Schulen die Kindheit ihrer Patienten durchstöbern, dann eben, um jene Erlebnisse an den Tag zu fördern, die vermeintlich seinerzeit die Weichen gestellt und somit auch die aktuellen Probleme verursacht haben. Darum ist die orthodoxe Psychoanalyse eine einzige, langwierige Erörterung der Kindheit; darum befassen sich auch einige der ketzerischen neuen Schulen ausgiebig mit mutmaßlichen kindlichen Erfahrungen, zum Beispiel die Primärtherapie, die ihren Patienten den angeblich seit ihrer Kindheit aufgestauten «Urschmerz» austreiben will.

Der wohl berühmteste aller jemals Psychoanalysierten, Freuds eigener Patient Sergej P., genannt der «Wolfsmann», drückte diesen Kern des ganzen Unternehmens für manchen Geschmack sicher etwas unverblümt, aber nicht unrichtig so aus: «Er [Freud] meint nämlich, daß irgendein Erlebnis in der Kindheit, ein Trauma, die Ursache für die Krankheit ist. Und wenn man sich an dieses Ereignis erinnert, dann wird man gesund. Also in fünf Minuten. Und das hat mir selbstverständlich sehr gut gefallen, daß alles auf ein Trauma zurückzuführen ist.»[3]

Jedoch wird das Wort Traumatheorie zuweilen auch in einem engeren Sinn gebraucht, nämlich für eine von Freud später verworfene frühe Variante seiner Theorie: «Freud dachte zunächst, die Analyse müsse die *realen* Ereignisse der unglücklichen Kindheit seiner Patienten aus der Amnesie hervorholen, also bewußt machen, und damit ihren schädigenden Einfluß aufheben. Sein Satz ‹Wo Es war, soll Ich werden› (Freud 1933a) wird gewöhnlich in diesem Sinne interpretiert. Seine Einsicht dann, daß nicht die ‹praktische›, also die objektive Realität aus der Geschichte des Patienten, sondern seine subjektive Realität der Gegenstand der Therapie sein muß, hatte für die Theorie und Praxis der Psychoanalyse weitreichende Folgen ... Bedeutungsvoll wurde, wie [der Patient] seine Geschichte verstand, weniger wichtig war, wie sie ‹wirklich› war» (Jürgen Körner[4]). In Freuds früher Traumatheorie wurde die Ursache einer späteren seelischen Störung also in einem realen Trauma gesucht; ihre späteren Abkömmlinge waren bereit, sich mit einem Trauma zu begnügen, das sich nur in der Phantasie des Kindes abgespielt hatte, in der sicher nicht falschen Einsicht, daß eine imaginäre psychische Verletzung ebenso wirksam sein kann wie eine reale. Um ein Trauma aber handelt es sich dort wie hier. Darum soll hier das Wort Traumatheorie nicht nur Freuds frühe Theorie bezeichnen, sondern jede Theorie, die die Ursachen für die gegenwärtigen seelischen Schwierigkeiten eines Menschen in (wirklichen oder eingebildeten) schädigenden Kindheitserlebnissen sucht – und sich von deren «Bearbeitung» konsequent eine Besserung oder Heilung verspricht.

In seinem Buch «Wenn Therapien schaden» stellt Hansjörg Hemminger fest, daß der Zeitpunkt des kindlichen Erlebnisses, das die spätere seelische Störung hervorgerufen haben soll, von Tiefenpsychologen immer weiter zurückverlegt wurde. Bei Freud handelte es sich vor allem um die hypothetischen «ödipalen» Konflikte zwischen dem dritten und sechsten Jahr. Nach ihm stieß Otto Rank bald auf das angebliche «Geburtstrauma»: den seelischen Schock, den das Kind seiner Meinung nach davonträgt, wenn es den warmen und bergenden Mutterleib verlassen muß und sich den Unbilden der kalten Außenwelt ausgesetzt sieht, die ihm den lebenslangen Wunsch eingeben, in den Schutz des Mutterschoßes zurückzukehren. (Alle Säugetiere müßten demnach von diesem Geburtstrauma stigmatisiert sein.) Dann kamen andere bei den seelischen Verletzungen im Mutterleib und schließlich während der Zeugung an. Bald, so prophezeit Hemminger, werde man die Seelenwanderung zu Hilfe rufen und die Traumen früherer Leben bemühen. Je weiter das entscheidende Trauma zurückverlegt wird, desto unnachprüfbarer wird natürlich die ätiologische Konstruktion, die es zu dem pathogenen – die nachmalige Krankheit auslösenden – Faktor erklärt.

Warum hat X Schwierigkeiten in der Schule? Warum ist Frau Y immer so niedergeschlagen? Warum ist Herr Z Alkoholiker geworden? Wo immer heute solche Fragen diskutiert oder betratscht werden, meldet sich mit Sicherheit die Traumatheorie zu Wort, die vielen inzwischen zur unumstößlichen Gewißheit geworden ist: Schuld seien ungünstige Erlebnisse in der Zeit der frühen Kindheit. Wer in einer Gesellschaft Befremden erregen möchte, braucht nur einmal die Bemerkung zu machen, Soundsos seelische Probleme hätten vielleicht überhaupt nichts mit seiner Kindheit zu schaffen – er wird entgeisterte Blicke ernten, als käme er aus einer dumpfen anderen Welt.

Der Glaube, daß die Kindheit den Ausschlag gebe und bestimme, wer später neurotisch, psychotisch, homosexuell, süchtig, kriminell werden müsse, kommt heute in vielerlei Gestalt und ist keineswegs an die verschiedenen Psychologien des Unbewußten gebunden. Er ist auch nicht neu. Daß «das Kind der Vater des Mannes» sei, wie es in einem Gedicht von Wordsworth heißt, ist ein Gedanke von zeitloscr Plausibilität. Aber besonders das Freudsche Theoriegebäude war es, das solchen Überlegungen zum Status einer regulären psychiatrischen Doktrin verholfen hat.

Die tiefenpsychologische Traumatheorie beruht auf drei Hypothesen, und die nicht-tiefenpsychologischen Theorien über die Langzeitfolgen früher seelischer Erlebnisse haben nur die dritte davon nicht mit übernommen. Erstens, man muß die Erklärung für psychische Auffälligkeiten in bestimmten traumatischen Erlebnissen suchen (und nicht etwa, wie vorher hier und da geglaubt wurde und teils noch immer geglaubt wird, zum Beispiel in unvorteilhaften Körpersäften oder in dämonischer Verhexung oder in erblicher Belastung). Zweitens, keine Erlebnisse sind so entscheidend wie die ersten – das ganze spätere Leben wird unwiderruflich von dem bestimmt, was in der frühen Kindheit vorfällt. Drittens, es sind nicht offen zutage liegende, sondern «unbewußte» traumatische Erlebnisse der Frühkindheit, die später zu Störungen führen – man selber weiß nicht das mindeste von ihnen, und einzig der Fachmann für Erlebnisdeutung vermag den ursächlichen Zusammenhang zwischen einer frühen Verletzung und einem späteren «Symptom» zu erraten. Etwas spezieller: Verbotene Triebwünsche (für die orthodoxere Psychoanalyse handelt es sich dabei vorwiegend um mutmaßliche Inzestwünsche des Kindes) werden vom Bewußtsein nicht zugelassen, bleiben aber lebendig und führen zu einem beständigen Konflikt an der Nahtstelle von Es (wo die wilden Kerle wohnen) und Ich, der fast alle erdenklichen Symptome hervorbringt. Ein Beispiel für solche «verdrängten» Traumen wäre ein einzelnes Ereignis wie die Beobachtung oder Belauschung des elterlichen Beischlafs (der «Urszene»). Moderner eingestellte Therapeuten suchten die Ursachen eher als in einmaligen Erlebnissen in fortgesetzten traumatischen Situationen, deren Traumacharakter niemand je bemerkt, auch der Traumatisierte nicht, etwa einer «unbewußten Ablehnung durch die Mutter». («Unbewußt» heißt hier vor allem: «soweit feststellbar eigentlich liebevoll, aber irgendwie muß es trotzdem ablehnend gewirkt haben». Womit natürlich nicht etwa behauptet sein soll, daß es ambivalentes Verhalten nicht gäbe. Allerdings gibt es Verhalten, das auf den anderen sowohl freundlich wie feindlich wirkt, ohne daß einer der beiden bemerkte oder gar sagen könnte, worin die Feindseligkeit eigentlich besteht. Denn in unseren Kommunikationen gibt es viele Signale, die wir nicht planen und über die sich weder ihr Sender noch ihr Empfänger ausdrücklich Rechenschaft geben könnten.)

Die tiefenpsychologische Traumatheorie behauptet also nicht einfach, daß seelische Verletzungen aktuellen Schmerz hervorrufen (was sie selbstverständlich tun). Sie behauptet auch nicht nur, daß solche Verletzungen lang anhaltende Wirkungen haben können (kein Psychologe bezweifelt, daß sie die bisweilen haben). Die tiefenpsychologische Traumatheorie behauptet vielmehr, daß ein Trauma, besonders dann, wenn es in frühester Kindheit eingetreten ist, «im Unbewußten» weiterwirke und von dort aus später seelische oder körperliche Störungen vieler Art hervorrufe. «Im Unbewußten»: der Betroffene weiß selber nicht das mindeste davon, und zwischen dem «Symptom» und dem auslösenden «Trauma» braucht keinerlei erkennbare Beziehung zu bestehen.

Mit zwei Jahren beißt dich ein Hund, mit dreißig bekommst du Asthma – die Tiefenpsychologie ist jene Psychologie, die zwischen zwei solchen Ereignissen potentiell einen Zusammenhang sieht und gegebenenfalls nachweisen möchte, daß die Ursache des Asthmas jener seinerzeit «verdrängte» Hundebiß war. Das Beispiel Hundebiß ist erfunden, und es ist ziemlich unfair. Es soll nur das Prinzip solcher Verknüpfungen deutlich machen. Ein Hundebiß, das wäre ein sehr klares und offensichtliches Trauma, über das man sprechen könnte, ohne die Stimme im mindesten ahnungsvoll senken zu müssen, und an dem sich darum auch zeigte, daß es durchaus etwas Seltsames hat, zwei Lebensereignisse, zwischen denen kein erkennbarer Zusammenhang besteht, über eine weite Zeitspanne hinweg miteinander zu verknüpfen. Wir sind ja so konditioniert, daß wir ahnungsvoll und ernst nicken, wenn jemand raunt, Soundsos heutige Ehekrise gehe auf die Vaterlosigkeit seiner Kindheit oder auf eine unbewußt ablehnende Haltung seiner Mutter zurück; erst wenn wir für die vermutete mütterliche Ablehnung ein sehr viel handfesteres Trauma einsetzen, wird uns klar, daß in solchen Konstruktionen in der Tat Dinge verbunden werden, die sehr weit auseinanderliegen und jedenfalls nach außen hin wenig miteinander zu tun haben.

In Wahrheit würden natürlich wenige Tiefenpsychologen die Kindheit ihrer Patienten je nach einem so prosaischen Trauma wie einem Hundebiß oder einem Sturz auf der Kellertreppe oder einer Tracht Prügel durchforschen; derlei Schrecken werden gewöhnlich nicht einmal in Erwägung gezogen. Sie vermuteten vielmehr Traumen anderer und subtilerer Art – vor allem wiederholte oder ständige seelische

Verletzungen durch Mutter und Vater oder andere Bezugspersonen. Heute klingt die psychoanalytische Traumatheorie dann etwa so: «Bestimmte frühkindliche Erfahrungen waren so schlimm, daß sie vergessen, verdrängt, in körperliche Symptome, Charakterstrukturen und so weiter verwandelt wurden und an der Realisierung gewünschter Bedürfnisse hindern. Die Symptomatik ist der Schutz des Menschen vor dem Schmerz, dem Grauen, der Wut, der Verlassenheit, mit der er einmal konfrontiert war.» Er also weiß nichts von den Traumen, die er in den ersten Jahren seines Lebens erlitten hat, aber wenn er heute die quälendsten «Symptome» und die demütigendsten Charakterzüge auf sich nimmt, nur um sich nicht daran erinnern zu müssen, müssen sie wahrhaft furchtbar gewesen sein – ein namenloser Horror, der sich da abgespielt hat, ohne daß jemand seiner gewahr wurde.

Eine psychoanalytische Erklärung des Asthmas, die tatsächlich vorgetragen wurde (und zwar 1941 von French und Alexander), behauptet zum Beispiel: Die Atembeschwerden des Asthmatikers seien eigentlich ein Wutschrei, ausgestoßen in Erinnerung an eine drohende Trennung von der Mutter, die den Kranken in seiner frühen Kindheit traumatisiert habe; das Verlangen nach der einstmals entbehrten Mutterliebe sei der «Sinn» seiner heutigen Krankheit, und wenn er es nur über sich brächte, das einzusehen, verschwände sein Asthma. Freud selber spürte als Ursache für das Asthma eine andere und handfestere Versehrung der kindlichen Psyche auf. In seiner berühmten Analyse der angeblich hysterischen achtzehnjährigen «Dora» schrieb er: «Daß die Dyspnoe [Atemnot] und das Herzklopfen der Hysterie und Angstneurose nur losgelöste Stücke aus der Koitusaktion sind, habe ich vor Jahren bereits ausgeführt, und in vielen Fällen, wie dem Doras, konnte ich das Symptom der Dyspnoe, des nervösen Asthmas, auf die gleiche Veranlassung, auf das Belauschen des sexuellen Verkehrs Erwachsener, zurückführen. Unter dem Einflusse der gesetzten Miterregung konnte sehr wohl der Umschwung in der Sexualität der Kleinen eintreten, welcher die Masturbationsneigung durch die Neigung zur Angst ersetzte. Eine Weile später, als der Vater abwesend war und das verliebte Kind seiner sehnsüchtig gedachte, wiederholte sie dann den Eindruck als Asthmaanfall.»[5] Merke: Wenn Papa beim Beischlaf hechelt / 's Töchterlein asthmatisch röchelt.

Da solchermaßen vieles dem Kind zum Trauma werden kann, und da das entscheidende Ereignis weder damals noch heute bewußt als etwas Verletzendes erlebt worden sein muß, um sich dem Tiefenpsychologen als der ausschlaggebende Faktor zu qualifizieren, wird bei einiger Vergangenheitserkundung in jedem Fall irgendein «Trauma» zum Vorschein kommen, auch bei Menschen, die anscheinend ein seelisch gesundes Leben führen und niemals einen Tiefenpsychologen zu Hilfe rufen. Es gibt nämlich schlechterdings keine Kindheit ohne irgendeine Verletzung zumindest subtiler und eingebildeter Art. Zum Beispiel ist es das Schicksal jedes Menschenkindes, sich nach Mutterliebe zu sehnen, und irgendwann ist dieses Bedürfnis in jedem Fall frustriert worden. Beweist das aber, daß es eben jene weit zurückliegende Frustration war, die das aktuelle Problem verursacht hat? Es beweist natürlich nichts dergleichen. So befriedigend es subjektiv auch sein mag, mit der Billigung eines Fachmanns für Seelengeschehen die eigenen gegenwärtigen Schwierigkeiten auf vergessene bittere Erlebnisse in der frühen Kindheit – und das heißt meist: auf die Verfehlungen der Eltern – zurückführen zu können: die Tatsache, daß sich in schlechthin jeder Biographie Traumen aufspüren lassen, daß offenbar aber nur bei einigen Menschen psychische Störungen von «Krankheitswert» vorliegen, muß nach den Gesetzen der Logik gegen die Traumatheorie mißtrauisch machen.

Allerdings, es widerlegt sie natürlich noch keineswegs, denn «konstitutionelle» Unterschiede, die den einen unter einem Erlebnis leiden lassen, über das der andere unbeschadet hinweglebt, nehmen auch die meisten Tiefenpsychologen an. (Freud selber betonte die konstitutionelle Komponente beim Entstehen von Neurosen, sah aber als relevanten konstitutionellen Unterschied zwischen den Menschen hauptsächlich ihre unterschiedliche sexuelle Triebstärke.)

Das von der Ubiquität der als Trauma klassifizierbaren Erlebnisse geschürte Mißtrauen jedoch sollte eigentlich dazu führen, daß sich der Traumatheoretiker nicht damit begnügt, hier ein gegenwärtiges «Symptom» und dort ein mutmaßliches frühkindliches «Trauma» festzustellen. Selbst in dem Fall, der keineswegs die Regel ist: daß beide Lebensereignisse feststehen, selbst in diesem Fall stünde ja noch keineswegs fest, daß jenes Trauma die *Ursache* des Symptoms ist. Draußen donnert es, gleich darauf fällt bei mir im Zimmer ein Bücherstapel um: Es wäre der klassische Trugschluß des *post hoc ergo propter hoc* («danach, also deswegen»), anzunehmen, der Donner habe die Bücher umgeworfen. Die bloße Tatsache, daß zwei Ereignisse hintereinander vorkommen, begründet keine Kausalität. Es müßte schon ein deutlicher Ursache-Wirkung-Zusammenhang beschrieben werden, einer, der Schutz gewährt gegen irrige oder abenteuerliche Verknüpfungen. Die Traumatheorie wäre um so glaubhafter, je detaillierter sie im konkreten Fall anzugeben wüßte, was zwischen dem einstigen

Erschrecken und der jetzigen Erkrankung geschehen ist, auf welchem Wege jenes zu dieser führt.

Nun hört man von Psychoanalytikern sehr häufig: das ausschlaggebende, das traumatisierende Erlebnis sei einzig und allein mit den Mitteln der Psychoanalyse zu erkennen, alle anderen Methoden seien viel zu grob und übersähen das Entscheidende. Eben kein Hundebiß, auch keine Prügel – die Psychoanalyse sucht nach feineren Traumen, zum Beispiel eben nach dem Belauschen oder Anblick der «Urszene». In ihrer «Irr- und Lehrfahrt durch die deutsche Psychoanalyse» schildert die Ärztin Dörte v. Drigalski, für psychoanalytische Deutungen selber überaus empfänglich, wie sie sich nach einiger Zeit der Analyse daran erinnert habe, als kleines Mädchen manchmal bei ihrem Stiefvater auf dem Schoß gesessen zu haben, während der auf dem Klo hockte und Zeitung las. Für sie selber war das nur eine «fade Erinnerung». Dann aber sagte ihre Analytikerin bedeutungsvoll: «Sie haben doch auf dem *nackten* Penis gesessen.» (Nebenbei gesagt verriet diese Bemerkung eine für eine auf dem Gebiet des «Penis/Phallus» publizierende Expertin gar wundersame Unkenntnis der relativen Position dieses Organs beim Sitzen auf einem Wasserklosett.) Die Analysandin war zuerst begriffsstutzig, dann ging ihr ein Licht auf: «Dies war wohl eine starke sexuelle Überreizung gewesen, die heftige, mich überflutende Gefühle in mir ausgelöst hatte. In dem Alter hatte ich sie verdrängen und verleugnen müssen. Bestimmt waren dies extrem traumatisierende Situationen gewesen ...»[6] Aus der Fadheit der Erinnerung also schloß sie messerscharf, daß sie sexuell überreizt gewesen war; aus der Tatsache, daß sie sich an nichts erinnerte, schloß sie auf heftigste Gefühle; und die nichtige, alberne Situation hielt sie selber für «extrem traumatisierend», so sehr, daß sie im Anschluß ihrem Stiefvater vorwarf, ihre «Liebesunfähigkeit» verschuldet zu haben, und ihrer Mutter, daß sie sie nicht vor ihm geschützt habe.

Im Umkreis der Psychoanalyse also sind es eigentümlich geisterhafte Traumen, die zu den späteren therapiebedürftigen Störungen führen sollen, Traumen, deren Schrecken überhaupt nur begreift, wer die Infantil-Sexual-Mystique des Freudianismus für bare Münze nimmt. Und da viele Analytiker es des weiteren für unzulässig halten, nach dem profanen Erfolg ihrer Therapien zu fragen, denn dieser bestehe einzig darin, die eigene Lebensgeschichte auf eine neue Weise erzählen zu können, und sei ein viel zu feines Gespinst, um sich mit außerpsychoanalytischen Mitteln erkennen oder gar objektiv erfassen und messen zu lassen; da sie zuweilen rundheraus abstreiten, daß es sich überhaupt um eine Therapie handele – Heilung scheint irgendwie etwas Vulgäres zu sein[7] – und nicht vielmehr um einen endlosen Weg der Selbsterfahrung und Selbstreflexion («sich auf sich selber einlassen») ohne irdischen Zweck und greifbaren Erfolg – da also das Ergebnis des psychoanalytischen Prozesses ebenfalls nur schwer dingfest zu machen ist, begibt sich diese Theorie in eine Gefahr, die offenbar nur Außenstehenden sofort auffällt: daß zwei Nichtse (ein fiktives Trauma und ein fiktiver Therapieerfolg) auseinander abgeleitet und bewiesen werden, die ganze aufwendige Konstruktion also ein reines Wahngebilde sein könnte.

Manchen Patienten wundert es, daß seine Krankheit in den Augen eines tiefenpsychologisch orientierten Therapeuten sofort zu einem bloßen und selber nicht weiter interessierenden «Symptom» wird. (Die Verhaltenstherapie neigt demgegenüber dazu, das «Symptom» für die Krankheit selbst zu halten; ist das «Symptom» beseitigt, so meint sie, ist auch die Krankheit geheilt.) Im Sinne der Traumatheorie ist die Geringschätzung des «Symptoms» nur folgerichtig. Die «Kur» (das Wort ist keine polemische Gemeinheit, sondern entspricht Freuds eigenem Wortgebrauch) soll ja eben darin bestehen, daß nicht die jeweilige Krankheit behandelt wird, sondern das unsichtbare Trauma, das vermeintlich zu ihr geführt hat.

Aber gibt es eine solche gesetzmäßige – oder bescheidener: regelhafte – Verknüpfung zwischen kindlichem Trauma und diversen späteren Leiden überhaupt? Die akademische Psychologie hat die Traumatheorie in mehrerer Hinsicht überprüft. Es steht nicht gut um sie. Daß hier ein Irrtum vorliegen muß, ein Jahrhundertirrtum, begann sich schon vor zwanzig Jahren herauszustellen und wurde seitdem immer nur noch deutlicher. Die Psychoanalyse und die verwandten Therapieschulen aber haben weitergemacht, als wäre nichts. Ein Verzicht auf die Traumatheorie wäre wohl der übelste Verrat, dessen sich ein Analytiker schuldig machen kann.

Ob es in der Vorgeschichte von psychisch Gestörten Besonderheiten gibt, die als Ursache für ihre Probleme in Betracht kommen – es ist eine der ganz großen und wichtigen Fragen der Entwicklungspsychologie, und einige Anstrengungen sind gemacht worden, eine Antwort zu finden. Der größte Teil dieser empirischen Forschung spielte sich außerhalb der Tiefenpsychologie ab; er fragte nicht speziell nach Ursachen «im Unbewußten», sondern nach allen erdenklichen Ursachen. Hier ist einiges zutage gekommen, was noch nicht einmal begonnen hat, ins öffentliche Bewußtsein zu sickern; wir alle werden noch eine Menge zu lernen haben.

Einige herausragende Studien der letzten beiden Jahrzehnte, die den Spätfolgen kindlicher Erlebnisse nachgegangen sind, sollen hier vorgestellt werden. Obwohl sie verschiedene Schwerpunkte hatten, stimmen sie in einigen Grunderkenntnissen erstaunlich gut miteinander und mit anderen Forschungsarbeiten auf diesem Gebiet überein. Ihre Ergebnisse sind alles andere als exotische Außenseiterbefunde.

Im Jahr 1964, als die Überzeugung von den pathogenen Familienkonstellationen ihren Zenit erreichte, machte sich der amerikanische Psychologe George H. Frank die Mühe, die meiste voraufgegangene Forschungsliteratur durchzukämmen. Systematisch sichtete er 150 empirische Studien aus 40 Jahren, die mögliche Zusammenhänge zwischen ungünstigen Kindheitserlebnissen innerhalb der Familie und späterer Schizophrenie, Neurose oder Verhaltensstörung erkundet hatten. Zunächst schien die Forschung durchaus fündig geworden zu sein. Sie hatte die «schizophrenogene und neurotogene Mutter» entdeckt. «Familien von Schizophrenen scheinen von dominanten Müttern, passiven Vätern und erheblicher Familiendisharmonie gekennzeichnet. Die Mutter ist übermäßig protektiv und possessiv, jedoch im Grunde ablehnend, wenn auch unbewußt. Diese Mütter lehnen Sex ab, sind inkonsequent in ihren Erziehungsmethoden und nicht realitätsgerecht in ihrem Denken, Fühlen und Verhalten.»[8] Als dann aber immer öfter die Gegenprobe gemacht wurde, stellte sich heraus: Die Mütter der nicht geistig oder seelisch Gestörten entsprachen diesem Muster nicht seltener als die der Kranken. Die «schizophrenogene oder neurotogene Mutter» löste sich in nichts auf. Auch wo ein Zusammenhang gefunden wurde, blieb er eigentümlich blaß. Einer der allerdeutlichsten Zusammenhänge war, daß Soldaten, die neurotische Zusammenbrüche erlitten, dreimal so oft aus kaputten Familien kamen wie ihre stabilen Kameraden. 36 Prozent aller neurotisch gebrochenen Soldaten kamen aus zerbrochenen Ehen; dagegen fanden sich in der Lebensgeschichte von nur 11 bis 15 Prozent der gesunden Soldaten auseinandergefallene Familien. Auf den ersten Blick sah das wie eine vielsagende Diskrepanz aus. Indessen, auch bei den Neurotikern kamen noch zwei Drittel – 64 Prozent – aus intakten Familien! Daß zerrüttete Familienverhältnisse unweigerlich oder auch nur in der Mehrheit der Fälle zu Neurosen führen, ließ sich also keineswegs schließen; es muß manches andere im Spiel sein. Und so faßte Frank die Ergebnisse vierzigjähriger Forschung zusammen: «Die Annahme, die Familie sei der entscheidende Faktor bei der Entwicklung der Persönlichkeit, hat sich nicht bestätigt.»[9] Den einen ausschlaggebenden Faktor gebe es sehr wahrscheinlich gar nicht; die Persönlichkeit und jede ihrer Störungen sei immer das Werk vieler zusammenwirkender Faktoren.

Im gleichen Jahr berichtete die Psychologin Jean Macfarlane von einer Langzeitstudie, bei der eine Gruppe von 166 möglichst durchschnittlichen kalifornischen Kindern von ihrer Geburt an dreißig Jahre lang immer wieder beobachtet und psychologisch wie medizinisch untersucht worden war. Das Ergebnis setzte die Forscher selber in Erstaunen, so sehr lief es ihren Erwartungen zuwider: «Viele der reifsten Erwachsenen in unserer ganzen Gruppe, viele der gut Integrierten, Tüchtigen, Kreativen, die ihre Prinzipien hatten, die voller Verständnis waren und sich selber wie andere Menschen akzeptierten, hatten früher sehr schwierige Situationen durchlebt, und ihre Reaktionen während ihrer Kindheit und Reifejahre schienen ihre Probleme in unseren Augen noch weiter zu komplizieren.»[10] Auf der anderen Seite waren da die zunächst anscheinend Glücklichen: «Als Kinder und Heranwachsende blieben ihnen ernstliche Belastungen erspart, zeigten sie sich kompetent und talentiert, waren sie ausgezeichnete Schüler und die bewunderten Verkörperungen des Erfolgs. Unter ihnen waren große Sportler und hübsche, umgängliche Mädchen. Im Alter von 30 Jahren findet man unter ihnen einen hohen Anteil morscher, unzufriedener und ratloser Erwachsener, deren Potential sich bisher jedenfalls nicht verwirklicht hat.»[11] Weder also ließen sich spätere Schwierigkeiten immer auf frühere Traumen zurückführen, noch war spätere seelische Stabilität immer das Ergebnis einer unproblematischen Kindheit. Die Entwicklung schien ihren Weg relativ unabhängig von äußeren Einflüssen zu gehen; nur extremste Belastungen hinterließen eine bleibende Spur: «Wenn es besonders während sensibler Perioden zu katastrophalen Zwischenfällen kommt, wenn die biologischen Funktionen durch Krankheiten schwer eingeschränkt werden, wenn das Kind hartem und launischem Druck oberhalb seiner Toleranzgrenze ausgesetzt ist, wenn die meisten seiner Bewältigungsversuche bestraft oder verhöhnt werden, kann es zu einer Explosion abweichenden Verhaltens kommen. Es kann unerreichbar widerspenstig werden, psychosomatische Krankheiten entwickeln oder in seelische Apathie verfallen.»[12] Auch schwere, offene kindheitliche Traumen führten längst nicht immer zu unauslöschlichen Schwierigkeiten; mit einiger Sicherheit blieben Kinder überhaupt nur von allerschwersten andauernden Belastungen für lange Zeit gezeichnet.

1973 berichtete Jerome Kagan, Entwicklungspsychologe der Harvard-Universität, von zwei abgelegenen Dörfern in Guatemala, wo die Kleinkinder einen ungewöhnlich hoffnungslosen Eindruck machten. «Im Gegensatz zu amerikanischen Kleinkindern ihres Alters sind sie motorisch extrem passiv, lächeln kaum und sind vor allem ganz ungewöhnlich still. Mit ihren bleichen Wangen und leeren Blicken wirkten einige wie kleine Gespenster; sie waren wie die von Spitz beschriebenen hospitalisierten ... Kleinkinder.»[13] Kagan war der Sache nachgegangen und hatte herausgefunden, daß diese Kinder in der Tat von ihren Müttern oder anderen Erwachsenen so gut wie keine Stimulation erhielten; vor allem wurde kaum mit ihnen gesprochen. Nach westlichen Maßstäben waren sie schwer depriviert, und in verschiedenen Tests hatten sie einen Reiferückstand von etwa einem Jahr. Aber sobald sie laufen lernten und sich selber Stimulation beschaffen konnten, begann sich das Blatt zu wenden, und mit zehn Jahren waren aus diesen retardierten Kleinkindern normal aktive, fröhliche, intelligente Kinder geworden. Frühkindliche Deprivation scheint also zumindest in intellektueller Hinsicht kompensierbar. «Von Locke bis Skinner haben wir gemeint, die Vervollkommnung des Menschen hänge vor allem von schicksalhaften äußeren Umständen ab, von den Dingen und Menschen, die ihn zurückhalten, loben, drängen, haben wir uns gesträubt, dem Kind seine eigene Bahn zuzubilligen. Aber wie der Zellkern besitzt auch der Geist einen Plan für sein Wachstum und kann eine neue Blume, einen seltsamen Schmerz oder das unverhoffte Lächeln eines Fremden in eine verständliche Form verwandeln.»[14] Und dieser Wachstumsplan wird sich unter vielerlei Bedingungen verwirklichen.

In Waltham Forest, einem nördlichen Vorort Londons, wurde 1970 jedes vierte dreijährige Kind medizinisch, psychologisch und soziologisch untersucht, 828 Kinder alles in allem, die meisten aus durchschnittlichen Mittelstandsfamilien. Dabei wurden 100 Kinder mit psychischen Störungen gefunden. Im Alter von vier und acht Jahren wurde diese Gruppe nachuntersucht und mit einer gleich großen Kontrollgruppe von ursprünglich gesunden Kindern verglichen. Familiäre Schwierigkeiten wirkten sich sehr deutlich auf das seelische Wohlbefinden der Kinder aus – aber nur in der Gegenwart; Langzeitfolgen waren nicht zu erkennen. Der Vergleich warf unter anderem die folgenden Einsichten ab: «Ängstliche Vorschulkinder entwickeln später eher neurotische Abweichungen, unruhige eher antisoziales Verhalten ... Aber wir konnten keine Eigenheiten des Familienhintergrunds entdecken, die bestimmt hätten, welche Art von

Schwierigkeit sich später entwickeln sollte. Auch hatte es nicht den Anschein, als wäre irgendeine bestimmte Schwierigkeit mit [länger zurückliegenden] Belastungen in der Familie [Ehestreit, Depressivität der Mütter, wenig mütterliche Wärme] verbunden ... Ein Problemkind aus einer gestörten Familie hatte keine schlechteren Aussichten als ein Problemkind aus einer Familie, in der die Beziehungen gut waren ...»[15]

Um 1960 wurden im Kanton Zürich alle körperlich gesunden Heimkinder zwischen zweieinhalb Monaten und sieben Jahren untersucht. In der Tat erwiesen sie sich in mehrfacher Hinsicht als zurückgeblieben, vor allem sprachlich. Um festzustellen, ob das Leben im Heim – ein Leben in der Hand von wechselnden Pflegern, ohne feste Bindung an einen bestimmten Menschen – dauerhafte Folgen hat, wurden einige von ihnen zwölf Jahre später noch einmal untersucht; immer noch lebte die Mehrzahl von ihnen nicht bei ihren beiden leiblichen Eltern. Die Studie[16] hat erhebliche methodische Schwächen, die in befremdlichem Mißverhältnis zu der Schärfe stehen, mit der ihre Autoren die Schwächen anderer empirischer Untersuchungen verurteilen, vor allem die Deprivationsforschungen von René Spitz und John Bowlby. Die Nachuntersuchung erfaßte nur einen kleinen und vielleicht nicht repräsentativen Teil der ursprünglich untersuchten Kinder, nämlich 137 von 391, und es fehlte eine eigene Vergleichsgruppe, die nach genau den gleichen Kriterien hätte untersucht werden können – die nötigen Vergleichsgruppen wurden aus anderen Studien künstlich herbeigerechnet. Diese Studie wird darum hier nicht ihrer Meriten wegen erwähnt, sondern vor allem deshalb, weil ihr Schauplatz uns so nahe ist. Die Zürcher Psychiaterin Cécile Ernst berichtet: Körperlich und in ihrer Intelligenz seien die nachuntersuchten Kinder nicht mehr im Rückstand gewesen; auch waren sie in der Schule durchschnittlich erfolgreich und durchschnittlich beliebt, so daß ihre entbehrungsreiche Kindheit weder ihre geistigen Leistungen noch ihre Fähigkeit, sich in ihre Altersgruppe zu integrieren, dauerhaft in Mitleidenschaft gezogen hatte. Delinquenz war unter ihnen nicht häufiger als unter Altersgenossen, die keine Heimkindheit hinter sich hatten; der immer wieder geäußerte Verdacht, ein Heimkind würde leicht asozial, fand also keine Bestätigung. Anders sah es im affektiven Bereich aus. Psychische und soziale Auffälligkeiten nämlich, von Eßstörungen über Nägelbeißen und Traurigkeit zum Lügen, fanden sich bei ihnen fast doppelt so häufig wie normal. In der Vergleichsgruppe hatten 10 Prozent der Kinder fünf dieser Symptome oder mehr und galten darum als

«Fälle», in der Heimkindergruppe 62 Prozent.[17] Meist handelte es sich um ein Syndrom, das Psychiater «gehemmte Depression» nennen: Überempfindlichkeit, Zurückgezogenheit, Depressivität, Ängstlichkeit, Schlafstörungen, Überangepaßtheit. «Sie sind nicht ‹Störer›, sondern eher *passive Jugendliche, die äußerlich wenig auffallen und keinen Anstoß erregen.*»[18] Das mit Abstand verbreitetste Symptom dieser gehemmten Depression, Überempfindlichkeit, fand sich bei 49 Prozent von ihnen, sechsmal so oft wie unter Gleichaltrigen, die aus normalen Familienverhältnissen kamen. Das andere Symptom, in dem sie sich hochsignifikant von den zum Vergleich herangezogenen normalen Kindern unterschieden, war ihre Zurückgezogenheit; sie wurde bei ihnen fünfmal so oft registriert, bei 11 Prozent von ihnen. Einerseits ist das ein alarmierender Befund. Er stützt die Ansicht, daß die frühkindliche Deprivation, die Entbehrung der Mutter oder einer anderen festen, liebevollen Bezugsperson in den ersten Lebensjahren, lang anhaltende affektive Verkümmerungen und Störungen hinterlassen kann. («Der von der Deprivationslehre postulierte Zusammenhang zwischen früher Mutterentbehrung und Depressivität läßt sich durch diese Ergebnisse vorläufig bestätigen.»[17]) Andererseits aber läßt sich auch nicht übersehen, daß 51 Prozent der Heimkinder nicht als überempfindlich eingestuft wurden und 89 Prozent nicht als zurückgezogen. Auch hier also müssen andere gewichtige Faktoren im Spiel gewesen sein, Faktoren, die ein depriviertes Kind gegen eine manifeste, anhaltende belastende Situation geschützt oder die es umgekehrt besonders verwundbar gemacht haben. Welche das sein könnten, wissen wir einfach nicht. Das Fazit: «Weder kann eine unter günstigen Bedingungen verlaufene Kindheit vor späteren psychischen Schwierigkeiten schützen, welche im Rahmen der genetischen Verwundbarkeit durch anhaltende spätere negative Erfahrungen entstehen, noch bedeutet eine Frühkindheit unter schlechten Bedingungen, daß sich eine gestörte Persönlichkeit entwickeln wird – vor allem dann nicht, wenn sich die Umstände früh und wesentlich zum Besseren wenden.»[19] Um *genetische* Verwundbarkeit also handele es sich, um *anhaltende* böse Erfahrungen, und man könne sich von ihnen wieder erholen!

Die bisher wohl umsichtigste und aufschlußreichste Studie dieser Art ist das Kauai-Projekt, über das die kalifornische Verhaltenswissenschaftlerin Emmy Werner inzwischen in drei Büchern berichtete. Kauai ist eine kleine hawaiische Insel mit 32 000 Einwohnern, die meisten japanischer, philippinischer und hawaiischer Herkunft. Hier wurde keine Stichprobe untersucht, sondern ein ganzer Jahrgang

(1955); über der Studie schwebt also nicht das Risiko, das über so vielen Untersuchungen der empirischen Sozialforschung schwebt: das Risiko eines Stichprobenfehlers. Die Gruppe war groß, 643 Kinder, und die vorläufig letzte Untersuchung mit 18 Jahren erfaßte immer noch sensationelle 88 Prozent von ihnen. Die Fragen, die die Untersucher stellten, waren besonders eingehend und vielseitig: Die Kinder und auch ihre Angehörigen wurden, teilweise bei sich zu Hause, beobachtet, interviewt, psychologisch getestet, ärztlich untersucht. Schließlich begann die Studie schon während der Schwangerschaft der Mütter, so daß auch Komplikationen vor und bei der Geburt registriert werden konnten. Die Zahl der Gesetzesbrecher und Neurotiker in diesem Jahrgang war erheblich (15 und 10 Prozent). 100 unter ihnen wurden mit ebenso vielen Gesunden verglichen. Auch hier zeigte sich wieder: Viele, die unter größten Belastungen aufwachsen, bleiben widerstandsfähig, ja scheinen zuweilen davon sogar noch zu profitieren. Die Studie konnte aber auch Faktoren ausmachen, die zwar nicht unbedingt zu späteren Problemen führen mußten, aber deren Risiko erhöhten. Es waren soziale, biologische und psychische Faktoren: ein niedriger Bildungsgrad der Mutter, ein niedriger Lebensstandard und eine geringe Familienstabilität in den beiden ersten Lebensjahren; größere Komplikationen vor und bei der Geburt und eine ernste Krankheit; ungewöhnliche Unruhe oder Passivität im ersten Lebensjahr. Das größte Risiko für die spätere Entwicklung stellte eine angespannte finanzielle Lage im Verein mit Komplikationen bei der Geburt dar – also eine bestimmte Konjunktion von sozialen und biologischen Belastungen. Folgenreich war, ob sich die Mutter alleine um die kleinen Kinder zu kümmern hatte – die Kinder hatten den Nutzen, wenn jemand da war, der ihr half, egal ob der Vater des Kindes, ein Geschwister oder eine Großmutter; offenbar nur dann, wenn die Mutter zeitweise von der Kinderfürsorge entlastet ist, kann das Verhältnis zu ihren Kindern so warm werden wie erforderlich. Eine Berufstätigkeit der Mutter hatte keine bösen Folgen. Die Abwesenheit des Vaters war für Söhne abträglicher als für Töchter. Die neurotischen Probleme erwiesen sich in vielen Fällen als vorübergehend: Niemand schien ein für allemal verurteilt, neurotisch zu werden und es zu bleiben. Werners wichtigster Schluß war denn auch der: «Als wir diese Kinder von Babys zu Erwachsenen heranwachsen sahen, konnten wir nicht umhin, Achtung zu empfinden vor den selbstheilenden Tendenzen in ihnen, die unter allen außer den anhaltend ungünstigsten Umständen für eine normale Entwicklung sorgten.»[20]

Wird der Boden für eine spätere Störung in der frühen Kindheit bereitet, so müßte sie sich auch in der Kindheit schon ankündigen (und durch eine rechtzeitige therapeutische Intervention abgefangen werden können). Wie genau läßt sich der spätere Erwachsene aus seiner Kindheit vorhersagen? Der Harvard-Psychologe Lawrence Kohlberg (derselbe, von dem die im Kapitel «Die uneinigen drei» erwähnte Theorie über die moralische Entwicklung des Menschen stammt) hat das Material zu dieser Frage zusammengetragen. Sein Ergebnis: Eine solche Prognose ist bisher kaum möglich. Das dauerhafteste unter den meßbaren Merkmalen ist der Intelligenzquotient: Vom sechsten Lebensjahr an ist mit einiger Sicherheit abzusehen, wie hoch der IQ des Erwachsenen sein wird. Stabil über das ganze Leben hin sind auch Temperamentsunterschiede wie Introversion oder Aktivität; voraussagen läßt sich also ungefähr, wie ein Mensch etwas tun wird, nicht aber, was er tun wird. Ein Kind, das sich antisozial verhält und darum Probleme mit seinen Altersgenossen hat, läuft Gefahr, später asozial zu werden (Antisozialität ist also auch ein recht voraussagekräftiger Faktor). Aber das Sorgenkind der Kinderpsychiatrie, das scheue, zurückgezogene Kind, hat keine schlechteren Aussichten als seine selbstgewissen Altersgenossen. Kinder, die ja normalerweise ihre rabiaten und «gemeinen» Altersgenossen meiden, aber nichts gegen eine Freundschaft mit einem scheuen Spielkameraden haben, sind da bessere Diagnostiker und Prognostiker als mancher Kinderpsychiater: Sie müssen ahnen, daß Antisozialität ein bedenklicherer Vorbote ist als Schüchternheit. Gefühlszustände, Motive lassen sich so gut wie gar nicht prognostizieren. «Im Gegensatz zum bewußten Erleben wechseln Stimmungen, verschwinden Ängste, verblassen Liebe und Haß, ist die gestrige Emotion schwach und baut die heutige nicht eindeutig auf der von gestern. Die Traumatheorie der Neurose ist tot; die Beweise für irreversible Auswirkungen eines frühkindlichen Traumas sind überaus schwach.»[21]

Alle diese Studien und noch manche andere weisen in ein und dieselbe Richtung. Der Erwachsene ist nicht verdammt, seine Kindheit fortzusetzen; er kann sie auch überwinden. Kinder sind widerstandsfähig. Selbst eklatante große Belastungen führen nicht notwendig zu Neurosen, Psychosen oder ins Verbrechen, und umgekehrt schützt die Abwesenheit von Belastungen nicht vor späteren Problemen. Kaum eine spätere Störung läßt sich auf eine einzige Ursache zurückführen; immer müssen verschiedene Risikofaktoren zusammenkommen, und von diesen sind sehr wichtige genetischer (also «konstitutioneller») oder biologischer (Geburtskomplikationen, schwere körperliche Krankheiten) oder sozialer Art (Armut, niedriger Bildungsgrad der Eltern). So gut wie nie läßt sich eine spätere Störung aus einem einmaligen Erlebnis erklären; soweit Erlebnisse überhaupt eine Rolle spielen, sind es schwere Dauerbelastungen, aus denen es für das Kind keinen Ausweg gibt und die nicht irgendwann kompensiert werden. Aber wiedergutmachen läßt sich auch später noch manches – und gerade dieser Umstand ist es ja auch, der psychotherapeutische und sozialfürsorgerische Interventionen überhaupt erst sinnvoll und geboten macht.

Das heißt nun überhaupt nicht, daß es letztlich gleichgültig wäre, wie die Eltern ihre Kinder behandeln. Schwere, dauerhafte und niemals kompensierte Belastungen seelischer, sozialer oder körperlicher Art bedeuten ein erhebliches Risiko auch für das spätere Leben. Aber eine unglückliche Kindheit ist schließlich schon um ihrer selbst willen ein Unglück und nicht nur, sofern sie dauerhafte Schäden hinterläßt. Wer die Tatsache, daß einzelne Belastungen in der Kindheit nicht das ganze spätere Leben niederdrücken müssen und daß nicht jedes spätere Problem auf ein Ereignis oder einen Umstand der Kindheit zurückzuführen ist, als einen Freibrief für Kindesmißhandlung ansieht oder meint, Eltern, Erzieher, Therapeuten könnten oder sollten über kindliches Elend mit einem Achselzucken hinweggehen, haftet für diese seine Schlüsse selber; nichts in den erwähnten Studien rechtfertigt sie.

«Der Evolutionsstammbaum ist möglicherweise eine gute Metapher für die psychische Entwicklung. Die Biologie erklärt das Erscheinen des Menschen nicht, indem sie auf ein Protozoon verweist, obwohl das Vorhandensein von Protozoen in der fernen Vergangenheit den Menschen ein wenig wahrscheinlicher gemacht hat. Die Wissenschaft verweist vielmehr auf die gesamte evolutive Folge. Man kann die Pferdephobie eines Zehnjährigen oder Prousts Ästhetizismus nicht erklären, indem man ihre entsprechenden Kindheitserlebnisse aufführt. Jeder Mensch kann nur als Zusammenhang vieler, vieler vergangener Ereignisse begriffen werden. Ob eine Erklärung, die zwei weit auseinanderliegende psychische Qualitäten miteinander in Beziehung bringt, befriedigend ist, hängt davon ab, ob der Theoretiker die Zwischenzeit mit möglichen Mechanismen ausfüllen kann. Je älter das Kind, desto weniger befriedigend sind erklärende Aussagen, die sich zu stark auf frühe Erlebnisse verlassen. Jede Entwicklungsreise kommt an viele Punkte, von denen aus es in verschiedene Richtungen weitergehen kann. Jede Wahl beeinflußt wie immer geringfügig die Wahrscheinlichkeit eines bestimmten Ergebnisses. Ein perinatales Trauma [im medizinischen Sinn] verändert die Wahrscheinlichkeit künftigen Schulversagens um ein ganz geringes. Die Liebe der Mutter, die Ankunft eines Geschwisters, das autoritäre Naturell des Vaters und der Erfolg in der ersten Klasse stellen aufeinanderfolgende Ereignisse da, die ein Kind zu bestimmten Entscheidungen hin- und von anderen wegdrängen. Aber wenn eine Entscheidung gefallen ist, wird das Kind sich von dem eingeschlagenen Weg nicht mehr leicht abbringen lassen» (Jerome Kagan[22]). So sieht die heutige, biologisch orientierte Entwicklungspsychologie, was Freud als das untergründige Weiterwirken schön-schrecklicher und darum vergessener kindlicher Sexualerlebnisse zu verstehen suchte.

Wie hatte es bei Eissler doch geheißen? «Es ist die grundlegende Erkenntnis der psychoanalytischen Forschung, daß, eine durchschnittliche Konstitution vorausgesetzt, die Ereignisse der ersten fünf Lebensjahre darüber entscheiden, ob aus dem Kind später ein Verbrecher oder ein Heiliger wird, ein Durchschnittsbürger oder ein Spitzenkönner, ein gesunder, angepaßter Mensch oder einer, den Neurose oder Depression zerreißen.» Hinter diese Grunderkenntnis hätte schon 1975 ein Fragezeichen gehört.

Was von der Traumatheorie übrigbleibt, ist also etwa dies: Offenkundige, schwere und dauerhafte seelische Belastungen in der Kindheit stellen einen Risikofaktor für die weitere Entwicklung dar. Einen Risikofaktor – so nennt die Psychiatrie heute jede der erkennbaren Bedingungen, die zum Entstehen einer Störung beitragen. Fast immer müssen zahlreiche Faktoren zusammenkommen, ehe eine seelische Störung oder eine des Sozialverhaltens auftritt. Keiner dieser Risikofaktoren führt mit Notwendigkeit zur Erkrankung. Aber jeder macht die spätere Erkrankung um einiges wahrscheinlicher.

Es waren immer die gleichen Risikofaktoren, die in diesen wie in anderen Untersuchungen sichtbar wurden: niedriger beruflicher Status des Vaters, niedriger Bildungsgrad der Eltern, finanzielle Notlagen, schlechte Wohnverhältnisse, depressive, gereizte und wenig liebevolle Bezugspersonen, ständiger Streit zwischen den Eltern (der Verlust von Vater oder Mutter durch den Tod ist anscheinend ein geringeres Risiko für die weitere seelische Entwicklung der Kinder als Trennung und Scheidung, und eine Trennung der Eltern scheint besser als fortgesetzter Streit). Nicht wenige Kinder jedoch bleiben auch unter bedrückenden Umständen seelisch gesund. Eine unausgesetzte schwere seelische Belastung, dazu eine von den (vielleicht eben ihretwegen in Schwierigkeiten geratenen) Eltern ererbte höhere seelische Instabilität und Verwundbarkeit – das läßt in der Tat

Schlimmes für die Kinder befürchten, bewirkt es aber dennoch längst nicht immer. Wer will, mag solche Lebensverhältnisse als Trauma bezeichnen. Mit den feingesponnenen, sich phantomhaft entziehenden Traumen, denen die Psychoanalyse oft nachjagt – dem Belauschen der «Urszene», dem hypothetischen Erschrecken bei der Geburt, dem Anblick des penislosen Schwesterchens, den subtilen, vielleicht nur eingebildeten Ablehnungen seitens normal liebevoller Eltern –, haben solche offenen Versehrungen und Mißhandlungen wenig gemein.

Was folgt daraus für die Geschichte, die die Tiefenpsychologen uns erzählen: daß alle seelischen Störungen das Werk traumatischer frühkindlicher Erlebnisse innerhalb der Familie seien, die den Betroffenen niemals zu Bewußtsein kamen? Direkt sagt es dazu gar nichts; nach den speziellen krankmachenden Erlebnissen, die die Psychoanalyse annimmt, wurde meistens nicht gefragt und geforscht. Und Psychoanalytiker haben objektive Langzeitstudien wie die erwähnten, in denen sie nach den von ihnen angenommenen speziellen Traumen hätten forschen können, offenbar nicht durchgeführt. Indirekt aber sagen die Ergebnisse jener Studien durchaus etwas. Nämlich dies: Wenn schon offen zutage liegende massive Traumen von vielen überstanden werden – warum sollten dann ausgerechnet die schwachen, ephemeren, die keiner der Beteiligten bemerkt hat, unentrinnbar zu späteren Komplikationen führen? Wenn unter den großen, sichtbaren Traumen nur die schwersten und fortgesetzten und nie kompensierten mit einiger Sicherheit bleibende Störungen nach sich zogen – warum sollten dann lediglich vermutete einzelne Erlebnisse die Persönlichkeit unauslöschlich prägen? Wenn vieles später wieder ausgeglichen werden kann – warum sollten dann jene unsichtbaren Verletzungen niemals heilen?

Außerdem erhebt sich spätestens an dieser Stelle eine schwerwiegende Frage, an deren Beantwortung die Psychoanalyse eigentlich brennend interessiert sein müßte. Nämlich die: in welcher Form, welcher materiellen Form können jene traumatisierenden Ereignisse in der Psyche eigentlich fortleben, und wie machen sie es, eine zum Teil ja körperliche Krankheit, ein psychosomatisches Symptom hervorzurufen? Von der Form ihres Fortlebens wird im übrigen auch die Therapie abhängen. Anzunehmen, daß sie irgendwie körperlos, ohne jede Verankerung in den Strukturen und Funktionen des Gehirns fortleben könnten, käme einem Geisterglauben gleich.

Für Freud war die Antwort anfangs in Umrissen klar: aus dem Körper flössen Triebwünsche in Gestalt von «Quanten» einer bislang unbekannten Energie ins Gehirn, «besetzten» dort Vorstellungen und Erinnerungen, störten das seelische Wohlbefinden und blieben so lange erhalten, bis sie in einer ihnen zugeordneten Handlung «abgeführt» werden, unter Umständen ein Leben lang. Traumatische Erlebnisse blieben also letztlich als Energiequanten in bestimmten Vorstellungsfeldern der Seele bestehen, und wenn diese sich nicht entladen können, stifteten sie körperlichen und seelischen Schaden. Das war seinerzeit eine durchaus plausible Überlegung. Nur hat sie sich, wie in dem Kapitel «Die Seele als Dampfmaschine» gezeigt wurde, als falsch herausgestellt: Die psychische Energie, mit der dieses Modell argumentierte, gibt es schlechterdings nicht, nirgendwo stauen sich Erregungsmengen, das Gehirn arbeitet auf andere Weise. Damit entfällt das Konzept, das Freud vom Fortleben der Traumen hatte. Die psychische Energie gibt heute nicht einmal mehr eine brauchbare Metapher her. Aber natürlich könnten Traumen auf andere Weisen fortbestehen.

Eine Möglichkeit wäre: als Erinnerungen an traumatisierende Episoden. Wer überhaupt über derlei Fragen nachdenkt, stellt es sich heute so auch meistens vor: Die traumatischen Erlebnisse hinterließen Erinnerungsspuren; nur seien es zu bleibender Unbewußtheit verurteilte Erinnerungen, also solche, die ins Bewußtsein zu rufen nicht gelingt. Nun bewahrt unser Gedächtnis zweifellos sehr vieles auf, woran wir uns im Augenblick nicht oder nie erinnern können; man versuche einmal, sich an die Namen und Gesichter der Mitschüler in der letzten Klasse zu erinnern. Einige werden einem sofort einfallen, einige nie, und viele kann man durch gezielte Gedächtnisanstrengungen aus den kaum je betretenen Speichern seines Gehirns hervorrufen. Selbst viele der scheinbar total vergessenen sind es nicht gänzlich; denn wenn uns der Name oder das Gesicht irgendwo begegnen, erkennen wir sie sofort wieder – die schwächeren Erinnerungsspuren, die zur Wiedererkennung ausreichen, sind um vieles zahlreicher als die starken, die zur Reproduktion eines Eindrucks nötig sind. Unser Geist/Gehirn ist also voll von schwer oder gar nicht erreichbaren Erinnerungen; und möglicherweise auch Erinnerungen an weit zurückliegende traumatische Erlebnisse. Sich das Fortleben der Traumen als unerinnerbare Erinnerungen zu denken, führt indessen zu einigen Schwierigkeiten. Erstens ist es bis heute nicht klar, ob das Geist/Gehirn in der frühen Lebenszeit, in der die entscheidenden Traumen eintreten sollen, vor der Geburt, bei der Geburt, beim Stillen, bei der Sauberkeitsgewöhnung, überhaupt schon Erinnerungsspuren aufzeichnet und wie deutlich diese sind. (Freud meinte, sämtliche Eindrücke würden von Anfang an im Gedächtnis aufbewahrt, nur seien eben viele von ihnen später nicht mehr auffindbar; im Kapitel «Der Blick in den Brunnen» wurde gezeigt, warum das eine sehr unwahrscheinliche Annahme war.) Das aktive Gedächtnis reicht bekanntlich meist nur ins dritte oder vierte Lebensjahr zurück, und davor herrscht Dunkel. Wenn aber gar keine oder nur undeutliche Erinnerungsspuren angelegt wurden, können sie natürlich auch nicht fortleben und schon gar nicht fortwirken. Zweitens ist es alles andere als klar, wie eine unerinnerte Erinnerung irgendein «Symptom» hervorbringen kann. Eine Erinnerungsspur ist eine bloße Potentialität; materiell vermutlich ein Nervenzellenpfad: eine einmal durch einen Eindruck gebahnte spezifische Neuronenverbindung, die erst wieder Realität hat, wenn sie – um im hier passenden Computerjargon zu sprechen – wieder «adressiert» wird. Wir kennen zum Beispiel das Wort «Zenit»; seine Lautung, sein Schriftbild, seine Bedeutung sind spezifische Erregungsspuren irgendwo im Filz unserer Großhirnrinde, aber solange wir es nicht brauchen, «lebt» diese Spur nicht, sondern stellt eine bloße Möglichkeit dar, die dann, bei Bedarf, entweder aktiviert wird oder deren Aktivierung mißlingt – es «fällt uns ein» (die Adresse wurde gefunden) oder nicht («wie hieß das doch noch?»). Erinnerungen, die nicht gerade abgerufen werden, schlummern. Wie von einer bestimmten Klasse (der Klasse «unbewußtes Trauma») dieser im Moment und vielleicht für alle Zeit unbegangenen Spuren eigentlich eine ständige Störung ausgehen soll, ist nicht recht begreiflich. Es ist ein wenig, als wollte man den Luftverkehrswegen – ebenfalls eine reine Potentialität, solange sie nicht beflogen werden – eine eigene Aktivität zuschreiben. Die einzige Möglichkeit wäre die, daß diese Erinnerungsspuren unablässig aktiviert sind und die Erinnerungen mithin sehr wohl lebendig, nur daß sie niemals das Bewußtsein erreichen. Ausgeschlossen wäre das nicht; wie es hirnphysiologisch funktionieren könnte, ist jedoch völlig undurchsichtig.

Die dritte Möglichkeit heißt: Lernen. Wie jedes Kind irgendwann lernt, dem jeweiligen Vorbild seiner Umwelt zu folgen und entweder mit den Fingern oder mit Stäbchen oder mit Messer und Gabel zu essen, so lernt es aus dem Umgang mit seinen Bezugspersonen sehr wahrscheinlich auch Verhaltensweisen im Umgang mit Menschen. Es lernt etwa, daß ihm ein Wunsch nur dann erfüllt wird, wenn es devot ist; oder daß es keinen Zweck hat, Fragen zu stellen, weil sich die anderen davon immer nur genervt zeigen. Solche Muster können lange aufrechterhalten werden, auch wo nichts mehr sie rechtfertigt, sie gehen in den Charakter ein, und unter Umständen verarmen und beschränken sie das Leben erheblich. Manchmal kann das Lernen so schnell und heftig gewesen sein, daß das Wort Trauma angebracht ist. Wem als Kind in einem dunklen Keller einmal eine Ratte ins Gesicht gesprungen ist, fürchtet aufgrund dieses einen panischen Schrecks vielleicht sein Leben lang Dunkelheit und Mäusetiere. Materiell stellt man sich Lernen, allgemein gesagt, als Bahnung vor: Gewisse Neuronenpfade im Gehirn werden so ausgebaut, so verstärkt, so «facilitiert» (erleichtert), daß sie bei einer bestimmten ähnlichen Ausgangslage bevorzugt, quasi automatisch begangen werden. Was tut man gegen erlernte Denk-, Fühl- und Verhaltensmuster, die einem das Leben stören oder vergällen? Man muß versuchen, sie wieder zu verlernen. In die Sprache der Hirnphysiologie übersetzt: Man muß alternative Neuronenpfade anlegen und begehen lernen. Genau dies versucht die Verhaltenstherapie; auch andere Psychotherapien sind ausdrücklich bemüht, alternative Verhaltensweisen aufzuzeigen und einzuüben. Die Psychoanalyse aber setzt darauf, daß das traumatisierende Ereignis überwunden werden kann, indem man es noch einmal durcherlebt und darüber redet. Wo keinerlei wirkliches Trauma, keinerlei Fehl-Lernen vorlag (und in der psychoanalytischen Situation werden ja wirkliche nicht sauber von eingebildeten Erlebnissen unterschieden), mag das harmlos sein. Ein wirklicher dysfunktionaler Lerninhalt aber dürfte durch die intensive Rekapitulation der ursprünglichen Lernsituation eher verstärkt werden. In diesen Fällen heilte das psychoanalytische Bemühen nicht; es verstärkte vielmehr die «Symptomatik» noch. Vielleicht darum warnen heute selbst manche Psychoanalytiker davor, ihre Patienten zu tief in die Schrecken ihrer Vergangenheit eintauchen zu lassen.

Eine vierte Möglichkeit ist die der Prägung. Die Prägung ist ein im Ergebnis dem Lernen gleicher Vorgang, der in den dreißiger Jahren von Konrad Lorenz an Gänsen entdeckt wurde. Ein Gänseküken, so stellte er fest, schließt sich in der Stunde nach dem Schlüpfen an jedes in seiner Nähe befindliche Wesen an, folgt ihm nach, behandelt es als seine Mutter. Unter den Bedingungen der Natur wird es normalerweise auch seine tatsächliche Gänsemutter sein; aber wenn zum Beispiel ein Verhaltensforscher in den natürlichen Gang der Dinge eingreift, das Küken der Mutter sofort wegnimmt und bei sich behält, so macht er sich auf diese Weise in der Sicht des Kükens zu seiner Muttergans. Die Prägung des Nachfolgeverhaltens (der Bindung) bleibt bis zur Geschlechtsreife bestehen, dann zerfällt sie meist sehr rasch; bei manchen Tierarten aber setzt sie sich als mehr oder minder starke sexuelle Prägung fort – sie balzen später nur Wesen jener Art an, auf die sie als Jungtiere geprägt wurden. Vom Lernen verschieden ist die Prägung deshalb, weil sie – in einer bestimmten, «sensiblen» Phase – ruckartig vonstatten geht. Das Tier lernt nicht durch Versuch und Irrtum oder durch Nachahmung (Modellernen), daß ein bestimmtes anderes Tier die Mutter ist; das Lernen ist auch kein Prozeß, in dem durch konsequente Belohnung («Verstärkung») ein bestimmtes Verhalten als vorteilhaft aus dem Chaos möglicher Verhaltensweisen herausmodelliert wird. Bis es auf diese konventionellen Weisen des Lernens gelernt hätte, daß es günstig ist, sich der eigenen Mutter anzuschließen, wäre es längst tot. Vielmehr ist die Prägung genetisch vorbereitet, braucht nur noch den Anlaß, und dann schnappt es, sozusagen. Auch die Prägung stellt man sich am besten als eine Bahnung im Neuronennetz vor, jedoch als eine, die nicht ganz neu angelegt werden muß, sondern die bereits im genetischen Bauplan vorgesehen ist. Ob es auch beim Menschen prägungsartige Vorgänge gibt, ist bisher nicht erwiesen. Die Prägung ist ein bestimmter empirischer Tatbestand; es ist wenig hilfreich, wenn manche Psychoanalytiker heute das Wort aus der Ethologie entlehnen, aber dann nur als vage Metapher verwenden («die prägenden Beziehungsmuster»), jedenfalls wenn damit suggeriert wird, es handele sich um eben den empirischen Tatbestand der Prägung, von dem die Ethologie spricht. Manches spricht dafür, daß sich beim Menschen durch echte Prägung die Mutter-Kind-Bindung einstellt und vielleicht auch die spätere sexuelle Präferenz. Jedenfalls ist es auffällig, daß Masochisten so häufig von Gestalten ihrer Kindheit und Jugend erregt werden: der gestrengen Krankenschwester, der Lehrerin mit Dutt und Brille. Es ist, als sei ihr sexuelles Begehren in einem bestimmten Augenblick ihrer Entwicklung an einen Typ gekoppelt worden; und möglicherweise entstehen ja alle unsere geheimnisvollen sexuellen Vorlieben auf diese Weise. Aber erwiesen ist es wie gesagt nicht, und noch weniger wüßte man, wie solche Prägungen außer Kraft zu setzen wären. Keinerlei Psychotherapie wäre ihnen bisher gewachsen. Der Verhaltenstherapie gelänge es vielleicht, den Patienten solche Prägungen auszutreiben, indem sie ihnen die unerwünschten «Objekte» verleidet; aber wie ein anderer Typus an deren Stelle gesetzt werden könnte, ob es überhaupt möglich ist – bisher weiß es niemand.

Eine fünfte Möglichkeit schließlich ist die: Unsere Eindrücke, Erlebnisse, Erfahrungen verändern Strukturen des Gehirns. Sie fließen ein in eine neuronale Matrix, die von einem genetischen Programm aufgebaut wurde: Mittelbar sorgt dieses also dafür, daß die Nervensignale der Sinneseindrücke auf Gehirnstrukturen treffen, die imstande sind, sie sinnvoll zu verarbeiten, zum Beispiel die aus den beiden Augen eintreffenden Daten zu einem räumlichen Bild zusammenzufügen. Wo diese Möglichkeiten nicht genutzt werden, wo also der Input ausbleibt, auf den das Gehirn eingerichtet ist, bilden sich die Verschaltungen der Nervenzellen zurück, oder diese sterben ganz ab. So kommt es zum Beispiel, daß jemand, der nicht von Anfang an dreidimensional zu sehen gelernt hat, es nie mehr lernen wird: Die nötigen Nervenstrukturen waren im genetischen Programm vorgesehen, wurden aufgebaut, blieben ungenutzt, verkümmerten und stehen nun ein für allemal nicht mehr zur Verfügung. So kommt es wohl auch, daß der Spracherwerb eine «sensible Phase» zu haben scheint – wer eine Grammatik nicht vor der Pubertät erwirbt, wird immer ohne eine voll grammatikalische Sprache bleiben. Nun könnte es aber sehr wohl sein, daß auch andere Eindrücke und Erlebnisse, solche aus dem Gefühlsbereich, zu bleibenden strukturellen Veränderungen im Gehirn führen, mit Folgen, die nur schwer oder gar nicht reversibel sind. Einer der Wissenschaftler, denen wir die Aufklärung der Sehmechanismen verdanken, David Hubel, hat diese Möglichkeit schon sehr früh gesehen: «Experimentalpsychologen wie Psychiater betonen die Bedeutung frühen Erlebens für die späteren Verhaltensmuster – könnte es sein, daß die Entbehrung sozialer Kontakte oder die Existenz anderer anomaler Gefühlssituationen in der ersten Lebenszeit zur Verkümmerung oder Entstellung von Nervenverbindungen in irgendwelchen anderen, bisher unerforschten Zonen des Gehirns führt?»[23] Das ist eine sehr reale Möglichkeit; es könnte sein, daß die frühkindliche Deprivation (die grobe und anhaltende Störung des Bindungsbedürfnisses, der Mangel an elterlicher Liebe), die vor allem von dem Psychoanalytiker René Spitz und dem Kinderpsychiater John Bowlby erkannt und erforscht wurde, auf diese Weise lange, vielleicht lebenslange Folgen hat: durch die Veränderung von Gehirnstrukturen. Eine reale Möglichkeit – aber sie bleibt noch zu erforschen. Daß eine solche Deprivation im Augenblick zu hospitalismusähnlichen Erscheinungen führt, ist unumstritten. Ob sie unauslöschliche Folgen fürs ganze spätere Leben hat, ist es nicht. Und Psychoanalytiker sind heute in der Regel Verächter jedes «biologistischen und mechanistischen Denkens» und als solche nicht bereit und auch nicht dafür gerüstet, einer solchen Fragestellung nachzugehen. Daß sich Gehirnstrukturen aufgrund eines einzigen Erlebnisses ändern, ist im übrigen zwar nicht ausgeschlossen, aber nicht eben wahrscheinlich; daß sie sich aufgrund eines unbemerkt gebliebenen Erlebnisses ändern – als Kind auf dem nackten Penis des Stiefvaters gesessen –, darf man wohl selbst als Möglichkeit ausschließen.

Daß die Traumatheorie stark an Glaubhaftigkeit verloren hat, heißt natürlich keineswegs, daß auch die Psychosomatik tot wäre. Die Psychosomatik ist jener – ursprünglich stark von der Psychoanalyse beeinflußte – Zweig der heutigen Medizin, der für die Entstehung und den Verlauf von körperlichen Krankheiten seelische Vorgänge verantwortlich macht – und solche Krankheiten folgerichtig durch Psychotherapie zu bessern sucht. Auch wenn die Meinung, daß unbewußt gebliebene traumatische Erlebnisse oder gar unbewußte Traumen der frühen Kindheit oder unbewußte traumatische frühkindliche Sexualerlebnisse krank machten, von der objektiv-empirischen Forschung nicht bestätigt wurde und darum heute einen wissenschaftlich sehr wackligen Stand hat – es bleibt durchaus die Möglichkeit, daß das aktuelle seelische Geschehen in Körpervorgänge eingreift.

Ein Handicap des psychoanalytischen Ansatzes war immer die Tatsache, daß er ein ausdrücklich oder implizit dualistischer war: Seele und Körper sind für ihn zweierlei, psychologische und physiologische Tatbestände sollten und sollen beileibe nicht miteinander vermengt werden. Freud selber zwar war anfangs gar nicht dieser Meinung; seine heutigen hermeneutischen Nachfahren aber sind um so mehr darum besorgt, sich ihre luftigen psychischen Sinndeutungen nicht von unbequemen Nachrichten über hirnphysiologische Sachverhalte durchkreuzen zu lassen. Die hirnphysiologischen Vorgänge sagen nichts über das seelische Erleben, so lautet die Meinung, die man heute in vielen Variationen hören kann. Seltsamerweise kommt sie gerade von jener Schule, die als erste konsequent darauf bestand, daß die Seele den Körper krank machen kann. Es war Freud, der in einer seiner frühesten Schriften («Die Abwehr-Neuropsychosen» von 1894) den bis heute auch außerhalb der Psychoanalyse gebrauchten Begriff der «Konversion» erfand; er sollte die «Umsetzung der Erregungssumme ins Körperliche» bezeichnen, also etwa die Umwandlung eines Schrecks in eine «hysterische» Lähmung. Irgendwie also sollte die Nervenerregung die Körperorgane krank werden lassen; wie das vor sich gehen könnte, wußte Freud nicht zu sagen, und später fragten weder er noch seine Anhänger mehr danach. Auf welche Weise denn nun das seelische Erleben den Körper angreift, wie die Substanz «Geist» in die Substanz «Körper» hineinwirkt – darüber schweigt sich die Psychoanalyse leider aus.

Seit einigen Jahren aber versucht die traditionelle Medizin, die sonst meist wenig von psychologischen Krankheitserklärungen hielt, das Rätsel allen Ernstes und mit objektiv-empirischen Methoden zu knacken. Geleitet wird sie von der («monistischen») Einsicht, daß Seele und Körper eben nicht zweierlei sind. Wenn man Gemütszustände als biochemische Gehirnzustände versteht, welche ein bestimmtes Erleben bewirken, wenn man einen Gemütszustand also gleichzeitig als ein biochemisches und ein psychisches Geschehen beschreiben und untersuchen kann – dann gibt es grundsätzlich keine Schwierigkeit mehr, sich vorzustellen, daß das biochemische Korrelat des seelischen Erlebnisses in andere körperliche Vorgänge eingreift. Und einige solcher Verbindungen zeichnen sich tatsächlich ab.

Seit längstem bekannt sind die Achsen zwischen der Hirnanhangdrüse (der Hypophyse) einerseits und andererseits den Nebennieren- und den Keimdrüsen. Die Hypophyse steht in engstem Zusammenhang mit dem für Gefühle zuständigen sogenannten Limbischen System des Gehirns; und ihrerseits steuert sie vor allem die sogenannte Stress-Reaktion. Sie schüttet in Alarmsituationen ein Hormon (das «adrenokortikotrope» Hormon ACTH) in den Blutkreislauf aus, bei dessen Empfang die Nebennieren in Tätigkeit treten und ihrerseits Hormone (vor allem Adrenalin und Kortisol) in das Blut abgeben. Deren Hauptaufgabe besteht darin, die Energiereserven des Körpers zu mobilisieren und andere in diesem Augenblick angezeigte Anpassungen zu bewirken. Der Organismus wird durch diese Reaktion auf eine Anstrengung – Flucht oder Kampf – eingestellt: Die Leber setzt Zucker frei, Eiweiße werden in Zucker verwandelt, die Blutgefäße verengen sich, der Herzschlag nimmt zu, der Blutdruck steigt, die Muskelspannung wird erhöht, die Atmung wird tiefer und schneller, die Schmerzempfindlichkeit sinkt, die Blutgerinnung wird gefördert, vermehrt werden Blutkörperchen erzeugt. Gleichzeitig setzt diese Reaktion die Immunkräfte herab, die im Organismus Polizeifunktionen versehen und ihn gegen eindringende Krankheitserreger verteidigen. Warum sie das tut, ist nicht so recht klar; es muß damit zusammenhängen, daß die Aufrechterhaltung seines Abwehrsystems den Organismus anstrengt – und daß es für ihn in solchen Gefahrenmomenten Wichtigeres zu tun gibt. Jedenfalls wird der Körper – es gibt dazu auch am Menschen gewonnene Befunde – offenbar in Stress-Situationen für Krankheiten anfälliger; sogar Erkältungen scheinen bei Stress einen schwereren Verlauf zu nehmen. Die Stress-Reaktion hat sich wohl entwickelt, um den Körper mit momentanen Gefahren besser fertig werden zu lassen; sie scheint ihrer Natur nach ein zeitweiliger Alarm zu sein. Es ist also zumindest gut vorstellbar, daß anhaltender, sozusagen ins Leere gehender Stress mit seiner anormalen Umstellung vieler elementarer körperlicher Vorgänge zu einer ständig erhöhten Anfälligkeit für Infektionskrankheiten und zu anderen körperlichen Entgleisungen führt: etwa zu Störungen der Potenz, die sensibel auf körperliche Notstände reagiert, und zu Erkrankungen im Magen-Darm-Trakt, da im Stress-Fall auch die Verdauung ruhiggestellt wird. Das für die Stärke der Stress-Reaktion entscheidende seelische Erlebnis scheint der Kontrollverlust zu sein, die Hilflosigkeit: einer unangenehmen Situation ausgesetzt zu sein, ohne etwas Wirksames gegen sie unternehmen zu können.

Seelische Zustände beeinflussen aber nicht nur die Abgabe des Hormons ACTH und mit ihr die Auslösung und Steuerung der Stress-Reaktion. Auch andere Hormone reagieren auf Angst und Schreck: das Testosteron, das Insulin und vielleicht sogar das Wachstumshormon. Neuerdings aber erregt eine andere und immer noch weitgehend unerforschte Klasse von Botenstoffen immer mehr die Neugier der Psycho-Immunologen: die Neuropeptide. Es ist bekannt, daß einige von ihnen starken Einfluß auf Gefühle und Stimmungen haben (um nicht zu sagen: daß sie das materielle Korrelat von Gefühlen und Stimmungen *sind*). Zu ihnen gehören zum Beispiel die Endorphine, körpereigene morphiumartige Substanzen, die Schmerzen unterdrücken und Glücksgefühle auslösen. Es scheint eine Verbindung zwischen einem dieser Endorphine (dem Beta-Endorphin) und den weißen Blutkörperchen (den Leukozyten) zu geben, den Polizisten des Körpers: Beta-Endorphin hemmt wohl die Neubildung von Leukozyten. Gewisse Neuropeptide scheinen Tumorzellen anzuziehen und so dem Krebs einen Weg durch den Körper zu bereiten; andere locken Makrophagen zu beschädigten Gewebestellen, spezielle weiße Blutkörperchen, die Krankheitserreger und Gewebeabfälle «fressen» und so aus dem Weg schaffen; auch diese Makrophagen geben wiederum Neuropeptide ab (die dann möglicherweise ins Gehirn gelangen und ihrerseits die Stimmung beeinflussen). Hier wird sich in den kommenden Jahren und Jahrzehnten ein hochkomplexes Netz von Querverbindungen auftun, das die Psychosomatik auf eine exakte Grundlage stellen wird.

Der große Unterschied zwischen der Psychoanalyse und dieser neuen Psycho-Immunologie besteht darin, daß diese die Mechanismen der Wechselwirkungen zwischen Seele und Körper, die jene im dunkeln läßt, in allen Einzelheiten aufzuhellen vorhat. Sie wird Krankheiten nicht mehr als einen *symbolischen* Ausdruck seelischer Konflikte (miß)verstehen. («Die Angst muß heraus» – wenn jemand Durchfall hat.) Wahrscheinlich wird sich herausstellen, daß aktuelle Gemütszustände auf vielfältige Weise ins körperliche Geschehen hineinwirken, eben weil sie selber ein auch körperliches Geschehen sind. Es ist schwer vorzustellen, daß die «unbewußten» infantil-sexuellen Traumen der Psychoanalyse einen Platz in diesem Bild finden.

Darüber hinaus wurde die tiefenpsychologische Traumatheorie auch noch mit zwei Fehlanzeigen konfrontiert. Erziehungspraktiken, die im Gefolge der Psychoanalyse lange als ausschlaggebend für die spätere Persönlichkeit mit ihren Stärken und Schwächen angesehen wurden, haben sich als völlig bedeutungslos erwiesen. Ob früh oder spät, abrupt oder sanft abgestillt oder zur Sauberkeit erzogen: es ist, wie im Kapitel «Wechselnde Schleimhäute» beschrieben, irrelevant für die späteren Charaktereigenschaften.

Und wo die nach Freudscher Lehre pathogenen Familienkonstellationen abgeschafft wurden, sind die erwarteten dramatischen Charakteränderungen ausgeblieben. In den israelischen Kibbuzim wurden die Kinder bis in die siebziger Jahre kurz nach der Geburt in die Obhut geschulter Betreuer gegeben und wuchsen nicht in ihren Familien, sondern in ihren Altersgruppen auf, im Haus ihrer Eltern nur gelegentliche Gäste. Wie Psychoanalytiker zeitig erkannten,[24] mußten ihre angeblichen inzestuösen Triebwünsche, deren «Schicksal» doch das ganze spätere Leben und auch die Entwicklung von krankhaften seelischen Störungen bestimmen soll, in dieser Situation ein anderes Geschick erleiden, wohl ein milderes. Denn Zeugen von «Urszenen» sind sie sehr wahrscheinlich nie geworden; in der größeren Distanz zu ihren Eltern müßte das angebliche Drama ihrer inzestuösen Gefühle einen überhaupt glimpflicheren Verlauf genommen haben. Indessen, Psychologen konnten nicht feststellen, daß der Kibbuz irgendwie andere Persönlichkeiten hervorgebracht hätte; in objektiven Persönlichkeitstests gab es keine Unterschiede zwischen Männern und Frauen, die im Kibbuz großgeworden waren, und anderen Israelis.[25] Nur in einer Hinsicht waren Kibbuz-Kinder leicht verschieden: im Durchschnitt zeigten (oder hatten) sie weniger Gefühle – ein Umstand, den die Theorie vom «dynamischen Unbewußten» nicht vorhergesagt hatte und zu dessen Erklärung sie nicht zu Hilfe gerufen werden muß (er könnte auf die emotionale Abhärtung durch den ständigen Umgang mit Gleichaltrigen zurückgehen). Vor allem: Neurotische Schwierigkeiten wurden unter den im Kibbuz aufgewachsenen Erwachsenen nicht seltener verzeichnet als in der übrigen Gesellschaft, eher etwas häufiger – aber dieser Umstand läßt sich wohl ausreichend damit erklären, daß die psychotherapeutische Versorgung in den Kibbuzim besser ist und eher in Anspruch genommen wird als sonst in Israel, hat also gar keine inneren Ursachen.[26]

Die Lehre vom krankmachenden «dynamischen Unbewußten» ist damit nicht widerlegt, und da förmliche Widerlegungen immer schwerer fallen als Behauptungen, wird sie vielleicht nie widerlegt werden. Sie hat nur an Glaubwürdigkeit verloren. Mit um so zwingenderen Beweisen müßte sie selber aufwarten. Die aber ist sie schuldig geblieben. Die wissenschaftliche Entwicklungspsychologie tut heute gut daran, mit Begriffen wie «unbewußtes Trauma» äußerst vorsichtig und enthaltsam umzugehen – wo für niemanden ein solches Trauma erkennbar war, hat möglicherweise auch keines vorgelegen; wo der Weg, der vom Trauma zum Symptom führen soll, völlig im dunkeln bleibt, ist er möglicherweise ein Phantasma.

Psychoanalytiker gebärden sich manchmal, als wäre die kindliche Not ohne Anwalt, wenn es sie und ihre Theorien nicht gäbe. Wer an diesen zweifelt, wird in dieser Sicht geradezu zu einem Schurken, der zur Kindesmißhandlung aufruft. (Das ist kein leerer Verdacht, es ist mir selber zugestoßen.) Dem kann man nicht deutlich genug entgegenhalten: Die Psychoanalyse hat das kindliche Elend nicht für sich gepachtet. Andere nehmen es nicht weniger ernst. Da sie es meiner Überzeugung nach in weniger schimärischen Kategorien sehen, nehmen sie es objektiv sogar ernster. Um Mißverständnissen noch einmal vorzubauen: Nichts legt Eltern und Erziehern und Familienpolitikern den Schluß nahe, daß es gleichgültig wäre, wie sie die ihnen anvertrauten Kinder behandeln, nach dem Motto: Die verschmerzen es ja am Ende doch. Ja, sie verschmerzen glücklicherweise vieles. Aber der Schmerz, den ich dem Kind zufüge, tut ihm im gleichen Augenblick weh, und dieser Augenblick zählt auch. Und wenn die Schmerzen und Belastungen lange anhalten, werden sie auch lange nachhallen. Darum ist es jede Anstrengung wert, derlei traumatische Situationen zu verhindern. Das ist das eine. Aber das andere ist dies: Viele und widersprüchliche psychologische Ratschläge haben Eltern in den letzten Jahrzehnten kopfscheu gemacht. Wer weiß, womit alles sie ihr Kind unbemerkt traumatisieren? Was auch immer sie tun, es könnte genau das Falsche sein und das Kind für sein Leben zeichnen. Sie müssen Ihr Kind unbedingt selber stillen! Quälen Sie sich nicht und nehmen Sie lieber die Flasche! Sie dürfen es nicht zu früh entwöhnen! Sie dürfen es nicht zu

spät entwöhnen! Sie dürfen es nicht zu früh auf den Nachttopf setzen! Gewöhnen Sie es bloß nicht zu spät an Sauberkeit! Zeigen Sie
sich ihm ruhig nackt! Lassen Sie sich nur nicht nackt vor ihm sehen! Mit Kindern schmust man nicht! Schmusen Sie ruhig mit ihm,
es braucht den Körperkontakt! Bringen Sie es zum Triebaufschub!
Sie dürfen es nie und nimmer frustrieren! Viele dieser Ratschläge
verraten von fern noch ihre Abkunft aus Freuds Libidotheorie und
seiner Theorie der psychosexuellen Entwicklung. Sie sollen die von
diesen Theorien postulierten lebensbestimmenden Traumen verhindern.

Wer eine Entwarnung gibt, trägt immer eine größere Verantwortung als der Warner. Aber ich meine, der heutige Kenntnisstand
reicht zu einer Entwarnung aus. Sie könnte so lauten: «Fürchtet
euch nicht. Diese Art von Traumen, die dem Kind um seiner seelischen Gesundheit willen erspart werden sollten, sind Schimären.
Wann es abgestillt wird und ob es seine Eltern nackt sieht, bleibt
ohne Folgen. Macht es, wie ihr wollt. Sein Spielraum, verschiedene
Erziehungspraktiken zu verkraften, ist groß. Wichtig ist nur eines:
daß ihr euer Kind zuverlässig und unmißverständlich liebt und
stützt und ihm, soweit das in euern Kräften steht, erkennbare Belastungen erspart.»

18. DIE VERLIEBTEN PATIENTINNEN: ÜBER DIE ÜBERTRAGUNG

Eine große Rolle in der psychoanalytischen Theorie und Praxis spielt die sogenannte Übertragung. Sie wurde «Freuds originellste und radikalste Entdeckung» [1] genannt (und im gleichen Atemzug, frei, sehr frei nach Freud, als «unser Hang, einander nach frühkindlichen Mustern zu erdichten und zu schablonisieren» definiert) und hat einen Wust scholastischer Ausdeutungen angeregt. Das Konstrukt – eine gedankliche Hilfskonstruktion, um eine Reihe von Beobachtungen versuchsweise unter dem Dach eines Begriffs zu vereinen – gebärdete sich, als stecke ein wirkliches Ding dahinter. So lieh und leiht sich die Übertragung haarspalterischste Differenzierungen weit ab von jeglicher Empirie: «…von der agierten, also offen ausgelebten, muß die erlebte Gegenübertragung unterschieden werden, bei der das agierte oder auch nicht agierte induzierte Begehren bewußt gemacht wird und die wiederum in die Kategorien neurotischer und nichtneurotischer erlebter Gegenübertragungen zerfällt, während die agierte Gegenübertragung ihrerseits …»

Im Bannkreis der Psychoanalyse wird von der Übertragung oft gesprochen, als läge hier ihr zentrales Mysterium: als sei die Übertragung etwas, das nur in ihrem therapeutischen Arrangement (dem «Setting») entdeckt werden konnte, das sich in dieser Deutlichkeit einzig zwischen Therapeut und Patient ereigne, über dessen Wirklichkeit nur reden könne, wer es an sich selber erfahren hat, und das auch das eigentliche Therapeutikum der Prozedur darstelle – das an ihr, was heilt.

Alles an der Psychoanalyse, so lesen wir etwa, habe Freud «grundsätzlich zur Disposition [gestellt]», nur nicht «die Gefühlsbeziehung hier und jetzt zwischen dem Analysanden und dem Analytiker», und sobald man die psychoanalytischen Aussagen aus dem Kontext dieser Beziehung löse, würden sie wertlos. «In der Unkenntnis dieses spezifischen Untersuchungsansatzes der menschlichen Affektivität, vermittelt durch die Gefühlsbeziehung hier und jetzt zwischen dem Analysanden und dem Analytiker, liegt ein zentrales Mißverständnis der psychoanalytischen Aussagen begründet, die wertlos werden, wenn man sie aus dem Kontext löst, dem sie sich verdanken. Die Freudsche Methode ist vernunftkritisch, das heißt, sie formuliert Aussagen über primäre Affektdaten, die sich ohne vorübergehende, partielle und kontrollierte Auflösung des ‹Ichs› und seiner ‹vernünftigen› Denkoperation ... nicht verstehen lassen ... Die originär psychoanalytischen Aussagen meinen eine Affekt- und Beziehungsrealität, die der wachen Vernunft *so* nicht zugänglich sind.»[2] Wenn man diese dunklen Worte eines heutigen Apologeten deuten darf, dann besagen sie wahrscheinlich dies: Es gibt eine Gefühlsbeziehung zwischen dem Analytiker und seinem Patienten – nämlich eben das, was in der Fachsprache Übertragung und Gegenübertragung heißt –, und in ihr werden Aussagen geboren, die zwar im Licht der wachen Vernunft unsinnig und wertlos seien und die einem nur einleuchten, wenn man seine Rationalität außer Betrieb setzt, die aber dieser Gefühlsbeziehung irgendwie adäquat sind; und dies begründe den bleibenden Wert der Psychoanalyse. Damit soll wohl so etwas wie ein theoretisches Minimalprogramm formuliert sein: Im Licht der wachen Vernunft mögen alle ihre Annahmen unrichtig und ihre Deutungen unsinnig sein, aber in die Gefühlsbeziehung zwischen Analytiker und Analysand habe es gefälligst nicht hineinzuleuchten. Alles mag dahingehen – was bleibe, ist Realität und Wert der Übertragung.

Worum also handelt es sich? Kurz bevor er eigene Wege ging, verfaßte Freud zusammen mit einem älteren Kollegen, dem Arzt Josef Breuer, eine Schrift über die Hysterie. Der wichtigste der geschilderten Fälle war der der einundzwanzigjährigen Kaufmannstochter «Anna O.» (der nachmaligen Frauenrechtlerin Bertha Pappenheim). Er soll Freud auf eine der Grundannahmen der Psychoanalyse gebracht haben: daß sich hysterische Symptome beseitigen ließen, wenn es gelänge, den Kranken von den Traumen berichten zu lassen, die sie verursacht hätten.

«Anna O.s» Krankheit und Breuers Behandlung lagen fünfzehn Jahre zurück, als die Schrift erschien. Freud hatte den Fall nicht mit eigenen Augen gesehen; Breuer wollte nicht von ihm berichten und wurde erst von Freud umgestimmt. Beide waren der Meinung, «Anna O.» sei durch Breuers «kathartische» Methode, von ihr selber *talking cure* (Redekur) oder *chimney sweeping* (Kaminfegen) genannt, dauerhaft von ihrer Hysterie geheilt worden. Diese Redekur hatte darin bestanden, daß die Patientin hypnotisiert und dann aufgefordert wurde, von den Erlebnissen zu sprechen, die ihre Symptome verursucht hätten. Einmal zur Sprache gebracht und kräftig nacherlebt, sollte das Symptom verschwinden. Zum Beispiel war «Anna O.» eine Zeitlang trotz quälenden Durstes unfähig, Flüssigkeit zu trinken. Kurz bevor diese Hydrophobie verschwand, erzählte sie, sie habe einen Hund aus einer für Menschen bestimmten Schale trinken sehen. Ihr Arzt meinte, ihre Trinkhemmung sei von diesem Erlebnis ausgelöst worden – und prompt gewichen, als es erinnert und ausgesprochen wurde. (Was an dem Anblick eines schlabbernden Hundes so schrecklich sein soll, wurde nicht erklärt.)

Freud glaubte, durch den Fall «Anna O.» nicht nur auf die «kathartische» Methode, sondern auch auf das Phänomen der Übertragung gekommen zu sein. Später schrieb er, Breuer habe in diesem Fall «der intensivste suggestive Rapport zu Gebote [gestanden], der uns gerade als Vorbild dessen, was wir ‹Übertragung› heißen, dienen kann»[3]. Der «intensivste suggestive Rapport» war eine diskrete Umschreibung dafür, daß «Anna O.» sich angeblich heftig in Breuer verliebt hatte – worüber dieser, in den Wechselfällen der «Übertragung» nicht versiert und überhaupt kein Freund von Freuds Art, überall Sexuelles zu wittern, erschreckt «die Forschung abbrach»[3]. Seinem Biographen Ernest Jones erzählte Freud, «Anna O.» habe Breuer so stark und lange beschäftigt, daß er zu Hause nur noch von ihr gesprochen habe. Als ihm klargeworden sei, daß diese Berichte seine Frau eifersüchtig machten, habe er die Behandlung beendet und «das Weite gesucht»: «Tags darauf fuhr er mit seiner Frau nach Venedig auf eine zweite Hochzeitsreise; seine Tochter, die auf dieser Reise gezeugt wurde, sollte sechzig Jahre später Selbstmord begehen, um sich der Deportierung durch die Nazis zu entziehen.»[4] In einem Brief an Stefan Zweig ergänzte Freud 1932, am Abend von Breuers Flucht habe «Anna O.» eine hysterische Schein-Geburt gehabt und gemeint, Breuers Kind zur Welt zu bringen. Wie indes Henri F. Ellenberger und andere Historiker, die in diese Periode eingetaucht sind, ans Licht gebracht haben, wurde Breuers letztes Kind lange vorher gezeugt; ging die Reise nicht nach Venedig, sondern bloß nach Gmunden; wurde «Anna O.» nicht fluchtartig im Stich gelassen, sondern ordnungsgemäß in ein Sanatorium überwiesen; hatte Breuer sie keineswegs geheilt und in seinem zur Zeit der Behandlung niedergeschriebenen Krankenbericht auch nie von einer «kathartischen» Methode gesprochen; und litt die Patientin gar nicht an «Hysterie», sondern an einer tuberkulösen Meningitis, die sie sich bei der aufopfernden Pflege ihres tuberkulosekranken Vaters zugezogen hatte. «Es ist wahrhaftig paradox, daß die nicht erfolgreiche Behandlung der Anna O. für die Nachwelt zum Prototypus einer kathartischen Heilung geworden ist» (Ellenberger[5]). Wenn Freuds Version der alten Geschichte so durch und durch falsch war, kann man Zweifel übrigens auch daran anmelden, ob «Anna O.» in ihren Arzt überhaupt jemals so verliebt war, wie er behauptete.

Freud aber wollte es so: Ganz am Anfang der Psychoanalyse habe eine verliebte Patientin gestanden. Und später behauptete Freud dann, wiederholt eine ähnliche Erfahrung gemacht zu haben: Junge Mädchen verliebten sich stürmisch in ihren Analytiker, oder sie verhielten sich, als wollten sie seine Lieblingstochter sein; reifere Frauen trugen ihm eine «ideal unsinnliche Freundschaft» an; Männer bewunderten ihn, teilten seine Interessen, waren eifersüchtig auf alle, die ihm nahestanden.[6]

Freud also sah sich oft als Gegenstand intensiver Gefühle seiner Patienten. Im Einklang mit seiner Theorie deutete er sie sämtlich als direkte oder verkappte sexuelle Wünsche. Und er brachte es fertig, sich von dieser Zuneigung nicht persönlich gemeint zu glauben. «Ich war nüchtern genug, diesen Anfall [eine spontane Umarmung] nicht auf die Rechnung meiner Unwiderstehlichkeit zu setzen.» Er war überzeugt, daß diese Gefühle des Patienten «nicht aus der gegenwärtigen Situation stammen und nicht der Person des Arztes gelten, sondern daß sie wiederholen, was bei ihm bereits früher einmal vorgefallen ist»[7]. Der Patient «überträgt» Gefühle auf den Arzt, die eigentlich anderen Menschen gelten. Es sind angeblich nicht irgendwelche Gefühle; was er überträgt, sind «alte» Gefühle, kindliche Gefühle, die einmal den Angehörigen seiner Familie gegolten haben, Mutter, Vater, Bruder und Schwester. Eine «frühere Person» werde durch die des Arztes ersetzt; «eine ganze Reihe alter Erlebnisse wird nicht als vergangen, sondern als aktuelle Beziehung zur Person des Arztes wieder lebendig»[8]. Eine der Fragen während einer Psychoanalyse ist es darum, ob ein bestimmtes Gefühl des Patienten wirklich nur situationsgerecht sei – oder ob es, ständiger Verdacht, nicht vielleicht doch irgendeinen Überschuß enthalte, der gar nicht aus der aktuellen Situation stamme, sondern aus der Kindheit.

Zunächst, fand Freud, sind die Gefühle zum Therapeuten meist freundlich, zuweilen überschwenglich freundlich (positive Übertragung). Später kommen oft feindselige Gefühle auf (negative Übertra-

gung). Im Lauf einer Analyse wird der Analytiker also oft erst ange-
himmelt und dann angegiftet; zuweilen kommt auch abwechselnd
beides vor. Er sitzt hinter dem Kopfende der Couch und läßt es sto-
isch über sich ergehen. Am Ende steht oft relative Gleichgültigkeit.
Wo der Patient von Anfang an völlig gleichgültig ist – viele Psycho-
tiker sind es –, ist auch keine psychoanalytische Behandlung möglich. Der Vermerk «Analyse in negativer Übertragung abgebrochen»
am Ende einer Krankenakte besagt auf deutsch, daß der Patient
starke Vorbehalte und Einwände gegen die Person seines Analytikers hatte oder ihn einfach nicht mehr ausstehen konnte und darum
nicht mehr so recht mitmachen wollte.

Man bemerke, daß es der Begriff «negative Übertragung» dem
Therapeuten in solchen Fällen erlaubt, die Kritik, die «negativen
Gefühle» nicht auf sich selber zu beziehen. Nicht er ist gemeint,
sondern beispielsweise der (als Sexualrivale gehaßte) Vater des Patienten; der Patient hat gar nichts gegen ihn, den Analytiker, er
steht nur unter «Wiederholungszwang», rekapituliert seine wieder-
belebten Kindergefühle an der unschuldigen Person des Analytikers.

Auch den Analytiker lassen seine Patienten nicht kalt. Seine Gefühle in der therapeutischen Situation heißen «Gegenübertragung»,
und er muß versuchen, sie unter Kontrolle zu halten. Wie er es
sieht, kommt es zu seinen Gefühlen einmal, weil ihn seine Patienten durch ihre Übertragungen in die Rolle ihrer Eltern drängen, zum
andern, weil auch er gelegentlich in Versuchung kommt, seine eigenen Kindergefühle hervorzuholen.

Die Übertragung soll therapeutisch nutzbar gemacht werden. Sie
wird für eine stellvertretende Neurose gehalten. Die Stelle, die sie
vertritt, ist die der eigentlichen Neurose, und indem der Analytiker
die Übertragung «bearbeitet» – also das Verhältnis zwischen dem
Patienten und sich selbst zum Hauptgegenstand der Gespräche
macht –, glaubt er die Neurose zu behandeln, die den Patienten auf
seine Couch geführt hatte. Aus dem Verhalten seiner Patienten
glaubt er auf deren verdrängte infantile Sexualwünsche schließen
zu können, die ihre Symptome verursacht haben. Er benutzt die
Übertragung also sozusagen zur Diagnose und zur Therapie. Und
wenn schließlich relative Gleichgültigkeit einzieht, wenn der Patient seinen Analytiker weder mehr haßt noch liebt noch heftige
Wünsche und Forderungen an ihn richtet, glaubt er jene Verdrängungen aufgehoben und die Heilung nahe. Die Bindungen an Vater
und Mutter sind nun ihrer Schmerzlichkeit enthoben, die Übertra-

gung ist «aufgelöst». «Eine gute Analyse», so schrieb der Analytiker Heinz Kohut, «endet im Zustande der Trauer, des endlichen-endgültigen Aufgebens der Kindheitsbindungen des Analysanden, so wie sie in der Übertragung an den Analytiker wiedererlebt worden waren ... Nach dem guten Ende einer Analyse ... ist der Analysand so sehr damit beschäftigt, sich mit der Trennung vom Analytiker und mit der Trennung von den großen Figuren seiner Kindheit abzufinden, daß ihm nicht mehr viel emotionale Kraft für andere Aufgaben übrigbleibt.»[9]

Dies etwa ist, was die Psychoanalyse mit Übertragung meint; es ist nur mehr oder weniger aus dem analytischen Fachchinesisch in die Begriffe der Alltagssprache zurückübersetzt. Der Alltagsverstand, der durch eine solche Übersetzung prompt auf den Plan gerufen wird, findet es wahrscheinlich nicht weiter verwunderlich, daß ein Mensch, der mit einem anderen eine lange, hoffnungsvolle Beziehung eingeht, die oft die wichtigste menschliche Beziehung für ihn überhaupt ist und in deren Verlauf er seine intimsten Erfahrungen enthüllt wie noch nie zuvor, auch Gefühle entwickelt: Bewunderung, Freundschaft, Liebe, Eifersucht, Haß. Die analytische Beziehung ist ja von einer Art, die Gleichgültigkeit schwermacht; zum Analytiker geht man nicht wie zum Zahnarzt. Gefühle, heftige Gefühle provoziert sie um so mehr, als der andere, der Arzt, der überlegene Helfer, letztlich unnahbar bleibt. Der Patient erlebt es als ein beständiges Sich-Entziehen und versucht, doch noch eine «echte» persönliche Reaktion herauszufordern. So muß es zu emotional extrem aufgeladenen Situationen kommen. Die Sequenz Zuneigung–Abneigung–Gleichgültigkeit ist geradezu vorprogrammiert. Daß ein erwachsener Mensch, der sich auf die Couch eines anderen legt und viele Stunden in trautem Zwiegespräch – vorzugsweise über Sexuelles – mit ihm verbringt, daß ein Mensch in dieser Situation auch erotische Wünsche und Vorstellungen entwickelt, selbst wenn der andere ein zur Neutralität verpflichteter bezahlter Helfer ist – einer aus der Welt der «Nichtanalysierten» fände es nicht im mindesten sonderbar und erklärungsbedürftig oder gar neurotisch. Sonderbar fände er es, wenn die erotischen Wünsche in dieser Situation ausblieben. Auch Analytiker (so René A. Spitz) waren der Ansicht, die kindlichen Gefühle des Patienten zu seinem Therapeuten seien nur ein folgerichtiges Produkt der analytischen Situation. Sie wirke infantilisierend – man liege da wie ein Säugling.

Doch sei dem, wie ihm sei. Hier kommt es auf etwas anderes an. Die Gefühle des Patienten zu seinem Therapeuten gehen oft weit

über alles hinaus, was einer Zweckbeziehung wie der ihren angemessen wäre. Die Menschen, so hat die Psychoanalyse also festgestellt, und vielleicht war das wirklich eine große Entdeckung – die
Menschen neigen dazu, sich manchmal sehr unsachlich zu benehmen: Sie bringen Gefühle in die Situation hinein, nicht nur in die
therapeutische, sondern ebenso in manche Alltagssituation, die bei
nüchterner Betrachtung fehl am Platz scheinen. Sie neigen zu unan-
gebrachten Emotionalisierungen. Und wenn man diese Emotionen
näher untersucht, kann man in der Tat eine Menge über den Ge-
fühlshaushalt des betreffenden Menschen in Erfahrung bringen.

Aber wie so viele psychoanalytische Begriffe bezeichnet und beschreibt das Wort Übertragung nicht nur, wie es etwa der Begriff
«Emotionalisierung» täte. Es enthält auch gleich eine Erklärung des
Phänomens. Es suggeriert, daß die Emotionen, die in der Beziehung
zwischen Analytiker und Patient aufgewirbelt werden, mit dessen
pathogenen, ins «Unbewußte» abgeschobenen kindlichen Triebim-
pulsen zu tun haben; daß diese sich darin verraten, welcher Art Gefühle der Patient seinem Analytiker entgegenbringt; und daß man
durch eine «Bearbeitung» dieser aktuellen Gefühlsbeziehung an die
Wurzel des «Symptoms» gelange. In der Übertragung zeigten sich
die verdrängten Impulse, der Analytiker könne sie erkennen, ins Bewußtsein heben, solchermaßen unschädlich machen und das «Symptom» beseitigen.

Das aber ist eine gänzlich unbewiesene Vermutung. Wenn sich
ein Patient heute seinem Analytiker gegenüber unsachlich-gefühl-
voll verhält, fordernd oder verliebt oder unterwürfig oder bewun-
dernd oder ausweichend oder liebedienerisch, so offenbart sich
darin schlechterdings sein Wesen. Da dieses in mancher Hinsicht
über die Jahre hin konstant geblieben sein dürfte, kann man dem
jetzigen Verhalten möglicherweise auch entnehmen, wie er sich
etwa vor dreißig Jahren verhalten hätte und, sollte es damals ähnliche Situationen gegeben haben, möglicherweise wirklich verhalten
hat. Es ist seine Art, sich Menschen gegenüber zu verhalten, von denen er etwas will, und zehn Jahre später wird er sich wahrscheinlich
in vergleichbarer Situation seinem Chef gegenüber nicht viel anders
verhalten. Hätte er sich vom Vater vor dreißig Jahren ebenso hinhal-
tend abgewiesen gefühlt wie jetzt vom Therapeuten, wahrscheinlich wäre er ihm mit einer ähnlichen Abfolge von Liebeswerben und
Haßausbrüchen begegnet. Ob es damals solche Situationen gegeben
hat: das eben aber weiß man nicht, und es gibt keinen Weg, dem aktuellen Geschehen sichere Auskünfte darüber zu entlocken. Es folgt

aus dem, was sich zwischen Patient und Analytiker abspielt, also keineswegs, daß der Vater (oder welche Bezugsperson auch immer) ihn tatsächlich abgewiesen hat oder daß er das Verhältnis zum Vater seinerzeit zumindest so erlebt hat, als würde er abgewiesen. Eine sichere Rekonstruktion des (realen oder imaginären) Gewesenen erlauben die aktuellen Gefühle nicht; für sie brauchte es unabhängige Beweise. Und schon gar nicht folgt daraus, daß er sich heute nur darum so verhält, *weil* er damals abgewiesen wurde. Damals jenes, heute dies: zwischen beidem ohne weiteres eine Kausalbeziehung anzunehmen, läuft wieder einmal auf den logischen Trugschluß des *post hoc ergo propter hoc* hinaus («weil danach, darum deswegen»). Eine Kausalität ließe sich erst in einem weiteren Schritt etablieren, und wiederum brauchte es dafür unabhängige Beweise.

Die Fast-Analytikerin Dörte v. Drigalski wußte es schon vorher oder erfuhr es prompt von ihrer ersten Analytikerin: «Allerdings schien ja die ursprüngliche Situation klar und eindeutig via Übertragung. Meine Verdächte, meine Empfindungen in der Analyse zeigten, wie es tatsächlich zu Hause gewesen war. D. h. genaugenommen auch nur, daß ich es so erlebt hatte.»[10] An einer Stelle ihrer Lehranalyse erfuhr sie, daß sich in ihrem Verhältnis zur Lehranalytikerin das Verhältnis zu ihrer Mutter wiederhole: «Wahrscheinlich habe mich diese feste Nabelschnur bisher im Leben und Lieben behindert; ich könne froh sein, wenn auf diese Weise sie wenigstens bearbeitbar werde. Die entwickelte Übertragungsbeziehung zeige ja, daß meine Bindung an meine Mutter nicht ausreichend gelockert sei.»[11] Aus dem heutigen Zustand also schließt sie, wie es damals war (oder ihr schien); und aus dem so erschlossenen damaligen Zustand leitet sie ab, warum es heute so ist, wie es ist. So aber konstruiert man eine durch und durch trügerische Kausalität; sie kann richtig sein, aber sie kann auch völlig falsch sein, und nichts in dem Argument gibt einem auch nur den mindesten objektiven Anhaltspunkt.

Wo die Übertragungstheorie derlei Schlüsse zieht, bewegt sie sich auf dem Gebiet bloßer Spekulation und gewinnt als Erkenntnis aus den heutigen Gefühlen des Patienten zum Analytiker nur das zurück, was sie vorher als Annahme hineingelesen hat.

19. DIE REDEKUR:
ÜBER DIE EFEKTIVITÄT DER PSYCHOANALYTISCHEN THERAPIE

Aber als Therapie wirkt die Psychoanalyse doch? Macht diese Tatsache sie nicht auch als Theorie glaubwürdig? Oder: Ist es nicht am Ende gleichgültig, warum sie wirkt, solange sie nur überhaupt wirkt – so daß es der Praxis, die die Psychoanalyse auch ist, gar nichts anhaben kann, wenn sie als Theorie in die Enge getrieben wird? Berechtigte Fragen.

Die Psychoanalyse war immer ein Doppelwesen: eine Theorie über die menschliche Seele und eine «Redekur» zur Milderung oder Behebung psychischer Leiden. Die Theorie war die Verallgemeinerung der Beobachtungen, die Freud und seine Schüler bei der Therapie machten, und die Therapie war die Anwendung dieser Verallgemeinerungen. Die Theorie war Freud lieber; «ich war nie ein therapeutischer Enthusiast»[1], bekannte er 1933, als ihn anscheinend auch bereits erhebliche Zweifel an der Effektivität der Therapie beschlichen.

Aber ohne die Erfahrungen der Therapie war die Theorie nicht zu haben. «In der Psychoanalyse bestand von Anfang an ein Junktim zwischen Heilen und Forschen, die Erkenntnis brachte den Erfolg, man konnte nicht behandeln, ohne etwas Neues zu erfahren, man gewann keine Aufklärung, ohne ihre wohltätige Wirkung zu erleben ... Nur wenn wir analytische Seelsorge treiben, vertiefen wir unsere eben aufdämmernde Einsicht in das menschliche Seelenleben. Diese Aussicht auf wissenschaftlichen Gewinn war der vornehmste, erfreulichste Zug der analytischen Arbeit.»[2]

Gegen Ende seines Lebens wurde Freud seiner eigenen Therapiemethode gegenüber immer skeptischer. In seinen Vorlesungen von 1933 versicherte er zwar noch, «mit den anderen Verfahren der

Psychotherapie verglichen», sei die Psychoanalyse «das über jeden Zweifel mächtigste»[3]. Gleichzeitig aber betonte er wieder den «konstitutionellen» Faktor, gegen den sie machtlos bleiben müsse (und wieder meinte er damit ausdrücklich nichts anderes als die Stärke des Geschlechtstriebes, gegen die die Kur zuweilen nicht ankäme), und wollte ihre Anwendung am liebsten auf «Übertragungsneurosen, Phobien, Hysterien, Zwangsneurosen, außerdem noch Abnormitäten des Charakters, die an Stelle solcher Erkrankungen entwickelt worden sind», beschränkt wissen – «alles, was anders ist, narzißtische, psychotische Zustände, ist mehr oder weniger ungeeignet»[4]. Die Zunft hat sich bekanntlich nicht daran gehalten.

Ihre Doppelnatur hat der Psychoanalyse das Leben in den unwirtlichen Klimazonen der Gesellschaft sehr erleichtert. Wurden Einwände gegen ihre theoretischen Annahmen laut, so konnte jeder sie sich schließlich gleich selber mit der Überlegung beantworten, daß eine Theorie, deren Praxis so erfolgreich ist, unmöglich ganz falsch sein könne. Und wurde der Nutzen der Therapie in Zweifel gezogen, so konnte sich umgekehrt jeder sagen: Kann denn eine Praxis verfehlt sein, wenn eine so imposante Theorie hinter ihr steht? So haben Theorie und Praxis der Psychoanalyse in den Augen der Allgemeinheit allezeit füreinander die Gewähr übernommen.

Ob die Psychoanalyse als Praxis erfolgreich ist, ist für die Psychoanalyse als Theorie eine entscheidende Frage. Entscheidend ist sie nicht nur darum, weil den Ausübenden natürlich nach und nach die Patienten wegblieben, wenn es sich herumspräche, daß die «Kur» die erhofften Erfolge nicht bringt; auch als theoretisierende Profession wäre die Psychoanalyse in diesem Fall zum Aussterben verurteilt. Entscheidend ist sie aber auch im erkenntnistheoretischen Sinn. Die Richtigkeit der Theorie hängt nämlich auf eigentümliche Weise am Erfolg der Praxis.

Sogar ein feinsinniger Hermeneutiker wie der französische Philosoph Paul Ricœur hat das in aller Derbheit formuliert: «Der Gegner der Psychoanalyse ... sieht in dem Unbewußten nur eine Projektion des Analytikers und betrachtet den Analysanden als einen freiwilligen oder unfreiwilligen Komplizen desselben. Die Gewähr dafür, daß die Realität des Unbewußten nicht ein reines Hirngespinst der Psychoanalyse ist, erbringt uns schließlich allein der therapeutische Erfolg.»[5]

Die Abhängigkeit der Theorie vom Erfolg der Praxis hat am deutlichsten der amerikanische Erkenntnistheoretiker Adolf Grünbaum in seinem Buch «The Foundations of Psychoanalysis» herausgearbeitet. Das «klinische Material», auf das sich die Psychoanalyse fast ausschließlich stützt, also die Beobachtungen des Analytikers an seinen Analysanden, sei «epistemologisch kontaminiert»: erkenntnistheoretisch verunreinigt. Es fehle ihm die Objektivität; es sei, zumindest potentiell, unentwirrbar durchdrungen von den persönlichen Vorlieben und Abneigungen und Erwartungen des Beobachters. Den freien Assoziationen und Traumberichten entnehme er als scheinbare Bestätigung seiner Theorien, was er vorher in sie hineingelesen oder wozu er den Patienten direkt oder indirekt überredet hatte. Und die eventuellen Heilerfolge könnten – auch Freud sah diese Möglichkeit – auf bloßer Suggestion beruhen. Was zur Bewahrheitung der analytischen Konstruktionen nötig sei, sei eine von der möglichen Voreingenommenheit des Analytikers unabhängige Bestätigung. Eben diese, so macht Grünbaum klar, habe auch Freud selber gefordert; und er habe mehrmals rigoros gezeigt, worin eine solche objektive Bestätigung bestehen könne und müsse, darin seinen Schülern, die sich mit laxeren Standards der Beglaubigung zufriedenzugeben bereit waren, haushoch überlegen. Hätte sich die Psychoanalyse an sein Kriterium halten können, so hätte sich in den analytischen Deutungen das Richtige messerscharf vom Falschen unterscheiden lassen; und die Theorie wäre allen Ansprüchen an Wissenschaftlichkeit gewachsen gewesen.

Am deutlichsten hat Freud die potentiellen Gefahren für die Objektivität seiner Erkenntnisse und sein Kriterium für ihre Richtigkeit in der letzten seiner Vorlesungen von 1916/17 formuliert. Die Stelle ist so wichtig, daß sie hier vollständig zitiert werden soll.

«Nun werden Sie sagen, gleichgültig, ob wir die treibende Kraft unserer Analyse Übertragung oder Suggestion heißen, es besteht doch die Gefahr, daß die Beeinflussung des Patienten die objektive Sicherheit unserer Befunde zweifelhaft macht. Was der Therapie zugute kommt, bringt die Forschung zu Schaden. Es ist die Einwendung, welche am häufigsten gegen die Psychoanalyse erhoben worden ist, und man muß zugestehen, wenn sie auch unzutreffend ist, so kann man sie doch nicht als unverständig abweisen. Wäre sie aber berechtigt, so würde die Psychoanalyse doch nichts anderes als eine besonders gut verkappte, besonders wirksame Art der Suggestionsbehandlung sein, und wir dürften alle ihre Behauptungen über Lebenseinflüsse, psychische Dynamik, Unbewußtes leichtnehmen. So meinen es auch die Gegner; besonders alles, was sich auf die Bedeutung der sexuellen Erlebnisse bezieht, wenn nicht gar diese selbst, sollen wir den Kranken ‹eingeredet› haben, nachdem uns in der eigenen verderbten Phantasie solche Kombinationen gewachsen sind. Die Widerlegung dieser Anwürfe gelingt leichter durch die Berufung auf die Erfahrung als mit Hilfe der Theorie. Wer selbst Psychoanalysen ausgeführt hat, der konnte sich ungezählte Male davon überzeugen, daß es unmöglich ist, den Kranken in solcher Weise zu suggerieren. Es hat natürlich keine Schwierigkeit, ihn zum Anhänger einer gewissen Theorie zu machen und ihn so auch an einem möglichen Irrtum des Arztes teilnehmen zu lassen. Er verhält sich dabei wie ein anderer, wie ein Schüler, aber man hat dadurch auch nur seine Intelligenz, nicht seine Krankheit beeinflußt. Die Lösung seiner Konflikte und die Überwindung seiner Widerstände glückt doch nur, wenn man ihm solche Erwartungsvorstellungen gegeben hat, die mit der Wirklichkeit in ihm übereinstimmen. Was an den Vermutungen des Arztes unzutreffend war, das fällt im Laufe der Analyse wieder heraus, muß zurückgezogen und durch Richtigeres ersetzt werden. Durch eine sorgfältige Technik sucht man das Zustandekommen von Suggestionserfolgen zu verhüten; aber es ist auch unbedenklich, wenn sich solche einstellen, denn man begnügt sich nicht mit dem ersten Erfolg. Man hält die Analyse nicht für beendigt, wenn nicht die Dunkelheiten des Falles aufgeklärt, die Erinnerungslücken ausgefüllt, die Gelegenheiten der Verdrängungen aufgefunden sind. Man erblickt in Erfolgen, die sich zu früh einstellen, eher Hindernisse als Förderungen der analytischen Arbeit und zerstört diese Erfolge wieder, indem man die Übertragung, auf der sie beruhen, immer wieder auflöst. Im Grunde ist es dieser letzte Zug, welcher die analytische Behandlung von der rein suggestiven scheidet und die analytischen Ergebnisse von dem Verdacht befreit, suggestive Erfolge zu sein.»[6]

Freud also sah die Gefahren sehr wohl – die Gefahr, daß die Kombinationen des Analytikers bloße Phantasien sind, die Gefahr, daß dem Patienten irrige Thesen über die eigene Person aufgeredet werden, die Gefahr, daß etwaige Heilungserfolge auf Suggestion zurückgehen könnten. Aber er glaubte, die – korrekte – Psychoanalyse banne alle diese Gefahren. Sie banne sie dadurch, daß «unzutreffende Vermutungen» des Analytikers «im Laufe der Analyse wieder heraus[fallen]» und «durch Richtigeres ersetzt werden» müssen. Danach ist die Psychoanalyse ein Unterfangen, das sich gleichsam von selbst korrigiert. Um in der Computersprache zu reden: Ihr ist sozusagen ein Debugger eingebaut. Eine falsche Kombination nach der anderen wird als wirkungslos und mithin falsch ausgeschieden, und übrig bleiben allein die richtigen. Woran erkennt man, daß es die richtigen sind? Daran, daß sie «mit der Wirklichkeit im [Patienten] übereinstimmen». Und diese Übereinstimmung wiederum verrät sich durch die Wirkung, die sie hat. Richtige Kombinationen nämlich lassen die «Lösung seiner Konflikte und die Überwindung seiner Widerstände [glücken]». Mit anderen Worten: falsche Ursachenvermutungen mag der Patient zwar akzeptieren und glauben, aber sie heilen ihn noch keineswegs; das behandelte Symptom schwindet nur dann, wenn der Therapeut richtig geraten hat. Die Richtigkeit einer Vermutung erkennt man daran, daß nur sie den Patienten gesund macht, eine falsche aber nicht.

Damit hat Freud einen objektiven Test für die Richtigkeit seiner Theorien aufs Tapet gebracht, der selbst Sir Karl (Popper) hätte zufriedenstellen müssen: den Test des Therapieerfolgs. Der ausbleibende Therapieerfolg hätte die Vermutung falsifiziert. Darum hängt von diesem nicht nur die sozusagen menschliche, sondern auch die wissenschaftliche Glaubwürdigkeit der Psychoanalyse ab.

Wie steht es um die Therapieerfolge der Psychoanalyse? Wenn man sich unter seinen Bekannten umhört, die irgendwann die Dienste eines Psychoanalytikers in Anspruch genommen haben, trifft man selten, ganz selten auf jemanden, der es bereut, sich mit der Psychoanalyse eingelassen zu haben. Ebenfalls selten, ganz selten trifft man auf einen, der klipp und klar sagt: Ich hatte dieses oder jenes Symptom oder Problem, kein Arzt oder Therapeut hat etwas dagegen ausgerichtet; erst der Psychoanalytiker hat mich davon befreit. Die große Mehrheit meint, «irgendwie» hätten sie von der Erfahrung vielfältig profitiert – sie hätte ihnen «eine Menge gebracht»; was sich konkret geändert hat, das allerdings können sie meist nicht so genau angeben. Das aber fällt auch nicht weiter auf und stört kaum, wenn sie, wie es oft geschieht, den Psychoanalytiker nur aus einem diffusen Gefühl der Lebensunzufriedenheit oder Neugier auf die eigene Person heraus aufgesucht haben, nicht aber mit einem konkreten Leiden, dessen Besserung oder Beseitigung sie mit einem Maßstab versehen hätte. Denn wer nichts Bestimmtes sucht, kann weder zufriedengestellt noch enttäuscht werden.

In allen diesen durchschnittlichen Fällen bleiben die Erfolge der Psychoanalyse sonderbar blaß und ungreifbar, ganz anders, als man es von einer machtvollen «Kur» erwarten sollte. «Traurig macht mich», so notiert v. Drigalski nach einem psychoanalytischen Vortrag einmal, «wie wenig sich bei diesen [im Krieg aufgewachsenen Menschen] während langer intensiver Analysen verändert hatte; in den Berichten über sie fand sich nur mühsam irgendeine Entwicklung, Besserungen schienen konstruiert.»[7]

In einem anderen Erfahrungsbericht, dem von Claudia Erdheim, ist eine Art Patienten-Litanei zu lesen: «Herr C: Jetzt bin ich immerhin verheiratet und hab zwei Kinder. Dafür hab ich jetzt Schwierigkeiten mit den Kindern. Ich muß schon noch herkommen, damit das noch besser wird. Frau F: Was ich schon alles erreicht hab durch die Therapie. Mit den Kindern komm ich jetzt viel besser zurecht und mit meinem Mann auch. Nur diese Traurigkeit hab ich immer noch ... Deshalb muß ich auch noch weiter herkommen. Frau G: Ich hab jetzt auch einen festen Freund. Schon eine ganze Weile. Aber es klappt nicht so recht. Ich bin ja auch erst drei Jahre hier. Das wird sicher noch besser werden, wenn ich noch eine Weile [zur Therapie] gehe und erst so richtig an meine Gefühle rankomme. Frau B: Ich hab ja auch meinen Mann schon viel lieber als früher. Aber trotzdem fühl ich mich immer noch so verlassen ...» [8]

In einem bissigen Buch über die Psychotherapierung Amerikas stellt Bernie Zilbergeld, seines Zeichens klinischer Psychologe, den Analytiker «Aaron Green» als ein Schulbeispiel für das Mißverhältnis von großem Aufwand und bläßlichen Ergebnissen vor. Hinter diesem Pseudonym hatte Janet Malcolm einen New Yorker Analytiker versteckt, der in ihrer Reportage aus der Welt der Psychoanalyse die Hauptfigur bildete. In den langen Unterhaltungen mit ihr hatte er sich auch an seine Erfahrungen als Patient der Psychoanalyse erinnert (alle Analytiker müssen eine «Lehranalyse» hinter sich bringen, ehe sie die Berufszulassung erhalten, und viele setzen die Analyse auch danach fort) und sich gefragt, wie stark sie ihn eigentlich verändert habe. Zilbergeld schreibt: «Dr. Green hat fünfzehn von seinen sechsundvierzig Jahren als analytischer Patient zugebracht. Seine erste Analyse begann während seines Medizinstudiums und dauerte sechs Jahre. Die zweite war die Lehranalyse, die allen Psychoanalysekandidaten abverlangt wird, und dauerte neun Jahre. Obwohl die Zahl der wöchentlichen Sitzungen nicht erwähnt wird, weiß man, daß die Psychoanalyse mindestens drei und gewöhnlich vier oder fünf erfordert. Wir haben es also mit einer Menge Therapiestunden zu tun. Obwohl Green beide Analysen hilfreich fand, war es die zweite, ‹die mir die Augen öffnete und mich allmählich veränderte›. Die wichtigste Veränderung bestand darin, daß ‹ich heute nicht mehr so streitsüchtig und ätzend bin, so empfindlich und zornig›. Er ist sicher, daß er ohne die Therapie ein ‹äußerst eingeschränktes Leben voller Bitterkeit und Depression› führen müßte. Auch ein Symptom wurde behoben. ‹Wenn ich zu einer Party gehen wollte, hatte ich immer Angst ... Das Symptom fiel während meiner Analyse in sich zusammen, und heute gehe ich zu Partys ...› Schließlich bemerkt Green, daß seine neurotischen Hemmungen, den eigenen Kopf durchzusetzen, geringer geworden seien. Dies sind die positiven Veränderungen, die er erwähnt. Er gibt zu, sich ‹nicht eben radikal verändert› zu haben. Sein Leben sei immer noch eingeschränkt, und Bitterkeit und Depression seien ihm nicht fremd. Er kommentiert: ‹Ich glaube nicht, daß sich grundlegende Charakterstrukturen je ändern. So plastisch sind wir nicht.› Paradoxerweise war es das Auftreten neuer Symptome, das ihn von der Wirksamkeit seiner Analyse überzeugte: ‹Während ich weniger [streitsüchtig] wurde, nahmen die Ängste vor Dingen zu, die mich vorher nicht geängstigt hatten. Etwa mich unter vielen Menschen aufzuhalten oder im Theater auf dem Rang zu sitzen ...› Green hat sich immer als Außenseiter gefühlt, und seine Analysen haben daran nichts geändert ... Gerne stiege er in der Hierarchie des Analytischen Instituts auf und würde Lehranalytiker. Aber die Behandlung hat seine Durchsetzungshemmungen nicht völlig beseitigt. ‹Die ödipalen Rivalitäten, Ängste, Schuldgefühle sind immer noch wirksam. Sie sind längst nicht mehr so stark wie vor meiner zweiten Analyse, aber vorhanden sind sie immer noch und verlangen ihren Tribut.› Green ... glaubt weiterhin fest an die Behandlung und erwägt eine dritte Analyse. Seine Bemerkungen über die Macht der Analyse gründen sich auf das, was er bei seinen Patienten zu bewerkstelligen vermochte und was er bei sich selber bewerkstelligt hat, und lassen sich wohl auf alle Therapien verallgemeinern: ‹Die erreichten Veränderungen sind sehr gering. Unser Leben steht unter dem Wiederholungszwang, und die Analyse kann uns von ihm nur ein Stück weit befreien. Die Analyse bewirkt beim Patienten eine größere Freiheit der Wahl – aber wieviel größer ist sie? Soviel: statt gerade den Meridian entlangzugehen, weicht er fünf oder zehn oder äußerstenfalls fünfzehn Grad nach links oder rechts davon ab, mehr nicht.› Und das mag für Sie und Ihre Nächsten schon sehr viel bedeuten. Aber es ist nicht das gleiche, als würde man ein Neuer Mensch oder hätte sich alle seine Hoffnungen erfüllt.» [9]

Solche Impressionen und Geschichten mögen zutreffen, aber sie könnten grob atypisch sein und beweisen also gar nichts – so mag man einwenden, und man hätte völlig recht mit dem Einwand. Darum muß nun von objektiveren Versuchen die Rede sein, den Therapieerfolg der Psychoanalyse zu messen. Um alle diese Erfolgskontrollen richtig einschätzen zu können, sollte man sich jedoch von vornherein zweierlei vor Augen halten: Erstens, daß unter allen zur Zeit angebotenen Psychotherapien die Psychoanalyse die mit

Abstand aufwendigste ist – selten dauert sie weniger als zwei Jahre, oft fünf, zehn, manchmal fünfzehn, und zuweilen endet sie nie; pro Woche sind zwei bis fünf Therapiestunden nötig, jede zu etwa 80 Mark – selbst im günstigsten Fall ist eine Analyse also kaum unter 30000 Mark zu haben; den hohen Kosten entspricht das lange Warten auf den Erfolg (der dann vielleicht doch ausbleibt). Zweitens muß man im Auge behalten, daß die Psychoanalyse beansprucht, als einzige Therapie bis zur Wurzel des Symptoms vorzudringen und es mit Stumpf und Stiel auszureißen, während alle anderen Schulen ihr zufolge nur an den Symptomen herumdoktern und sie nie ganz beseitigen, sondern höchstens für eine Weile kaschieren oder an ihrer Stelle andere Symptome hervorrufen. Wie sie selber es sieht, steht dem exorbitanten Aufwand also auch ein exorbitanter Heilungserfolg gegenüber, mit dem keine andere Psychotherapie aufwarten kann.

Wenn sie, wie sie meint, als einzige Therapie nicht nur an den Symptomen kuriert, sondern an der Wurzel, so weil sie als einzige bis zu den wahren Ursachen der Symptome vorstößt, den verdrängten Wunschregungen. Man hole diese ins Bewußtsein, man erinnere sich an das Vergessene, man nehme dem «Es» damit «Energie» ab und führe diese dem «Ich» zu – und das Symptom «fällt in sich zusammen». An anderer Stelle setzte Freud den Akzent etwas anders: «Nicht das Nichtwissen an sich ist das pathogene Moment, sondern die Begründung des Nichtwissens in *inneren Widerständen*, welche das Nichtwissen zuerst hervorgerufen haben und es jetzt noch unterhalten. In der Bekämpfung dieser Widerstände liegt die Aufgabe der Therapie ... Wäre das Wissen des Unbewußten für den Kranken so wichtig, wie der in der Psychoanalyse Unerfahrene glaubt, so müßte es zur Heilung hinreichen, wenn der Kranke Vorlesungen anhört oder Bücher liest. Diese Maßnahmen haben aber ebensoviel Einfluß auf die nervösen Leidenssymptome wie die Verteilung von Menükarten zur Zeit einer Hungersnot auf den Hunger.» [10] Der Analytiker nennt es die «Durcharbeitung» der Widerstände. Der Nicht-Analytiker mag es als die allmähliche Niederringung der Kritikfähigkeit des Patienten sehen.

In der Bundesrepublik beruht das Renommee der Psychoanalyse als einer nachgewiesenermaßen hochwirksamen Psychotherapie vor allem auf einer Untersuchung, die die Psychosomatikprofessorin Annemarie Dührssen in den fünfziger und sechziger Jahren in West-Berlin durchführte. Dort unterhielt die Versicherungsanstalt Berlin, später die Allgemeine Ortskrankenkasse eine psychotherapeutische Poliklinik. Nach Dührssens Beschreibung [11] wurden deren Patienten ausschließlich oder jedenfalls weit überwiegend psychoanalytisch behandelt, und zwar offenbar nach der Variante von Harald Schultz-Hencke, die aus historischen Gründen in der Bundesrepublik und nur hier weit verbreitet ist und zweilen auch Neo-Psychoanalyse genannt wird. (Es ist jene Variante von Freuds Lehre, die in Deutschland während des Nationalsozialismus überwintern durfte; in Amerika sprossen derweil noch andere Neo-Psychoanalysen.)

Der Hauptunterschied zur Freudschen Urform besteht darin, daß sie sich von der Libidotheorie getrennt hat. Nach Schultz-Hencke hat das Kind nicht nur Triebwünsche sexueller Art, sondern auch noch einige andere, und zwar genau sechs Arten: sexuelle (zu lieben), oral-kaptative (zuzupacken), anal-retentive (zurückzuhalten, zu besitzen), motorisch-aggressive, intentionale (Neugier) und urethrale («frei von Zwang in hohem Bogen zu urinieren»). Wo diese in frühester Kindheit gehemmt werden, können sich nach Ansicht von Schultz-Hencke später Neurosen entwickeln. Die Aufgabe der Analyse besteht dann darin, solche «Gehemmtheiten» zu «bearbeiten»; dabei befaßt sie sich mehr mit der realen Gegenwart des Patienten als die orthodoxe Analyse. Durchaus aber geht auch sie deutend in die Kindheit zurück.

Die meisten Patienten der Poliklinik klagten über Herz-Kreislauf-Beschwerden, verbunden mit starker irrationaler Angst, oder über depressive Verstimmungen, oft verbunden mit Magen-Darm-Beschwerden. Die Behandlung scheint meist auf 150 bis 200 Stunden begrenzt gewesen zu sein; das dürfte eine Behandlungsdauer von anderthalb bis zwei Jahren ergeben haben. Im Laufe der Jahre sammelten sich in der Poliklinik 1427 Krankengeschichten an, davon 1004 Einzelanalysen. Sie waren es, die Dührssen systematisch auswertete.

Von diesen 1004 Einzelanalysen wurden 152 ergebnislos abgebrochen. 845 Patienten stellten sich der Nachuntersuchung. 808 von ihnen – das sind 96 Prozent – waren nach dem Urteil der behandelnden Therapeuten aus der Analyse «sehr gut» bis «genügend» gebessert hervorgegangen. Eine (analytische) Nachuntersuchung fünf Jahre später stellte fest, daß in 712 Fällen – das sind 84 Prozent – diese Besserung von Dauer gewesen war. Entsprechend günstig fiel das Urteil der Patienten selber aus. 81 Prozent von ihnen äußerten sich «positiv bis außerordentlich dankbar». Auch wenn man abzieht, daß Leute, denen eine Institution eine kostspielige Therapie gewährt hat, dieser hinterher kaum zu Protokoll geben werden, daß sie nichts davon gehabt haben, ist es eine stolze Zahl.

Dieser Erfolg mag eindrucksvoll wirken, wissenschaftlich aber läßt die Methode, wie er gemessen wurde, zu wünschen übrig. Erstens nämlich wäre es wünschenswert, den Erfolg an einem objektiveren Maß festzumachen als den Impressionen von Behandelnden und Behandelten, in denen ja beider Wunschdenken eine erhebliche Rolle spielen könnte. Und zweitens wüßte man gern, ob die Besserung wirklich aufgrund der Behandlung eingetreten war oder nur zufällig während der Behandlung.

Dies ist nämlich ein Verdacht, mit dem sich alle Psychotherapie spätestens seit 1952 herumschlagen muß, als der Psychologe Hans Jürgen Eysenck von der Universität London dem verblüfften Berufsstand vorrechnete, daß es die Eigenschaft der meisten Neurosen sei, sich innerhalb zweier Jahre von selber aufzulösen. Diese Neigung zur sogenannten Spontanremission – also zur Besserung ohne gezielte therapeutische Nachhilfe – würde dazu führen, daß man oft der Therapie gutschreibt, was auch ohne sie eingetreten wäre. Denn so ist es: Wer bei den ersten Anzeichen einer Erkältung einen Psychotherapeuten aufsuchte und sich vierzehn Tage lang dessen Exerzitien unterwürfe, könnte den Eindruck davontragen, daß ihm die Psychotherapie den Schnupfen ausgetrieben habe. Eysenck war und ist der Meinung, in etwa 66 Prozent der Fälle heilten Neurosen wie ein Schnupfen von selbst aus. Andere Psychologen fanden diese Schätzung empörend übertrieben; aber selbst Allen Bergin, der 1971 die Fehlerhaftigkeit von Eysencks Berechnungsmethode nachzuweisen unternahm, kam noch auf eine Spontanremissionsquote von 30 Prozent. Diese bittere Kontroverse kann hier auf sich beruhen. Es genügt die Feststellung, daß ein bis zwei Drittel aller Neurotiker auch ganz ohne Psychotherapie wieder gesunden.

Um den Erfolg einer Psychotherapie zu ermessen, ist es darum unerläßlich, behandelte mit unbehandelten Patienten zu vergleichen und zu ermitteln, ob bei jenen eine stärkere Besserung eingetreten ist. Das heißt, eine Effektivitätsstudie, die aussagekräftige Ergebnisse zutage fördern will, darf sich nicht auf die Ergebnisse bei behandelten Patienten beschränken; sie muß eine unbehandelte – oder, wenn die relative Wirksamkeit verschiedener Therapieschulen verglichen werden soll, eine nach anderen Methoden behandelte – Kontrollgruppe zum Vergleich heranziehen. Der Wert einer bestimmten Behandlung läßt sich nur einschätzen, wo sie sich von einer ausgebliebenen oder einer anderen Behandlung abhebt.

Dührssen war sich der Notwendigkeit eines objektiven Maßes und einer Kontrollgruppe völlig bewußt, und sie schaffte beides heran. Als objektives Maß diente ihr die Zahl der Tage, die die Patienten der

Poliklinik vor und nach der Analyse im Krankenhaus verbracht hatten. Als Kontrollgruppe wählte sie hundert möglichst vergleichbare Neurotiker aus, die bei der Poliklinik vorstellig, aber vorerst auf die Warteliste gesetzt worden waren. Das Ergebnis: In den fünf Jahren vor ihrer Analyse hatten die Neurotiker im Durchschnitt etwa 26 Tage im Krankenhaus zugebracht (verglichen mit etwa 10 Tagen eines durchschnittlichen AOK-Mitglieds). Bei den Neurotikern auf der Warteliste blieb diese Zahl nach dem Stichjahr 1958 fast genauso hoch – von Spontanremission also anscheinend keine Spur. Die analysierten Neurotiker aber verbrachten in dem Jahrfünft nach der Behandlung nur noch etwa 6 Tage im Krankenhaus. Es war ein geradezu triumphales Ergebnis, dem sich in der Folge auch die deutschen Kranken- und Ersatzkassen nicht entziehen mochten: Die analytische Psychotherapie hatte die Krankenhausaufenthalte der Neurotiker auf ein Viertel reduziert! Und die Frage, ob denn die Psychoanalyse ein nützliches Heilverfahren sei, schien beantwortet.

Was genau damals geschehen war, läßt sich heute nicht mehr sagen. Aber der Erfolg ließe sich im Prinzip auch auf eine andere Art erklären. Offiziell sprechen analytische Psychotherapeuten nicht davon, aber jeder, der sich je ein wenig in der Psycho-Szene umgetan hat, weiß es sehr genau: Die Psychoanalyse steht der Organmedizin, der Schulmedizin, der Apparatemedizin mit Unbehagen oder gar Verachtung gegenüber. Wer sich in einer Analyse befindet und mit dem gleichen «Symptom» auch noch einen normalen Arzt oder Psychiater aufsucht, muß damit rechnen, als eine Art Verräter angesehen zu werden. Er ist eben feige – seiner Seele, seinem finsteren «Unbewußten» wagt er nicht ins Gesicht zu sehen. Er hat nicht den Mut, sich wirklich «auf sich selber einzulassen». Er wird sehen, was er davon hat – wahrscheinlich bekommt er «Pillen» verabreicht, «Chemie», die natürlich seine «Probleme» nie und nimmer lösen kann. (In Psycho-Kreisen ist wahrhafter Mut nötig, um zur Medizin zu stehen. Dort, wo man geradezu lüstern ist auf psychische Erklärungen einer Krankheit und normale medizinische Erklärungen mit Verachtung abtut, dort tut man eigenartigerweise gern so, als koste es wer weiß was für eine Überwindung, eine psychische Erklärung zu akzeptieren.) Kurz, sehr oft ist eine Analyse nebenbei ein Schulungskurs in Medizinfeindlichkeit. Es ist zu erwarten, daß die so Indoktrinierten auch weniger bereitwillig ins Krankenhaus gehen, das «ja doch nichts bringt», wie sie nunmehr genau wissen.

Wie dem auch sei, Dührssens eindrucksvolle Studie hatte einen kleinen, kaum sichtbaren Schönheitsfehler. Konnte es sein, daß der

Erfolg gar nicht auf die Besonderheiten der psychoanalytischen Theorie und Praxis zurückging, sondern auch von anderen psychotherapeutischen Schulen erzielt worden wäre? Dann nämlich wäre das Berliner Ergebnis ein Triumph der Psychotherapie schlechthin gewesen, nicht aber einer der Psychoanalyse im besonderen. Und man könnte weiterfragen, ob sich ein solches Ergebnis nicht auch mit weniger aufwendigen Therapien erzielen ließe – und warum wohl.

Um dieser Eventualität nachzugehen, müssen die Ergebnisse verschiedener Psychotherapien miteinander verglichen werden. Ohnehin ist es ein Irrglaube, daß eine so facettenreiche Frage wie die nach dem Nutzen der Psychotherapien – eine der großen Fragen der klinischen Psychologie – je von einem einzigen entscheidenden Experiment beantwortet werden könnte. Dieses *experimentum crucis* gibt es nicht. Zu viele Variablen spielen in die Ergebnisse hinein: die Unterschiede zwischen den Kranken, die eine Psychotherapie suchen; die Unterschiede zwischen den therapeutischen Verfahren; die Länge der Ausbildung und der Berufserfahrung der Therapeuten; der Umstand, ob die Kranken einzeln oder gruppenweise behandelt werden; die Frage, ob eine bestimmte Therapie typischerweise von Kranken mit einer überdurchschnittlich günstigen oder ungünstigen Erfolgsprognose gesucht wird; die Frage, ob die behandelnden Therapeuten an ihre Methode glauben oder nicht, ob sie selber oder objektive Beobachter die Erfolge beurteilen, ob der Erfolg unmittelbar nach der Behandlung untersucht wird oder Wochen, Monate, Jahre später – alles das sind relevante Faktoren, und alle auf einmal kann eine einzige Studie niemals klären. Klarheit gibt es in nur Form einer Synopse, nämlich jenes Bildes, das aus vielen Studien mit vielen Fragestellungen hervorgeht, aus ihren Widersprüchen und ihren Übereinstimmungen.

In der Tat, es gibt zahlreiche Versuche einer objektiven Evaluation. Nach dem Nutzen der verschiedenen Psychotherapien, zumindest der als seriös geltenden, kaum der ins Kraut schießenden exotischen Varianten, ist in den letzten Jahrzehnten immer wieder geforscht worden. Und glücklicherweise ist es seit einigen Jahren nicht mehr nötig, sich aus diesem ganz und gar unübersichtlichen Hin und Her, das der einen Schule bald mehr, bald weniger Wirksamkeit bescheinigte, selber ein Bild machen zu wollen. Drei Evaluationswissenschaftler der Universität Colorado in Boulder – Mary Lee Smith, Gene V. Glass und Thomas I. Miller – haben der Fachöffentlichkeit 1980 diese immense Arbeit abgenommen.

Sie haben versucht, sämtliche kontrollierten Studien auf diesem

Gebiet ausfindig zu machen – alle also, die irgendeine Vergleichsgruppe herangezogen hatten, von der sich der Erfolg der untersuchten
Therapiepatienten abheben konnte. Manche, vor allem fremdspra-
chige, seien ihnen dabei entgangen, schreiben sie selber; anderen ließen sich keine ausreichend konkreten Angaben über die Therapieer-
gebnisse entnehmen. Insgesamt schätzen Smith / Glass / Miller, drei
Viertel aller jemals unternommenen Erfolgsstudien berücksichtigt
zu haben: nämlich 475, eine beachtliche Zahl. Diese Studien wurden
so gut wie möglich kommensurabel, nämlich miteinander vergleichbar gemacht und die Ergebnisse raffinierten statistischen Verfahren
unterworfen. Derartiges heißt «Metaanalyse»: eine Analyse der Analysen.

Gegen die Metaanalyse spricht ein nicht von der Hand zu weisen-
der Grund: Wenn die ursprünglichen Studien verfehlt waren und nur
schlechte Daten geliefert haben, so kann auch die sauberste und aufwendigste Metaanalyse daraus keine brauchbaren Schlüsse ziehen.
Es läge also nahe, die Studien zunächst nach ihrer Qualität zu sortie-
ren und bei der Metaanalyse dann nur die «guten» zu berücksichtigen. Diesen Weg wollten Smith / Glass / Miller jedoch gerade nicht
gehen, und zwar aus einem guten Grund. Die Widersprüche zwischen früheren, weniger umfassenden Synopsen, so war ihnen aufgefallen, gingen vor allem darauf zurück, daß immer wieder etliche Studien von dem Vergleich ausgeschlossen worden waren – und zwar
nach möglicherweise sehr subjektiven Kriterien: nämlich bevorzugt
jene Studien, die den Ergebnissen, welche der betreffende Forscher
sich von dem Vergleich erhoffte, nicht entsprachen. «Die schlechten
ins Kröpfchen» – das hätte nach Ansicht von Smith / Glass / Miller
der subjektiven Willkür Tür und Tor geöffnet. Also berücksichtigten
sie alle. Wenn schlechte Daten darunter sein sollten, so bildet die
große Zahl der Studien ein ganz gutes Korrektiv. An einem Beispiel
aus dem Umfragewesen kann man sich das klarmachen. Nehmen
wir an, es soll ermittelt werden, wie die Bevölkerung zur Zeit wählen
würde. Natürlich wären die Ergebnisse um so zuverlässiger, je sauberer die Daten erhoben werden. Aber nun ließe es ein Institut an dieser
Sauberkeit fehlen: die befragte Stichprobe wäre nicht so recht repräsentativ, die Fragen würden zu flusig gestellt, und manche Befrager
erfänden sogar ein paar Antworten, um mit der Arbeit schneller fertig
zu werden. Auch wenn der Computer diese Daten nach allen Regeln
der Kunst verarbeitet haben sollte, wird man einer solchen Umfrage
am Ende besser nicht entnehmen wollen, ob die FDP die Fünfprozenthürde überspringt. Aber wenn nicht nur eine Handvoll Leute auf

diese schlampige Weise befragt wurde, sondern eine große Zahl, wird sich der grobe Trend selbst aus solchem Material ersehen lassen. Daß die FDP die absolute Mehrheit erreicht und die CDU unter der Fünfprozenthürde verschwindet, käme sogar bei einer so schadhaften Erhebung sicher nicht heraus. Dazu wäre ein Ausmaß an Dilettantismus notwendig, das schon eigens arrangiert werden müßte. Daß es sich bei den Effektivitätsstudien der Psychotherapieforschung um dermaßen dilettantisches Material handele, behauptet aber niemand. Es besteht nur der Verdacht, daß einige Daten nicht eben die verläßlichsten sind. Das heißt: würden ausschließlich vorzügliche Daten benutzt, so wäre das Tableau, das sich am Ende ergibt, bis in feine Einzelheiten hinein glaubwürdig. Schlechteres Material führt zu einem gröberen Bild; aber daß dabei ein völlig anderes Bild herauskäme, daß zum Beispiel ein Verlierer unter den Therapien dann als Gewinner dastünde, ist überaus unwahrscheinlich. In diesem Sinn kann man dem von Smith/Glass/Miller ermittelten Gesamtbild schon trauen. Es gibt wohl auf längere Sicht kein besseres, und käme eines, so wäre nicht damit zu rechnen, daß es sich dramatisch von dem vorliegenden unterschiede, auch wenn es in den Einzelheiten möglicherweise einige interessante Verschiebungen aufwiese.

Daß das Bild gern genauer sein könnte, rechtfertigt vor allem nicht, sich als weiser Agnostiker aufzuführen, mit dem Argument, man wisse heute einfach noch nichts Sicheres und müßte sich jeden Urteils enthalten, bis eines Tages bessere Fakten auf den Tisch kommen. So sehr viel besser werden die Fakten nicht werden. Und einiges wissen wir durchaus.

Welches Bild also ergibt sich bei der systematischen Zusammenschau dieser 475 Studien, jenseits ihrer Unterschiede, Widersprüche und Ungereimtheiten? Smith/Glass/Miller stießen in diesen 475 Studien auf 1766 quantifizierbare Effekte. Diese Zahl ist darum höher als die der Studien selbst, weil viele von ihnen mehrere Wirkungen verzeichneten. Eine zum Beispiel, die der Frage nachging, ob Asthma psychotherapeutisch behandelbar sei, registrierte erstens die Lungenfunktion vor und nach der Therapie, zweitens den Medikamentengebrauch, und drittens ließ sie den Zustand der Kranken auch durch einen Psychiater beurteilen. So gab diese Studie über drei verschiedene, wenn auch nicht voneinander unabhängige Effekte Auskunft.

Die registrierten 1766 Effekte waren also sehr verschiedener Art: medizinische Untersuchungsresultate, Fragebogenerhebungen, Interviews. Manche bestanden in den Impressionen der Behandelnden und waren darum möglicherweise subjektiv verzerrt; andere waren Maße von Körperfunktionen und mithin von großer Objektivität; wieder andere waren zwar Impressionen, aber in Blindsituationen gewonnen – die Gutachter hatten nicht gewußt, welche Patienten eine Behandlung hinter sich hatten und welche nicht. 100 dieser 1766 Werte stammten aus analytischen Therapien; eine Zahl, die sie aussagekräftig genug macht.

An dieser Stelle sind einige notdürftige technische Erläuterungen nötig. Smith/Glass/Miller mußten diesem heterogenen Material eine möglichst vielsagende gemeinsame Maßeinheit abgewinnen. Sie nannten sie «Effektgröße». Statistisch versierte Leser, aber nur sie, mag die Formel für die Berechnung der Effektgröße interessieren: mittlerer Effekt in der behandelten Therapiegruppe minus mittlerer Effekt in der unbehandelten Kontrollgruppe geteilt durch die Standardabweichung in der Kontrollgruppe. Das heißt, von dem durchschnittlichen Wert, den ein bestimmtes Erfolgsmaß in der therapierten Gruppe angenommen hatte, wurde sein Wert in der unbehandelten Kontrollgruppe abgezogen. Übrig blieb ein Wert, der den Abstand zwischen behandelten und unbehandelten Patienten ausdrückte. Er wurde nicht an irgendeiner äußeren Skala gemessen, sondern daran, wie stark der gefundene Wert vom Mittelwert bei den unbehandelten Patienten abwich. Dabei könnten Werte zwischen minus 3 und plus 3 herauskommen. In diesem Fall ergaben sich Zahlen zwischen 0,14 und 2,38. Und schon kann man die statistischen Details vergessen und einfach diese Zahlen ins Auge fassen wie eine Thermometerskala (allerdings eine, bei denen zu den Rändern hin die Abstände zwischen den Graden immer kleiner werden): Der kleinste gemessene Durchschnittseffekt irgendeiner psychotherapeutischen Veranstaltung betrug 0,14, der größte 2,38. Hätte die unbehandelte Kontrollgruppe jemals genauso gut oder besser abgeschnitten als die therapierte, so wäre 0 oder eine negative Zahl herausgekommen. Noch einfacher gesagt: je höher der Wert, um so effektiver die Therapie im Vergleich zur Nichtbehandlung.

Alle Psychotherapien zusammengenommen – dies war das wichtigste und allgemeinste Ergebnis der Metaanalyse – brachten es auf eine Durchschnittseffektgröße von 0,85. Den größten Effekt hatte ein Bündel von eklektischen kognitiven Therapien, ähnlich der Rational-Emotiven Therapie nach Albert Ellis, nicht aber diese selber. Den geringsten Effekt – 0,14 – zeigte die «Realitätstherapie» (nach William Glasser), der zufolge jede seelische Störung auf eine Realitätsverleugnung zurückgehen soll. Mit 1,82 am zweitbesten schnitt eine Form von Hypnosetherapie ab (die «Hypnotherapie» nach Lewis Wolberg), am zweitschlechtesten die undifferenzierte Lebensberatung. Oft wurde befürchtet, daß Psycho- und Verhaltenstherapien den Patienten nicht nur nicht nützen, sondern geradezu schaden könnten; die Studie von Smith / Glass / Miller fand keinerlei Indizien für negative Effekte.

Gemeinsam ist den kognitiven Therapien, daß sie oft «aktiv, didaktisch, direktiv» sind – «die Therapeuten machen sich an logischen Widersprüchen zu schaffen, erklären falsche Verallgemeinerungen und unvernünftige Verhaltensmuster, stellen Aufgaben, benutzen Überzeugung und Suggestion». Einer der führenden kognitiven Therapeuten, Aaron T. Beck, definiert die Methode so: «Die kognitive Therapie ist eine aktive, direktive, zeitlich begrenzte, strukturierte Methode, die zur Behandlung einer Vielzahl psychiatrischer Störungen eingesetzt wird (zum Beispiel Depressionen, Angst, Phobien, Schmerzprobleme und so weiter). Sie basiert auf einem grundlegenden theoretischen Gedanken, wonach Affekt und Verhalten weitgehend von der Art bestimmt sind, in der der Kranke die Welt strukturiert. Seine Kognitionen (sprachliche oder bildhafte ‹Ereignisse› in seinem Bewußtseinsstrom) gehen auf Einstellungen und Annahmen zurück, die aus vergangenen Erfahrungen entstanden sind.» [12] Zum Beispiel könnte der Patient von der Überzeugung beherrscht sein, er müßte alles perfekt machen, um kein Versager zu sein; in jeder Situation fragte er sich zweifelnd, ob er ihr auch gewachsen sei. Solche irrigen, alles Erleben verzerrenden Ansichten versucht die kognitive Therapie aufzuspüren. Mit dem Patienten wird ihr Für und Wider erörtert. Alternativen werden aufgezeigt und eingeübt. In gewisser Hinsicht sind die kognitiven Therapien also das genaue Gegenteil der klassischen Psychoanalyse. Nicht «das Unbewußte» wird erörtert, die bewußten Einstellungen werden es. Der Ablauf der Therapie bleibt nicht sich selber überlassen, der Therapeut stellt Aufgaben und verordnet Übungen. Die Therapie ist nicht zeitlich nach hinten hin offen.

Der Durchschnittswert aller Psychotherapien – 0,85 – läßt sich so interpretieren: Nähme man einen durchschnittlichen Patienten aus der unbehandelten Kontrollgruppe (wo es *per definitionem* 50 Prozent schlechter und 50 Prozent besser geht als ihm) und ließe man ihm eine durchschnittliche Psychotherapie zuteil werden, so ginge es ihm nach deren Abschluß wahrscheinlich besser als 80 Prozent seiner unbehandelten Leidensgefährten. Jede Durchschnittseffektgröße ließe sich, statistische Kenntnisse vorausgesetzt, in eine solche Prozentzahl umrechnen.

Die durchschnittliche Effektgröße, die die Metaanalyse ergab, veranlaßte Smith/Glass/Miller geradezu zu einer Fanfare, die um so wohler tönte, als in einer kleineren, ähnlich aufgebauten Studie gleichzeitig die Wirkung medikamentöser Therapien bei seelischen und geistigen Störungen erkundet worden war, mit dem Ergebnis, daß die Chemo- der Psychotherapie insgesamt nur knapp überlegen war. Andersherum ausgedrückt: daß die Psychotherapie sich als fast so wirksam wie die Chemotherapie erwiesen hatte. Die Fanfare klang so: «Psychotherapie ist nützlich, und zwar übereinstimmend und in vieler Hinsicht. Ihr Nutzen ist dem anderer teurer und ehrgeiziger Interventionen ebenbürtig, der Schule etwa oder der Medizin. Zwar ist der Nutzen der Psychotherapie nicht von Dauer, aber von Dauer ist wenig ... Journalisten mögen weiterhin Zeilen schinden, indem sie den Beruf des Psychotherapeuten heruntermachen, doch wer respektiert und begreift, wie empirische Forschung vorgeht und was sie besagt, muß zugeben, daß die Psychotherapie ihre Wirksamkeit mehr als erwiesen hat ... Das soll nicht weniger heißen als dies: Psychotherapeuten haben zwar keinen exklusiven, aber einen legitimen, durch kontrollierte Forschung abgestützten Anspruch auf jene – privat oder öffentlich finanzierten – Positionen in der Gesellschaft, in deren Verantwortung es liegt, die Gesundheit der Kranken, der Leidenden, der Entfremdeten und der Verdrossenen wiederherzustellen.»[13] Die Metaanalyse endete mit einem Toast auf alle Psychotherapie, sagen wir einem verdienten.

Ist jemandem aufgefallen, daß noch mit keinem Wort von der Effektivität der Psychoanalyse die Rede war? Zunächst muß auch erst noch einer anderen Spur nachgegangen werden.

Unter den verglichenen Psychotherapien steht stillschweigend auch eine Gruppe, die man da eigentlich nicht erwartet. Smith/Glass/Miller bezeichnen sie als «Plazebobehandlung». Unter diesem Namen fassen sie unter anderem zusammen: Entspannungsübungen, Aufmerksamkeitstraining, Gruppengespräche, Lektüre und Diskussion eines Theaterstücks, Plattenhören, schriftliche Informationen über den Gegenstand der Phobie, Visualisierung verstärkender Szenen, Vorträge – lauter Beschäftigungen also, von denen keine einen spezifischen therapeutischen Zweck verfolgt oder von irgendeiner psychotherapeutischen Theorie legitimiert wird. Sie sollen nur eines: im Patienten den Eindruck erwecken, daß irgend etwas gegen seine Probleme unternommen werde. In diesem Sinne handelte es sich um Plazebos, um Als-ob-Interventionen, um therapeutische Scheinmaßnahmen. Und diese Plazebos wirkten erwiesenermaßen ebenfalls!

Ihre durchschnittliche Effektgröße betrug 0,56 und war damit höher als die einiger ausdrücklicher Psychotherapien. Vergleicht man den Durchschnittserfolg der Psychotherapien nicht mit der Nichtbehandlung, sondern mit einer Plazebobehandlung, so schrumpft er erheblich. Von der Plazebobehandlung heben sich deutlich nur noch jene Psychotherapien ab, die einen Wert oberhalb des Durchschnitts erreichten: die verschiedenen kognitiven Therapien, die Hypnotherapie, die kognitive Verhaltenstherapie, die systematische Desensibilisierung und verschiedene eklektische analytische Therapien, die von dem orthodoxen Freudschen Modell abweichen. Alles andere war nicht oder nur unwesentlich wirkungsvoller als Vorträge, Merkblätter oder Dramenlektüre!

Vielleicht aber ist es nicht sehr sinnvoll, die Wirkung der Psychotherapien auf diese Weise über viele Studien hinweg zu berechnen? Kann man denn Äpfel und Birnen (und Kiwis) zusammenzählen zu einer Aussage, die für alle zutrifft? Verschiedene Arten von Patienten, die verschiedene Arten von Therapie erhalten, deren Erfolg auf verschiedene Art gemessen wird – kann man wirklich kommensurabel machen, was so verschieden ist? Smith/Glass/Miller schreiben an einer Stelle, «ein direkter Vergleich des Plazeboeffekts mit den wirksamen Therapien wäre unfair. Plazebobehandlungen wurden am häufigsten in Studien der Desensibilisierung, Implosion (der von irrationaler Angst geplagte Patient muß sich vorstellen, was ihm die größte Angst macht) und der kognitiven Verhaltenstherapierung monosymptomatischer Ängste angewandt. In diesen Studien war der Erfolg der Psychotherapie etwa doppelt so hoch wie der der Plazebobehandlung.» [14] Mit anderen Worten: Man sollte die Plazebobehandlung fairerweise nur gegen solche Therapien aufrechnen, bei denen zum Zwecke des Vergleichs tatsächlich eine stattgefunden hatte, und das waren die erfolgreicheren, die dem mittleren Plazeboeffekt deutlich überlegen waren.

Um diese mögliche Unfairness zu vermeiden und nicht zu Verschiedenes vergleichen zu müssen, analysierte ein Psychologenteam der Wesleyan-Universität einen Teil der von Smith/Glass/Miller berücksichtigten Daten ein zweites Mal.[15] Sie nahmen sich 32 der 475 Studien noch einmal vor, und zwar nur solche, bei denen eine Psychotherapie mit einer Plazebobehandlung verglichen worden war. Auf Gesamtzahlen waren sie nicht aus. Für jede dieser 32 Studien berechneten sie getrennt, ob die Therapie einen größeren Erfolg als die Plazebobehandlung gehabt hatte. Bei über der Hälfte hatten Therapie und Plazebo fast gleiche Effekte gehabt. Dem Plazebo am klarsten überlegen waren diverse eher beratende als «aufdeckende», eher kognitive als emotionale Verfahren, darunter die Rational-Emotive Therapie. Im Durchschnitt waren diese Psychotherapien 0,42 «Effektgrößen» wirkungsvoller als die Plazebos – ein Ergebnis, das dem von Smith/Glass/Miller errechneten Abstand sehr nahe war. Der zunächst so glorios erscheinende Erfolg der Psychotherapien ist damit nicht wegargumentiert, aber nur noch halb so groß. So sehr eindrucksvoll stehen die Psychotherapien danach insgesamt nicht mehr da; aber einige wenige unter ihnen immerhin noch eindrucksvoll genug.

Nicht jedoch die Psychoanalyse. Wo ist sie in diesem Spektrum abgeblieben?

Unter den 32 nachanalysierten Studien war eine, die speziell dem Erfolg der analytischen Therapie nachgegangen war.[16] Diese war daraus als nicht wirkungsvoller hervorgegangen denn das Plazebo – und das Plazebo, das der Kontrollgruppe in diesem Fall verabreicht worden war, hatte schlicht in einer pharmakologisch wirkungslosen Pille bestanden, einem Scheinmedikament. Aber da die analytische Behandlung in dieser Studie keine sehr intensive war und kaum zu vergleichen mit einer klassischen Psychoanalyse, gibt man auf dieses eine Ergebnis besser nicht viel. In der Metaanalyse von Smith/Glass/Miller erreichen die analytischen Therapien eine durchschnittliche Effektgröße von 0,69, rangieren also ein ganzes Stück unter dem Durchschnitt (0,85). Dort stehen sie zusammen mit einigen der populärsten Therapien – der Adlerianischen Therapie, der Klientenzentrierten Gesprächstherapie, der Gestalttherapie, der Rational-Emotiven Therapie, der Transaktionsanalyse, der Implosion, sie alle von der Plazebobehandlung nur um einen Wert von höchstens 0,13 unterschieden.

Ein Nebenergebnis zeigt, daß es für den Erfolg einer Therapie keinen Unterschied macht, ob der Therapeut eine lange oder eine kurze Ausbildung hinter sich hat – die extrem langen Ausbildungszeiten der Psychoanalytiker zahlen sich nicht in entsprechend großen therapeutischen Erfolgen aus. Auch die extreme Länge einer analytischen Therapie wird nicht durch erhöhte therapeutische Erfolge gekrönt – die größten Erfolge wurden bei einer Dauer von zehn bis fünfunddreißig Therapiestunden beobachtet.

Könnte es sein, daß die analytische Therapie darum so untermittelmäßig abschnitt, weil sie zu oft in Fällen versucht wurde, für die sie nicht zuständig ist? Gibt es vielleicht eine Unterklasse von Psychotherapiepatienten, bei denen sie sich als um so erfolgreicher erwiesen hat? Nachdem sich die Psychoanalyse von Behandlungsversuchen an Psychotikern, wie sie lange an der Tagesordnung waren, immer weiter zurückgezogen hat, meint sie sich heute vor allem für Neurotiker zuständig. Die Durchschnittseffektgröße der analytischen Therapien bei Neurotikern beträgt 0,69; selbst bei dieser Patientengruppe wird sie von ihren mißachteten Erzrivalen, der Verhaltenstherapie und der kognitiven Verhaltenstherapie, übertroffen. Dafür hat sie ihre größten Erfolge bei einem Patiententyp zu verzeichnen, für den sie ursprünglich gar nicht zuständig war: bei Kriminellen (Effektgröße 1,49) und Süchtigen, Glücksspielern etwa (0,95). (Ad-hoc-Erklärungen ist immer zu mißtrauen, dennoch sei eine versucht: Die Effektivität bei antisozialem Verhalten könnte darauf zurückgehen, daß das Verhältnis des Analysanden zu seinem Analytiker meist intensiver und dauerhafter ist als zu anderen Therapeuten. Der Delinquent gewinnt im Analytiker sozusagen einen Lebensbegleiter, dem er alles zu beichten hat – eine wirksame Art sozialer Kontrolle.) Ferner sollte man erwarten, daß die analytischen Therapien, die ja krankmachende verdrängte Affekte behandeln wollen, im affektiven Bereich auch ihre größten Erfolge erzielen. Aber ihre durchschnittliche Effektgröße bei irrationaler Angst beträgt 0,78, bei der allgemeinen Lebensbewältigung 0,51. Dafür wirken sie am stärksten, wo man es nicht vermuten würde: bei den Leistungen in der Schule und im Beruf (1,24) – wiederum könnte die starke soziale Kontrolle, die mit der Situation der analytischen Therapien verbunden ist, der Grund sein. Psychoanalyse als eine diskrete Methode der Beaufsichtigung, als ein Mittel, Kriminelle zu sozialerem Verhalten zu veranlassen oder die beruflichen oder schulischen Leistungen zu steigern – so war nun wirklich nicht gewettet worden.

Smith / Glass / Miller haben mit ihrer Metaanalyse manchen Therapieschulen schmerzhaft auf die Füße getreten. Später unternahm einer von ihnen einen Beschwichtigungsversuch.[17] Er versicherte, daß die Metaanalyse lediglich Aussagen über eine Reihe von kontrollierten Experimenten mache und mißverstanden werde, wenn man ihr Aussagen über die Vorbedingungen und Folgen menschlichen Verhaltens entnähme oder über den relativen Wert einzelner Therapien oder gar der Theorien hinter den Therapien. Insbesondere hätte er ein Herz für die Psychoanalyse. Wie der Leser angesichts der sprechenden Zahlen den Vergleich zwischen den Therapieschulen vermeiden kann, den die ursprüngliche Studie auf vielen Seiten und Tabellen ausbreitet, wozu die Zahlen überhaupt dienen sollten wenn nicht zum Vergleichen, das verriet er nicht.

Es ist nicht nötig, in der Wunde zu wühlen. Es muß nur schlicht und klar festgestellt werden: Als Therapie hat die Psychoanalyse ihre überlegene Wirksamkeit bisher nicht erwiesen. Sie scheint sogar eine der unterdurchschnittlichen Psychotherapien zu sein, einer Plazebobehandlung nur schwach überlegen. Das fällt um so mehr ins Gewicht, als sie selber ihre Überlegenheit immer so selbstgewiß verkündet hat; als sie die längste, aufwendigste, teuerste aller Psychotherapien ist; und als die Patienten, die zu ihr kommen und die sie annimmt, überdurchschnittlich intelligent, «ich-stark» (etwa soviel wie selbstbewußt, vernünftig, ausgeglichen, energisch) und für die Behandlung motiviert sind, Eigenschaften alles, die ihre Besserungs- und Heilungschancen gegenüber denen des Durchschnittspatienten der Psychotherapien von vornherein heraufsetzen.

Alle Psychotherapien sind wirksam; allerdings scheinen manche von ihnen bei bestimmten Störungen, Beschwerden und Leiden sehr viel wirksamer zu sein als andere. Das aber heißt, daß an der Psychoanalyse wahrscheinlich das wirkt, was sie mit anderen, zum Teil gegensätzlichen Therapieschulen gemeinsam hat. Nicht die Besonderheiten der psychoanalytischen Praxis sind es, die wirken, sondern gewisse ihrer unbeabsichtigten, unspezifischen Merkmale, die sie mit anderen Therapien teilt. Wenn das Therapeutikum aber unspezifische Merkmale sind, bestätigen die Erfolge nicht die spezifischen Aussagen der zugrundeliegenden Theorie. Wenn eine Therapie unterdurchschnittlich wirksam ist wie die Psychoanalyse, muß man im Gegenteil annehmen, daß ihre spezifischen Merkmale, hervorgegangen aus spezifischen theoretischen Annahmen, den möglichen Erfolg sogar drücken.

Herzlos gesagt: für die analytischen Therapien endete die Metaanalyse der kontrollierten Effektivitätsforschung mit einem Fiasko. Ein zu hartes Wort? Wenn einer immer behauptet hat, er wäre schneller als alle anderen, ja er wäre der einzige schnelle Läufer der Welt, und bei einem Wettlauf kommt er als einer der letzten ins Ziel, kaum eher als irgendein zufälliger, völlig untrainierter Teilnehmer ohne jede Ambition – dann ist das Wort Fiasko wohl angebracht, auch wenn man ihm gerne zugibt, daß er alles in allem ja doch ganz schön flink war.

Wenn alle Therapien wirken, muß ihnen allen also irgend etwas gemeinsam sein, dem sich ihr Erfolg verdankt. Ihre Effektivität kann nicht auf den heterogenen, ja widersprüchlichen Besonderheiten ihrer jeweiligen Methode und der ihr zugrundeliegenden Theorie beruhen. Die Erfolge müssen sich im wesentlichen unspezifischen Momenten verdanken. Daß die Plazebobehandlung fast so effektiv ist wie ein Bündel der populärsten Psychotherapien, daß der große Unterschied nicht zwischen Plazebobehandlung und Psychotherapie, sondern zwischen Nicht-Behandlung und irgendeiner Psychotherapie besteht, eine bloße Plazebotherapie eingeschlossen – das deutet an, worauf die Wirkung aller dieser Unternehmungen hauptsächlich beruhen muß: nämlich darauf, daß überhaupt etwas für das psychische Wohlbefinden des Kranken getan wird, vom Plattenhören über das Gruppengespräch bis zur ausgewachsenen Psychoanalyse. Der Patient muß wissen: Es geschieht etwas gegen sein Problem. Das Haupttherapeutikum ist die bloße Tatsache, daß eine Psychotherapie stattfindet, egal welche.

Es sind auch noch andere unspezifische Faktoren ins Gespräch gebracht worden. Erstens vergeht während einer Therapie Zeit, viel Zeit, und manchmal heilt die (gemeint ist die Spontanremission, die in einer jedenfalls nicht unbeträchtlichen Anzahl der Fälle eine Realität zu sein scheint). Zweitens geht in der Regel nur der zum Therapeuten, der fest entschlossen ist, sich zu ändern; wer eine Veränderung seiner Denk-, Fühl- und Verhaltensweisen wünscht, wird sich aber auch eher im gewünschten Sinn verändern als jemand, der keinerlei Vorsätze in dieser Richtung faßt. Drittens erlaubt eine Psychotherapie, zusammen mit einem oder mehreren anderen laut über die intimsten Probleme nachzudenken, stellt also ein Simulacrum vertrauensvoller Freundschaft bereit. Und viertens – es wäre der speziellste Effekt – mag die Unverbindlichkeit, die eigentümliche Scheinhaftigkeit dessen, was in der Therapie geschieht, im besten Fall bewirken, daß man neue Weisen des Denkens, Fühlens und Verhaltens zu erproben wagt, die man in echten Lebenssituationen nicht so leicht riskierte; so könnte man langsam lernen, gewisse hinderliche Einengungen zu überwinden.

Die Psychoanalyse also hat Therapieerfolge; aber im Vergleich sind sie eher mager. Die Beglaubigung der Theorie durch ihre Bewährung als ein überlegenes Instrument der Heilung ist ausgeblieben. Diesem Sachverhalt hat das maßgebende diagnostische Handbuch der Psychiatrie 1980 Rechnung getragen, das von der Amerikanischen Psychiatrischen Vereinigung herausgegebene «Diagnostic and Statistical Manual of Mental Disorders (Third Edition)», kurz DSM-III genannt. Es hat bei der Klassifizierung der seelischen Krankheiten den Begriff «Neurose» ganz und gar gestrichen. Eine «Neurose» hat danach niemand mehr; was er haben könnte, wäre nur eine von verschiedenen «neurotischen Störungen». Der Begriff «neurotische Störung» soll lediglich bezeichnen – irgendeine Art von Erklärung impliziert er nicht mehr. Die Begründung lautet: «Als Freud den Begriff ‹Psychoneurose› erstmals verwendete, bezog er sich nur auf vier Untertypen: Angstneurose, Angsthysterie (Phobie), Zwangsneurose und Hysterie. Freud benutzte den Begriff sowohl *deskriptiv* (um ein schmerzhaftes Symptom in einem Individuum mit intaktem Realitätssinn zu benennen) als auch zur Bezeichnung eines *ätiologischen Prozesses* (bei dem unbewußte Konflikte Angst erzeugen und unangemessene Abwehrmechanismen auf den Plan rufen, die zur Symptombildung führen). Heute aber gibt es auf unserem Gebiet keinen Konsens mehr, wie die ‹Neurose› zu definieren wäre. Um Zweideutigkeiten zu vermeiden, sollte der Begriff *neurotische Störung* nur noch deskriptiv gebraucht werden ... Dann bezieht er sich auf eine psychische Störung, die beherrscht wird von einem Symptom oder einer Gruppe von Symptomen, unter denen das Individuum leidet und die es als unannehmbar und der eigenen Person fremd betrachtet; der Realitätssinn ist im wesentlichen in Ordnung; das Verhalten verletzt nicht gröblich soziale Normen (obwohl manche Funktionen deutlich eingeschränkt sein können); die Störung ist relativ dauerhaft oder kehrt ohne Behandlung immer wieder und ist mehr als eine vorübergehende Reaktion auf einen äußeren Stress; und es liegt kein erkennbarer organischer Schaden vor. Obwohl viele psychodynamisch orientierte Kliniker glauben, daß der neurotische Prozeß bei der Entwicklung neurotischer Störungen immer eine zentrale Rolle spielt, gibt es andere Theorien darüber, wie diese Störungen entstehen. Zum Beispiel gibt es soziale Lernmodelle, kognitive, behavioristische und biologische Modelle, die die Entstehung der verschiedenen neurotischen Störungen zu erklären suchen.»[18]

Scheinbar handelt es sich nur um eine Umbenennung. Hinter ihr aber steht die Tatsache, daß die psychoanalytische Neurosenlehre unter den einst vorwiegend psychoanalytisch orientierten amerikanischen Psychiatern inzwischen einen großen Glaubwürdigkeitsverlust erlitten hat. Was die verschiedenen seelischen Erkrankungen so sehr zusammengehalten hatte, daß sie einen gemeinsamen Namen verdienten, war ja ihr mutmaßlich ähnlicher Ursprung in den von Freud postulierten «Verdrängungen» gewesen. Mit dem Glauben an die Freudsche Neurosenlehre aber schwand der Glaube, daß es die Neurose als eine einheitliche Gruppe von Krankheiten überhaupt gibt.

Natürlich kommen auch unter der neuen Klassifikation die betreffenden Krankheiten alle weiter vor, nur erscheinen sie unter anderen Namen, die nicht mehr suggerieren, sie hätten wegen einer ähnlichen Entstehungsgeschichte auch etwas miteinander gemein. Heute heißen sie in Amerika: Angstzustände, Dysthymische Störung (relativ

milde, aber dauerhafte Depressivität), Hypochondrie, Konversionssymptome (früher Hysterie), Phobie, Obsessiv-Kompulsive Störung
(die frühere Zwangsneurose) und Dissoziative Störung (psychogene
Gedächtnisstörungen, Fugue, Persönlichkeitsspaltungen, Entpersön-
lichungserlebnisse).

Die einzige dieser psychischen Störungen, bei deren Beschreibung
noch entfernt psychoanalytische Vorstellungen zum Zuge kommen,
sind die Konversionssymptome, früher Hysterie genannt: Lähmun-
gen, Stimmverlust, Erblindung, Scheinschwangerschaft, Krämpfe,
Koordinationsstörungen, Fühllosigkeit und andere Erscheinungen,
die keine organischen Ursachen haben – zumindest keine mit den
heutigen Mitteln erkennbaren – und bei denen mutmaßlich ein seelisches Bedürfnis in ein körperliches Geschehen «konvertiert», umge-
wandelt worden ist. Hier allein ist noch vom «Krankheitsgewinn» die
Rede. Das betreffende Symptom, heißt das, habe für den Kranken
einen psychischen Sinn: Es halte seinem Bewußtsein einen inneren
Konflikt fern oder erspare ihm quälende oder einfach unangenehme
Situationen. Zu Freuds Zeit war die Hysterie eine verbreitete Krankheit. Heute sind Konversionssymptome in der Praxis der Psychiater
zu Raritäten geworden. In erster Linie dürfte das allerdings darauf
zurückgehen, daß vieles, was man früher Hysterie genannt hätte,
heute von vornherein anders klassifiziert wird, zum Beispiel als Phobie; und desgleichen daran, daß man heute die körperliche Ursache
manches Symptoms kennt, welches man früher auf einen psychischen Bedarf zurückgeführt hätte. Die klassischen «Hysteriker» des
Pariser Neurologen Charcot, die den jungen Freud so beeindruckten,
wurden mit den Kenntnissen der modernen Medizin allesamt neu
diagnostiziert und entpuppten sich dabei als Epileptiker.[19] (Hysterie,
nämlich «wandernde Gebärmutter» nannte das griechische Altertum
gewisse Symptome, bei denen die von ihnen Befallenen, meist Frauen,
zeitweise das Gefühl hatten, ein Organ ihres Unterleibes steige langsam nach oben und schließlich als eine Art Ball bis in die Kehle – es ist
das sogenannte Globus-Gefühl, das für manche Formen des epileptischen Anfalls charakteristisch ist.) Freud scheint mit der Diagnose
«Hysterie» besonders leicht bei der Hand gewesen zu sein; selbst die
Folgen eines Operationsfehlers und eine tuberkulöse Meningitis hielt
er, wie in den Kapiteln «Wechselnde Schleimhäute» und «Die verliebten Patientinnen» beschrieben, für «hysterisch». Möglicherweise
wird die Diagnose «Hysterie» eines Tages ganz verschwinden.

Es ist nicht schade um den Begriff der Neurose. Er ist heute durch
den inflationären Gebrauch im Psycho-Jargon dermaßen aufgeweicht

– alle sind wir ja Neurotiker, und jeder hat viele große und kleine Neurosen, Tag und Nacht und sommers wie winters –, daß er schon lange überhaupt nicht mehr leistet, was er leisten soll: einige schwere seelische Störungen gegen die Normalität abzugrenzen. Er tut den wirklich Kranken also inzwischen unrecht, behauptet, ihr Leiden sei nur das Normale – eine leidige Begriffsverwirrung, die nur noch Schaden stiften kann. Unter den neuen Bezeichnungen können die Kranken wenigstens die Hoffnung haben, daß ihr Leiden ernst genommen wird. Das Wort «Neurose» mag jenen überlassen bleiben, die es für erstrebenswert halten, ihr Sozialprestige durch den Besitz von schikken, ausgefallenen «Neurosen» aufzubessern.

Welchen Schluß sollte aus alldem ziehen, wer eine Psychotherapie benötigt? Die meisten heute verfügbaren Psychotherapien sind auf wissenschaftlich unsicheren Grund gebaut; einige sind reine Quacksalbereien. Viele ihrer Versprechungen können sie notwendig nicht halten; zu einem ganz und gar neuen Menschen dürfte noch keine jemanden gemacht haben. Und manche von ihnen sind rundheraus gefährlich. Sie können eben jene Ängste und Depressionen und Instabilitäten schüren, die sie unter Kontrolle bringen sollen. Sie können den Kranken lange und vielleicht endgültig daran hindern, eine andere, wirksamere Therapie zu suchen. Sie können die Beziehungen strapazieren oder auflösen, die ihren Patienten Halt, oft einen letzten Halt geben könnten. Sie können zu weltanschaulicher Indoktrination und sektiererischem Erwähltheitswahn führen. Sie können ihre Klienten auf den Weg einer empfindsamen Egomanie schicken. Sie können zur Sucht mit allen ihren verkrüppelnden Folgen werden. Hansjörg Hemminger meint, eine Therapie sei um so vertretbarer, «je klarer und nüchterner die Therapieziele formuliert werden und je klarer und offener die Beziehung zwischen Patient und Therapeut gestaltet wird»[20] – je mehr sich der Therapeut also auch der Verantwortung für einen Mißerfolg stellt. Programmatisch geschieht auch das heute wohl nur bei den Verhaltenstherapien und der einen oder anderen klärenden, beratenden, stützenden kognitiven Gesprächstherapie. Praktisch soll es sich in vielen psychotherapeutischen Praxen vieler Couleur Tag für Tag ereignen.

Wer psychotherapeutische Hilfe braucht, sollte sich gründlich informieren und genau nachdenken. Selbstveränderung ist schwere und langwierige Arbeit. Wunder sind nirgends zu haben. Den Mut zur Rationalität sollte niemand sich nehmen lassen.

20. BILANZ

Diplomatische Verbrämungen sind nicht angebracht. Es war einmal eine Theorie, die nahezu jedes Rätsel der menschlichen Seele lösen zu können meinte. Zu ihrer Zeit war sie originell und kühn, und sie hat das Selbstverständnis des westlichen Menschen des zwanzigsten Jahrhunderts stärker als irgendeine andere beeinflußt. Es handelte sich nicht um ein Sammelsurium kleiner, unverbundener Thesen, sondern um ein großes, zusammenhängendes Gedankengebäude, das sich als Ganzes zu bewähren gehabt hätte. Aber nicht nur, daß sie sich als hier und da modifikationsbedürftig oder irrig erwies. Ohne daß sie je ausdrücklich auf ihre Widerlegung aus gewesen wären, haben die an (natur)wissenschaftlichen Methoden orientierten Psycho- und Neuro-Wissenschaften mit der Zeit die meisten ihrer Grundannahmen in Frage gestellt, erschüttert und überholt. Als das Ganze, als das sie einmal konzipiert worden war und als das sie in das zeitgenössische Denken Eingang fand, ist sie hinfällig geworden. Nicht an andersartigen Auslegungen und Interessen ist sie gescheitert, sondern an Tatsachen; insofern ist es auch nicht ganz in das Belieben des einzelnen gestellt, ob er der Kritik an ihr zustimmen möchte oder nicht. Sie stellt kein realistisches Modell der menschlichen Psyche bereit. Eine vernünftige Aussicht, daß sich erhebliche Teile von ihr vielleicht doch noch retten lassen könnten, besteht heute nicht mehr. Es kann sich nur noch zeigen, ob herausgelöste einzelne Teile der Theorie, revidiert und dann wohl bis zur Unwiedererkennbarkeit reformuliert, ihren Platz innerhalb haltbarer neuer Paradigmen finden.

Daß ihre Thesen gleich reihenweise umfielen, wirkt fast schon je nachdem rührend oder lachhaft. Aber keine Theorie war so «flächendeckend» wie die Psychoanalyse, hat eine solche Menge von Annahmen hervorgebracht, die in sich zusammenfallen konnten. Trotzdem, wenn eine Denkschule so viele Annahmen macht, hätte dann nicht schon nach den Gesetzen der Wahrscheinlichkeit auch die eine oder andere richtige dabeisein müssen? Im Fall der Psychoanalyse muß

sich ein fundamentaler Denkfehler ganz unten an ihrer Wurzel einge-
schlichen haben, der dann allen Verästelungen die gleiche Krankheit
zukommen ließ. Künftige Wissenschaftshistoriker werden ihn auf
den Begriff bringen.

Daß eine vielversprechende Theorie fallengelassen werden muß,
hat nichts Ehrenrühriges und nichts Ungewöhnliches. Im Gang der
Wissenschaftsgeschichte geschieht es immer wieder. Eine Theorie
kommt, ermöglicht neue Erkenntnisse, stößt irgendwann an ihre
Grenzen und führt in deren Angesicht zu einer neuen, umfassenderen
Theorie, die alles, was an der Vorgängerin richtig und brauchbar war, in
sich aufnimmt. So lebt sie weiter, auch wo sie selber untergegangen
ist. Der Fall der Psychoanalyse jedoch liegt etwas anders. Sie steht seit
langem nicht mehr in dem breiten Strom offenen, unvoreingenomme-
nen (natur)wissenschaftlichen Fragens und Forschens, wie jede andere Theorie dort bereit, ihren Beitrag dazu zu leisten und sich im
Lichte besserer Kenntnisse selber zu revidieren. Sie ist von diesem
Strom abgezweigt und hat einen Sonderweg eingeschlagen; heute
nimmt er sich aus wie eine Sackgasse, ein Sackboulevard.

Als Praxis hat die Psychoanalyse eine nicht vom Tisch zu wi-
schende Erfolgsbilanz aufzuweisen: nämlich eine inzwischen große
Zahl von Klienten, die sich in ihrem Leiden durch sie gebessert oder
allgemein bereichert fühlen; und für die überwiegend positiven Effekte der Therapie gibt es auch objektive Anhaltspunkte. Am eindrucksvollsten sind jene Berichte von Analysanden, in denen sie versichern: Ich habe in meinem ganzen übrigen Leben niemals eine so stete
Liebe erfahren wie von meinem Analytiker (sie sagen Liebe). Sie fühlten sich angenommen, was immer sie sagten oder taten. In Freuds Sinn
wäre das kaum gewesen, und seine Theorie sah es nicht vor. Bei der
Untersuchung der Therapieeffekte aber wurde überhaupt deutlich,
daß die Wirkung der Psychoanalyse als Therapie vermutlich nicht auf
ihren spezifischen theoretischen Annahmen und den Besonderheiten
des therapeutischen «Setting» beruht, sondern auf beiläufigen, nicht
ausdrücklich geplanten Eigenschaften, die sie mit fast allen anderen
Psychotherapien teilt (welche jedoch meist kürzer und billiger sind).

Außerdem werden dem Lager der Geheilten, Gebesserten, innerlich
Bereicherten, also der zufriedenen Kunden eines Tages die Scharen der
Psychoanalysegeschädigten gegenüberzustellen sein: die Kranken,
denen eingeredet wurde, sie hätten zusätzlich zu ihrer Krankheit auch
noch eine Neurose; die normalen Menschen, die zu der schuldgequäl-
ten Annahme verleitet wurden, sie seien in Wahrheit moralische Ungeheuer, getrieben von geheimer Geilheit und Mordlust; die psy-

chisch Labilen, die von Pseudo-Deutungen zusätzlich verunsichert und süchtig gemacht wurden; die Kontaktgestörten, deren Situation sich durch die exzessive, monomane Beschäftigung mit sich selber noch verschlechterte; die Therapierten, die sich aufgrund einer Psychoanalyse aus den «Bezügen» ihrer Familie gänzlich lossagten, so ihres letzten realen Halts verlustig gehend; vor allem aber die vielen ergebnislos Behandelten, denen auf andere Weise hätte geholfen werden können und deren Besserung die Psychoanalyse verschleppt hat.

Es gibt viele Vorstellungen von dem, was Freud den «psychischen Apparat» nannte. Alle sind sie bisher notwendig unzureichend. Daß sie eine irrige Vorstellung mehr in die Welt gesetzt hat, wäre der Psychoanalyse darum auch nicht weiter zu verargen. Wie alle anderen erledigte diese sich eines Tages von selbst. Verargt werden muß der Psychoanalyse etwas anderes: daß sie einen höchst ungesunden Denkstil wenn nicht erfunden, so doch stark befördert und salonfähig gemacht hat. Er wird realistischeren Gedanken noch lange im Wege stehen, wenn die Einzelheiten ihrer Theorie längst vergessen sind.

Dieser psychoanalytische Denkstil hat viel dazu beigetragen, die Unterschiede zwischen psychischer Normalität und psychischer Krankheit zu verwischen. Er hat den Verdacht ausgestreut, alles menschliche Verhalten sei in irgendeiner Weise neurotisch. Er hat die Maßstäbe verwirrt und das Gefühl dafür beeinträchtigt, daß es solche Maßstäbe überhaupt geben kann.

Der psychoanalytische Denkstil hat den Menschen den Verdacht souffliert, hinter all und jedem psychischen Phänomen «stecke etwas Verborgenes», gewöhnlich etwas Schlimmes, das das Licht des Tages zu scheuen hat.

Der psychoanalytische Denkstil hat die Fakten abgewertet.

Der psychoanalytische Denkstil hat die Überzeugung geschaffen, jedes psychische Erleben lasse sich aus einem anderen psychischen Erleben herleiten. Er hat dabei bestimmten Erlebnissen der ersten Lebensjahre so einschneidende und irreversible Folgen zugeschrieben, wie sie ihnen wahrscheinlich nicht zukommen.

Der psychoanalytische Denkstil hat ein unstillbares Bedürfnis nach exotischen Erklärungen geweckt. In seinem Kielwasser scheint eine psychologische Erklärung heute erst dann interessant und befriedigend, wenn ein Phänomen als etwas ganz anderes, wenn nicht gar als sein genaues Gegenteil dekuvriert worden ist. Die intellektelle Verblüffung, die solche Erklärungen hervorrufen, muß den Umstand verschleiern, daß sie für gewöhnlich mehr unerklärt zurücklassen, als sie ursprünglich vorgefunden hatten.

Der psychoanalytische Denkstil hat die Vorstellung begründet, daß man der Seele im Freistilverfahren nahezu alles nachsagen darf: daß sich keine Idee auf diesem Gebiet durch wenigstens ein Mindestmaß an empirischer Kontrolle, inner- und intertheoretischer Konsistenz und gedanklicher Klarheit ausweisen muß, ehe sie darauf ausgeht, Glaubwürdigkeit zu beanspruchen. Schon Freuds Beweisführungen waren oft dermaßen abstrus und kraus, daß es ein Wunder ist, wie derlei jemals ernst genommen werden konnte. Aber es wurde nicht nur ernst genommen, es hat Schule gemacht, und wo sie auf Ähnliches stoßen, denken heute viele: Ja, das ist Wissenschaft.

Der psychoanalytische Denkstil hat das Gespür dafür getrübt, daß jede psychologische Erklärung nicht nur in sich Sinn ergeben sollte, sondern sich auch in den Zusammenhang alles dessen stellen lassen muß, was wir über Gehirnprozesse und die Evolutionsgeschichte der Lebewesen wissen.

Der psychoanalytische Denkstil schließlich hat dazu geführt, daß wir heute zu der Meinung neigen, alles Psychologisieren, zumal dann, wenn es sich mit heiklen oder problematischen Phänomenen beschäftigt, dürfe, nein, müsse geradezu ein unverstehbares Abrakadabra sein, vorzutragen nur mit gedämpfter Stimme und mit dunkel-wissendem Blick.

Da dies gesagt ist, dürfen aber auch die Stärken und Verdienste des psychoanalytischen Ansatzes ins Auge gefaßt werden. So kann das Buch sogar noch auf einer fast positiven Note enden.

Die Psychoanalyse hat die Überzeugung aufrechterhalten, daß alles seelische Geschehen, auch das scheinbar irrationale, eine natürliche, mit rationalen Mitteln aufspürbare Ursache haben muß.

Die Psychoanalyse hat die moderne Psychotherapie nicht erfunden, aber auf breiter Basis durchgesetzt: die eingehende und einfühlsame Zuwendung zu dem seelischen Erleben der Kranken. Das ist ein großes Verdienst ganz unabhängig davon, ob die zugrundeliegende Theorie richtig war oder nicht.

Die Psychoanalyse hat viel zur Propagierung der notwendigen Einsicht beigetragen, daß der Mensch keineswegs das rationale, bewußte, alle seine Gedanken, Gefühle, Erinnerungen und Handlungen kontrollierende Wesen ist, für das er sich gerne halten möchte.

Die Psychoanalyse hat vorgemacht, und darin vor allem beruht bis heute ihre große Attraktivität, welche Reichweite eine Psychologie haben müßte, die alle unsere Fragen über die menschliche Psyche im Prinzip beantworten kann, die vor- und die aberwitzigen, die vorder- und die hintergründigen, die von der Not und die von der Neugier diktierten. Sie war nicht schon das Ziel der psychologischen Bemühung der Menschheit; aber sie hat dieses Ziel gewiesen.

EIN GESPRÄCH IM JAHRE 2222

«Ich habe gestern ein altes Buch gelesen, in dem war dauernd von einer Analopsychyse oder so ähnlich die Rede. Weiß jemand von euch, was das war?»

«Ich glaube, das war so eine Masche im achtzehnten Jahrhundert. Da haben sich die Leute gegenseitig analisiert oder wie das hieß.»

«Analisiert? Verarscht? Waren das diese Leute, die sich gegenseitig anal fanden?»

«Das schon. Aber es war zwei Jahrhunderte später, und es hieß Psychoanalyse. Die Zergliederung der Seele. Es war eine Art Gedankenlesen. Die Leute haben geraten, was für Gedanken der andere hatte.»

«Eben nicht. Es kam drauf an zu raten, welche Gedanken und Vorstellungen der andere *nicht* hatte – die hatte er dann unsichtbar doch oder so ähnlich. Und je mehr er es abstritt, um so mehr hatte er sie doch.»

«Und was sollte das?»

«Ach, sie dachten, damit könnten sie allerlei Krankheiten des Geistes und der Seele und des Körpers heilen.»

«Es gab sogar eine Menge Berufsrater. Man ging zu so einem, legte sich lang aufs Sofa, erzählte von sich, was man geträumt hatte beispielsweise oder was einem sonst gerade so durch den Kopf ging, und der riet dann gegen Geld, was das zu bedeuten hatte. Du redest von dir, er deutet dich, und zack bist du wieder gesund.»

«So zackzack ging das aber ganz und gar nicht. Das hat sich meist über Jahre oder sogar Jahrzehnte hingezogen.»

«Außerdem galt es später als plump, dem Kranken die Deutung schlankweg zu sagen. Es war besser, wenn er selber drauf verfiel.»

«Heißt das, der Kranke erzählte, was ihm so in den Sinn kam, der Zergliederer riet, was das zu bedeuten hatte, und der Kranke mußte dann raten, was der Zergliederer geraten hatte?»

«So ungefähr.»

«Und was sollte das Gesunde daran sein?»

«Die Rater oder Zergliederer glaubten, daß in jeder Seele eine unsichtbare zweite Seele hause, die allerlei Unfug anstellte. Und wenn man richtig erriet, was sie von einem wollte, dann war sie sozusagen gebannt.»

«Was wurde denn da so geraten?»

«Worüber sich diese unsichtbare zweite Seele als Kleinkind besonders aufgeregt hatte. Eigentlich aber immer, daß sie einen als kleiner Junge anstiften wollte, mit der Mutter, als kleines Mädchen, mit dem Vater zu schlafen.»

«Wenn meist so etwas dabei herauskam, warum mußte man dann erst noch lange zum Seelenzergliederer gehen?»

«Tja, warum? Weil man es ja vielleicht doch nicht so recht glauben mochte und erst noch einige Überzeugungsarbeit geleistet werden mußte.»

«Was hatte das denn nun aber mit dem Hintern zu tun?»

«Ach, da gab es irgendeine verwackelte Theorie. Diese unsichtbare zweite Seele war angeblich von Anfang an auf Sex aus. Beim Baby sollte das Lutschen Sex sein, beim Kleinkind das Kacken, das Kindergartenkind dann war angeblich auf Geschlechtsverkehr mit den Eltern aus, und das ging nicht und machte den gleichgeschlechtlichen Elternteil eifersüchtig und hinterließ darum manchmal ein Trauma oder so.»

«Das waren dann also diese Leute mit den eigentümlichen Begriffen. Die einen sturen Pedanten einen ‹Arschlochcharakter› nannten, nicht als Schimpfwort, sondern streng wissenschaftlich. Oder ein sonniges Gemüt einen ‹Mundoptimisten›. Oder wenn ein anderer ihnen überlegen war, und sie waren wütend auf ihn, dann sagten sie, ‹du schneidest mir den Penis ab›. Oder wenn eine Frau etwas wirklich gern mochte, einen Blumenstrauß zum Beispiel, dann hieß es, ‹das ist nur der Penis deines Vaters›. Oder sie sagten ihrem Mitmenschen auf den Kopf zu, er habe eine ‹Schwellfußkombination›. So drückten sie sich aus. Darum wohl sagen noch heute manche Mütter zu ihren Kindern, wenn die zu schmusig sind: Sei nicht so ödipal.»

«Und das hat damals jemand geglaubt?»

«Muß doch wohl.»

«Und was ist dann daraus geworden?»

«Was halt aus solchen Sachen immer wird. Es wurde entweder verwässert oder so kompliziert gemacht, daß keiner mehr folgen konnte, und irgendwann fanden die Leute anderes interessanter, und dann geriet es langsam in Vergessenheit.»

GLOSSAR

ad hoc (von einer Annahme:) eigens zu dem Zweck der Beweisführung und ohne eigenen theoretischen Kontext gebildet; «aus dem Ärmel geschüttelt»
afferent (zum Gehirn) hinführend
agieren handeln; in der psychoanalytischen Therapie: das offene Ausleben der Gefühle zum Therapeuten, das verpönt ist (es soll mit ihm nur das therapeutische Gespräch im vorgegebenen Rahmen geben); Agieren und normales Handeln sind schwer zu unterscheiden.
Agoraphobie Platzangst; eine irrationale Furcht vor dem Aufenthalt auf weiten Plätzen und in Menschenansammlungen
Aktivierung vom Hirnstamm, und zwar der Retikulärformation ausgehende (elektrische) Erregung der höher gelegenen Gehirnbereiche
Algorithmus (in der Informatik:) ein Satz expliziter Rechenregeln für den digitalen Computer, durch dessen Anwendung er aus einer Zeichenfolge Schritt für Schritt die gewünschte andere machen kann.
Amnesie (Adjektiv **amnestisch**) Gedächtnisschwund, Erinnerungslosigkeit (Gegenteil Hypermnesie)
Analogie Gleichartigkeit, Ähnlichkeit, Entsprechung; (in der Biologie:) Gleichartigkeit zweier Merkmale nicht aufgrund gemeinsamer stammesgeschichtlicher Herkunft, sondern aufgrund unabhängiger Anpassung an ähnliche Umweltanforderungen (Gegenteil Homologie)
anthropomorph von menschlicher Gestalt; **Anthropomorphisierung**: Vermenschlichung, Übertragung menschlicher Eigenschaften auf Dinge, denen sie nicht zukommen
Appetenz (in der Ethologie:) die Suchphase in einer Handlungskette; in ihr baut sich ein Spannungszustand auf, der auf Konsummation (eine von der Spannung befreiende Endhandlung) angelegt ist
Assoziation, freie wichtigste diagnostische Technik in der Psychoanalyse: der Patient wird aufgefordert auszusprechen, was ihm zu einem gegebenen Thema (etwa einem Trauminhalt) als erstes in den Sinn kommt. Erfunden wurde die freie Assoziation 1879 von Sir Francis Galton, der seinen Probanden eine Liste von 100 Wörtern vorlegte, sie aufforderte, zu jedem Wort irgendein anderes zu assoziieren, ihre Reaktionszeiten dabei maß und in der Unterschiedlichkeit und Sinnfülle dieser Assoziationen einen Schlüssel zur «geistigen Struktur» eines Menschen sah
Ätiologie das Studium der Krankheitsursachen; **ätiologisch** (bei Krankheiten) ursächlich

aversiv Abneigung und/oder Vermeidung erzeugend

Axon der eine lange Faserfortsatz einer Nervenzelle, durch dessen Endverzweigungen sie elektrische Potentiale an andere Nervenzellen weitergibt, sozusagen ihre Sendeantenne

cartesisch auf den Philosophen René Descartes zurückgehend

Deduktion Schluß vom allgemeinen Gesetz auf den besonderen konkreten Einzelfall (Gegenteil Induktion)

Dendrit sozusagen die Empfangsantenne einer Nervenzelle; über ihre vielen verzweigten Dendriten empfängt sie elektrische Potentiale von anderen Nervenzellen

Deprivation Vorenthaltung, Entbehrung; frühkindliche Deprivation: Mangel an liebe- und vertrauensvollen Bindungen in den ersten Lebensjahren

deskriptiv beschreibend, bezeichnend, im Unterschied zu erklärend

Dualismus Lehre, die ein Geschehen aus zwei Prinzipien erklärt; (hier:) die Anschauung, daß geistig-seelische und körperliche Prozesse grundsätzlich zweierlei sind und sich nicht aufeinander zurückführen lassen (Gegensatz Monismus)

Dyade Paarverhältnis

efferent (vom Gehirn) wegführend

elektrodermale Reaktion (EDR) Senkung des Hautwiderstands (wahrscheinlich durch leicht vermehrte Schweißabsonderung), die bei den meisten Menschen mit jeder Aktivierung im Gehirn einhergeht und als leicht registrierbares Anzeichen für diese gemessen werden kann

Elektroenzephalogramm (EEG) Aufzeichnung der elektrischen Gehirntätigkeit. Außen an der Kopfhaut werden Elektroden befestigt, die das Auf und Ab der elektrischen Potentiale in dem unmittelbar darunter liegenden Gehirngebiet registrieren. Diese Schwankungen werden so verstärkt, daß Kurvenbilder geschrieben werden können

Empirie (Adjektiv **empirisch**) die Wissensgewinnung aus der Erfahrung (im Unterschied zu Folgerungen aus Theorien)

endogen im Innern entstehend, vom Organismus selber hervorgebracht (Gegensatz exogen)

Epidemiologie das Studium der zeitlichen und räumlichen Verbreitung von Krankheiten

Epistemologie (Adjektiv **epistemologisch**) Erkenntnistheorie, Wissenschaftslehre; jener Teilbereich der Philosophie, der sich mit den Voraussetzungen und Methoden der Wissensgewinnung befaßt

Ethnologie Völkerkunde

Ethologie Verhaltensforschung; Wissenschaft, die das Verhalten der Tiere unter natürlichen Bedingungen erforscht

Evaluation wörtlich Bewertung; die wissenschaftliche Untersuchung des Erfolgs von Therapien, Lehrplänen usw.

Evidenz empirische Ergebnisse, die für die Richtigkeit einer Hypothese sprechen

exogen außerhalb des Organismus verursacht (Gegensatz endogen)

explizit ausdrücklich, deutlich

Falsifizierung Widerlegung einer Aussage durch Gegenbeispiele

Fellatio Reizung des Phallus mit dem Mund

Fixierung (in der Sprache der Psychoanalyse:) Steckenbleiben in einer

373

früheren («psychosexuellen»} Entwicklungsphase

Geist/Gehirn versuchsweise gebildeter neuer Begriff, der etwa das englische *mind* wiedergeben soll. Grund für die Neuprägung ist der Umstand, daß im Deutschen sowohl die Wörter «Geist» wie «Seele» starke dualistische Obertöne haben, so als wäre das, was sie meinen, grundsätzlich der Widersacher des Körpers. «Geist/Gehirn» soll der Tatsache Rechnung tragen, daß psychische Phänomene ihre materiellen Korrelate in bestimmten physiologischen Vorgängen des Zentralnervensystems haben

Gonadotropin auf die Keimdrüsen einwirkendes Hormon

Großhirnrinde (auch **Neokortex**) die stammesgeschichtlich junge, stark gefaltete und etwa 5 Millimeter dicke Schicht aus grauer Substanz, die die beiden Großhirnhälften bedeckt und in der sich vermutlich alle höheren geistigen Prozesse abspielen

Hemianopsie Halbseitenblindheit; Blindheit auf der einen Seite des Gesichtsfeldes

Hemisphäre Halbkugel; seitliche Hälfte der Großhirnrinde

Hermeneutik (Adjektiv **hermeneutisch**) die Kunst der Auslegung und Erklärung von Texten, Bildern, Musikstücken

Hirnstamm stielförmige Gehirnregion zwischen dem verlängerten Rückenmark und dem Vorderhirn

Homologie (in der Biologie:) Übereinstimmung zweier Merkmale aufgrund gemeinsamer stammesgeschichtlicher Herkunft

Homunculus «Männchen, Menschlein»; künstlich erzeugter kleiner Mensch

Hormon körpereigener Botenstoff, der von Drüsen in das Blut abgegeben wird und an anderen Stellen des Organismus spezifische Reaktionen auslöst

Hospitalismus die körperlichen und seelischen Schäden, die bei Kindern nach langem Krankenhausaufenthalt auftreten

Hypermnesie Zustand ungewöhnlich gesteigerter Erinnerungsfähigkeit

Hypophyse Hirnanhangdrüse; kleine Drüse an der Unterseite des Gehirns unterhalb des Hypothalamus, von der aus fast das gesamte hormonelle Geschehen im Körper gesteuert wird

Hypothalamus Struktur im Vorderhirn, bestehend aus 22 Nervenzentren, von der aus viele lebenswichtige Körperfunktionen (Essen, Trinken, Sexualverhalten, Temperaturregulierung, Emotionen} gesteuert werden

implizit nicht ausdrücklich; in einer Aussage «stillschweigend» enthalten

Induktion Schluß vom konkreten besonderen Einzelfall aufs Allgemeine (Gegenteil Deduktion)

intrauterin «innerhalb des Uterus» (der Gebärmutter); im Mutterschoß

Introjektion Übernahme fremder Anschauungen, Werte in das eigene Selbst (Verbum **introjizieren**; was introjiziert wird, heißt das **Introjekt**)

Introspektion Innenschau, Beobachtung der eigenen Seelenregungen

isomorph «von gleicher Gestalt»; (hier:) die Anschauung, daß geistig-seelische und hirnphysiologische Prozesse sich gegenseitig vollständig abbilden und ohne Verlust an Differenzierung ineinander übersetzt werden können (eine Art des Monismus)

Kloake gemeinsame Ausführungs-öffnung für Kot, Harn und Sperma bzw. Eier (bei Reptilien und Vögeln)

Kognitionen (Adjektiv **kognitiv**) das Denken: alle Vorgänge des Wahrnehmens, Erinnerns, Schließens, Problemlösens im Geist/Gehirn

Kollusion (in der Rechtssprache:) Verschleierung (durch Unterdrükkung von Beweismaterial), geheime betrügerische Absprache; (in manchen Psychotherapierichtungen:) das Zusammenspiel neurotischer Verhaltensweisen zweier Partner; die Verdunkelung eines Sachverhalts durch sein Gegenteil (wer «eigentlich» homosexuell ist, gibt sich als Schürzenjäger; wer Vergewaltigung verurteilt, will vergewaltigt werden, usf.: Er «kolludiert»)

Komplex (in der Psychoanalyse:) «Organisierte Gesamtheit von teilweise oder ganz unbewußten, stark affektbesetzten Vorstellungen und Erinnerungen. Ein Komplex entsteht auf der Grundlage der zwischenmenschlichen Beziehungen der Kindheitsgeschichte; er kann alle psychologischen Ebenen strukturieren: Emotionen, Handlungen, angepaßte Verhaltensformen» (Laplanche/Pontalis: «Das Vokabular der Psychoanalyse»)

konsistent (Substantiv **Konsistenz**) zusammenhängend; (in der Logik:) widerspruchsfrei

Konstrukt gedankliche Hilfskonstruktion zur Bezeichnung und Beschreibung von Phänomenen, die sich nicht direkt beobachten lassen und nur mittelbar erschlossen werden können

Kontamination Verschmelzung, Verunreinigung, Verseuchung

Korrelation (statistisch definierbare) Straffheit des Zusammenhangs zwischen zwei Variablen; sie kann einen Wert zwischen 0 (keinerlei Zusammenhang) und 1 annehmen (vollständiger Zusammenhang, beide Variablen verändern sich miteinander im gleichen Maß)

Linguistik (Adjektiv **linguistisch**) Sprachwissenschaft, insbesondere jener moderne Teil, der Theorien über die Strukturen natürlicher Sprachen erarbeitet

Matrix (in der Datenverarbeitung:) Schema, in dem zusammenhängende Einzelfaktoren dargestellt sind

Millisekunde Tausendstel Sekunde

Monismus Lehre, die alles aus einem Prinzip erklärt; (hier:) die Theorie, daß geistig/seelische und gehirnphysiologische verschiedene Aspekte oder Beschreibungsebenen eines einzigen Geschehens sind (Gegensatz Dualismus)

Motilität die unwillkürlichen Muskelbewegungen

Motorik (Adjektiv **motorisch**) die willkürlichen Muskelbewegungen des Organismus

Nekrophilie sexuelle Leichenschändung

Neuron Nervenzelle

Neurophysiologie (Studium der) Funktionen des Nervensystems

Neurotransmitter biochemische Substanz an den Kontaktstellen der Nervenzellen, die die Weitergabe elektrischer Nervenimpulse besorgt.

Nomologie (**Adjektiv nomologisch**) im traditionellen Sinn Gesetzeslehre, Lehre von den Denkgesetzen; in der Polemik: übertriebenes Vertrauen in Zahlen und Fakten

Nosologie die systematische Einordnung und Beschreibung der Krankheiten

Ontogenese die Entwicklung des Einzelwesens von der Eizelle bis zum Erwachsenenstatus

Paraphasie Versprechen, Redefehler mit Verstümmelung von Worten, Lautvertauschung, Wörtervertauschung

Paraphrasie wie Paraphasie, auch: Sprachstörung bei Geisteskranken mit Wortneubildungen und -abwandlungen

Parapraxe Fehlhandlung (Vergreifen, Verlaufen usw.)

pathogen krankmachend

perinatal um die Zeit der Geburt (**pränatal** vor der Geburt, **postnatal** nach der Geburt)

Phylogenese Stammesgeschichte der Lebewesen

Physiologie (Studium der) körperlichen Funktionen und Lebensvorgänge

Plazebo pharmakologisch unwirksames Scheinmedikament

Positivismus (Adjektiv **positivistisch**) vor allem mit dem Namen Auguste Comte verbundene Strömung in der Philosophie des 19. Jahrhunderts, die nur erwiesene Tatsachen als Erkenntnisquelle gelten ließ; allgemeiner: Hochschätzung von äußeren Tatsachen und Sinneswahrnehmungen; in der Polemik: Faktenhuberei

Primärprozeß (in der Sprache der Psychoanalyse:) psychischer Vorgang im «Unbewußten» oder «Es», bei dem die hypothetische «Triebenergie» noch «ungebunden» sein soll

Proband Versuchsperson

projektiver Test psychologischer Test zur Erfassung von Persönlichkeitseigenschaften, bei dem dem Probanden vieldeutige oder abstrakte Bilder vorgelegt werden (Tintenkleckse im Fall des Rorschach-Tests), die er zu deuten hat; registriert wird, was er in sie hineinsieht und wie er dabei vorgeht. Projektiv heißen diese Tests, weil angenommen wird, daß die Probanden ihre Persönlichkeitseigenschaften in die Testbilder «projizieren»

Prosopagnosie Unfähigkeit, vertraute Gesichter wiederzuerkennen

psychotrop (von chemischen Substanzen:) auf die Psyche einwirkend

Regression (Verbum **regredieren**) Zurückgehen; (in der Sprache der Psychoanalyse:) Rückkehr zu einer früheren («psychosexuellen») Entwicklungsstufe

Reliabilität (statistisch ermittelbare) Verläßlichkeit eines Tests als Meßinstrument

REM-Schlaf (Rapid-Eye Movement-Schlaf) in einem normalen Nachtschlaf regelmäßig vier- bis sechsmal auftretende Schlafphase, die durch heftig rollende Augenbewegungen, ein völliges Erschlaffen der Skelettmuskelspannung, starke vegetative Tätigkeit und lebhafte Träume und ein dem Wachen ähnliches EEG gekennzeichnet ist

retardiert (in der Entwicklung) zurückgeblieben

Retikulärformation Netzkörper; langgestrecktes Gebiet im Hirnstamm, das aufwärts (aszendent) die Hirnrinde unspezifisch erregt (Aktivierung, Arousal), abwärts (deszendent) die Spannung der Skelettmuskulatur erhöht

Sekundärprozeß (in der Sprache der Psychoanalyse:) psychischer Vorgang im «vorbewußten» oder bewußten «Ich», bei dem die hypothetische «Triebenergie» im Unterschied zu der der Primärprozesse «gebunden» auftreten soll

Semantik (Adjektiv **semantisch**) Teilgebiet der Linguistik, das sich mit den Bedeutungen der Wörter und Sätze befaßt

sensorisch die Sinneswahrnehmungen betreffend

sensorische Deprivation (im psychologischen Versuch:) die Vorenthaltung sämtlicher Sinneseindrücke

Signifikanz Bedeutung, Bedeutsamkeit; (in der Statistik:) das Maß, in dem ein bestimmtes Ergebnis von einem Zufallsergebnis abweicht

spontan aus eigenem Antrieb

Spontanremission Heilung einer Krankheit ohne gezielte medizinische oder psychotherapeutische Eingriffe

Stress das Muster der Reaktionen des Körpers auf Situationen, die sein Gleichgewicht stören; (im physiologischen Sinn:) eine vom Hypothalamus aus von Hormonen gesteuerte Anpassungsreaktion, die den Organismus auf Flucht oder Kampf einstellt – Beschleunigung des Herzschlags und der Atmung, vermehrte Produktion roter und weißer Blutkörperchen, Verengung der Blutgefäße, Erhöhung des Blutdrucks und der Muskelspannung, Herabsetzung der Schmerzempfindlichkeit, Mobilisierung von Energiereserven

Sublimierung (bei Freud:) «die Ablenkung sexueller Triebkräfte von sexuellen Zielen und Hinlenkung auf neue (edlere) Ziele»

Szientismus (Adjektiv **szientistisch**) übertriebene Wissenschaftsgläubigkeit

Stimulus Sinnenreiz, Reiz

subliminal unterschwellig, unterhalb der Bewußtseinsschwelle

supraliminal überschwellig, oberhalb der Bewußtseinsschwelle

Symptom für eine bestimmte Krankheit typisches Merkmal

Synapse Kontaktstelle zwischen zwei Nervenzellen, über die hinweg elektrische Potentiale weitergegeben werden

Syndrom eine für einen bestimmten (Krankheits-)Zustand typische Gruppe von Merkmalen oder Symptomen

Synopse vergleichende Übersicht, «Zusammenschau»

Tachistoskop Apparat zur Vorführung visueller Reize in psychologischen Experimenten, auch mit extrem kurzen Darbietungszeiten

Tautologie eine sprachliche Äußerung, die einen Sachverhalt nur doppelt ausdrückt, statt eine Aussage über ihn zu machen («Opium schläfert ein, weil ihm einschläfernde Kraft eigen ist» – Molière)

Triangulierung (in der Sprache der Psychoanalyse:) Dreiecksbeziehung Kind–Mutter–Vater; die Wichtigkeit des Vaters als zweites Liebesobjekt des Kindes

validieren bekräftigen, die Gültigkeit nachweisen

Validität «Gültigkeit» eines Tests, deren statistisch ermittelbarer Wert angibt, in welchem Maß er den Sachverhalt mißt, den er messen soll

Verifizierung Bestätigung einer wissenschaftlichen Aussage durch Überprüfung

Vigilanz Wachheit; Wahrnehmungsvigilanz: das Gegenteil von «Wahrnehmungsabwehr», die Neigung, emotionale Reize eher wahrzunehmen als neutrale

ZITATNACHWEISE

1. Die Seelenwärter

1 Freud 1933a S. 568, 583–584
2 Masson 1984
3 Thornton 1983
4 Gross 1978 dt. S. 297–299
5 Kiener 1978
6 Kline 1972
7 Fisher/Greenberg 1977
8 Mertens (Hrsg.) S. 227
9 Kuhlbrodt 1986 S. 58
10 Freud 1916/17 S. 416
11 Freud 1933b S. 277–280
12 Freud 1933a S. 507
13 Freud 1901b S. 305
14 Fisher/Greenberg 1977 S. IX
15 Freud 1923a S. 233
16 Robbins u. a. 1956 S. 223
17 Ellenberger 1970
18 Sulloway 1979

2. Eine ideologische Weltmacht

1 Boveri 1967
2 Mitscherlich 1967 S. 85
3 Freud 1927a S. 346–347
4 Freud 1915c S. 99
5 Eissler 1969 S. 461
6 zitiert nach Sutherland 1976 dt.
   S. 166
7 Freud 1933a S. 608
8 Koestler 1950, 1962 S. 17
9 Koestler 1950, 1962 S. 14
10 Freud 1925e S. 106

11 Freud 1933a S. 418
12 Freud 1916/17 S. 155–177
13 Medawar 1984 S. 68
14 Medawar 1975

3. Therapie als Trauma

1 Freud 1905e
2 Freud 1909b
3 Freud 1918b
4 Obholzer 1980 S. 65
5 Obholzer 1980 S. 22
6 Obholzer 1980 S. 43
7 Obholzer 1980 S. 62–63
8 Moser 1976 S. 68
9 Moser 1976 S. 46
10 Moser 1976 S. 60
11 Moser 1976 S. 92
12 Moser 1976 S. 56
13 Moser 1976 S. 112–113
14 Moser 1976 S. 76
15 Erdheim 1985 S. 195–196
16 Erdheim 1985 S. 141
17 Erdheim 1985 S. 173
18 Erdheim 1985 S. 69, 146
19 Erdheim 1985 S. 89
20 v. Drigalski 1979 S. 8
21 v. Drigalski 1979 S. 7
22 Kraus 1965
23 v. Drigalski 1979 S. 233–234
24 v. Drigalski 1979 S. 263
25 v. Drigalski 1979 S. 14
26 v. Drigalski 1979 S. 90
27 v. Drigalski 1979 S. 52

28 v. Drigalski 1979 S. 34
29 v. Drigalski 1979 S. 136
30 v. Drigalski 1979 S. 221
31 v. Drigalski 1979 S. 20
32 v. Drigalski 1979 S. 246
33 v. Drigalski 1979 S. 210
34 v. Drigalski 1979 S. 39
35 Freud 1915e S. 158
36 v. Drigalski 1979 S. 63
37 Parin 1985
38 Malcolm 1980 dt. S. 93
39 Freud 1912e S. 175
40 Obholzer 1980 S. 61
41 Erdheim 1985 S. 18
42 Freud 1913c S. 193
43 v. Drigalski 1979 S. 155
44 Sutherland 1976 dt. S. 41–42
45 v. Drigalski 1979 S. 94

4. Herr Meneutik und Frau Szienz

1 Freud 1940a S. 80
2 zitiert nach Kiener 1978 S. 1200
3 Freud 1933a S. 580–581
4 Freud 1923a S. 215
5 Freud 1920g S. 228
6 Mentzos 1973 S. 837, 848
7 Ricœur 1969 S. 114, 115
8 Habermas 1973 S. 282, 280, 317
9 Körner 1983 S. 125
10 Tress 1985 S. 385
11 Tress 1985 S. 407
12 Habermas 1973 S. 277–278
13 Ricœur 1969 S. 114
14 Shope 1973 S. 294
15 Schafer 1976 S. 205
16 Freud 1916/17 S. 419
17 Schafer 1976 S. 204
18 Habermas 1973 S. 330
19 Habermas 1973 S. 312
20 Freud 1940a S. 80–81
21 Mentzos 1973 S. 841
22 Habermas 1973 S. 318–319
23 Tress 1985 S. 392

24 Bartels 1979
25 Parin 1985
26 Freud 1918b S. 135
27 Ricœur 1969 S. 113
28 Mitscherlich-Nielsen 1982
29 Grünbaum 1984 S. 93
30 Freud 1901b S. 12
31 Freud 1901b S. 14
32 Freud 1901b S. 69
33 Freud 1901b S. 90
34 Freud 1901b S. 99
35 Freud 1901b S. 310
36 Freud 1923a S. 216
37 Freud 1916/17 S. 59
38 Freud 1916/17 S. 65
39 Freud 1916/17 S. 67
40 Freud 1923a S. 219
41 Freud 1906a S. 154
42 Freud 1925e S. 108
43 Cioffi 1970 S. 487–488
44 Freud 1928b S. 278
45 Freud 1930a S. 256
46 Cioffi 1970 S. 472
47 Cioffi 1970 S. 471
48 Popper 1963 S. 34–35, 37–38
49 Hemminger/Becker 1985 S. 426
50 Freud 1933a S. 580

5. Eine Art, Trugschlüsse zu vermeiden

1 Freud 1911c S. 183
2 Häfner 1985
3 Medawar 1984 S. 69
4 Medawar 1984 S. 67
5 Wallraff 1985 S. 143
6 Medawar 1984 S. 67–68
7 Bandura 1973 S. 41
8 Marmor 1962 S. 289
9 Freud 1916/17 S. 434–435
10 Marmor 1962 S. 292
11 Obholzer 1980 S. 45
12 Eschenröder 1984 S. 43
13 Freud 1937d S. 399

14 Freud 1900a S. 272
15 Freud 1905e S. 122–123
16 Crews 1984
17 Freud 1933a
18 Jensen 1965 S. 509

6. Die Seele als Dampfmaschine

1 Freud 1894 S. 74
2 McCarley/Hobson 1977 S. 1217
3 Freud 1920g S. 240
4 Reed 1979
5 Freud 1920g S. 270
6 Changeux 1983 S. 146–149
7 Reich 1969 S. 101
8 Reich 1969 S. 94
9 Boadella 1974 S. 162
10 Freud 1920g S. 243
11 Bischof 1985 S. 171

7. Die uneinigen drei

1 Freud 1933a S. 511
2 Freud 1923b S. 294
3 Freud 1933a S. 512–513
4 Freud 1933a S. 499–500
5 Freud 1933a S. 514
6 Freud 1933a S. 499
7 Kline 1972 S. 137
8 Walter 1953 S. 247
9 so bei Hoppe 1975
10 Freud 1920g S. 271
11 Freud 1924d S. 248
12 Freud 1925j S. 264
13 Freud 1925j S. 265–266
14 Freud 1933a S. 500–501
15 Kiener 1978 S. 1211
16 Peterfreund 1971 S. 68–69
17 Kiener 1978 u. a. S. 1211
18 Nash 1963 S. 341
19 Peterfreund 1971 S. 72
20 Schafer 1976 S. 195–196
21 Schafer 1976 S. 218
22 Schafer 1976 S. 283–284

8. Wechselnde Schleimhäute

1 Freud 1905d S. 95
2 Freud 1923a S. 220
3 Freud 1909b S. 34
4 Freud 1909b S. 86
5 Zimmer 1984 S. 59–60
6 Masson 1984 S. 123–124
7 Freud 1905d S. 72
8 Freud 1916/17 S. 428
9 Freud 1914d S. 50
10 Freud 1905d S. 79
11 Freud 1905d S. 77
12 Freud 1920g S. 262
13 Freud 1926d S. 277–278
14 Freud 1914c S. 54
15 Bowlby 1969 dt. S. 202–203
16 Bowlby 1969 dt. S. 205
17 Bowlby 1980
18 Freud 1921c S. 85
19 Freud 1905d S. 91
20 Freud 1940a S. 77
21 Kinsey 1948 dt. S. 448
22 Kinsey 1953 dt. S. 105 und 132
23 Hassenstein 1973 S. 150
24 Freud 1905d S. 103
25 Freud 1905d S. 87
26 Arlow 1979 S. 12–13
27 Freud 1905d S. 92
28 Freud 1905d S. 93
29 Thornton 1983 S. 259
30 Freud 1916/17 S. 322
31 Freud 1905d S. 104
32 Arlow 1979 S. 13
33 Hartmann u. a. 1972 S. 9
34 Fisher/Greenberg 1977 S. 146
35 Fisher/Greenberg 1977 S. 164
36 Eysenck/Wilson 1973 S. 98
37 Riesman 1983 S. 125
38 Kline 1984 S. 64
39 Kline 1972 S. 94
40 Kinsey 1953 dt. S. 110

9. Der Komplex, den selbst Ödipus nicht hatte

1 Freud 1940a S. 77
2 Freud 1923a S. 221
3 Freud 1916/17 S. 327
4 Freud 1940a S. 77
5 Freud 1912/13 S. 439
6 Freud 1912/13 S. 440
7 Lévi-Strauss 1949 S. 609, 611
8 Masson (Hrsg.) 1985 S. 268
9 Freud 1912/13 S. 409
10 3. Moses 20, 11 und 17
11 Kinsey 1953 dt. S. 117–118
12 Kinsey 1948 dt. S. 505
13 Finkelhor 1980
14 Maisch 1968
15 Baurmann ⁴1985
16 Freud 1896c S. 64
17 Freud 1933a S. 551–552
18 Abraham 1907 S. 180
19 Rush 1980 S. 103
20 Rush 1980 S. 97
21 Frazer 1910 S. 97
22 Lévi-Strauss 1949 S. 31
23 Freud 1912/13 S. 409
24 Westermarck 1891 dt. S. 352–353
25 Westermarck 1934
26 Wolf 1966, Wolf 1970
27 Shepher 1983
28 McCabe 1983
29 Engels 1884 S. 42
30 Wyss 1968 S. 161
31 Bischof 1985
32 Kline 1972
33 Friedman 1950
34 Hall/Van de Castle 1963
35 Eysenck/Wilson 1973 S. 166–167
36 Eysenck/Wilson 1973 S. 167
37 Silverman u. a. 1978
38 Freud 1920e S. 45–46
39 Freud 1925e S. 108
40 Valentine 1942 S. 316
41 Klein 1971 S. 33

42 Klein 1971 S. 28–29

10. Der große Unterschied und seine kleinen Ursachen

1 Freud 1931b S. 278
2 Freud 1925j S. 260
3 Freud 1925j S. 261
4 Freud 1925j S. 261–262
5 Freud 1933a S. 562
6 Freud 1933a S. 562–563
7 Freud 1925j S. 264
8 Freud 1913i S. 109
9 Freud 1916/17 S. 415
10 Freud 1920g S. 268–269
11 Peterfreund 1971 S. 40, 67
12 Freud 1916/17 S. 362
13 Gray 1971
14 Neumann 1980
15 Ehrhardt 1980, Hines 1982
16 Imperato-McGinley 1977
17 Freud 1931b S. 277-278

11. Das tückische Teufelchen

1 Freud 1901b, als Buch erschienen 1904
2 Freud 1901b, S. 19
3 Freud 1901b S. 79
4 Freud 1901b S. 65
5 Timpanaro 1974 engl. S. 127
6 Veness 1962
7 Zimmer 1986

12. Nachtgedanken

1 Freud 1900a S. 137
2 Freud 1940a S. 88
3 Freud 1900a S. 240
4 Freud 1900a S. 577
5 Freud 1900a S. 387
6 Freud 1900a S. 388

7 Freud 1900a S. 195
8 Freud 1900a S. 528
9 Freud 1900a S. 209, 540
10 Freud 1900a S. 281
11 Neubaur 1981 S. 199
12 Freud 1900a S. 268
13 Freud 1900a S. 389
14 Freud 1900a S. 390
15 Freud 1918b
16 Freud 1918b S. 151
17 Freud 1918b S. 152
18 Freud 1918b S. 154
19 Freud 1918b S. 162–163
20 Freud 1918b S. 162
21 Freud 1918b S. 155
22 Freud 1918b S. 156
23 Obholzer 1980 S. 51
24 Obholzer 1980 S. 52
25 Zane 1971 S. 175–176
26 Freud 1900a S. 391
27 Stuber in Mertens (Hrsg.) 1983
    S. 97
28 Freud 1916/17 S. 165
29 Freud 1916/17 S. 164
30 Freud 1916/17 S. 160–161
31 Freud 1916/17 S. 161
32 Nabokov 1973 S. 47
33 Nabokov 1973 S. 305–306
34 Bonaparte 1933 dt. Band 2, S. 153,
    213–214
35 Foulkes 1967
36 Campbell 1985
37 Freud 1940a S. 93
38 vor allem: Kramer u. a. 1971
39 Zimmer 1984
40 Freud 1900a S. 496
41 Crick/Mitchison 1983
42 Vogel 1978
43 Anonym 1981

13. Der Blick in den Brunnen

1 Freud 1916/17 S. 283–284 und
    1925e
2 Latané/Darley 1970
3 Goethals/Reckman 1973
4 alle bisherigen Beispiele aus Nis-
    bett / Wilson 1977
5 Nisbett/Ross 1980
6 Nisbett/Wilson 1977 S. 247
7 Nisbett/Wilson 1977
8 Nisbett/Wilson 1977 S. 249
9 Nisbett/Wilson 1977 S. 257
10 Dührssen 1972 S. 48
11 Grünbaum 1979 S. 509
12 Fisher/Greenberg 1977 S. 364
13 Forer 1949
14 Sundberg 1955
15 Freud 1937d S. 403
16 Freud 1901b S. 305
17 Freud 1916/17 S. 205–206
18 Loftus 1980
19 Loftus 1975
20 Rapaport 1950 S. 269
21 Baddeley 1982
22 Thornton 1983
23 Dywan u. a. 1983
24 Freud 1905d S. 83

14. Der Gefangene im Keller

1 Jones 1953 Bd. 1 dt. S. 432
2 Whyte 1960 S. 168–169
3 zitiert nach Eysenck 1985 S. 36
4 Descartes 1644
5 zitiert nach Regan/Singer (Hrsg.)
    1976, S. 60–66
6 Churchland 1984 S. 71
7 Whyte 1960 S. 26
8 Freud 1915e S. 127
9 Freud 1916/17 S. 514
10 Freud 1916/17 S. 499
11 Dennett in Hofstadter/Dennett
    (Hrsg.) 1981 S. 12

12 Russell 1921 S. 37–38
13 Clarke u. a. o. J.

15. Unter der Schwelle

1 Bach/Klein 1957
2 McGinnies 1949
3 Gibson 1968 S. 291
4 Dixon 1958
5 Dixon 1981; Erdelyi 1974
6 Byrne 1961
7 Brand 1978
8 Zuckerman 1960
9 Byrne 1959
10 Key 1974 S. 100
11 Key 1974 S. 83
12 Key 1974 S. 183
13 Haberstroh 1984, 1985

16. Bewußtes und Unbewußtes

1 Weiskrantz u. a. 1974
2 Tranel u. a. 1985
3 Libet 1979
4 Libet u. a. 1983, Libet 1985
5 Searle 1981
6 Kiener 1978 u. a. S. 1211
7 Freud 1912g S. 33
8 Küpfmüller 1962
9 Kornhuber 1983
10 Kornhuber 1978
11 Freud 1923b S. 284
12 Freud 1923b S. 283
13 Freud 1923b S. 289
14 zitiert nach Ghiselin 1952
15 Mandler 1975

17. Die Wunden der Kindheit

1 Freud 1914d S. 54
2 Eissler 1975 S. 599
3 Obholzer 1980 S. 44
4 Körner 1983 S. 125
5 Freud 1905e S. 149–150
6 v. Drigalski 1979 S. 29
7 Thornton 1983
8 Frank 1965 S. 197
9 Frank 1965 S. 201
10 Macfarlane 1964 S. 121
11 Macfarlane 1964 S. 121–122
12 Macfarlane 1964 S. 120
13 Kagan 1973 S. 949–950
14 Kagan 1973 S. 960
15 Richman u. a. 1982 S. 197–200
16 Ernst/von Luckner 1985
17 Ernst/von Luckner 1985 S. 126
18 Ernst/von Luckner 1985 S. 125
19 Ernst/von Luckner 1985 S. 152–153
20 Werner/Smith 1982 S. 159
21 Kohlberg 1984 S. 108
22 Kagan 1984 S. 110–111
23 Hubel 1967 S. 43
24 Rapaport 1958
25 Nevo 1977; Regev u. a. 1980
26 Rabin/Beit-Hallahmi 1982

18. Die verliebten Patientinnen

1 Malcolm 1981 dt. S. 14
2 Nitzschke 1985
3 Freud 1914d S. 49
4 Jones 1953 dt. 2. Bd. S. 268
5 Ellenberger 1970 dt. 2. Band S. 667
6 Freud 1916/17 S. 425
7 Freud 1916/17 S. 427
8 Freud 1905e, Nachwort S. 180
9 in Moser 1974 S. 10
10 v. Drigalski 1979 S. 19
11 v. Drigalski 1979 S. 140

19. Die Redekur

1 Freud 1933a S. 580
2 Freud 1927a S. 347
3 Freud 1933a S. 581
4 Freud 1933a S. 583
5 Ricœur 1969 dt. S. 19
6 Freud 1916/17 S. 434–435
7 v. Drigalski 1979 S. 118
8 Erdheim 1985 S. 31–34
9 Zilbergeld 1983 S. 161–163
10 Freud 1910k S. 139
11 Dührssen 1972
12 Beck 1979 dt. S. 33
13 Smith/Glass/Miller 1980 S. 183–184
14 Smith/Glass/Miller 1980 S. 90–91
15 Prioleau u. a. 1983
16 Brill u. a. 1964
17 Glass/Kliegl 1983
18 DMS-III 1980 S. 9–10
19 Thornton 1983
20 Hemminger 1985 S. 268

LITERATURVERZEICHNIS

Abraham, Karl: Das Erleiden sexueller Traumen als Form infantiler Sexualbetätigung (1907). In: Karl Abraham: Psychoanalytische Studien. 2 Bände, S. Fischer, Frankfurt 1971. Band 2, S. 167–181

Abraham, Karl: Versuch einer Entwicklungsgeschichte der Libido auf Grund der Psychoanalyse seelischer Störungen (1924). In Karl Abraham: Psychoanalytische Studien. 2 Bände, S. Fischer, Frankfurt 1971

Anonym: Dream theory – The debate about revision continues. In: Frontiers of Psychiatry, 11(12)/ 1981, S. 4–5, 11

Anthony, E. James (Hrsg.): Explorations in Child Psychiatry. Plenum Press, New York NY 1975

Arieti, Silvano: Understanding and Helping the Schizophrenic. Basic Books, New York NY 1979. (Deutsch: Silvano Arieti: Schizophrenie. Piper, München 1985)

Arlow, Jacob A.: Psychoanalysis. In: Raymond J. Corsini (Hrsg.): Current Psychotherapies. Peacock, Itasca IL ²1979

Bach, Sheldon / George S. Klein: Conscious effects of prolonged visual exposure of words. In: American Psychologist, 12/1957, S. 397

Baddeley, Alan: Your Memory. Multimedia Publications, London 1982. (Deutsch: Alan Baddeley: So denkt der Mensch. Droemer Knaur, München 1986)

Bartels, Martin: Ist der Traum eine Wunscherfüllung? In: Psyche, 33/ 1979, S. 97–131

Baurmann, Michael C.: Sexualität, Gewalt und die Folgen für das Opfer. Berichte des Kriminalistischen Instituts, Wiesbaden 1982, ⁴1985

Beck, Aaron T. / A. John Rush / Brian F. Shaw / Gary Emery: Cognitive Therapy and the Emotional Disorders. Guilford Press, New York NY 1979. (Deutsch: Aaron T. Beck u. a.: Kognitive Therapie der Depression. Urban & Schwarzenberg, München 1981)

Bergin, Allen E.: The Evaluation of Therapeutic Outcomes. In: Allen E. Bergin / Sol L. Garfield (Hrsg.): Handbook of Psychotherapy and Behavior Change. Wiley, New York NY 1971, S. 217–270

Bergin, Allen E. / Michael J. Lambert: The Evaluation of Therapeutic Outcomes. In: Sol L. Garfield / Allen E. Bergin (Hrsg.): Handbook of Psychotherapy and Behavior Change. Wiley, New York NY ²1978, S. 139–189

Bertalanffy, Ludwig von: The Mind-Body Problem – A New View. In: Psychosomatic Medicine, 26(1)/ 1964, S. 29–45

Bettelheim, Bruno: The Children of the Dream. Macmillan, New York NY 1969. (Deutsch: Bruno Bettelheim: Die Kinder der Zukunft. Molden, Wien 1971)

Bindra, Dalbir: The Problem of Subjective Experience. In: Psychological Review, 77/1970, S. 581–584

Bischof, Norbert / Holger Preuschoft (Hrsg.): Geschlechtsunterschiede – Entstehung und Entwicklung. Beck, München 1980

Bischof, Norbert: Das Rätsel Ödipus – Die biologischen Wurzeln des Urkonfliktes von Intimität und Autonomie. Piper, München 1985

Boadella, David: Wilhelm Reich – The Evolution of His Work. Regnery, Chicago IL 1974. (Deutsch: David Boadella: Wilhelm Reich. Scherz, Bern 1981)

Bohmann, Michael: Adoptivkinder und ihre Familien. Verlag für medizinische Psychologie, Göttingen 1980

Bonaparte, Marie: Edgar Poe – Etude psycho-analytique. 2 Bände. Denoël, Paris 1933. (Deutsch: Marie Bonaparte: Edgar Poe – Eine psychoanalytische Studie. Internationaler Psychoanalytischer Verlag, Wien 1934)

Boveri, Margret: Die Unfähigkeit zu trauern. In: Frankfurter Allgemeine Zeitung, 292/16.12.1967

Bowlby, John: Attachment. Separation – Anxiety and Anger. Loss – Sadness and Depression. 3 Bände, Hogarth Press, London 1969, 1973, 1980. (Deutsch: John Bowlby: Bindung. Trennung. Verlust. 3 Bände, Kindler, München 1975, 1976, 1982)

Bowlby, John: By Ethology out of Psychoanalysis – An Experiment in Interbreeding. In: Animal Behavior, 28/1980, S. 649–656

Brand, Horst W.: Die Legende von den «geheimen Verführern» – Kritische Analysen zur unterschwelligen Wahrnehmung und Beeinflussung. Beltz, Weinheim 1978

Brill, Norman Q. / Ronald R. Koegler / Leon J. Epstein / Edward W. Forgy: Controlled Study of Psychiatric Outpatient Treatment. In: Archives of General Psychiatry, 10/1964, S. 581–595

Brim, Orville G. / Jerome Kagan (Hrsg.): Constancy and Change in Human Development. Harvard University Press, Cambridge MA 1980

Brumlik, Micha: Der zähe Schaum der Verdrängung. In: Der Spiegel, 40(8)/17.02.1986, S. 192–197

Bunge, Mario: The Mind-Body Problem – A Psychobiological Approach. Pergamon Press, Oxford 1980. (Deutsch: Mario Bunge: Das Leib-Seele-Problem. Mohr, Tübingen 1984)

Byrne, Donn: The effects of a subliminal food stimulus on verbal responses. In: Journal of Applied Psychology, 43/1959, S. 249–252

Byrne, Donn: The repression-sensitization scale: rationale, reliability, and validity. In: Journal of Personality, 29/1961, S. 334–349

Campbell, Scott S.: Spontaneous termination of sleep episodes with special reference to REM sleep. In: Electroencephalography and clinical Neurophysiology, 60/1985, S. 237–242

Carus, Carl Gustav: Psyche – Zur Entwicklungsgeschichte der Seele (1846). Kröner, Leipzig 1931

Changeux, Jean-Pierre: L'Homme

neuronal. Fayard, Paris 1983. (Deutsch: Jean-Pierre Changeux: Der neuronale Mensch. Rowohlt, Reinbek 1984)

Churchland, Paul M.: Matter and Consciousness – A Contemporary Introduction to the Philosophy of Mind. MIT Press, Cambridge MA 1984

Cioffi, Frank: Freud and the idea of a pseudo-science. In: M. Robert Borger / Frank Cioffi (Hrsg.): Explanations in the Behavioral Sciences. Cambridge University Press, Cambridge 1970, S. 471–499

Clarke, Frederick S. / Steve Rubin: Forbidden Planet. In: Cinefantastique, 8(2–3)/o. J., S. 4–66

Crews, Frederick: Analysis Terminable. In: Commentary, 70(1)/ 1980, S. 25–34

Crews, Frederick / Peter Barglow / Maxwell H. Soll / Hal J. Breen / Ruth Katherine O'Brien / William M. Taylor / Howard Golden / William C. Offenkrantz / Isaac Rebner / Herbert Zimiles / Seymour Fisher / Roger P. Greenberg: Psychoanalysis. In: Commentary, Oktober 1980, S. 6–21

Crews, Frederick: The Freudian way of knowledge. In: The New Criterion, Juni 1984, S. 7–25

Crick, Francis / Graeme Mitchison: The function of dream sleep. In: Nature, 304/1983, S. 111–114

Dement, William: Some Must Watch While Some Must Sleep. Freeman, San Francisco CA 1974

Dennett, Daniel C.: Introduction. In: Hofstadter / Dennett (Hrsg.) 1981, S. 3–16

Descartes, René: Principia Philosophiae. Elzevir, Amsterdam 1644. (Deutsch: René Descartes: Die Prinzipien der Philosophie. Meiner, Hamburg 1955)

Descartes, René: Animals Are Machines. In: Tom Regan / Peter Singer (Hrsg.): Animal Rights and Human Obligations. Prentice-Hall, Englewood Cliffs NJ 1976, S. 60–66

Dixon, Norman F.: Subliminal Perception – The Nature of a Controversy. McGraw-Hill, London 1971

Dixon, Norman F.: Preconscious Processing. Wiley, Chichester (Sussex) 1981

Drigalski, Dörte v.: Blumen auf Granit – Eine Irr- und Lehrfahrt durch die deutsche Psychoanalyse. Ullstein, Frankfurt 1980

DSM-III, Diagnostic and Statistical Manual of Mental Disorders (Third Edition). American Psychiatric Association, Washington DC 1980

Dührssen, Annemarie: Analytische Psychotherapie in Theorie, Praxis und Ergebnissen. Medizinische Psychologie (Vandenhoeck & Ruprecht), Göttingen 1972

Dundes, Alan: Life Is A Chicken Coop Ladder. Columbia University Press, New York NY 1984. (Deutsch: Alan Dundes: Sie mich auch! – Das Untergründige in der deutschen Psyche. Beltz, Weinheim 1985)

Dywan, Jane / Kenneth Bowers: The Use of Hypnosis to Enhance Recall. In: Science, 222/14. 10. 1983, S. 184–185

Ehrhardt, Anke A.: Prinzipien der psychosexuellen Differenzierungen. In: Bischof / Preuschoft (Hrsg.) 1980, S. 99–122

Eissler, Kurt R.: Irreverent Remarks About the Present and the Future of Psychoanalysis. In: International Journal of Psycho-Analysis, 50/ 1969, S. 461–471

Eissler, Kurt R.: The Fall of Man. In: Ruth S. Eissler / Anna Freud / Marianne Kris / Albert J. Solnit (Hrsg.): The Psychoanalytic Study of the Child, Band 30. Yale University Press, New Haven CT 1975, S. 589–646

Ellenberger, Henri F.: The Discovery of the Unconscious – The History and Evolution of Dynamic Psychiatry. Basic Books, New York NY 1970. (Deutsch: Henri F. Ellenberger: Die Entdeckung des Unbewußten, 2 Bände. Huber, Bern 1973)

Engels, Friedrich: Der Ursprung der Familie, des Privateigentums und des Staats (1884). In: Karl Marx Friedrich Engels [Werke], Band 21. Dietz, Berlin (Ost) 1972

Erdelyi, Matthew Hugh: A New Look at the New Look – Perceptual Defense and Vigilance. In Psychological Review, 81(1)/1974, S. 1–25

Erdelyi, Matthew Hugh / Benjamin Goldberg: Let's Not Sweep Repression Under the Rug. In: John F. Kihlstrom / Frederick J. Evans (Hrsg.): Functional Disorders of Memory. Erlbaum, Hillsdale NJ 1979, S. 355–401

Erdheim, Claudia: Herzbrüche – Szenen aus der psychotherapeutischen Praxis. Löcker, Wien 1985

Ernst, Cécile / Nikolaus von Luckner: Stellt die Frühkindheit die Weichen? – Eine Kritik an der Lehre von der schicksalshaften Bedeutung erster Erlebnisse. Enke, Stuttgart 1985

Eschenröder, Christof T.: Hier irrte Freud – Eine Kritik der psychoana-

lytischen Theorie und Praxis. Urban & Schwarzenberg, München 1984

Eysenck, Hans Jürgen: The effects of psychotherapy – An evaluation. In: Journal of Consulting Psychology, 16(5)/1952, S. 319–324- (Auch in: Eysenck / Wilson (Hrsg.) 1973, S. 365–384)

Eysenck, Hans Jürgen / Glenn D. Wilson (Hrsg.): The Experimental Study of Freudian Theories. Methuen, London 1973. (Deutsch: Hans Jürgen Eysenck / Glenn D. Wilson: Experimentelle Studien zur Psychoanalyse Sigmund Freuds. Europa, Wien 1979)

Eysenck, Hans Jürgen: The Decline and Fall of the Freudian Empire. Viking Penguin, London 1985. (Deutsch: Hans Jürgen Eysenck: Sigmund Freud – Niedergang und Ende der Psychoanalyse. List, München 1985)

Finkelhor, David: Sex Among Siblings. In: Archives of Sexual Behavior, 9/1980, S. 171–194

Fisher, Seymour / Roger P. Greenberg: The Scientific Credibility of Freud's Theories and Therapy. Basic Books, New York NY 1977

Fliess, Wilhelm: Die Beziehungen zwischen Nase und weiblichen Geschlechtsorganen – In ihrer biologischen Bedeutung dargestellt. Deuticke, Leipzig 1897

Forer, Bertram R.: The Fallacy of Personal Validation – A Classroom Demonstration of Gullibility. In: Journal of Abnormal and Social Psychology, 44/1949, S. 118–123

Foulkes, David: Nonrapid Eye Movement Mentation. In: Experimental Neurology, Supplement 4/1967, S. 28–38

Frank, George H.: The Role of the Family in the Development of Psychopathology. In: Psychological Bulletin, 64(3)/1965, S. 191–205

Frazer, Sir James G.: Totemism and Exogamy, Band IV. Macmillan, London 1910

Freud, Sigmund: Die Abwehr-Neuropsychosen (1894). In: Gesammelte Werke, Band 1, Imago, London 1952, S. 57–74

Freud, Sigmund: Entwurf einer Psychologie (1895). In: Sigmund Freud: Aus den Anfängen der Psychoanalyse (1950a). Imago, London 1950

Freud, Sigmund: Zur Ätiologie der Hysterie (1896c). In: Studienausgabe, Band IV, S. Fischer, Frankfurt 1971, S. 51–81

Freud, Sigmund: Die Traumdeutung (1900a). In: Studienausgabe, Band II, S. Fischer, Frankfurt 1972

Freud, Sigmund: Zur Psychopathologie des Alltagslebens (1901b, als Buch 1904). Gesammelte Werke, Band 4, Imago, London 1941

Freud, Sigmund: Die Freudsche psychoanalytische Methode (1904a). In: Studienausgabe, Ergänzungsband, S. Fischer, Frankfurt 1975, S. 99-106

Freud, Sigmund: Der Witz und seine Beziehung zum Unbewußten (1905c). In: Studienausgabe, Band IV, S. Fischer, Frankfurt 1970, S. 9–219

Freud, Sigmund: Drei Abhandlungen zur Sexualtheorie (1905d). In: Studienausgabe, Band V, S. Fischer, Frankfurt 1972, S. 37–145

Freud, Sigmund: Bruchstück einer Hysterie-Analyse (1905e). In: Studienausgabe, Band VI, S. Fischer, Frankfurt 1971, S. 83–186

Freud, Sigmund: Meine Ansichten über die Rolle der Sexualität in der Ätiologie der Neurosen (1906a). In: Studienausgabe, Band V, S. Fischer, Frankfurt 1972, S. 147–157

Freud, Sigmund: Analyse der Phobie eines fünfjährigen Knaben (1909b). In: Studienausgabe, Band VIII, S. Fischer, Frankfurt 1969, S. 9–123

Freud, Sigmund: Über «wilde» Psychoanalyse (1910k). In: Studienausgabe, Ergänzungsband, S. Fischer, Frankfurt 1975, S. 133–141

Freud, Sigmund: Psychoanalytische Bemerkungen über einen autobiographisch beschriebenen Fall von Paranoia (1911c). In: Studienausgabe, Band VII, S. Fischer, Frankfurt 1973, S. 133–203

Freud, Sigmund: Ratschläge für den Arzt bei der psychoanalytischen Behandlung (1912e). In: Studienausgabe, Ergänzungsband, S. Fischer, Frankfurt 1975, S. 169–180

Freud, Sigmund: Einige Bemerkungen über den Begriff des Unbewußten in der Psychoanalyse (1912g). In: Studienausgabe, Band III, S. Fischer, Frankfurt 1975, S. 25–36

Freud, Sigmund: Totem und Tabu (1912/13). In: Studienausgabe, Band IX, S. Fischer, Frankfurt 1974, S. 287–444

Freud, Sigmund: Zur Einleitung der Behandlung (1913c). In: Studienausgabe, Ergänzungsband, S. Fischer, Frankfurt 1975, S. 181–203

Freud, Sigmund: Die Disposition zur Zwangsneurose (1913i). In: Studienausgabe, Band VII, S. Fischer, Frankfurt 1973, S. 105–117

Freud, Sigmund: Zur Einführung des Narzißmus (1914c). In: Studienausgabe, Band III, S. Fischer, Frankfurt 1975, S. 37–68

Freud, Sigmund: Zur Geschichte der psychoanalytischen Bewegung (1914d). In: Gesammelte Werke, Band 10, Imago, London 1946, S. 43–113

Freud, Sigmund: Triebe und Triebschicksale (1915c). In: Studienausgabe, Band III, S. Fischer, Frankfurt 1975, S. 75–102

Freud, Sigmund: Das Unbewußte (1915e). In: Studienausgabe, Band III, S. Fischer, Frankfurt 1975, S. 119–173

Freud, Sigmund: Die Fehlleistungen. In: Sigmund Freud: Vorlesungen zur Einführung in die Psychoanalyse (1916/17), Studienausgabe, Band I, S. Fischer, Frankfurt 1969, S. 41–98

Freud, Sigmund: Die Symbolik im Traum. Vorlesungen zur Einführung in die Psychoanalyse (1916/17). 10. Vorlesung. In: Studienausgabe, Band I, S. Fischer, Frankfurt 1969, S. 159–177

Freud, Sigmund: Aus der Geschichte einer infantilen Neurose (1918b). In: Studienausgabe, Band VIII, S. Fischer, Frankfurt 1969, S. 125–232

Freud, Sigmund: Vorwort zur vierten Auflage der Drei Abhandlungen zur Sexualtheorie (1920e). In: Studienausgabe, Band V, S. Fischer, Frankfurt 1972, S. 45–46

Freud, Sigmund: Jenseits des Lustprinzips (1920g). In: Studienausgabe, Band III, S. Fischer, Frankfurt 1975, S. 213–272

Freud, Sigmund: Massenpsychologie und Ich-Analyse (1921c). In: Studienausgabe, Band IX, S. Fischer, Frankfurt 1974, S. 61–134

Freud, Sigmund: Psychoanalyse (1923a). In: Gesammelte Werke, Band 13, Imago, London 1940, S. 209–229

Freud, Sigmund: Das Ich und das Es (1923b). In: Studienausgabe, Band III, S. Fischer, Frankfurt, S. 273–330

Freud, Sigmund: Der Untergang des Ödipuskomplexes (1924d). In: Studienausgabe, Band V, S. Fischer, Frankfurt 1972, S. 243–251

Freud, Sigmund: Die Widerstände gegen die Psychoanalyse (1925e). In: Gesammelte Werke, Band 14, Imago, London 1948, S. 97–111

Freud, Sigmund: Einige psychische Folgen des anatomischen Geschlechtsunterschieds (1925j). In: Studienausgabe, Band V, S. Fischer, Frankfurt 1972, S. 253–266

Freud, Sigmund: Hemmung, Symptom und Angst (1926d). In: Studienausgabe, Band VI, S. Fischer, Frankfurt 1971, S. 227–308

Freud, Sigmund: Die Frage der Laienanalyse (1926e). In: Studienausgabe, Ergänzungsband, S. Fischer, Frankfurt 1975, S. 271–341

Freud, Sigmund: Nachwort zur ‹Frage der Laienanalyse› (1927a). In: Studienausgabe, Ergänzungsband, S. Fischer, Frankfurt 1975, S. 342–349

Freud, Sigmund: Dostojewski und die Vatertötung (1928b). In: Studienausgabe, Band X, S. Fischer, Frankfurt 1969, S. 267–286

Freud, Sigmund: Das Unbehagen in der Kultur (1930a). In: Studienausgabe, Band IX, S. Fischer, Frankfurt 1974, S. 191–270

Freud, Sigmund: Über die weibliche Sexualität (1931b). In: Studienausgabe, Band V, S. Fischer, Frankfurt 1972, S. 273–292

Freud, Sigmund: Die Zerlegung der psychischen Persönlichkeit. In: Sigmund Freud: Neue Folge der Vorlesungen zur Einführung in die Psychoanalyse (1933a). In: Studienausgabe, Band I, S. Fischer, Frankfurt 1969, S. 496–516

Freud, Sigmund: Neue Folge der Vorlesungen zur Einführung in die Psychoanalyse (1933a). In: Studienausgabe, Band I, S. Fischer, Frankfurt 1969, S. 447–608

Freud, Sigmund: Warum Krieg? (1933b). In: Studienausgabe, Band IX, S. Fischer, Frankfurt, S. 271–286

Freud, Sigmund: Konstruktionen in der Analyse (1937d). In: Studienausgabe, Ergänzungsband, S. Fischer, Frankfurt 1975, S. 393–406

Freud, Sigmund: Abriß der Psychoanalyse (1940a). In: Gesammelte Werke, Band 17, Imago, London 1941, S. 63–138

Friedman, S. M.: An empirical study of the Oedipus complex. In: American Psychologist, 5/1950, S. 304

Fromkin, Victoria A.: Speech errors as linguistic evidence. Mouton, den Haag 1973

Garmezy, Norman: Vulnerable and Invulnerable Children. Master Lecture on Developmental Psychology, American Psychological Association 1976

Ghiselin, Brewster (Hrsg.): The Creative Process. Mentor, New York NY 1952

Gibson, J. J.: The Senses Considered as Perceptual Systems. Allen & Unwin, London 1968

Glass, Gene V. / Reinhold M. Kliegl: An Apology for Research Integra-

tion in the Study of Psychotherapy. In: Journal of Consulting and Clinical Psychology, 51(1)/1983, S. 28–41

Goethals, George R. / Richard F. Reckman: The perception of consistency in attitudes. In: Journal of Experimental Social Psychology, 9/1973, S. 491–501

Goldman-Eisler, Frieda: Breast-feeding and character formation I. In: Journal of Personality, 17/1948, S. 83–103

Goldman-Eisler, Frieda: Breast-feeding and character formation II. In: Journal of Personality, 19/1950, S. 189–196

Goldman-Eisler, Frieda: The problem of «orality» and its origin in early childhood. In: Journal of Mental Science, 97/1951, S. 765–782

Gray, Jeffrey A.: Sex Differences in Emotional Behavior in Mammals Including Man – Endocrine Bases. In: Acta Psychologica, 35/1971, S. 29–46

Gross, Martin L.: The Psychological Society. Random House, New York NY 1978. (Deutsch: Martin L. Gross: Die psychologische Gesellschaft. Ullstein, Berlin 1984)

Grünbaum, Adolf: Epistemological Liabilities of the Clinical Appraisal of Psychoanalytic Theory. In: Psychoanalysis and Contemporary Thought, 2/1979, S. 451–523

Grünbaum, Adolf: The Foundations of Psychoanalysis – A Philosophical Critique. University of California Press, Berkeley CA 1984

Habermas, Jürgen: Erkenntnis und Interesse. Suhrkamp, Frankfurt 1973

Haberstroh, Jack: Can't ignore subliminal ad charges – Adfolk laugh, but students listen. In: Advertising Age, 17.09.1984, S. 3–44

Haberstroh, Jack: Ad professors deliver subliminal education. In: Advertising Age, 04.03.1985, S. 52

Häfner, Heinz: Sind psychische Krankheiten häufiger geworden? In: Der Nervenarzt, 56(3)/1985, S. 120–133

Hall, Calvin: Strangers in dreams – an empirical confirmation of the Oedipus complex. In: Journal of Personality, 31/1963, S. 336–345

Hall, Calvin / Robert L. Van de Castle: An empirical investigation of the castration complex in dreams. In: Journal of Personality, 33/1965, S. 20–29

Harth, Erich: Windows on the Mind. Harvester Press, London 1982

Hartmann, Eduard von: Philosophie des Unbewußten, 3 Teile. Duncker, Berlin 1868ff.

Hartmann, Hans / Ursula Mößner / Franz Härle: Zur Frage der Intelligenz und sozialen Entwicklung von Kindern mit Lippen-, Kiefer-, Gaumenspalte. In: Praxis der Kinderpsychologie und Kinderpsychiatrie, 21/1972, S. 1–9

Hassenstein, Bernhard: Verhaltensbiologie des Kindes. Piper, München 1973

Haugeland, John: Artificial Intelligence – The Very Idea. MIT Press, Cambridge MA 1985

Hemminger, Hansjörg: Kindheit als Schicksal? – Die Frage nach den Langzeitfolgen frühkindlicher seelischer Verletzungen. Rowohlt, Reinbek 1982

Hemminger, Hansjörg / Vera Becker: Wenn Therapien schaden – Kritische Analyse einer psychotherapeutischen Fallgeschichte. Rowohlt, Reinbek 1985

Hines, Melissa: Prenatal Gonadal Hormones and Sex Differences in Human Behavior. In: Psychological Bulletin, 92(1)/1982, S. 56–80

Hobson, J. Allan / Robert W. McCarley: The Brain as a Dream State Generator – An Activation-Synthesis Hypothesis of the Dream Process. In: American Journal of Psychiatry, 134(12)/1977, S. 1335–1348

Hofstadter, Douglas R. / Daniel C. Dennett (Hrsg.): The Mind's Eye – Fantasies and Reflections on Self and Soul. Basic Books, New York NY 1981

Hoppe, Klaus D.: Die Trennung der Gehirnhälften – Ihre Bedeutung für die Psychoanalyse. In: Psyche, 10/1975, S. 919–940

Hubel, David H.: Effects of distortion of sensory input on the visual system of kittens. In: The Physiologist, 10/1967, S. 43

Imperato-McGinley, Julianna / Ralph E. Peterson / Teofilo Gautier / Erasmo Sturla: Male pseudohermaphroditism due to steroid 5 alpha-reductase deficiency. In: American Journal of Medicine, 62(2)/1977, S. 170–191

Jensen, Arthur R.: [Review of the Rorschach Test]. In: Oscar Krisen Buros (Hrsg.): The Sixth Mental Measurements Yearbook. Gryphon Press, Highland Park NJ 1965, S. 501–509

Jones, Ernest: Die Theorie der Symbolik (1919). In: Klaus Menne / Max Looser u. a.: Sprache, Handlung und Unbewußtes. Athenäum, Kronberg 1976, S. 229–281

Jones, Ernest: The Life and Work of Sigmund Freud, Band 1. Basic

Books, New York NY 1953.
(Deutsch: Ernest Jones: Das Leben
und Werk von Sigmund Freud,
Band 1. Huber, Stuttgart 1960)

Kagan, Jerome / Robert E. Klein:
Cross-cultural perspectives on
early development. In: American
Psychologist, 28/1973, S. 947–961

Kagan, Jerome: Perspectives on Con-
tinuity. In: Brim / Kagan (Hrsg.)
1980, S. 26–74

Kagan, Jerome: The Nature of the
Child. Basic Books, New York NY
1984

Kent, Ernest W.: The Brains of Men
and Machines. BYTE / McGraw
Hill, Peterborough NH 1981

Key, Wilson Bryan: Subliminal Seduction. New American Library,
New York NY 1974

Kiener, Franz: Empirische Kontrolle
psychoanalytischer Thesen. In: K.
Gottschaldt / Ph. Lersch / F. San-
der / H. Thomae (Hrsg.): Handbuch der Psychologie, Band 8: Klinische Psychologie, 2. Halbband.
Hogrefe, Göttingen 1978, S. 1200–
1241

Kinsey, Alfred C.: Sexual Behavior in
the Human Male. Saunders, Philadelphia PA 1948. (Deutsch: Alfred
C. Kinsey: Das sexuelle Verhalten
des Mannes. S. Fischer, Frankfurt
1955 u. ö.)

Kinsey, Alfred C.: Sexual Behavior in
the Human Female. Saunders,
Philadelphia PA 1953. (Deutsch:
Alfred C. Kinsey: Das sexuelle Verhalten der Frau. S. Fischer, Frankfurt 1954 u. ö.)

Klein, Melanie: Die Psychoanalyse
des Kindes. Reinhardt, München
1971

Kline, Paul: Fact and Fantasy in
Freudian Theory. Methuen, London 1972, [2]1981

Kline, Paul: Psychology and Freudian Theory. Methuen, London
1984

Koestler, Arthur: Ein Gott, der keiner war. Europa Verlag, Zürich
1950; dtv, München 1962

Kohlberg, Lawrence: Development
of moral character and moral ideo-
logy. In: M. L. Hoffman / L. W.
Hoffman (Hrsg.): Review of Child
Development Research, Band 1.
Russell Sage, New York NY 1964

Kohlberg, Lawrence / David Ricks /
John Snarey: Childhood Development as a Predictor of Adaptation
in Adulthood. In: Genetic Psychology Monographs, 110/1984,
S. 91–172

Körner, Jürgen: Psychoanalytische
Pädagogik. In: Mertens (Hrsg.)
1983, S. 123–128

Kornhuber, Hans Helmut: A Recon-
sideration of the Brain-Mind Problem. In: Pierre A. Buser / Arlette
Rougeul-Buser (Hrsg.): Cerebral
Correlates of Conscious Experience. North-Holland, Amsterdam 1978, S. 319–334

Kornhuber, Hans Helmut: Wahrnehmung und Informationsverarbeitung. In: Herbert Wendt / Norbert
Loacker (Hrsg.): Kindlers Enzyklopädie Der Mensch, Band III: Der
Körper des Menschen, Kindler,
München 1983, S. 597–620

Kramer, Milton / Carolyn Winget /
Roy M. Whitman: A City Dreams –
A Survey Approach to Normative
Dream Content. In: American
Journal of Psychiatry, 10(127)/
1971, S. 1350–1351

Kraus, Karl: Beim Wort genommen.
Kösel, München 1965

Kuhlbrodt, Dietrich: Verbotene Bilder im Metropolis. In: Szene, 13(3)/ 1986, S. 58–59

Küpfmüller, Karl: Nachrichtenverarbeitung im Menschen. In: Karl Steinbuch (Hrsg.): Taschenbuch der Nachrichtenverarbeitung. Springer, Berlin ²1967

Kurth, Hanns: Lexikon der Traumsymbole. Ariston, Genf 1976

Laplanche, Jean / J. B. Pontalis: Das Vokabular der Psychoanalyse, 2 Bände. Suhrkamp, Frankfurt 1972

Latané, Bibb / John M. Darley: The Unresponsive Bystander – Why Doesn't He Help? Appleton, Century, Crofts, New York NY 1970

Lévi-Strauss, Claude: Les Structures élémentaires de la parenté. Presses Universitaires de France, Paris 1949, ²1968. (Deutsch: Claude Lévi-Strauss: Die elementaren Strukturen der Verwandtschaft. Suhrkamp, Frankfurt 1984)

Libet, Benjamin: Subjective referral of timing for a conscious sensory experience. In: Brain, 102(1)/1979, S. 193–224

Libet, Benjamin / E. W. Wright Jr. / C. A. Gleason: Readiness potentials preceeding unrestricted ‹spontaneous› vs. pre-planned voluntary acts. In: Electroencephalography and Clinical Neurophysiology, 54/ 1982, S. 322–335

Libet, Benjamin / Curtis A. Gleason / Elwood W. Wright / Dennis K. Pearl: Time of conscious intention to act in relation to onset of cerebral activity (readiness-potential). In: Brain, 106/1983, S. 623–642

Libet, Benjamin: Unconscious cerebral initiative and the role of conscious will in voluntary action. In: The Behavioral and Brain Sciences, 8(4)/1985, S. 529–566 (mit Diskussion)

Locke, John: Essay Concerning Human Understanding (1690). (Deutsch: Über den menschlichen Verstand, Reclam, Leipzig 1898)

Loftus, Elizabeth F.: Leading Questions and the Eyewitness Report. In: Cognitive Psychology, 7/1975, S. 560–572

Loftus, Elizabeth F.: Memory. Addison-Wesley, Reading MA 1980a

Loftus, Elizabeth F.: / Geoffrey R. Loftus: On the Permanence of Stored Information in the Human Brain. In: American Psychologist, 35/1980b, S. 409–420

Löwenhard, Percy: Consciousness – a biological view. In: Göteborg Psychological Reports, 11(10)/ 1981, S. 88ff.

Luborsky, Lester / Barton Singer / Lise Luborsky: Comparative Studies of Psychotherapies. In: Archives of General Psychiatry, 32/1975, S. 995–1008

Maisch, Herbert: Inzest. Rowohlt Taschenbuch Verlag, Reinbek 1968

McCabe, Justine: FBD Marriage – Further Support for the Westermarck Hypothesis of the Incest Taboo? In: American Anthropologist, 85(1)/1983, S. 50–69

McCarley, Robert W. / J. Allen Hobson: The Neurobiological Origins of Psychoanalytic Dream Theory. In: American Journal of Psychiatry, 134(11)/1977, S. 1211–1221

McCarley, Robert W. / Edward Hoffmann: REM Sleep Dreams and the Activation-Synthesis Hypothesis. In: American Journal of Psychiatry, 138(7)/1981, S. 904–912

Macfarlane, Jean Walker: Perspectives on Personality Consistency and Change from the Guidance

Study. In: Vita humana, 7(2)/1964, S. 115–126

McGinnes, Elliott: Emotionality and Perceptual Defense. In: Psychological Review, 56/1949, S. 244–251

Malcolm, Janet: Psychoanalysis – The Impossible Profession. Knopf, New York NY 1981. (Deutsch: Janet Malcolm: Fragen an einen Psychoanalytiker – Zur Situation eines unmöglichen Berufs. Klett-Cotta, Stuttgart 1983)

Mandler, George: Consciousness – Respectable, Useful and Probably Necessary. In: Robert L. Solso (Hrsg.): Information Processing and Cognition – The Loyola Symposium. Erlbaum, Hillsdale NJ 1975, S. 229–254

Marcel, Anthony J.: Conscious and unconscious perception. In: Cognitive Psychology, 15(2)/1983, S. 238–300

Marmor, Judd: Psychoanalytic Therapy as an Educational Process – Common Denominators in the Therapeutic Approaches of Different Psychoanalytic «Schools». In: J. Masserman (Hrsg.): Psychoanalytic Education. Grune and Stratton, New York NY 1962, S. 286–299

Masson, Jeffrey Moussaieff: The Assault on Truth – Freud's Suppression of the Seduction Theory. Farrar, Straus and Giroux, New York NY 1984. (Deutsch: Jeffrey Moussaieff Masson: Was hat man dir, du armes Kind, getan? Rowohlt, Reinbek 1984)

Masson, Jeffrey Moussaieff (Hrsg.): The Complete Letters of Sigmund Freud to Wilhelm Fliess 1887–1904. Harvard University Press, Cambridge MA 1985

Maue, Reiner: Die Psychologie der Seekrankheit. Verlag für Musik und Psychologie, Hamburg 1986

Medawar, Peter B.: Victims of Psychiatry. In: New York Review of Books, 23.01.1975, S. 17

Medawar, Peter: Pluto's Republic. Oxford University Press, Oxford 1984

Mentzos, Stavros: Psychoanalyse – Hermeneutik oder Erfahrungswissenschaft? In: Psyche, 27(9)/1973, S. 832–849

Meringer, Rudolf / Karl Mayer: Versprechen und Verlesen – Eine psychologisch-linguistische Studie (1895). Benjamins, Amsterdam 1978

Mertens, Wolfgang (Hrsg.): Psychoanalyse – Ein Handbuch in Schlüsselbegriffen. Urban & Schwarzenberg, München 1983

Mitscherlich, Alexander: Die Unfähigkeit zu trauern. Piper, München 1967

Moser, Tilmann: Lehrjahre auf der Couch. Suhrkamp, Frankfurt 1974

Moss, Howard A. / Elizabeth J. Susman: Longitudinal Study of Personality Development. In: Brim / Kagan (Hrsg.) 1980, S. 530–595

Motley, Michael T.: Slips of the Tongue. In: Scientific American, 253(3)/September 1985, S. 114–119

Nabokov, Vladimir: Strong Opinions. McGraw-Hill, New York NY 1973

Nash, Harvey: The Role of Metaphor in Psychological Theory. In: Behavioral Science, 8/1963, S. 336–345

Natsoulas, Thomas: The experience of a conscious self. In: Journal of

Mind and Behavior, 4(4)/1983, S. 451–478

Neubaur, Caroline: Ansichten vom Traum. In: Jorge Luis Borges: Buch der Träume. Gesammelte Werke, Band 7, Hanser, München 1981, S. 183–201

Neumann, Friedmund: Die Bedeutung von Hormonen für die Differenzierung des somatischen und psychischen Geschlechts bei Säugetieren. In: Bischof / Preuschoft (Hrsg.) 1980, S. 43–75

Neisser, Ulric: The Multiplicity of Thought. In: British Journal of Psychology, 54/1963, S. 1–14

Nevo, Barukh: Personality Differences Between Kibbutz Born and City Born Adults. In: Journal of Psychology, 96(2)/1977, S. 303–308

Nisbett, Richard E. / Timothy De-Camp Wilson: Telling More Than We Can Know – Verbal Reports on Mental Processes. In: Psychological Review, 84(3)/1977, S. 231–259

Nisbett, Richard E. / Lee Ross: Human Inference – Strategies and Shortcomings of Social Judgement. Prentice-Hall, Englewood Cliffs NJ N.J. 1980

Nitzschke, Bernd: Der Mensch und seine Triebe. In: Die Zeit, 33/09.08.1985, S. 33–34

Norman, Donald A.: Categorization of action-slips. In: Psychological Review, 88(1)/1981, S. 1–15

Norman, Donald A.: Fehlleistungen – Schaltfehler im Gehirn. In: Psychologie heute, 7(8)/1980, S. 64–71

Obholzer, Karin: Gespräche mit dem Wolfsmann – Eine Psychoanalyse und die Folgen. Rowohlt, Reinbek 1980

Packard, Vance: The Hidden Persuaders. McKay, New York NY 1957. (Deutsch: Vance Packard: Die geheimen Verführer. Econ, Düsseldorf 1958)

Parin, Paul: Die freudlose Gasse. In: Konkret, 3/1985, S. 68–69

Parke, Ross D. / Steven R. Asher: Social and Personality Development. In: Annual Review of Psychology, 34/1983, S. 465–509

Peterfreund, Emanuel / Jakob T. Schwartz: Information, Systems, and Psychoanalysis – An Evolutionary Approach to Psychoanalytic Theory. International Universities Press, New York NY 1971

Popper, Karl R.: Conjectures and Refutations – The Growth of Scientific Knowledge. Routledge and Kegan Paul, London 1963

Pribram, Karl H.: Consciousness – a scientific approach. In: Journal of Indian Psychology, 1(2)/1978, S. 95–118

Pribram, Karl H.: Consciousness and neurophysiology. In: Federation Proceedings, 37(9)/1978, S. 2271–2274

Prioleau, Leslie / Martha Murdock / Nathan Brody: An analysis of psychotherapy versus placebo studies. In: The Behavioral and Brain Sciences, 6/1983, S. 275–310 (mit Diskussion)

Rabin, Albert I. / Benjamin Beit-Hallahmi: Twenty Years Later – Kibbutz Children Grown Up. Springer Publ., New York NY 1982

Rapaport, David: Emotions and Memory. International Universities Press, New York NY 1950

Rapaport, David: The Study of the Kibbutz Education and Its Bearing on the Theory of Development. In:

American Journal of Orthopsychiatry, 28/1958, S. 587–597. (Deutsch: David Rapaport: Die Kibbuz-Erziehung und ihre Bedeutung für die Entwicklungspsychologie. In: Psyche, 12/1959, S. 353–366)

Reason, James T.: Actions Not As Planned. In: Geoffrey Underwood / Robin Stevens (Hrsg.): Aspects of Consciousness. Academic Press, London 1979, Band 1, S. 67–89

Reed, Graham F.: Sensory Deprivation. In: Geoffrey Underwood / Robin Stevens: Aspects of Consciousness. Academic Press, London 1979, Band 1, S. 155–178

Regev, Eliahu / Benjamin Beit–Hallahmi / Ruth Sharabany: Affective expression in kibbutz-communal, kibbutz-familial, and city-raised children in Israel. In: Child Development, 51(1)/1980, S. 232–237

Reich, Wilhelm: Die Entdeckung des Orgons, Band 1: Die Funktion des Orgasmus. Kiepenheuer & Witsch, Köln 1969

Richman, N. / J. Stevenson / P. J. Graham: Pre-school to School – a behavioral study. Academic Press, London 1982

Ricœur, Paul: Le Conflit des interpretations – Essais d'herméneutique. Seuil, Paris 1969. (Deutsch: Paul Ricœur: Hermeneutik und Psychoanalyse. Kösel, München 1974)

Riesman, Paul: On the irrelevance of child rearing practices for the formation of personality. In: Culture, Medicine and Psychiatry, 7/1983, S. 103–129

Robbins, Lewis L. / Robert S. Wallerstein: The Psychotherapy Research Project of the Menninger Foundation. In: Bulletin of the Menninger Clinic, 20(5)/1956, S. 221–278

Roff, Merrill: Childhood Antecedents of Adult Neurosis, Severe Bad Conduct, and Psychological Health. In: David F. Ricks / Alexander Thomas / Merrill Roff (Hrsg.): Life History Research in Psychopathology, Band 3. University of Minnesota Press, Minneapolis MN 1974, S. 131–162

Rush, Florence: The Best Kept Secret. McGraw-Hill, New York NY 1980

Russell, Bertrand: The Analysis of Mind. Allen & Unwin, London 1921. (Deutsch: Bertrand Russell: Die Analyse des Geistes. Meiner, Leipzig 1927)

Schafer, Roy: A New Language for Psychoanalysis. Yale University Press, New Haven CT 1976. (Deutsch: Roy Schafer: Eine neue Sprache für die Psychoanalyse. Klett-Cotta, Stuttgart 1982)

Schulz, Hartmut / Jürgen Zulley: The Position of the Final Awakening Within the Ultradian REM/NREM Sleep Cycle. In: M. H. Chase / D. F. Kripke / P. L. Walter (Hrsg.): Sleep Research, Band 9 / 1980, S. 124

Searle, John R.: Minds, Brains, and Programs. In: Hofstadter / Dennett (Hrsg.) 1981, S. 353–382

Shepher, Joseph: Incest – A Biosocial View. Academic Press, New York NY 1983

Shope, Robert K.: Freud's Concepts of Meaning. In: Psychoanalysis and Contemporary Science, 2/1973, S. 276–303

Silverman, Lloyd H.: The Reports Of My Death Are Greatly Exaggerated.

In: American Psychologist, 31 / 1976, S. 621–637

Silverman, Lloyd H. / David L. Ross / John M. Adler / David A. Lustig: Simple research paradigm for demonstrating subliminal psychodynamic activation – Effects of oedipal stimuli on dart-throwing accuracy in college males. In: Journal of Abnormal Psychology, 87 / 1978, S. 341–357

Smith, Mary Lee / Gene V. Glass / Thomas I. Miller: The Benefits of Psychotherapy. Johns Hopkins University Press, Baltimore MD 1980

Sperry, Roger W.: Mental phenomena as causal determinants in brain function. In: Gordon G. Globus / Grover Maxwell / Irwin Savodnik (Hrsg.): Consciousness and the Brain. Plenum Press, New York NY 1976, S. 163–177

Stewart Jr.; Horace J.: Repression – Experimental Studies Since 1943. In: Psychoanalysis and the Psychoanalytic Review, 49 / 1962, S. 93–99

Strupp, Hans H.: Psychotherapy Research and Practice – An Overview. In: Sol L. Garfield / Allen E. Bergin (Hrsg.): Handbook of Psychotherapy and Behavior Change – An Empirical Analysis. Wiley, New York NY ²1978

Stuber, Klaus: Traum. In: Mertens (Hrsg.) 1983, S. 91–102

Sulloway, Frank J.: Freud, Biologist of the Mind. Basic Books, New York NY 1979 (Deutsch: Frank J. Sulloway: Freud – Biologe der Seele. Hohenheim, Köln 1982)

Sundberg, Norman D.: The Acceptability of «Fake» versus «Bona Fide» Personality Test Interpretations.

In: Journal of Abnormal and Social Psychology, 50 / 1955, S. 145–147

Sutherland, Stuart: Breakdown. Weidenfeld & Nicolson, London 1976. (Deutsch: Stuart Sutherland: Die seelische Krise. Europaverlag, Wien 1978)

Thomas, D. M.: The White Hotel. Gollancz, London 1981. (Deutsch: D. M. Thomas: Das weiße Hotel. Hanser, München 1981)

Thornton, Elizabeth M.: Freud and Cocaine – The Freudian Fallacy. Blond & Brigg, London 1983

Timpanaro, Sebastiano: Il lapsus freudiano. La Nuova Italia, Florenz 1954 (Englisch: Sebastiano Timpanaro: The Freudian Slip. Humanities Press, Atlantic Highlands NJ 1976)

Tranel, Daniel / Antonio R. Damasio: Knowledge Without Awareness – An Autonomic Index of Facial Recognition by Prosopagnosics. In: Science, 228 / 21. Juni 1985, S. 1453–1454

Tress, Wolfgang: Psychoanalyse als Wissenschaft. In: Psyche, 5 / 1985, S. 385–412

Turing, Alan M.: Computing Machinery and Intelligence. In: Brain, 59(236) / 1950. (Auch in: Hofstadter / Sennett (Hrsg.) 1981, S. 53–68)

Valentine, C. W.: The Psychology of Early Childhood – A Study of Mental Development in the First Years of Life. Methuen, London 1942

van den Berghe, Pierre L.: Human inbreeding avoidance – Culture in nature. In: The Behavioral and Brain Sciences, 6 / 1983, S. 91–123 (mit Diskussion)

Veness, Thelma: An experiment on slips of the tongue and word association faults. In: Language and Speech, 5(3)/1962, S. 128–137

Vogel, Gerald W.: An Alternative View of the Neurobiology of Dreaming. In: American Journal of Psychiatry, 135(12)/1978, S. 1531–1535

Walter, W. Grey: The Living Brain. Norton, New York NY 1953

Weiskrantz, L. / Elizabeth K. Warrington / M. D. Sanders / J. Marshall: Visual capacity in the hemianopic field following a restricted occipital ablation. In: Brain, 97/1974, S. 709–728

Werner, Emmy E. / Ruth S. Smith: Vulnerable but invincible – A longitudinal study of resilient children and youth. McGraw-Hill, New York NY 1982

Westermarck, Edward: History of Human Marriage (1891). (Deutsch: Eduard Westermarck: Geschichte der menschlichen Ehe. Costenoble, Jena 1893)

Westermarck, Edward: Recent Theories of Exogamy. In: Sociological Review, 26/1934, S. 22–44

Whyte, Lancelot Law: The Unconscious Before Freud. Basic Books, New York NY 1960

Wolf, Arthur P.: Childhood association, sexual attraction, and the incest taboo, a Chinese case. In: American Anthropologist, 68/1966, S. 883–898

Wolf, Arthur P.: Childhood association and sexual attraction – A further test of the Westermarck hypothesis. In: American Anthropologist, 72/1970, S. 503–515

Wyss, Dieter: Strukturen der Moral. Vandenhoeck & Ruprecht, Göttingen 1968

Zane, Manuel D.: Significance of Differing Responses among Psychoanalysts to the Same Dream. In: Jules Hymen Masserman (Hrsg.): Dream Dynamics – Scientific Proceedings of the American Academy of Psychoanalysis, Science and Analysis, Band 19. Grune & Stratton, New York NY 1971, S. 174–177

Zilbergeld, Bernie: The Shrinking of America – Myths of Psychological Change. Little, Brown & Co., Boston 1983

Zimmer, Dieter E.: So kommt der Mensch zur Sprache. Haffmans, Zürich 1986

Zimmer, Dieter E.: Schlafen und Träumen (1984). Ullstein, Berlin ²1986

Zuckerman, Marvin: The effects of subliminal and supraliminal suggestion on verbal productivity. In: Journal of Abnormal Social Psychology, 60/1960, S. 404–411

LESERPOST

Hier folgen 17 Briefe. Es handelt sich um Zuschriften, die die Redaktion der «Zeit» oder den Autor zu den drei Gelegenheiten erreichten, an denen er sich im Laufe dreier Jahre ausführlich oder *en passant* mit der Psychoanalyse befaßte. Der erste Anlaß war ein «Dossier» mit dem Titel «Der Aberglaube des Jahrhunderts» («Die Zeit» Nr. 42/1982), der zweite eine Rezension des Buchs von Hansjörg Hemminger und Vera Becker («Und was fühlen Sie dabei?», «Die Zeit» Nr. 14/1985). Beim dritten handelte es sich um eine fünfteilige Serie im «ZEIT*magazin*» mit dem Titel «Das sogenannte Unbewußte» (Nr. 44–48/1985). Da einige Schreiber die Tatsache für verdächtig zu halten scheinen, daß der Autor sich *mehrfach* im gleichen Sinn geäußert hat, sei hier erwähnt, daß er sich außerdem noch in einem Artikel über John Bowlby und innerhalb einer «ZEIT*magazin*»-Artikelserie über Schlaf und Traum mit Psychoanalytischem beschäftigt hat (in seinem Buch «Schlafen und Träumen» hat sich diese Äußerung zu einem ganzen Abschnitt ausgewachsen). Alle diese Aufsätze vertraten, wenn zuweilen auch notwendig in abgekürzter Form, eben die Thesen, die den Inhalt dieses Buches bilden, und sie taten es etwa in dem Stil, in dem dieses Buch verfaßt ist.

Die Briefe werden hier ungekürzt und unkommentiert wiedergegeben. Ihre Auswahl allerdings ist überaus einseitig. Alle nämlich stammen sie aus jener Hälfte der Zuschriften, die scharfe Ablehnung zu Protokoll gaben. (Laue Briefe gab es so gut wie gar nicht.) Ob sie repräsentativ für die negativen Stimmen sind, läßt sich natürlich nicht genau bestimmen; nach meinem Eindruck sind sie es. Der Leser hat nunmehr Argumente und eine Reihe von Gegenargumenten vor sich und ist eingeladen, sich selber ein Urteil zu bilden.

Jörg Bretschneider
Hannover

Leserbrief: Gegenpolemik oder die Götzen des Herrn Zimmer

Sehr geehrte Damen und Herren,
im Zusammenhang des Artikels «Der Aberglaube des Jahrhunderts»
im Dossier der Zeit, Nr. 45 vom 5. November 1982 seien mir einige
Bemerkungen erlaubt, denn das Agglomerat des Herrn Zimmer läßt
eine detaillierte Richtigstellung in Form eines Leserbriefs nicht zu,
das würde eines mindestens ebenso langen Artikels bedürfen.

Der Artikel des Herrn Zimmer gibt sich den Anstrich von Belesen-
heit und Wissenschaftlichkeit. Doch bei näherem Lesen entpuppt
sich schnell die journalistische Redlichkeit als ein zum Teil unzutreffend aus dem Zusammenhang zitiertes, unverstandenes, halbver-
dautes, eklektisches Sammelsurium, das einzig seine Geburtsstätte
in einer bestimmten Meinung von Wissenschaft hat. Zimmers Wissenschaftsbegriff nämlich findet seine Anlehnung an den Popper-
schen. Mit diesem Begriff, der die Zimmersche Anschauung gängelt,
will er, Zimmer, die wesentlichsten Probleme des Menschen ergründen. Eines, wo denn nun der Sitz der Seele, der Psyche, des Geistes,
oder wie immer man es heißen will, was schon die Altväter der Philosophie mächtig quälte, meint er platterdings mit der neurophysiologischen Erkenntnis, das sei alles nur ein System elektrochemischer
Signale, beantworten zu können. «Nur daß man leider selten unpar-
teiisch ist, wo es sich um die letzten Dinge, die großen Probleme der
Wissenschaft und des Lebens handelt. Ich glaube, ein jeder wird da
von innerlich tief begründeten Vorlieben beherrscht, denen er mit
seiner Spekulation unwissentlich in die Hände arbeitet. Bei so guten
Gründen zum Mißtrauen bleibt wohl nichts anderes als ein kühles
Wohlwollen für die Ergebnisse der eigenen Denkbemühung möglich», schrieb schon Freud selbst in arger, wohlwissender Selbstkri-
tik im «Jenseits des Lustprinzips», dort, wo er den ach so verhaßten
Todestrieb einführte.

Der Artikel hebt an mit jenem in der Tat so heillosen Wort eines
der eifrig bemühtesten Apologeten der Psychoanalyse und hangelt,
vielmehr wurstelt sich so durch einige ihrer Grundüberlegungen.
Nicht genug der eigenen Widersprüche («... Freuds heroischer
Gewaltstreich, allein und aus dem Stand eine totale Theorie der
menschlichen Psyche zu liefern ...» und weiter hinten: «Seine

eigentliche Leistung sah Freud darin, daß er eine Theorie des Unbewußten entworfen habe. Entdeckt hat er ‹das Unbewußte› nicht; das Thema unbewußter seelischer Vorgänge läßt sich bis zu Leibniz zurückverfolgen, ...»), so wird der Leser auch noch mit äußerst fragwürdigen und hirnlosen Modellversuchen belästigt, die Kastrationsängste, vielleicht sogar eines Tages auch die Liebe, die menschliche Beziehung messen und somit für den Computer einer total verwalteten Welt nutzbar machen will und damit lediglich nur eines erreicht, sich nämlich selbst des Schwachsinns auf das Gröbste zu entlarven. Wer sich dem Fetisch der absoluten Meßbarkeit, wie Zimmer (dessen intellektuelle Kleinheit sich dort enthüllt, wo er nur noch in Systemen denken kann), anheimgibt, der vergißt, daß derjenige, der vorgibt, sich nur auf die Erfahrung zu verlassen, genau das nur Erfahrung nennt, was bereits durch das eindimensionale Raster seiner begrifflichen Ordnung gegangen ist. Und wer dann noch daherkrückt und meint, die Psychoanalyse sei eine Sache für Schwachköpfe, der gibt mehr Auskunft über den Zustand seiner Person, als über den Zustand der Psychoanalyse. Wer angesichts der Spaltung des Urankerns und der Folgen daraus an eine Wertfreiheit der Wissenschaft glaubt und meint, sie mit dem autistischen Maßstab der Verifikation und Falsifikation konstruieren zu können, der kann vielleicht nur noch geheilt werden – vorausgesetzt er ist überhaupt noch Mensch –, wenn zynisch ihm die Opfer von Hiroshima die Hände schütteln könnten. Was für empirische Beweise braucht Herr Zimmer eigentlich noch angesichts der Volksverdummungsapparate der Nazis und der amerikanischen (als Beispiel) Medienkonzerne und deren Wirkung (ich spreche die Problematik der Massenpsychologie und der Identifikationsbildungen durch die «Ich-Ideale» an)? Will er vielleicht messen, warum ein SS-Mitglied seinen Dienst nach Vorschrift tat, auch wenn es galt, dabei pro Tag 9000 Juden zu vergasen? Die Poppersche Methode, die Zimmer kritiklos übernimmt, genügt sich selbst, sie ist erstarrt in Ideologie und abgehoben von jedem individuellen und gesellschaftlichen Bezug und ist letztlich alles andere, als was sie vorgibt zu sein, eine empirische Methode. Denn das, was Popper und sein Apologet (Schreihals) Zimmer als Empirie ausgibt, ist in Wirklichkeit schon längst gedanklich vorstrukturiert. Eine Möglichkeit z. B., was denn nun wirklich Empirie sei, bezeugt Freud durch seine Arbeit, es sei die Beobachtung. Doch Zimmer ist seiner Vorstellung von Wissenschaft, seines Vorurteils derart verhaftet, daß ihm die Phantasie, vielleicht auch die intellektuelle Kapazität fehlt, über seine Schemata der Modelle und Messungen hinauszudenken. Das, was er mit Hilfe eines Zitats einen «intellektuell lähmenden Glauben» nennt, schlägt auf ihn selbst zurück. Der Mythos vom Fortschritt der Menschheit durch Verwissenschaftlichung der Welt ist der Götze des Herrn Zimmer. Wer immer noch glaubt, durch das immer mehr und immer besser der materiellen Welt das Leben und die Freiheit der einzelnen Menschen zu unterstützen, der macht sich des Gegenteils verdächtig, der leistet Vorschub der schleichenden Naturzerstörung, der drohenden Selbstzerstörung durch Überrüstung, der totalen Verwaltung des Individuums und damit der totalen Unterdrückung seines Seelenlebens, dessen, was ihn überhaupt als Mensch auszeichnet.

In werter Hochachtung
Jörg Bretschneider

Rainer Brügmann
Reinbek bei Hamburg

Hätten Sie es doch nicht getan. Über die Psychoanalyse kann nur schreiben, wer sie aus persönlicher Erfahrung kennt.

Prof. Dr. Helmut Dahmer
Frankfurt am Main

Der Aberglaube des Jahrhunderts

Dieter E. Zimmer: «Der Aberglaube des Jahrhunderts»,
ZEIT Nr. 45 (5. 11.82)

Dieter E. Zimmer hat den ZEIT-Lesern im «Dossier» vom 5. 11.1982
mitgeteilt, was viele schon geahnt haben: Die Psychoanalyse ist
keine «echte» Wissenschaft, wenn man, wie das die Physikalisten
des «Wiener Kreises» vor einem halben Jahrhundert taten, als «Wissenschaft» nur das gelten läßt, was sich im Rahmen einer bestimmten, an der Entwicklung der Physik abgelesenen Forschungslogik
bewegt, und alles andere kurzerhand der «Metaphysik» oder «Dichtung» zuschlägt. Diesem Verdikt verfiel die Psychoanalyse ebenso
wie die Geistes- und die (nicht-behavioristischen) Sozialwissenschaften. Und sie ist in der Tat keine «richtige» Wissenschaft zur
Beherrschung der Natur, sondern eine Wissenschaft von der Pseudonatur in der Lebens- und Kulturgeschichte. (Darum stand sie der üblichen Psychologie und Psychiatrie auch stets fern.) Es gibt weite Erfahrungs- und Praxisfelder, die anders strukturiert sind als derjenige
Weltausschnitt, in dem wir mit der ewigen Wiederkehr des Gleichen
rechnen können und in dem wir uns zurechtfinden, indem wir
bestimmte Erfahrungen unzulässig verallgemeinern (Gesetzeshypothesen aufstellen), solche Annahmen dann experimentell überprüfen
und, soweit nötig, wieder zurücknehmen. Auch diese Operationen
sind an intersubjektive Verständigungsprozesse gebunden, die in den
Objektwissenschaften naiv vorausgesetzt, in den Subjektwissenschaften hingegen (in denen Menschen nicht allein als Beobachter
und Beobachtete, sondern auch als Personen vorkommen) zum
Hauptthema werden. Zur Klärung unseres privaten und sozialen Alltagslebens brauchen wir Theorien, die am Paradigma von Dialogen
orientiert sind. Hier lassen uns die von Zimmer als «echte Wissenschaft» ausgezeichneten empiristischen Untersuchungen, deren
Autoren von der Lebens- und Sozialgeschichte absehen und Charakterzüge ebenso wie Tabus biologistisch festschreiben, im Stich.
Darum ist die «befremdende», experimentell so schwer überprüfbare
Freudsche Theorie mit ihrer «imponierenden» Ausdrucksweise so

«verführerisch». Nicht die psychoanalytische Ideologiekritik, wohl aber der Szientismus, der Reflexion, Dialog und Praxis gleichermaßen aus der «Wissenschaft» ausgrenzt und durch Technik zu verdrängen sucht, ist der Aberglaube unseres Jahrhunderts.

Prof. Dr. Helmut Dahmer

Prof. Ernst Federn
Wien

Bezgl.: Dieter E. Zimmer:
Der Aberglaube des Jahrhunderts, Zeit Nr. 45.

Wäre es möglich, daß Die Zeit einem gigantischen «Grubenhund» aufgesessen ist, als sie in ihrem Dossier vom 5. November die Psychoanalyse als einen Aberglauben darstellen ließ? Die Anhäufung von Ungereimtheiten und Unsinn ist kaum von dem Bellen der Grubenhunde und dem Miauen der Laufkatzen zu unterscheiden, mit denen am Anfang des Jahrhunderts der Ing. Schütz in Wien die Neue Freie Presse zum Gespött machte und damit eine Wette gewann. Vielleicht hat auch Dieter E. Zimmer mit jemanden gewettet, man könne ungestraft jeden Unsinn über die Psychoanalyse schreiben, wenn es nur entsprechend aufgemacht wird. Daß es tatsächlich so sein könnte, dafür spricht die Verbindung von ernsten Zitaten und Bildern mit einer Karikatur, die ja durch Donald Ducks Erscheinung dem aufmerksamen Leser ein Warnungszeichen gibt: Achtung, jetzt kommt ein Spaß.

Der Anfang des Artikels macht ja schon stutzig, da «hat kein anderer Denker dieses Jahrhundert so beeinflußt wie Sigmund Freud». Aber eine Seite später wird Popper «zitiert», daß es sich um eine Lehre für Schwachköpfe handle. Das 20. Jahrhundert, ein Jahrhundert also des Aberglaubens und der Schwachköpfe. Man denke nur an Einstein, Thomas Mann, W. H. Auden, C. Fr. v. Weizsäcker, Anna Freud, die ganze USA Psychiatrie. Man hört den Grubenhund bellen!

Für den Leser nur ein Zitat um die Lächerlichkeit dieses Artikels zu dokumentieren. Carl Friedrich v. Weizsäcker, Professor für theore-

tische Physik und Philosophie und ehemaliger Direktor des «Max
Plank Institutes» in Starnberg, schreibt über Freud: «Die erneute
Freudlektüre hat mich erneut tief beeindruckt. Unter den Autoren
unserer Leseliste ragt Freud, so empfinde ich, an Intelligenz und
produktiver Phantasie, restlosem Wahrheitsdrang und
Selbstbeherrschung, hervor.»

Nun ist dieser Artikel so voller Unsinn, daß jede Zeile fünf andere
brauchte, um sie auf jenes Maß zu bringen mit dem man diskutieren
könnte. Der Artikel enthält aber auch Behauptungen, die, wenn auch
vielleicht scherzhaft gemeint, Themen behandeln, mit denen es
nicht erlaubt ist, Scherz zu treiben. Die Psychoanalyse wurde vom
Nazi-Regime verfolgt, aus Europa und ihrem eigensten Sprachgebiet
vertrieben. Sie hat Blutopfer im KZ zu beklagen. Zimmer macht so
als ob sie ihre Verbreitung dieser Verfolgung verdanke und nicht,
umgekehrt, die Emigration in ein anderes Sprach- und Denkgebiet
gerade den Freudschen Lehren die größten Schwierigkeiten bereitet
hätten. Als ob dem Begründer dieses «Aberglaubens» nicht bereits zu
Lebzeiten die bedeutendsten Geister seiner Zeit gehuldigt hätten, als
er noch in Wien seinen 80. Geburtstag feierte. Miaut nicht eine
Laufkatze, wenn einer der bedeutendsten Widersacher alles
religiösen Glaubens zum Begründer einer «weltlichen Kirche» gemacht wird, die ihre Ketzer verbrennen läßt. Gleichzeitig wirft der
Artikel im weiteren aber der Psychoanalyse vor, daß sie sich selbst
widerspreche und keine Beweise zuläßt. Was ist sie nun also – ein
Dogma oder sich widersprechende Hypothesen? Beides ist doch
nicht zugleich möglich? Nun ist die Internationale Psychoanalytische Vereinigung ein ohne jede Machtpositionen eher lose
organisierter Verband, der eine Reihe von verschiedenen Meinungen
innerhalb ihrer Statuten erlaubt, die sich innerlich nicht mehr und
nicht weniger streiten als unter anderen Wissenschaftlern üblich.

Aber die Krone des Unsinns kommt wenn Zimmer der Psychoanalyse vorwirft, sie entferne sich immer weiter von der Psychologie.
Gerade das Gegenteil ist der Fall. Die klinischen Psychologen
verwenden immer mehr und mehr die Freudschen Methoden und
werden dafür auch bereits von den Kassen bezahlt. Auch die seit
immer bekannten Erfolge der Verhaltenstherapien, alte Methoden in
modernem Gewande, die sich selbst dazu bekennen, nur Symptome
zu beseitigen, nähern sich bereits wieder den Freudschen Theorien
und sehr viele der Verhaltenstherapeuten unterziehen sich freiwillig

einer psychoanalytisch orientierten Ausbildung. Aber eine Diskussion mit einem als Witz gedachten Aufsatz ist ja unmöglich.

Allerdings bleibt die beunruhigende Frage, warum Die Zeit dieses Machwerk abgedruckt hat? In Anbetracht des Feldzugs der Dunkelmänner gegen Darwin in den USA muß man vorsichtig sein.

Die Psychoanalyse, die zum ersten Mal seit Sokrates gewagt hat die Aufforderung nach dem «Erkenne Dich selbst» wissenschaftlich zu erfüllen, war immer von den reaktionären Kräften verfolgt worden. Sie hat einen befreienden Charakter und hilft wie kaum andere Erkenntnisse die Irrationalität des homo sapiens zu verstehen und vielleicht auch damit zu überwinden. Diese Irrationalität, darüber sind sich die meisten denkenden Menschen einig, bedroht heute in den schrecklichen Formen des politischen Terrors, der Kriminalität und des Krieges den Bestand der Menschheit selbst. Der einzig bisher geglückte Versuch dieses unbegreifliche selbstzerstörende Verhalten der Menschheit zu verstehen, ist die Psychoanalyse und als solche hat sie sich in allen zivilisierten Ländern der Welt in jahrzehntelanger mühsamer Kleinarbeit Universitätsstellen errungen und allgemeine Anerkennung erworben. Die Ehrungen von Anna Freud, die kürzlich verstarb, waren nur eines von vielen Anzeichen dafür.

Um eines Witzes wegen, einer Wette oder möglicherweise aus persönlicher Abneigung in einer Zeitschrift wie Die Zeit öffentlich verhöhnt und durch den Dreck gezogen zu werden, ist ungehörig. Zimmer schuldet den Lesern eine Erklärung und Die Zeit täte gut daran dem Thema «Psychoanalyse und ihre Gegner» ein diesmal von Fachmännern verfaßtes Dossier zu widmen.

Es gibt in Tat auch andere Erklärungen der menschlichen Irrationalität außerhalb, unabhängig von und gegen die Psychoanalyse eingestellt. So der Marxismus russischer und chinesischer Prägung, die meisten katholischen Theologien, die Poppersche und Wittgensteinsche Richtung der Philosophie. Sie verdienen ernsthaft dargestellt und diskutiert zu werden. Ob «Grubenhund» oder journalistischer Ausrutscher, Zimmers Dossier ist das alles schuldig geblieben.

Prof. Ernst Federn, Wien

Ingeborg Fulde
Dipl.-Psychologin
Freiburg

Betreff: Leserbrief zu Dieter E. Zimmers Artikel
«Und was fühlen Sie dabei?»
in «Die Zeit» Nr. 14 1985

Daß Dieter E. Zimmer die Psychoanalyse haßt und sich keine Gelegenheit entgehen läßt, dies öffentlich kundzutun, ist spätestens seit seinem Dossier über dieses Thema bekannt. Dagegen wäre nichts einzuwenden, wenn Herr Zimmer es dabei bewenden ließe, Lobpreisungen über die Verhaltenstherapie und die Propagierung seines längst überholten und im übrigen einseitigen positivistischen Wissenschaftsbegriffs zu verbreiten. Das schadet niemandem und hat sicherlich auch seine Daseinsberechtigung.

Ich halte es allerdings für eine Ungeheuerlichkeit, wenn gerade in Ihrer Zeitschrift, die ich schätze, weil Sie es sich mit zur Aufgabe gemacht haben, jeglicher Art von Demagogie einen kritisch-aufklärerischen Denkprozeß entgegenzusetzen, ein von jeglicher Sachkenntnis ungetrübter Autor in nichts anderer als rein denunziatorischer Absicht mit einem wissenschaftlichen Denken verfährt, das gerade in unserer heutigen Zeit nötiger denn je gebraucht wird. Psychoanalyse war und ist immer mehr als eine beliebige Therapiemethode, sie ist in ihrer Einheit von Forschungs- und Therapieprozeß, von Theorie und klinischer Praxis als die Wissenschaft zu verstehen, «die als einzige im Ernst den subjektiven Bedingungen der objektiven Irrationalitäten nachforscht» (Adorno) und dem Menschen durch die Befreiung von inneren Zwängen Selbsterkenntnis und Selbstveränderung ermöglicht. Als therapeutische Methode ist sie wie jede andere begrenzt und hat dies auch nie verleugnet. Im übrigen scheint es mir produktiver und entspricht ja wohl auch sonst mehr dem Interesse Ihrer Zeitschrift, nachzuforschen, welche Motive den Menschen immer wieder dazu veranlassen, sich in zerstörerischer Weise gegen sich und seine Mitmenschen zu wenden, als die Verwirrungen unglücklich verlaufener Psychoanalysen auszuzählen und aufzurechnen gegen Schäden, die Menschen nach Verhaltenstherapie davongetragen haben. Daß beides weniger wird, kann allerdings nur durch eine fundierte klinische Forschung erreicht werden und nicht durch Polemik.

Mit freundlichen Grüßen
Ingeborg Fulde
-Dipl.-Psychologin-

Dr. med. J. Gotthardt
Gengenbach/Baden

Betr.: «Die Zeit» Nr. 45 zum Artikel: «Der Aberglaube des Jahrhunderts»

Sehr geehrte Damen/Herren!
Ich möchte hier doch meiner Verwunderung darüber Ausdruck geben, daß eine Zeitschrift mit Niveau wie «Die Zeit» einem solchen wirren Konglomerat von Behauptungen und Ansichten einen so breiten Raum einräumt. Der Autor muß sich schon die Frage gefallen lassen, wie ausführlich er sich mit der entsprechenden Literatur zur psychoanalytischen Theorie und Praxis beschäftigt hat, denn es scheint, als habe er im «Diagonalverfahren» die Stellen (unabhängig von ihrem inneren Sinnzusammenhang) herausgesucht, die er als Aufhänger für seine Polemik gebraucht hat. Vielleicht ist auch die Frage erlaubt, welche (unbewußte) Bedeutung die Psychoanalyse bei dem Autor besitzt, daß es zu solch heftigen Affekten kommt?? Aber damit wären wir ja schon wieder auf den «Irrwegen», vor denen uns der Autor bewahren will.

... ein Anhänger der Irrlehre

mit freundlichen Grüßen und der Hoffnung auf Veröffentlichung meiner Leserzuschrift

Dr. J. Gotthardt

Dr. D. Michael Hayne
Bonn

Zu: «Das sogenannte Unbewußte» von Dieter E. ZIMMER
in: ZEIT-Magazin, Nr. 46 vom 8. 11. 1985 – Leserbrief

Da lese ich am Anfang des Heftes in den «Tagebuchblättern» von
Paul LÜTH die Anklage: «Wir praktizieren eine stumme Medizin».

Wie freut mich da, daß ich einige Seiten weiter glücklicherweise beruhigt werde: Endlich ist Dieter E. ZIMMER der Nachweis gelungen, daß wir uns nach einem praktisch nicht beeinflußbaren psychischen Bauplan vom Kind zum Erwachsenen entwickeln. Hat er doch
wissenschaftlich so sorgfältig recherchiert und die aufgelisteten For-
schungsdaten so schlüssig interpretiert! Endlich brauchen Eltern
sich nicht mehr zu fragen, welche Verantwortung sie im Rahmen der
Familiendynamik für die psychische und soziale Zukunft ihrer Kinder haben und was sie besser machen könnten.

Und endlich können Ärzte in ihren Sprechzimmern die letzten Ver-
unreinigungen der «stummen Medizin» überwinden: Ärzte (und andere Fachleute natürlich) können jene Mütter und Väter, die über
sich und ihr Familienleben besorgt sind, unter Hinweis auf schick-
salhafte Baupläne, die in den Kindern stecken, zukünftig guten
Gewissens abspeisen und sich Wichtigerem zuwenden.

Ich empfehle (mit Herrn ZIMMER) eine Mischung aus Pillenvertei-
lung und Achselzucken.

> Dr. D. Michael HAYNE,
> Psychoanalytiker

Guido Kohlbecher
Neustadt

Sehr geehrter Herr Zimmer,
zu Ihrer neuen Serie «Das sogenannte Unbewußte» ein paar
Anmerkungen:

Also, die letzte Folge (8. 11. 85) hat mich doch einigermaßen baff gemacht. Erst wieder die bekannten großen Glockentöne, und zum
Schluß ganz massive Einschränkungen, die alles auf einen ebenso
anzweifelbaren Ansatz hinauslaufen lassen wie die bekämpfte Aus-
gangstheorie. «nach den unbewußten (...) Erlebnissen (...) wurde
meistens nicht gefragt und geforscht (...), weil die Forscher da nichts
zu finden erwarteten.» Na also. Jeder Forscher findet und belegt, was
er erwartet. Sie zeigen sich merkwürdig wissenschafts(Empirie)gläu-
big. Nach den selbst Chemie und Physik betreffenden wissenschafts-
historischen und -theoretischen Überlegungen, die wir seit einiger
Zeit kennen, können Sie doch auf solche willkürlich angesetzten
und unter zig Maßvorgaben durchgeführten psychosozialen Explora-
tionen und Beobachtungen nicht viel mehr geben. Wer beurteilt eine
Studie als «herausragend»? Sie? Oder die Psychologen, die gleicher
Ansicht sind? Woher nehmen Sie die Gewißheit, eine Ansicht als
«maßgebend» zu behaupten? Für wen, nach welchen Maßen? Da
wünschte man sich doch sehr viel mehr Bescheidenheit, die Sie ja
doch den angezweifelten psychoanalytischen Theoretikern (siehe
Eissler) auch abverlangen!
Diese Langzeitbeobachtungen unter deutlich behavioristischen Vorzeichen (deren Schlußformulierung dann aber merkwürdig erbgene-
tisch endet) sagen doch überhaupt nichts über die so Beobachteten,
das auch nur entfernt über Motive, Kompensationen, innere Kämpfe,
innere Begleitgefühle Aufschluß böte! Auch ein Maß für die Traumatisierung, die Tiefe der frühkindlichen Schädigung finde ich nicht
angegeben, aufgrund dessen man eine spätere «Heilung» einsehen
oder für möglich ansehen könnte. Leicht wäre zu sagen, daß, wo
keine schwerwiegenden Folgen sich zeigen, auch keine schwerwiegenden Verletzungen stattfanden. Was «schwerwiegend» ist, läßt
sich ja nicht von außen beobachten, sondern nur auf komplizierte
Weise nach innen erschließen, ausforschen. Natürlich gibt es verschiedene Empfindlichkeiten von Geburt aus! Aber die Freudianer
haben doch auch nie behavioristisch argumentiert: wenn der und der

Konflikt beobachtbar eintritt, dann muß die und die Folge eintreten, sondern gingen immer retrospektiv vor, aus der Spätfolge auf die Frühschädigung schließend. Vorhersagen sind da nicht möglich, auch nie behauptet worden. Es ist immer Prophetie im nachhinein, im nachzurück. Ihre angeblich objektiveren Forscher können auch in keinem Einzelfall Prognosen zusichern! Wenn also Prognostizier-barkeit das Wissenschaftskriterium sein soll, versagen Ihre langzeitigen Studien ebenso.

Sind für Sie auch die bisherigen Bücher der Alice Miller Phantasieprodukte? Gibt es den Typ des «begabten Kindes» in ihrem Sinne nicht so massenhaft, wie ihn etwa für Deutschland ihr Buch «Im Anfang war Erziehung» annimmt? Haben sich nicht Tausende dort wiedererkannt? Ging nicht Freud selbst ursprünglich von einer (jetzt wieder hervorgeholten) Verführungsthese (Eltern mißbrauchen das Kind) aus?

Auch wüßte man gerne Näheres über die nur ominös angedeuteten anderen Faktoren der Multikausalität! Wie heißen denn diese Parameter, wie wurden sie erforscht und in ihrer Interdependenz gewichtet? Ich lese nur: irgendwie muß es am Erbe liegen. Wahrlich, eine plausible wissenschaftliche Behauptung! So weit war man vor 100 Jahren schon.

Ich kann da nur sagen «non liquet!» und «Lucus a non lucendo». Wenn schon Vor-Urteile diese diffizile Forschung nach wie vor bestimmen (müssen), halte ich mich lieber an das tiefen-psychologische, dessen Modelle mir deutlicher und menschlich mehr einleuchten.

Mit freundlichen Grüßen
G. Kohlbecher

Jürgen Lenski
Solingen

Betr.: Artikel: «Der Aberglaube des Jahrhunderts» in «Die Zeit»
Nummer 45

Sehr geehrte Damen und Herren,
die Kritik an der Psychoanalyse ist so alt wie die Psychoanalyse
selbst. Das reicht von Schülern Freuds (C. G. Jung, Alfred Adler, Wilhelm Reich, Sandor Ferenczi u. a.) und hört bei aktuellerer Kritik aus
linker (z. B. mit Michael Schneider: Klassenkampf und Neurose) und
orthodoxer Ecke (z. B. die Bücher von Alice Miller) nicht auf.

Läßt man dann auch noch, wie in dem Artikel geschehen, als einziges
Kriterium für Wissenschaftlichkeit den neopositivistischen Ansatz
gelten, d. h. denkt nur in Wenn-Dann Beziehungen, braucht man sich
nicht zu wundern, wenn als Kritik nur Polemik herauskommt.

Die Brauchbarkeit eines wissenschaftlichen Begriffsapparates bemißt sich u. a. auch daran, wie gut er in der Lage ist, erfahrbare Wirklichkeit zu erklären. Bei allen Vorbehalten gegen Theorie und reale
Praxis mancher orthodox arbeitender Psychoanalytiker: diese Leistung des psychoanalytischen Begriffsapparates bleibt unter therapeutisch tätigen Psychologen unbestritten. Dazu hat Freud, obwohl
selber weitgehend rationalistischer und biologistischer Denkweise
verhaftet, gezeigt, daß es jenseits abendländisch-logischer (und damit beschränkter) Erfahrungsweise eben noch andere Wirklichkeiten gibt.

Mit freundlichen Grüßen
Jürgen Lenski

Dr. med. Albrecht Mahr
Würzburg

Betr.: Leserbrief zum Dossier in der «Zeit» Nr. 45 vom 5. 11. 82: «Der Aberglaube des Jahrhunderts» von Dieter E. Zimmer

Herrn Zimmer gebührt Respekt für einen wohl eher unfreiwilligen Dienst, den er der Psychoanalyse geleistet hat. Wo der Artikel doch überwiegend nahelegt, die Psychoanalyse als «Aberglaube, Irrweg, horrendeste Bauernfängerei des 20. Jahrhunderts» dem Scheiterhaufen «der» Wissenschaft zu überantworten – wo er also diese Psychoanalyse ins Gerede bringen will, bringt er sie sicherlich intensiv ins Gespräch unter denen, die mit ihr und von ihr leben. Und dabei steht gewiss ein Thema im Mittelpunkt: Herrn Zimmers «richtige Wissenschaft». Es sieht so aus, als sitze Herr Zimmer seinerseits auf dem Medawar'schen Wissenschafts-Dinosaurier, der mit ihm einen häufig genug unsinnigen bis dümmlichen Galopp veranstaltet.

Anders gesagt: die Psychoanalyse hat natürlich Fehler, nicht zuletzt dort, wo sie sich allzu bereitwillig im Rahmen des engen kartesianisch-newtonschen Wissenschaftsbegriffs zu rechtfertigen versuchte, den Herr Zimmer ihr verschreiben möchte: Messbarkeit, Voraussagbarkeit, Wiederholbarkeit, Trennbarkeit von Untersucher und Untersuchtem sind in ihren Grenzen taugliche, für die Erfassung von innerseelischer und zwischenmenschlicher Dynamik jedoch sicherlich oft ganz untaugliche und obsolete Wissenschaftskriterien.

Dem Gegenstand der Psychoanalyse scheinen mir Beschreibungsversuche der Wirklichkeit angemessener, die aus der Atomphysik unseres Jahrhunderts, genauer: der Physik subatomarer Phänomene, stammen. Die Relativitäts- und die Quantentheorie mit ihren Weiterentwicklungen beschreiben mathematisch konsistent, verstandesmäßig jedoch kaum noch begreifbar die Wirklichkeit als eine Art vierdimensionales Netzwerk von Einzelkomponenten, die nur durch ihre gegenseitigen Wechselwirkungen, nicht aber aus sich selbst eine definierbare Realität haben. «Was wir beobachten, ist nicht die Natur selbst, sondern Natur, die unserer Art der Fragestellung ausgesetzt ist» sagt Werner Heisenberg in «Physik und Philosophie» und deutet damit einen Wissenschaftsbegriff an, von dem her der Psychoanalyse tatsächlich neue Impulse zufließen können. In den psychoanalytischen Theoriebildungen zur Gegenübertragung und zur Familiendynamik, um nur zwei Bereiche zu nennen, scheinen mir solche Ansätze implizit aufgenommen zu sein.

Facit: wer weiß, vielleicht erscheint eines Tages in der «Zeit» ein Dossier über den tradierten Wissenschaftsbegriff, dem allein Herr Zimmer verpflichtet scheint, mit der Überschrift: Der Aberglaube des Jahrhunderts.

Dr. med. Albrecht Mahr,
Psychoanalytiker

Andreas Meckel
Dipl.-Volkswirt
Düsseldorf

Betr.: Artikel von Dieter E. Zimmer in der ZEIT Nr. 14 v. 29. 3. 1985

Sehr geehrte Damen und Herren,
mit schöner Regelmäßigkeit schreibt Dieter E. Zimmer in der «ZEIT» über die Psyche des Menschen und bewertet die bestehenden Therapiemöglichkeiten. Zuletzt in der «ZEIT» Nr. 14 vom 29. März 1985 (Und was fühlen Sie dabei?).

Der leicht gereizte, eifernde und belehrende Unterton in allen diesen Artikeln macht dabei immer wieder deutlich, daß er selbst ein ‹Betroffener› ist. Und es trifft auf ihn der Satz zu, der auch in dem letzten Artikel zu lesen war: «Der Betroffene weiß selber nicht das mindeste davon.» Diesem Satz wäre hinzuzufügen: ... wenn er sich nicht auf sich selbst einläßt!

Das aber will Dieter E. Zimmer nicht und möchte auch alle anderen davon abbringen. Zwei Bücher, die ihn in dieser Haltung bestätigen, sind ihm aktuelle Zeugen und geben ihm Anlaß, wieder einmal die Forderung nach «Wahrheitsbeweisen» an die Tiefenpsychologie zu stellen.

Die Tiefenpsychologie wird Dieter E. Zimmer keine «Wahrheitsbeweise» liefern. Er versteht nicht, daß er die «Wahrheitsbeweise» in sich trägt. Aber er ist so mit «empirischer Überprüfung», mit «Messen, Zählen, Statistik» und «hervorragend rationalen Büchern» beschäftigt, daß er sie nicht entdecken wird. «Abwehr» sagen die Tiefenpsychologen dazu. Und es sind Angst und Abwehr, die ihm «unbewußt» die Feder führen. Wie jemanden aufwecken, der sich schlafend stellt?

Mit freundlichen Grüßen
Andreas Meckel

Frank Orlowski
Mönchengladbach

Bezug: Ihr Artikel «Der Aberglaube des Jahrhunderts»,
Nr. 45/82, S. 17

Sehr geehrter Herr Zimmer!
Als Aberglaube des Jahrhunderts erscheint mir mehr als die Psychoanalyse die wissenschaftstheoretische Forderung von Popper: «Eine echte wissenschaftliche Theorie zeichne sich durch Falsifizierbarkeit aus.» Gibt es auch «unechte» wissenschaftliche Theorien? Nach Popper doch wohl nicht.
Poppers Forderung reduziert «echte» Wissenschaft auf Allgemeingültigkeit, Notwendigkeit und Nachprüfbarkeit (beliebig oft). Damit ist jedes geistige Phänomen von «echter» Wissenschaft nicht behandelbar. So niedrig wollen wir von Wissenschaft denn doch nicht denken.
Die Frage an Freud ist, ob er das menschliche Bewußtsein verdinglicht hat. Sein größter Satz «Wo Es ist, soll Ich werden.» widerspricht dieser Denunziation. «Ich» müßte allerdings im Umkreis der Freiheitsphilosophien von Fichte oder Hegel bestimmt werden.
Danach werden die vielfältigen Gegenargumente zu Freud in ihrer Bedeutung deutlich reduziert.

Mit freundlichen Grüßen
Orlowski

Univ. Prof. Dr. Erwin Ringel
Wien

Sehr geehrter Herr Chefredakteur!
Diesen Brief schreibe ich Ihnen aus einem tiefen Herzensbedürfnis
und um folgende Punkte auszudrücken:

Erstens und vor allem schätze ich Ihre Zeitschrift über alle Maßen
wegen ihrer Sauberkeit, ihrer Ausgeglichenheit, ihrer Souveränität
und besonders wegen ihrer tiefen Menschlichkeit. Daß Sie das alles
noch dazu in einem so interessanten und oft direkt spannendem Stil
bringen, erhöht den Genuß der Lektüre noch wesentlich. Ich kann
ruhig sagen, daß ich mich Woche für Woche auf das Erscheinen Ihres
Blattes freue.

Zweitens, und gerade unter dem Aspekt dessen, was ich unter
Punkt 1 aufgeführt habe, kann ich es nicht fassen, daß Sie die Serie
«Das sogenannte Unbewußte» abgedruckt haben. Wir arbeiten wirklich seit Jahrzehnten verzweiflungsvoll, um die bahnbrechenden Erkenntnisse Freuds breiten Kreisen verständlich zu machen, und wir
wissen, warum wir es damit so schwer haben: weil weite Bevölke-
rungsteile nicht an ihr Unbewußtes erinnert sein wollen, weil sie
Angst haben vor der Konfrontation mit all den finsteren Dingen, die
sich in der Tiefe ihrer Seele eben finden.

Wir wissen auch selbst um den Widerstand all derjenigen, die trotz
allem sich doch um eine Psychotherapie bemühen, weil sie den Leidensdruck ihrer neurotischen Symptome nicht mehr aushalten.
Auch sie wehren sich aus menschlich durchaus verständlichen
Gründen gegen die Aufdeckung der Wahrheit.

Und da kommen Sie und liefern all diesen Menschen neue «Nahrung» dafür, daß alles, was von Freud kommt, ein Unsinn sei, längst
überholt und angeblich wissenschaftlich widerlegt. Darf ich Ihnen
folgendes sagen: Die Menschheit ist, woran kein Zweifel bestehen
kann und was Sie auch in Ihrer Zeitung immer wieder betonen, vom
Untergang bedroht. Dies hat ganz wesentlich zu tun mit der Zu-
nahme der Neurotisierung in der Kindheit durch das falsche Verhalten der Eltern. Wir wissen gar nicht mehr, wie es uns gelingen soll,
die Welle der neurotisierten Menschen, die auf uns zukommt, aufzuhalten. Und dann schreiben Sie eine Artikelserie, in der zu lesen ist,
daß es dabei auf das Verhalten der Eltern in den ersten sechs Lebens-

jahren gar nicht ankommt. Wie werden sich die Eltern freuen, die in Deutschland – wie auch in Österreich – glauben, mit dem Kinde alles machen zu dürfen, was ihnen beliebt, und welche die sogenannte elterliche Gewalt in der schrecklichsten Weise mißbrauchen für körperliche und seelische Quälung der Kinder.

Auf Einzelheiten möchte ich hier nicht eingehen; nur eines möchte ich Ihnen sagen – und dies mag gerade von einem Menschen, der Ihnen den ersten Punkt geschrieben hat, doppelt ins Gewicht fallen –: Ein solches Vorgehen ist unverantwortlich und unverzeihbar und umso schlimmer, als ich mir schwer vorstellen kann, daß es durch irgendetwas wieder gutgemacht werden kann.

Ich selbst bin seit 20 Jahren Obmann der österreichischen Adlerianer (Individualpsychologie), also kein Freudianer, und schon als solcher natürlich der Auffassung, daß Freud nicht mit allem, was er sagte, Recht hatte. Aber dennoch, es gibt heute unumstößlich nachgewiesene Dinge, und dazu zählt die Existenz des Unbewußten ebenso wie die ungeheure Bedeutung der ersten sechs Lebensjahre, deren Geringschätzung bis zum heutigen Tage für ungezählte Menschen zur Katastrophe wird. Es gibt kein Gebiet des menschlichen Wissens, welches nicht durch die Entdeckung der Dimension des Unbewußten bereichert wurde und auf eine neue Ebene gestellt worden ist. Dies zu leugnen oder ungeschehen machen zu wollen (was gar nicht möglich ist), würde einen Rückschritt um hundert Jahre bedeuten. Gerade einem Freund Ihrer Zeitschrift tut es weh – und mehr als weh –, diese im Dienste eines solchen Bemühens arbeiten zu sehen.

Wenn Sie jetzt mit dem Argument kommen, daß eine Zeitung wie die Ihre eben pluralistisch schreiben müßte – ich hoffe, daß Sie dies nicht tun werden –, so muß ich entgegnen, daß ich zwar mit Rosa Luxemburg der Auffassung bin, Freiheit bedeutet immer die Zulassung einer Auffassung, die von der eigenen abweicht; aber daß man so unwidersprochen und unkommentiert diese Serie nicht hätte vorlegen dürfen. Dies umso mehr, als schon vor einiger Zeit auch im «Spiegel» ein ähnlicher Versuch unternommen worden ist.

Mit den besten Empfehlungen bleibe ich

Ihr sehr ergebener
Univ. Prof. Dr. Erwin Ringel

Dr. Manfred Schellenbacher
Psychoanalytiker
Salzburg

Sehr geehrte Redaktion!
Es wäre schön wenn Sie sich einmal trauen würden soetwas oder
etwas in diesem Sinne zu bringen.

Herzliche Grüße
Schellenbacher

PSYCHOANALYSE – UND KEIN ENDE

Alle Jahre wieder, die vernichtenden Meldungen: Freud ist tot, seine
Psychoanalyse keine brauchbare Therapie, ja, gar keine Wissen-
schaft. Man kann auch abstinent und schweigsam bleiben, Deutungen sind kaum gefragt – wieviele interessiert das auch schon? Zur
Diskussion steht nicht eine kritische Serie über psychoanalytische
Theorien, vielmehr fällt die neue Wende im Zeitgeist auf.
Herr Zimmer vergißt noch einen wesentlichen Vorwurf gegen
Psychoanalyse: sie ist unschicklich genug, daß sie mit Übertragungs-
und Gegenübertragungsgefühlen den Standpunkt des Autors selbst
wieder in die Analyse einschließt. Oder anders, wer über Jahre so
viel, so leidenschaftlich an der Tiefenpsychologie kritisiert, sollte
auch seine negativen Gefühle deutlicher und persönlicher aussprechen. Angst ist in der Methode der Verhaltenswissenschaften mitge-
geben (G. Devereux), positivistischer Objektivismus ist Humbug, die
genetischen Aspekte des Betrachters können aber «objektivere»
Situationen beschreiben.
Jeder Student weiß über das «professoriale Profiteor» bescheid, kennt
den erklärten Standpunkt des Lehrers. Wissenschaftsserien in Me-
dien sind dagegen viel mißverständlicher. Sie erwecken gerne den
Eindruck als würden sie nicht mehr nur eine wissenschaftliche Position vertreten, sondern von einer höheren Warte aus nur mehr Resultate referieren. Mittelalterliche Disputationen waren ungleich ge-
rechter, sie räumten auch der Gegenseite ähnliche Bedingungen ein.
Heute ist zu befürchten, daß die Gegenthese schnell zum gekürzten
Leserbrief degradiert. Daher kann hier von kritischer Gegendarstel-
lung keine Rede sein, nur frei assoziierend sollen einige Argumente
angesprochen werden.

In Erinnerung ist zum Beispiel noch der ausführliche Bericht über moderne Traumforschung. Der Grundtenor damals: Die Traumdeutung Freuds ist passé, es lebe die hirnphysiologische Traumforschung. Als wäre Methodenvielfalt nicht charakteristisch für Wissenschaft.

Sie ist nun über fünfundachtzig Jahre alt geworden, die «Traumdeutung» von Freud. Was an ihr brauchbar oder falsch, selbst heute wagt man dies nicht zu entscheiden. Recht beschämend für eine moderne Traumforschung. Gehirnströme und Hirnstammfunktionen in Ehren, aber es war Freud, der immer schon physiologische Bedürfnisse neben psychische stellte (und manchmal gar utopisch glaubte einmal psychische Prozesse auf physische reduzieren zu können). Nur trifft eine physiologische und physikalische Traumforschung kaum Freuds Traumtheorie. Daß Trauminhalte gar keine symbolische Bedeutung hätten, daß Traumsprache gar keinen Sinn habe – was hat Sprache sonst als Sinn? Träume nur als Abreaktion, aber doch symbolisch übersetzt. Zu dumm, das ist auch eine alte These Freuds. Am Ende dieser Abhandlung heißt es dann ehrlich, daß man eben nur sehr wenig wisse über Träume. Die eigentliche Absicht wird mitgeteilt: sich vom Freudianismus frei zu machen. Mit gutem Recht, doch das alleine ist noch zu wenig.

Natürlich, Freud hat sich auch geirrt – hoffentlich und Gott sei Dank. Das aber ist nicht das Problem des Genies, daß eine Randbemerkung im Zeitgeist verfällt, schon eher das der zu klein geratenen Söhne. Oder die ausführliche Beschreibung, abgewandelter und verkürzter Therapien, die sich nur irgendwie von Freuds Technik abgesetzt oder distanziert haben müssen um schon als empfehlenswert offeriert zu werden. Wer liest schon in Freuds technischen Schriften nach wie wenig neue Konzeptionen «moderne» Therapien beinhalten.

Und kein Wort über die Entwicklung der psychoanalytischen Praxis und Theorie, von H. Hartmann bis M. Mahler, Kernberg und all den anderen. Sie müssen Freud schon sehr hoch einschätzen, die Feinde Freuds, daß sie ihm alles, selbst die Allmacht der Gedanken zutrauen.

Warum will er auch nicht sterben? Anständige, große Männer lassen sich zwanzig oder dreißig Jahre nach ihrem Tode in der Kulturgeschichte, in Schulbüchern registrieren und sind rücksichtsvoll genug die Jungen in Frieden zu lassen. Freud ist kein rechter Mann. Ein Unruhestifter ist er, ein wissenschaftlicher Störfaktor, ein Wolf im gutbürgerlichen Kragenpelz.

Der Vorwurf gegen den idealisierten Vater, er hätte alles wissen müssen, richtet sich auch gegen die Söhne, sie nämlich hätten es ja noch besser wissen können. Alle diese Angriffe beinhalten auch ein gutes Stück Anerkennung und verdrängte Liebe. Freuds Zeitgenossen haben ihn verehrt und kritisiert. Die köstlich böse Kritik von Egon Friedell und Karl Kraus. Viele standen in anerkennender Beziehung zu ihm: ein Stefan Zweig, Arnold Zweig, Einstein, Romain Rolland und viele andere. Manche in verehrender Distanz wie Bleuler, Rilke, Thomas Mann und selbst Ludwig Wittgenstein nennt Freud irgendwo seinen Lehrer.

Wir dagegen hätten das Recht ihn distanzierter zu betrachten oder ihn zu vergessen, nur unsere Kritik fällt so verdächtig mickrig aus. Hitler und Stalin ließen Psychoanalyse verfolgen und vernichten, heute gibt es duldsamere aber auch diffizilere Abwehrmechanismen. Eine Fülle neuer psychoanalytischer Literatur, neue Erkenntnisse der Ich-Psychologie, der Entwicklungspsychologie und Psychosentherapie – nicht einmal ignorieren. Tiefenpsychologische Aspekte finden wir überall, nicht nur in Wissenschaft und Kunst sondern in jeder kulturellen Facette. Sozialwissenschaften etwa, undenkbar ohne psychoanalytische Termini, selbst erklärte Gegner verwenden sie ungeniert.

Dann zitiert man schon lieber einen J. M. Manson der kürzlich die von Freud angeblich verratene Verführungstheorie wieder aufgriff. Man kann über Freud noch immer bekannt werden. Vor mehr als fünfzig Jahren hat S. Ferenczi diese Diskussion schon mit Freud geführt. Möglich auch, daß Freud dieser These wirklich zu wenig Gewicht zugemessen, aber er hat sie entwickelt. Sie ist in gewisser Weise Bestandteil der psychoanalytischen Theorie geblieben. Das eben ist Freuds Größe, daß er nicht dogmatisch seinen eigenen Erkenntnissen nachtrauert, sondern diese zeitlebens fortentwickelt. Mit absolutem Wissen ist es bei Wissenschaften nicht weit her. Behauptungen können, wie die Psychoanalyse meint, schon alleine durch ihr subjektives, genetisches Schicksal immer nur in ihrer relativen Gültigkeit verstanden werden. Ebenso psychoanalytische Thesen selbst, letzlich sind auch sie nur Arbeitshypothesen. Doch sie halten noch gut, sind entwicklungsfähig und praktikabel. Ewige Wahrheiten sind sie nicht. Auch Freuds Metapsychologie ist nicht für die Ewigkeit – aber gegenwärtig kein neuer Silberstreif am Horizont.

Dem Psychoanalytiker bleibt die verschmitzte Freude, daß seine Arbeit wirkt, nicht nur im Therapiezimmer, sondern auch auf der gesellschaftlichen Couch der Institutionen und Ideologien. Verdrängung und Verleugnung bezeugen eben diese anarchische Kraft der Psychoanalyse. Möglich, daß das Genie Freud uns noch weit in das nächste Jahrhundert begleiten wird.

Bedenklicher wird es allerdings, wenn zum Beispiel in der 3. Serie «Das sogenannte Unbewußte» nicht nur die Traumatisierung der Kindheit als Schicksal bezweifelt wird, sondern mögliche Konsequenzen einer tragischen Kindheit als nicht eruierbar hingestellt werden. «Die Doktrin stammt aus der Tiefenpsychologie, der Lehre von den krankmachenden unbewußten Wünschen. Heute wackelt diese erheblich.» Ja, dann!

Da nützt auch wenig, daß einige empirische Untersuchungen zitiert werden, deren korrekte Forschungsmethode hier keineswegs angezweifelt wird.

Nur, Herr Zimmer muß zur Kenntnis nehmen, daß eben nicht alles empirisch belegbar ist, daß empirische Untersuchungen ihren Interpretationsrahmen benötigen. So kann mit diesen Untersuchungen belegt werden wie schwer eben eine individuelle Entwicklung berechenbar ist. Eine Fülle polimorpher Dispositionen und Expositionen, persönliche Abwehrmechanismen, enttäuschen die simplifizierende Darstellung, frühkindliche Not ergibt immer Neurose oder Psychose. Auch der gut angepaßte Erwachsene kann noch unter seiner kindlichen Verzweiflung leiden, etwa als sadistischer Funktionär von Institutionen oder in somatisierter Selbstentfremdung.

Eben, die Psychoanalyse ist nicht wertfrei, sie kennt ihre humanistische und rationalistische Tradition, ihre Ideologie einer Aufklärung. Sie glaubt immer noch dogmatisch, daß das Elend, die Versklavung der Kindheit ihre traurigen Folgen hat. Es gibt für sie Einsichten, die clara et distincte (Descartes) stehen.

Man darf in unserem Zeitgeist der Wende darauf warten bis ein «volksnäherer Journalismus» diese These verzerrt aufgreifen und die angebliche Bedeutungslosigkeit der kindlichen Not, der psychischen Armut ideologisch verwerten wird.

Schellenbacher M.

Dr. med. Jörg Schmutterer
München

Betr.: Dieter E. Zimmer:
«Der Aberglaube des Jahrhunderts»

Sehr geehrte Damen und Herren!
Nach dem Lesen des Artikels «Der Aberglaube des Jahrhunderts» ist
zunächst die Versuchung groß die Polemik von Dieter E. Zimmer
ebenso zu beantworten. Ansatzpunkte bietet dieser Artikel in Fülle!

Was veranlaßt Herrn Z. so oberflächlich und unsachlich mit Halb-
wahrheiten, Halbwissen und einer sehr willkürlichen Auswahl von
Zitaten der Psychoanalyse Unsachlichkeit anzulasten?
Ist es der Ärger darüber, daß nicht alle Bereiche menschlichen Denkens und Fühlens – auch bei Herrn Z. – statistisch oder mit physikalischen Gesetzen zu erfassen waren, sind, und sein werden? Auch
Freuds Gedanken werden deshalb immer ein Stück Hypothese bleiben und können nur empirisch und nicht mathem.-naturwissen-
schaftlich weiterentwickelt werden. Diese Hypothesen und die dar-
aus entwickelten Erfahrungen haben sich jedoch als sehr hilfreich bei
der Therapie seelisch Kranker erwiesen. Dieses ärztliche Bemühen
kann durch diesen Artikel nicht in Frage gestellt werden.
Unsere menschlichen Beziehungen kranken am Übermaß technischer, physikalischer und mathematischer Maßstäbe. Wenn Gefühle
nur als hinderlich und lästig erlebt werden, kann die immer verblei-
bende Unmeßbarkeit menschlichen Fühlens und Denkens eben nur
Angst und Wut auslösen.

Mit freundlichen Grüßen
Dr. J. Schmutterer

Dr. med. Folkert Schultze
Medizinaldirektor i. R.
Arzt für Neurologie und
Psychiatrie-Psychotherapie
Göttingen

Betr.: Die Zeit Nr. 45, 5. 11. 82
       Dieter E. Zimmer: Der Aberglaube des Jahrhunderts
                         Drohende Eiszeit

Sehr geehrter Herr Fränkel,
Herr Dieter E. Zimmer hat sich in der Zeit Nr. 45 gleich zweimal aus-
gelassen. Maffays Schlager kam seiner naiven Ironie entgegen. Da
war nichts zu verpatzen.
Dagegen ist Freuds alter Hut für den Herrn Zimmer einige Nummern
zu groß. Bedeutende Kenner der Materie haben die Diskussion um
das Für und Wider der Psychoanalyse – fürwahr eines der großen
Gesprächsthemen dieses Jahrhunderts – meist auf bedeutendem
Niveau geführt. Der Herr Zimmer dagegen hat bekannte Argumente
journaillistisch aufgemotzt und mit einer schlagkräftigen Überschrift versehen. So macht man Meinungsbildung. Herrschaften!
Hätte er doch seine Ansichten dem Spiegel oder der Bild-Zeitung
angeboten. Weshalb lässt Die Zeit einen Dilettanten über ein solches
Thema fabulieren?
Man hat Jaspers nachgesagt, seine Aversion gegen die Psychoanalyse
habe ihren Grund in gewissen Misserfolgserlebnissen auf diesem Gebiet gehabt. Herr Zimmer, Hand aufs Herz und wenig gelogen! Aber
da ich Sie nicht kenne, kann ich mich natürlich irren. Interessant
übrigens, daß, wie Eingeweihte wissen, Frau Zimmer sich für das
Vorwort zu ihrem neuen Buch des bekannten Psychoanalytikers
H. E. Richter versicherte.

                    Mit freundlichen Grüßen
                    Dr. Schultze

Ellen Smith
Dipl.-Psychologin
Grebenstein

Stellungnahme

Die Argumente, die Herr Zimmer vorbringt, sind alt, zum größten Teil so alt wie die Psychoanalyse selbst. (Z. Bsp. das Argument der Unwissenschaftlichkeit). Neu ist auch nicht die stark emotional getönte und feindselige Haltung. Es scheint fast so, als sei man wütend und enttäuscht, daß die Psychoanalyse immer noch nicht ausgerottet ist, obwohl sich die Nazis doch solche Mühe gaben und auch nach dem Krieg die überwiegende Mehrheit der deutschen Hochschulen die Psychoanalyse mit einem Tabu belegte.

Aber welch ein Teufelswerk, allen Verfolgungen zum Trotz (oder wie es Herr Zimmer anscheinend sieht, gerade wegen ihrer Verfolgung, denn dadurch wurde sie in die Welt hinausgetragen und konnte sich verbreiten wie eine Seuche) gibt es die Psychoanalyse immer noch.

In einem Punkt stimme ich mit Herrn Zimmer vollkommen überein, nämlich in seiner Kritik an dem inflationären Gebrauch der psychoanalytischen Begriffe. Ich halte es auch für eine Zumutung, wenn jeder «zweite Intellektuelle», der nie eine Zeile von Freud gelesen hat, mit Begriffen wie «Verdrängung», «Unbewußtes» oder «Libido» um sich wirft, als wüßte er, wovon er redet. Dasselbe gilt natürlich für die Massenmedien. Aber ich finde die Schlußfolgerung von Herrn Zimmer doch etwas absurd, dieses allgemein verbreitete Begriffskauderwelsch, für das ja gerade die Nicht-Fachleute verantwortlich sind, der Psychoanalyse oder Freud selbst zum Vorwurf zu machen. Gerade Psychoanalytiker wehren sich auf das heftigste gegen diesen unqualifizierten, verkürzten und verfälschenden Gebrauch des psychoanalytischen Vokabulars.

Von Herrn Zimmer darf ich wohl annehmen, daß er nicht zu jenen Leuten gehört, die über Freud reden, ohne ihn gelesen zu haben. Denn sein Beitrag zeigt ja, daß er sich wirklich bemüht hat, sich sachkundig zu machen. Umso erstaunlicher finde ich es, daß in seinem Artikel Aussagen stehen, die schlichtweg falsch sind. Ich möchte nur einige Punkte herausgreifen:

Er bezeichnet die Psychoanalyse als eine Art Religion oder Heilslehre. Es mag Leute geben, die auf der Suche nach einer solchen sind, und dabei vorübergehend auch die Psychoanalyse dafür halten. Freud selbst hat sich von solchen Tendenzen immer auf das schärfste distanziert. Er ließ kein gutes Haar an Religionen und Heilslehren jeder Art. (Man denke nur an seine Arbeit: «Massenpsychologie und Ich-Analyse»)

Auch ist Herrn Zimmers Darstellung unrichtig, daß es Freud darum ging, «aus dem Stand eine totale Theorie der menschlichen Psyche» zu liefern. Die Entstehungsgeschichte der psychoanalytischen Theorie, die Freud im Laufe seines ganzen Lebens entwickelt hat, ist ein mühsamer, immer wieder überprüfter und von Zweifeln durchsetzter Prozeß gewesen. Es war seinem Wesen nach ein Prozeß empirischer Forschung. ‹Empirisch› ist nämlich nicht gleichzusetzen mit ‹experimentell›, sondern bedeutet erfahrungswissenschaftlich.

Freud entwickelte kein geschlossenes, nicht falsifizierbares Theoriengebilde «aus dem Stand». Durch die tägliche Arbeit mit Patienten sammelte er eine Fülle von Beobachtungsmaterial und Informationen über Gedanken, Gefühle, Phantasien und Verhaltensweisen von Menschen. Dieses Material versuchte er zu ordnen und zu strukturieren und daraus Erkenntnisse über die Funktionsweise der menschlichen Psyche zu gewinnen. Seine Gedankengänge und auch seine Unsicherheiten legte er in ungewöhnlicher Offenheit in seinen Schriften dar. Eine Tatsache, die man heute bei Forschern kaum noch findet, da deren «Wahrheiten» meist aus dem Rechenzentrum kommen und sowieso nur noch von Computerexperten überprüft werden können. Immer wieder werden Irrtümer und grobe Unterschlagungen bei den angeblich so objektiven und exakten wissenschaftlichen Experimenten bekannt, wenn sich z. Bsp. einzelne Forscher die Mühe machen, vorhandene Untersuchungen nochmals nachzuprüfen. Dies geschah erst kürzlich bei dem bekannten «Hawthorne-Effekt», den es jetzt offenbar doch nicht gibt, nachdem Psychologen jahrzehntelang damit argumentierten. Diese Art von wissenschaftlicher Forschung scheint noch viel mehr eine Glaubenssache zu sein, bzw. abhängig von der persönlichen Wahrheitsliebe des einzelnen Forschers. Vor der weit verbreiteten naiven Wissenschaftsgläubigkeit kann also nur gewarnt werden. Freuds engagierte Suche nach der Wahrheit und seine absolute Integrität als Forscher spricht aus jeder seiner Veröffentlichungen. Ihn in die Nähe eines doktrinären Gurus zu rücken, zeugt von wissenschaftlicher Unredlichkeit.

Freuds Erkenntnisse wurden von den nachfolgenden Analytikergenerationen bestätigt, erweitert und modifiziert. Ist es nicht selbstverständlich, daß jemand, der jahrelang tägliche intensive Gespräche mit einzelnen Menschen führt, andere Erkenntnisse über das menschliche Innenleben gewinnt als jemand, der einer Anzahl von Versuchspersonen eine Reihe von Tests gibt und die Ergebnisse aus dem Computer gewinnt. Das liegt doch in der Natur der Sache. Verschiedene Methoden bringen unterschiedliche Erkenntnisse hervor: Niemand, der eine Zelle mit bloßem Auge nicht sieht, wird die Existenz dieser Zelle bestreiten. Ein Mikroskop zeigt diese Zelle und keiner würde so argumentieren, daß er die Existenz der Zelle abstreite, weil er sie nicht auch mit anderen Methoden, z. B. mit einem Fernglas sehe. So wird aber in Bezug auf die Psychoanalyse unablässig argumentiert. Der Unterschied besteht doch einfach nur darin, daß jeder durch ein Mikroskop schauen und sich von der Wahrheit überzeugen kann. Natürlich geht das bei der Psychoanalyse nicht so einfach, immerhin benötigt man eine jahrelange Ausbildung und der Blick durchs Mikroskop, d. h. die Arbeit mit den Patienten dauert auch jahrelang. Wer würde sich dieser Mühe schon unterziehen, nur um zu sehen, ob bestimmte Behauptungen der Psychoanalyse «wahr» sind. Immerhin gibt es ja Menschen, die dies tun, weil sie es zu ihrem Beruf gemacht haben, nämlich die Psychoanalytiker. Sie betreiben empirische Forschung am Menschen in ihrer täglichen Arbeit. Keine psychoanalytischen Erkenntnisse könnten sich auf Dauer halten, wenn nicht praktizierende Analytiker die Richtigkeit in ihrer Arbeit mit Menschen bestätigen könnten. Aber man hält wohl Analytiker manchmal für eine verschworene Lügenbande, die danach trachten, die Öffentlichkeit mit ihren verschrobenen Wahrheiten zu überfluten. Welch eine absurde Vorstellung, wenn man sie auf andere vergleichbare akademische Berufsgruppen wie Richter oder Ärzte übertragen würde. Noch ein letzter Punkt zum Vorwurf der Unwissenschaftlichkeit: Herr Zimmer zitiert Karl Poppers Falsifikationskonzept als sei es der letzte Stand der Dinge und als habe es z. B. die Frankfurter Schule nie gegeben. Ohne weiter auf die geführten wissenschaftstheoretischen Auseinandersetzungen einzugehen, möchte ich doch immerhin festhalten, daß Poppers Wissenschaftsbegriff von seiten qualifizierter Wissenschaftler grundlegend kritisiert wurde. Einen ganz wesentlichen Beitrag der psychoanalytischen Forschung hat Herr Zimmer ebenfalls unterschlagen, nämlich die direkte Beobachtung an Kindern. Diese Tatsache macht auch das Argument gegenstandslos, die Psychoanalyse beziehe ihre Erkenntnisse nur aus der Arbeit mit Kranken und sei deshalb auf das normale Seelenleben nicht anwendbar. So werden z. B. seit Jahrzehnten umfangreiche empirische Studien in der Hampstead-Klinik in London unter Leitung von Anna Freud durchgeführt. Dort wurde eine Fülle von Beobachtungsmaterial an Kindergartenkindern zusammengetragen und systematisiert und damit die Theorienbildung erweitert und gestützt. Auch gibt es vor allem in den USA eine Fülle von Filmmaterial über die Mutter-Kind-Interaktion im ersten Lebensjahr. Die Erforschung der ganz frühen Mutter-Kind-Beziehung und deren Störungen wurde vor allem von Kinderanalytikern vorangetrieben (vgl. die Arbeiten von Margaret S. Mahler). Die Erkenntnisse der Psychoanalyse beruhen also keineswegs nur auf den subjektiven «Erinnerungen an Erinnerungen» auf der Couch, sondern sie wurden bestätigt durch direkte (festgehaltene) Beobachtung der kindlichen Entwicklung.

Herr Zimmer scheint den wissenschaftlichen Fortschritt darin zu sehen, daß man das Psychische auf das Biologische zurückführen kann. Es dürfte jedoch mittlerweile Allgemeingut sein, daß man mit solchen Einseitigkeiten nicht weiterkommt, sondern daß sehr komplizierte Wechselwirkungen zwischen beiden Bereichen bestehen. Das ganze Gebiet der Psychosomatik und die neueren Entwicklungen in der Krebstherapie machen dies doch deutlich.

Auch fand ich es sehr verwunderlich, daß Herr Zimmer zur Erklärung von Charakterzügen die Vererbung heranzieht. Natürlich wird niemand bestreiten, daß bei allen menschlichen Eigenschaften Erbfaktoren mitspielen können (auch Freud hat konstitutionelle Faktoren hervorgehoben), aber auch hier liegt doch das eigentliche Problem in der Wechselwirkung zwischen Erbe und Umwelt. Verwunderlich auch, daß Herr Zimmer, der die psychoanalytischen Erkenntnisse über die Mutter-Kind-Beziehung nicht aussagekräftig genug findet, sich mit der doch sehr vagen Erklärung zufriedengibt, daß «bei allen höheren Tieren ein evolutionär erworbener Instinkt das schutzlose Kleinkind zur Bindung an eine Mutterfigur treibt».

Wenn wir uns bei der Erklärung des menschlichen Seelenlebens auf Begriffe wie «Vererbung» und «Instinkt» zurückziehen, so ist darin wahrhaftig kein wissenschaftlicher Fortschritt zu sehen, sondern ein Zurückfallen in längst überwundene Positionen.

Ellen Smith

REGISTER

Hansjörg Hemminger
Kindheit als Schicksal?
Die Frage nach den Langzeitfolgen frühkindlicher
seelischer Verletzungen
288 Seiten. Kartoniert und als rororo 7994

Die meisten Menschen haben die Überzeugung gewonnen, daß eine rundum
günstige Kindheitsgeschichte sozusagen automatisch zu einer harmonischen,
ausgeglichenen und lebenstüchtigen Persönlichkeit führen wird. *Das ist ein
Mythos.*

Die Wirklichkeit sieht eher so aus, daß jede Kindheit, und sei sie auch noch so
liebevoll, behütet, anregend und erfahrungsreich, notwendigerweise einseitige
Einstellungen vermittelt; das «erwachsene Kind» kann sie nicht ohne weiteres
übernehmen. Sehr viel wichtiger als die Kindheit selbst ist die *Ablösung von der
Kindheit*, fand der Verhaltenswissenschaftler Hemminger heraus. In dieser Phase
werden die eigentlichen Weichen für die Persönlichkeit gestellt.

Hansjörg Hemminger/Vera Becker
Wenn Therapien schaden
Kritische Analyse einer psychotherapeutischen Fallgeschichte
440 Seiten. Kartoniert

Wie kann ein Mensch, der psychologische Hilfe sucht, vermeiden, Psycho-
pfuschern in die Hände zu fallen? Kann man angesichts dieses wild wuchernden
Marktes überhaupt noch von einer wissenschaftlich abgesicherten therapeu-
tischen Theorie und Praxis ausgehen? Auf solche immer dringlicher werdenden
Fragen geben der Freiburger Verhaltenswissenschaftler Hansjörg Hemminger und
Vera Becker, eines der zahl- und namenlosen Therapie-Opfer, Antwort.

Rowohlt

Horst Brück

Die Angst des Lehrers vor seinem Schüler

Zur Problematik verbliebener Kindlichkeit
in der Unterrichtsarbeit des Lehrers – ein Modell
462 Seiten. rororo 7988

Jede Erziehung durch Schule und Elternhaus hinterläßt Narben, auch bei dem, der
später selber erziehen soll. Auch er hat als Kind erlebt, daß nicht akzeptierte
Lebensäußerungen durch Liebesentzug und andere Strafen massiv zurückgedrängt
wurden, daß diese nicht verarbeiteten Konflikte aus der Vergangenheit ihn in seiner
späteren Entfaltung belasten. Es ist diese besondere Art der «Kindlichkeit», die dem
Erwachsenen, sofern er Erzieher ist, in der Konfrontation mit Kindern besondere
Probleme schafft. Die originale Kindlichkeit des Schülers stößt an mühsam
verheilte Vernarbungen und bedroht so die mehr oder weniger stabile Verkrustung.

Der Autor stellt diese Problematik an Hand von Schulerfahrungen, besonders
auch mit anderen Lehrern und ihren Studenten, dar und macht an der Psychoanalyse einer Lehrer-Studentin deutlich, daß erst mit dem Bewußtmachen dieser
verbliebenen Kindlichkeit der Lehrer seinen Schülern wieder angstfrei gegenüber-
treten kann.

Seminar der Gefühle

Von der Innenseite der Wissenschaft
Lernen als Abenteuer einer Gruppe
448 Seiten. Broschiert

Dieses spannende Buch wirft Licht auf die verborgene Seite des Lernens in
Gruppen. Die Geschichte, die hier erzählt wird, spielt an einer deutschen
Hochschule: sechzehn Teilnehmer studieren wissenschaftliche Texte und gleichzeitig die fünfzehn anderen und sich selbst. Die Geschichte dieses ungewöhnlichen Seminars könnte sich überall abspielen: in einer Klinik, in einer Redaktion
oder in der Justizverwaltung. Also überall dort, wo Menschen mit anderen
Menschen und mit gemeinsamen Arbeitsaufgaben zu tun haben. Wo immer es
auch klemmt und knirscht, wo Heimlichkeiten und Intrigen, verdeckte Interessen und verleugnete Leidenschaften das Leben bestimmen. Acht Jahre später
werden alle ehemaligen Teilnehmer noch einmal interviewt: Was war geblieben?

Rowohlt

Jeffrey Moussaieff Masson

Was hat man dir, du armes Kind, getan?

Sigmund Freuds Unterdrückung der Verführungstheorie
Deutsch von Barbara Brumm
336 Seiten mit 22 Abbildungen. Gebunden und als rororo 8087

Beruht die Psychoanalyse auf falschen Voraussetzungen?
Auf der Grundlage bisher noch nicht veröffentlichter Dokumente aus dem
Freud-Nachlaß kann Professor Masson den Beweis für die Richtigkeit einer neuen
psychoanalyse-kritischen Sehweise liefern. Masson schreibt:
«Ich bin der Überzeugung, daß Freud seine Entdeckung aus dem Jahre 1896 –
daß Kinder in vielen Fällen in ihren eigenen Familien sexueller Gewalt und
sexuellem Mißbrauch ausgesetzt sind – als so belastend empfand, daß er sie buchstäblich aus seinem Bewußtsein tilgen mußte. Die vorherrschende Meinung der
Psychotherapeuten lautete, das Opfer habe sich seine Qualen ausgedacht. Damit
ließen sich insbesondere Sexualverbrechen der Vorstellungskraft der Opfer anlasten, eine Position, die der Freud-Schüler Karl Abraham vertrat und die Freud
selbst begeistert annahm. Für die Gesellschaft war dies eine tröstliche Ansicht,
denn Freuds Interpretation – derzufolge die sexuelle Gewalt, von der seine
Patientinnen in ihrem Leben so betroffen waren, ein reines Phantasieprodukt ist –
war keine Bedrohung für die bestehende Gesellschaftsordnung. Die Therapeuten
konnten dadurch auf der Seite der Erfolgreichen und Mächtigen bleiben, statt sich
auf die Seite der elenden Opfer familiärer Gewalt zu stellen. Daß ich die Grundlage dieser Anpassung in Frage stellte, sieht man eher als eine Erschütterung der
Psychoanalyse an und nicht nur als eine bloße historische Untersuchung.»

Rowohlt

Authentische Wissenschaft

Wege durch die Labyrinthe der Forschung

Peter W. Atkins

Schöpfung ohne Schöpfer

Was war vor dem Urknall?
Deutsch von Hainer Kober. 160 Seiten. Gebunden

John Boslough

Jenseits des Ereignishorizonts

Stephen Hawking's Universum
Deutsch von Hainer Kober. 178 Seiten. Gebunden

Jean-Pierre Changeux

Der neuronale Mensch

Wie die Seele funktioniert – die Entdeckungen der neuen Gehirnforschung
Deutsch von Hainer Kober. 400 Seiten mit 217 Abbildungen. Gebunden

Oskar Höfling · Pedro Waloscheck

Die Welt der kleinsten Teilchen

Vorstoß zur Struktur der Materie
512 Seiten mit 210 Abbildungen und 68 Tabellen. Gebunden

Bruno Vollmert

Das Molekül und das Leben

Vom makromolekularen Ursprung des Lebens und der Arten: Was Darwin nicht
wissen konnte und Darwinisten nicht wissen wollen
256 Seiten mit 50 Abbildungen und 14 Tabellen. Gebunden

Rowohlt

Jeremy Rifkin
In Zusammenarbeit mit Nicanor Perlas

Genesis zwei

Biotechnik – Schöpfung nach Maß
Deutsch von Hainer Kober. 272 Seiten. Kartoniert

Politiker und Wissenschaftler verheißen uns die unendlichen Möglichkeiten der Genmanipulation. Die unendlichen Gefahren verschweigen sie. Die zweite Schöpfung steht bevor. Rifkin zeigt die lebensfeindlichen Strukturen eines naturwissenschaftlichen Denkens auf, das es uns ermöglicht, die Natur neu zu erschaffen. Ist unsere Angst vor der Natur um uns und in uns so groß, daß wir die synthetische Welt und den künstlichen Menschen brauchen?

James D. Watson

Die Doppelhelix

Ein persönlicher Bericht über die Entdeckung der DNS-Struktur
Einführung von Professor Heinz Haber
Deutsch von Vilma Fritsch
288 Seiten mit 32 Abbildungen. Gebunden und als rororo 6803

Ein fünfundzwanzigjähriger Wissenschaftler entdeckt mit der Struktur der DNS den Schlüssel des Lebens und erhält dafür den Nobelpreis. Sein persönlicher Bericht über die wichtigste Entdeckung in der Biologie seit Darwin liefert den Beweis, daß man über wissenschaftliche Forschung atemberaubend schreiben kann – und witzig!

Robert Ornstein / Richard F. Thompson

Unser Gehirn: das lebendige Labyrinth

Mit Illustrationen von David Macaulay
288 Seiten. Gebunden

Eine abenteuerliche Reise durch das lebendige Labyrinth unseres Gehirns. Einmalige Attraktionen erwarten den Leser: eine Wanderung durch den Garten der zerebralen Wunder, ein Besuch des Riesenhirn-Museums und ein Ritt auf einem Lichtimpuls durch das Nervensystem. «Eine exzellente Einführung in die Gehirnforschung» (New York Review of Books)

—————————— Rowohlt ——————————

Günter Rexilius · Siegfried Grubitzsch (Herausgeber)
Psychologie
Theorie – Methoden – Arbeitsfelder. Ein Grundkurs
rowohlts enzyklopädie 419

Dieser Grundkurs liefert einen Überblick der aktuellen Psychologie in Themenbereichen und Arbeitsfeldern. Jeder der 34 Beiträge enthält einen Überblick über die wichtigsten Theorien und Befunde, die auch im historischen Rückblick betrachtet werden. Besondere Aufmerksamkeit richtet sich auf eine kritische Würdigung und Einschätzung des psychologischen «Materials». Darüber hinaus wird erstmals versucht, die Ergebnisse einer kritischen Psychologie als Ergänzung oder auch als Ersatz traditioneller psychologischer Forschung und Praxis darzustellen.

Peter R. Hofstätter
Gruppendynamik
Kritik der Massenpsychologie
rowohlts enzyklopädie 430

Das Gegenthema zu der hochorganisierten Massengesellschaft, die den einzelnen nur mehr als anonymen und deshalb fast beliebig austauschbaren Funktionsträger kennt, sind die Gruppen, deren Autonomie die Entfaltung der individuellen Persönlichkeit im Kontakt mit anderen ermöglicht. Hier bildet sich die Kultur einer neuen Subjektivität, die vielfach als Befreiung erlebt wird. Psychologen, Soziologen, Therapeuten und Praktikern ist es gelungen, Einblick in die Gesetzmäßigkeiten zu gewinnen, nach denen die Prozesse ablaufen. Sie machen das Wesen der Gruppendynamik aus.

Rowohlt